西方自然主义
教育思想的当代价值

刘黎明　著

华东师范大学出版社

图书在版编目(CIP)数据

西方自然主义教育思想的当代价值/刘黎明著. —上海：华东师范大学出版社，2017
 ISBN 978-7-5675-6728-3

Ⅰ.①西… Ⅱ.①刘… Ⅲ.①教育思想-研究-西方国家 Ⅳ.①G40-091

中国版本图书馆 CIP 数据核字(2017)第 185094 号

湖南省哲学社会科学基金项目(编号:2013YBA216)
西方自然主义教育思想的当代价值

著　者　刘黎明
策划编辑　彭呈军
审读编辑　单敏月
责任校对　邱红穗
封面设计　上海介太文化艺术工作室

出版发行　华东师范大学出版社
社　　址　上海市中山北路 3663 号　邮编 200062
网　　址　www.ecnupress.com.cn
电　　话　021-60821666　行政传真 021-62572105
客服电话　021-62865537　门市(邮购)电话 021-62869887
地　　址　上海市中山北路 3663 号华东师范大学校内先锋路口
网　　店　http://hdsdcbs.tmall.com

印 刷 者　常熟市文化印刷有限公司
开　　本　787×1092　16 开
印　　张　28.25
字　　数　602 千字
版　　次　2017 年 10 月第 1 版
印　　次　2017 年 10 月第 1 次
书　　号　ISBN 978-7-5675-6728-3/G·10522
定　　价　68.00 元

出 版 人　王　焰

(如发现本版图书有印订质量问题,请寄回本社客服中心调换或电话 021-62865537 联系)

序

易红郡教授几次跟我说到，黎明兄前一段时间一直勤于写作，头发也白了许多。没过多久，黎明兄把他的大作发给我，一看，果不其然，洋洋洒洒50多万字，从古希腊到现代，从亚里士多德到杜威，从原典介绍到分析论证，对西方自然主义教育思想进行了详实的梳理，真可谓用心良苦。我本是西方教育思想史研究的外行，黎明兄嘱我作序，我再三推辞而盛情难却，只好勉力为之。匆匆地浏览一下大作，写下一鳞半爪的印象，权作读后感吧。通过阅读整部著作，可以清楚地看出它具有如下四个特色。

（一）框架结构的完整性

西方自然主义教育思想的当代价值研究，既是一个古老的课题，又是一个崭新的课题。对于前者而言，自从上个世纪20年代传入我国教育界以后，一直有学者写文章探讨这个课题；对于后者而言，教育界缺乏深入而系统的研究，因而这个课题既是一个不断可以诠释出新意，又可以作系统研究的新课题。作者一方面力图从西方自然主义教育思想的经典文本出发，对西方自然主义教育思想作全面深入而系统的研究，彰显其本来的思想面貌；另一方面力图对西方自然主义教育思想各部分的内在关联、思想实质及当代价值作深入的揭示。作者围绕着"西方自然主义教育思想的当代价值"这一核心线索，按照西方自然主义教育思想本身的内在逻辑，从思想演变、思想的基本内容、思想的当代价值等维度展开分析研究，所采用的方法是历史梳理与逻辑分析相结合、理论诠释与问题彰显相结合、一般叙述与重点分析相结合等。这些方法的采用，使得全书思路清晰，结构严密，框架完整。从"前言"到最后一章，环环相扣，每一章每一节的过渡严谨而有序，整个八章浑然一体。"前言"揭示了"一切西方自然主义教育思想史都是当代史",主要从这个命题的提出、这个命题的解析、这个命题的意义三个层面展开分析,以吸引读者阅读的兴趣。接着从解释学的维度阐释了西方自然主义教育思想的当代价值研究的方法论,主要涉及运用解释学研究西方自然主义教育思想的当代价值的必要性、西方自然主义教育思想的当代价值研究的"理解间距"、西方自然主义教育思想的当代价值研究的"解释学循环"和西方自然主义教育思想的当代价值研究的"视域融合"。尔后对西方自然主义教育思想的源流、现代影响、当代命运作了历史的考察和学理上的分析。接下来以三章的篇幅重点从西方自然主义教育思想的儿童观、教师观、教育目的观、天性教育观、消极教育观、经验教育观、愉快教育思想、人文价值、活动教学理论、主体性教育思想、治学智慧等维度,分别梳理它们的历史演变,提炼它们的基本同内容,揭示它们的当代价值。最后两章阐发了实现西方自然主义教育思想的当代价值的路径。由此可见,本书是一部结构完整、内容丰富、逻辑层次清晰的学术专著。

(二) 立足点和价值取向的当代性

本书重点研究和阐发了西方自然主义教育思想的当代价值。作者立足于西方自然主义教育思想的基本内容和当代教育改革面临的问题,揭示了西方自然主义教育思想对我国中小学教育改革的当代价值。正是在这个问题上,展现了作者强烈的"问题意识"和"现实关怀情结"。具体地说,作者认为当代中国教育面临的问题主要有儿童观问题、教师观问题、教育目的问题、天性教育问题、经验教育问题、"积极教育"问题、愉快教育问题、活动教学问题、主体性教育问题,这些问题也是西方自然主义教育家面临的问题,因而解读西方自然主义教育思想不仅可以为教育改革者的个人教育观念和实践智慧的形成和发展提供新的"营养"和"血液",而且可以为当代中国的教育改革提供借鉴与启示。为此,作者针对上述问题,分别提出了富有针对性的启示。作者还论述了西方自然主义教育思想的人文价值和西方自然主义教育家的治学智慧及其启示,前者有助于提升学生的精神境界,激活当下教育的可能性,敞开儿童教育的人性空间,后者可以提升教师的治学智慧。难能可贵的是,作者不仅阐发了西方自然主义教育思想的当代价值,而且阐释了实现西方自然主义教育思想的当代价值的路径,包括西方自然主义教育思想如何面向教育实践、强化西方自然主义教育思想的当代价值研究的问题意识、增强西方自然主义教育思想的当代价值研究的对话意识、西方自然主义教育思想中国化。

(三) 思路、观点的创新性

本书是一个富有创新的理论成果,这表现在:一是思路的创新。如前所述,作者建构了一个结构完整、内容丰富、逻辑层次清晰的西方自然主义教育思想的当代价值研究的框架体系,这在理论界是不多见的。作者对西方自然主义教育思想的各部分(儿童观、教师观、教育目的观、天性教育观、消极教育观、经验教育观、愉快教育思想、活动教学理论、主体性教育思想)的形成演变的分析,深入细致,条理分明,符合西方自然主义教育思想演变的真实历程,为教育者把握西方自然主义教育思想的精神实质提供了一种参照和思路。作者遵循着思想的演变、思想的基本内容、思想的当代价值的思路,全面系统地探讨了西方自然主义教育思想的当代价值,这也是颇具新意的,体现了作者对西方自然主义教育思想及其当代价值认识和理解的深度。二是观点的创新。这在本书中随处可见,作者对西方自然主义教育思想的当代命运的分析,尤其是对西方自然主义教育思想的当代价值的论述,有很多新意。例如,在教师观上的当代价值是:教师应是教学活动的引导者和指导者;教师应是儿童智慧发展的启迪者;教师应成为学生好奇心、求知欲、学习兴趣的激发者;教师应扮好自然和自由教育理念的彰显者和贯彻者的角色;教师应成为具有"把儿童看做儿童"的儿童观的生命导师;教师懂心理学,是善于观察和了解儿童的心理活动的专家;教师是终身的自我教育者;教师应是研究者。在教育目的上的当代价值是:培养当代社会的"自然人";教育的最高目的是培养道德;教育目的应注重学生的自我教育,促进学生的自我实现;教育目的应关注儿童当下的生活世界;教育目的应关注儿童的主体性和差异性;教育目的应注重培养身心和谐发展的人;教育目的应在个人发展与社会发展之间保持必要的张力;教育目的应是预设性与生成性的统一。诸如此类,不一而足。作者对实现西方自然主义教育思想的当代价值的路径的论述,尤其是"西方自然主义教育思想中国化"也彰显了新意。即使在梳理西方自然主义教育思想的思想演变、提炼思想的基本内容上,也不是"述而不作"、"我注六经",而是"六经注我",渗透了作者的思想见解,富有创见。作者以本书的内容发表的学术论文有34篇,也反映了作者著述的原创性。

(四) 材料、论据的翔实性

作者对西方自然主义教育思想材料的发掘、整理和应用下了很大的功夫,做了许多有益的工作。无论是西方自然主义教育思想方法论的建构,还是西方自然主义教育思想源流、现代影响和当代命运的梳理和分析,抑或是西方自然主义教育思想当代价值及其实现路径的探讨,作者都力求用丰富的材料、充分的论据论证观点,使观点与材料有机结合。特别是对"西方自然主义教育思想当代价值"部分的论证,作者更是用了翔实的材料。因为西方自然主义教育家对西方自然主义教育思想(儿童观、教师观、教育目的、天性教育观、经验教育观、消极教育观、愉快教育思想、活动教学观、主体性教育思想)的当代价值的论述,都没有提供一个相对完整的理论体系,都需要作者遵循思想演变、思想的基本内容、思想的当代价值的范式加以论证,这离不开大量的第一手材料,它们散见于西方自然主义教育家的教育著作、政治著作和哲学著作之中,需要作者刻苦钻研、深入挖掘、精心提炼。从参考文献看,作者参考的著作达263部之多,其中西方自然主义教育家的原著有40部,相关著作223部,还参考了相关论文85篇。由此可见,作者在这方面下足了功夫,使西方自然主义教育思想当代价值的研究呈现出材料翔实、内容丰富、论证充分的特色。

　　黎明兄对西方自然主义教育思想进行了完整而清晰的爬梳，其功劳自不待言。个人感觉，确乎还有很多问题值得进一步探讨，一是自然主义之自然是否有古今之别？如有，这种分别在哪里，又如何体现？二是重申自然教育思想，对于我们今天究竟有何深度的现实意义？"理论是灰色的，生活之树长青。"在一个信息化的时代里，我们如何可能"培养当代社会的'自然人'"，换句话说，我们如何摆正自然主义教育诉求的合理位置，或者说我们今日的自然主义教育诉求又该如何融会到现实教育生活之中？这些问题当然不仅是属于这本书的，也是属于我自己。愿与黎明兄共勉。

　　有感于黎明兄的踏实勤奋，不惧愚鲁，作为读者，简单地写下对这本书的感想。祝福黎明兄在潜心学问的同时，多多注意身体，有机会再上一个台阶。是为序。

刘铁芳

2017年6月27日于江边陋室

目录 西方自然主义教育思想的当代价值

001 **前言："一切西方自然主义教育思想史都是当代史"**

001　一、"一切西方自然主义教育思想史都是当代史"命题的提出
002　二、"一切西方自然主义教育思想史都是当代史"命题的解析
008　三、"一切西方自然主义教育思想史都是当代史"命题的意义

1 **第一章　西方自然主义教育思想当代价值研究的方法论：解释学之维**

1　一、运用解释学研究西方自然主义教育思想当代价值的必要性
3　二、引入解释学研究西方自然主义教育思想当代价值的可能性
8　三、西方自然主义教育思想当代价值研究的解释学路径

35 **第二章　西方自然主义教育思想的源流与现代影响**

35　第一节　西方自然主义教育思想的源流
35　一、自然教育思想的萌芽期
36　二、客观化自然教育思想
36　三、主观化（人本化）自然教育思想

37_ 四、心理化自然教育思想
38_ 五、生长论自然教育思想

39_ 第二节 西方自然主义教育思想的现代影响
39_ 一、西方自然主义教育思想对现代人本主义教育思想的影响
47_ 二、西方自然主义教育思想对欧洲新教育思想的影响

54_ 第三章 西方自然主义教育思想的当代命运

54_ 一、西方自然主义教育思想在当代仍然充满生命活力
60_ 二、西方自然主义教育思想在当代仍然充满生命活力何以可能

75_ 第四章 西方自然主义教育思想的当代价值（上）

75_ 第一节 西方自然主义教育思想的儿童观的当代价值
75_ 一、西方自然主义教育思想的儿童观的历史演变
83_ 二、西方自然主义教育思想的儿童观的基本观点
87_ 三、西方自然主义教育思想的儿童观的当代价值

90_ 第二节 西方自然主义教育思想的教师观的当代价值
90_ 一、西方自然主义教育思想的教师观的演变及主要观点
110_ 二、西方自然主义教育思想的教师观的当代价值

117_ 第三节 西方自然主义教育思想的教育目的观的当代价值
117_ 一、西方自然主义教育思想的教育目的观的演变及主要观点
136_ 二、西方自然主义教育思想的教育目的观的当代价值

142_ 第四节 西方自然主义教育思想的天性教育观的当代价值
142_ 一、西方自然主义教育思想的天性教育观的演变及基本观点
193_ 二、西方自然主义教育思想天性教育观的当代价值

第五章　西方自然主义教育思想的当代价值(中) —— 206

第五节　西方自然主义教育思想的消极教育观的当代价值 —— 206
一、西方自然主义教育思想的消极教育观提出的理论基础和实践依据 —— 206
二、西方自然主义教育思想的消极教育观的基本内容 —— 208
三、西方自然主义教育思想的消极教育观的当代价值 —— 212

第六节　西方自然主义教育思想的经验教育理论的当代价值 —— 215
一、西方自然主义教育思想的经验教育理论的历史演变 —— 215
二、西方自然主义教育思想的经验教育理论的基本内容 —— 218
三、西方自然主义教育思想的经验教育理论的当代价值 —— 224

第七节　西方自然主义教育家视野中的愉快教育思想的当代价值 —— 229
一、西方自然主义教育家视野中的愉快教育思想的历史演变 —— 229
二、西方自然主义教育家视野中的愉快教育思想的基本内容 —— 237
三、西方自然主义教育家视野中的愉快教育思想的当代价值 —— 246

第八节　西方自然主义教育思想的人文价值 —— 257
一、研究西方自然主义教育思想的人文价值之意义 —— 258
二、西方自然主义教育思想在本质上是人文的学问 —— 259
三、西方自然主义教育思想的人文价值 —— 275

第六章　西方自然主义教育思想的当代价值（下）

第九节　西方自然主义教育思想的活动教学理论的当代价值
一、西方自然主义教育思想的活动教学理论的演变　285
二、西方自然主义教育思想的活动教学理论的基本内容　286
三、西方自然主义教育思想的活动教学理论的当代价值　291
四、西方自然主义教育家的活动教学理论对我国当前的教学改革具有重要的启示价值　300

第十节　西方自然主义教育家视野中的主体性教育思想的当代价值
一、西方自然主义教育家视野中的主体性教育思想的演变　303
二、西方自然主义教育家视野中的主体性教育思想的基本内容　310
三、西方自然主义教育家视野中的主体性教育思想的当代价值　334

第十一节　西方自然教育家的治学智慧及其启示
一、怀疑意识与批判精神　349
二、注重对教育问题的理论探索　351
三、经验归纳与理论思辨结合　353
四、以自然主义教育哲学观为指导　356
五、西方自然主义教育思想研究的个性化和创造性　359
六、西方自然教育家治学的几点启示　361

第七章　实现西方自然主义教育思想当代价值的路径（上）

第一节　西方自然主义教育思想如何面向教育实践
一、面向过去的实践：西方自然主义教育思想的传统　364
二、面向当代的教育改革：西方自然主义教育思想的当代使命　377

第二节　强化西方自然主义教育思想当代价值研究的问题意识
一、问题意识之于西方自然主义教育思想当代价值研究的重要性　386

388_ 二、如何强化西方自然主义教育思想当代价值研究中的问题意识

390_ 第八章 实现西方自然主义教育思想当代价值的路径(下)

390_ 第三节 增强西方自然主义教育思想当代价值研究的对话意识
390_ 一、对话是西方自然主义教育思想的重要传统
391_ 二、弘扬对话传统,提升西方自然主义教育思想当代价值研究的对话意识

392_ 第四节 西方自然主义教育思想中国化
392_ 一、西方自然主义教育思想中国化的理论内涵
393_ 二、西方自然主义教育思想中国化何以可能
402_ 三、西方自然主义教育思想中国化如何可能

411_ **参考文献**
424_ **后记**

前言 "一切西方自然主义教育思想史都是当代史"

一、"一切西方自然主义教育思想史都是当代史"命题的提出

跨入学术研究已有30多年,我对西方自然主义教育思想情有独钟,认定它就是自己的主要研究方向,并把它作为自己的"学术根据地"。我喜欢钻研西方自然教育家的经典著作,也喜欢找寻与西方自然主义教育思想有关的课题进行研究。通过对西方自然主义教育思想的研究,我既可以学习自然教育家的优秀品质和实践精神,汲取自然教育家的教育智慧,也可以训练我的思想,提升我的思想力,还可以总结西方自然主义教育思想发展的经验教训,使自己更睿智地、全面地看待中国教育的问题。因此,我热爱甚至"信仰"西方自然主义教育思想,因为西方自然主义教育思想就是值得研究者"虔敬"的学问。我对西方自然主义教育思想的当代价值尤为关注,在《教育思想史研究的意义追寻》和《西方自然主义教育思想史》两部著作中,都阐释了西方自然主义教育思想的当代价值。因为我觉得研究西方自然主义教育思想,不能为研究而研究,而是透过对它的研究,能为当下中国教育问题的解决和教育理论的建构提供思想资源和当代启示。这使我不断地结合当下中国教育的现实,回溯到西方自然主义教育思想史。我的一只眼看西方自然主义教育思想,另一只眼盯着脚下的这片土地;"读"的是西方自然教育家的经典著作,"想"的是当下的中国教育。这种教育的"现实关怀"使我感到上述两部著作的研究意犹未尽,决定全面地研究西方自然主义教育思想的当代价值,并把它作为研究课题。这个课题在2013年获得了湖南省哲学社会科学基金项目规划办公室的批准和资助。

我之所以提出"一切西方自然主义教育思想史都是当代史"命

题,除了与上述自己对当代中国教育的"现实情结"和"现实关怀"有关外,还与下列因素密切相关联。

一是意大利史家克罗齐的"一切历史都是当代史"思想。克罗齐是在《历史学的理论和实际》中提出"一切历史都是当代史"这个命题的,意在表明历史不是死亡的过去,而是"活"的过去,活在现在之中,现在的视野蕴含着过去的视野,留下了过去的痕迹和某些内容。当我读到这本书时,感到很亲切,又似乎很熟悉,因为它阐释了我想表达又未表达出来的思想,与我所想和所思很契合。受克罗齐思想的启发,我提出了"一切西方自然主义教育思想史都是当代史"的命题。

二是西方自然主义教育思想本土化的客观要求。西方自然主义教育思想的本土化所追求的目标,是把西方自然主义教育思想中具有当代价值的核心观念引入中国教育思想世界,而并非要对传入中国教育界的西方自然主义教育思想的特点与传统进行消解,使它只剩下与中国教育相似相融的东西。西方自然主义教育思想中具有当代价值的核心观念,往往彰显了西方自然主义教育思想中具有普世价值的世界性的内容。我们今天学习、研究、吸纳西方自然主义教育思想,正是为了从中获得它的这些具有当代价值的核心观念,使当代中国的教育理论从这些优秀遗产中获得新的生命活力,从而实现对中国教育的新的时代精神的塑造,实现中国教育的现代化。因为"历史之光照亮了当下,它不但告诉我们一去不复返的往事,更指出过去发生过而今仍然存在的事情"。①"当下的生活是缺乏自身的在的,只有经由回忆,当下的生活才有在的折光。回忆是本质的、是使当下成为可能的东西。而我所理解的过去仅仅是达到学会领悟我是当下的自我出场,为了看见本然的过去,我必须成为现在之我,而最终过去会消失在我眼前的现时之中。"②这要求我们正确处理继承与创新的关系。"创新"不是标新立异,而是真正在全面继承西方自然主义教育思想的基础上实现的开拓,是否定之否定或扬弃;继承和弘扬西方自然主义教育思想的传统并不意味着要背离当代中国的教育现实,而是创造性地转化西方自然主义教育思想的遗产,以其中的某些内容介入、参与、批判、提升当代中国的教育现实,实现传统的西方自然主义教育思想资源与当代中国的教育现实的互动或"视域融合"。总之,西方自然主义教育思想要发展、要永葆青春活力,而至于退出教育思想的历史舞台,就必须不断地向当代中国的教育现实敞开其发展的可能性,永远处在生成的途中。

二、"一切西方自然主义教育思想史都是当代史"命题的解析

(一)"一切西方自然主义教育思想史都是当代史"命题内涵的厘定

要理解"一切西方自然主义教育思想史都是当代史"的命题,我们首先必须理解"当代史"。

---

① [德]雅斯贝尔斯.什么是教育[M].邹进,译.北京:读书·生活·新知三联书书店,1991:59.
② [德]雅斯贝尔斯.什么是教育[M].邹进,译.北京:读书·生活·新知三联书书店,1991:40.

按照克罗齐的意思,所谓"当代史"不是一般意义上的指被视为最近过去的一段时间的历史,而是和精神、思想相关联的历史,是意识层面上的历史。克罗齐认为,历史是活的历史,不是死亡的过去。因为"人类所真正需要的是在想象中去重现过去,并从现在去重想过去,不是使自己脱离现在,回到已死的过去"。① 他在区分历史与编年史时进一步断言:历史是一种思想活动,一种当前的思想活动。他说:"历史是活的编年史,编年史是死的历史;历史是当前的历史,编年史是过去的历史;历史主要是一种思想活动,编年史主要是一种意志活动。一切历史当其不再是思想而只是用抽象的字句记录下来时,它就变成了编年史,尽管那些字句一度是具体的和有表现力的。"② 由此他提出了"一切历史都是当代史"的思想。受克罗齐的启示,我提出了"一切西方自然主义教育思想史都是当代史"的命题,意指西方自然主义教育思想史不是死亡的历史,而是活的历史,是有内涵、有思想的关涉当前的思想活动,是研究者从当前的兴趣出发而进行研究的历史,从这个意义上说,当前决定了历史;另一方面,我们之所以有当代的教育思想,是由西方自然主义教育思想发展过来的,包含了后者的某些内容,留下了后者的历史痕迹,从这个意义上说,历史决定了当前。这两个方面构成了"一切西方自然主义教育思想史都是当代史"的命题的完整内涵。

相对来说,第一个方面的内涵更为重要。西方自然主义教育思想不能为历史而历史,脱离或超越当代中国的教育现实,而应立足于当代中国教育的现实生活的兴趣和利益,关注和解决当代中国教育的突出问题,为当代中国教育的改革服务,做到古为今用,洋为中用。历史是不能中断的,今天的中国教育思想是从过去的教育思想(包括西方自然主义教育思想)继承下来的,是过去教育思想的继续和发展,前者蕴含了后者的合理内核和种种痕迹。为了加深和巩固西方自然主义教育思想的认识和理解,我们仍要从当代中国的教育现实出发,提炼当代中国教育现实中的问题,从问题的解决中思索和把握与西方自然主义教育思想相关的内容,如儿童观、教师观、教育目的观、天性教育观、经验教育观、愉快教育观、活动教学观、主体性教育观等。"我们只有以当下的眼光看待过去,才能理解过去。"③ 研究者的作用"既不是热爱过去,也不是从过去中解脱出来,而是作为理解现在的关键来把握过去、体验过去"④。只有借助现在,才能更深刻地理解过去。现在与过去永远是一种无休止的互动与对话。

"一切西方自然主义教育思想史都是当代史"的命题表明,西方自然主义教育思想的探讨和研究是研究者精神不断突破、超越和创新的过程。正是研究者精神和思想的不断发展,因而可以不断地深化西方自然主义教育思想史的研究,西方自然主义教育思想在不断地被研究者探索自

---

① [意]克罗齐.历史学的理论和实际[M].傅任敢,译.北京:商务印书馆,2011:221.
② [意]克罗齐.历史学的理论和实际[M].傅任敢,译.北京:商务印书馆,2011:8.
③ [英]卡尔.历史是什么?[M].吴柱存,译.北京:商务印书馆,2015:109.
④ [英]卡尔.历史是什么?[M].吴柱存,译.北京:商务印书馆,2015:110.

己、批判自己和丰富着自己，不断地被重写。因而它"就也是当代的，和当代史没有任何区别"。①

当然，我们也不能忘记西方自然主义教育思想对当代史的价值。就西方自然主义教育思想的发展而言，从亚里士多德到杜威，每个自然教育家都在自己所在的时代创造性地建构了属于该时代的自然教育思想，同时，每一个时代的自然主义教育思想又不断地倾向于回归以往自然教育家的经典和历史源头，以寻求教育的当代性重建所需要的原创性的东西。今天的教育理论的重建同样需要回归西方自然主义教育思想的源头，因为中国的教育理论应对和创造性地解决当代的教育问题，离不开西方自然主义教育思想史研究。前者的研究是一种"接着讲"，后一种研究是"照着讲"。西方自然主义教育思想的"照着讲"，并非原封不动地讲解经典资料，而是一种创造性的研究活动。之所以如此，是因为西方自然主义教育思想是一个"活"的东西，它的发展是思想和生命的流淌，每一个时代的自然教育家都为西方自然主义教育思想体系的构建和发展进行了创造性研究，增添了新的内容，作出了自己的独特贡献。这个西方自然主义教育思想体系，乃是历史的产物，是一代又一代的教育家创造性思维的结晶。因此，西方自然主义教育思想的"照着讲"，不是把它当成死的东西来研究，而是为当代中国教育理论的新建构和新发展提供养料和"血液"。这种"新旧"的统一和关联，使"旧"的西方自然主义教育思想永葆理论青春，同时使"新"的当代中国的教育理论越来越丰富，并呈现出本土化的特色。从这个意义上讲，西方自然主义教育思想就是当代中国的教育理论，它的历史并没有过去，而是"活"在当代教育学人的心中。

（二）"一切西方自然主义教育思想史都是当代史"命题的具体解析

西方自然主义教育思想和当代中国的教育理论的"现在"关系密切。西方自然主义教育思想虽然已经成为过去，但它不是死掉的过去，而是"活"着的过去，活在"现在"之中，经过否定之否定的发展，它的积极的、合理的内核都保留在当代中国的教育理论之中，成为当代中国教育理论的新建构和新发展的出发点。所以过去和现实不可分割。正如黑格尔所说："在效用的历史研究之中，当我们研究过去、沉浸在时间久远的世界之中时，一种'当下化'在我们的心灵之中开敞出来，这种'当下化'是由心灵自身的行为创造出来的。事件多种多样、丰富多彩，但是它们的一般意义、它们的内在品质和融贯性却始终如一。"②"越是历史学家，就越能找到丰富的现实性，因为迁移可以在两个方向上进行，既能从现在到过去，也能从过去到现在。对过去的解释是基于与现在的类比，而过去也反过来滋养着对现实的解释。"③

首先，西方自然主义教育思想是当代中国的教育理论的"现在"的根据和基础。

每一个真正的自然教育家，无论是夸美纽斯，还是卢梭，抑或是裴斯泰洛齐、第斯多惠、福禄

---

① [意]克罗齐.历史学的理论和实际[M].傅任敢，译.北京：商务印书馆，2011：2.
② [德]黑格尔.黑格尔历史哲学[M].潘高峰，译.北京：九州出版社，2014：14.
③ [法]安托万·普罗斯特.历史学十二讲[M].王春华，译.北京：北京大学出版社，2012：143.

培尔、杜威,在他的根源上是有独创性的,他所传达的自然主义教育思想是史无前例的。这些"大人物会被遗忘,也会再现。他们有时会鲜艳夺目,有时也会退入暗处。没有他们,此在就会变得毫无历史意义"①。"对于我们确定自身来说,没有什么现实比历史更为重要了。历史向我们展示了人类最为广阔的画面,给我们带来了奠定我们生活之基础的传统内涵,赋予我们衡量眼前事物的尺度,将我们从不自觉地束缚于自身的时代状况中解放出来,教会我们认识到人的无限可能性及其永恒的创造活动。"②

具体地说,"过去"的西方自然主义教育思想对当代中国的教育理论的"现在"的影响表现在:

(1) 当代中国的教育理论的"现在"是"过去"的西方自然主义教育思想的延续。当代中国的教育研究者是受到过去的西方自然主义教育思想的滋润而成长起来的,它们构成了我们的前车之鉴,后世之师。成功的教育理论的建构是研究者穿梭于教育原理与西方自然主义教育思想之间,从西方自然主义教育思想那里吸取了丰厚的"营养"实现的。如果抽掉了西方自然主义教育思想的内容,那么今天的教育理论就会空空如也。一方面,我们在教育理论上的"新发现"、"新创造"是在前人已达到的水平的基础上进行的,或者说是站在巨人的肩膀上实现的。离开了这两点,理论创新和突破是难以实现的。另一方面,无论是教育理论的建构,还是教育实践的改革,仍需要有大量的"老生常谈",需要回到教育思想的源头,既要研读孔子、孟子、朱熹、蔡元培、陶行知等人的著作,也需要研读夸美纽斯、卢梭、裴斯泰洛齐、第斯多惠、福禄培尔、杜威等人的著作。通过研读,我们可以吸取西方自然主义教育思想的精华,充实自己的精神世界,提升自己的教育理论素养。没有西方自然主义教育思想作支撑,没有对当代教育现象的历史性的认识,我们既不能知晓它的现实意义,也难以展望未来。因此,"历史传统,只是对那些因循守旧的人,才成为一种包袱。对有创造力的民族和人民来说,历史传统是永远的财富"③。

(2) 研究西方自然主义教育思想,可以使我们更好地明确方向和展望未来。西方自然主义教育思想的过去源远流长,一切思想和行动构成了它错综复杂的联系,透过这种联系,我们能揭示出西方自然主义教育思想发展的统一性、规律性和延续性,我们就能为自己展示一种教育发展的可能性,提供一种指向未来的方向意识和历史的思考力。

(3) 研究西方自然主义教育思想,可以使我们找到精神上的慰藉,提升我们的精神境界。我们知道,西方自然主义教育思想史蔚为大观,包含丰富的内容,形成了客观化自然教育思想、主观化自然教育思想、心理化自然教育思想、生长论自然教育思想四大学派,既有教育理论的内容,也有教育实践的内容,为我们提供了一副丰富多彩的教育历史画卷。研究者在西方自然主义教育

---

① [德]雅斯贝尔斯.大哲学家(上)[M].李雪涛,等译.北京:社会科学文献出版社,2010:1.
② [德]雅斯贝尔斯,等著.哲学与信仰[M].鲁路,译.北京:人民出版社,2010:330.
③ 韩震.韩震论文选[M].北京:中华书局,2009:148.

思想的美景中汲取教育智慧,培养对历史的情感和态度,陶冶自己的情操,提升自己的历史想象力,也可以从中看到希冀,摆脱孤寂与恐惧,提升我们的精神境界。

(4)研究西方自然主义教育思想,可以帮助我们看出当前的问题,培养我们的问题意识。西方自然主义教育思想在其发展中形成了追问问题、自我反思和自我批判的传统。西方自然教育家所追问的问题不仅有宏观的,也有微观的,如天性教育问题、自由教育问题、主体性教育问题、个性化教育问题、愉快教育问题、活动教学问题、儿童观问题、教师观问题等。他们还结合当时的时代背景力图解决这些问题,提出了各自的解决方案。尽管他们对教育问题的解决,有的成功了,有的失败了,但给我们留下了深刻的经验教训和宝贵的教育遗产,其中既包括教育理论的遗产,也包括方法论的遗产。今天我们研究西方自然主义教育思想,可以帮助我们汲取西方自然教育家的经验教训,更加睿智地、聪明地看待教育问题:看出当代教育现实中最突出的、需要迫切解决的问题是什么,它们是以何种方式出现的;西方自然教育家是如何解决的,他们解决的方法是否能适应当前教育问题的解决;他们解决问题的方法和经验有哪些值得我们借鉴、如何借鉴;如何使他们的成功经验本土化等。由此看来,研究西方自然主义教育思想,可以培养我们的问题意识,提升我们解决问题的能力。

其次,当代中国的教育理论的"现在"蕴含着"过去"的西方自然主义教育思想

西方自然主义教育思想史是西方自然教育家有目的、有计划的思考和创造的结果,而不是自然而然的产物。换言之,驱动自然教育家去创造这一历史的乃是他们的思想。一部西方自然主义教育思想史就是思想流淌的历史,贯穿着自然教育家的思想活动。离开了思想,历史不成其为历史。西方自然主义教育思想又总是不断在发展和变化,它进入当代以后也就溶入了当代学人的思想和视野。这表现在:(1)我们是根据教育现实的兴趣和利益来研究西方自然主义教育思想的。当代中国的教育思想固然是直接从目前的教育生活中涌现出来的,同样,西方自然主义教育思想也离不开目前的教育生活,是从其中涌现出来的。"因为,显而易见,只有现在生活中的兴趣方能使人去研究过去的事实。因此,这种过去的事实只要和现在生活的一种兴趣打成一片,它就不是针对过去的兴趣而是针对一种现在的兴趣的。"[1]也就是说,研究者对目前教育生活的兴趣引发了人们对西方自然主义教育思想进行多维度、多层面的研究。有的学者对天性教育感兴趣,有的学者对自由教育感兴趣,有的学者对"消极教育"感兴趣,有的学者对主体性教育感兴趣,有的学者对愉快教育感兴趣,有的学者对儿童观感兴趣,诸如此类,不一而足。对现实教育的兴趣不同,导致人们对西方自然主义教育思想研究的视角、提问方式、解释原则以及研究成果也不相同。之所以如此,是因为西方自然主义教育思想史是发展的、变化的,具有连续性,它给现在留下了痕迹和记忆,这使得它的历史与当代中国的教育现实之间不可能有泾渭分明的分野。如果我们需

---

[1] [意]克罗齐.历史学的理论和实际[M].傅任敢,译.北京:商务印书馆,2011:2.

要"鉴往知来",就必须重视西方自然主义教育思想的现实取向,揭示当代中国教育现实对它的影响,从当代中国教育现实问题出发来研究历史。从这个意义上讲,现在决定着过去。"如果缺乏强烈的现实意识,不去努力、自觉地吸取当代人类认识的最高成就,不去认识当代社会与教育发展的基本要求,或对之缺乏敏感,那么,即使出在当代,也会对当前事实产生宛如隔世之感,也不可能站在'现在的顶峰'(尼采语)去深刻认识教育的历史进程,也不可能撰写出真正反映时代需要和特色的教育史论著,因而就不可能使教育史研究对解决当代的实际问题产生任何教益,这样,教育史研究也就丧失了存在的基础与合理性。"①(2)西方自然主义教育思想的研究必须为当代中国的教育现实服务。当代中国的教育现实(理论的和实践的)是富有生命活力的教育理论(包括西方自然主义教育思想)发展过来的,因此,它包含了西方自然主义教育思想的合理内核。这就使得西方自然主义教育思想在每个时代的发展既是历史的,又是现实的。说它是历史的,是因为它是从此前的西方自然主义教育思想演变而来的,包含了"过去"的核心观念;说它是现实的,是相对于"当下"而言,它是发展着的西方自然主义教育思想,无数世代的教育现实构成了西方自然主义教育思想绵延不断的历史。"过去的现实是历史,今天的现实仍然是历史的一个环节。因此,历史不仅是过去的现实,也是今天的现实。现实不仅是将来的历史,也是现在的历史。"②

历史与现实的关联要求我们对西方自然主义教育思想的研究必须为当代中国的教育现实服务,如果脱离了当代中国的教育现实,前者就会失去其生命和活力。但是它为当代中国的教育现实服务,并不意味着服务于正在丧失生命力的事物——如应试教育、机械教育、模式化教育、暴力教育、反自由的教育等,而是服务于新的富有生命力的事物——如天性教育、主体性教育、愉快教育、个性化教育、自由教育等。因为这些"新事物"符合教育历史的发展趋势,代表教育进步的积极的一面。因此,从这个意义上说,西方自然主义教育思想的研究为当代中国的教育现实服务,也就是为当代中国教育的未来服务。因为过去、现在和将来是不可分割的。"为了同现实契合,研究就必须延及当下,这种情形无疑远比人们想象的普遍。……要想正确地提出问题得出见解,必须满足一个首要条件:观察和分析今天的景观,因为只有这样才能提供作为必不可少的出发点和总体视角。"③人们研究回溯西方自然主义教育思想,固然是为了更好地认识和把握当代中国的教育现实,而认识和把握当代中国的教育现实的根本目的是推动教育更好地面向未来发展。因此,西方自然主义教育思想的研究不仅应研究它的过去,还应该研究它的现在,并尽可能蕴含对未来的研究。如果西方自然主义教育思想的研究只是面向过去,而不包含现在和未来的研究,那

---

① 张斌贤.教育是历史的存在[M].合肥:安徽教育出版社,2007:131.
② 王晓菊.何谓历史学[M].北京:中央编译出版社,2010:48.
③ [法]布洛克.历史学家的技艺[M].北京:中国人民大学出版社,2011:60.

就可能失去生命活力,难以继续发展和前行。

三、"一切西方自然主义教育思想史都是当代史"命题的意义

(一)促进我们与西方自然教育家的互动与对话。

西方自然主义教育思想不是纯粹客观的知识,研究者对它的认识和把握,往往因文化背景不同和认识水平的不同而呈现出不同的面貌。这就使我们与西方自然教育家及其思想对话的可能。一方面,尽管每个时期对西方自然主义教育思想的研究所取得的成果不同,但西方自然主义教育思想的核心观念如儿童观、教育目的观、天性教育观、自由教育观、愉快教育观、主体性教育观、活动教育观、个性化教育观等,会在不同的历史时期反复重现,给不同时期的人们的教育智慧以永恒的启示。另一方面,我们在教育生活中会遇到各种各样的难题,促使我们回溯西方自然主义教育思想,从中找寻事物发展的脉络,找到有益的借鉴,以加深对教育难题的认识和理解,得到解决难题的启迪和帮助。正是这两个方面构成了我们与西方自然教育家的互动与对话的前提和根据。

(二)促使当代中国的教育理论不断丰富和发展。

既然西方自然主义教育思想的历史和当代中国的教育理论的现实是交融在一起的,那么我们就可以借助于伽达默尔的"理解",使它们呈现出丰富的意蕴。伽达默尔所说的"理解""是指历史的视野和现实的视野和谐地溶合在一起,……这种溶合的方向不是让现代的视野去契合历史的视野,而是把历史的视野接受并溶合进现代的视野之中。这是一种同时改变历史视野和改变现代视野的创造活动"①。以这种方式理解西方自然教育家的原著及其自然教育思想,我们同样会收到这样一种效果:同时改变西方自然主义教育思想的历史视野和当代中国的教育理论的现实视野,使它们相互融合并产生一种包容性更大的视野,就像滚雪球一样越滚越大。我们还看到,"在理解的过程中,出现的是历史视野有选择地溶入现代视野的走向,这是因为现代的视野自身仅是一种向变化开放的可能性,正是这种向变化开放的可能性,才使现实有了未来。历史的价值在于它能够孕育出现实,而现实又能为自己和历史开辟未来"②。这同时使西方自然主义教育思想的历史视野和当代中国的教育理论的现实视野不断向变化开放的未来敞开自己的发展可能性,呈现出一种越来越丰富、越来越深刻的面貌。正如雅斯贝尔斯所说:"从历史中我们可以看见自己,就好像站在时间中的一点,惊奇地注视着过去和未来,对过去我们看得越清晰,未来发展的可能性就愈多。"③对过去的西方自然主义教育思想的研究,如果不作解释,同样是无意义的,但这

---

① 殷鼎.理解的命运[M].生活·读书·新知三联书店,1988:264.
② 殷鼎.理解的命运[M].生活·读书·新知三联书店,1988:264.
③ [德]雅斯贝尔斯.什么是教育[M].邹进,译.北京:读书·生活·新知三联书店,1991:58.

种解释是永无止境的,是伴随着"新中心"和"新视野"而不断变化和发展的。这里的"新中心"和"新视野"就是当代视域,有了它,我们就会发现过去未曾发现的西方自然主义教育思想的丰富的意蕴。

西方自然主义教育思想之所以越来越丰富,是因为研究者"借助于'当代'的认识工具和思想方式去研究教育的历史现象、历史过程,从而使他们的研究、思想成果打上了时代的烙印,使教育史成为'当代史'。人类对教育史的认识,之所以不断扩展、日益深化,关键的、首要的原因就在于,人类的认识能力总是在发展和完善中。如果说我们当代人比我们的前辈对教育历史具有更丰富的知识、更深刻的洞见,那不是因为我们比前人更聪慧、更敏锐,而只是因为我们是在一个更高的知识水平上,借助更完善的认识工具而达到的"[1]。我们今天对西方自然主义教育思想研究的丰富,"是因为我们是在一个更高的知识水平上,借助更完善的认识工具而达到的"。

(三)加深我们对"一切西方自然主义教育思想史都是思想史"的认识和理解。

一切西方自然主义教育思想史不仅都是"当代史",而且都是"思想史"。这两个命题是相互依存,相互制约。没有后者就不会有前者。后者的命题是受英国史学家柯林武德的启发而提出来的。对于西方自然主义教育思想的研究而言,事实材料不可或缺。然而,研究者不是依赖外在的材料,而是依赖于自身的思想。他"就是自身的标准,他的思想史自律的标准,有关事实材料的陈述必须依据这种标准受到批判,如果从自身的思想和标准出发,哪怕他接受了材料或权威们所讲的话,那么他也不是被动地接受外在的东西,而是因为外在的材料满足了他那里是真理的标准"[2]。在柯林武德看来,"过去决不是一件历史学家通过知觉就可以从经验上领会的给定事实,也不是通过记忆和回忆来再现的东西,它必须而且只能在自己的心灵中重演历史人物的思想"[3]。西方自然主义教育思想史就是一部思想不断演进、不断流淌的历史,每个自然教育家都参与了它的建构,都作出了独特的理论贡献;后继的研究者也参与了它的发展,"在自己的心灵中重演历史人物的思想"。由此,历史的进程"生于思想而又回到思想,它通过思想的自知性而成为可知的,他绝不需要求助于外在于自己的任何事物理解它自己"[4]。"思想史,并且因此一切历史,都在历史学家自己的心灵中重演过去的思想。"[5]总之,西方自然主义教育思想的历史过程是自然教育家和当代学者不断思考、富有思想的过程,也是彰显他们尊严和快乐的过程。人之所以有尊严、有快乐,是因为他们能够思想。正是思想使西方自然主义教育思想源远流长,永葆理论青春。

---

[1] 张斌贤.教育是历史的存在[M].合肥:安徽教育出版社,2007:129.
[2] 韩震.历史观念大学读本[M].北京:中国人民大学出版社,2010:482.
[3] 韩震.历史观念大学读本[M].北京:中国人民大学出版社,2010:481.
[4] [意]克罗齐.历史学的理论和实际[M].傅任敢,译.北京:商务印书馆,2011:76.
[5] [英]柯林武德.历史的观念[M].何兆武,张文杰,译.北京:中国社会科学出版社,1987:244.

(四) 有助于当代中国教育理论的创新。

首先,西方自然主义教育思想构成了当代中国教育理论创新的出发点。当代中国教育理论的研究离不开西方自然主义教育思想所形成的传统。"在这个传统中,每一代人都以其前辈的成就作为出发点,并在此基础上提出问题,汲取互相贯通的研究方法。"[1]从历史的角度看,西方自然主义教育思想"是一个不断发展的传统,或者是一个不断发展的、围绕着不同然而相互联系的主题形成的传统谱系;每一个主题的实质都产生于一个传统"[2]。西方自然教育家的著作是构成这个传统谱系的重要资源。它即使被传统中的后期著作吸收,也仍然保留着自身的价值和知识的有效性。他们的著作为当代中国的教育理论提供了取之不尽的思想源泉,具有重要的借鉴价值,仍然要求研究者对它们作直接的研究,因为它们构成了当代中国的教育理论创新的前提和研究者教育反思的出发点。其次,当代中国的教育理论创新离不开西方自然主义教育思想。理论创新依赖两个基本前提:一是获取理论资源,一是发现理论困难。就前者而言,西方自然主义教育思想提供给我们的理论资源主要有教育思想内容和教育理论思维方式。自然主义教育思想的内容包括萌芽时期亚里士多德、昆体良、人文主义教育家的自然教育思想、夸美纽斯的客观化自然教育思想、卢梭的主观化自然教育思想、裴斯泰洛齐、赫尔巴特、第斯多惠、福禄培尔和斯宾塞的心理化自然教育思想、杜威的生长论自然教育思想。这些教育资源是我们实现教育理论创新的前提和基础。因为今天中国的教育理论,如儿童观、教育目的观、天性教育观、自由教育观、愉快教育观、主体性教育观、活动教育观、个性化教育观等,不是凭空产生的,而是基于西方自然主义教育思想成果而实现的,是一个对西方自然主义教育思想继承基础上的批判、修正和完善的过程。离开了西方自然主义教育思想的理论成果,中国的教育理论的创新就缺失了不可或缺的前提和条件。否定了创新的继承性,也就否定了中国教育理论认识和发展的历史性。"在发展中继承,在继承中创新,这是理论创新的辩证法和理论发展的真实逻辑。"[3]自然教育家的教育理论思维方式是指他们的富有批判、质疑和反思的精神,这种批判既指向当时教育实践的批判,又指向自然主义教育理论本身。而后者的批判更为重要,因为没有理论的批判,就不可能有理论的创新。理论创新固然离不开继承,但纯粹的继承不可能导致创新。如果只是拘泥于已有的理论结论,不去克服理论成果的缺点,照抄照搬,不能将理论与新的教育实践相结合,也就不可能实现理论创新。可见,批判是教育理论创新的内驱力。教育理论的创新必然伴随着对西方自然主义教育思想的批判、反思和质疑。就后者而言,发现理论困难实质上是发现理论的不完善性。因为"从根本上说,任何既有理论本身实质上就是不完善的。不完善性是一切理论的固有本质,或者

---

[1] [美]爱德华·希尔斯.论传统[M].傅铿,吕乐,译.上海:上海人民出版社,2009:133.
[2] [美]爱德华·希尔斯.论传统[M].傅铿,吕乐,译.上海:上海人民出版社,2009:133.
[3] 许玉乾.哲学批判与理论创新[M].昆明:西南师范大学出版社,2007:63.

说,不完善性是内在于理论的。正是在这种意义上,波普尔说:'科学知识的增长并不是指观察的积累,而是指不断推翻一种科学理论,由另一种更好的或者更合乎要求的理论取而代之。'"①西方自然主义教育思想也有它的不完善性,是可以不断突破、修正和完善的理论。研究者的理想信念使得他们总是追求西方自然主义教育思想的完善,因而理论的创新就成为一种历史的必然结果。

---

① 许玉乾.哲学批判与理论创新[M].昆明:西南师范大学出版社,2007:76—77.

第一章 西方自然主义教育思想当代价值研究的方法论：解释学之维

一、运用解释学研究西方自然主义教育思想当代价值的必要性

从解释学的视野看，西方自然主义教育思想当代价值的理论研究与解释学具有天然的内在关联，因为西方自然主义教育思想当代价值在中国的实现，就是西方自然主义教育思想不断被我们所理解、所应用、并得到创新和完善的过程。这一方面是由研究西方自然主义教育思想当代价值的目的决定的，另一方面是由解释学所特有的问答逻辑决定的。

首先，从研究西方自然主义教育思想当代价值的目的看，它关涉两个方面，一是"回到自然主义教育思想"，即根据西方自然主义教育家的文本把握和理解其基本观点、真实内涵和精神实质，一是"让西方自然主义教育思想走入当代"，即把西方自然主义教育思想应用于当代中国的教育实践，解答中国的实际问题，并在新的教育实践的基础上推进西方自然主义教育思想的发展。这两个方面目的的实现都与解释学密切相关。

西方自然主义教育思想是夸美纽斯、卢梭、裴斯泰洛齐、福禄培尔、杜威等自然教育家创立的理论体系，它表现于自然主义教育思想发展的萌芽期、客观化自然教育思想、主观化自然教育思想、心理化自然教育思想和生长论自然教育思想各个时期的著作即文本之中。因此，理解他们的思想，就是读他们的书。按照近代解释学的理解，文本的意义是独立于读者之外的，但可以为读者所理解和把握。因此，阅读的目的和任务就是要通过对自然教育家原著的认真阅读、深入理解，来"复原"或"重建"西方自然主义教育思想或文本的意义，即"回到西方自然主义教育思想"。只有以此为前提，才会真正对西方自然主义教育思想的研究与评价问题，才会有发展西方自然主义教育思想的问题。我们在研读西方自然主义教育思想家的经典著作时，可以有自己的思想和见解，当然也可以不同意作者的思想和观点，也可以根据我国教育的具体情况修正和发展自然教育家的思想，但前提条件是，我们必须正确地理解自然教育家的思想。如果我们不弄清楚西方自然教育家的原著和它的意义，就没有理解它的本来意义。

研究自然主义教育思想当代价值，另一个根本任务就是服务于当代，解决当代教育中的实际问题，实现自然主义教育思想在中国的当代价值，即"让自然主义教育思想走入当代"。质言之，就是用自然主义教育思想的基本立场、观点和方法解决当代的教育问题，并用新的教育实践检验

和发展西方自然主义教育思想。

"回到自然主义教育思想"与"让西方自然主义教育思想走入当代"是相互制约的关系。"回到自然主义教育思想"是离不开"让西方自然主义教育思想走入当代",否则,"回到自然主义教育思想"就会成为一种脱离现实教育需求和意义缺失的纯学术研究。"让西方自然主义教育思想走入当代"作为手段也限制着"回到自然主义教育思想"这一目的,因为不"让西方自然主义教育思想走入当代",也就不能真正理解和把握西方自然主义教育思想,也就不能"回到自然主义教育思想"。"让西方自然主义教育思想走入当代"意味着我们必须以西方自然主义教育思想的基本立场、观点和方法来指导当代教育改革实践,并在新的教育实践基础上检验和发展西方自然主义教育思想。而要达到这一点,我们必须理解西方自然主义教育思想,也就是"回到自然主义教育思想";离开"回到自然主义教育思想","让西方自然主义教育思想走入当代"就不可能实现。另一方面,只有当"让西方自然主义教育思想走入当代",西方自然主义教育思想才能被我们所理解。"这是因为,理解总是我们的理解,而我们是当代的我们,我们的存在是现实的存在,这个现实的存在是包含着历史传统的存在,历史传统不是在我们的存在之外,而正是在我们的存在之中。"[①]因此,我们不可能在时间上回到西方自然主义教育家所处的时代,而是西方自然主义教育家所处的时代正存在于我们之中,走入当今的时代,因而他们的教育思想才被我们所理解,所把握。可见,两者是相互限制、相互补充的关系。

其次,解释学的问答逻辑适用于西方自然主义教育思想当代价值问题的研究。西方自然主义教育思想当代价值是一个问题,是一个如何面向中国教育实际,解决中国教育问题的开放性的结构,因为不同的研究者有不同的回答,既可以作肯定的回答,也可以作否定的回答。问题的开放性正在于它回答的不一致性,对西方自然主义教育思想当代价值如何实现的问题的解答必须根据中国教育实践的变化而确定。伽达默尔认为,理解一个问题意味着问这个问题,理解一个观点就是把它理解为一个问题的答案。"在问与答的对话过程中,文本向理解者敞开,它向我们言说,而为了理解他人和理解自己,又必须使文本说话,问题问得越多,文本也说得越多,一个答案意味着又一个新问题的产生,文本意义的可能性是无限的。"[②]"在对问题的提问中会产生和激发出新的问题。因此,问题获得了它所特有的开放性:问题中蕴含着回答,回答又产生出新问题。在这一过程中,我们达到对问题的理解,达到对问题视域的'融合'。因此从某种意义上讲,提出问题就使得问题本身的'生命'意义的体现,'生命'意味着问题又开启了自身的意义;我们对问题不断的应答、提问、再应答、再提问时,问题不断地得以敞亮、明晰。"[③]正是在不断地追问和回答

---

① 王金福."回到马克思"与"让马克思走入当代"[J].南京政治学院学报,2002(1).
② 王岳川.现象学与解释学文论[M].济南:山东教育出版社,2003:211—212.
③ 谷永新.马克思哲学中国化研究的新视域——解释学的阐释[J].学术交流,2008(2).

中,西方自然主义教育思想当代价值问题才得以不断敞亮,不断地得到解决。如前所述,西方自然主义教育思想当代价值问题的解决,涉及到理解、解释和应用,而理解和解释的终极目标是应用。只有在应用中,西方自然主义教育思想的各种功能才能真正彰显,才能在解决中国教育实际问题、在与中国传统教育的结合中不断生成和更新其意义。因此,借助解释学的理论和方法,对西方自然主义教育思想当代价值问题进行深入的研讨就是题中应有之义。由此可见,离开了解释学的问题视域和问题逻辑,我们无法解决西方自然主义教育思想当代价值的问题。

二、引入解释学研究西方自然主义教育思想当代价值的可能性

(一)西方自然主义教育思想自身的可理解性

首先,西方自然主义教育思想作为精神科学(人文科学)具有可理解性。西方自然主义教育思想是研究教育与人的自然本性关系的人文学问,具有丰富的人文意蕴,它涉及到人的心灵世界,充满了人的情感、想象、意志以及教育活动的目的、价值、观念等。按照狄尔泰的观点,对于人的精神世界和生命世界,是不能用观察、测量来把握,只能靠内在的生命体验和理解来把握。"理解乃是进入精神生活世界的过程,历史也只有通过理解才能成为人的现实。如果没有理解,便不能构成人类历史,精神世界便是荒芜的,便谈不上生命的可能性,表达和意义都不复存在。因此,理解使个体生命体验得以延续和扩展,使表达具有普遍意义,使精神世界成为具有相关性和互通性的统一体,使历史在人的阐释中成为现实,使个体之人成为人类,使生命获得超越而臻达永恒。"[①]正是借助于理解,我们才能体验和把握自然主义教育思想中的"人性"和精神世界,西方自然主义教育思想的可理解性才成为可能。

其次,西方自然主义教育思想是由不同时代、不同国家的教育家所创立的教育理论体系,都是一定时代教育生活内容的反映,都是基于相同利益、相似的生存境遇、相似的教育关切而创造出来的,体现了大多数人的教育情怀。不同的自然教育思想的经典文本之所以能传承下来,为不同时代的研究者所理解和解释,其根本原因就是它们具有可理解性。换言之,它们"是对人类的大多数有益的,是代表着人类大多数利益的,是站在整个人类的立场上为着整个人类的福祉而不是站在个别人和少数人的立场为少数人谋求利益的东西"[②]。

再次,西方自然主义教育思想的"客观精神"使它的理解成为可能。各个时期、各个国家的自然教育思想尽管存在着视角和内容的差异,但也存在着"共同的来源"和"共同的意义",也就是相互理解的总体精神,狄尔泰称之为"客观精神",伽达默尔称之为"效果历史意识",即当我们对各种自然教育思想进行理解时,由以往教育思想史积淀下来的各种精神成果会对我们当下的各种理解活动

---

① 王岳川.现象学与解释学文论[M].济南:山东教育出版社,2003:190.
② 皮家胜.马克思主义哲学中国化的解释学之维[M].北京:人民出版社,2014:29.

产生影响,发生效用。没有前者,也就没有后者。这种代表人类共同教育利益的普遍的教育价值观就是解释学所追求的"共同的意义"。按照伽达默尔的观点,解释学的任务就是要揭示和阐发文本的正确性的意义,达不到这一点,理解就会失败。因为我们进行理解"无非只是表示,我们试图承认他人所言的东西有事实的正确性。甚至,如果我们想要理解的话,我们还将力求加强他的论证。这种情况在谈话中已经发生,而在对文字的东西进行理解时就更加经常地出现,以致我们在这里进入了一个有意义的领域,该有意义物自身是可理解的,并且作为这种自身可理解的有意义物无须再返回他人的主体性中。诠释学的任务就是要解释这种理解之谜,理解不是心灵之间的神秘交流,而是一种对共同意义的分有。"① 这就是说,我们要理解西方自然主义教育思想的话,前提是要承认它的正确性,即可理解性,唯有如此,我们才能分享西方自然主义教育思想的"共同的意义"。

第四,西方自然主义教育思想的实践性的特点使它的可理解性成为可能。西方自然主义教育思想不是纯思辨的东西,而是和教育实践相结合的产物。无论是夸美纽斯的客观化自然教育思想、还是裴斯泰洛齐、赫尔巴特、第斯多惠、福禄培尔、斯宾塞的心理化自然教育思想,抑或是杜威的生长论自然教育思想,都有极强的实践性。卢梭虽然不是教育实践家,没有从事过教育实践活动,但他的主观化自然教育思想是在批判当时教育现实的基础上得以建构的,因而也是与教育实践密不可分。西方自然主义教育思想的实践活动的根本内容包含三个方面:一是批判当时的教育实践。尽管不同时期的教育实践有不同的表现形式,如经院主义教育实践、禁欲主义教育实践、神学教育实践和传统教育实践,但它们都有一个共同弊端,就是压抑儿童的天性,违背儿童的身心特点,阻碍自然教育理念和实践的发展。自然主义教育思想要成为教育实践的指导思想,在教育实践中发挥它的功能,就必须对旧教育实践进行无情的揭露和抨击才能得以实现。没有对旧的教育实践的"破",就不会有自然教育理念的"立"。只有通过这种揭露和抨击,才能改变不合理的教育现实,才能在合理的教育实践基础上生长出合理的教育思想。事实上,无论那一个时期的自然教育思想,都是在深刻洞察旧教育的根本缺陷,并无情地揭露和抨击的基础上得以建构的。二是与广大民众的教育实践相结合,改造教育实践。西方自然主义教育思想要发展,就必须深入广大民众的教育实践,从教育实践中获取"问题"和"营养",而永远不能禁锢在精神领域之内,不能囿于书斋之中。它的这种实践本性决定它必然要走出自身,与广大民众的教育实践相结合,在教育实践中获得自身发展的动力。唯有如此,西方自然主义教育思想才会自觉地接受教育实践的检验,不断地修正自己理论上的偏差,从而更好地服务于教育实践。可以说,实践性是西方自然主义教育思想能够与各国具体教育实际相结合,能够得到各国、各民族普遍接受和认同的内在条件之所在。三是改造社会。自然教育家改造教育实践的目标是培养人才,改造社会。这充分反映在自然教育家对教育目的的论述上。夸美纽斯提出了使学生获取学问、德行和虔敬,促

---

① [德]伽达默尔.真理与方法(上卷)[M].上海:上海译文出版社,1999:374.

进学生身心和谐发展的教育目的;卢梭提出了培养自然和自由发展的自然人;裴斯泰洛齐提出了促进学生的道德、智慧和身体和谐和平衡发展的教育目的;第斯多惠提出了培养学生真、善、美的全人的教育目标;斯宾塞提出了培养学生自治和快乐的人的教育目的;杜威提出了培养生长人和公民的教育目的。这些教育目的的提出,旨在改造社会,培养新人。正是在这种意义上的教育实践,为西方自然主义教育思想的可理解性以及被中国化提供了条件。

第五,西方自然主义教育思想不仅是实践的教育思想,而且也是当代教育思想,蕴含着当代价值。正是西方自然主义教育思想的当代价值,使得西方自然主义教育思想能够为当代各国教育者所运用、理解和接受,也成为实现教育现代化的中华民族所需要的理论武器。首先,西方自然主义教育思想的当代价值表现在它仍是当代最先进的教育理论,是现时代教育精神的精华。它所论述的教育目的、儿童观、天性教育观、经验教育论、自由教育观、活动教育观、主体性教育观、个性化教育观、生命教育观、智慧教育观、愉快教育观等,至今仍然指导着我们的教育思想和教育实践,成为我们构建个人教育观念和教育实践智慧的重要的思想源泉。当当代教育者在处理儿童观问题、教育与儿童天性发展的关系问题、学科课程与活动课程关系问题、如何减负,使学生快乐学习的问题、如何建构生命教育理论、主体性理论等问题时,西方自然主义教育思想对这些问题的思考就成为当今教育界最具当代价值的思想资源。其次,西方自然主义教育思想的当代价值表现在它的深刻的批判精神方面。这个批判精神指向两个维度:一是指向违背儿童自然本性、阻碍自然教育发展的教育观念和教育行为。夸美纽斯、卢梭、裴斯泰洛齐、第斯多惠、福禄培尔、斯宾塞、杜威都深刻地洞察了这种传统教育的弊病,给予了无情的揭露和抨击。这种对传统教育的批判的价值也不能忽视,它对我们批判传统教育具有重要的启示价值。二是指向西方自然主义教育思想的自我批判精神。每个时期的自然教育家都对西方自然主义教育思想本身进行了深刻的批判,这种批判内在地包含着自然教育家之间的对话、选择和超越。正是通过这些环节,"自然主义教育思想实现了自身由萌芽到客观化自然教育思想、主观化自然教育思想、心理化自然教育思想到生长论自然教育思想的演进,同时彰显了自然主义教育思想的批判特质,即每一个阶段的自然教育思想既是对以往理论体系的批判,又是对自身理论框架和基础的确立"。[①] 西方自然主义教育思想的这种自我批判精神对于我们创造性地继承和运用先进的教育理论而不把它视为教条有着重要的现实意义。

(二)人类普遍的"理解力"与中国人对西方自然主义教育思想的"理解力"

1. 人类普遍的"理解力"和"共通感"

一般认为,生活在社会中的人具有普遍的理解力。对于这一事实,西方哲人给予了充分的肯定。古希腊的哲学家亚里士多德就认为,人是理性的思考的动物。法国哲学家帕斯卡尔也说过:

[①] 刘黎明.西方自然主义教育思想史[M].武汉:华中科技大学出版社,2014:21.

"人显然是因为思想而生的,人的全部优点尽在于此,人的全部责任也在于按恰当的方式思想。""我们的全部尊严就在于思想。我们必须通过思想,而不是通过我们无法填充的时空来提升自己。"① 这表明,思想和理解力是人最高贵、最富有尊严之处,没有思想和理解力,人无疑等同于禽兽。人之所以具有普遍的理解力,理由如下。

首先,人的理解力是社会造成的,是社会因素的产物。作为社会中的人,"不是孤立的生物个体,而是社会存在物,是在一定的社会关系中生存,运用社会所提供的语言、思想材料、思维成果和思维方法,具有自我意识并通过自觉的活动能动地表现自己的社会性的类存在物。只有这种社会的人才可能有思维,才可能成为思维的主体并进行思维活动"②。人只有参与社会的各种活动(包括物质的活动和精神的活动),同社会中的他者有交往的实践活动,人的理解力才能形成和发展。一个人即使具备脑这个生理器官,但不与人沟通,与世隔绝,脱离社会生活,不参与任何社会交往,他就不会有健康的理解力。

其次,人的理解力源自于人与人之间共有的"共通感"。"共通感"是人们相互理解的重要条件,也是进入他人心灵世界的重要路径。正因为有了"共通感",不同时代的经典才被人们理解、认同和传承,人类的文化才得以延续,人类的过去、现在和将来才不至于断裂,而成为绵延的、有意义的历史。对于"共通感"的内涵和特性,伽达默尔作了深刻的阐释:所谓"共通感"是指那种存在于一切人之中的普遍能力,同时是指那种导致共同性的感觉。他引维柯的话说:"那种给予人的意志以其方向的东西不是理性的抽象普遍性,而是表现一个集团、一个民族、一个国家或整个人类的共同性的具体普遍性。因此,造就这种共同感觉,对于生活来说就具有着决定性的意义。"③"共通感"可以通过形象教育、想象和记忆力来培养,但它不是通过理性、论证所获得的。"共通感"还可以理解为"人们的一种谦逊的、适度的和通常的精神状态,这种精神状态是以某种共同的东西为准则,它不把一切归到自身的功利之上,而是注意到它所追求的东西,并有节制地谦逊地从自身去进行思考"④。

综上所述,人类对事物和文本具有普遍的"理解力"和"共通感",正是有了它们,不同时期的经典文本才被人们所理解、认同和接受,人类长期积累起来的历史和传统才不至于断裂。它们的存在为我们理解西方自然主义教育思想提供了前提,奠定了基础。

2. 中国人对西方自然主义教育思想的"理解力"的形成

首先,中国人对西方自然主义教育思想的"理解力"是在接触西方自然主义教育思想之后与之在情感上产生共鸣而获得的。近代以来,中国教育界的有识之士为了振兴教育,纷纷把目光投

---

① [法]帕斯卡尔.思想录[M].刘烨,编译.北京:中国电影出版社,2005:102.
② 夏甄陶,等主编.思维世界导论[M].北京:中国人民大学出版社,1992:7.
③ [德]伽达默尔.真理与方法(上卷)[M].洪汉鼎,译.北京:商务印书馆,2011:35.
④ [德]伽达默尔.真理与方法(上卷)[M].洪汉鼎,译.北京:商务印书馆,2011:41.

向西方,向西方学说、思想学习。在这一过程中他们接触到了西方自然教育家的著作,就深深地被西方自然主义教育思想所吸引。他们在比较西方传统教育思想与西方自然主义教育思想后,看到了西方传统教育思想的落后和西方自然主义教育思想的先进,因而理性地选择了西方自然主义教育思想,并把它引进中国。从此,西方自然主义教育思想就对我国教育理论与教育实践产生了深刻影响。"20世纪前后,西方的一些著名教育家的学说和著作大多假手日本介绍过来。夸美纽斯、洛克、卢梭、裴斯泰洛齐、福禄培尔、赫尔巴特、斯宾塞等人的传记和著作均在各种刊物上出现。"[①]由于西方自然主义教育思想是在对传统教育思想深入批判的基础上建构的,因而得到了当时中国教育界有识之士的广泛认同,对他们而言,它有着极大的吸引力、亲近感和无可抗拒的魅力,引起了他们强烈的情感共鸣。在当代的中国,主体性教育、自由教育、活动教育、经验教育、个性化教育、生命教育、愉快教育等活动广泛开展,成为时代的"显学"。它们都能从西方自然主义教育思想中吸取"营养",因为西方自然主义教育思想中的主体性教育理论、自由教育理论、活动教育理论、经验教育理论、个性化教育理论、生命教育理论、愉快教育理论等与上述活动是相契合的,后者可以为前者提供指导,奠定基础。

其次,中国人对西方自然主义教育思想的"理解力"是从中国人改造传统教育,实现教育现代化的强烈愿望和要求转化而来的。传统教育思想由于自身的局限性,难以成为教育现代化的基石,它必须借助于外来的先进的教育理论来提升自己。西方自然主义教育思想作为世界性的先进的教育思想,它不仅反映了世界教育发展的规律,吸收了各民族教育的精华,而且它肩负的重要使命就是在同各国教育实践结合的过程中,改变各国的教育观念和教育思维,并将各国的传统教育提升到当代世界教育的水平。中国人很早就进行了这方面的探索,特别是20世纪20年代,把杜威的生长论自然教育思想引入中国很快形成了高潮。杜威的提出的"教育即生长"、"教育即生活""从做中学"、"儿童中心主义理论"对中国的教育理论与实践产生了重要影响。"值得注意的是,实用主义教育思想在中国的传播绝非简单的文化移植,它需要适宜的文化土壤,而本国的文化土壤也必然对新移植的外域文化提出相应的要求,这就迫使主体在引入外域文化时不得不进行理论再求索。但由于引入者本身政治哲学观点以及自身实践过程的差异,他们所表现出来的学术再创造不可能完全一致。大致说来,蒋梦麟和胡适侧重于实用主义教育思想中国化运用与探索,陶行知与陈鹤琴则能结合近代的国情民性与自己的长期教育实践对杜威教育思想进行相应的理论再创造与学术再创新。"[②]杜威教育思想的引入对批判当时中国的专制主义教育发挥了极其重要的作用。今天在推进教育现代化的过程中,我们仍然需要借鉴包括杜威在内的西方自然教育家的思想,这对于改造传统教育,为教育者树立新的教育观念和构建实践智慧提供重要

---

① 吴式颖,阎国华.中外教育比较史纲[M].济南:山东教育出版社,1997:214.
② 丁纲.历史与现实之间:中国教育传统的理论探索[M].北京:教育科学出版社,2002:166.

的思想资源。

再次,中国人对西方自然主义教育思想的"理解力"还来自于西方自然主义教育思想与中国优秀的传统教育思想之间的深刻关联。虽然西方自然主义教育思想与中国优秀的传统教育思想之间有着本质的区别,但也有相似和会通之处,"西方自然主义教育思想与中国传统教育思想结合不仅具有必要性,而且具有可能性。理由是,两者在教育理论基础、教育目的、教育作用、教学原则、教育路径和方法上具有相通相融性,尤其是中国本土的自然教育思想更是与西方自然主义教育思想具有对话、交流、融通的可能性"①。正是这种融通性使中国优秀的传统教育思想与西方自然主义教育思想的"对话"与"视界融合"提供了坚实的基础,从而使得西方自然主义教育思想被中国的教育者广泛理解、接受、认同和传播,这无疑有利于中国教育者增强对西方自然主义教育思想的理解力。

三、西方自然主义教育思想当代价值研究的解释学路径

(一)西方自然主义教育思想当代价值研究的"理解的间距"

西方自然主义教育思想出现在距离我们几百年甚至上千年的古代、近代和现代初期,它的诞生时代与我们借鉴它来指导中国的教育实践,发挥它在当代价值过程之间,显然存在着"时间间距"。此外,还存在着"语言间距"。就后者而言,西方自然主义教育家的经典著作是用希腊语、英语、德语等不同语言写成的,中国人要理解它必须用汉语来表达它,这里就存在"语言间距"问题。正是"时间间距"与"语言间距"构成了西方自然主义教育思想当代价值研究的"理解间距"问题,这一问题的解决关涉到我们能否对西方自然主义教育思想客观理解。因为我们要实现西方自然主义教育思想在中国的当代价值,就必须借鉴客观的、准确的和完整的西方自然主义教育思想来指导和解决中国教育的实际问题,必须将我们自身与被理解对象的西方自然主义教育思想之间的始源相关性呈现出来。我们只有在有了对自身的境遇、所接受的传统教育思想的理解之后,才能去理解和把握西方自然主义教育思想;反之,我们只有在理解了西方自然主义教育思想之后,才能真正地理解自身的境遇、所接受的传统教育思想。如果实现了自身与西方自然主义教育思想的互动,那么也就达到了对西方自然主义教育思想的客观理解。当然,这种理解的客观性不是固定不变的,而是随着时间的变动以及理解者的历史性的发展成为一种被突破被超越的客观性。正因为如此,对西方自然主义教育思想的理解会不断地展现新的境界,生成新的意义,最终达成理解的真正客观性。

1."时间间距"在西方自然主义教育思想当代价值研究中的功用

首先,正是由于时间间距,每个时代的研究者对西方自然主义教育思想的理解是不同的,存

---

① 刘黎明.论西方自然主义教育思想中国化何以可能与如何可能[J].教育现代化,2015年6月(上半月).

在着巨大的差异,呈现出各种各样的理解和解释,从而使对西方自然主义教育思想理解的连续性成为可能。正是这种连续性的存在,西方自然主义教育思想才向我们呈现出完整的意义。正是由于理解和解释内容、视角的各异,我们对西方自然主义教育思想的更全面理解才有可能。没有时间的距离,任何西方自然主义教育思想文本都不可能在不同的时代获得不同的理解和发展。"时间距离的魔力在于,它只保留那些对人类发展有意义的东西,而对那些没有意义或价值的东西则坚决予以淘汰。不仅如此,它还能够使那些真正有意义的思想或理论体系、文本的意义全面、客观、充分地显现出来并逐步得到人们的理解。这是通过不同时期将这些思想体系、文本内容的不同部分分别提升的办法来实现的。"①可见,"虽然个体的存在是有断裂的,但整体的存在却弥补了这一断裂所造成的隙罅,使人们能够把那消逝了的个别性纳入到历史整体的连续性之中"②。

其次,时间距离在对西方自然主义教育思想的理解中起着中介和桥梁的作用。由于时间间距的存在,使得西方自然主义教育思想经典文本的意义仿佛离我们远去。然而,我们对西方自然主义教育思想意义的理解并没有因为时间间距而成为不可能,恰恰是因为时间间距而成为可能。时间距离一个充满活力和创造性的东西,蕴含着积极和建设性理解之可能性,正是通过它,西方自然主义教育思想经典文本的意义才不断地被阐发。伽达默尔提醒我们:"事实上,重要的问题在于把时间距离看成是理解的一种积极的创造性的可能性。时间距离不是一个张着大口的鸿沟,而是由习俗和传统的连续性所填满,正是由于这种连续性,一切传承物才向我们呈现了出来。在这里,无论怎么讲一种事件的真正创造性也不过分。"③时间不仅包含当下,而且也包含着过去和未来。如此理解,"那我们就不再将时间看做是一去不复返的,那它也就不可能给理解构成任何'障碍'或'鸿沟',人类的精神或理解力完全可以借时间而获得对过去、当下和未来的理解和把握,获得对一切人类事物的理解和解释"。④ 可见,时间距离在对西方自然主义教育思想经典文本及其意义的理解中充当了当前与过去、文本与解释者之间的中介和桥梁。

再次,时间距离不仅为我们理解西方自然主义教育思想提供了理解的尺度,而且还会消除人们对西方自然主义教育思想理解的教条主义态度,使理解的客观性成为可能。如果只是从字面、书本上教条地理解西方自然主义教育思想,而不联系中国教育的实际问题,那就不是真正的理解西方自然主义教育思想。如果我们在理解西方自然主义教育思想时考虑时间的距离,就可避免教条式的理解。当我们意识到自身与西方自然主义教育思想诞生的时代历史条件之间存在着时间的差异后,当我们懂得了每个时期教育家对西方自然主义教育思想的理解与今天人们对它的

---

① 皮家胜.马克思主义哲学中国化的解释学之维[M].北京:人民出版社,2014:103.
② 皮家胜.马克思主义哲学中国化的解释学之维[M].北京:人民出版社,2014:92.
③ [德]伽达默尔.真理与方法(上卷)[M].洪汉鼎,译.北京:商务印书馆,2011:421.
④ 皮家胜.马克思主义哲学中国化的解释学之维[M].北京:人民出版社,2014:92.

理解存在着巨大差异时,当我们意识到自我理解必然包含在理解之中时,就会创造性地运用西方自然主义教育思想,有针对性地解决中国教育的实际问题,而不是教条的理解和运用。事实上,我国教育界目前对儿童观理论、天性教育理论、自由教育理论、主体性教育理论、自我教育理论、活动教育理论、综合实践课程、生命教育理论、生活教育理论等的研究和运用,尽管都与西方自然主义教育思想密切相关,都从西方自然主义教育思想的相关理论中吸取了"营养",但都不是原封不动地运用西方自然主义教育思想,其视野远远超越了西方自然主义教育思想的视野,是对西方自然主义教育思想的创造性地运用和发展,融合了当代中国教育者的理解和见解。正是由于时间距离的存在,我们才对西方自然主义教育思想的理解充满真理性、客观性和生命活力。

第四,时间距离在对西方自然主义教育思想的理解中能够起过滤的作用,过滤掉那些错误的前见,而浮现出那些正确的前见,从而保证西方自然主义教育思想的理解的客观性。在参与对西方自然主义教育思想的理解因素中既有正确的前见,也有错误的前见,只有通过时间间距的作用,我们才能甄别它们。"时间距离除了能遏制我们对象的兴趣这一意义外,显然还有另一种意义。它可以使存在于事情里的真正意义充分地显露出来。"①对任何西方自然主义教育思想经典文本的理解和吸取是永无止境的,是一个开放的过程。"这不仅是指新的错误源泉不断被消除,以致真正的意义从一切混杂的东西被过滤出来,而且也指新的理解源泉不断产生,使得意想不到的关系展现出来。促成这种过滤过程的时间距离,本身并没有一种封闭的界限,而是在一种不断运动和扩展的过程中被把握。"②根据伽达默尔的观点,时间距离还能使诠释学的真正批判性问题得以解决,也就是说,只有通过它,我们才能正确地区分和把握理解的真前见以及由误解而产生的假前见。

2. "语言间距"在西方自然主义教育思想当代价值研究中的功用

西方自然主义教育思想当代价值的研究,必然涉及到语言问题,因为语言是西方自然主义教育思想的理解得以实现的根本条件。"所谓理解就是在语言上取得相互一致。……整个理解过程乃是一种语言过程。理解的真正问题以及那种巧妙地控制理解的尝试——这正是诠释学的主题——在传统上都归属于语法和修辞学领域,这一点决不是没有理由的。语言正是谈话双方进行相互了解并对某事取得一致意见的核心。"③因此,"语言间距"的暴露,对理解西方自然主义教育思想及其在中国的当代价值的实现至关重要。

首先,对话是达成西方自然主义教育思想理解的重要条件。由于每个人都有理解能力,因而

---

① [德]伽达默尔. 真理与方法(上卷)[M]. 洪汉鼎,译. 北京:商务印书馆,2011:422.
② [德]伽达默尔. 真理与方法(上卷)[M]. 洪汉鼎,译. 北京:商务印书馆,2011:422.
③ [德]伽达默尔. 真理与方法(上卷)[M]. 洪汉鼎,译. 北京:商务印书馆,2011:540.

人与人之间就有可能共同生活和相互对话。(1)西方自然主义教育思想理解是一种对话的语言现象。因为西方自然主义教育思想的一切理解是在语言性的媒介中获得成功或失败的,都存在着潜在的语言相关性,因此我们总能在出现意见不一致的情况下通过相互的对话而达成一致的看法。在这个过程中,不仅教育者与自然教育家之间、不同的教育者之间都可以通过语言对话达成一致,而且教育者对自然教育家的经典文本的理解也是通过语言对话实现的。因为对经典文本"理解的过程本身也表现为一种语言现象,一种被柏拉图描述为思维之本质的灵魂与自身的内心对话的语言现象"①。也就是说,我们可以用语言来表达所有的西方自然主义教育思想,并达成相互理解。"诚然,我们总是受到我们自己的能力和可能之有限性的局限,而只有一种无止境的对话才能完全实现这一要求,这也是事实。"②相互谈话不是相互争论,也不是各谈各的,而是在相互对话中营造了话题的共同视角。"谈话改变着谈话双方。一种成功的谈话就在于,人们不再会重新回到引起谈话的不一致状态,而是达到共同性。这种共同性是如此地共同,以致它不再是我的意见或你的意见,而是对世界的共同解释。"③正是这种共同性才使西方自然主义教育思想的统一意义的理解和把握成为可能。(2)对话乃是人类自然教育思维的标志。如果说有什么东西标志人类的自然教育思维,那就是永无止境的关于西方自然主义教育思想的对话。没有对话,人类对西方自然主义教育思想的思维和理解也就无从产生。正如伽达默尔所说:"思维就是指自身思考某些东西,而自身思考某些东西又是指自身讲出某些东西。因此我认为,柏拉图把思维称为灵魂和自身的对话称为一种不断进行自我超越,反过来又对自身和自己的意见和观点发生怀疑,提出异议的对话,他这样认识思维的本质是十分正确的。"④对话的真理性就在于,说出的话只有被人理解、接受和认同,才能得到验证。反之,这种对话思维就缺失说服力。(3)对话能加深自我理解。按照伽达默尔的理解,对话就是在我们心中留下某些痕迹的东西。这意味着我们在其他人那里遇到了未曾接触过的新东西,它改变着我们的经验世界。"谈话具有转变的能力,凡是成功的谈话总给我们留下某些东西,而且在我们心中留下了改变我们的某些东西。因此,谈话与友谊比肩而立。"⑤只有在谈话中我们才能相互理解,并达成理解的共同性。"在这种共同性中,每人对于对方都是同一个人,因为双方都找到了对方并且在对方身上找到了自己。"⑥这种共同性是建筑在人的自我理解和相互一致的基础上的。

其次,"语言间距"的存在有助于我们理解和把握西方自然主义教育思想的整体意义。对于

---

① [德]伽达默尔.真理与方法(下卷)[M].洪汉鼎,译.北京:商务印书馆,2011:230.
② [德]伽达默尔.真理与方法(下卷)[M].洪汉鼎,译.北京:商务印书馆,2011:252.
③ [德]伽达默尔.真理与方法(下卷)[M].洪汉鼎,译.北京:商务印书馆,2011:235.
④ [德]伽达默尔.真理与方法(下卷)[M].洪汉鼎,译.北京:商务印书馆,2011:250.
⑤ [德]伽达默尔.真理与方法(下卷)[M].洪汉鼎,译.北京:商务印书馆,2011:264.
⑥ [德]伽达默尔.真理与方法(下卷)[M].洪汉鼎,译.北京:商务印书馆,2011:264.

西方自然主义教育思想而言,每个解释者总要表现自己的个别性,如自己的立场、观点和视域,因而难免会导致片面性。然而,"通过这种片面性,解释就使得事物的某个方面得到了强调,以致为了达到平衡,这同一个事物的另外方面必然会继续地被讲出。正如哲学辩证法通过矛盾的激化和提升使一切片面的观点得到扬弃,从而使真理的整体得到表现,诠释学的努力也有这样的任务,即从它所关联的全面性中开辟意义的整体"①。伽达默尔的这段话提示我们,教育者对西方自然主义教育思想的理解和解释是在语言中实现的。不同的教育者由于自身是在前理解所规定的境遇中从事理解活动,因而对西方自然主义教育思想的理解和解释是不相同的,正是这种不同使教育者达到了对西方自然主义教育思想的客观和全面的理解,展现了一个意义的整体,出现意义的同心圆,由此达到理解的任务,即在各种同心圆中扩大被理解意义的统一性,形成理解的一致性。很显然,"意义的统一性根源于意义的个别性,没有意义的个别性也就没有所谓意义的整体性。……没有各种语言形式或媒介,我们也根本无法达到意义的整体。因此,能帮助我们达到对全面一致的意义理解的正是各种千差万别的语言形式。没有千差万别的语言形式的存在,我们就无法把握意义的统一性"②。

再次,语言与意义之间的距离是达到对西方自然主义教育思想客观理解的重要条件。要正确地客观理解西方自然主义教育思想,就不能拘泥于字眼,而应从整体上去把握,否则就会造成误解或困惑,导致理解的失败。例如,对卢梭的"自然人"的理解上,以往很多人把它理解为纯粹的、不食人间烟火的"自然"人。其实这种理解是片面的,只要联系卢梭的《论科学与艺术》、《论人类不平等的起源和基础》、《社会契约论》、《论波兰的治国之道及波兰政府的改革方略》和《爱弥儿》来整体来理解就不会得出这种结论,而是把培养身心自然和自由发展的"自然人"仅仅看作卢梭的教育目的之一,另一个教育目的的重要内涵就是培养良好的社会公民。再如,要理解心理化自然教育思想,就不能从字面上或拘泥于心理化自然教育家的个别结论,而应从整体上把握心理化自然教育家注重教育教学心理学化这一特征。这两个事例表明,要客观地理解西方自然主义教育思想,必须从整体上去把握它的意义,不能囿于某个词、某句话、某个片断和某个个别结论,否则,我们的理解就会失败。

(二)西方自然主义教育思想当代价值研究的"解释学循环"

1. 西方自然主义教育思想当代价值中的自身意义循环

传统解释学对"解释学循环"的理解是:文本的部分与整体是循环的,即对整体的理解依赖于个别的理解,而对个别的理解离不开对整体的把握。这一循环理论是建基于"原意"解释理论之上的,即通过部分——整体的循环完全可以把握文本所蕴涵的"原意。""这里不仅假设了一个与

---

① [德]伽达默尔.真理与方法(下卷)[M].洪汉鼎,译.上海:上海译文出版社,1999:602.
② 皮家胜.马克思主义哲学中国化的解释学之维[M].北京:人民出版社,2014:139.

主体完全分割开来的理解对象,而且还假定了这个对象具有凝固、静止的意义。它静静地躺在那里等待着人们去发现、理解和把握。"①

我们所要论述的西方自然主义教育思想自身意义的循环与传统的解释学循环有着本质的差异。

首先,西方自然主义教育思想自身意义与"原意"说的呈现方式是不同的。"原意"说认为意义是固有的、凝固在文本之中,等待着阐释者去发现和阐释。与此不同,西方自然主义教育思想自身意义是依赖于理解者的理解、解释和应用而生成的。西方自然主义教育思想自身意义的循环提升、丰富和更新是在理解者的理解、解释和应用中实现的。正因为如此,才出现了前后递进的客观化自然教育思想、主观化自然教育思想、心理化自然教育思想、生长论自然教育思想等不同的范式和流派,呈现出丰富的意蕴。之所以能达成这一点,是与自然教育家的努力分不开,这种努力体现为两个方面:一方面坚持从西方自然主义教育思想自身的基本理念和方法去理解和应用西方自然主义教育思想,从而保持西方自然主义教育思想自身意义的一致性;另一方面从不同时代、不同国家的教育实践中发现和解决问题,吸取新的"营养"和新的经验,获取新见解和新视域。如果离开了这两个方面的努力,只是就西方自然主义教育思想理解西方自然主义教育思想,我们既不能真正地理解西方自然主义教育思想,也不能提升和丰富它的意义。因此,在21世纪的今天,我们要丰富和拓展西方自然主义教育思想自身意义,促进西方自然主义教育思想的发展,也离不开这两个方面的努力。

其次,西方自然主义教育思想自身意义与"原意"说在结果上是不相同的。后者的结果是文本自身所包含的全部意义都可以被理解者阐释殆尽和完全把握。而前者的结果是不可穷尽的,因为它"是在与不同时代的实践照面的过程中、在一代又一代的理解和解释者的理解和解释中不断生成和发展着的。……它是在同理解者的视域和见解的相互开放、相互作用的过程中,既吸取有利因素,又进行自我批判、消除不利因素,不断丰富和完善自身的"。②"从理论上说,我们在这里处在一切阐释的界限上,阐释总是在一定程度上完成了它的任务:所以一切理解总是相对的,永远不可能被完成。"③

正因为西方自然主义教育思想自身意义与"原意"说在上述两个方面的差异,因而用以"原意"说为基础的传统的"解释学循环"理论是难以解决西方自然主义教育思想自身意义的循环问题。而利科的"远化"与"占用"的循环理论有助于这一问题的解决。

利科认为,远化即间距化是指人与存在的一种疏离。间距化不是传统诠释学所认为的是理

---

① 皮家胜.马克思主义哲学中国化的解释学之维[M].北京:人民出版社,2014:161.
② 皮家胜.马克思主义哲学中国化的解释学之维[M].北京:人民出版社,2014:163.
③ 洪汉鼎.理解与解释——诠释学经典文选[M].北京:东方出版社,2001:91.

解的障碍或误解的原因,而是理解得以发生的前提和必要环节。因为"人类经验的真实性的根本特征,即在间距中并通过间距而交流"①。而语言是间距化的中介要素,它与话语不同,前者是用书写固定下来的语言,后者是指我们日常生活中的口头语言。文本的语境世界不同于日常语言的世界。正是在这个意义上,"它构成了一种新的被称为真实远离自身的间距"②。正是间距,文本进入了我们对其现实性的把握,敞开了文本世界理解的可能性。"因为存在必须通过言说才能显现,并且某种在言说中显现的存在因过于直接而使其受到限制。要使直接的言说语言消除直接指称的限制,只有通过书写语言方式来实现。一旦言说语言转换为书写语言,原先的直接指称关系就会隐去不显,特殊的东西被普遍化了。只有消除了直接性或特殊性,书写才能为我们提供出一个让理解可以进入的可能世界——文本世界。没有书写下来的文本,从某种意义上说,我们也就不可能有理解。"③可见,对于文本世界的理解而言,远化或间距化是必要的前提和条件。它"不再是方法论的产物,因此也不是剩余物和寄生物;母宁说,它是作为书写的文本现象的建构"④。

所谓"占用"也叫"占有",是指文本应用于解释者或读者当下的情境。"从表面上看,我们似乎看到的是文本被阅读、被理解和解释,即占用。实际上,本文由于其创立过程与其环境的疏远或异化,使得它必须重新返回到它所由之而来的生活世界中去。如此它才能获取它的生命并且日益丰满和充盈起来。我们可以肯定地说,本文是在这种回归过程中,带着大量的收获物而不断成就自身的。当然,这种绝非回到它原来的出发点去,而是回到产生它的那个生生不息的现实生活世界,那里正是它的永恒家园和力量的不竭源泉。这就是文本的自身意义的循环。"⑤

占有与文本世界的间距化是内在地、辩证地关联着。对此,利科作了重要阐释:通过占有,间距化并没有被消除,但它成了它的对应物。尽管由于书写而导致的间距化,使得占有与作者的意向之间并没有任何亲密关系的踪迹,但"占有与同时代性和融洽性完全相反:它是通过间距并在间距中理解"⑥。

西方自然主义教育思想的当代价值就是西方自然主义教育思想间距化又返回自身的过程,即是通过"间距化"—"占用"的循环实现自身意义的不断传承和绵延的过程。西方自然主义教育家对西方自然主义教育思想的建构,一方面离不开当时的时代背景,是在其时代的土壤上孕育发展、开花结果的,另一方面,它要成为一种书写的文本世界,就必然会同时代产生一种疏异,也就是间距化。正是在这个意义上,文本世界才成为抽象化的世界,才不断地被一代又一代的读者、

---

① [法]利科.解释学与人文科学[M].陶远华,袁耀东等,译.石家庄:河北人民出版社,1987:134.
② [法]利科.诠释学与人文科学[M].李西祥等,译.北京:中国人民大学出版社,2012:112.
③ 皮家胜.马克思主义哲学中国化的解释学之维[M].北京:人民出版社,2014:165.
④ [法]利科.诠释学与人文科学[M].李西祥等,译.北京:中国人民大学出版社,2012:100.
⑤ 皮家胜.马克思主义哲学中国化的解释学问题[M].武汉:湖北人民出版社,2006:136.
⑥ [法]利科.诠释学与人文科学[M].李西祥等,译.北京:中国人民大学出版社,2012:103.

理解者和解释者所诠释,其意义才不断地被阐发,从而不断地使自身意义的循环得以实现。这个过程要求我们不能把西方自然主义教育思想教条化,而应回到西方自然主义教育思想的原初状态,联系它所产生的时代教育语境,认真研究西方自然主义教育家是如何通过与时代教育语境的疏异化来建构西方自然主义教育思想的经典文本的。离开了这一点,我们就只能抽象地、教条地理解其文本。更为重要的是,作为教育者,我们必须认真地研读西方自然主义教育思想的经典著作,全面深刻地把握西方自然主义教育思想的精神内涵,深刻地把握现时代教育的特点和内容,找寻现实教育中的突出问题。只有立足于此,我们才能有效地实现西方自然主义教育思想在中国的当代价值。西方自然主义教育思想的自身意义也会因此得到不断丰富和拓展,从而不断地实现自身意义的循环,不断推进其自身的发展。

总之,西方自然主义教育思想的自身意义的循环既离不开远化(间距化),也离不开占用。"远化为占用提供现实可能,占用则为远化提供归所,并为进一步远化创造条件和可能。正是在这种远化—占用—远化的循环中,一方面,文本的自身意义得以绵延,而每一代理解者更能理解他们自己。通过对文本的占用,他们(理解者)收到了一个放大的自我。"①

2. 西方自然主义教育思想当代价值中理解者对自我存在意义的理解循环

西方自然主义教育思想当代价值中理解者对自我存在意义的理解循环是受狄尔泰的生命解释学的启发而解决的。

受施莱尔马赫的一般解释学的启发,被誉为"释义学之父"的狄尔泰建构了生命解释学。一方面,他重申了心理学解释的重要性,认为"理解从来不是直接的,它是理解者通过自身对作者心理过程的'体验'来重建这一过程,以达到对本文的理解"②。他对"理解"的定义蕴含了心理体验的意味:"我们把我们由感性上所给予的符号而认识一种心理状态——符号就是心理状态的表现——的过程称之为理解。"③换言之,理解和解释就是通过心理移情作用重建人的心理的过程。另一方面,他在生命哲学的基础上建构了生命解释学,有力地促进了解释学理论的发展。

在狄尔泰看来,文本是体现作者的生命活动的客观化物,而理解者同样具有生命的特征。理解者之所以能够借助创造和体验来理解文本,是与作者的文本和理解者所彰显的生命整体性和共同性密切相关。"因为归根到底体验乃是对生命的一种表达,体验所联接的乃是奔流不息的生命之流中,过去、现在和未来是融为一体的。所以,作为个性存在的读者和作者,也不过是同一生命的'要素',他们能够借助于'体验'而沟通起来。"④

---

① 皮家胜.马克思主义哲学中国化的解释学问题[M].武汉:湖北人民出版社,2006:137.
② 潘德荣.诠释学导论[M].台北:五南图书出版公司,1999:71.
③ 洪汉鼎.理解与解释——诠释学经典文选[M].北京:东方出版社,2001:104.
④ 彭启福.理解之思——诠释学初论[M].合肥:安徽人民出版社,2005:27.

正是在此基础上,狄尔泰阐释了他的生命解释学循环的思想:"个体常常不是在一种孤立的情况下去理解生命表现,而是在具有共同特性的与某些精神内容相关的知识背景下去进行理解的。"①这一生命解释学循环是依据其生命哲学建构的,体现出生命中的部分意义依赖于它的整体,而整体的生命意义又与它的部分相互依赖的生命特征。之所以会如此,是因为理解是一个重要的和持续的任务,完成这一任务的前提是:"持续稳定的生命表现摆在理解面前,因此,理解可以不断地返回到这些表现。"②这表明,理解不是通过理性和逻辑活动来完成,而是依靠非理性因素,尤其是体验的生命的因素的参与,依靠直观和顿悟来完成。理解在本质上是一种非理性和生命的活动。"当这一作为个体(部分)的生命面对以往和现实的生命构成的整体(表现为文化背景和社会共同体的结构)时,不仅个体不断从整体中获取自身所需要的精神因素,而且生命整体也从每个个体中吸收养料。这就构成了个体生命与文本所代表的整体生命之间的生命循环。"③

理解之所以是一种个体自身生存意义的循环,是因为理解即自我理解。"所有的理解与解释行为,都是公开或隐蔽地在理解历史、文化、传统或现实中去谋求理解和解释人自身,理解因而同时是人的自我理解。"④我们是出于理解自身的生活境遇、能力和目标、本性和需求、价值和观念等的需要,才去解读文本的。

狄尔泰的"生命解释学循环"思想对于我们解决西方自然主义教育思想当代价值问题颇具启发:

首先,我们要实现西方自然主义教育思想在中国的当代价值,要解读西方自然主义教育思想,需要我们投入整个生命去拥抱和诠释同样具有生命特性的西方自然主义教育思想的经典文本。这是因为,任何文本当然也包括西方自然主义教育思想的经典文本,都寄托了作者的情感、意志、理想信念、愿望、价值观和世界观,都是作者心理、生活和生命的投影。因此,我们要正确地、深刻地理解和把握西方自然主义教育思想的经典文本,必须把自己的整个生命融入理解活动之中,不仅要发挥理性的逻辑推理的作用,更要发挥非理性的作用,使直觉、顿悟、体验、移情、想象和直观都参与其中。唯有如此,我们才能达到对西方自然主义教育思想的经典文本的客观的和创造性的理解。这是从狄尔泰的生命解释学那里得到的启示。按照狄尔泰的观点,"文本是生命的客观表现物,我们自己是现实存在的生命,当我们自己面对文本作出自己对文本的理解时,这一理解也就变成了生命的客观化物,成为他人现实生命的理解对象,理解就是在这种生命的交替中循环往复地进行着。这种理解不能一味运用理性推理和逻辑演绎,而需要运用直觉或顿悟的方法"⑤。这就是理解的生命循环。它是通过理解者的个体生命对作为生命化物的文本包括西

---

① 皮家胜.马克思主义哲学中国化的解释学问题[M].武汉:湖北人民出版社,2006:145.
② 洪汉鼎.理解与解释——诠释学经典文选[M].北京:东方出版社,2001:106.
③ 皮家胜.马克思主义哲学中国化的解释学问题[M].武汉:湖北人民出版社,2006:146.
④ 殷鼎.理解的命运[M].生活·读书·新知三联书店,1988:01.
⑤ 皮家胜.马克思主义哲学中国化的解释学问题[M].武汉:湖北人民出版社,2006:148.

方自然主义教育思想的经典文本的理解而成全的。

其次,当我们通过西方自然主义教育思想的经典文本的理解和解释来达到对自身存在意义的认识和把握时,这种理解和解释就具有循环的意味:一方面,我们对西方自然主义教育思想的经典文本的理解是从某一个部分开始的,然后逐步扩展到整体,最后达到对西方自然主义教育思想的经典文本的相对全面的理解。如果我们全面地理解和把握了西方自然主义教育思想的经典文本的精髓,我们就能更好地理解我们自身;另一方面,我们对自身的理解是随着对西方自然主义教育思想的经典文本的理解不断深化而实现的,当然,前提是我们对我们自身的解释学境遇有深刻的认识和把握。可见,这两个方面是辩证的和统一的。我们知道,文本的意义是随着时间的流逝和理解者的差异而发生变化的、生成的,理解者不可能达到对"原意"的真正把握。这就需要我们摆脱"原意"说的束缚,以自身为中心,从自身的生活境遇、能力和目标、本性和需求、价值和观念等的需要去理解和解释文本,因为理解同时也就是自我理解。"如果我们以理解和解释者为中心展开理解循环,我们就不仅会使文本的意义获得新的增长,因为为文本带入了新的因素,文本从某种意义上说,获得了新的生长点,在现实的土壤中得到了自身所要求的水分和养料。理解者也通过把自身各种要素'置入'文本之中,而使自身处境、需求和本性得到了澄明。"①更为重要的是,通过对西方自然主义教育思想的经典文本的理解,我们不仅使文本的现实意义得到增长,而且也使我们获得比单纯理解文本更大的意义,收获一个新的、富有意义的、放大的自我。

再次,研究西方自然主义教育思想当代价值,重要的不是重建西方自然主义教育思想的经典文本的历史意义,挖掘文本的"原意",而是要让西方自然主义教育思想的经典文本和处于当代的我们的教育思维和教育观念发生联系和沟通,并从这种联系和沟通中产生对于我国当代教育发展有意义和价值的思想成果。尽管施莱尔马赫和狄尔泰的心理学解释学和生命解释学为我们理解文本提供了许多有价值的启示,但他们的理论都存在着局限性,突出表现在文本的解读始终是围绕着"原意"展开的,把理解的目标指向于过去的原意。为了克服这种局限,我们应把理解的目标指向文本的当代意义和价值。尽管我们不否认自然主义教育思想的经典文本的当代意义和价值与它的历史意义的关联,但它存在于理解者的"前理解"之中,是服务于文本的当代意义和价值的获得。"我们应当始终牢记:历史事实是客观的,可以重构,但意义则是相对于不同时代的人和处境而言的,是流动的,意义不可能重构。事实是意义的载体,但事实并非就是意义本身,对当时历史意义的把握绝不等于把握了该事件的现代意义。对现代意义的捕捉要依靠再理解和再解释。"②因此,我们要认真研读自然主义教育思想的经典文本,消化它们,变成我们精神生命的一部分,变成构建我们的个人教育观念和实践智慧的思想资源,更好地服务于我们当代的教育

---

① 皮家胜.马克思主义哲学中国化的解释学问题[M].武汉:湖北人民出版社,2006:148.
② 皮家胜.马克思主义哲学中国化的解释学问题[M].武汉:湖北人民出版社,2006:150.

改革。随着这一过程的展开,西方自然主义教育思想也会从中获得新的意义和生命,得到完善和更新。

3. 中国教育学者对西方自然主义教育思想的理解与其"前理解"之间的循环

中国教育学者对西方自然主义教育思想的理解与其"前理解"之间的循环首先源于中国教育学者"前理解"因素的参与。"前理解"又叫前见、先见、先知等,它不是要剔除的内容,而是理解的根本条件,在理解活动中发挥重要的作用。离开了前理解,理解活动无法展开。前理解是主体存在的方式,包括构成主体的所有精神因素,如动机、情感、意志、价值观、经验、方法论、世界观、思维方式等。中国教育学者的前理解除了包含上述因素外,还包括所处的时代、社会环境、教育观念、教育立场、教育思维方式、教育实践智慧等等。任何教育者的理解活动都不可能摆脱前理解的制约。"谁想进行理解,谁就可能面临那种并不是由事物本身而来的前意见的干扰。因此,理解的经常性任务就是构造正确的、与事物相称的筹划,这就叫先行冒险。"[1]"事实上,从我们存在的历史性就可以推出,……前见构成了我们整个经验能力的先行指向。前见是我们开启世界的先入之见,正是它们构成了我们经验事物的条件,构成我们遭遇到的事物对我们诉说的条件。"[2]总之,前理解的作用无处不在,只有理解者的理解活动包含了前理解,理解才成为可能。

中国教育学者的前理解因素是以传统的形式存在,并制约着人们对西方自然主义教育思想的理解。这种传统包括优秀的传统文化、优秀的传统教育思想,特别是中国本土固有的自然教育思想,它们影响并限制着我们的存在。尽管"人们自己创造自己的历史,但是他们并不是随心所欲地创造,而是在直接碰到的、既定的、从过去承继下来的条件下创造。一切已死先辈的传统,像梦魇一样纠缠着活人的头脑"[3]。我们要对西方自然主义教育思想进行创造性理解、创造性阐发,都离不开已有的传统,正是它们构成了我们提出新命题、新思想、新创见的出发点,而后者又会发展成为新的传统,从而不断地丰富和完善着我们的前理解的视野,这样理解会处在永无止境的循环之中。由于我们参与了解构和重构西方自然主义教育思想的实践活动,我们所获得的对西方自然主义教育思想理解的真理也不是凝固不变的,而是处在动态的、发展变化中的真理。这意味着理解的循环是无限的,没有终点站,它总与我们的参与活动相联系。如果缺少我们的参与活动,我们无法获得对西方自然主义教育思想的真理性的认识。

由此可见,在理解西方自然主义教育思想的活动中,前见、传统的作用是无处不在的,我们无法消除它,也不可能打破理解所特有的循环。我们需要做的事情是思考以何种方式进入理解的循环。其一,我们必须认清时代,找寻并把握时代的教育问题。我们所处的 21 世纪与西方自然主

---

[1] [德]伽达默尔. 真理与方法(下卷)[M]. 洪汉鼎,译. 北京:商务印书馆,2011:74.
[2] [德]伽达默尔. 真理与方法(下卷)[M]. 洪汉鼎,译. 北京:商务印书馆,2011:279.
[3] 马克思恩格斯选集(第 1 卷)[M]. 北京:人民出版社,1995:585.

义教育思想的文本作者所处的时代是不相同的,我们时代的教育问题与西方自然主义教育家所面临的问题也是不完全相同的。我们只有根据时代的条件和当下的教育问题,才能对西方自然主义教育思想作出创造性理解、创造性阐发。离开了时代条件和当下的教育问题的把握,我们就不可能正确地进入循环,达到对西方自然主义教育思想真理性的理解。其二,正确进入理解循环的第二个条件,就是批判性反思我们所具有的前理解。因为在我们的前理解中不可能所有的前理解都是正确无误的,也可能包含着错误的前理解,这就需要我们对前理解进行反思和甄别,还需要注意的是不要拿理解的自然教育思想的内容去迎合前理解的内容,否则,我们不可能达到对西方自然主义教育思想的真理性的理解。批判性反思我们所具有的前理解不仅有必要,而且具有可能性:"我们不仅可以从前见在理解中现实发挥作用中去甄别它们,我们也可以从前见形成和它曾产生过效用的过去中去区分它们,因为我们既可以对这些经验进行概括和总结,也可以使其受到质疑而处在悬而未决之中。"①

其次,只有通过理解与前理解之间的循环,才能实现对西方自然主义教育思想的真理性的理解。这一循环的过程可以从两个维度加以说明。其一,中国教育学者的前理解必然对西方自然主义教育思想发生影响,产生作用。中国教育学者的前理解因素主要以传统文化、传统教育思想的方式存在着,其中有许多与西方自然主义教育思想相融通之处:首先,在教育思想的理论基础上,两者都是以人性论为基础阐释教育的。孟子的"性善论"与卢梭的"性善论"有相似之处,都强调人性本善。其次,在教育目标上,中国传统教育思想强调健全人格的养成、道德修养、五育(军国民教育、实利主义教育、公民道德教育、世界观教育、美育)并举,这与西方自然主义教育思想重视人格的自我实现、德、智、体、美、劳全面发展有相通之处。再次,在教育作用观上,中国传统教育思想提出的"性相近,习相远"、"学而知之"、"化民成俗"、"开民智"、"育新民"与西方自然主义教育思想倡导"个人发展"与"社会发展"有机结合是一致的。第四,在教学原则上,两者都倡导启发诱导、因材施教、主动学习、循序渐进、知行合一、"自然无为"(或"消极教育"),有高度的契合。第五,在教育的路径和方法上,中国传统教育思想的重实践、实行、"教学做合一"、"社会即学校"、"生活即教育"与西方自然主义教育思想的"从实践中学"、"从做中学"、"学校即社会""教育即生活"具有渊源关系和内在的一致性。最要引起我们关注的是,中国传统教育思想中还蕴含着自然教育思想,从先秦时期到近现代时期,都有教育家倡导自然主义教育,形成了具有中国特色的自然主义教育思想。正是它们在教育理论和实践中被广泛应用,被我们普遍理解和认同,因而构成了中国教育学者的前理解因素。当我们以这些前理解因素参与西方自然主义教育思想的研究,并从中获得相似的内容时,我们对这些内容不仅不陌生,而且具有一种似曾相识的亲近感,容易被我们普遍理解和接受。前理解因素越多,我们愈能对西方自然主义教育思想及其经典文

---

① 皮家胜.马克思主义哲学中国化的解释学问题[M].武汉:湖北人民出版社,2006:159.

本深入理解。反之,如果我们排除这些前理解因素,我们就缺少理解的前提和根基,也就不可能理解西方自然主义教育思想及其经典文本。可见,中国教育学者的前理解因素决定着其对西方自然主义教育思想及其经典文本的理解发生的可能性及深度。我们只有对自身的传统文化和传统教育思想有了深刻的理解,成为了前理解的重要组成部分,才能使异域的自然教育思想为我们所理解、接受和认同,才能使前理解与西方自然主义教育思想及其经典文本的理解之间产生循环,生成新的传统。其二,西方自然主义教育思想必然会对中国教育学者的前理解起着改造、提升的作用。这种作用实质上表现为:"前理解不断地受到质疑、检测、证明,也就是说,我们的前理解在理解中成为我们理解的对象,构成了理解本身。这种相互作用使得理解和前理解不断发生移位或转换,从而构成了理解的循环。"①一方面,教育思想传统不断地得到西方自然主义教育思想的改造和培养,使那些传统中的正确因素会浮现出来,与我们对西方自然主义教育思想的理解一起融入新的传统之中,成为新传统的重要组成部分。另一方面,通过对西方自然主义教育思想的理解能够不断地净化我们的前理解,不断地批判、清理那些错误的前见,传统中的不良因素,使我们懂得哪些因素应该清除,哪些因素应该保留和发扬,从而使理解循环不断发生。

中国教育学者对西方自然主义教育思想的理解与其"前理解"之间的循环是更高水平、更富有意义的理解循环。因为它超越了文本为中心循环和以理解者为中心循环的局限性。

文本为中心的解释学循环的局限性在于,它只是一种局部的循环,"因而对整个理解而言,……它不可能将各种因素蕴含其中,它不可能将理解的各种关系全面地展现出来,因此对整个理解而言,它只能是有所突出而有所遮蔽,无法敞露理解之'全貌'"②。由于缺乏前理解因素的参与,我们对文本意识的认识只能是有限的,不可能达到对文本真正意义的深刻揭示,更难与我国目前的教育现实发生根本性的关联,也就无法发挥它对现实教育的变革作用。

以理解者为中心的解释学循环的局限性在于,它"容易导致自我论或自我中心论,从而忽视对他者存在意义的认识和把握。一旦理解陷入这种主观主义泥潭之中,所谓理解的客观性、真理性也就无法达及,理解就成为只有相对意义的理解。理解更不可能实现由有限的、部分的理解向无限的、全面理解的转变"③。

综上所述,通过中国教育学者对西方自然主义教育思想的理解与其"前理解"之间的解释学循环,我们一方面可以克服文本为中心循环和以理解者为中心循环的局限性,获得对西方自然主义教育思想的理解的可能性,因为前理解与自我理解的参与,使理解成为可能;另一方面,"相对

---

① 皮家胜.马克思主义哲学中国化的解释学问题[M].武汉:湖北人民出版社,2006:159.
② 皮家胜.马克思主义哲学中国化的解释学问题[M].武汉:湖北人民出版社,2006:151.
③ 皮家胜.马克思主义哲学中国化的解释学问题[M].武汉:湖北人民出版社,2006:152.

于以文本和自我为中心的理解循环而言,我们还获得了一个关于理解的更全面的真理,这个真理不是指我们得到了一个固定的意义,而是指理解的实际情形得到了敞露"①。

(三)西方自然主义教育思想当代价值研究的"视域融合"

"视域融合"理论是伽达默尔解释学理论的核心的、最具活力的理论,它有助于我们解决中国教育学者与西方自然主义教育思想之间的融通问题。离开了它,我们就难以在研究西方自然主义教育思想当代价值中发挥解释学的作用。

1. 视域与视域融合:概念与特征

要理解"视域融合"理论首先必须弄清楚"视域"的概念。视域本质上是属于处境概念。伽达默尔对此的解释是:"视域就是看视的区域,这个区域囊括和包容了从某个立足点出发所能看到的一切。把这运用于思维着的意识,我们可以讲到视域的狭窄、视域可能扩展以及新领域的开辟等等。"②这提示我们,西方自然主义教育思想的经典文本的视域同样具有这种概念属性,它囊括了中国教育学者从某个立足点所能看到的一切。西方自然主义教育思想的历史视域与我们日常生活中的视域是有差异的,"尤其是当我们认为历史意识的要求应当是从每一过去的自身存在去观看每一过去时,也就是说,不从我们现在的标准和成见出发,而是在过去自身的历史视域中来观看过去,情况更是如此"③。这可以西方自然主义教育思想的视域的特性看出这一点。

首先,西方自然主义教育思想的视域具有历史性。理解西方自然主义教育思想需要一种历史视域,需要研究者自身置入历史视域中,否则,我们无法达到对西方自然主义教育思想的文本意义的理解。因为"历史理解的任务也包括要获得历史视域的要求,以便我们试图理解的东西以其真正的质性呈现出来。谁不能以这种方式把自身置于这种使传承物得以讲述的历史视域中,那么他就将误解传承物内容的意义。就此而言,我们为了理解某个他物而必须把自身置于这个他物中,似乎成了一个合理的诠释学要求"④。我们总是先有某种视域,然后才置入。就是说,视域先于置入,置入发生在视域之后。这种自身置入克服了我们自己和他人的个别性,获得了一种更高的普遍性。我们之所以能获得这种普遍性,是因为当我们与西方自然主义教育思想的历史对话时,无论是我们的视域,还是西方自然主义教育思想的历史视域,都不可能因此而被消解,而是形成了一个更大的既包容了我们的视域、也包容了西方自然主义教育思想的历史视域的整体视域。"毫无疑问,在历史和现代的整体视域中所获得的理解更具普遍性意义,一切特殊的东西都在整体中被重新审视,特殊视域中所包含的不真的前判断将根

---

① 皮家胜.马克思主义哲学中国化的解释学问题[M].武汉:湖北人民出版社,2006:156.
② [德]伽达默尔.真理与方法(上卷)[M].洪汉鼎,译.北京:商务印书馆,2011:427—428.
③ [德]伽达默尔.真理与方法(上卷)[M].洪汉鼎,译.北京:商务印书馆,2011:428.
④ [德]伽达默尔.真理与方法(上卷)[M].洪汉鼎,译.北京:商务印书馆,2011:428.

据这种更全面的视域被修正,从而达到历史视域与我们的视域之一致性,这种一致性就是普遍性的根本保证。"①

其次,西方自然主义教育思想的视域具有开放、生成性。西方自然主义教育思想的经典文本不是封闭的,而是开放、生成的,这体现在:向以往看,它是由过去的历史背景、历史条件、历史处境、前理解所决定,扬弃了过去的一切;向后看,它的流传得益于研究者对它的理解和解释。它总是处在理解和解释之中。这意味着它是动态生成的,不存在封闭的历史视域。"人类此在的历史运动在于:它不具有任何绝对的立足点限制,因而它也从不会具有一种真正的封闭的视域。"②变化着的"视域其实就是我们活动于其中并且与我们一起活动的东西。视域对于活动的人来说,总是变化的。所以,一切人类生命由之生存以及以传统形式而存在于那里的过去视域,总是已经处于运动之中"③。就西方自然主义教育思想而言,它的视域是随着历史发展、教育家的前理解的参与而不断变化,经历了萌芽期、客观化自然教育思想、主观化自然教育思想、心理化自然教育思想、生长论教育思想的演变,每个时期都有自己特定的视域,彰显出不同时期西方自然主义教育思想发展的特点和规律。

在阐释了视域的概念与特征后,我们要探讨的是"视域融合"的概念与意义问题。所谓"视域融合"是指理解者的视界与文本的视界相融合的过程。文本的阐释是依据自身的前见、意义和问题的视域来进行的,而我们对文本的理解和把握也离不开自身的前见、意义和视域。"通过诠释学经验文本和我们的视域(意义活动空间、问题域、世界)被相互联系起来,这种关系把文本带入我们的视域中,并且我们能使自己面对它的提问而表态,这种关系使我有可能向自己提出文本的问题并把对它的回答作为文本的意义加以理解。"④这就是伽达默尔所说的视域融合。它提醒我们,应把西方自然主义教育思想文本作者的原初视界与作为理解者的我们的现今视界有机融合。这样,就可以达到一种更高的视界,这种新视界"既包含了文本和理解者的视界,又超越了这两个视界,而给新的经验和新的理解提供了可能性。可以说,任何视界都是流动生成的,任何理解都是敞开的过程,是一种历程的参与和对自我视界的超越"⑤。

这一过程使作为理解者的我们更能发挥自身的主观能动性,突出我们存在的意义。因为当我们与西方自然主义教育思想这个遥远的经典文本相遇时,我们才觉得我们的视域不够大,我们被迫发挥我们对西方自然主义教育思想经典文本的前理解和向它提出新的问题,这样我们的视界不再是原有视界,而超越了前理解的限制,文本的视界也得到了拓展,我们的视界与西方自然

---

① 潘德荣.西方诠释学史[M].北京:北京大学出版社,2013:343—344.
② [德]伽达默尔.真理与方法(上卷)[M].洪汉鼎,译.北京:商务印书馆,2011:430.
③ [德]伽达默尔.真理与方法(上卷)[M].洪汉鼎,译.北京:商务印书馆,2011:430.
④ 洪汉鼎.诠释学—它的历史和当代发展[M].北京:人民出版社,2001:233—234.
⑤ 王岳川.现象学与解释学文论[M].济南:山东教育出版社,2003:210.

主义教育思想文本视界构成了一个更大的新视域,就像滚雪球一样,视域越来越大,最终达成一种更高、更具优势的普遍性视域。

从这里我们不难看出,视域的融合包含的内容十分丰富,包容了过去的一切。不过,值得我们关注的是,"视域所达到的融合是理解的形式而不是理解的终点,相反它只代表着人的理解的一个阶段,并成为新的理解的前理解或出发点,理解就是这样一个无限的辩证过程,它不断地在自我的扬弃中实现自身,它不可能发生在视域融合之外,而只能发生在视域融合之内,因此它既不可能是纯客观的,也不可能是纯主观的"①。

2. 视域融合的实现:路径选择

西方自然主义教育思想当代价值"视域融合"问题的解决,可以通过如下路径来实现。

第一,重视西方自然主义教育思想研究的效果历史意识。

按照伽达默尔的理解,"效果历史意识所指向的不是'我们所从事的东西,也不是我们应从事的东西,而是超越了我们的意愿和所作所为而与我们一同发生的东西'"②。具体到西方自然主义教育思想研究中,效果历史意识是指处于不同处境的理解者和西方自然主义教育思想经典文本相互作用、相互影响的过程,是超出了我们的意愿和所作所为而与我们一同发生的东西。文本的意义产生于这一过程,它既不由文本的作者决定,也不由文本的理解者决定,而是由理解者和文本的相互作用决定。这种相互作用意识就是效果历史意识。"'效果历史'说到底就是历史文本和历史解释者之间在相互作用中所达到的辩证统一。文本的理解在于一种思想的交往,文本的意义显现于它的效果之中。因此,历史总含有意识,不可能是纯客观的。"③在对西方自然主义教育思想的理解和研究中,效果历史总会发挥作用,不管我们是否明确意识到这种作用。因为在这种作用中,既有理解者的"前理解"因素的参与,也有理解者的创造性的参与。"效果历史意识其实乃是理解活动过程本身的一个要素,而且正如我们将看到的,在取得正确提问过程中,就已经在起着作用。"④按照伽达默尔的观点,"历史理解的任务也包括要获得历史视域的要求,以便我们试图理解的东西以其真正的质性呈现出来。谁不能以这种方式把自身置身于这种使传承物得以讲述的历史视域中,那么他就将误解传承物内容的意义。就此而言,我们为了理解某个他物而必须把自身置于这个他物中,似乎成了一个合理的诠释学要求"⑤。这就是说,要获得西方自然主义教育思想的历史视域,研究者必须以各自特有的方式置身于西方自然主义教育思想的经典文本之中,对它进行创造性地理解。这使得我们的理解只能是相对的,而不是绝对的。这意味着我们

---

① 何卫平.通向解释学辩证法之途[M].上海:上海三联书店,2001:199.
② 潘德荣.西方诠释学史[M].北京:北京大学出版社,2013:340.
③ 何卫平.通向解释学辩证法之途[M].上海:上海三联书店,2001:184.
④ [德]伽达默尔.真理与方法(上卷)[M].洪汉鼎,译.北京:商务印书馆,2011:426.
⑤ [德]伽达默尔.真理与方法(上卷)[M].洪汉鼎,译.北京:商务印书馆,2011:428.

是以自己的前见、偏见等"前理解"因素参与到理解之中,置身于效果历史之中,是在一定历史条件下进行的有限的理解,不可能在终极意义上把握文本及其意义,我们的理解总是在生成的途中。

第二,遵循西方自然主义教育思想研究中的对话和问答逻辑

语言是我们与西方自然主义教育思想经典文本之间相互理解的前提,也是两者通过对话、交流进行相互了解并对某事取得一致意见的核心。理解是一种语言现象,是在语言上取得相互一致,达成某种共识。也可以说,理解是一种思维与灵魂之间的内在的对话。"相互一致"就是视域融合,它具有问与答的逻辑特征。提问往往具有敞开和开放的可能性。开放性是构成真正问题的重要因素,也是使问题具有真实意义的前提和条件,如果缺失问题的这种开放性,那么,就会导致问题无意义性,而成为虚假的问题。这提醒我们,在研究西方自然主义教育思想经典文本时,必须获得问题视域,遵循问答的逻辑,唯有如此,我们才能理解西方自然主义教育思想经典文本的意义,而这种问题视域本身必然呈现出许多可能的答案,它们与我们的理解不完全相同。这也就是说,各种关于西方自然主义教育思想的命题的意义必然会超越命题本身所包含的视野。

当我们去理解西方自然主义教育思想经典文本时,就意味着文本在向我们提出问题,这使我们的看法和见解总是处在开放的状态之中。为了回答经典文本提出的问题,我们必须对问题加以重构,这种重构会超出西方自然主义教育思想的原有的历史视域。"重构文本应是其回答的问题,这一做法本身是在某种提问过程中进行的,通过这种提问我们寻求对传承物向我们提出的问题的回答。一个被重构的问题决不能处于它原本的视域之中。因为在重构中被描述的历史视域不是一个真正包容一切的视域。"①我们必须不断地提出各种问题,使之处于悬而未决的可能之中。"对于某物可问性的理解其实总已经是在提问。对于提问不可能有单纯试验性的、可实现的态度,因为提问并不是设立,而本身就是一种对于可能性的试验。这里提问的本质显示出柏拉图对话实践所证明的东西。谁想思考,谁就必须提问。"②"因为提出问题,就是打开了意义的各种可能性,因而就让有意义的东西进入自己的意见中。只有在不正确的意义上我们才能理解我们自己并未问的问题。"③问题在对西方自然主义教育思想经典文本的理解中具有优先性。西方自然主义教育思想当代价值研究中每一个方面都构成了问题,如儿童观问题、教师观问题、教育目的问题、天性教育问题、自由教育问题、感觉教育问题、生命教育问题、活动教学问题、兴趣教学问题、教育心理学化问题,等等。它们是理解的前提,没有问题也就没有对西方自然主义教育思想经典文本的诠释。因为"理解一个问题,就是对这问题提出问题。理解一个意见,就是把它理解为对某个问题的回答。"④这就是研究西方自然主义教育思想经典文本应遵循的问答逻辑。正是

---

① [德]伽达默尔.真理与方法(上卷)[M].洪汉鼎,译.北京:商务印书馆,2011:528.
② [德]伽达默尔.真理与方法(上卷)[M].洪汉鼎,译.北京:商务印书馆,2011:529.
③ [德]伽达默尔.真理与方法(上卷)[M].洪汉鼎,译.北京:商务印书馆,2011:530.
④ [德]伽达默尔.真理与方法(上卷)[M].洪汉鼎,译.北京:商务印书馆,2011:530.

我们在与西方自然主义教育思想经典文本的问和答的逻辑中,西方自然主义教育思想的真理才向我们呈现。每个理解者和研究者对西方自然主义教育思想经典文本提出问题的回答肯定会不相同,呈现出多种可能性和多样性,这体现了视域融合的开放性特征。不过,"理解的每一次实现都可能被认为是被理解东西的一种历史可能性。我们此在的历史局限性在于,我们自己意识到我们之后别人将以不同的方式去理解"①。

第三,把西方自然主义教育思想的历史视域与解释者的我们的视域相结合。

我们对西方自然主义教育思想的历史视域的把握可以通过阐释西方自然主义教育思想的体系和特征来实现。就西方自然主义教育思想体系而言,它主要包括如下部分:(1)客观化自然教育思想。夸美纽斯是这一思想的代表人物。他从人文主义的视野出发,对自然教育内涵(教育应模仿自然界及其"秩序";教育应遵循儿童的自然本性)、自然适应性原则以及在此原则指导下建构的教学原则体系(主动性原则、启发性原则、经验性原则、艺术性原则、统一性原则、巩固性原则、因材施教原则、愉悦性原则)进行了深入系统的论述,形成了以注重模仿自然界及其"秩序"为核心的客观化自然教育思想。(2)主观化自然教育思想。卢梭是这一思想的代表人物。他抛弃了夸美纽斯以包罗万象的自然法则论述教育原理的做法,而是直抒胸臆,以儿童的身心特点为基础,来论证教育原理,因而被称为主观化自然教育思想。其基本内容涉及自然教育内涵、自然教育目的、儿童观、消极教育、经验教育、自由教育、主体性教育、兴趣教育、快乐教育、个性化教育、生命教育、生活教育、幸福教育等。这一思想在整个西方自然主义教育思想体系中处于核心地位,对西方自然主义教育思想的发展有着承前启后、继往开来的作用。(3)心理化自然教育思想。其代表人物有裴斯泰洛齐、赫尔巴特、第斯多惠、福禄培尔、斯宾塞。他们的最大贡献是把心理学引入自然教育思想的研究中,把儿童的自然本性直接理解为儿童的心理活动与特点,从心理学的视角论述了教育学的心理学基础、教育管理心理化、教育目的心理化、课程设置心理化、教学原则心理化、教学程序与方法心理化、道德教育心理化,形成了以心理学为旨趣的心理化自然教育思想,有力地促进了教育科学的发展。(4)生长论自然教育思想。杜威是其代表人物,从经验论哲学和本能论心理学出发,在批判地继承卢梭自然教育思想的基础上建构了以促进儿童本能的生长为旨趣的生长论自然教育思想。其内容包括自然教育内涵(教育即生长)、生长论儿童观、活动课程论、生长论自然教育的路径(在生活中生长、在活动中生长、在经验的改造中生长)。这一思想使整个西方自然主义教育思想的发展达到了顶峰,从而蕴含了现代教育理论的开端,实现了西方自然主义教育思想的现代转型。

就西方自然主义教育思想的特征而言,它可以概括为以下几点:一是批判性。西方自然主义教育家对自然教育思想的建构是建立在批判的基础之上的,没有教育批判,也就没有自然主义教

---

① [德]伽达默尔.真理与方法(上卷)[M].洪汉鼎,译.北京:商务印书馆,2011:530.

育思想的理论创新。这种批判主要指向两个维度。一个批判维度是指向旧教育制度和实践。"尽管它们在不同的历史时期有不同的表现形式,如禁欲主义教育、经院主义教育、神学教育、传统教育等,但它们有一个共同的特点,就是压抑儿童的天性,违背儿童的身心特点,阻碍自然教育理念和实践的发展。对它们的反思和批判是建构自然教育思想的前提。"[①]每个自然教育家都对这种旧教育制度和实践进行了深刻的批判,是在批判的基础上提出自己的创见的。正是这种批判,有力地抨击了旧教育制度和实践,启迪了教育家的智慧,拓展了他们的视野,推动着教育家的理论创新。每一个学派的诞生和每一个新范式的建立,都与教育家的质疑和批判精神密切相关。

西方自然主义教育思想批判的另一个维度则指向自身,即西方自然主义教育思想的自我批判。这首先源于教育实践的变化和发展。变化和发展着的教育实践总是蕴含着问题、矛盾和困惑,西方自然主义教育思想要正确地指导教育实践,就必须回应和解答教育实践的问题、矛盾和困惑,不断地随着教育实践的变化和发展反思理论自身赖以存在的前提和基础,发现理论困难,从而使西方自然主义教育思想随着教育实践的发展而不断自我修正、自我完善和自我更新,不断地超越自身,达到新的高度和新的境界。其次,自我批判是西方自然主义教育思想自身发展规律的决定的。这是因为,西方自然主义教育思想真理的获得不是一次的理解和把握实现的,不是一蹴而就的,而是要经历多次反复,甚至要经历曲折的道路实现的。每一次理解和把握,都是相对的、有局限的和不完美的,而不是终极的。这就使得每一种自然主义自然教育思想都不是绝对的真理,都蕴涵着质疑、批判和创新的可能。唯有这种自我批判,西方自然主义教育思想才能发现自身的问题、局限、教训和失误,找到问题的症结和解决方案,从而使理论自身的发展充满活力,实现更高和更新层次的跃迁。

二是创新性。西方自然主义教育思想的批判尽管不是完全否定批判的对象,是对批判对象的扬弃,批判中有保留和继承,但更多的是指向理论的创新。这正是批判的目的之所在。由于每个自然教育家受时代的限制,他们不可能终结自然主义教育思想,对自然主义教育思想的认识和把握总是相对的、有限的,不可能完美无缺,不完善和错误之处也在所难免。因而,对自然主义教育思想的理论完善、理论建构就很有必要,理论范式的创新和自然主义教育思想的知识增长也就会成为历史的必然。当自然主义教育思想批判的锋芒指向旧教育制度和实践的弊端和既有理论的缺陷时,就是被批判对象暴露问题之时,问题会引发自然教育家去寻找克服教育的弊端和解决理论问题的思路和方法,从而导致自然主义教育思想的创新。

自然主义教育思想的创新,主要体现在两个方面:一方面是理论观点的创新。例如,卢梭提出了让儿童率性发展是教育题中应有之意、"把儿童看作儿童"的儿童观和培养自然人的教育目的观;心理化自然教育家要求教育者要按儿童的心理特点施教,明确提出了"教育要心理学化";

---

① 刘黎明.西方自然主义教育思想史[M].武汉:华中科技大学出版社,2014:19.

生长论自然教育家提出了"教育即生活"、"教育即生长"、"教育即经验的继续不断的改造"等著名命题。这些观点都是他们时代最新的理论观点,在当时的教育界有着振聋发聩的影响。另一方面是理论体系的创新。他们基于当时教育理论和实践的思考和批判,先后创立了客观化自然教育思想、主观化自然教育思想、心理化自然教育思想、生长论自然教育思想等崭新的自然主义教育思想体系,它们都具有里程碑的意义。

三是自然适应性。自然适应性是指教育应与儿童的自然本性和自然倾向相适应,促进儿童身心的自然、自由的发展。这是贯穿西方自然主义教育思想中的根本指导思想。它不仅在教育理论的发展中起过积极的推动作用,而且规范和指导教育实践的发展。每个时期的自然教育家都对自然适应性思想进行了论述,对这一思想的丰富和发展作出了重要的贡献。

17世纪的捷克教育家夸美纽斯在吸取亚里士多德、古罗马昆体良和普鲁塔克以及文艺复兴时期人文主义教育家的自然适应性思想的基础上,第一次从两个层面上对自然适应性思想作了系统的阐释。其一,教育应适应自然界及其法则(秩序)。因为自然界的法则无论是在动植物生活,还是在人的生活中,都起支配作用。教育的艺术就是借鉴自然的作用,去模仿它们。这样才能使教育来得容易,师生都感到快乐。他的一系列教学原则就是以自然适应性思想为依据加以论证的。这种类比自然的论证方法在当时是很新颖的,因为当时理论界论证教育原理的方法是引证《圣经》教条。教育适应自然秩序的思想不仅摆脱了宗教神学的束缚,而且成为了新教育改革的指导纲领,同时也是新教育与经院主义教育相区别的重要特征。其二,教育应适应儿童的自然本性。因为儿童具有接受教育的巨大潜能,能够获得万物的知识。教育不是从外面灌输知识,而是揭露那暗藏在身内的固有的东西,唤醒它们,鼓励它们和激发它们。教师需要做的事情是遵循自然的领导,观察儿童身心发展的顺序,实施符合儿童身心特点的方法。尽管这一思想在夸美纽斯的自然教育思想中不占主流,而是从属于教育适应自然秩序,但它"确立了自然教育思想的逻辑起点,为近代教育思想的演进定了基调,开创了具有长久理论意义的自然教育思想论域"[①]。

18世纪的主观化自然教育家卢梭对自然适应性思想的论述更为深刻,它摆脱了夸美纽斯的引证包罗万象的自然规律的论证模式,直接依据儿童的自然本性来论证教育原理。首先,自然教育的核心就是让儿童率性的自由自在地发展。因为"我们才能和器官的内在发展"就是自然的教育。因此自然教育的要义就是听任儿童的自由发展,让他们自由自在地游戏和生活,促进他们本能的自由生长。其次,教育应以儿童为本位,遵循儿童身心发展的特点。因为儿童身心发展有其独特的特点,包含着儿童"特有的看法、想法和感情",教育者只有遵循儿童的身心特点,以儿童为本,才能培养自然和自由发展的人。否则,就会造成愚蠢的儿童。再次,教育要按儿童的年龄特征施教。儿童的年龄特征是衡量身心特征的重要标尺,在儿童身心发展的研究中具有重要的意

---

① 刘黎明.西方自然主义教育思想史[M].武汉:华中科技大学出版社,2014:4.

义。卢梭看到了这种意义,指出每一个儿童发展的年龄阶段都有其特殊的任务、完善的程度和成熟的规律性,教育者必须遵循儿童的年龄特征,不能违背它,否则就会造成老气横秋的儿童。卢梭基于儿童年龄特征的认识,提出了幼儿期、儿童期、少年期和青年期四阶段的教育年龄分期理论。尽管这种年龄分期理论有不科学的地方,但它也有真理的内涵,即彰显了儿童身心发展的特点和规律,所阐述的每个时期的教育理念在很大程度上反映了教育的规律,值得我们关注和借鉴。

19世纪的心理化自然教育家裴斯泰洛齐、赫尔巴特、福禄培尔等进一步丰富和发展了自然适应性思想,使之呈现出心理化的特征。他们的自然适应性思想除了强调教育要遵循儿童的自然本性外,主要特征指向教育要心理学化,这就使自然适应性思想有心理学的内涵和视野。第一个阐释心理化自然适应性思想的是裴斯泰洛齐,他把心理化自然适应性思想集中表述为"教育要心理学化",在教育界十分引人注目,引起教育界的强烈的反响和深远的影响。它深化了人们对自然适应性思想的认识,丰富了自然适应性思想的内涵,使自然适应性思想第一次有了心理学的意蕴,蕴含着向心理学发展的无限可能性。他对一切教学艺术的共同心理根源作了不懈的探索,,试图探明教育教育教育在心理学方面的规律性,找寻教育教学的艺术。他从心理学的维度探讨了和谐发展教育、感觉教育、要素教育、主体性教育、活动教育、教育爱、各科教学法,开启了研究教育心理学化思想的先河,使卢梭的教育适应儿童自然本性的思想转变为教育要适应儿童心理特点和规律的思想,为19世纪上半期的教育心理学化运动的开展指明了方向,奠定了坚实的基础。

赫尔巴特在继承发展裴斯泰洛齐心理化自然教育思想的基础上,第一次建构了以心理学和伦理学为理论基础的心理化自然教育的理论体系,使自然适应性思想的发展进一步心理学化。首先,他首次明确提出教育学的理论基础是伦理学和心理学,试图以伦理学支撑教育目的论,以心理学支撑教育方法论。其次,他提出了教学过程、教学程序、多方面兴趣、教育性教学等著名概念,为教学论的发展提供了新视野。再次,他系统地论述了教育目的心理学化、教育管理心理学化、教学心理学化和德育心理学化。上述方面表明,赫尔巴特是教育心理学化的大功臣,没有赫尔巴特的努力,就不会有19世纪教育心理学化的辉煌。

福禄培尔对自然适应性思想的贡献在于,他"继赫尔巴特之后,进一步修正了裴斯泰洛齐机械论的心理学观点,更深入地揭示了儿童心理及其发展的本质规定性,从而在根本上推动了教育心理学化思想的发展"①。

第斯多惠不仅系统地论述了教育要适应自然的原则,而且创造性地论述了教育要适应文化的原则,使自然适应性思想又向前迈进了一步。他还明确提出教育科学的基础是心理学,要求人

---

① 张斌贤.西方教育思想史[M].北京:人民教育出版社,2011:347.

们从心理学的视角理解和把握儿童的自然本性,"因而,在第斯多惠的思想中,教育适应自然原则的概念及其具体含义已经发生了显著的转变,它事实上已经成为'使教学心理学化'的同义语"。①

19世纪末20世纪初的美国教育家杜威在继承卢梭学说的基础上,对自然适应性思想作了新的阐释。首先,他把自然适应性思想表述为教育即生长,即教育是儿童身心的全面生长,其内容包括身体、智慧、道德、习惯、本能、冲动、习惯等的生长,其核心是本能的生长。本能是儿童身心发展的内在动力,它为教育活动的展开提供了素材,指明了方向。教育者的任务就是发现儿童本能生长的规律,刺激本能,促进本能的发展。其次,让儿童在活动中生长,关注儿童当下的生活。因为"我们倘若相信人生的真意义,应该使现在的生活格外增加,格外浓厚,那么教育的目的应该增加儿童更多的能力,更多的兴趣,每天所受的教育应该一天增加一天,教育便是现在的长进,而不是将来的长进。因为倘若不是现在的长进,便不是长进"②。正是儿童当下的活动和生活构成了一切教育的根基。只要儿童身体的活动是需要学习的,那么就会带来身体、智力和心理上的全面发展。再次,让儿童在经验的改造中生长。经验是教育的灵魂和基石,在儿童生长和教育中有重要价值。"教育是在经验中、由于经验和为着经验的一种发展过程。愈是明确地和真诚地坚持这种主张,对于教育是什么应有一些清楚的概念就愈加显得重要。"③儿童生长的理想就是经验的继续不断的改造。

四是自由性。自由性是自然教育思想的内在蕴含和特征。卢梭的主观化自然教育思想和杜威的生长论自然教育思想就呈现出自由性的特征。在卢梭看来,自由就是"做自己的主人",做自己喜欢做的事情。他要求教育者把儿童从封建教育的束缚下解放出来,让儿童自由活动、自由地探索、自由地表达,在自由活动和探索中彰显自身存在的价值。还要关注儿童当下的生活状态,使儿童尽情地玩耍,尽情地享受自由带来的快乐和幸福,而不要把儿童的注意力引向遥远的未来。卢梭的自由教育思想建基于他的自由哲学之上:每个人都生而自由、平等。"追求自由,就是确认自己做人的资格,否则,放弃自己的自由,就是放弃自己做人的资格,就是放弃人类的权利,甚至放弃自己的义务。"④在杜威那里,首先,自由是追求真理、挖掘儿童潜在能力、促进人类向更高目标迈进的重要条件和重要保障。其次,自由是活动的基石。没有自由,就不会有儿童的种种冲动及倾向,就不会有从做中学、从经验中学。自由为儿童的活动提供条件和保障。再次,自由有助于儿童的全面发展。杜威认为,教育者如果要了解学生的性格、需要和能力,促进儿童的心理、性格和身体得到全面的训练和发展,就必须有自由做保障。

五是主体性。自然教育家对儿童在教育过程中的地位十分关注,要求教育者把儿童从旧教育

---

① 张斌贤.西方教育思想史[M].北京:人民教育出版社,2011:347.
② 吕达,刘立德,邹海燕.杜威教育文集(第3卷)[M].北京:人民教育出版社,2008:107.
③ 吕达,刘立德,邹海燕.杜威教育文集(第5卷)[M].北京:人民教育出版社,2008:318.
④ 刘黎明.西方自然主义教育思想史[M].武汉:华中科技大学出版社,2014:113.

的束缚下解放出来,把儿童从教育活动中的被动地位提升为主体地位,使儿童成为自我发展的主人。

这一特征的真正形成始于卢梭。在卢梭之前,虽然夸美纽斯等教育家深刻地批判了旧教育,要求尊重儿童的主体地位,让学校成为儿童快乐的场所。然而在现实的教育中儿童仍然处于被动的、糟糕的地位。这种状况在18世纪依然存在:"18世纪的法国教育对儿童进行严酷的训练,使他们在精神上倍受折磨,儿童的天性在教育的信条、学校的戒律、教师的强制中被摧毁了,儿童成为现有的教育理念和制度的牺牲品,'学校是心灵的屠宰场'。"①卢梭在《爱弥儿》的开头就描绘了儿童受旧教育摧残的景象:"出自造物主之手的东西,都是好的,而一到了人的手里,就全变坏了。他要强使一种土地滋生另一种土地上的东西,强使一种树木结出另一种树木的果实。……甚至对人也是如此,必须把人像练马场的马那样加以训练;必须把人像花园中的树木那样,照他喜爱的样子弄得歪歪扭扭。"②

在批判旧的封建教育的基础上,卢梭确立了主体性教育理念:尊重儿童的天性,把儿童看作儿童,置儿童于教育过程的中心地位,发挥儿童的主动性和能动性,促进儿童主动地、自由地发展。具体地说,首先,要提升儿童的地位,以儿童为教育活动的中心,以儿童为教育的出发点,反对把事物、书本、知识视为教育的中心。为此,"教育应从儿童出发,以儿童为中心开展活动,让儿童完全自由地进行活动,放手让他们以自己特有的方式、方法,去看,去想,去做,去感受各种事物"③。卢梭在总结幼儿教育准则时强调,教育者应多给儿童以真正的自由,尽可能地让儿童多动手活动,少要别人替他们做事。其次,要改变儿童在教育中的被动地位,变被动为主动。他指出,在传统的理性教育中,发号施令的总是教师,表面上看,是教师管学生,实际上是儿童占上风,因为儿童时常不按教师的命令去做,另搞一套。因此,"真正的教育必须得到儿童的理解和配合,充分发挥儿童的主动性,让儿童永远想到他自己才是真正的主人"④。要事事让儿童做主,倾听儿童自己内心的声音,使"他的话句句忠实于他的思想,他的行为完全是出自于他自己的心意"⑤。

卢梭的主体性教育理念得到了后世自然教育家的响应。裴斯泰洛齐要求教育者应让儿童自己教育自己,因为儿童有权发展自己的一切才能。"儿童不仅每日运用并不断增强他身体方面的能力,而且开始意识到智力方面和道德方面的自主性。"⑥因此,他呼吁教育者应始终牢记,"教育的终极目标不是圆满地完成学业,而是适应生活;不是养成盲目服从和规定的勤奋习惯,而是培养自主的行为"⑦。第斯多惠把激发儿童的主动性,培养儿童的独立性看成是教育的最高目标,认

---

① 金生宏.德性与教化[M].长沙:湖南大学出版社,2003:181—182.
② [法]卢梭.爱弥儿——论教育(上)[M].李平沤,译.北京:人民教育出版社,2001:1.
③ 王天一,方晓东.西方教育思想史[M].长沙:湖南教育出版社,1996:249.
④ 王天一,方晓东.西方教育思想史[M].长沙:湖南教育出版社,1996:250.
⑤ [法]卢梭.爱弥儿——论教育(上)[M].李平沤,译.北京:人民教育出版社,2001:207.
⑥ [瑞士]裴斯泰洛齐.裴斯泰洛齐教育论著选[M].夏之莲,等译.北京:人民教育出版社,2001:364.
⑦ [瑞士]裴斯泰洛齐.裴斯泰洛齐教育论著选[M].夏之莲,等译.北京:人民教育出版社,2001:368.

为一切教育和课堂教学的首要任务,就是启发儿童的主动性。一切创作、思维、感受、谈话、行动都要以儿童的主动性为核心力量。他引用费希特的话强调:"人的教养不能靠别人传授,人必须进行自我修养。一切苦修也绝不是文化修养,教育是通过人的主动性来实现的。教育牢牢地钉在主动性上。"①英国教育家斯宾塞提出了自我教育的原则,强调教师应尽量鼓励儿童自我发展,引导他们自己去探究事物,发现问题,推论出结论。美国教育家杜威提出了"儿童中心主义"口号,认为儿童是中心,要求教育上的一切措施都要围绕儿童转,强调这是一种变革,这是一场革命,一场和哥白尼把天体的中心转到太阳那样的革命。他要求教育者应以儿童为中心组织教材和选择教法,让他们亲自从做中学,参与教学活动,"引导学生有一种生动的和个人亲身的体验"。因为"儿童是起点,是中心,而且是目的。儿童的发展、儿童的生长,就是理想所在。只有儿童提供了标准。对于儿童的生长来说,一切科目只是处于从属的地位,它们是工具,它们以服务于生长的各种需要衡量其价值。……我们必须站在儿童的立场上,并且以儿童为自己的出发点。决定学习的质和量的是儿童而不是教材"②。

六是实践性。在自然教育家的视野中,实践具有重要的意义,它是西方自然主义教育思想创新的源泉,因为自然主义教育思想的理论创新是基于教育实践完成的,离开了生动活泼的教育实践,理论创新是无法完成。教育实践中所蕴含的新情况、新问题是理论创新的催化剂。理论创新的成果也要在教育实践中得到反馈、检验、完善和发展。因此,自然教育家明确指出:教育理论是在教育实践中得到完善和更新的,教育实践相对于教育理论而言具有先在性。"实践是第一位的,也是最终的,实践是开始,也是结局:是开始,因为它提出种种问题,只有这些问题能使研究具有教育的意义和性质;是结局,因为只有实践能检验、证实、修改和发展这些研究的结论。"③当然,强调教育实践的先在性,并不意味着忽视教育理论的价值:教育实践是在教育理论的指导下运作的。"教育科学的资源进入教育者的心、脑和手的任何部分,就会内化为教育者的教育智慧,更好地指导教育实践,使教育实践进行得比过去开明,更合人道,更具有真实的教育意义。"④因而,他们要求教育者要把教育理论与教育实践有机结合。

自然主义教育家不仅在理论上认识到教育实践的重要性,而且重视开展教育实验,力图使教育理论与教育实践互动。在这方面,裴斯泰洛齐、赫尔巴特和杜威最为典型。他们都创办了实验学校或教育研究班,力图把教育理论贯彻到教育实践之中,使其得到运用和检验,同时又在教育实践中提炼教育观点,建构新的理论体系。裴斯泰洛齐先后在新庄、斯坦兹、布格多夫和伊佛东创办实验学校,实验他的教育思想。他在教育理论与教育实验互动方面做得最为成功,正是两者

---

① [德]第斯多惠.德国教师培养指南[M].袁一安,译.北京:人民教育出版社,2001:21.
② 吕达,刘立德,邹海燕.杜威教育文集(第1卷)[M].北京:人民教育出版社,2008:112.
③ 吕达,刘立德,邹海燕.杜威教育文集(第5卷)[M].北京:人民教育出版社,2008:23.
④ 刘黎明.论西方自然主义教育思想的理论与实践相结合的传统[J].荆楚理工学院学报,2014(3).

的互助造就了他的学说。赫尔巴特的教育学研究班和杜威的芝加哥实验学校,都体现了教育理论与教育实验的互动,在互动中生成新的思想。

我们还应看到,自然教育家卢梭虽然没有创办实验学校,但他对当时的不合理的教育实践进行了强有力的批判,集中于五个方面:儿童观、不自由的教育、预备教育、灌输式教育和理性教育。正是在批判的基础上,他完成了主观化自然教育思想的建构。没有对不合理教育实践的"破",就不会有自然主义教育思想的"立"。可见,对不合理教育实践的批判,构成了卢梭主观化自然教育思想建构的实践基础。

综上所述,西方自然主义教育思想呈现出体系和特征是丰富多彩的,正是它们为我们把握西方自然主义教育思想的发展规律和解决西方自然主义教育思想当代价值问题提供了重要的视角和思想资源。

上述我们对西方自然主义教育思想视域的阐释是在融合了我们自身视域的基础上实现的。离开了作为理解者的我们自身视域,我们就不可能实现与西方自然主义教育思想的视域融合。而要获得自身的视域,我们可以从如下方面努力:其一,深入教育实践活动,找寻教育实践中的各种问题,尤其是中小学教育实践中的各种问题,形成我们对这些教育问题思考的观念、智慧、立场、态度和方法等,用我们中国人自己的眼光去审视西方自然主义教育思想,从而彰显我们自身的视域。其二,刻苦学习、领悟和掌握文、史、哲、教各种知识,拓展我们的知识视野,尤其是要拓展人类创造的各种教育知识的视野,包括中外教育史、教育哲学、教育心理学、课程教学论、教育原理、学前教育学等等。只有我们不断地拓展我们的知识视野,形成渊深广博的知识,才能与西方自然主义教育思想对话、交流,最终达到视域融合。其三,做一个真正的西方自然主义教育思想的研究者。刻苦钻研西方自然教育家的经典文本,弄清楚西方自然主义教育思想有哪些合理内核?存在哪些缺点、教训?为什么会有这些缺点和教训?只有精通西方自然主义教育思想,掌握它的精髓,才能有资格、平等地与西方自然主义教育思想对话和融通。

西方自然主义教育思想与作为解释者的我们的"视域融合",不仅是由于我们自身视域的参与而形成,而且也是西方自然主义教育思想在解决中国教育实践中的问题而实现的。这种"视域融合"既有重叠的地方,但更多的是视域的不断扩大和拓展。在这一过程中,西方自然主义教育思想有新的发展,而我们也会加深对自身的理解,提升我们解决教育发展中面临各种教育问题的本领。

第四,西方自然主义教育思想与中国教育实际(包括中国的传统教育思想和中国当代的教育实践)的"视域融合"

任何"一种理论的产生和传播必然受到时间和空间的限制,理论要继续获得生命力,就必须在时空转换中不断适应新环境,输入新'营养'。当然,这种适应不是被动接受,而是与新的环境结合,生成新时空环境下能够为当地实践提供指导的新理论"①。西方自然主义教育思想也是如此,它要在崛起中的中国的教育土壤上生根、发芽和结果,要获得新的发展,就必须同中国的教育实际(包括中国的传统教育思想和中国当代的教育实践)相结合,直面中国的教育实践,回应中国现实教育的问题和诉求,获得中国教育经验,生成出能够指导中国教育实践的中国化的自然主义教育思想。西方自然主义教育思想的原理和方法的实际运用,必须依据我国教育的历史条件和现实条件为转移,溶入中华民族的教育实际中,烙上中华民族的烙印。离开了中国教育实际,离开民族特点来讲西方自然主义教育思想,那只能是抽象的、空洞的西方自然主义教育思想。只有把它转化为具体的、能够适应中国教育实际的思想和方法,"使之在每一表现中带着必须有的中国的特性"②,才能真正发挥其现实指导作用。换言之,只有同中华民族的教育实际有机结合,西方自然主义教育思想才能实现其在中国的当代价值,获得自身发展所需要的思想资源和动力,从而促进自身的发展。

同样的道理,要使西方自然主义教育思想成为我国教育者行动的理论指南,需要中国教育学人不断研读西方自然主义教育思想的经典文本,从西方自然主义教育思想本身去理解它的深刻意蕴,感悟它的无穷魅力,总结它的发展经验和教训,积极主动地使西方自然主义教育思想本土化,用新的解释、新的经验去充实和发展西方自然主义教育思想。总之,视域融合既是西方自然主义教育思想发展的内在要求,也是中国传统教育思想提升为当代水平的需要。

西方自然主义教育思想与中国教育实际(包括中国的传统教育思想和中国当代的教育实践)的"视域融合"的路径有:

(1) 批判地继承西方自然主义教育思想。这是两者视域融合的基础之一。西方自然主义教育思想产生于西方欧美各国,受时间和空间的限制,既有精华,也有糟粕。因此,我们不能盲目引进,简单照搬,而应以中国人特有的理论创新思维和能力,结合中国的教育实际,勇于对西方自然主义教育思想质疑问难,以批判的眼光审视和继承西方自然主义教育思想。我们可以从毛泽东同志的下列两段话中得到如何继承西方自然主义教育思想的启示:"对于外国文化,排斥主义的方针是错误的,应当尽量吸收进步的外国文化,以为发展中国文化的借镜;盲目搬用的方针也是错误的,应当以中国人民的实际需要为基础,批判地吸收外国文化。"③"我们接受外国的长处,会使我们自己的东西有一个跃进。中国的和外国的要有机地结合,而不是套用外国的东西。学外国织帽子的方法,要织中国的帽子。外国有用的东西,都要学到,用来改进和发扬中国的东西,创造中国独特的新东西。"④

---

① 申心刚.从实践性视角看马克思主义中国化[J].天津师范大学学报,2011(1).
② 毛泽东选集(第2卷)[M].北京:人民出版社,1991:534.
③ 毛泽东选集(第2卷)[M].北京:人民出版社,1991:1083.
④ 毛泽东同志论教育工作[M].北京:人民教育出版社,1959:241.

（2）批判地继承中国传统的教育思想。这是两者视域融合的基础之二。中国的传统教育思想与当代中国的教育实际密不可分。因为过去、现在和未来是相互关联的。"思想的活动，最初表现为历史事实，过去的东西，好像是在我们的现实之外，但事实上，我们之所以是我们，乃是由于我们有历史。或者说得正确些，正如在思想史的领域里，过去的东西只是一方面，所以构成我们现在的，那个有共同性和永久性的成分，与我们的历史性也是不可分离地结合着。"①作为现实教育重要组成部分的中国传统的教育思想，同样既有精华，也有糟粕。我们必须批判性地继承，做到古为今用。"当然，重新认识中国传统的教育思想，并不是仅仅满足于将中国的教育言说看成是'特殊的'话语，而恰恰是要在与异域教育理论的交流、对话中昭示出中国教育学话语的特质。"②

（3）力求使中国传统的教育思想与西方自然主义教育思想在比较中对话、融通，做到"和而不同"与"不同而和"相结合。中国传统的教育思想与西方自然主义教育思想既有相同的东西，也有相异的内容。我们可以通过比较的方法找出它们相同之处和相异之处。"求同"就是找出两者的"重叠共识"，把它们作为融通的基础，并整合到既有的理论之中，成为既有理论的重要构件。"'求同'更易于转化为'求通'发展，进而实现一种异域教育理论与本土的社会—文化之间的彼此契合、内外相通的精神融合，最终使异域教育理论经过创造性转化而扎根、发芽与生长。"③"求异"也有重要的意义，它能够使我们更加深刻地认识和理解西方自然主义教育思想的内在特质，从而更加理解中国的传统教育思想自身，这对于繁荣教育科学，促进教育科学的发展，是不可缺少的。因此我们不应该对相异的部分弃而不顾，而应兼容并包。"求同"体现的是一种"和而不同"的境界，"求异"体现的是一种"不同而和"的境界，它们对于"视域融合"具有同等的价值和意义。

（4）扎根于本国传统的教育思想，奠基于本土的教育实践。如前所说，传统教育思想是我们现实教育的重要组成部分，有许多值得我们继承和发扬光大的东西，我们必须认真研究，梳理它的发展脉络，揭示它的发展趋势和种种可能，从而可以增加我们教育理论思维的生长点，更好地服务于我们对西方自然主义教育思想的对话和融通。本土的教育实践是教育理论构建的源头活水。我们必须直面本土的教育实践，回应本土的教育实践的问题，这样，一方面可使我们发现我们真正需要"什么样的教育理论"，避免在学习和借鉴西方自然主义教育思想中的盲目性；另一方面我们必须在解决现实教育问题中积累教育经验，提炼出新观点、新见解、新理论，找寻我们吸收西方自然主义教育思想的基本立足点。唯有如此，我们才有资格和实力实现与西方自然主义教育思想的视域融合，生成出具有新视域的教育理论。

---

① ［德］黑格尔.哲学史讲演录（第 1 卷）[M].北京：商务印书馆，2009：7—8.
② 李润洲.教育学研究的价值生成[M].太原：山西教育出版社，2010：72.
③ 李润洲.教育学研究的价值生成[M].太原：山西教育出版社，2010：81.

第二章 西方自然主义教育思想的源流与现代影响

第一节 西方自然主义教育思想的源流

在西方教育思想史上,自然主义教育家围绕着教育与儿童自然(天性)发展关系的问题,从不同的视角论述了西方自然主义教育思想,从而使西方自然主义教育思想呈现出五个不同阶段:萌芽期、客观化自然教育思想、主观化自然教育思想、心理化自然教育思想、生长论自然教育思想,同时彰显出不同的特征。

一、自然教育思想的萌芽期

古希腊、古罗马以及文艺复兴时期的自然教育思想处在萌芽时期。亚里士多德是自然教育思想之父,他最早提出"教育效法自然"的原理:"教育目的及其作用,有如一般的艺术,原来就在效法自然,并对自然的任何缺漏加以殷勤的补缀而已。"[①]其哲学基础是他的灵魂说。他的"教育效法自然"的原理是立足人的本性的,其实质是遵循儿童的灵魂或心灵发展的自然秩序。到了古罗马,塞涅卡和昆体良进一步阐释了自然主义教育思想。塞涅卡认为,通过教育可以改变人的天性,促进人的天性的发展。昆体良认为,人的天赋是教育的原材料,如果没有原材料,教育就不能发挥有效的作用。他要求教师的教育应与自然适应,"自然如果辅之以精心的培养,就能获得更大的力量。如果引导一个人与自然倾向背道而驰,他就不可能在与他的天性不适合的学业中取得成就"[②]。在教学方法上,他提倡因材施教,启发诱导,反对体罚。到了文艺复兴时期,人文主义教育家以人文主义理念为指导,探讨了自然教育问题,形成了"人文主义"特色的自然教育思想。其一,教育应根据儿童的身心特点,依儿童的本性而实施。其二,教育应遵循自然规律和法则。其三,教育应遵循上帝的旨意,具有神性。其四,自然教育的路径有:尊重儿童的天性和个别差异,因材施教;在大自然中求得知识;理论联系实际,学以致用;教育环境自然化。

---

① [古希腊]亚里士多德.政治学[M].北京:商务印书馆,1965:405.
② 昆体良教育论著选[M].任钟印,译.北京:人民教育出版社,2001:88.

这个时期的教育家对自然教育思想的探索停留在直接观察和直觉领悟的认识水平上,没有达到专门化、理论化的程度。自然教育思想的研究成果,往往以一些观点、见解的形式存在,散见在哲学、政治、伦理、文学等著作中,缺乏专门的理论样态和教育学视野。但它为西方自然主义教育思想的发展奠定了基础。

二、客观化自然教育思想

1632年,夸美纽斯的《大教学论》的问世,标志着西方自然主义教育思想的发展进入了客观化自然教育思想阶段。作为杰出的人文主义者,他对文艺复兴时期的人文主义理念作了高度概括和总结。他继承了萌芽期的自然教育思想,又超越了它们。其超越之处,主要体现在三个方面:(1)深化了"自然教育"内涵的认识,拓展了"自然教育"内涵的视野。在夸美纽斯看来,自然教育主要有两层内涵:其一,教育应适应自然的法则和规律。这是夸美纽斯自然教育思想的核心内涵,也是教育的主导原则,其他原则都从属于它。由于它的重心是模仿自然界及其法则,因而他的自然教育思想被称为客观化自然教育思想。其二,教育应适应人的自然本性和年龄特征。(2)使自然主义思想初具理论色彩,第一次有了教育学的视野。夸美纽斯以教育适应自然原则为指导,较为系统地论证了教学原则、教学方法、学校工作制度、教学组织形成、教学用书等一系列问题,使自然主义思想初具理论色彩,第一次有了教育学的视野。从17世纪以后,教育家们的共同理想和追求就是,通过探索教育与自然的关系,研究儿童的身心发展规律,实现儿童身心的全面发展,建构科学化的教育学体系。(3)确立了类比自然法,创新了自然教育研究的方法论。在自然教育研究方法上,夸美纽斯的创新在于,使自然类比法模式化,确立了类比自然教育思维方式的基本框架,即:找出自然界的基本法则;从动植物或人类生活中举出运用这种法则的例子;指出当时学校教育违背自然法则之所在;指出正确的教学原则。夸美纽斯的类比自然的教育思维模式使自然教育思想告别了它的原始素朴阶段,使人类教育思维从感性具体思维层面超拔出来,提升到抽象的理论水平。这是人类教育思维发展中从未有过的一次巨大的提升和超越。它标志着夸美纽斯在自然教育研究方法中作出了划时代的贡献。

三、主观化(人本化)自然教育思想

自然主义教育理论的"客观自然"取向,到了18世纪已不适应时代的要求,开始转变为"主观自然"取向。这是自然教育理论重心的转变。实现这一转变的关键人物是卢梭。卢梭理解的"自然"尽管有多重内涵,但根本的涵义是指人——儿童自身,儿童"内在的自然"及发展的自然进程。他提出了一个著名的命题,即"大自然希望儿童在成人以前就要像儿童的样子"[①],应当把儿童当

---

① [法]卢梭.爱弥儿[M].李平沤,译.北京:人民教育出版社,2001:88.

儿童看。不难看出,"在卢梭的自然主义教育思想中占主导地位的完全是对'人性'、'人本'的尊重。"①卢梭赋予了自然主义教育人本化的内涵,真正发现了儿童及其价值,突出了儿童在教育中的主体地位,开辟了教育科学人本化的道路。其理论建树在于:(1)对"自然教育"内涵作了人本化的解读。在他的视野中,自然教育主要有三层内涵:第一,自然教育即儿童天性的自然发展,认为"我们的才能和器官的内在的发展,是自然的教育"②。这一内涵奠定了卢梭整个自然教育思想的基调,是卢梭自然教育思想的核心和灵魂,是我们把握和深刻理解卢梭自然教育思想的前提。第二,教育即回归儿童自身,保持儿童的自然状态。其实质是反对成人对儿童过多的干预,反对旧教育对儿童的束缚,主张保持儿童的本真状态。第三,自然的教育必然是自由的教育。由于自由是儿童的天性,因而,"适应自然"的教育必然是"自由的教育"。(2)确立了"把儿童当作儿童"的儿童观。以往的教育只把"小孩当大人看待",而没有把小孩子当小孩子看,卢梭改变了这种观念,确立了儿童为本位的儿童观。他提出的重要命题是:"在人生的秩序中,童年有他的地位;应当把成人看作成人,把孩子看作孩子。"③因而,我们应尊重儿童,把儿童当作教育的出发点。(3)创立了系统化、理论化的自然教育思想体系。卢梭以人为本,立足于儿童,系统地论述了自然教育内涵、自然教育目的、自然教育过程、自然主义教学论,自然主义道德教育观、消极教育论、儿童观,从而建构了完整的理论化的自然教育思想体系。自然教育像一根红线贯穿在《爱弥儿》一书中。整个《爱弥儿》的主题就是自然教育思想。卢梭吸收前人优秀的思想成果,集自然主义教育思想之大成,大大地拓展了自然教育思想的视野,并使之理论化和系统化,获得了18世纪自然主义教育思想发展的最大理论成果。卢梭也因此成为自然主义教育思想发展史上最具理论创造力的教育家。

四、心理化自然教育思想

在卢梭的自然主义教育思想的影响下,19世纪的西方教育家裴斯泰洛齐、赫尔巴特、福禄培尔、第斯多惠、斯宾塞从心理学的角度探讨了教育与自然(天性)的关系,创立了心理化自然教育思想学派,赋予了"自然教育"以心理学内涵,开创了教育科学心理学化的道路。其理论贡献在于:(1)首次提出了"教育要心理学化"的口号。裴斯泰洛齐把人的本性的发展更确切地理解为人的心理发展,要求教育教学与人的心理发展协调起来,并提出了著名的命题——"教育心理学化"。这样,他不仅克服了夸美纽斯和卢梭未能把儿童的心理条件与儿童的教育教学有机结合的局限性,而且开启了心理化自然教育的新时代。(2)明确提出教育学的理论基础是心理学。赫尔

---

① 张法琨. 神学化·人本化·心理化——宏观西方教育思想发展的进程[J]. 华东师范大学学报(教育科学版),1984(2).
② [法]卢梭. 爱弥儿[M]. 李平沤,译. 北京:人民教育出版社,2001:3.
③ [法]卢梭. 爱弥儿[M]. 李平沤,译. 北京:人民教育出版社,2001:71.

巴特是公认的现代教育心理学的创始人,科学教育学之父。他宣称教育的首要科学是心理学,明确提出心理学是教育学的理论基础,指出:"教育学作为一种科学,是以实践哲学与心理学为基础的。前者指明目的,后者指明途径、手段以及对教育成就的阻碍。"①(3)着重论述了教育目的心理学化、课程设置心理学化、教学过程心理学化、教学程序和方法心理学化。总之,19世纪上半期西方教育史上的"教育心理学化"运动具有重要意义,首先,它促进了对儿童心理和个性的研究,促进了教育与心理的结合,为后世教育心理学的发展指明了方向,奠定了基础。其次,心理化自然教育家对教育与儿童心理发展关系的探讨,推动了教育科学化的进程。

五、生长论自然教育思想

杜威是美国著名教育家,是现代教育理论的杰出代表,也是生长论自然教育思想的创始人。他吸收了19世纪末20世纪初新的生物进化论学说和机能心理学,在批判地继承近代自然教育思想的基础上,构建了自己的生长论自然教育思想。他对西方自然教育思想的发展作了第一次综合,使自然教育思想的发展达到了顶峰。其理论贡献如下:(1)对西方自然教育思想作了批判性继承。批判地继承了卢梭的自然教育思想,发展了教育心理学化思想。(2)对西方近代自然教育思想进行了超越。杜威以经验论哲学和本能论心理学为基础,论述了他的生长论自然教育思想——教育即生长。所谓"教育即生长"就是说,教育就是儿童的本能、经验、身体、情绪、道德、智力等诸多方面的变化和生长。生长是一个连续性和阶段性相联结的动态的心理发展过程,没有终极目标。"教育的过程是一个继续不断的生长过程,在生长的每个阶段,都以增加生长的能力为其目的。"②儿童的发展、儿童的生长就是理想所在,"对于儿童的生长来说,一切科目只是处于从属的地位,它们是工具,它们以服务于生长的各种需要来衡量其价值"③。

纵观西方自然主义教育思想的历史嬗变,可以清楚地看到它的嬗变特征。(1)西方自然教育思想关于自然教育问题的认识经历了由量变到质变的过程。(2)自然主义教育家对自然适应性原则的探讨是从外部深入到内部的。(3)自然主义教育理论的"研究特点主要是采用崇尚和利用'自然'这种特殊的表达方式,通过对大自然发展规律和人的自然本性的认识去透视教育活动,并侧重于对人的生理和心理的发展的研究和培育,来说明人的发展和教育活动的内在联系及其活动规律,从而倡导一种自然和谐的教育"。④(4)探讨教育与儿童的自然(天性)发展的关系是西方自然教育思想研究的主题。正是这个永恒的没有终极答案的问题,吸引了西方从古代、近代到现代许多教育家的"思考"、"探索"和"对话",使它在不同的历史时期有不同的内涵,

---

① 张焕庭主编.西方资产阶级教育论著选[M].北京:人民教育出版社,1979:298.
② 吕达,刘立德,邹海燕.杜威教育文集(第2卷)[M].北京:人民教育出版社,2008:56.
③ 吕达,刘立德,邹海燕.杜威教育文集(第1卷)[M].北京:人民教育出版社,2008:112.
④ 郭法琦.重视西方自然主义教育理论的历史研究[J].教育史研究,1990(2).

从而展示了西方自然教育思想动态的演进历程。(5)西方自然主义教育思想的历史嬗变表明,西方自然主义教育思想发展中形成了不同的学派,即客观化自然教育思想派、主观化自然教育思想派、心理化自然教育思想派和生长论自然教育思想派。每一种学派的产生,都改变了自然主义教育思想研究致思的方向。正是这些学派的诞生,推动了西方自然主义教育思想的发展。①

西方自然主义教育思想历史嬗变的动因主要有:政治因素、哲学因素、自然科学因素、心理学因素和自然教育家的反思和批判意识。②

第二节 西方自然主义教育思想的现代影响

一、西方自然主义教育思想对现代人本主义教育思想的影响

以美国人本主义心理学家马斯洛、罗杰斯为代表的现代人本主义教育思想产生于20世纪五六十年代,是现代的重要教育流派。它在人性论的理论基础上强调性善论;在教育目标上崇尚学生的潜能开发和自我实现;在教学过程上强调学生的经验运动;在学习观上推崇内在学习;在教学原则上强调"以学生为中心";在教学模式上重视"非指导性教学";在教育路径上强调爱的教育和创造性教育。从现代人本主义教育思想的这些内容看,它与西方自然主义教育思想是一脉相承的,尽管有"新"的维度,但它有明显的自然主义倾向,仍然属于自然主义教育思想的范畴。"从其渊源看,人本主义教育观继承了卢梭的自然教育思想。他主张人的教育必须与自然的教育超向一致,回归自然,顺应天性,不加干涉和压制,让儿童的自由发展。从其近因来看,美国人本主义教育观又直接来源于杜威的自然主义经验论的思想。"③

(一)对传统教育的批判

对传统教育的批判,既是西方自然主义教育思想的实践依据,也是现代人本主义教育思想的实践依据。西方自然主义教育思想是在批判传统教育的基础上得以建构的。17世纪的夸美纽斯对经院主义教育进行严厉的批判,指出当时的学校违反人性,教导的方法"非常严酷",扼杀了儿童的智慧,使学校变成了儿童"才智的屠宰场"。

18世纪的教育家卢梭对传统的理性教育进行了无情的批判:教师成天讲道说教,卖弄学问,却不教给儿童处事的智慧和如何谋求自己的幸福,其结果导致儿童天性被扼杀,进入社会后就暴露出愚昧、骄傲和种种恶习。"再没有谁比那些受过许多理性教育的孩子更傻的了。在人的一切

---

① 刘黎明.西方自然主义教育思想史[M].武汉:华中科技大学出版社,2014:1—12.
② 刘黎明.西方自然主义教育思想史[M].武汉:华中科技大学出版社,2014:12—22.
③ 车文博.人本主义心理学[M].杭州:浙江教育出版社,2004:465—466.

官能中,理智这个官能可以说是由其他各种官能综合而成的,因此它最难以发展,而且也发展得迟;但是有些人还偏偏要用它发展其他官能哩!一种良好的教育的优异成绩就是造就一个有理性的人,正因为这个缘故,人们就企图用理性去教育孩子!这简直是本末倒置,把目的当作了手段。"①

19世纪的瑞士教育家裴斯泰洛齐也揭露了传统的学校教育的弊病:"在人的教育中,每一个教育步骤,应该通过脑、心和手抓住人的全部本性。这在家庭生活中都是自然发生的,但在学校里却缺乏这些手段。如果在教学中使用某种脱离我们的实际情况和所处环境的力量,这种教学就会阻碍我们的力量合乎自然地发展,这是一种错误的教学手段。这种教学之所以错误,是因为它用暴力分开了上帝结合起来的东西,因为它在精神训练中导致残忍,在智力训练中导致愚蠢,在体力训练中导致萎靡不振。这样,在道德生活、精神生活和职业生活中只能像训练动物一样去培养人的本性,真正的人的教育的内在本质却受到破坏。"②这种批判是很深刻的。

19世纪末20世纪初,美国教育家杜威宣称自己的学说和思想的"出发点是反对传统教育的哲学和实践"。他批评传统教育消极地对待儿童,机械地集合在一起,把教育的重心放在教师、教科书和课堂,唯独不在儿童自己的直接本能和活动,导致儿童被动学习,儿童的本能得不到发展,儿童的潜能得不到开发。

西方自然教育家对传统教育弊端的揭露和批判,得到了20世纪五六十年代的现代人本主义教育家马斯洛和罗杰斯的积极回应。马斯洛"猛烈抨击当时的美国教育制度,认为美国的教育制度主要是依据行为主义的条件作用和强化原理建立起来的,主要有两大弊端:一是只重知识的灌输,不重人的培养。无论儿童教育或大学教育,主要关心的是效率,目的是用尽可能少的时间、费用和人力,向大量的学生灌输最大量的知识——在一个工业社会中生活所需要的知识;二是追求背诵记忆,不重创造性的理解与思考"③。

无独有偶,罗杰斯也深刻地揭露了传统教育的重理智和理性教育,忽视情感和非理性教育的弊端:"多少年来,我们所受的教育只是强调认知,摒弃与学习活动相联系的任何情感。我们否认了自身最重要的部分。"④其结果导致学生只知道理智事实,忽视了学生的情感培育,尤其是忽视了学生"自我"的形成,由此培养的人是墨守成规、完成了"学业"的人,而不是具有原创性创造力的思想家。

(二)人文主义:教育思想的渊源

文艺复兴时期的人文主义及其教育思想是西方自然主义教育思想和现代人本主义教育思想

---

① [法]卢梭.爱弥儿——论教育(上)[M].李平沤,译.北京:人民教育出版社,2001:87.
② [瑞士]阿图尔·布律迈尔.裴斯泰洛齐选集(第二卷)[M].北京:教育科学出版社,1994:300—301.
③ 车文博.人本主义心理学[M].杭州:浙江教育出版社,2004:435.
④ 方展画.罗杰斯"学生中心"教学理论述评[M].北京:教育科学出版社,1990:75.

的共同渊源。人文主义及其教育思想是以人为本的,着眼于人的潜能的开发、个性的解放,身心的自由、和谐的发展。许多人文主义教育家都阐释了这一思想。意大利人文主义者弗吉里奥所倡导的博雅教育就是要通过知识、美德、体育、军事训练等科目,唤醒、挖掘人的潜能和创造力,把学生造就成富于创造性和主动精神、自由发展的新人,博雅的践行者。

意大利人文主义者西尔乌斯力图通过文学、哲学、艺术等学科,塑造学生的精神,使之成为一个知识丰富、智慧卓越、性格坚定、品德优良、个性发达人格健全的新人。

意大利人文主义者维多里诺强调通过"快乐之家"的教育,不仅促进学生身心的全面发展,而且促进学生个性的发展。正如他所说:"我们并不希望每个儿童要表现同样的天才嗜好;无论怎样,儿童总可以有他自己的所好;我们承认我们必须跟随儿童的自然本性前进。"[①]

法国人文主义者拉伯雷的教育思想特别强调人的自由发展,他为特来美修道院制定的规则就是"随心所欲,各行其是"。

荷兰人文主义者伊拉斯谟主张教育应着重发扬人的人性中的理性力量和趋善的力量,造就发达的理性、自由的意志、完善的性格与品德的新人。

总之,文艺复兴时期的人文主义教育家在复兴古希腊、古罗马教育思想的基础上,强调教育一方面应注重人的知识、智慧、品德、身体、心灵和信仰的全面发展,另一方面要挖掘、开发人的潜能,促进人的个性自由发展。

文艺复兴时期的人文主义教育家的这种"以人为本"、"以学生为中心"的教育理念深刻地影响了西方自然主义教育思想和现代人本主义教育思想的建构。近代自然主义教育思想的杰出代表卢梭所提出的自然主义教育思想,无论是"自然"的概念、自然人和自由人的培养目标,还是"性善论"、"自然权利"思想都可以从文艺复兴时期的人文主义教育思想中找到依据,是受了后者的影响而形成的。例如,卢梭"所说的自然主要是指儿童的自然本性,偏重于主观自然与教育的关系,这就使他较多地和文艺复兴的人文主义者相似,这实际上体现了他对人和儿童的特别关注。总之,卢梭既传承了自然主义教育思想和人文主义教育思想相联系的传统,又把这种联系进一步建立在其更明确的性善论和反封建的理论基础上,从而发展了这种联系"[②]。更引人注目的是,卢梭自然教育思想的核心,即批判违反儿童本性的封建教育,倡导自然的和自由的教育,要求教育者遵循儿童的自然本性,按照儿童的身心特点施教,发挥学生的自主精神,彰显儿童的个性,把儿童造就成身心自由、和谐发展,能参与社会变革的新人,与文艺复兴时期的人文主义教育思想的主旨是相通的,是对人文主义教育思想的传承。

人文主义教育思想经以卢梭为代表的自然主义教育思想的传承,又影响到现代人本主义教

---

① 滕大春.外国教育通史[M].济南:山东教育出版社,1992:173.
② 李明德.西方教育思想史[M].北京:人民教育出版社,2008:226.

育思想的建构,成为后者的思想渊源。现代"人本主义教育观是一种植根于西方人本主义传统的教育思潮。它的许多思想和观点都可以在早期人本主义者那里找到依据,其思想根源最早可以追溯到古希腊罗马时代,追溯到中世纪的某些人本主义哲学思想,追溯到文艺复兴时期的人文主义,追溯到近代和现代西方许多哲学家的理论观点。在这个意义上可以说,现代西方的人本主义教育是西方传统的人本主义思想的现代复兴"[1]。现代西方的人本主义教育思想的开发学生潜能和创造性,注重自我实现的教育目标观,以学生为中心的教学理论等,都留有人文主义教育思想的痕迹。

(三)性善论:教育思想的理论基础

在教育思想的人性论基础上,现代人本主义教育思想与西方自然主义教育思想有相通之处,都持性善论。

现代人本主义教育思想的杰出代表马斯洛和罗杰斯都阐释了性善论,并以此为理论基础来建构教育思想的。马斯洛认为,人的本性是善的而不是恶的。就其原始性和必然性而言,人类的基本需求,如生命、安全与保障、归属与爱情、尊重与自尊、情绪、自我实现等都纯然是善的,至少是中性的。有些人之所以有破坏、残忍、虐待、恶毒、愤怒等行为,是因为内在的需求、情绪、能力免受挫折而产生的强烈反应,它不是人的本性所固有的,也不具有内在的必然性。每个健康的人"坚持向着越来越完美的存在前进,而这也意味着,他坚持向着大多数人愿意叫做美好的价值前进,向着安详、仁慈、英勇、正直、热爱、无私、善行前进。"[2]

罗杰斯结合自己长期的心理治疗经验,肯定人性本善。他指出,"当功能自由发挥时,人类的基本本性是建设性的和值得信赖的。对我而言,这是25年心理治疗经验得出的必然的结论。"[3]"从经验中,我一次又一次发现人类具有源自于遗传的特性,诸如积极进取、勇往直前、具有建设性、可靠、实在和值得信任等。"[4]

马斯洛、罗杰斯的性善论与此前的西方自然主义教育思想的性善论是一脉相承的,前者受了后者的启发和影响。对比西方自然教育家夸美纽斯、卢梭和裴斯泰洛齐的性善论,我们可以看出这种影响。夸美纽斯肯定"人是造物中最崇高、最完善、最美好的"。卢梭认为,出自造物主的人是纯洁善良的,具有对同类的爱心和怜悯心。儿童本性的最初冲动永远是正确的。这在卢梭《爱弥儿》中倡导的天性教育、自由教育中得到充分的体现。在《致博蒙特的信》中,卢梭又一次提到了性善论:"道德的基本原则是,人类是天性本善的生灵,热爱公正与秩序;人的心灵中本无邪念,最初遵循本性的活动总是正当的……我已经表明,所有归咎于人类心灵的不道德行为

---

[1] 杨韶刚.人本主义心理学与教育[M].哈尔滨:黑龙江教育出版社,2003:15.
[2] [美]马斯洛,等著.人的潜能和价值[M].林方,主编.北京:华夏出版社,1987:75.
[3] [美]卡尔·罗杰斯.罗杰斯著作精粹[M].刘毅,钟华,译.北京:中国人民大学出版社,2006:354.
[4] [英]伯莱安·索恩.罗杰斯[M].陈逸群,译.上海:学林出版社,2007:123.

都不是人类心灵本来所具有的;我已经表明了它们是怎样产生的;可以说我追溯它们的渊源,已经表明,由于不断改变他们善的天性,人类最终变成现在这样。"①在卢梭看来,性善论主要内容是自由、良心和理性。裴斯泰洛齐也肯定人性本善,人心向善。他说:"我的所有著作中,并以我能达到的最清晰的方式所表明的道德的基本原则是,人是本性为善的存在者,他热爱正义与秩序,人心中没有原初的堕落;自然原初的运动总是正确的,一切加诸人心的邪恶都不出于人的本性。"②

由此可见,现代人本主义教育思想的性善论与西方自然主义教育思想的性善论是何其相似乃尔!正如学者沃克所指出的"在同样的意义上,卡尔·罗杰斯继承了卢梭的衣钵,相信每个人都出自造物主——一个完美的存在—之手"③。他们的思想共同彰显了人的本性是善的、建设性的和值得信赖的观念。

(四)自我实现:教育目标观

在教育目标观上,现代人本主义教育思想与西方自然主义教育思想有一致的地方,这就是都注重学生潜能的开发和自我实现。

自然教育家亚里士多德、夸美纽斯、卢梭等在教育目标上都十分重视学生的潜能的开发和自我实现。亚里士多德基于灵魂的本性在于运动是潜能变成现实的过程的认识,强调"教育的一个方面就正是这种自我实现的过程。人的本性正如人的本身一样依赖于这一事实:只有当他充分发展时,才是一个理性的动物。用亚里士多德的话来说,理性是人的决定性的形式或思想。正是理性最终在人身上揭示出来,并且从一开始就在起作用,推动和指导人的发展"④。很显然,亚里士多德把教育的过程看成是学生的潜能开发的过程,也是自我展开、自我实现的过程。夸美纽斯的教育目标的确立是与人的终极目标相适应的。他相信人的终极目标是超越现实的人生,皈依上帝。与此相适应,现实的教育目标就是获得学问、德行与虔信,促进人的身心的和谐发展。而人生来就被上帝赋予了学问、德行与虔信的种子,它们"自然存在我们身上",但现实的学问、德行与虔信的种子的开花、结果不是自发的,而是需要凭借教育的力量。只有受过恰当的教育之后,人的学问、德行与虔信的潜能才能够得以开发,才能成为一个真正的人。这是一个潜能自我实现的过程。因为人具有接受教育的巨大的潜在能量。"我们不必从外面拿什么东西给一个人,只需把那暗藏在身内的固有的东西揭开和揭露出来,并重视每个个别的因素就够了"⑤。卢梭的教育

---

① [美]普拉特纳等.卢梭的自然状态——《论不平等的起源》释义[M].尚新建等,译.北京:华夏出版社,2008:67.
② 余中根.裴斯泰洛齐教育思想研究[M].昆明:云南大学出版社,2009:64.
③ [美]卡尔·罗杰斯.罗杰斯著作精粹[M].刘毅,钟华,译.北京:中国人民大学出版社,2006:340.
④ [英]博伊德·金合著.西方教育史[M].任宝祥,吴元训,主译.北京:人民教育出版社,1985:36.
⑤ [捷克]夸美纽斯.大教学论[M].傅任敢,译.北京:教育科学出版社,1999:15.

目的是造就一个思维、情感、审美、自由、快乐的潜能都得以开发的、身心全面发展的自我实现者。他希冀培养的人是能够独立思考、有主见的人,能够听从内心的声音说话,按照自己的思想行动的人;能够享受快乐和自由的人;身体、理智、心灵、道德、审美等各方面全面发展的人;一个自我实现者。卢梭对自我实现者的诠释是:"我的目的是,只要他处在社会生活的漩流中,不至于被种种欲念或人的偏见拖进漩涡里去就行了;只要他能够用自己的眼睛去看,用自己的心去想,而且除了他的理智以外,不为任何其他权威所控制就行了。"①自我实现者也就是自己实现自己意志的人。

受自然教育家的教育目标观的影响,马斯洛和罗杰斯也建构了注重学生潜能开发、自我实现的教育目标观。马斯洛提出了以人为本,自我实现的教育目标:"教育的功能、教育的目的——人的目的,人本主义的目的,与人有关的目的,在根本上就是人的'自我实现',是丰满人性的形成,是人种能够达到的或个人能够达到的最高度的发展。说得浅显一些,就是帮助人达到他能够达到的最佳状态。"②罗杰斯也表达了类似的观点,要求学校教育培养自我实现者,这种人"能从事自发的活动,并对这些活动负责的人;能理智地选择和自定方向的人;是批判性的学习者,能评价他人所作贡献的人;获得有关解决问题知识的人;更重要的,能灵活地和理智地适应问题情境的人;在自由地和创造性地运用所有有关经验时,融会贯通某种灵活地处理问题的方式的人;能在各种活动中有效地与他人合作的人;不是为他人的赞许,而是按照他们自己的社会化目标工作的人"③。他们拥有"自我",是能对经验开放,信任自己的机体,充分发挥作用的自我实现者。他们也是善于学习和改变的人。"教育的目标就是促进改变和学习。只有受过教育的人才知道如何去学习;才学会了如何去适应和改变;才会意识到任何知识都是不可靠的,只有探索知识的过程可以提供一个保障的基础。改变、对过程而非对静止知识的信赖,是当今世界唯一有意义的教育目标。"④总之,自我实现者是一个"完整"的人。从这里我们不难看出,现代人本主义教育家的教育目标观的建构无不来自于西方自然主义教育家的教育目标观的影响与灵感,但又有新的维度,超越了后者的教育目标观。

(五)经验的运动:教学过程观

罗杰斯把教学过程看成是经验运动的过程,无论是教师,还是学生,都要围绕经验运动这一核心来展开教与学。对学生来说,经验学习意味着"以学生的经验生长为中心,以学生的自发性和主动性为学习动力,把学习与学生的愿望、兴趣、需要有机地结合起来,因而是一种趣味盎然的、有意义的学习"⑤。这种经验学习的特征是:它使学生的躯体、情感和心智都沉浸于学习过程

---

① [法]卢梭.爱弥儿——论教育(上)[M].李平沤,译.北京:人民教育出版社,2001:362.
② [美]马斯洛.人性能达的境界[M].林方,译.昆明:云南人民出版社,1987:169.
③ 方展画.罗杰斯"学生中心"教学理论述评[M].北京:教育科学出版社,1990:251.
④ [美]卡尔·罗杰斯.罗杰斯著作精粹[M].刘毅,钟华,译.北京:中国人民大学出版社,2006:259.
⑤ 钟启泉,黄志成.美国教学论流派[M].西安:陕西人民教育出版社,1993:257.

中;使学生形成不同的行为和态度;教学的目的和教学评价不是来自于教师,而是由学生作出的,由此学生的独立性和自我依赖性得到培养。这是因为"潜力充分发挥的人一向注重个人经验的判断,对他们来说,他人的评价只是决定何事当为或对他人应做何种反应的参考而已,要下决定时,通常较少依赖外在权威式的指导。自信使他们拥有自由开放的思想空间,并对自己的行为具有责任感"。① 对教师来说,他不是"教导者",也不是"指导者",而是"促进者",其作用是:"1. 帮助学生澄清自己想要学习什么;2. 帮助学生安排适宜的学习活动与材料;3. 帮助学生发现他们所学东西的个人意义;4. 维持着某种滋育学习过程的心理气氛。"②也就是说,教师要创造有助于学生自我发现、自我主导和自发学习的条件。在罗杰斯看来,经验就是人对当下所经历的事实、现象、事件的体验,它能导致自我理解和洞察,引导人趋向真理,使"自我"发生变化,包括个性的和认识能力的变化。罗杰斯"强调学校教学过程中的经验运动,但他并没有忽视理智活动的重要性。他的良苦用心是希望通过经验的运动,将情感活动和认知活动有效地统一起来,以便最大限度地促进学生的个性健康发展"。③

罗杰斯的经验运动的教学过程观的形成是受到了西方自然主义教育思想的经验教学理论,特别是杜威的"教育即经验的继续不断的改造"思想的启发与影响。正如罗杰斯的一位学生所说:"罗杰斯想让学生独立地、创造性地思考;想让他们与他们自己的个人和他们的自我深深融合在一起,希望这能够促使人的'重新建构'——从杜威角度看——这涉及人的看法、态度、价值、行为。这是真实体验的重构;是真正有意义的学习。"④"如果我们接受杜威所说把教育定义为经验的重构,那么,就个人融入他整个的自我、他这个人、他的根本驱力、情感、态度和价值来看,一个人还能学到比这更好的方法吗?"⑤很显然,罗杰斯是接受了杜威的经验重构思想,才建构了经验运动的教学过程理念的。

(六)"以学生为中心":教学原则

罗杰斯针对传统教学的"以教师为中心"、"指导性",依据"患者为中心"的心理治疗经验,提出了"以学生为中心"、"非指导性"教学原则,目的是调动学生的主动性积极性,让学生处于教学过程的中心地位,让学生主动地、自发的学习,从而开发学生的潜能和创造性,促进学生的自我实现。为此,他提出了"以学生为中心"的教学原则:

1. "促进者"(即教师)与学生共同承担责任,一起制定课程计划、管理方式等方面的内容,而不是像传统教学那样,由教师独揽这些事情,学生没有任何发言权,因此也没有任何责任。

---

① [英]伯莱安·索恩.罗杰斯[M].陈逸群,译.上海:学林出版社,2007:52.
② 钟启泉,黄志成.美国教学论流派[M].西安:陕西人民教育出版社,1993:259.
③ 方展画.罗杰斯"学生中心"教学理论述评[M].北京:教育科学出版社,1990:95.
④ [美]卡尔·罗杰斯.个人形成论:我的心理治疗观[M].杨广学,等译.北京:中国人民大学出版社,2005:277.
⑤ [美]卡尔·罗杰斯.个人形成论:我的心理治疗观[M].杨广学,等译.北京:中国人民大学出版社,2005:280.

2. "促进者"提供各种各样的"学习资源",包括他自己的学习经验或其他经验,书籍及各种参考资料,社会实践活动,等等。鼓励学生将他们自己已掌握的各种各样的知识,已经历过的一些事情"带到"课堂中来。

3. 让学生单独的,或者与其他学生共同地形成他们自己的学习计划。让学生探寻自己的兴趣,并作为教学的重要资源之一。这样做不仅让学生选择自己的学习(努力)方向,而且让他们对自己这种选择的后果承担责任。

4. 提供一种"促进"学生学习的良好气氛。一个好的班级、好的课堂,应充满真实、相互关心和理解的心理氛围。

5. 学习的重点是学习过程的持续性,至于学习的内容(即学生学到什么)是次要的东西。一堂课结束的标志,不是学生掌握了"需要知道的东西",而是学生学会了怎样掌握"需要知道的东西"。

6. 学生的学习目标是他们自己确定的,因此,为了达到这些目标而必须提供的训练形式是"自我训练",要让学生认识到这种训练是他们自己的责任,而且要承担这种责任。自我训练要取代外部训练。

7. 对学生学习情况的评价由学生自己作出,而不是像传统教学中的那样是教师的"专利"。

8. 促使学习以一种更快的速度更加深刻地进行下去,并且更广泛地渗入学生的生活与行动之中。这个要求是完全有可能实现的。因为学习方向是学生自定的,学习活动是学生自发的,学生的情感、激情、理智沉湎于这一过程之始终。①

在这种"以学生为中心"的课堂教学中,学生可以随心所欲地表达自己的好奇;允许学生对所学东西进行质疑、批判和探索;允许学生朝着自己感兴趣的方向努力;认识到一切都处在变化之中。"情感——积极的、消极的、迷惑的——成为了课堂体验的一部分。学习变成了生活,变成了一种充满活力的生活。学生正在成为一个学习者,一个改变着的人,时而兴奋,时而无奈。"②这是一场教育革命,"学生通过自己对以学生为中心或以人为中心的课堂的反应就已经清楚地表明了一场教育革命正在进行"。③ 由此可见,这种"以学生为中心"的课堂是经验的课堂、体验的课堂、认知与情感统一的课堂,也是学生高效学习的课堂。

这种"以学生为中心"的教学思想来源于西方自然主义教育思想的"儿童中心"理论。卢梭关于"事事让儿童作主"的思想,即儿童的话句句忠实于他的思想,儿童的行为完全出于他的心意,儿童的方法始终适合于他的意图,最早探讨了"儿童中心"理论。后来杜威对此作了进一步的发挥,明确提出了"儿童中心主义"的理念,其内涵是:"现在我们的教育中正在发生的一种变革是重

---

① 方展画.罗杰斯"学生中心"教学理论述评[M].北京:教育科学出版社,1990:261—262.
② [美]卡尔·罗杰斯.罗杰斯著作精粹[M].刘毅,钟华,译.北京:中国人民大学出版社,2006:268.
③ [美]卡尔·罗杰斯.罗杰斯著作精粹[M].刘毅,钟华,译.北京:中国人民大学出版社,2006:269—270.

心的转移。这是一种变革,一场革命,一场和哥白尼把天体的中心从地球转到太阳那样的革命。在这种情况下,儿童变成了太阳,教育的各种措施围绕着这个中心旋转,儿童是中心,教育的各种措施围绕着他们而组织起来。"① 罗杰斯正是在西方自然主义教育思想的"儿童中心"理论的影响下,结合"以患者为中心"的心理治疗经验,才建构出"以学生为中心"的教学原则的。

综上所述,人本主义教育家的教育思想,无论是思想渊源、理论基础、教育目标,还是教学过程观、教学原则理论,无不受到西方自然主义教育思想的影响,特别是杜威教育思想的影响。美国斯坦福大学的盖奇在《教育心理学》中指出,"人本主义教育的目标和实践类似于二十世纪前半叶进步主义运动的目标与实践……新的人本主义教育家也是关心杜威预见到的革命结果的改革家"。② 更能说明这种影响的是,晚年的罗杰斯直言不讳地坦承:"我曾通过基尔帕特里克全面沐浴着约翰·杜威的思想。"③ 可见,西方自然主义教育思想特别是杜威教育思想对现代人本主义教育家的教育思想的形成和发展起了极大的作用,为后者奠定了坚实的理论基础。要深入地研究现代人本主义教育家的教育思想,不可忽视与之紧密相联的西方自然主义教育思想。

二、西方自然主义教育思想对欧洲新教育思想的影响

在理论界,西方自然主义教育思想与欧洲新教育思想的关联的研究只在一些教育思想史的著作中有所涉及,但只是片言只语,缺乏深入和系统的研究。事实上,西方自然主义教育思想对欧洲新教育思想有着广泛而深刻的影响,就后者而言,无论是新学校创办的理念和特色,还是新教育目的的建构,抑或是自由教育理念的建构、新教育原则和《儿童宪章》的制定,都受到了西方自然主义教育思想的影响,两者是一脉相承的关系,没有前者就没有后者。本文就此作些学理上的探析。

(一)西方自然主义教育思想对新教育思想的实践形态——新学校的影响

欧洲新教育思想的实践形态—新学校的创办,深受西方自然主义教育思想的影响。在校址的选择和校园环境的创设上,吸收了西方自然主义教育思想的环境创设的理念。文艺复兴时期意大利的自然教育家维多里诺十分重视学校环境的营造,力图使学校环境自然化,"要求学校周围有美丽的自然环境,能使学生时常感到自然美的熏陶。他创办的学校坐落在郊外湖滨旁,学校附近是田野和公园,环境十分优美安静。这里风景如画,既有宽敞明亮的教室,又有广阔精致的游廊。教室的墙壁上饰满了色泽绚丽、五彩缤纷的儿童游戏壁画。他把学校取名为'快乐之家',目的在于使儿童时时接受自然美的陶冶,在愉快的氛围中学习和生活,使学生身心获得和谐

---

① 吕达,刘立德,邹海燕.杜威教育文集(第1卷)[M].北京:人民教育出版社,2008:42.
② 方展画.罗杰斯"学生中心"教学理论述评[M].北京:教育科学出版社,1990:168.
③ 车文博.人本主义心理学[M].杭州:浙江教育出版社,2004:458.

的发展。维夫斯十分重视学校校址的选择,要求'找一个智慧赖以产生和成长的地方'。设立学校,它应该远离人烟杂沓的地方,空气要好,有益于师生的身心健康"①。18世纪的自然教育家卢梭虽然没有创办学校,但要求教育环境的自然化。他的教育对象——爱弥儿从小就在风景优美、清新自然、空气新鲜、没有污染的乡村接受大自然的教育。

  欧洲新教育家在学校的校址的选择上继承了自然主义教育家的做法,校址选择在环境优美、空气新鲜的郊区。无论是巴德利在英国创办的贝达尔斯学校,还是利茨在德国创办的乡村教育之家,抑或是德摩林在法国创办的罗什学校,都坐落于环境极好的郊区周围,有青山、溪流、森林、绿树,风景秀丽,远离喧闹的都市。例如,比利时教育家德可乐利创办的"生活学校"风景秀丽,有花园,有草坪,有林荫小路,也有鸟、龟、狗、羊、猫等惹人喜爱的动物。蒙台梭利的"儿童之家"有房间和带有遮蔽的档棚的花园,儿童在这里可以自由地玩耍和休息,体验快乐。儿童虽然置身于露天生活中但又可以避免风吹日晒。它没有固定的模式,是可以让儿童自由活动的场所。它是一个真正让儿童自己作主的"家"。在办学理念和特色上,利茨的乡村寄宿学校致力于让儿童参加美术、游戏、劳作、工艺及社会生活,培养学生和谐的人格。巴德利的贝达尔斯学校的办学理念是力图给予儿童充分自由和自我表现的机会,尊重儿童的创造性冲动,倡导合作精神,促进每个儿童的身体、心智和道德的全面发展。德可乐利的生活学校崇尚生活、崇尚自然,倡导自由的生活教育,把生活教育视为教育的本质,把自由看作学校生活教育的灵魂。比利时瓦斯孔塞诺的办学思想是"培养学生'健全之性质、创造之精神、独立之气质、责任之观念'"②。麦克米伦姐妹创办的保育学校的"办学特点是:融合欧文、裴斯泰洛齐、福禄培尔及蒙台梭利的教育方法,注重幼儿的手工教育、言语教育、感觉训练、家政活动训练及自由游戏;反对一切拘谨的形式主义教学;在郊外办学,注意采光、通风及环境的布置"③。尼尔的夏山学校的办学理念上反对对儿童专制、禁止、压制,反对权威对自由的束缚,实施消极自由,让儿童自然和自由地成长。与此同时,他要求儿童既要自我决定,又要承担责任;既要自律自制,即倡导"积极自由"。"在理论上,尼尔相信人性本善,儿童是能够将自我决定与自我负责统一起来的,能够把自我自由与彼此尊重统一起来,也就是说具有内在自我约束机制。据此,他放手让夏山学生个人的事情自己做主,充分尊重每个儿童的自主性和特立独行的个性。"④20世纪初期,欧洲开展的"回归自然运动"等实验运动崇尚卢梭的自然主义,让儿童在乡村大自然中跋山涉水,锻炼身体,磨练毅力,培养团队精神,提升自我的生存能力。很显然,欧洲新教育家的办学理念和特色与卢梭等自然教育家倡导的自然和自由的教育理念的精神是相契合的,是一脉相承的。

---

① 刘黎明.西方自然主义教育思想史[M].武汉:华中科技大学出版社,2014:86.
② 吴明海.欧洲新教育运动的历史研究[M].北京:教育科学出版社,2008:114.
③ 杨汉麟.外国教育实验史[M].北京:人民教育出版社,2005:394.
④ 吴明海.欧洲新教育运动的历史研究[M].北京:教育科学出版社,2008:81.

(二)西方自然主义教育思想对教育目的的影响

西方自然主义教育思想的教育目的观对欧洲新教育思想的教育目的观有着深刻的影响,两者的共同之处就是强调促进学生身心的和谐发展,使之成为快乐的、有个性的和自我实现的人。古希腊的亚里士多德的教育目的是促进个体的自我实现,使之成为有理性、能沉思的人。夸美纽斯的教育目的是双重的,既强调为来世的生活作准备,又强调促进儿童的智慧、德行和虔敬的充分和谐的发展。但他的教育目的的落脚点不是前者,而是后者。卢梭的教育目的是促进儿童身心的自然和自由的发展,使之成为能独立思考和判断、拥有自主和能享受当下快乐的人。瑞士教育家裴斯泰洛齐和德国教育家福禄培尔把教育目的指向儿童独特的潜能和内在本能的开掘和发展。裴斯泰洛齐主张,教育目的就是促进儿童内在潜能的充分和谐发展。福禄培尔认为,教育的目的就是使儿童的内在本性得到发展,使儿童的内在的活动本能能按普遍规律得以展现。斯宾塞的教育目的是促进儿童的快乐成长,使他们的自助和自治的能力得到发展。

受自然主义教育家的教育目的观的影响,欧洲新教育家在教育目的上也十分强调个体身心的和谐发展。英国教育家罗素认为,教育目标是激励建设性的怀疑,培养对精神冒险的喜爱、能独立思考的人。英国教育家怀特海的教育目的是通过对思想的力量、思想的美和思想的条理的深刻认识,以促进学生智力的自我发展。另一位英国教育家尼尔认为,教育的目的就是还儿童以自由,使儿童拥有充分的自由,并使其人格得到健全的发展。瑞士新教育家爱伦·凯的教育目的是为儿童创造一个美丽的世界,使儿童能置身于其中自由活动,人格能得以自由和健全的发展。蒙台梭利的教育目的是双重的,从生物学的视角看,教育目的就是促进儿童潜能的自然发展;从社会学的视角看,教育的目的就是培养学生对环境的适应能力。教育目的的重心在前者。由此可见,欧洲新教育家的教育目的与自然主义教育家的教育目的观是一脉相承的。

(三)西方自然主义教育思想对自由教育的影响

欧洲新教育家的自由教育思想与西方自然主义教育思想是紧密相联的。西方自然主义教育家历年重视自由教育,形成了自由教育的传统。古希腊的亚里士多德首次提出了自由教育理念,即通过自由学科的实施,培养自由民。到了文艺复兴时期,人文主义教育家以人文主义为指导,建构了自由教育思想。"在人文主义教育家的视野中,自由教育就是能够让儿童体现自由意志,促进身心自由发展的教育。……自由教育就是让儿童通过接受人文学科的熏陶,促进他们的美德与智慧的发展,使他们变得高贵的活动。自由教育的目的就是促进儿童身心的自由发展,把他们塑造成自由的人。"[1]"更为重要的是,人文主义教育家还对自由教育的路径——思想自由、言论自由、活动和游戏的自由、遵循'自然性'原则等作了精辟的论述,为自由教育思想的发展注入了新的元素。"[2]到了

---

[1] 刘黎明.文艺复兴时期的自由教育思想探析[J].贵州大学学报,2016(6).
[2] 刘黎明.文艺复兴时期的自由教育思想探析[J].贵州大学学报,2016(6).

18世纪,法国教育家卢梭集自由教育思想之大成,系统地论述了自由教育思想,提出自由教育的内涵是"指教育者按照儿童的意志实施的让儿童自由自在地学习和生活,成为自己主人的活动"①。自由教育目的是追求满意、快乐和自由的境界,使儿童的自由得到充分的发展。他不但区分了自由教育之维度—身体的自由、活动的自由、思想的自由和语言自由,而且还论述了自由教育的路径—让儿童率性行事、回归儿童的自然状态、培养活泼的儿童、为儿童的健康成长营造自由的氛围。②"在受卢梭自由教育概念影响和熏陶的教育家中,我们可以列出长长的名单:裴斯泰洛齐、福禄培尔、杜威、爱伦·凯、蒙台梭利、罗素、尼尔……。尽管他们从不同的角度论述了自由教育的本质,为'自由教育'概念增添了新内容,这无疑丰富了自由教育的概念。然而,他们对'自由教育'概念核心意蕴的阐释没有越出卢梭'自由教育'概念的视野。换言之,卢梭的'自由教育'概念为后世教育家进一步探索自由教育的本质意蕴奠定了基础,指明了前进的方向。"③从这里不难看出,卢梭的自然和自由教育理念对欧洲新教育流派的直接影响和启示。"正是因为新教育流派的倡导者们把卢梭的自然主义教育与生物学的原理相结合,并且进一步发展了卢梭教育思想中的自由主义一面,因此,新教育理论又称为自由主义教育理论。"④

瑞士教育家爱伦·凯的自由教育思想的建构是吸收卢梭的自然教育思想的基础上得以实现的。卢梭的自然教育思想的核心,就是强调根据儿童内在天性和感觉器官发展的自然顺序,促进儿童内在天赋力量和潜能的和谐发展,反对压制和束缚儿童的内在天性,彰显儿童的自由发展。爱伦·凯竭力倡导自由教育,让儿童不受威吓,没有体罚,没有强迫服从,而是能够在自由环境中自由游玩,以实现他们个性的自由发展。她强调教师应尊重儿童的欢悦、儿童的趣味和儿童的时间,犹如我们对成年人一样。

英国新教育家尼尔的自由教育思想也受到了卢梭的影响。首先,他论述了自由教育的涵义。他认为,自由教育就是让儿童在不影响和妨碍他人自由的前提下,做自己喜欢做的事情,使其身心得到自由的发展的活动。只有自由才能使儿童尽可能地彰显他们本性中的"善",才能使他们向好的方向自然发展和自由发展。所谓自由发展就是使儿童在心理和情感方面不受外在权威的约束,自由自在地成长。当然,儿童的这种自由是有限制的,是受他内在法律的约束,不能放纵,也不能随心所欲。他对自己的事才能随心所欲,他如果愿意,可以整天游戏,也可以不上课。其次,尼尔论述了自由教育的意义。自由教育有助于增进儿童对自我的认知和了解。当儿童处在自由的氛围中,他能对自己更了解,更有意志力。因为自由能使自己的潜意识的知觉变得清晰,儿童知道其想要的东西。自由教育也有助于儿童生命情感的发展。在他看来,头脑和情感要同

---

① 刘黎明.卢梭自由教育思想探析[J].中国教育科学,2016(4).
② 刘黎明.卢梭自由教育思想探析[J].中国教育科学,2016(4).
③ 刘黎明.卢梭自由教育思想探析[J].中国教育科学,2016(4).
④ 吴杰.外国现代主要教育流派[M].长春:吉林教育出版社,1989:36.

时发展,如果只重视前者而忽视后者,生命就会失去活力。但如果情感能得到自由发展,头脑的自然发展也就能得以实现。他反对不自由的教育,因为它忽略了生命中的情感部分,不能使人痛快地生活。自由教育还有助于儿童身心的健康发展。它可以治疗儿童的多数不良行为,使儿童享有快乐,保持内在的愉悦与平衡,对人生有知觉感。当然这种自由必须是真正的自由,而不是放纵的自由或感情用事的自由。

受卢梭自由教育理念的影响,蒙台梭利积极倡导自由教育。在她看来,所谓自由教育是指教师根据儿童的生理和心理的特点,激发儿童的自由感,让儿童按照自己的意愿学习和生活,使他们从各种束缚身心的障碍中解放出来,满足自身的精神需求,使其个性得到自由发展和天性得到自然地表现的活动。教师的重要职责就是帮助儿童生命的自发活动,促进儿童身心自由自主地发展,彰显儿童生命活力。如何实施自由教育?蒙台梭利提出应遵循如下原则:一是自由原则。她认为,"自由的儿童"一般是指儿童能自由地活动,包括到公园和草坪上自由地玩耍,尽情地跑和跳,到户外自由地活动。为了实现这一点,教师必须遵循自由的原则,设计出有利于儿童健康成长的科学的教育方案。因为只有在自由的状态下,儿童无论是头还是耳和鼻的发育,都能达到最完美的境地。也唯有自由,才能使儿童的情感、智力和性格得到最大限度的引导和发展。教师所要做的是,对儿童成长中出现的所有奇迹,应以一种宁静的心态给予关注。对待婴儿的成长尤其要如此。因为婴儿要形成更为协调的身体比例和造就更为健全的机能,唯有得到自由的发展,才能得到实现。她"主张取消各种束缚,应该让他们在'恬静的状态下'保持'最大限度的安宁',应该让婴儿的双腿保持完全放松,让他们在躺倒时可以完全得到舒展,不要像许多人所做的那样将婴儿'逗'得上下乱动。在时机还未成熟之前,切莫不要强迫孩子走路,因为只要时机一到,他就会自己站立起来,并能自然行走"①。与此同时,还要让儿童享受精神上的自由,当然这不意味着对儿童精神的发展放任自流,而是引导儿童的发展,使他们从幻想进入现实,指导他们积极有效地照顾自己的身体和心灵。二是正确处理自由与纪律的关系。在蒙台梭利看来,自由与纪律密切相关,自由是纪律的前提,要实现儿童的纪律,必须通过自由。因为纪律是建立在自由的基础之上的。蒙台梭利眼中的纪律与传统的纪律观念是不相同的。后者的核心是要儿童像哑巴一样默不作声地守纪律,其结果是儿童失去了自我,因而不能算是守纪律的人。在蒙台梭利的视野中,纪律本身具有灵活性,只有当儿童"变成自己的主人并遵循一些生活规则时,他才能注意自己的行为,我们才能把他当成是一个守纪律的人"。② 作为教师,他要扮演的角色是被动的观察者,而不是主动施加影响的观察者。这种被动性既体现在对被观察的对象——儿童的好奇心,又体现在尊重观察到的一切。对儿童的不良言行,教师既不能强行

---

① [意]蒙台梭利.发现孩子[M].胡纯玉,译.北京:中国发展出版社,2006:38—39.
② [意]蒙台梭利.蒙台梭利教育全书[M].吴启桐,金海涛,编译.南宁:广西科学技术出版社,2013:22.

制止,也需要进行有效的观察。教师对儿童最初表现出来的积极自发行为应给予保护和尊重,不能粗暴的干涉,否则就是扼杀他们的成长。可见,这种纪律是很灵活的,它"既不容易被人理解又不容易被采纳。但里面确实包含着一个伟大的教育原则:自由。它与任何旧式教育那种绝对的、不容反驳的高压政策下的'不许动'的纪律原则完全不同"①。如何让儿童保持良好的纪律?蒙台梭利的观点是:"孩子的纪律必须是一种自由的表现,自由的纪律才是最有效的纪律,不要把大人的要求强加在孩子的行为上。"②纪律好的学校是井然有序的学校,儿童会专心致志地从事自己的活动,如画画、玩字母游戏、感觉练习、算术练习、玩耍等。他们会因专注于自己的事情而感到快乐,绝不会互相干扰。三是实施独立教育。独立教育是自由教育的重要路径。每个人都是一个不可替代的独立个体,他们带着自己的个性和发展之谜降临人世,正是个性的发展导致每个人做不同的事情。儿童3岁时就具有独立的意识,能够独立自由地展现自己。因此,教师要指导儿童学会独立,在独立中生存,在独立中展现自己。具体来说,就是要帮助儿童做力所能及的事情,如走路、跑跳、上下楼梯、自己穿脱衣服等。"我们必须帮助他们,使他们尽可能达到自己的目标和满足自己的欲望。这些都是独立教育的一部分。"③他反对习惯性地宠爱娇惯儿童,如喂儿童吃饭,帮他脱穿衣服等。这些做法实际上关闭了儿童自学的大门,阻碍了儿童的独立成长。其实,儿童与生俱来就有健全的头脑和身体,他有能力和智慧完成自己的事情。教师的责任就是辅助和教育他。四是创设自由的教育环境。教师对儿童的所有观察方法的根本基础,就是遵循自由的原则,让儿童能随性表现。其前提是创设一种能让儿童自由自主地表现自我的教育环境。例如,教室与草场直接相通,儿童可以随意地自由出入;教室里布置了小鱼缸、植物盆栽和随意玩的玩具;让每个儿童拥有小橱柜,自己保管自己的东西,如牙刷、肥皂、指甲刷等。这些措施可以让儿童拥有选择的机会和权利,学会控制自己的行动,拥有改正自己缺点的实际能力。他要求学校应成为能为儿童提供自由生活的场所,使儿童不仅享有身体发育和精神成长的自由,而且使他们在这里能找到从生理生长到机体活动的"成长与发育的最好条件"。"这些学校不仅要引入可以帮助儿童提高生活质量的生理卫生学,还要在这里进行儿童服装的普及和改革,使新式服装符合整洁、简朴又宜于自由活动的要求,同时还要能使儿童学会自己穿戴。"④这些做法有助于使儿童从事自我训练、自我发展,形成儿童独特和复杂个性,升华自我的意识。

(四)西方自然主义教育思想对新教育原则和《儿童宪章》的影响

在1921年召开的加莱会议上确立的新教育原则深受西方自然主义教育思想的影响,其中

---

① [意]蒙台梭利.蒙台梭利教育全书[M].吴启桐,金海涛,编译.南宁:广西科学技术出版社,2013:22.
② [意]蒙台梭利.蒙台梭利教育全书[M].吴启桐,金海涛,编译.南宁:广西科学技术出版社,2013:75.
③ [意]蒙台梭利.蒙台梭利教育全书[M].吴启桐,金海涛,编译.南宁:广西科学技术出版社,2013:27.
④ [意]蒙台梭利.发现孩子[M].胡纯玉,译.北京:中国发展出版社,2006:79.

第一、二、三条原则尤为明显。在第一条原则中,强调一切教育的根本目的是维护和增进儿童内在的精神力量,让儿童在自己的生活中寻找和实现其精神的至高境界。这与西方自然主义教育家强调教育目的是开发和唤醒儿童的内在潜能,促进儿童身心的健全发展是不谋而合。第二条原则是"教育应尊重儿童的个性,而只有让儿童内在的精神力量自由,才能发展儿童的个性"。这一原则与西方自然主义教育家倡导儿童个性的自由发展、因材施教直接相关。第三条原则是"各种学习及真正的生活训练都应给予儿童的天赋兴趣以自由施展的机会。应在各种手工的、智力的审美的、社会的和其他类型的活动中唤醒和发展儿童的天赋兴趣"。这条原则反映了西方自然主义教育家唤醒儿童的天赋兴趣,让儿童身心自然和自由的发展的教育理念。

1942年4月在英国伦敦召开的会议上,新教育联谊会提出并通过了著名的《儿童宪章》,它"重申一切儿童,不论性别、种族、国籍、宗教信仰和社会地位如何,均享有下列基本权利[①]:如尊重人格;强调一切良好教育制度的基础是儿童的需要;拥有医疗、治疗和保健的权利;享有学习本国知识与智慧宝藏的平等机会;拥有接受全日制教育的权利"。这些权利在西方自然主义教育家的自然教育理念中都有所涉及,前者是对后者的继承和发挥。

综上所述,西方自然主义教育思想对欧洲新教育思想的影响是深刻的,它影响了新学校的选址、办学理念和特色,新教育家力图给予儿童充分自由和自我表现的机会,尊重儿童的创造性冲动,倡导合作精神,促进每个儿童的身体、心智和道德的全面发展,这与自然主义教育家的办学思想和理念是相似的;欧洲新教育家的教育目的与自然主义教育家的教育目的观是一脉相承的,都强调促进学生身心的和谐发展,使之成为快乐的、有个性的和自我实现的人;欧洲新教育家的自由教育思想与西方自然主义教育思想是紧密相联的。西方自然主义教育家历年重视自由教育,形成了自由教育的传统。卢梭、裴斯泰洛齐、福禄培尔、杜威都有丰富的自由教育思想,为新教育家的自由教育思想的建构提供了理论基础和思想源泉,促进了新教育家的自由教育思想的发展。正因为新教育家融合了自然主义教育家自由教育思想与当时的生物学原理,因而他们的新教育理论又称为自由教育理论;西方自然主义教育思想还影响了新教育原则的制定和《儿童宪章》的构建,没有前者就没有后者。

---

① 吴式颖,任钟印,主编.外国教育思想通史(第九卷)(上)[M].长沙:湖南教育出版社,2002:75—76.

第三章 西方自然主义教育思想的当代命运

一、西方自然主义教育思想在当代仍然充满生命活力

西方自然主义教育思想自从创立以来,经历了坎坷的发展道路。一方面,随着教育理论尤其是儿童教育理论的发展,每个时期都有对西方自然主义教育思想的研究者,他们对卢梭、裴斯泰洛齐、福禄培尔、杜威等人的自然教育思想抱有极大的兴趣,给予特别的关注。尤其是自然主义教育思想所蕴含的智慧、理念和方法,受到了高度的重视和深入研究。在今日的教育界,每年都有关于自然主义教育家的自然教育思想的论文发表,不缺乏研究者。这表明,人们敏锐地感受到西方自然主义教育思想对当代中国教育发展的需要。只要是一个真正严谨、求真的学者,在其研究中都不会轻易地否定西方自然主义教育思想的理论地位。另一方面,自然主义教育思想无论在其创立的过程中,还是在其发展的过程中,都遭到了来自理论界的不少质疑。在今天,有的学者认为,西方自然主义教育思想是以历史上的自然教育现象和问题为研究对象,只有历史价值,而不具有现实的实用价值。因为时代、教育都发生了很大的变化,这使得西方自然主义教育思想与当前的教育实践存在相当大的距离,难以指导当今的教育理论和实践。这种质疑的声音,与当前教育界对整个教育史学科缺乏实用价值的质疑是一致的,有着相同的背景。教育史学科缺乏实用价值的观点"在社会上、教育决策者和教育学科其他领域学者那里则相当普遍"。① 在国际教育界也很有市场,国际教育史专题组会议曾广泛讨论了教育史面临的危机,结论是:"作为教育理论和教育实践的一种要素的'教育史'已经失去了其学术能力。结果,教育史作为一门教育学科来说已经不能引起未来教师、父母、行政官员们的兴趣。"②作为教育史学科重要组成部分的自然主义教育思想也难以避免同样的困境。这实际上提出了一个严肃的问题:西方自然主义教育思想的当代命运问题,也即西方自然主义教育思想在今天究竟是否还有生命力?这是研究西方自然主义教育思想的当代价值不能回避的、需要从理论上加以澄清的问题。

西方自然主义教育思想在当代是否仍然具有生命活力?我们的回答是肯定的:西方自然主义教育思想在今天仍然具有生命活力,而且具有很强的生命活力。这可以从四个维度加以论述。

---

① 金忠明,林炊利.教育史学科的困境及其对策[J],河北师范大学(教育科学版),2005(6):33—34.
② 王兆璟,许可峰.实用性问题与教育史的学科智慧[J],教育理论与实践,2007(1).

(一) 西方自然主义教育思想是当代教育理论发展的源头

当代教育理论不是凭空产生的,而是与此前的西方自然主义教育思想有着与生俱来的渊源关系,吸取了后者的精华,融合了后者的视界而得以建构的。西方自然主义教育思想为当代的教育理论如主体性教育理论、个性化教育理论、活动教育理论、生命教育理论、智慧教育理论等提供了依据和思想资源。这体现了教育理论发展的连续性。雅斯贝尔斯指出,思想离不开历史,"当代的思想可以在它的过去中获知,由它与过去的关系,可以勾勒出其思想之本质。当代思想当然也可以表现为仅仅是回声,不过这是没有任何意义的。它以图像、结构、逻辑秩序的形式塑造了思想的历史。最终在与历史打交道中,作为永恒的当代而集成真理,并在其中达到自己的目的"①。"我们是从过去的岁月中成长起来的,往事是我们的前车之鉴,后世之师。……一切都仿佛处在一个唯一的、无时间限制的、普遍适用的领域中,历史的遗产也仿佛是非历史性的了。"②雅斯贝尔斯的论述启示我们,当代的思想是在继承历史遗产的基础上得以发展的,历史和现实是不可分割的,它们具有同一性。"过去并非不存在的或者已经不复存在的,而是就存在于当前之中。历史就是我们当前精神的体现,……我们的精神或生活,乃是过去之在当前的存在。"③《学会生存》也曾指出:历史对于教育有强烈的影响,这就是说,教育的发展是社会发展的一种功能;教育带有过去的痕迹。"教育忠实地重现人类的历史进程;无论是历史兴盛时期还是衰败时期;无论是历史进取时期还是失望时期;也无论是历史的和谐时期还是冲突时期。"④在各种类型的教育理论中,理论与历史存在着特殊的关系。"借鉴历史可能得以提高某些理论的洞察力;反过来,某些理论也可以使历史的演化变得更容易理解。正像康德曾经指出的那样,没有理论的历史是盲目的,而没有历史的理论是空洞的。"⑤因此,我们应对历史心存感激,正如黑格尔所说:"我们必须感谢过去的传统,这传统……通过一切变化的因而过去了的东西,结成一条神圣的链子,把前代的创获给我们保存下来,并传给我们。"⑥没有继承就不可能有进一步的创新。当代教育理论是在吸收包括西方自然主义教育思想在内的各种教育思想智慧的基础上开拓创新的。任何对当代教育理论的思考和重建,都暗含着与西方自然主义教育思想的关联。任何一种真正的教育理论都是人类教育思想(包括西方自然主义教育思想)认识史的结晶,都是积淀人类教育智慧的理论成果。因而它往往会彰显出一种厚重的历史感。

当代教育理论无论是内容的发展,还是其基本精神的塑造,都离不开自然主义教育思想。西

---

① [德]雅斯贝尔斯.大哲学家[M].李雪涛,译.北京:社会科学文献出版社,2006:前言1.
② [英]汤因比,等.历史的话语[M].张文杰编.北京:中国人民大学出版社,2012:49.
③ 何兆武.历史与历史学[M].武汉:湖北人民出版社,2007:103.
④ 联合国教科文组织.学会生存[M].华东师范大学比较教育研究所,译.北京:教育科学出版社,1996:26.
⑤ [俄罗斯]卡特林娅萨里莫娃.当代教育史研究与教学的主要趋势[M].方晓东,等译.北京:教育科学出版社,2001:22.
⑥ [德]黑格尔.哲学史讲演录(第1卷)[M].贺麟,王太庆,译.北京:商务印书馆,2009:8.

方自然主义教育思想从许多方面塑造了当代教育理论的特性,如注重儿童身心的自由发展;注重儿童生命的发展;注重儿童的自主发展;注重综合实践课程等等。这也就是说,西方自然主义教育思想是当代教育理论的先驱,当代教育理论是西方自然主义教育思想合乎逻辑的理论发展。这使我们领悟到,"我们之所以为我们,乃是由于我们有历史,或者说得更确切些,正如在思想史领域里,过去的东西只是一方面,所以构成我们现在的,那个有共同性和永久性的成分,与我们的历史性也是不可分离地结合着的。我们在现世界所具有的自觉的理性,并不是一下子得来的,也不只是从现在的基础上生长起来的而本质上原来就具有一种遗产,确切点说,乃是一种工作的成果——人类所有过去各时代工作的成果"①。德国教育家雅斯贝尔斯提醒我们,"从历史中我们可以看见自己,就好像站在时间中的一点,惊奇地注视着过去和未来,对过去我们看得越清晰,未来发展的可能性就愈多"②。因此,我们对西方自然主义教育思想看得越清晰,我们的教育理论的历史感和理论底蕴就越厚重,发展的可能性就愈多。就此而言,我们可以说,西方自然主义教育思想就"活在"当代教育理论之中。"对于我们确定自身来说,没有什么现实比历史更为重要了。历史向我们展示了人类最为广阔的画面,给我们带来了奠定我们生活之基础的传统内涵,赋予我们衡量眼前事物的尺度,将我们从不自觉地束缚于自身的时代状况中解放出来,教会我们认识到人的无限可能性及其永恒的创造活动。"③"历史之光照亮了当下,它不但告诉我们一去不返的往事,更指出过去发生过而今仍存在的事情。"④

当然,我们也不应把西方自然主义教育思想神化,作为一种知识传统,它在发展的过程中也存在局限和不足,是可以修正的。因为"对于每一代新人来说,知识传统都存在着修正的可能性,这不是因为人类心智存在着任何必然犯错误的倾向。而毋宁是由于,即使是最伟大的天才的智慧之光也不能照射到未来几代人将会认识到的事物的外缘。每一代人都可能在原先达到的出发点上前进一步;没有先前走过的几步,这一步便不可能迈出。一旦这几步修正了先前认识的事物,它们也就给下几步铺平了道路"⑤。因此,我们完全可以用批判的眼光去审视西方自然主义教育思想,不断地修正它,使之与当代教育理论有机融合,以便更好地适应当代教育理论发展的需要。

(二)当代教育理论所面临的、需要解决的许多问题仍然是西方自然主义教育家所要解决而没有解决好的问题,它们仍然存在于西方自然主义教育家的"视域"之中

与自然主义教育家所处的时代相比,当今社会和教育格局已发生了翻天覆地的变化。人类进入了知识经济、信息化、全球化的新时代,与之相适应,当代的教育目的、教育内容、教育方法等

---

① [德]黑格尔.哲学史讲演录(第1卷)[M].贺麟,王太庆,译.北京:商务印书馆,2009:8.
② [德]雅斯贝尔斯.什么是教育[M].邹进,译.北京:读书·生活·新知三联书店,1991:58.
③ [德]雅斯贝尔斯,等著.哲学与信仰[M].鲁鲁,译.北京:人民出版社,2010:330.
④ [德]雅斯贝尔斯.什么是教育[M].邹进,译.北京:读书·生活·新知三联书店,1991:59.
⑤ [美]爱德华·希尔斯.论传统[M].傅铿,吕乐,译.上海:上海人民出版社,2009:230.

也有巨大的变化。这是否意味着西方自然主义教育思想就过时了呢？答案是否定的。西方自然主义教育思想所面对的问题，如儿童天性发展问题、儿童观问题、儿童的主体性问题、活动教育问题、生命发展问题等，不可能一劳永逸地解决，也不可能取得最终的、唯一不变的结果，而必须通过一代又一代人不断地批判、反思，不断地总结、提炼、提升和扩展，不断地寻求解决问题的可能答案，才能不断趋向问题的解决。因而这些问题也就必然地存在于当代教育领域中，既是当代教育理论所要面对的问题，也是当代教育改革实践所要面对的问题。这意味着西方自然主义教育家分析和解决这些问题所得出的结论、积累的经验、形成的传统依然没有过时，依然具有借鉴和启示价值。尽管他们的结论、经验和传统，早已为人们所熟知，但仍然有反复强调的必要。"理论研究所要做的，有时并非创新，而是变换角度、变换材料、变换方式地对着实践不断唠叨，直到能使一些东西逐渐深入人心，真正影响实践。"①正如爱因斯坦所说："真理必须一次又一次为强有力的性格的人重新刻勒，而且总是使之适应雕塑家为之工作的那个时代的需要；如果这种真理不总是不断地重新创造出来，它就会完全被我们遗忘掉。"②西方自然主义教育思想的"真理"同样需要我们不断"重新刻勒"、"重新创造"，才能深入人心，不至于被人遗忘掉。既然教育的性质没有发生根本的变化，面对的问题有许多是相同的，那么，我们有充足的理由断言：西方自然主义教育思想没有过时，仍有其生命力。

（三）从某种意义上说，西方自然主义教育思想史就是当代史

意大利著名历史学家克罗齐提出了一个著名的命题："一切历史都是当代史"，并对此作了这样的诠释："若当代史直接从生活中突显，甚至习惯称作的当代史也直接从生活中出现，因为显然只有现在的生活的兴趣才能促使我们探究一个过去的事实；由于过去的事实同现在生活的兴趣相联系，因此，它不符合过去的兴趣而适应现在的兴趣。"③受此启发，我们也可以说，西方自然主义教育思想史就是当代史。对此，我们可以从两个方面加以解读。

其一，西方自然主义教育思想的研究源于我们当下教育生活的兴趣和需要。这体现为活动教学的兴趣和需要、生活教育实践的兴趣需要、主体性教育实践的兴趣和需要、个性化教育实践的兴趣和需要、生命教育实践的兴趣和需要、儿童教育实践的兴趣和需要，等等。正是这些教育生活的兴趣和需要促使我们去研究、探讨和激活已经过去了的西方自然主义教育思想。如果过去的西方自然主义教育思想与我们现在的教育生活无关，它就不可能引发我们对它的关注，因而不能成其为"活"的历程，只能是"死"的过去。"一种现代教育理论和实践是在漫长的世界历史进程中不断克服各种矛盾、完善和发展的必然结果。换言之，每个教育史时期总结了前一阶段的成

---

① 许可峰.教育史学科如何走向实践[J].国家教育行政学院学报,2010(1):32—37.
② 许可峰.教育史学科如何走向实践[J].国家教育行政学院学报,2010(1):32—37.
③ [意]贝内德托·克罗齐.历史学的理论和历史[M].田时纲,译.北京:中国人民大学出版社,2012:4.

就。这不是取消这些成就,而是对其作更深入的理解、补充、完善和发展。一种教育思想、教育理论,为人们对儿童本质的新认识所不断丰富,智、德、体、美、劳诸方面的因素也体现得愈来愈明显。可以说,一种理论就是一部卷起的历史。因此,历史的起源和发展被保留在现代教育理论之中,并不断地得到再现。这就是为什么历史上的教育智慧对未来教师具有永恒的启示。"[1]正是因为西方自然主义教育思想"活"在当代教育理论之中,它才进入我们教育生活的视野,引起我们的重视。"凡我们亲身感受的,可以借历史之镜理解得更为深刻。凡历史上流传下来的,从我们自己的时代去理解,都会变得活灵活现。在历史与现在的相互映现中,我们的生活前进不停。"[2]当代教育理论之所以为当代教育理论,是由过去的西方自然主义教育思想的发展而塑造的,没有它就没有当代教育理论。由于我们总是以现在的观念和立场为指导,以当前为参照来认识、理解和研究西方自然主义教育思想的,因而"过去之成其为过去,乃是现在使它呈现为这般的过去的,没有现在也就没有过去可言"[3],因此,过去的西方自然主义教育思想与当代的教育理论呈现出相互依存、相互观照的关系。

其二,西方自然主义教育思想的研究离不开研究者精神世界的参与。历史哲学大师黑格尔曾经说过:"世界历史就是精神不断地将自己实现出来的领域,是精神不断地将自身之内潜能展现出来的领域。和一粒树种中就已经包含了一棵树的全部性质类似,精神在自己最初的状态中就已经包含了历史展现出来的全部内容。只有当历史真的能把握住纷繁复杂的历史事件背后的精神时,才实现了真正的历史,这样的历史必须靠哲学来把握。"[4]作为世界历史一部分的西方自然主义教育思想史也是"精神不断地将自身之内潜能展现出来的领域",同样需要以哲学的方式来把握。因为它是人的思想的活动,渗透着研究者自身的思想和精神,受他的哲学思维和感受力的制约。在西方自然主义教育思想史的重构中,虽然离不开史料的积累,但它不起决定性作用,而起决定性作用的是研究者的思想、感受力和创造性。离开了研究者的精神世界的融入,西方自然主义教育思想史只能是编年史,而非活的思想史。而研究者的精神活动永远指向当下。正如黑格尔所说:"世界历史哲学的一般性视角不是抽象的一般,而是具体的和绝对的当下,因为它是永恒呈现给自身的精神,因此也就没有过去,只有当下。"[5]如果我们理解了黑格尔的这段话,就不难理解西方自然主义教育思想史就是当代史的重要内涵和坚实理由,即研究者必须以自身的精神世界参与研究的过程,以自己的心灵境界触摸和拥抱历史,以哲学的方式把握历史。换句话

---

[1] [俄罗斯]卡特林娅·萨里莫娃.当代教育史研究与教学的主要趋势[M].方晓东,等译.北京:教育科学出版社,2001:87.
[2] [德]雅斯贝尔斯,等著.哲学与信仰[M].鲁路,译.北京:人民出版社,2010:330.
[3] 彭刚.精神、自由与历史—克罗齐历史哲学研究[M].北京:清华大学出版社,1999:34.
[4] [德]黑格尔.黑格尔历史哲学[M].潘高峰,译.北京:九州出版社,2011:20.
[5] [德]黑格尔.黑格尔历史哲学[M].潘高峰,译.北京:九州出版社,2011:18.

说，西方自然主义教育思想史的研究必须贯穿研究者的世界观、人生观、价值观，必须有指向当下的思想和精神的融入。

（四）西方自然主义教育思想对当代教育理论和教育改革的影响或实用价值主要表现为它能提供教育智慧、理念和经验教训，而非操作规程和具体的教育方案

其一，西方自然主义教育思想能提供借鉴。要正确的、睿智地解决当代教育理论发展和教育改革中的矛盾和问题，离不开对西方自然主义教育思想的回溯和追忆。因为它为现代教育理论的发展提供很多教育的智慧和经验教训，从不同的方面塑造了现代教育理论的特性。教育史家滕大春在谈到教育史学科的功用时指出，人类文化教育历史上的一些重要现象出现成因和发展，可以通过教育史研究得到很好的解决，但是，"要求一种教育基本理论学科给当前某些具体的教育业务工作提供切实可行的实施方案，是难以胜任的……教育史对于实际工作的效能常常是迂回的，而不是直线进行的，是须经过较长时期才能显明其伟效的……教育史不是实用性或技术性的学科，其功效每每不是立竿见影的"①。教育史家巴茨也有类似的观点："研究教育史，就其本身而言，是不能解决目前的实际问题的，但却能够是我们更为明智地对待目前的实际问题的，这是因为研究教育史可以帮助我们看出目前的重要问题是什么，这些重要问题是怎样产生的，过去是怎么样解决的，过去解决的方法，能否用来解决当前的问题。"②他们的见解也同样适用于我们对西方自然主义教育思想功用的认识和把握。西方自然主义教育思想也不可能为现实的教育改革提供切实的具体教育方案，但是它可以为当代教育理论的发展提供"理论资源"，为教育改革者的个人教育观念、理论智慧和实践智慧的建构提供"思想源泉"。自然主义教育思想史的研究就是要透过对不同时期的自然教育家的经典著作的解读，揭示文本所蕴含的具有本真意义和恒久价值的教育智慧、教育理念和教育原则，从而为我们的当代的教育理论的发展和教育改革实践中的问题解决敞开可能的路径。比利时当代教育史家马克·第帕普曾经说过："教育史的研究如能表明当前有关儿童培养和教育的思想和实践是如何产生出来的，并借以使它们更容易使人们所理解，那么，才有相当的用处。"③西方自然主义教育思想就是这样一种"表明当前有关儿童培养和教育的思想和实践是如何产生出来的"学问，因而它能对当代和未来的教育发展提供有效指导和永恒启示。

其二，西方自然主义教育思想具有理论创新的功能。当代教育理论的创新与西方自然主义教育思想的传统密不可分。没有西方自然主义教育家关于儿童教育的理论思维的丰富材料，就不可能有当代的教育理论，尤其是儿童教育理论的成熟与发展。当代教育理论是在承继了西方

---

① 滕大春，主编.外国教育通史（第一卷）[M].济南：山东教育出版社，1992：前言.
② 郭娅.反思与探索——教育史学元研究[M].济南：山东教育出版社，2010：119.
③ [俄罗斯]卡特林娅·萨里莫娃.当代教育史研究与教学的主要的趋势[M].方晓东，等译.北京：教育科学出版社，2001：25.

自然主义教育思想的基础上开拓创新的。尽管"人们自己创造自己的历史,但他们并不是随心所欲地创造,并不是在他们自己选定的条件下创造,而是在直接碰到的,既定的,从过去继承下来的条件下创造"。①"教育这个现象已有数千年历史,在探索教育规律这条道路上前人已经做了大量工作,进行过无数次的试验,提出过许多教育理念、理论,成功的、失败的可以说是不计其数。如果你一点也不知道,怎么可以说是创新了新理论,新模式?"②新理论、新模式植根于教育史提供的土壤,离开了包括自然主义教育思想在内的教育史提供的经验、教训,也就不会有今天的教育创新。用《增广贤文》里的话说,就是"观今宜鉴古,无古不成今"。总之,尽管时代发生了很大变化,但认识和把握自然主义教育思想的当代价值,对当代教育理论的新建构、新发展不无启迪意义。这表明,自然主义教育思想有很强的穿透力。

二、西方自然主义教育思想在当代仍然充满生命活力何以可能

在论述了西方自然主义教育思想在当代仍然充满生命活力的基础上,我们可以进一步追问,西方自然主义教育思想为什么会在当代仍然充满生命活力?这可以从以下几个方面回答。

第一,西方自然主义教育家提出了许多反映教育规律,具有普遍指导意义的教育理念和原则。如天性教育理论、和谐发展理论、自由教育理论、主体性教育理论、个性化教育理论、愉快教育理论、幸福教育理论、生命教育理论、智慧教育理论、儿童教育理论、教育性教学原则、从做中学原则等。尽管这些教育理念和教育原则随着时代的变迁和教育的发展有所变化,但由于它们揭示了教育规律,其核心内容和精神实质没有发生本质的变化,因而对当今教育理论和教育实践的变革具有很强的指导价值。当今时代面临的重要教育问题,几乎很难都与自然教育理论和原则的发展、演变截然分开。每一位投身于教育实践的教育工作者都应尽可能地掌握西方自然主义教育思想史所蕴含的教育理念和教育原则,了解它们的来龙去脉,这对于提升教育效果是至关重要的。了解和研究西方自然主义教育思想史,"有助于对迄今仍在起重大作用并占据重要地位的教育理论问题有较全面、系统、深刻的了解,如了解它的历史渊源。这一理论在什么时候产生和提出的,它是如何发展演变的,在发展演进过程中有哪些争论,结果如何,从而了解、认识这一理论的性质、重要性,及该理论的核心内容和精神实质。"③总之,研究和了解西方自然主义教育思想史,对认识、把握、完善和提高当代教育理论问题具有不可忽视的意义和指导价值。

第二,倡导儿童自然和自由发展的自然教育理念的彰显,为当下的教育指明了方向。儿童的"自然"发展和"自由"发展是自然主义教育的核心理念。关于前者,卢梭指出,人为的教育和事物

---

① 马克思恩格斯选集(第一卷)[M].北京:人民出版社,1972:603.
② 吕型伟.要学点教育史——关于教育创新的一次谈话[J].教育发展研究,2003(7).
③ 王天一.试论西方教育思想史的研究对象和意义(下)[J].纪念《教育史研究》创刊二十周年论文集(1),2009:43.

的教育要服从自然的教育。"我们的才能和器官的内在的发展,是自然的教育;别人教我们如何利用这种发展,是人的教育;我们对影响我们的事物获得良好的经验,是事物的教育。"①作为"我们的才能和器官的内在的发展"的自然教育,就是要让儿童根据自己的性情,根据天性发展的需要,率性发展,因而它是完全不能由我们决定的,事物的教育只是在某些方面才能由我们决定;只有人的教育才是我们能够真正加以控制的。所以,后两者要服从于前者,以前者为依据。只有这样,才能达成儿童自然的发展。关于后者,在卢梭看来,强调率性发展的自然教育必然包含着自由教育,是题中应有之意,离开了自由教育,自然教育也就失去了根基,无从率性发展。卢梭在《爱弥儿》中反复强调要培养自由自在发展的儿童,实施自由教育。他认为,"只有自己实现自己意志的人,才不需要借用他人之手来实现自己的意志;由此可见,在所有的一切财富中最可贵的不是权威而是自由。真正自由的人,只想它能够得到的东西,只做他喜欢做的事情。这就是我的第一个基本原理。只要把这个原理应用于儿童,就可源源得出各种教育的法则"②。

儿童自然和自由发展的自然教育理念的确立对当前教育的改革富有启示价值。在我国的当代教育中盛行着理性主义教育、模式化教育、强制性教育、功利主义教育、机械主义教育,尽管它们的内涵和内容不同,但共同的特征是违背了自然教育理念,阻碍了儿童自然和自由发展,不利于儿童身心的健康发展。自然教育理念的确立无疑对上述教育具有纠偏矫正的作用。它能够使教育回到儿童自身,重新甄定促进儿童自然和自由发展的教育目标,让儿童不受上述教育的束缚,能够自由自主地发展。

我们"关注儿童生命的自然与自由,消极而言,乃是要反思当下整体教育实践中对儿童生命的自然与自由的遮蔽,显现儿童生命发展多样的可能性,促进个体发展的独立性;积极而言,就是要遵循儿童生命发展的自然原则,扩展儿童生命发展的自由,并把这种自由逐渐地培植于儿童内在的生命世界之中,培植于儿童内心,成为一种自我生长的生命力量,让个体逐步走向自由而自主的存在,实现个人教化的自由。关注儿童生命的自然与自由,正是为了重现儿童在教育中自由发展的可能性,教育中诸多预设阻塞了儿童自由发展的可能性,实际上就是阻隔了个体人生的可能性"③。

儿童自然和自由发展的自然教育理念要深入人心,成为人们教育改革的行动指南,使人们自觉地去实现自然教育的使命,还需要有文化的支撑。只有当自然教育理念转化为一种教育文化时,才能使教育者真正地自觉地去培植儿童自然和自由的生命意识。正如刘铁芳教授所言:"我们今天一方面需要重申自然教育的基本理念,另一方面更需要在我们的教育文化,乃至整个文化背景中培植自然教育的文化支持,一点一滴地启发、培植儿童自然与自由的生命意识,孕育儿童

---

① [法]卢梭.爱弥儿(上卷)[M].李平沤,译.北京:人民教育出版社,2001:3.
② [法]卢梭.爱弥儿(上卷)[M].李平沤,译.北京:人民教育出版社,2001:78.
③ 刘铁芳.古典传统的回归与教养性教育的重建[M].北京:北京师范大学出版社,2010:84.

发展的无限可能性。一种教育理念的深入,需要足够的文化支持,否则,这种理念就会流于表浅化而至于无。教育之所以需要引入自然的理念,正在于以个体生命之自然来甄定教育的目标,以避免各种外在的目标遮蔽了个体生命发展的本原性要求,从而保障个体之精神发展的独立性与充分性。"[1]

第三,西方自然主义教育思想的发展展现了西方教育科学化的历史轨迹。现代的教育科学是从西方自然主义教育思想发展而来的,可以说,西方自然主义教育思想是西方教育科学之母。它内在地蕴含着西方教育科学的发展。离开了西方自然主义教育思想,西方教育科学的发展就成了无源之水,无本之木。西方自然主义教育思想发展的每个阶段的教育家都为教育科学的发展作出了历史性的贡献。

古希腊、古罗马、文艺复兴是西方教育科学的萌芽阶段。古希腊的亚里士多德在继承柏拉图教育思想的基础上,从"教育效法自然"的原理出发,论述了和谐发展教育、自由教育等思想。古罗马的昆体良探讨了教学原则和教学方法。文艺复兴时期的人文主义教育家赋予教育"人文主义"内涵,提出了尊重儿童个性,促进儿童身心的和谐发展的教育目标,教育内容和教学方法彰显了以人为本的理念。尽管这个阶段的教育家未能意识到教育要科学化,尽管他们的教育思想停留在教育经验的总结,未能上升到教育规律的高度,但他们对教育思想的理论思辨为教育科学的发展起了奠基的作用。

17世纪,欧洲的生产力高度发展,资本主义生产方式得以确立,自然科学显著进步,使得教育事业得到了前所未有的发展。客观化自然教育思想的代表人物夸美纽斯力图反映时代的要求,对教育科学化进行了有益的探索。一方面,他亲自实践,在实践中探索教育规律,总结教育经验。另一方面,他致力于理论研究工作,把前人、同时代的人和自己的教育经验上升为理论。夸美纽斯善于把教育理论与教育实践有机结合,使它们进行良性互动。正是这种良好的互动,使他成为教育理论与教育实践结合的典范,使他的教育思想既有实践的支撑,又有理论的依据,从而有较强的说服力。他对教育科学发展的贡献可以从以下方面加以解析。

(一)建构了教育科学史上第一部教育学著述,为近代教育学的发展指明了方向

夸美纽斯在1632年出版的《大教学论》虽然名义上是教学论,实际上远远超出了"教学论"的范畴,建构了相对完整的教育学体系。《大教学论》包括教育的目的、任务、普及教育、自然适应性原则、德育论、体育、教学论、学制系统及课程论、实现教育改革计划的呼吁等内容。后世教育学的建构大多以此为蓝本,因而影响是深远的,它开了教育科学发展的绪端,由此奠定了他在教育科学发展史上的崇高地位:"教育学之父"。夸美纽斯对《大教学论》的成功建构,"代表了第一次教育学革命,第一次教育学革命比第一次科学革命的时间提前了半个多世纪,这是教育学的骄傲!正是

---

[1] 刘铁芳.古典传统的回归与教养性教育的重建[M].北京:北京师范大学出版社,2010:107.

在这个意义上,夸美纽斯的《大教学论》才赢得这样的赞誉:'倘若各个时代的关于教育学的著作全给丢了,只要留得《大教学论》在,后代的人便可以把它作个基础,重新建立教育学的科学。'"①

(二)超越古典人文主义教育,树立了一种新的广义的人文主义教育观

古典人文主义教育是指文艺复兴时期的教育,尽管这种人文主义教育,也有民主平等的色彩,但它仍然保留了等级性教育,这远非真正意义上的民主平等的教育。夸美纽斯突破了这种旧人文主义教育观,提出了真正民主平等的普及教育思想,即"不仅有钱有势的人的子女应该进学校,而且一切城镇乡村的男女儿童,不分贫富贵贱,同样应该进学校"②。在课程内容上,他以泛智论为指导,提出了百科全书式的课程体系,大大地扩充了课程内容;在教学方法上,他使旧人文主义的注重细节的教学方法得以理论化、系统化;在教学语言上,重视本族语的教学;在人的发展上,重视儿童的身体、智慧、德行、信仰的全面发展。总之,夸美纽斯对旧人文主义教育观的继承和超越体现在:"克服了前期人文主义教育的形式主义古典主义和学究气,代表了一种新的广义的人文主义教育观;将后期人文主义教育的理论与实践加以概括总结,予以理论化和系统化;批判了人文主义教育前期和后期共有的贵族等级性,要求实行民主的平等教育。"③

(三)对教育规律进行了科学化的探索

这表现为两个维度:第一,他把《大教学论》看成是艺术之作,认为《大教学论》的主要目的是阐明把一切事物教给一切人们的全部艺术,并寻求一种教学方法,使教员因此可以少教,但是学生可以多学。对此他作了详细的阐释:"这是一种教起来准有把握,因而准有结果的艺术;并且它又是一种教起来使人感到愉快的艺术,就是说,它不会使教员感到烦恼,或使学生感到厌恶,它能使教员和学生全都得到最大的快乐;此外,它又是一种教得彻底、不肤浅、不铺张,却能使人获得真实的知识、高尚的行宜和最深刻的虔信的艺术。"④这表明,夸美纽斯把教育看成一门艺术,企图通过艺术化的教学手段,来提升教育效率;以"先验的方式"从事物不变的性质去证明一切,从而为建立普及学校的普及艺术打下基础。他对教育规律和原则的探讨就是基于这一点。这显示了这部《大教学论》的内在价值导向是理论的功用性,即服务于教师的课堂教学,以实际操作为目的。第二,以"自然适应性"原则为指导去探求教育规律。在夸美纽斯看来,自然界存在着支配万物的法则(或"秩序"),作为自然界一部分的人及其教育活动也要服从这种法则。他的《大教学论》的建构得益于大自然的法则或秩序的支撑。正如他自己所说:"我通过再三的思考,把一切都归之于坚定不移的自然规律和标准时,才写出了《大教学论》。"⑤

---

① 毛祖桓.从方法论看教育学的发展[M].重庆:重庆出版社,1990:73.
② [捷克]夸美纽斯.大教学论[M].傅任敢,译.北京:教育科学出版社,1999:37.
③ 褚洪启.论夸美纽斯教育理论的历史价值[J].北京师范大学学报,1995(3).
④ [捷克]夸美纽斯.大教学论[M].傅任敢,译.北京:教育科学出版社,1999:致意读者1.
⑤ 王坤庆.教育学史论纲[M].武汉:湖北教育出版社,2000:61.

正是以上两方面,彰显了夸美纽斯积极探索教育规律的科学态度和精神。"夸美纽斯是用科学精神对待教育的第一人","夸美纽斯差不多在300年以前就以完美无缺的正确性决定了教育年级的划分。他准确地解释了教学艺术的规律,并以惊人的创见把近代逻辑学上的原理应用到教育学上来"[①]。为后人探索教育规律树立了典范。

（四）建立了以感觉经验为基础的教学论

受英国哲学家培根的经验论的影响,夸美纽斯把感觉经验作为教学认识论的基础,强调一切知识的开端永远必须来自感官,倡导用归纳法研究自然,因为它真正包含着探索大自然奥秘的途径。他反对经院式的旧学校的死记硬背、教条主义的教学,因为它只能使学生"用别人的眼睛去看,用别人的脑筋去使自己变得聪明",极力倡导直观教学原则,把它作为教学的金科玉律,其内涵是:在可能的范围以内,一切事物都应该尽量地放到感官跟前。一切看得见的东西都应放到视官的跟前,一切听得见的东西都应该放到听官的跟前。除直观教学原则外,他根据教育适应自然的总的指导思想,提出并论述了启发性原则、学习的主动性与自觉性原则、循序渐进原则、量力性原则、巩固性原则等教学原则,成为教育科学发展史上第一个系统建构教学原则体系的教育家,为科学教学论体系的创立作出了划时代的贡献。我们认为,"夸美纽斯的功绩,在于他比前辈为教学论带来了历史性的革命,即提供了新的东西——科学性。只有这样看,才比较符合历史的真实,并对处于教育大改革潮流中的我们有所启示"[②]。

（五）在教育研究方法上,他创立了自然类比法

其模式是:(1)找出自然界的基本法则;(2)从动植物和人类生活中举出运用这种法则的例子;(3)指出当时的教育教学违背自然法则之所在;(4)指出正确的教学原则。他提出的所有教学原则都是根据这一模式加以论证的。这一类比自然法的创立,表明了夸美纽斯积极探索教育规律和真理的科学精神,开创了自然类比法在教育研究中运用的先河,在一定程度上促进了教育科学的发展。

（六）确立了西方自然主义教育思想史上第一个研究范式——客观化自然教育思想范式

之所以称之为客观化自然教育思想范式,是因为它要解决的主要问题是教育如何面对和适应自然规律,提升教育效果。在夸美纽斯的视野中,"自然"主要有两层涵义:一是指自然界及其"秩序"（或法则）,二是指儿童与生俱来的天性或原始的状态。夸美纽斯的自然教育思想主要指向"自然"的第一层内涵,强调教育应遵循、模仿自然的"秩序",这是教育的主导原则,其他的教学原则和方法都是从这一根本原则推演出来的。至于指向第二层内涵的教育要适应儿童本性的规律在夸美纽斯的自然教育思想中处于从属地位。不过,它的积极意义不能低估,因为它从教育理

---

① 褚洪启.论夸美纽斯教育理论的历史价值[J].北京师范大学学报,1995(3).
② 冯增俊.夸美纽斯对教学论的贡献[J].海南大学学报,1985(4).

论的高度,确立了西方自然主义教育思想的逻辑起点——按照儿童的本性和年龄特征施教。

这一范式确立的重要意义在于,夸美纽斯以此范式为指导,以教育适应自然的思想为主线,一方面综合了15—17世纪教育学上的各种理论探讨;另一方面,"把《大教学论》的全部教育概念范畴都有机地联系在一起,使教育学第一次以一种有结构的独立形态从哲学框架、伦理学框架、政治学框架中分离出来……第一次获得了'严格而彻底的教育体系'"。[①]

西方教育科学进入18世纪有了显著的进步和发展。其推动者是主观化自然教育思想范式的代表人物卢梭。长期以来,研究西方教育科学发展的论文和专著对卢梭的贡献重视不够,没有得到很好的体现。其实,卢梭的贡献是不能低估的,正是他发动了教育领域的哥白尼式的革命,造成了新教育与旧教育的巨大分野。其历史贡献可以从如下方面解读。

(一)确立了"把小孩子当作小孩子"的儿童观

儿童观是衡量教育科学化的一个重要指标。恰恰在儿童观方面卢梭的贡献最大。因为他变革了旧教育的"小大人"儿童观,树立了新的儿童观,即"把小孩子当作小孩子"的儿童观。这种儿童观的基本内涵是:儿童是柔弱的存在;儿童是感性的存在;儿童是自然的存在;儿童是自由的存在;儿童就是儿童;儿童是教育中的主体;儿童期有自身的价值和发展规律[②]。这种儿童观的意义在于,它以儿童为本,把儿童置于教育过程的中心,取代了曾经一直支配教育和人们教育思维方式的"教师"、"书本"中心观和"小大人"儿童观,使以儿童为中心成为人们教育思考和教育探索的根本性原则,由此开启了一种全新的教育视角和儿童教育思维方式。

(二)提出了尊重儿童自然本性,培养自然人的教育目的,奠定了"个人本位"教育目的的理论基础

在教育目的上,卢梭提出并论述了培养儿童的独立自主、不盲从权威、快乐而自由的品质,使之成为能够自我实现、身心和谐发展的自然人的教育目的,这一教育目的的确立,改变了以往教育目的的"社会本位"的价值取向,使儿童的天性、个性、需要的发展成为教育目的的核心内容,从而奠定了"个人本位"教育目的的理论基础,影响了康德、裴斯泰洛齐、福禄培尔、杜威、蒙台梭利对教育目的价值取向的思考,成为后世诸多"个人本位"思想的源头。需要指出的是,卢梭的自然人不是原始社会中的野蛮人,而是生活在社会中的公民。"卢梭要培养的自然人,其实也就是一个理想社会中具有公民品格的人,因为在一个'理性'的王国里,公民应有的品质,在自然人身上都具备了。"[③]尽管这种"自然人"停留在理想的层面,难以在教育活动中践行,但他是摆脱了封建教育羁绊的资产阶级新人,能有力地促进资产阶级革命的发展。

---

① 毛祖桓.从方法论看教育学的发展[M].重庆:重庆出版社,1990:71.
② 刘黎明,刘汝萍.彰显童年的价值:卢梭儿童观新探[J].宁波大学学报(教育科学版),2013(1).
③ 戴本博.外国教育史(中)[M].北京:人民教育出版社,1990:130.

(三)反对过早的理性教育,倡导感性教育

卢梭批评了洛克的理性教育,认为对处在"理智睡眠"期的儿童进行理性教育,是本末倒置,把目的变成了手段。因为理智这个官能是各种官能综合而成的,是最难最迟发展的。而最早发展的官能是感官。因此,童年时代的教育主要是感性教育,应尽可能用感觉到的事物去影响学生。由于所有的一切都是通过人的感官而进入人的头脑的,所以人的最初的理解是一种感性的理解,以此为基础,理智的理解才能形成。因而,我们最初的哲学老师是我们的脚、我们的手和我们的眼睛。感官是智慧的工具,感觉是思想的前提。"锻炼感官,并不仅仅是使用感官,而是要通过它们学习正确的判断,也就是要学会怎样去感受;因为我们只有通过学习之后,才能懂得怎样摸、怎样看和怎样听。"①为了培养儿童的判断力,卢梭对各种感觉教育进行了深刻的思考。卢梭的感性教育思想非常接近现代教育科学对感性教育的阐释。

(四)建构了具有儿童视野的教育学

如果说,卢梭以前的教育家(包括夸美纽斯)的教育学视角更多的是人学,彰显以人为本,那么,卢梭的教育学视角更多的是儿童学,彰显以儿童为本。"卢梭的教育学说是教育思想史上自然主义的源头,《爱弥儿》是现代儿童观的第一部宣言,卢梭本人则成为儿童研究运动的开山始祖。卢梭以前的教育学家,并没有真正确立教育学的自然主义理论的地位,虽然许多人曾致力于儿童观研究,并提出遵从儿童的天性进行教学的思想,如昆体良、夸美纽斯、洛克等人。因此,把卢梭视为集自然主义教育思想之大成的杰出教育家,丝毫不过分。"②

卢梭对教育学的理论贡献在于,他不仅提出并论述了"把小孩子当作小孩子"的儿童观,发现了"儿童"的概念和内在本性,而且强调在教育教学中,应使儿童的个性得到尊重,主体地位得到确立,儿童的天性得到张扬,儿童的教育内容和方法应立足于儿童,以儿童为起点,体现儿童的所思、所想和所做。尤其是儿童自然和自由发展的自然教育理念的确立,更是体现了卢梭对儿童的关爱。他的自然教育内涵、自然教育目的、自由教育、感觉教育、生命教育、幸福教育、生活教育、消极教育等思想都有"儿童"的维度和视野。儿童在自然教育思想中处于核心地位。总之,他的教育学是儿童的福音,体现了以儿童为本的理念,启迪了后世教育家对儿童教育问题的思考。

(五)创立了主观化自然教育思想范式

卢梭在继承夸美纽斯"教育遵循自然"和"教育遵循儿童身心发展"的基础上,创设了主观化自然教育思想范式。这一范式的研究对象是儿童的"内在自然",所要解决的问题是教育如何适应儿童主观中的自然本能,促进儿童本性的自然发展,培养自然和自由的人。在这一研究范式中,自然教育有四层内涵:(1)自然教育即儿童天性的自然发展;(2)教育应回归儿童自身,保持儿

---

① [法]卢梭.爱弥儿(上卷)[M].李平沤,译.北京:人民教育出版社,2001:160.
② 王坤庆.教育学史论纲[M].武汉:湖北教育出版社,2000:77.

童的自然状态;(3)教育应遵循自然法则和儿童身心发展规律;(4)自然教育必然是自由教育。在这四层内涵中,第一层内涵是卢梭自然教育思想的核心和灵魂,奠定了卢梭自然教育思想的基调,是我们理解卢梭自然教育思想的前提和逻辑起点。从这里,我们不难看出,卢梭是第一个真正理解儿童的人,第一个从儿童视野阐述儿童天性发展的教育家。在他的视野中,天性是教育的出发点,教育就是依据儿童的自然本能、兴趣、需要,让儿童率性发展。与夸美纽斯的外在的客观化自然教育思想相比,卢梭对自然教育内涵的阐释使教育过程由适应外部自然的"秩序"转向适应儿童身心自然进程中"内在本性"的自然发展,标志着自然教育理论的发展进入了一个新的阶段,实现了西方自然主义教育思想范式的第一次转向。

综上所述,卢梭极大地推动了教育科学的发展,在教育领域进行了一次革命,一次像哥白尼在天文学领域那样的革命,因为他实现了五个方面的转变,即(1)在儿童观上,由"小大人"儿童观转变为"把小孩子当作小孩子"的儿童观;(2)在教育目的上,由"社会本位"观转向"儿童本位"观;(3)在教育过程上,由知识、教师中心转向以儿童为中心;(4)在西方自然主义教育思想范式上,由客观化自然主义教育思想范式转变为主观化自然主义教育思想范式;(5)在教育学上,由"成人视野"的教育学转向为"儿童视野"的教育学。

探索教育科学化是心理化自然教育家裴斯泰洛齐、赫尔巴特、第斯多惠、福禄培尔、斯宾塞的教育研究的主旋律。从19世纪开始,他们就对教育科学化进行了有益的探索,积累了丰富的教育经验,作出了巨大的贡献。

(一)倡导教育心理学化,开启了教育科学探索之先河

在西方教育思想史上,最早提出并探索教育科学,力图把教育提升到科学化水平的,不是人们通常意义上所说的德国教育家赫尔巴特,而是瑞士教育家裴斯泰洛齐,他在1818年两次声称教育要科学化。他在《1818年对我校师生的讲演》中明确指出,他的结论是:"教育必须提高到科学的水平,教育科学应该起源于并建立于对人类天性最深入认识的基础上。……我只是在头脑里有一种预感,但是,这种预感是那样的鲜明,充满了我的脑海,好像已是既成事实。这不只是我的想法,时代的整个环境已使它成为一个世界性的需要。全世界都会认识到这一点。"[①]从这里,我们可以看到,裴斯泰洛齐对教育科学化的认知是清晰的,而且意识到这是一种发展趋势,因为"时代的整个环境已使它成为一个世界性的需要"。在同年的《72岁生日庆典讲话》中,他再次强调,他坚信:"教育艺术的各个部分都应该上升为一种科学,而这种科学是在深刻认识人的本性的的基础上产生的。在此基础上我才献身于大众和贫民教育,……这种科学似乎是我灵魂中的一种既成的预感。但这种预感却很活跃,它充满了我整个灵魂,好像是一种成熟的真理。"[②]在这里,他强调教育科学化的观念是"一种成熟的真

---

① [瑞士]裴斯泰洛齐.裴斯泰洛齐教育论著选[M].夏之莲,等译.北京:人民教育出版社,2001:339—340.
② [瑞士]阿图尔·布律迈尔.裴斯泰洛齐选集(第二卷)[M].北京:教育科学出版社,1996:216.

理"。他把人的天性(或本性)深刻地理解为人的心理活动,倡导教育心理学化。由此,我们可以断言,裴斯洛齐是教育科学化的最早倡导者和探索者。他提出的"教育要心理学化",不只是一句口号,而是一种实实在在地对教育科学化的探索,因为他是在认识到教育科学化的基础上"才献身于大众和贫民教育"的。对教育科学化的探索贯穿在他的一生的教育活动和教育理论的研究之中,是他坚定的信念。他说:"我长期探寻一切教学艺术的共同心理根源,因为我确信只有通过这个共同的心理根源,才可能发展一种形式。"①"长久以来,我探索每一门课中应该施加人为影响的心理根源,因为我坚信,只有这样,才能根据每个人的本性确定教育方式。"②"我试图将人类的教学过程心理化,试图把教学与我的心智本性、我周围环境以及我与别人的交往都协调起来。"③"我们必须十分注意按照符合心理学的方式发展和培养我们的行为能力,也必须十分注意进行心理训练来发展认识能力。"④这几段话表明,他对当时以心理学为核心内容的教育科学有着执著的探求。他建构的和谐发展理论、要素教育理论、生活教育理论、感觉教育理论都有心理学的视野。他从教育理论与教育实践的结合上,对教育心理学化的科学探索,不仅奠定了19世纪"教育心理学化运动"的思想基础,而且开启了教育科学化探索的先河。这表明,"教育科学之父"不是赫尔巴特,而是裴斯泰洛齐。

(二)彰显了教育学成为一门科学所需要的理论基础:伦理学、心理学

如果说,裴斯泰洛齐开启了教育科学化探索的先河,那么,赫尔巴特则进一步彰显了教育学成为一门科学所需要的理论基础,即伦理学和心理学。赫尔巴特明确宣称:"教育学作为一种科学,是以实践哲学和心理学为基础的。前者说明教育的目的,后者说明教育的途径、手段和障碍。"⑤"由于有了教育者的种种目的的概念,教育学与实践哲学联系在一起了。由于对方法和障碍的考虑,教育学得借助于心理学。"⑥可见,赫尔巴特的伦理学是教育目的的理论基础,心理学是教育方法的理论基础,两者共同支撑起教育科学的大厦。就前者而言,伦理学由内心自由、完善、仁慈、正义、报偿五种道德观念组成的,这五种道德观念是他的最高教育目的——道德的核心内容。他强调,如果教育理论完美地与实践哲学相结合,它将会在此发现教育目标的所有明确内容。就后者而言,赫尔巴特宣称,"教育者的第一门科学——虽然远非基科学的全部——也许就是心理学。应当说是心理学首先记述了人类活动的全部可能性。我相信认识这样一门科学的可能性与困难:我们了解它需要很长时间;而我们要求教育者了解它,将需要更长时间"⑦。教育学要科学化,离不开心理学。他之所以特别重视心理学,是因为他清醒地意识到当

---

① [瑞士]裴斯泰洛齐.裴斯泰洛齐教育论著选[M].夏之莲,等译.北京:人民教育出版社,2001:87.
② [瑞士]阿图尔·布律迈尔.裴斯泰洛齐选集(第一卷)[M].北京:教育科学出版社,1996:345.
③ [瑞士]裴斯泰洛齐.裴斯泰洛齐教育论著选[M].夏之莲,等译.北京:人民教育出版社,2001:198.
④ [瑞士]裴斯泰洛齐.裴斯泰洛齐教育论著选[M].夏之莲,等译.北京:人民教育出版社,2001:181.
⑤ [德]赫尔巴特.普通教育学·教育学讲授纲要[M].李其龙,译.杭州:浙江教育出版社,2002:207.
⑥ [德]赫尔巴特.赫尔巴特文集(心理学卷)[M].杭州:浙江教育出版社,2002:164.
⑦ [德]赫尔巴特.赫尔巴特文集(教育学卷一)[M].杭州:浙江教育出版社,2002:11—12.

时教育领域的缺陷就是缺乏心理学。他力图改变这种局面,建构了以形而上学、数学和经验为基础的,以"观念"、"统觉"为内容的主知主义心理学,并把它应用到教育中。在《心理学在教育学中的应用》一书中,他详细地从心理学的视角探讨了三个问题。首先是学生的差异,认为人们可以从心理学方面寻找产生不同个性的原因,从而确定这些差异;其次是研究了常用的教学和教学手段的心理学效果,它应该如何发挥作用以及在适当条件下能取得何种成效;再次,对不同教学机构的作用作出心理学分析。正是有了伦理学和心理学作基础,他才宣称教育学是一门科学。

(三)建立了比以往教育家的教育学更为完善的、令后人竞相效仿的教育学体系

这是赫尔巴特对教育科学作出的另一个重要贡献。这个教育学体系主要反映在《普通教育学》、《教育学讲授纲要》中,由"管理论"、"教学论"、训育论"、"基础理论"四个部分组成。"虽然这一体系在两个世纪以前由夸美纽斯大体上构成,但从现有的资料来看,并没有发现赫尔巴特的理论来自夸美纽斯的确切证据。因此,从这个意义上说,赫尔巴特独立创建了一个系统的教育学体系实不为过。自赫尔巴特开始,教育学的科学地位进一步被确立,教育学理论研究成为为这个事业献身的人们终生所追求的目标。"①正因为《普通教育》所建立的教育学既有理论基础(伦理学、心理学),又结构完整,因而被公认为世界上教育学成为独立学科形态的标志,意义是深远的。

(四)形成了心理化自然教育家的教育研究旨趣:教育目的、教育过程、教育方法的心理化

心理化自然教育家探讨的主要问题是教育目的心理化、教育过程心理化、教育方法心理化,正是他们构成了心理化自然教育家的教育研究旨趣。

(1)教育目的的心理化。裴斯泰洛齐认为,教育目的在于,依据自然的法则,发展儿童道德、智慧和身体各方面的能力,而这些能力,又必须照顾到他们的完全平衡。这种平衡也体现在人的各种力量和能力,尤其是他的心理学思想所关注的心、脑、手的协调发展。心指道德、脑指智力,手指实践能力。追求三者的和谐统一和平衡是裴斯泰洛齐的教育目标。赫尔巴特尽管强调教育目的应以伦理学为基础,但也有心理学的视野。他的教育目的主要包括三个方面,一是培养以内心自由、完善、仁慈、正义、报偿五种道德观念为内容的道德。他"倡导的五种道德观念着眼于人的内心世界,关注改造儿童内部的心理结构,发展儿童明辨的见识即相应的意志,促进心理的主动性和积极性"②。二是培养儿童多方面兴趣。三是培养儿童的个性,要求教育者尽可能不侵犯个性。这三个方面无疑是从心理学的角度对教育目的的论述。

(2)教育过程心理化。裴斯泰洛齐长期致力于教育过程心理化的探索,他试图把人类教学过

---

① 王坤庆.教育学史论纲[M].武汉:湖北教育出版社,2000:119.
② 贺国庆,刘向荣.赫尔巴特教育心理学化的理性分析[J].教育学报,2006(5).

程心理化,试图把教学与他的心智本性、周围环境以及他的交往方式都协调起来。他要解决的问题是,如何把一切教学艺术的要素与自己的自然本性和谐地结合起来,他试图通过心理机制规律使他们和谐统一起来。赫尔巴特把教学过程分为明了、联合、系统、方法四个阶段,力图把每个阶段的活动建立在心理学的基础之上。

(3) 教育方法心理化。裴斯泰洛齐长期致力于"探索有效方法的最基本的起点,以心理学为基础来发展人的能力和才华"①。他还长期寻找所有教学手段的共同心理根源,因为他深信,只有这样,才可能发现通过自然法则本身来决定人类教养的形式。赫尔巴特论述的单纯提示教学、分析教学、综合教学等教学方法都有心理学的视野,都强调发展学生的思维,符合儿童的个性。

(五) 创设了心理化自然教育思想范式

心理化自然教育思想范式的创立者和代表人物是裴斯泰洛齐、赫尔巴特、第斯多惠、福禄培尔、斯宾塞。他们在继承夸美纽斯、卢梭的自然教育思想的基础上,探讨了教育与儿童心理发展的关系,把儿童的天性确切地理解为儿童的心理活动,把教育适应儿童的自然本性的发展理解为教育适应儿童的心理发展,力图解决教育如何促进儿童心理发展的问题,从而超越和深化了卢梭的自然教育思想,实现了西方自然主义教育思想的第二次转向。

按照心理化自然教育家的理解,自然教育主要有两层内涵:一是教育应遵循自然法则和规律。裴斯泰洛齐要求教育教学艺术应建立在大自然规律的基础上,时刻保持跟大自然的朴实过程相统一,应模仿大自然。福禄培尔从哲学和神学的角度阐释了教育遵循自然法则。他指出:"教育、训练和全部教学与其是绝对的、指导性的,不如更应当是容忍的、顺应的,因为在纯粹采用前一种教育方式的情况下,人类的那种完美发展,稳步和持久的前进将会丧失,而丧失这一切,正是上帝精神在人身上并通过人的生活所表现的自由和自决,这自由和自决便是全部教育和全部生活的目的和追求,也是人的唯一命运。"②二是教育应遵循儿童的心理特征和规律。这是心理化自然教育思想范式的核心内容,也就是教育要心理学化。按照裴斯泰洛齐的理解,教育要心理学化包括两个方面的含义:"一是就教育的目的或结果的意义而言,要求教育教学应使人固有的、内在的能力得到培养和发展;二是就教育教学的活动或过程的意义而言,要求教育教学应与儿童的心理发展特点和规律协调一致起来,使儿童在获取知识、发展智慧诸方面,都处于自然主动的地位。用发展儿童内部能力和个性的新教学,去取代那种仅从外部向儿童硬性灌输、压制儿童精神、智慧和个性发展的旧式传统教学。"③赫尔巴特深信在当时教育领域的缺陷乃是缺乏

---

① [瑞士]裴斯泰洛齐.裴斯泰洛齐教育论著选[M].夏之莲,等译.北京:人民教育出版社,2001:34.
② 张焕庭,主编.西方资产阶级教育论著选[M].北京:人民教育出版社,1979:310—311.
③ [瑞士]裴斯泰洛齐.裴斯泰洛齐教育论著选[M].夏之莲,等译.北京:人民教育出版社,2001:译本前言19.

心理学的结果,因而毕生致力于教育与心理的联姻。第斯多惠提出了"教育应符合儿童的心理与特征"、"发展性教学"等思想,进一步促进了教育与心理的融合。斯宾塞从心理学的视角提出了适应自然的兴趣教育、快乐教育和自我教育原理,制定了符合儿童心理发展的教学原则和方法。

19世纪末20世纪初,西方教育科学开始由近代走向现代,发生了根本性的转变。促成这种转变的关键人物是生长论自然教育思想范式的创立者杜威,他在综合近代教育家的教育思想的基础上,提出了新颖的实用主义教育理论,奠定了现代教育改革的思想基础。现代教育改革流派的出现都与杜威息息相关。杜威的理论贡献如下。

(一)提出并论述了"教育即生长"、"教育即生活"、"教育即经验的继续不断的改造"三个命题,丰富和深化了"教育"概念的内涵和视野

"教育即生长"、"教育即生活"、"教育即经验的继续不断的改造"是杜威阐述何谓教育的三个著名的命题。

首先,杜威阐释了它们各自特有的内涵。"教育即生长"是指教育就是儿童自身各种因素的生长。"这个朝着后来结果的行动,就是生长的内涵义。"[①]不过,杜威认为,生长并不是从外面加到活动的东西,而是活动自己做的东西。生长的首要条件是未成熟状态。它意味着一种积极的势力和能力,意味着向前的力量和可能性。常态的儿童和常态的成人都在不断生长,只是生长的方式不同而已。儿童应该向成人方面发展,这句话是正确的,同样我们说,成人应该像儿童一样生长,也是正确的。因此,学校教育的目的在于通过组织保证生长的各种力量,以保证教育得以进行。学校教育给儿童最好的礼物是,使儿童乐于从生活本身学习,并乐于把生活条件造成一种境界,使每个儿童在生活过程中学习。杜威强调的是教育过程和生长过程就是更多的教育,更多的生长,是一个连续的、交互作用的过程,因而体现了一种新的发展观和教育观,这就是"教育是继续不断的生长过程,在生长的每个阶段,都以增加生长的能力为其目的"[②]。换言之,教育是持续不断向前生长的过程,没有终极目标。

杜威"教育即生活"的命题的提出,是针对美国传统教育的弊端而言的,这种弊端既体现在脱离社会生活,又体现在脱离儿童生活。为了改变这种局面,杜威提出"教育即生活",力图使两者与教育有机结合,因此它的基本内涵就是教育既要与社会生活结合,又要与儿童生活结合。学校就是使这两者与教育有机结合的桥梁。

杜威"教育即经验的继续不断的改造",是指教育就是通过儿童与环境的相互作用,改造环境,获得经验的过程。这种改造既能增加经验的意义,又能提高指导后来经验进程的能力。改造

---

① 吕达,刘立德,邹海燕.杜威教育文集(第2卷)[M].北京:人民教育出版社,2008:44.
② 吕达,刘立德,邹海燕.杜威教育文集(第2卷)[M].北京:人民教育出版社,2008:56.

是继续不断的,日新月异的改造,它的基本原则就是连续性和交互作用。

其次,杜威论述了这三个命题的关联。尽管这三个命题有特定的内涵,但它们又是相互关联的。因为"生活就是发展,不断发展,不断生长,就是生活"。[1] 教育即经验的继续不断的改造,是生长的理想之所在,也是生活的理想之所在。生活、生长和经验具有同一性。

这三个命题浑然一体,使"教育"概念具有丰富的意蕴,它突破了以往注重外在塑造的教育概念的内涵和视野,凸显了儿童自身的"生长"、"生活"和"经验的改造"在教育中的核心地位,使儿童的未成熟状态得到尊重,使儿童的本能、天性、需要得到尊重,使儿童内在的精神力量得到唤醒,使儿童在经验改造中的主体作用得到发挥,因而彰显和深化了"教育"概念的内涵和视野,体现了一种全新的教育观。

(二)提出并论述了兼顾个人发展与社会发展的生成性教育目的——培养生长的人,深化了对教育目的的认识和视野

杜威认为,教育的目的就是促进儿童继续不断地生长,培养生长的人。在《民主主义与教育》中,他阐释了他的生长论教育目的,指出,因为生长是生活的特征,所以教育就是不断生长;在它自身以外,没有别的目的。学校教育的价值,它的标准,就看它创造继续生长的愿望到什么程度,看它为实现这种愿望提供方法到什么程度。这就是说,教育目的首先是内在于而不是外在于教育过程。既然教育即生长,除了更多的生长,没有别的东西和生长相关,所以除非更多的教育,没有别的东西是教育所从属的。其次,在杜威看来,教育目的是动态的、变化的和发展的,而不是凝固的。由于教育情境的复杂性,在按照教育目的行动时,往往出现难以预料的情况和问题,这要求我们修正或增减原来的目的,所以教育目的必须是灵活的。这两个方面的特征,决定了杜威的教育目的是一个生成性教育目的。它使教育的过程成为一个继续不断的生长过程,在生长的每个阶段,都以增加生长能力为其目的,以获得更多更好的生长。对儿童来说,继续不断生长的能力,就是学习的目的和报酬。

杜威的生长论教育目的虽然侧重于个人的生长,但也没有忘记教育目的的社会性。在他看来,"教育方针就在怎样训练,怎样引导个人的本能,叫他和社会生活相结合。必定要把个人的本能和现在社会的生活沟通一气,叫他恰好适应社会的需要,才是教育的目的"[2]。因此,教育目的应兼顾个人发展与社会发展,使它们统一起来。美国教育家布鲁巴克在《教育问题史》中也指出了杜威的生长论教育目的的社会定向,这就是:杜威"对不受约束而任意发展的自由教育给予明确的否定,例如,他常常否定卢梭的儿童内在发展的浪漫主义观点,而认为成人应对儿童萌芽状态的表现能力给予帮助和指导。回顾杜威早期的著作,更进一步证实杜威的进步教育目的观有

---

[1] 吕达,刘立德,邹海燕.杜威教育文集(第2卷)[M].北京:人民教育出版社,2008:52.
[2] 吕达,刘立德,邹海燕.杜威教育文集(第4卷)[M].北京:人民教育出版社,2008:397.

强烈的社会倾向。他早期的著作《学校与社会》以及他的经典著作《民主主义与教育》有力地证明了这一观点。他认为,个人的目的应该受到工业和政治等社会条件的制约"①。他把这个社会性教育目的表述为:培养良好的社会分子。

杜威的教育目的观不同于传统的"依靠外部压力来达到外部目的"的教育目的观,这种教育目的观的弊端在于,不考虑儿童的本能;不发展儿童应付新情境的首创精神;过分强调训练和其他方法,牺牲个人的理解力,以养成机械技能。杜威的教育目的观不仅关注儿童的本能和内在力量的发展,而且要求教育目的为社会服务,培养良好的社会分子,这意味着杜威的教育目的观不仅突破了传统的教育目的观,也突破了以卢梭为代表的注重个人发展,以个人为本位的教育目的观,使个人发展与社会发展有机结合起来。其重要意义在于,它有助于我们思考教育目的如何实现个人发展与社会发展的统一,思考教育目的的生成性,更好地建构我们当前的教育目的观。

(三)丰富和深化了儿童中心观的认识和视野,开启了20世纪是儿童的世纪的先河

杜威在批判传统教育弊端的基础上,进一步阐释了卢梭以来的"儿童中心"的思想。在杜威看来,在传统的课堂里,一切都是"静听",很少有给儿童进行活动的余地,教材教法是划一的,书本构成一切儿童相同的媒介物。教学没有机会来适应每个儿童的能力和需要。"学校的重心在儿童之外,在教师、在教科书以及在其他你所高兴的任何地方,唯独不在儿童自己即时的本能和活动之中。"②儿童处在被动接受知识的状态。

杜威反对"静听"的教学,力图改变这种局面,彰显儿童中心。对此,他对儿童中心观作了经典性的阐述:"现在,我们教育中将引起的改变是重心的转移。这是一种变革,这是一种革命,这是和哥白尼把天文学的中心从地球转到太阳一样的那种革命。这里,儿童变成了太阳,而教育的一切措施则围绕他们转动,儿童是中心,教育的措施便围绕他们而组织起来。"③

杜威认为,我们必须站在儿童的立场上,并且以儿童为自己的出发点。决定学习的质和量的是儿童而不是教材。为此,他要求教育者以儿童的各种活动为中心,实施活动教学。因为儿童有着旺盛的活动力,教育上的问题在于怎样抓住儿童的活动并予以指导,使学校与儿童生活有机统一。这样一来,"儿童按照社会的能力和服务方面的生长,他和生活更多地和生动地进行统一,变成了统一一切的目的;心灵训练、文化修养和知识则构成这种生长的各个方面"④。

总之,在杜威那里,"儿童是起点,是中心,而且是目的。儿童的发展、儿童的生长,就是理想

---

① [美]布鲁巴克.教育问题史[M].单中惠,王强.译.济南:山东教育出版社,2012:23.
② 单中惠.杜威教育名篇[M].北京:教育科学出版社,2006:27.
③ 单中惠.杜威教育名篇[M].北京:教育科学出版社,2006:27.
④ 单中惠.杜威教育名篇[M].北京:教育科学出版社,2006:53.

所在。只有儿童提供了标准。对于儿童的生长来说,一切科目只是处于从属的地位,它们是工具,它们以服务于生长的各种需要衡量其价值"[①]。

毫无疑问,杜威的儿童中心观是对卢梭儿童中心思想的继承、超越、丰富和深化。如果说,卢梭的儿童中心思想还停留在理论的和理想的层面上,那么,杜威的"儿童中心观"则从理论变为了现实。他主持的芝加哥实验学校和他领导的进步教育运动以及欧美新教育运动则是对"儿童中心观"的实践。这些教育实验都彰显了以儿童为中心的教育理念,确立了儿童在教育活动中的主体地位。正是杜威开启了20世纪是儿童的世纪的先河。

(四) 创立了生长论自然教育思想范式

杜威在批判地继承卢梭的自然教育思想的基础上,以经验论哲学和本能论心理学为理论依据,创立了生长论自然教育思想范式。这一范式的核心内容就是教育即生长。"教育即生长"是杜威在进化论、机能心理学和实用主义哲学影响下,对自然教育思想的新表述,它不同于以往的自然教育思想,有新的丰富的内涵和理论特质。就教育即生长的内涵来说,教育就是儿童的本能、经验、身体、智慧、情感、道德诸方面的持续变化和发展,没有终极目标。就教育即生长的条件来说,生长之所以可能,是因为儿童具有"依赖性"和"可塑性"。就教育即生长的内容来说,虽然它包含着本能、经验、身体、智慧、情感、道德诸方面的生长,但杜威讨论最多的是本能和经验的生长。生长的理想可归结为:教育即经验的继续不断的改造。就教育即生长的路径来说,主要有在活动中生长、在生活中生长、在经验的改造中生长。

综上所述,自然教育家都在西方自然主义教育思想的演变中,探讨了教育科学发展的问题,积累了丰富的教育经验和思想,作出了巨大的贡献,给我们留下了宝贵的教育思想遗产。它们构成了现代教育科学发展的思想源泉。现代教育科学发展的源头就是西方自然主义教育思想,离开了自然主义教育家所做出的历史贡献,也就无所谓现代教育科学的发展。因为现代教育科学的发展是在扬弃、超越西方自然主义教育思想的过程中得以实现的。

---

① 单中惠.杜威教育名篇[M].北京:教育科学出版社,2006:67.

第四章　西方自然主义教育思想的当代价值（上）

第一节　西方自然主义教育思想的儿童观的当代价值

一、西方自然主义教育思想的儿童观的历史演变

西方自然主义教育思想的儿童观肇始于"自然主义教育之父"：亚里士多德。他是"第一个多少理解小孩子需要的人"。[①] 他对儿童及其教育的看法比较乐观，认为儿童的本性是中性的，无所谓好坏，生下来以后就被欲望和情感所主宰，这一点很像动物。但是他比动物更有优势，因为他有动物所没有的潜在力。这种潜在力可以通过良好的教育实现其充分发展。他主张儿童5岁之前，主要是通过娱乐来学习，5—7岁的儿童通过观察实物来学习。整个童年期的学习、生长主要是通过活动、游戏来完成。他和柏拉图一样，重视儿童的自我教育、自我实现，重视儿童身心的完美发展，其理想是"应使人的整体完美，发挥他的力量和能力，使它们充分发展。自我实现和内在发展是教育的手段和目的，是心灵进化的过程"。[②] 他还根据对儿童本性和年龄特征的理解，要求教育者实施顺应儿童本性的自然教育。这些观点表明，亚里士多德对儿童及其教育的看法是乐观的、富有建设性。不过，基于"人是理性的动物"的命题，他强调教育的终极目标是培养儿童的理性。这使得他的儿童观没有超出整个古希腊教育界"小大人"儿童观的范畴。

古罗马教育家对儿童观的认识与古希腊教育家相比，有所进步，更加具体化了。这表现为以下几个方面。

其一，对儿童身心特征，特别是心理的特性有了较深刻的理解。西塞罗的下面一段话就精心描绘出了一幅儿童的心理图："新生儿躺在那儿，仿佛思想一片空白。当他身上有一点力气，也就有了一点思想和感觉：他使用双手，想要站起来；而且感激那些扶他站起来的人。然后他开始喜欢和同龄孩子一起。他和别的孩子一起玩耍，一起游戏，一起听故事。他有了多余的东西，就和别人分享。他还关心家里发生的事情，想知道所有事情。他开始思考，开始学习。努力

[①] ［英］伊丽莎白·劳伦斯.现代教育的起源和发展[M].纪晓林，译.北京：北京语言学院出版社，1992：11.
[②] ［英］伊丽莎白·劳伦斯.现代教育的起源和发展[M].纪晓林，译.北京：北京语言学院出版社，1992：11.

想记住自己见到的人的名字。在与同龄人的比赛中获胜让他非常高兴,如果失败了就会萎靡不振。"①

其二,对儿童活泼的天性有了较深刻的认识。古罗马教育家认为,"儿童是一个玩耍的精灵,而不是别的什么。要问儿童为什么玩耍就如同问儿童为什么是儿童一样"②。这就是说,玩耍是儿童最本质、最内在的东西,几乎等同于儿童。当时儿童玩耍的主要内容是游戏。西塞罗"发现儿童天生热衷于游戏,即使游戏很难,但是最大的打击都不能改变儿童的天性。实际上,这就是儿童天性的持久性"③。昆体良对儿童喜欢游戏的行为进行了生动的描绘:他们不停地摔倒在地,双手着地爬来爬去,永远不停的游戏,从早到晚跑来跑去。④ 他把儿童的游戏看做是"头脑能动性"的标志。

其三,儿童是有个性差异的存在。昆体良对儿童的个性差异进行了研究,要求教育者要设法发现儿童的能力和气质,掌握儿童的心理,并据此进行因材施教。他说:"一位教师要仔细地注意受教育者多种多样的天才,并知道每一个学生的最自然的倾向是在什么方向上。这是公认的了不起的事情。因为在这方面的多样性是难以相信的。思想的类型要多。"⑤

应当看到,古罗马的教育家尽管对儿童观念及其教育的认识比亚里士多德有所发展,但仍然没有进入儿童的内心世界,其视角仍然是"成人的"。因为当时的教育界"理性和智力的首要地位依旧主宰着教育的理论和实践"。⑥ 儿童世界与成人世界未能区分,儿童的尊严、权利没有得到真正的认识。

中世纪的儿童观是在奥古斯丁那里形成的。在奥古斯丁之前,人们对儿童的认识还比较宽容,尽管当时已盛行"原罪说"。这种宽容主要表现为人们对儿童持有这样的观点:幼儿生下来像"蜡"一样,有很强的可塑性,如果从小加以教育,就会成为高尚的人。然而到了奥古斯丁那里,这一宽容已荡然无存,代之以神性儿童观,认为"儿童是有原罪的"存在。"原罪"儿童观的基本内涵是:儿童生下来后,本性就被"原罪"所败坏,无论肉体还是情欲,都是邪恶的,因而儿童刚出生就要被洗礼,然后要对儿童的欲望加以严格控制,并实行惩罚。因为儿童的本性是恶的,要使儿童改变、控制其邪恶,成为高尚的人,必须实施惩罚。这使戒尺、棍棒成为儿童教育所必需。从此,这一儿童观就成为中世纪广为流传、并在教育中占支配地位的儿童观。体罚、棍棒教育盛行于中世纪,这导致中世纪的儿童没有"童年",得不到成人的关怀。正如亚伯烈希脱在《恩格尔哈德

---

① [法]让—皮埃尔·内罗杜.古罗马的儿童[M].张鸿,向征,译.桂林:广西师范大学出版社,2005:72.
② [法]让—皮埃尔·内罗杜.古罗马的儿童[M].张鸿,向征,译.桂林:广西师范大学出版社,2005:254.
③ [法]让—皮埃尔·内罗杜.古罗马的儿童[M].张鸿,向征,译.桂林:广西师范大学出版社,2005:73.
④ [法]让—皮埃尔·内罗杜.古罗马的儿童[M].张鸿,向征,译.桂林:广西师范大学出版社,2005:73.
⑤ [英]伊丽莎白·劳伦斯.现代教育的起源和发展[M].纪晓林,译.北京:北京语言学院出版社,1992:22.
⑥ [美]杜普伊斯,高尔顿.历史视野中的西方教育哲学[M].彭正梅,等译.北京:北京师范大学出版社,2006:36.

(engelhard)》中所证实的:"中世纪成人对儿童鲜见关心,要么忽视他们的存在,要么将他们看做社会生存的必要目的。"①无论是家庭教育,还是学校教育,由于实行惩罚,严重地压抑了儿童的个性,导致学生主体性普遍缺乏。

到了文艺复兴时期,儿童在很大程度上得到了解放。人们对儿童的认识有了长足的进步。人文主义教育家根据对"新人"的理解来建构儿童观。这种"新人"无论是以"理想的公民"、"领袖人物",还是以"宫廷人物"、"绅士""朝臣"的面貌出现,都要求体格强健、品德高尚、心智发达、精神健全,总之是身体与心灵自由、全面发展的人。人的地位得到了提升,人的价值、意义、尊严、创造力得到了肯定和尊重,人的快乐被推崇,而不是禁欲和压抑。这种"以人为本"思想也反映在儿童观的建构上。人文主义教育家在谈论教育中的人时,这个"人"主要是指儿童,都强调儿童身心的全面发展。不过,儿童不等同于成人,两者之间是有区别的。荷兰人文主义教育家伊拉斯谟深刻地洞察到儿童不是"小大人",指出:"有些人根本不考虑孩子的年龄,总想让他们一下子变成大人。他们总爱以自己的能力去衡量和要求孩子们幼小的智能。""有些老师总希望他们的小学生有像小大人一样的举止,这是完全错误的。"②他还在《幼儿教育论》是把"儿童"定义为"自由者",认为"'儿童'这个词在拉丁语中意味着'自由者'(liberi)。因此,自由的教育是符合儿童的……自然,用教育手段把本来是自由的儿童奴隶化,是何等的荒谬!"③他要求教师:"记住,你的学生还是一个小孩,而你自己也曾是一个小孩。"这种对儿童与成人的区分,为卢梭儿童观的建构提供了思想源泉。作为人文主义教育思想的集大成者和客观化自然教育思想的创立者,17世纪的夸美纽斯也为儿童观的发展作出了重要贡献。夸美纽斯肯定和赞美了人和儿童的美好,在《大教学论》中指出:"人是造物中最崇高、最完善、最美好的",并把这句话作为第一章的标题,这说明了夸美纽斯对"人"的高度肯定和重视。不仅如此,他在《母育学校》中更是赋予了"儿童"以崇高的地位,即"儿童是无价之宝——上帝的灵魂"。④他对儿童的发展充满信心,认为儿童生来就有知识、德行和虔信和谐发展的根基,只要经过恰当的教育,每个儿童都可以成为国家、社会的有用之材。他把学生看做是有差异的个体,这种差异不仅表现在智力上,也表现在气质和性格上。"每个人的智力自然是有区别的。有的敏锐,有的人迟钝;有的人温和柔顺,有的人倔强固执;有的人求知欲旺,有的人更急于学会手工技术。"⑤针对学生的个别差异,他强调因材施教:当知识不适合这个或那个学生心理爱好时,就是不恰当的。对这个学生要用这种方法,而对另一个学生就要换一种方法。因为学生的思想的差异犹如动物与植物的不同

---

① 钱雨.儿童文化论[M].济南:山东教育出版社,2011:35.
② [英]伊丽莎白·劳伦斯.现代教育的起源和发展[M].纪晓林,译.北京:北京语言学院出版社,1992:44.
③ [日]筑波大学教育学院研究会.现代教育学基础[M].钟启泉,译.上海:上海教育出版社,1986:6.
④ [捷克]夸美纽斯.夸美纽斯教育论著选[M].任钟印,选编.北京:人民教育出版社,2005:12.
⑤ [英]伊丽莎白·劳伦斯.现代教育的起源和发展[M].纪晓林,译.北京:北京语言学院出版社,1992:72.

差异。

由此可见,人文主义教育家的儿童观具有"以人为本"的特色,它使儿童从中世纪的"原罪说"的束缚中解放出来,有助于儿童身心的自由发展,不仅为当时的教育提供了"新的血液",注入了新的活力,同时也为后来思想家尤其是卢梭儿童观的提出提供了"源头活水"。在肯定人文主义教育家的儿童观的合理内核的同时,我们应该看到它的局限性。"尽管人文主义教育的儿童观承认了儿童的特点和兴趣,但并没有把儿童本身看做有自身价值的存在,也没有从根本上否定儿童对社会和双亲的绝对服从关系。因此,到了近代,把儿童看做双亲所有物的儿童观和中世纪以来贯穿基督教的原罪儿童观仍占有统治地位,鞭打、体罚儿童的教育习俗依然存在。"①这一问题的解决留给了18世纪的主观化自然教育思想的代表人物卢梭。

到了18世纪,儿童观的发展有了根本性的转变。如果说,在18世纪以前儿童观主要表现为按照成人社会和双亲的要求来对待和教育儿童的话,那么18世纪的儿童观已把儿童从"社会和双亲的绝对服从关系"中解放出来,使"小大人"和"神性"儿童观转变为"把儿童看作儿童"、"以儿童为本位"的儿童观。这使儿童观第一次真正有了"儿童"的视野,"儿童"的概念被发现,儿童的意义、自身的价值和发展规律得到确认,"以儿童为本"的新教育得到崛起,从此新教育与旧教育的分野日益明显。人们把这种变化称之为"哥白尼式的革命"。造成这种巨大变化的功臣是法国著名教育家、主观化自然教育思想的代表人物卢梭。

卢梭对"儿童"的生理、心理进行了深入的研究,发现儿童的身心具有与成人不同的特性,有自己独特的看法、想法和感情,揭示了儿童独特的地位,要求人们"把孩子看作孩子"。他的经典表述是:"在万物的秩序中,人类有它的地位;在人生的秩序中,童年有它的地位;应当把成人看作成人,把孩子看作孩子。"②这就是说,儿童不同于成人,有他自身的特点和独特地位。这种区别意味着"儿童"的概念被发现,童年的意义和价值得到彰显。卢梭还领悟到儿童是各不相同的:"每个人生来都有一种明显的气质,它决定了他的才华和性格……每个思想都有一个根据自己发展方向而定的形式。教师要取得成功,就必须符合这一形式,这是很重要的,除此之外没有其他的选择。"③遗憾的是"我们从来没有设身处地地揣摩过孩子的心理,我们不了解他们的思想,我们拿我们的思想当作他们的思想;而且,由于我们始终是按照自己的理解去教育他们,当我们把一系列的真理告诉他们的时候,也跟着在他们的头脑中灌入了许多荒唐和谬误的东西。"④教师应尊重儿童的需要和特点,设身处地地为儿童着想。因为儿童有特有的看法、想法和感情,是不能用其他东西取代的。否则,就会干愚蠢的事情。"大自然希望儿童在成人以前就要像儿童的样子。如

---

① 姚伟.儿童观及其时代性转换[M].长春:东北师范大学出版社,2007:163.
② 卢梭.爱弥儿(上)[M].李平沤,译.北京:人民教育出版社,2001:71.
③ [英]伊丽莎白·劳伦斯.现代教育的起源和发展[M].纪晓林,译.北京:北京语言学院出版社,1992:130.
④ 卢梭.爱弥儿(上)[M].李平沤,译.北京:人民教育出版社,2001:221.

果我们打乱了这个次序,我们就会造成一些早熟的果实,它们长得既不丰满也不甜美,而且很快就会腐烂:我们将造成一些年纪轻轻的博士和老态龙钟的儿童。"①

卢梭不仅发现了"儿童"概念,而且提出了"把儿童看作儿童"的儿童观,其内涵是:儿童是柔弱的存在、儿童是感性的存在、儿童是自然的存在、儿童是自由的存在、儿童就是儿童、儿童是教育活动中的主体、儿童期有自身的价值和发展规律。② 这一儿童观开启了儿童教育的新视野,提升了儿童的主体地位和价值,不仅对18世纪的法国教育界具有振聋发聩的作用,而且深刻地影响了19世纪上半叶的"教育心理学化"运动。在儿童观的历史长河中,卢梭的儿童观无疑是一个里程碑,它不仅颠覆了传统的"小大人"儿童观,而且奠定了现代儿童观的基本视域。现代儿童观的发展是沿着卢梭开辟的道路前进的,尽管有所丰富和完善,但整体视域没有越出卢梭儿童观的基本范式。

到了19世纪,心理化自然教育家裴斯泰洛齐、赫尔巴特、福禄培尔、斯宾塞等进一步发展了儿童观,使儿童观走向科学化。裴斯泰洛齐首次提出了"教育要心理学化"的口号,要求教育者从心理学角度研究儿童,促进儿童身心的全面均衡发展。他自己身体力行研究儿童的天性和心理,认为儿童的天性是引导我们的教育向前发展,是可以信赖的。他说:"天性只能对我们有益,她引导我们不要堕落,为真理和智慧不动摇。教育家并不给人以新的力量和本领,也不给人以呼吸和生命。教育家只是关心不要让不当的影响去打扰本性的发展步伐。"③这里的天性主要指向儿童的心理。他把了解、研究儿童,关心和热爱儿童,看做是教育、教学的最重要原则。他力图使教学过程和方法心理化,力图使教学艺术的各种要素同人的自然本性和谐地结合起来,以提升教学效率。"在现代教育的精华中,可以清楚地看到裴斯泰洛齐的影响。他对儿童的态度,他关于儿童各方面均衡发展的呼吁,他关于人人均可受到正确教育的信念,这一切都已成为广为接受的教育思想的一部分。从他开始,教育家们开始认真地思考儿童是教育的中心,教育的过程不可分割地与他的自然发展交织在一起。"④毫无疑问,20世纪教育界对待儿童的人道主义的态度和对儿童人格的关怀,应归功于裴斯泰洛齐的思想。

德国著名教育家赫尔巴特从教育目标出发,要求教育者把学生当作教育过程中的主体,尊重学生的主体性。他把"道德"和兴趣"看做教育的目标,前者是教育的最高目标,后者是较近的直接的目标,也叫"多方面的兴趣"。对于后者他给予了更多的关注。因为它是指学生思想活动的特征。教学不只是对知识进行灌输,更重要的是促进学生思想力量的真正发展。他认定一切教

---

① 卢梭.爱弥儿(上)[M].李平沤,译.北京:人民教育出版社,2001:88.
② 刘黎明,刘汝萍.彰显童年的价值:卢梭儿童观新探[J].宁波大学学报(教育科学版),2013(1).
③ [英]伊丽莎白·劳伦斯.现代教育的起源和发展[M].纪晓林,译.北京:北京语言学院出版社,1992:165.
④ [英]伊丽莎白·劳伦斯.现代教育的起源和发展[M].纪晓林,译.北京:北京语言学院出版社,1992:168—169.

育的行为取决于思想活动的激发,这其中蕴含着学生主体性的发挥。过去,很长的一段时期来,人们总认为赫尔巴特的教育理论忽视了学生的主体性,倡导被动的教学,这其实是一种误解。实际上,赫尔巴特是非常重视学生的主体作用。这首先体现在对"兴趣"的理解上。他认为兴趣就是学生的自我主体性,是一种思想活动的力量。他说:"兴趣意味着自我主动。自觉的注意力取决于学生的决心。……教育的艺术即在于发展这种自觉的注意力,它包含了我们已见到的兴趣。"①教育行动的成功与兴趣密不可分。其次,他强调学生的自我活动是塑造自身性格的主要途径。他主张"利用他从善弃恶时的发现——这便是性格的形成。这可以发展成为一种自觉的人格,它毫无疑问是在学生自己思想上发生的,并通过自己的活动使之完善。若是教师想创造一种实质性的力量灌注到学生的心灵中去,那便是无稽之谈"②。可见他很重视学生主体作用的发挥。在他眼里,儿童不仅是主体,而且是有尊严的个体。"在任何意义来看,成长都是儿童的尊严。"③他还要求学生主动性与教师的主动性有机结合起来,协同努力,才能融洽师生关系,提高教学效率。因为"只有当学生们把自己的主动性与教师的主动性用某种方式联在一起的时候,他才有可能为增强他们之间的关系贡献出力量"④。为了促进儿童道德和兴趣的发展,他要求把心理学作为教育学的理论基础,并对教育目的、教育管理、教学过程、教育性教学原则、四段教学法的心理学化进行了探讨,提出了独特见解,极大地促进了教育与心理的"联姻",推动了儿童观的心理化和科学化。

另一位德国教育家福禄培尔对儿童观发展的贡献主要体现在如下方面。首先,创办了旨在发展和彰显儿童的本能、自我活动的"幼儿园",意即"儿童的花园",能让儿童快乐生活的地方。他把幼儿比作"花草树木",把教师比作"园丁"。"花草树木"的健康成长,离不开"园丁"的精心呵护。其次,论述了教育的成功取决于儿童内在的本能,取决于儿童主体性的发挥。他说:"教学与教育的目的是从人身上取出东西,而不是往他身上灌输越来越多的东西。……每个人,只要他是一个人,自己便可以按照人类的法则规律使之展开和发展。……人的本性犹如上帝的精神总是在展示着它的内在本质。"⑤"只有启发和唤醒儿童的内在生命,并且是自发地源于这种生命的东西,才能对儿童有真正的,持久而赐福的,有教益并有建设性的影响。"⑥因此,家长和教师的首要任务是尽量多地赋予儿童的内在生命以意义和主动性,唤起他们内在的求学的可能性,而不是压抑儿童身上固有的东西。这意味着要把儿童置于教育过程中的主体地位。再次,进一步推进了

---

① [英]伊丽莎白·劳伦斯.现代教育的起源和发展[M].纪晓林,译.北京:北京语言学院出版社,1992:203.
② [英]伊丽莎白·劳伦斯.现代教育的起源和发展[M].纪晓林,译.北京:北京语言学院出版社,1992:201.
③ [英]伊丽莎白·劳伦斯.现代教育的起源和发展[M].纪晓林,译.北京:北京语言学院出版社,1992:206.
④ [英]伊丽莎白·劳伦斯.现代教育的起源和发展[M].纪晓林,译.北京:北京语言学院出版社,1992:202.
⑤ [英]伊丽莎白·劳伦斯.现代教育的起源和发展[M].纪晓林,译.北京:北京语言学院出版社,1992:209—210.
⑥ [英]伊丽莎白·劳伦斯.现代教育的起源和发展[M].纪晓林,译.北京:北京语言学院出版社,1992:209.

卢梭的儿童中心主义理论的发展。福禄培尔基于对儿童本性、内在力量的充分信任,强调教师应以儿童为中心,向儿童学习。他说:"孩子们就是我的教师,他们纯洁天真,无所做作,要求可贵。我就像一个诚惶诚恐的学生一样向他们学习。"①"教育必须是被动的,只需保护,不能是命令式的,规定范围的,干涉性的。"②这就充分展现了童年对教育的价值,彰显了以儿童为本的理念。英国教育家伊里莎白·劳伦斯的评价是:福禄培尔的"这一态度直接改变了对童年的看法,推动了对童年的兴趣,推动了我们时代对儿童的研究,以及儿童中心学校的概念"。③ 第四,论述了游戏是童年早期自然而典型的活动形式,是儿童最本真的活动。在他看来,游戏是儿童发展的最高阶段,它展现了儿童的内在需要和内在动力,体现了儿童内在的自我积极主动性,是未来生活的胚芽。构成儿童生活的要素主要是游戏和说话。通过游戏和说话,儿童向每一件事物都给予他生命、感情和说话的本领。游戏不仅能促进儿童生命力的发展,提升儿童的道德,而且可使儿童获得最大的快乐。

总之,福禄培尔相信儿童是神圣的,要求教育者要研究儿童,尊重儿童,对儿童思想的内在活动作深刻的洞察,这赋予了儿童研究以新的尊严和意义,极大地促进了儿童心理学的发展。他也因此堪称是"有关童年早期的第一位心理学家"。

英国哲学家、教育家斯宾塞在西方儿童观的发展史上也有自己的独特地位,他的理论贡献是提出了独特的见解。

首先,让儿童成为一个快乐的人。斯宾塞认为,快乐本身对于儿童来说是一个有价值的目标,儿童的快乐有利于身心的全面发展。快乐的情感状态比冷淡状态远远有利于儿童的智慧活动,儿童在快乐状态下学习最有效,因为教学的效率显然和儿童从事的那种智慧活动所得到的满足成比例。快乐教育不仅应体现在智育上,而且还应体现在体育、德育和美育上,使儿童成为一个身心健全发展的快乐的人。

其次,让儿童成为一个能自助学习、自我实现的人。斯宾塞在19世纪就提出了一个富有现代意味的教育命题:"教育的目的是有一天能够不教。"④在他看来,在儿童的早期教育中,教育目的是培养儿童的自助学习和自我教育的能力,有了这种能力,儿童就能独立思考、完善生命、自我实现。如何培养自我教育的能力?斯宾塞主张教师"应该尽量鼓励孩子自我发展,应该引导孩子自己去探讨,自己去推论,给他讲的应该尽量少些,而引导他们自己去发现的应该尽量多些"。⑤

---

① [英]伊丽莎白·劳伦斯.现代教育的起源和发展[M].纪晓林,译.北京:北京语言学院出版社,1992:210.
② [英]伊丽莎白·劳伦斯.现代教育的起源和发展[M].纪晓林,译.北京:北京语言学院出版社,1992:210.
③ [英]伊丽莎白·劳伦斯.现代教育的起源和发展[M].纪晓林,译.北京:北京语言学院出版社,1992:210.
④ [英]斯宾塞.斯宾塞快乐教育[M].颜真,译.福州:海峡文艺出版社,2002:51.
⑤ [英]斯宾塞.斯宾塞快乐教育[M].颜真,译:福州:海峡文艺出版社,2002:94.

再次，让儿童成为一个拥有权力的人。儿童的权力虽然在卢梭等的教育思想中有所涉及，但对此作出系统的论述的是斯宾塞。他指出："教育，无论是家庭教育还是学校教育，它在本质上除了知识传递、道德培养之外，就应该是对孩子权力的尊重。不明白这一点，任何苦心孤诣的教育都是会失败的。"[①]孩子们拥有的权力主要有说话的权力、公平权力、自尊的权力、机会均等的权力、独立思考和判断的权力、自我选择的权力。论述对儿童权力的尊重，是斯宾塞对西方儿童观发展的最大贡献。

综上所述，心理化自然教育家为儿童观的发展注入了"心理学"的新内涵，儿童的心理得到了极大的关注，儿童的权力得到了进一步的彰显，儿童的主体地位得到了进一步的提升，儿童中心理论得到了进一步的研究，从而使儿童观的研究进入了新的科学化的历史时期。

到了19世纪末20世纪初，生长论自然教育家杜威进一步促进西方自然主义儿童观的最高发展。他以经验论哲学和本能论心理学为基础，建构了生长论自然教育视野中的儿童观。其内容是：未成熟状态：儿童生长的内在条件、本能：儿童生长的内部动力、习惯：儿童生长的表现、发展：儿童生长的特征、整体性：儿童生长的价值取向。[②] 其中对"儿童中心主义"的理论的论述最精彩，使卢梭以来的"儿童中心"思想的发展达到了极致。这一著名的论述就是："现在我们的教育中正在发生一种变革是重心的转移。这是一种变革，一场革命，一场和哥白尼把天体的中心从地球转到太阳那样的革命。在这种情况下，儿童变成了太阳，教育上的各种措施围绕着这个中心旋转，儿童是中心，教育的各种措施围绕着他们而组织起来。"[③]在此基础上，杜威还强调，儿童不仅是起点和中心，而且是目的。教育的理想所在就是儿童的发展，儿童的生长。"我们必须站在儿童的立场上，并且以儿童为自己的出发点。"[④]儿童而不是教材决定学习的质和量。

综上所述，西方自然主义儿童观的演变遵循着西方自然主义教育思想发展的内在逻辑，在这一过程中，每个时期的自然教育家都对儿童观发表了自己的独特见解，贡献了自己的独特理论，从而形成了内容丰富、颇具"自然主义"特色儿童观。如儿童是柔弱的存在、儿童是感性的存在、儿童是自然的存在、儿童是自由的存在、儿童就是儿童、儿童是教育活动中的主体、儿童是快乐的精灵、儿童是权力的拥有者、儿童是自我实现者、儿童期有自身的价值和发展规律，等等。这些儿童观为西方自然主义教育思想的发展提供了理论基石，因为有什么样的儿童观就有什么样的教育观，教育观由儿童观决定。不仅如此，西方自然主义教育思想的儿童观的合理内核和真知灼见，也值得今天的我们去继承和借鉴，因为"他山之石，可以攻玉"。

---

① ［英］斯宾塞.斯宾塞快乐教育[M].颜真，译：福州：海峡文艺出版社，2002：198.
② 刘黎明.西方自然主义教育思想史[M].武汉：华中科技大学出版社，2014：242—248.
③ 吕达，刘立德，邹海燕.杜威教育文集（第1卷）[M].北京：人民教育出版社，2008：42.
④ 吕达，刘立德，邹海燕.杜威教育文集（第1卷）[M].北京：人民教育出版社，2008：112.

二、西方自然主义教育思想的儿童观的基本观点

（一）儿童是柔弱的存在

儿童生下来时，器官是不完善、不成熟的，心灵被它们所束缚。"从孩子本身看孩子，就可以看出，世界上还有哪一种生物比他更柔弱、更可怜，更受周围的一切的摆布，而且是如此需要怜惜、关心和爱护呢？他之所以具有那么一副可爱的面孔和动人的神情，岂不是为了使所有的一切接近他的人都爱惜他柔弱的身体和积极的帮助他吗？"①为此，他要求教师在大自然的安排下进行研究，防止别人阻碍它对孩子的关心。教师要照料着、观察者、跟随着儿童，"像穆斯林在上弦到来的时候守候月亮上升的时刻那样，他极其留心地守候着他薄弱的智力所显露的第一道光芒"②。

（二）儿童是感性的存在

儿童最初的感觉纯粹是感性的，他们能感觉出来的只是快乐和痛苦。当他们感到舒服的时候，他们就不声不响地享受，当他们觉得难过的时候，他们就用他们的语言说出来，要别人来解除他们的痛苦。只要他们是醒着的，他们差不多就处在感觉的状态。这个时期，儿童的理性没有发展起来，处在"睡眠"的状态，有的仅仅是感性，因此，他们的活动和对外在世界的认识，无不打上感性的色彩。

（三）儿童是自然的存在

从自然教育的内涵看，儿童是率性的自然存在。他们是根据自己的性情和现实的利益，认识自我、发展自我和保存自我的。儿童无论是活动还是学习都是依靠天性实现的。因此，人为的教育和事物的教育必须遵循儿童的天性，不要试图去改变儿童身心成长的自然规律。因为"大自然是有增强孩子的身体和使之成长的办法的，我们绝不能违反它的办法。当一个孩子想走的时候，我们就不应该硬要他呆着不动，但是，如果他想呆在那里，我们就不应逼着他去走。只要不用我们的错误去损害孩子的意志，他是绝不会做没有用处的事情的。只要他愿意，就让他跑跑跳跳、吵吵闹闹好了。他的一切运动，都是他日益增强的身体所必须的；不过，我们应当提防他去做力所不能和别人代替他做的事情。因此我们要仔细分别哪些需要是他真正的需要，是自然的需要，哪些需要是由于他开始出现的幻想造成的"③。

（四）儿童是自由的存在

在卢梭看来，自由是儿童的天性，在教育中具有重要的意义，它是儿童自我发展、自我实现的保障。只有自己实现自己意志的人，才不需要借助他人之手来实现自己的意志，因而，在所有的一切财富中最可贵的不是权威，而是自由。真正自由的人，只想能够得到的东西，只做他喜欢做

---

① ［法］卢梭.爱弥儿——论教育（上）[M].李平沤，译.北京：人民教育出版社，2001：85.
② ［法］卢梭.爱弥儿——论教育（上）[M].李平沤，译.北京：人民教育出版社，2001：43.
③ ［法］卢梭.爱弥儿——论教育（上）[M].李平沤，译.北京：人民教育出版社，2001：81.

的事情。既然自由是儿童的天性,而自然教育的内涵又是指儿童天性的率性发展,因此,自由也必然成为自然教育的内在蕴含,自然教育即自由教育,其目的是培养"自由自在的孩子"和"自由自在生活"的人。他反对压抑儿童年个性,束缚儿童自由的旧教育,要求教师首先要解除儿童的各种束缚,让儿童自由的活动。其次要关注儿童当下的自然状态,因为自由源于当下的自然状态。在卢梭的语境中,无论是儿童"才能和器官的内在的发展",还是保持儿童的自然状态,其基本精神就是顺应儿童本性的发展,让儿童自由自在地生活和活动,尽最大的可能促进儿童的自由发展。这彰显了卢梭对儿童天性的尊重,对儿童生命的热爱。

(五)儿童就是儿童

"把儿童看作儿童"意味着儿童与成人根本不同,儿童就是儿童。这里包含着丰富的意蕴。其一,儿童天性本善,纯洁善良。"出自造物主之手的东西都是好的",在儿童的心灵中没有什么生来的邪恶。之所以如此,是因为儿童有天赋良心,即趋善避恶的道德本能。其二,儿童活泼好动。儿童在天性的推动下具有活动的基本冲动,他什么东西都想去摸一摸,什么东西都想去弄一弄。他这样动个不停,你绝不要去妨碍他,因为可以使他获得十分需要的学习。其三,儿童有他特有的看法、想法和感情。卢梭断言:"儿童有他自己特有的看法、想法和感情的,如果想用我们的看法、想法和感情去代替他们的看法、想法和感情,那简直是最愚蠢的事情。"①在自然状态下,有时在成人眼里是痛苦的事,而儿童感到幸福和快乐。例如,"雪地上有几个淘气的小鬼在那里玩,他们的皮肤都冻紫了,手指头也冻得不那么灵活了。只要他愿意,就可以去暖和暖和,可是他们不去;如果你硬要他们去的话,也许他们觉得你这种强迫的做法比寒冷还要难受一百倍",之所以如此,是因为"我让他自由,就可以使他在目前过得挺高兴;我给他以锻炼,使他能抵抗他必然要遭受的灾难,从而就可以使他在将来过得愉快。"②这是由大自然决定的。"大自然希望儿童在成人以前就要像儿童的样子。如果我们打乱了这个次序,我们就会造成一些早熟的果实,它们长得既不丰满也不甜美,而且很快就会腐烂:我们将造成一些年纪轻轻的博士和老态龙钟的儿童。"③因此,我们不要把成人的观念强加给儿童,应确立"儿童就是儿童"的观念。

(六)儿童是教育活动中的主体

卢梭以人的天性"自由"的思想论述了儿童是教育活动中的主体的观点。他把宇宙万物的"动"划分为两种,一种是由外因造成的动,另一种是由自动造成的动。儿童的动属于后者,体现了儿童的自由和主体性。卢梭在《爱弥儿》中总结幼儿教育的准则时强调:"这些准则的精神是,多给孩子们以真正的自由,……让他们自己多动手,少要别人替他们做事。"④他反对压抑儿童个

---

① [法]卢梭.爱弥儿——论教育(上)[M].李平沤,译.北京:人民教育出版社,2001:88.
② [法]卢梭.爱弥儿——论教育(上)[M].李平沤,译.北京:人民教育出版社,2001:82—83.
③ [法]卢梭.爱弥儿——论教育(上)[M].李平沤,译.北京:人民教育出版社,2001:88.
④ [法]卢梭.爱弥儿——论教育(上)[M].李平沤,译.北京:人民教育出版社,2001:56.

性,束缚儿童自由的旧教育,要求教师在教育活动中,应确立儿童的主体地位,尊重儿童的自由和主动性,事事让儿童作主,置儿童于教育过程的中心,为儿童的自主发展创设良好的氛围和环境。杜威进一步阐释了儿童中心的思想,把儿童置于"太阳""中心"的地位,教育的各种措施都要围绕他们而旋转、而组织,要求教育的重心放在儿童身上,而不是教师和教材上。因为儿童既是起点和中心,还是目的。儿童的发展,儿童的生长,就是教育的理想所在。

（七）儿童是快乐的精灵

卢梭要求教育者要热爱儿童,尊重儿童的需求与特点,帮助儿童活动和做游戏,培养他们可爱的本能,使他们拥有一个喜笑颜开、心情恬静的童年,成为快乐的精灵。斯宾塞要求教育者把儿童的快乐本身作为有价值的教育目标,指导儿童的体育、智育、德育和美育,使儿童在快乐中生活和学习。"孩子的快乐是多种多样的,大多是没有社会目的的,教育则是要引导孩子得到'有目的的快乐'。因此,对于教育者来说,应该先让孩子们快乐起来,然后再给出可行的目标。"[1]让快乐引领孩子的求知、发展之路。应多鼓励儿童,这是快乐教育的最佳方法。

（八）让儿童拥有权力

斯宾塞认为,上帝不仅赋予成人各种权力,也同样赋予儿童以各种权力。法律的职责就是保证儿童受教育的权力、不被虐待的权力和受教育的权力,而教育的职责就是给儿童精神、心智上的权力。它们包括儿童说话的权力、公平的权力、自尊的权力、机会均等的权力、独立思考和判断的权力、自我选择的权力。儿童的权力在教育中具有重要意义,是教育成功的重要保障。"教育,无论是家庭教育还是学校教育,它在本质上除了知识传递、道德培养之外,就应该是对孩子权力的尊重。不明白这一点,任何苦心孤诣的教育都是会失败的。"[2]可见,尊重儿童的各种权力,是教育活动应遵循的重要原则。

（九）让儿童成为自我教育者

让儿童成为自我教育、自我实现的人,一直是自然主义教育家所追求的目标。卢梭认为,只有自己实现自己意志的人,才不需要借助他人之手来实现自己的意志,因而在所有的一切财富中最可贵的不是权威,而是自由。真正自由的人,只想他能够得到的东西,只做他喜欢做的事情。对于爱弥儿而言,卢梭说:"我的目的是,只要他处在社会生活的漩流中,不至于被种种欲念或人的偏见拖进漩涡里去就行了;只要他能够用自己的眼睛去看,用自己的心去想,而且除了他的理智以外,不为任何其他权威所控制就行了。"[3]斯宾塞认为,教育的一个重要目的就是培养儿童的自助学习和自我教育的能力。儿童早期的智力培养,是自助学习和快乐教育相结合的过程。"整

---

[1] [英]斯宾塞.斯宾塞的快乐教育[M].颜真,译.福州:海峡文艺出版社,2002:46.
[2] [英]斯宾塞.斯宾塞的快乐教育[M].颜真,译.福州:海峡文艺出版社,2002:198.
[3] [法]卢梭.爱弥儿——论教育(上)[M].李平沤,译.北京:人民教育出版社,2001:362.

个过程应该以培养自我教育能力为核心,它所引起的心智活动应该是孩子乐意接受的。"①自我教育的作用在于,首先,儿童通过自我学习,自我解决问题,使获得的知识保证了印象的鲜明性和持久性。其次,自我教育的训练使儿童不断把获得的知识加以组织和运用,不断地转化为能力,成为解决下一个问题的前提。再次,这种自我教育训练能形成儿童坚强不屈的意志和不怕失败的性格,使他们珍视荣誉,正视现实。

（十）儿童期有自身的价值和发展规律

卢梭认为,儿童是具有尊严和权利的独立的个体。儿童期是儿童最幸福愉快、天真烂漫的时期,这是大自然所赋予的。教育者不应剥夺他们的快乐和自由,而应"爱护儿童,帮他们做游戏,使他们快乐,培养他们可爱的本能"②。他反对只注重成人的利益和需要而牺牲儿童的利益和需要,强调应把属于儿童的东西还给儿童。作为个体生命发展最重要的时期,儿童期有不可替代的价值,它是人生各方面能力发展的奠基时期,教育不应为了儿童的"将来"而放弃儿童的现在,而应重视儿童的现在,关注儿童当下的生活世界,看到童年的价值。"他长大为成熟的儿童,他过完了童年的生活,然而他不是牺牲了快乐的时光才达到这种完满成熟的境地的,恰恰相反,它们是齐头并进的。在获得他那样年纪的理智的同时,也获得了他的体质许可他享有的快乐和自由。如果致命的错误来毁掉我们在他身上所种的希望的花朵,我们也不至于为他的生命和为他的死而哭泣;我们悲伤的心情也不至于因为想到我们曾经使他遭受过的痛苦而更加的悲切;我们可以对自己说:'至低限度,他是享受了他的童年的;我们没有使他丧失大自然赋予他的任何东西。'"③

卢梭要求教育者应按照学生的年龄对待学生,也就是说,要按照孩子的成长和人心的自然进程进行教育,要把他放在他应有的地位,而且要好好地把他保持在那个地位,使他不再有越出那个地位的企图。在婴儿期,教育的主要任务是促进儿童身体健康发展。为此,要让儿童的四肢在无拘无束状态中自由活动,通过看、摸、听去感觉事物,学会观察和认识周围事物,应当尽力采取符合儿童自然需要的生活方式对待儿童。同时要防止儿童沾染任何不良习惯,以确保儿童身心健康。在儿童期,儿童的智力和记忆力都带有感性的色彩,缺乏理性思维,因此在教育上不能强迫儿童去思考,去读书,而应该着重发展儿童的感官,对儿童进行感觉教育,这是教育的首要任务。教师的职责在于发展儿童的视觉、触觉、听觉、嗅觉、味觉,积累丰富的感觉经验,以便为下一个时期的学习奠定基础。在少年期,儿童通过感官教育和体育积累丰富的感觉经验,身体也得到了发展,能够进行理性思维,教育的任务是进行智力教育和劳动教育。在青春期,教育的主要任务就是把儿童从乡村带回城市进行道德教育。因为儿童的欲望已达到"暴风雨"般的狂热程度,

---

① [英]斯宾塞.斯宾塞的快乐教育[M].颜真,译.福州:海峡文艺出版社,2002:101.
② [法]卢梭.爱弥儿——论教育(上)[M].李平沤,译.北京:人民教育出版社,2001:70.
③ [法]卢梭.爱弥儿——论教育(上)[M].李平沤,译.北京:人民教育出版社,2001:209—210.

情绪处于急剧变化之中,因此,需要用道德规范的约束力量加以调节,指导儿童培养善良的情感、善良的意志和善良的判断,使儿童知道如何处理好人与社会、人与人之间的关系。

三、西方自然主义教育思想的儿童观的当代价值

自然教育家的儿童观为当代的儿童教育的变革提供了重要的启示价值。首先,儿童是自然的存在,教育应遵循儿童天性的自然发展。天性是儿童成长的内部根据和前提,它的生成是由生命的进化历史决定的,有其发展的规律性,决定着教育的出发点。教育应尊重、敬畏儿童的天性。"在人的天性与教育的互动中,应该改变的不是人的天性,而是教育自身。教育应当以人的天性为前提,应当采择符合儿童天性的内容,并用适当的方式传递给儿童。"①然而,我们的学校教育往往从消极方面定义儿童的天性,理解为贪玩、无节制、自觉性差,缺少自律等,从而把儿童世界纳入到成人世界的对立面,成为被改造、被克服的对象,强制地灌输一些只有成人才需要学习的东西。"儿童的天真无邪与性情顽劣更是与学校的培养目标格格不入。儿童更多地被置于成人世界的监控之下,从进入幼儿园的那天起,儿童便纳入正规的学校教育系统中,接受一系列有目的、有计划、有组织的教育或训练,完整的儿童世界便不复存在;儿童失去了独立的生存空间,虽然有伙伴,却没有真正意义上的游戏。"②学校教育在更多的时候是迎合成人的利益和需要,儿童是为成人而存在,没有了自己的话语,没有本应属于儿童自己的世界,教育的功利化、书本化、考试化,使儿童过早地进入了成人世界,如模仿成人的语言,使用成人的思维方式等,由此导致的后果是童年的消逝,童心的荡然无存,儿童的天性被扭曲,变成了"小大人"。这是我们所不愿意看到的。从这个意义上说,我们的学校教育应尊重儿童的天性,回归儿童的生活世界,还儿童的本来面目,少一些教育的功利性和成人化,多一些尊重,多一些关怀,设身处地为儿童的天性发展着想。

其次,实施自由教育,促进儿童自由成长。自由是本真教育的重要组成部分,没有自由,人的天性得不到自由的舒展,人的潜能得不到有效的发挥。本真教育的意蕴就是启迪儿童自由天性的生成。正如德国教育家雅斯贝尔斯所说:"所谓教育只不过是人对人的主体间灵肉交流活动……包括知识内容的传授、生命内涵的领悟、意志行为的规范,并通过文化传递功能,将文化遗产教给年轻一代,使他们自由地生成,并启迪其自由天性。"③"自由地生成"、"启迪其自由天性"是雅斯贝尔斯所特别注重的,它们是本真教育的同内在蕴含。然而,学校教育的规训、家长、教师以及考试的压力,学生的天性受到各种束缚,自由被排斥在教育的视野之外。儿童上课要求认真听讲,不许讲话,不许搞小动作,回答问题要符合教师的要求,课外的时间全被各种作业充满,还要

---

① 刘晓东.论教育与儿童天性[J].南京师范大学学报,2003(4):69—75.
② 齐学红.儿童:一个悖论式的存在[J].教育科学研究,2005(11):14—16.
③ [德]雅斯贝尔斯.什么是教育[M].邹进,译.北京:生活·读书·新知三联书店,1991:3.

参加各种培训班,这使他们没有自由活动的空间,自由发展几乎不可能。我们认为,要改变这种状况,必须认识到自由教育之重要:"自由是生命的内在要求,人的发展因此必须是自由的发展。但教育的问题恰恰是对人的自由发展的强制。所以,教育史上的每次改革,其矛头都是不同意义上的强制发展论。可以说,传统的教育一直没有认识到儿童自由的本体价值,所以无论是教育体现的社会意志,还是教育过程的精致化、设计化,以及教师中心论,都在自觉不自觉地扼杀儿童的天性。所以,今天重提'教育自由',就是把自由还给儿童,让教育回归到儿童的自由本性。"①这意味着任何时候都不能强迫儿童,不能让儿童的行为、心理、意志、情感、精神受到外界的支配和压迫,而应创造更多的机会和空间,允许儿童有进出教室的自由、自己提出问题,想出办法与对策的自由、拥有从环境中选择吸引自己的事物的自由……总之,教育要诉诸自由,帮助儿童自由地成为他自己。

再次,教育应确立儿童在教育中的主体地位。长期以来,我们把主体地位给了教师,儿童被置于接受知识的被动地位,不是教师围绕儿童转,而恰恰相反,儿童围绕教师转,儿童自身的能动性和发展的主体性被边缘化,甚至完全被忽视。我们应认识到,儿童生命的发展是在自我建构中完成的,而非由别人所改造。所谓自我建构,是"指受教育者的精神世界是自主地、能动地生成、建构的,而不是外部力量模塑而成的,因为任何学习都是一个积极主动的建构过程,学习者不是被动地接受外在信息,而是主动地根据先前认知结构注意和有选择的知觉外在信息,建构当前事物的意义。通过活动和自主建构,个体的创造力、潜能、天赋、审美鉴赏力、个性等得以表证、凝固在活动过程中和活动结果上;另一方面,通过活动,又丰富着、发展着个体的个性潜能、资质和素养"②,教师应帮助儿童来完成他的自主建构,使儿童真正成为教育过程中的主体,把儿童当成有自由意志、丰富的内心世界、独特个性的活生生的人,引导他们自主学习,自主发展。对儿童而言,在自主建构中,收获的不仅仅是认知的东西,还有价值观的提升、理智的挑战、精神的唤醒、主体性和独特性的张扬。

第四,热爱儿童的生命。儿童是柔弱的存在,需要成人的怜惜和关怀。教师应细心地照料儿童,"极其留心地守候着他薄弱的智力所显露的第一道光芒"。儿童是感性的存在,教师不应该强迫儿童学习成人才需要学习的东西,不要过早进行理性教育,过度地开发智力,因为在各种官能中理智这个官能是最迟发展的,因此,过度的理性教育无疑是本末倒置。教师所要做的事情是,为儿童提供"消极教育",以保护先天的善性和理智的发展。早期教育应着眼于发展儿童的感官,让儿童在与大自然的接触中,在活动中,在游戏中获得知识,感受生命活动的愉悦。卢梭儿童观的真谛在于通过活动彰显儿童生命的价值,彰显教师对儿童生命的关怀和热爱。

---

① 冯建军.论儿童在教育活动中的自由[J].教育理论与实践,2005,(2):5—8.
② 肖川等.造就自主发展的人[M].成都:四川教育出版社,2006:9.

第五，把儿童当作儿童看待，尊重儿童的特点。这是一个在当今教育界仍然没有解决好的问题，把儿童当大人看待的现象还很普遍。成人霸权主义仍有市场，它把儿童当作工具和手段，而不是"目的"，用成人的价值替代儿童自己的价值，把成人的观念强加给儿童，把儿童生活看作成人生活的预备。在这种情况下，"儿童世界不再是作为一种纯粹的客观存在，是成人世界的创造物。成人不仅创造了客观的物质世界，而且创造了抽象的精神世界和儿童世界。尤其是在一个商业化的时代，成人世界对儿童世界的建构中又夹杂了商业化的行为，如儿童的消费、儿童产品、儿童智力开发和教育等等，在利益的驱动下，成人不断制造着儿童多样的需求和永不满足的欲望，儿童成了商家的最大客户。在家庭、学校、社会高昂的投入和付出下，儿童变得越发不是他们自己，而是成人社会刻意塑造的对象。作为本真意义上的童真、童趣，也在一系列商业化的运作下，异化为成人世界争夺的对象"①。儿童日益成人化。这是令人可悲的。因此，我们应站在儿童的立场上，体会儿童的所思、所想、所做，尊重儿童的天性和意志，真正做到以儿童为本位，把儿童看作儿童。

第六，珍视童年的价值，捍卫儿童的利益。童年是人生最美好的时光，是天性保存最完全的时期。童年的天真活泼，童年的纯真无邪，童年的无忧无虑，无不彰显着童年的美好和价值。然而，在现实的教育中，人们正以各种美好的名义对儿童进行干涉和破坏，制造着各种各样的"天才教育方案"使儿童学习一些根本不感兴趣的内容，以满足成人的期望。教育的功利化，使儿童过早地结束了童年期，进入成人世界。回忆童年，儿童感到的不是快乐和幸福，而是哭泣和痛苦，有的甚至留下"作业太多"的遗言而结束自己的生命。于是，不管在20世纪，还是21世纪，都有有识之士发出了"救救孩子！救救教育！"的呼声。由此看来，我们有责任、有义务"敬畏、认识、探索、珍爱童年，为童年提供适当的物质和精神食粮。我们应当尊重童年宝贵中的本能、兴趣和需要，我们应当让他们表现、表达，而不是按照自己的偏好甚至偏见要么对其压制、扼杀，要么对其揠苗助长"②，教育的使命就是保卫儿童的童心，保卫儿童的天性，让儿童拥有一个恬静、喜笑颜开的童年。

第七，尊重儿童的权力。夸美纽斯认为，一切城镇乡村的男女儿童，不分富贵贫贱，都应该进学校，都应该受教育。也就是说，夸美纽斯强调了每个儿童都有受教育的权利。卢梭认为，生命权和自由权是人的"基本天赋"。儿童也拥有这种天赋，因为儿童生下来就是自由的，"每个人都可以享有生命和自由，但至少可以肯定无权放弃它们。放弃自由，人就降低了自己的人格；放弃生命，就是消灭本身的存在"③。基于这种认识，卢梭在《爱弥儿》中反复重申教育要培养"自由自在的孩子""自由自在的人"。裴斯泰洛齐着重强调了儿童的发展权。他要求我们牢记："一个学

---

① 齐学红.儿童：一个悖论式的存在[J].教育科学研究,2005(11)：14—16.
② 刘晓东.儿童文化与儿童教育[M].北京：教育科学出版社,2006：260.
③ [法]卢梭.论人类不平等的起源和基础[M].高煜,译.桂林：广西师范大学出版社,2002：128.

生不论他属于哪个社会阶级,不论他打算从事哪种职业,人类天性中具有的某些才能,对所有的人来说都是一样的,这些才能构成了一个人基本能力的主干。我们没有权利限制任何人发展他的全部才能的机会。"①斯宾塞更是系统深入地论述了儿童的权力,他提醒我们要尊重儿童的说话的权力、公平权力、自尊的权力、机会均等的权力、独立思考和判断的权力、自我选择的权力。只有明白这一点,教育才能取得成功,否则就会失败。这对于我们尊重儿童的各种权利(力),重视儿童各方面的发展是富有启示价值的。

总而言之,重温西方自然主义教育思想的儿童观,对于我们确立把儿童当作儿童的儿童观不无启迪价值,它为我们解决儿童观问题提供了理论支撑。

第二节　西方自然主义教育思想的教师观的当代价值

一、西方自然主义教育思想的教师观的演变及主要观点

西方自然教育家对教师的认识由来已久,从西方自然主义教育思想的萌芽时期开始,到客观化自然教育家夸美纽斯、主观化自然教育家卢梭、心理化自然教育家裴斯泰洛齐、赫尔巴特、第斯多惠、福禄培尔、斯宾塞,再到生长论自然教育家杜威,不同时期的教育家们都探讨了教师教育问题。什么是教师?好的教师的标准是什么?教师应具备什么样的素质?等,这些问题都是自然教育家关注的重要课题,他们在不同的历史时期提出了不同的解决方案,从而形成了不同的教师观。

(一)萌芽时期的教师观

古希腊自然主义教育思想之父亚里士多德对教师观没有论述过。但从他自身的素养和教育思想来看,他心目中理想的教师应是全面发展的、富有批判精神的、能够遵循儿童的身心发展的特点和规律教育儿童的教师。他的"吾爱吾师,但吾尤爱真理"的名言更是彰显了他怀疑批判的反思和创新精神。

到了古罗马时期,昆体良、西塞罗等在雄辩家教育的视野中论述了教师观。首先,教师应热爱学生。昆体良要求教师像父亲那样热爱学生。"教师要以慈父的态度对待学生,他应当想到,父亲把孩子托付给他,他就是处于行父亲职责的地位。"②其次,教师应全面发展、知识渊博。西塞罗强调教师"必须掌握多方面的知识,没有这些知识,雄辩术就不过是空洞的、愚蠢可笑的、夸夸其谈的胡言乱语"③。"谁如果没有获得一切重要学科和艺术的知识,谁就不能成为完备地具有一

---

① [瑞士]裴斯泰洛齐.裴斯泰洛齐教育论著选[M].夏之莲,等译.北京:人民教育出版社,2001:368.
② [古罗马]昆体良.昆体良教育论著选[M].任钟印,选译.北京:人民教育出版社,2001:65—66.
③ [古罗马]昆体良.昆体良教育论著选[M].任钟印,选译.北京:人民教育出版社,2001:193.

切优点的雄辩家。因为雄辩术正是要依靠知识以达到优美和丰满,除非具备了雄辩家应牢固掌握、深刻理解的各种知识,他的讲话就一定有许多空洞的、几乎是幼稚的内容。"①昆体良更是要求教师德才兼备,全面发展,知识渊博,既能教学生演讲,又能教学生如何做人。再次,教师应根据学生的差异,因材施教。"他应当深知教学方法,懂得俯就学生的能力。如同一个走路很快的人,如果他恰好和一个小孩走在一起,他就会用手牵着小孩,放慢自己的步伐,不能走得太快,免得他的小同伴跟不上。"②昆体良把善于精密地观察学生能力的差异,弄清每个学生的天性的特殊倾向看作是优秀教师的标志之一。"因为各个人的才能的确有着不可思议的差别,人心之不同,各如其面。"③

与古罗马时期相比,文艺复兴时期的教师观突出的是人文主义,彰显出以人为本的特色。文艺复兴时期的教师是人文主义者,他们在文艺复兴运动的同时,也对教师问题进行了思考和探索,建构了以人文主义为指导思想的教师观。所谓人文主义,是指以人为中心,人神和谐统一的文化和思想。这意味着人文主义者的思想一方面是以人为本,以人为中心,肯定人的价值,歌颂人的尊严,张扬人的个性和创造性。人的发现和人的解放是人文主义思想所蕴含的核心旨趣。另一方面表现出对宗教的虔诚信仰。这使得人文主义者有着强烈的宗教情怀。意大利的人文主义者彼特拉克就表达了这种宗教情怀:"我心灵的最深处是与基督在一起的","当这颗心灵思考或谈到宗教时,即在思考和谈到最高真理、真正幸福和永恒的灵魂的拯救时,我肯定不是西塞罗主义者或柏拉图主义者,而是基督徒。""为了真正地进行哲学探讨,我们首先必须热爱和崇拜基督","做一个真正的哲理就是做一个真正的基督徒。"④正是这种既重视人,又重视宗教的人文主义思想成了人文主义教育家建构教师观的理论基础。人文主义教育家都具有渊博的知识、全面发展的素质、懂好几种语言、都具有厚实的古典文化素养,热爱学生,又具有强烈的宗教情怀。每个人都是思想、学术的"巨人"。他们对教师的总体要求是:学识渊博、智慧发达、德行完善、心灵高尚,才思敏捷、身心和谐发展。具体地说,首先,教师应是全面发展的学者。荷兰学者伊拉斯谟就要求教师"不应该把年轻的王子交给随便哪一个保姆,而只能交给曾受过护理的专业教育、训练有素、品德纯洁的人"⑤。西班牙学者维夫斯要求教师既要有学识,又要有品德。"对那些被提升担任青年的讲师的人,不仅要按他们的学识,而且也要按他们的品德来评价他们。"⑥其次,教师应学识渊博。他们要求学生德、智、体、美全面发展,与此相联系,教师应掌握全面的学科,包括文学、历史、艺术、宗教、法律、医学、数学、自然科学、政治、语言、军事、体育等,尤其是要掌握古典人

---

① [古罗马]昆体良.昆体良教育论著选[M].任钟印,选译.北京:人民教育出版社,2001:194.
② [古罗马]昆体良.昆体良教育论著选[M].任钟印,选译.北京:人民教育出版社,2001:69.
③ [古罗马]昆体良.昆体良教育论著选[M].任钟印,选译.北京:人民教育出版社,2001:88.
④ 褚洪启.走出中世纪:文艺复兴时代的教育情怀[M].北京:北京师范大学出版社,2000:98.
⑤ 吴元训,选编.中世纪教育文选[M].北京:人民教育出版社,2005:127.
⑥ 吴元训,选编.中世纪教育文选[M].北京:人民教育出版社,2005:225.

文学科。因为古典著作的掌握有助于教师人性丰富、心灵高尚、精神崇高、人格健全,生活充实而和谐,最终使人的身心健全发展。再次,教师要像父亲热爱孩子那样热爱学生。意大利的格里诺指出:"在选择教师的时候,我们应该记住,他的身份在某种程度上应带有父亲的权威;因为除非尊重是出自对他这个人和他的职位,而不是必须尊重他所说的话。我们先辈们把师生之间的关系建立在对待教师是子女般的敬畏和对待学生是父亲般的疼爱的基础上,这无疑是正确的。"①伊拉斯谟要求一个教师应有德行,关怀人和一切事。"他以超过父母的精神对待每一个人;他把每一个人的生命看得比他自己还要宝贵;他日夜地努力工作,就是为了一个目的—尽他的一切能力为大家。"②总之,教师对学生要有父母般的深切的爱。第四,教师要根据学生的差异,因材施教。伊拉斯谟认为,"教师的任务总是相同的,但是他必须在一种情况下采用一个方法,在另一种情况下采用另一个方法。当他的学生还是一个小孩时,他可以通过有趣的故事、令人愉快的寓言和巧妙的比喻引进他的教导,当他的年龄稍长时,他可以直接地教他相同的东西"③。法国人文主义教育家蒙田要求导师"一开始就应该按照他所教育的孩子的能力施教,使他的能力表现出来,让他对许多东西都学一点,然后独立地作出选择和区别,有些时候给他开条路,有些时候要让他自己去开路"④。总之,他们的因材施教的共同旨趣是:学生的年龄、能力和个性不同,教法也各不相同。

综上所述,萌芽时期的教师观的演变表明,这个时期的自然教育家对教师观论述主要是基于雄辩家的教育思想和人文主义教育思想视野进行的。前者服务于雄辩家的培养,对教师素质的论述更多地是侧重于语言修养、口才的锻炼以及雄辩家的德行、智慧的培养;后者服务于教师思想的解放、素质的全面发展、广博知识的积累、心灵的高尚、智慧的发达,更多地体现出一种以人为本的人文主义特色。这个时期自然教育家的共同的教师观是:教师应拥有渊博的知识、对学生有父母般的深切的爱、能够根据学生的年龄、能力和个性的差异,对学生因材施教。这种教师观是一种朴素的教师观,还缺乏真正的自然主义教师观的视野。

(二)客观化自然教育思想的教师观

17世纪的捷克教育家夸美纽斯是人文主义教育思想和教师观的集大成者,他对教师职业给予了高度的肯定和赞美,提出了一个激动人心的命题:"太阳底下没有比教师更优越的职业"⑤,激励了无数教师为教育事业呕心沥血,奋斗不息。他在更深的层次上,第一次从教育学的视野论述

---

① [英]威廉·哈里森·伍德沃德.文艺复兴时期教育研究[M].赵卫平,赵花兰,译.济南:山东教育出版社,2013:499.
② 吴元训,选编.中世纪教育文选[M].北京:人民教育出版社,2005:143.
③ 吴元训,选编.中世纪教育文选[M].北京:人民教育出版社,2005:130.
④ 吴元训,选编.中世纪教育文选[M].北京:人民教育出版社,2005:405.
⑤ 引自[苏联]米定斯基.世界教育史(上册)[M].叶文雄,译.北京:三联书店,1950:159.

了教师观。首先,教师应是教学活动的引导者和指导者。"我们假定教师是向导而学生是由他引路的同伴。所以,前者应当引路,即是说,指明道路,后者应当跟进。向导和他的跟随者应当走在一起。"①也就是说,教师要引导学生的学习活动,给他指引方向。其次,教师应是学生学习活动的促进者。教师应"寻找要教的内容,或者耐心地去教会学生一切可教的东西。他总想着该怎样教好,让学生愉快勤奋地吸收知识"。②因此,教师必须是学生学习和能力发展的有力促进者。再次,教师应是学生学习活动的示范者。教师应是学生各方面的榜样和典范。他"应该在衣食住行各方面都给学生树立简朴的典范,成为工作上朝气蓬勃、热爱劳动的榜样,行为方面谦虚谨慎、品性优良的模范,与人交谈时,会掌握谈话的艺术和时机。总之,要成为通晓个人和社会生活方面的道理的典范"③。第四,教师应是学生求知欲和学习兴趣的激发者。为此,教师要使教学应来得自然;诱导学生的学习兴趣;教师应和善地对待学生;教师应耐心地不断介绍一些有趣的、实际有用的内容,以此吸引学生的注意力,激发他们的兴趣。第五,教师应是理论与实践的结合者。夸美纽斯认为,理论与实践必须结合,因为"理论是必要的,它使一个人无论做什么,都不致像没有理性的人那样基于盲目的冲动去做,而是由于理解他所做的是什么。这种理解不可避免地随之带来告诫和警觉不要在工作中出错,而经常的实践最后使他不可能出错"④。因此,教师应是理论与实践结合的有力促进者。第六,教师应是教学艺术的掌握者和"深谙教学之道的人"。夸美纽斯认为,教学是一门艺术,是艺术中的艺术,因为教学对象—学生是最复杂、最神秘的人。教师只有掌握教学艺术,才能使教员和学生感受到快乐,并取得好的教学效果。他所阐明的"大教学论""就是一种把一切事物教给一切人们的全部艺术","是一种教起来准有把握,因而准有结果的艺术";"它又是一种教起来使人感到愉快的艺术"⑤,这是《大教学论》所追求的目标,也是教学艺术所要达成的目标。第七,自然适应性原则的贯彻者。夸美纽斯把自然适应性原则看作是教育的指导思想,也是教育的总原则,它像一根红线贯穿于夸美纽斯的客观化自然教育思想之中。他提出的教学原则如激发学生的主动性原则、直观性原则、启发诱导原则、因材施教原则、循序渐进原则、量力性原则等,既是他的教学经验的总结的结果,也是根据自然适应性原则演绎的结果。可见这一原则在他的教育思想中起根本的、支柱的作用。所谓自然适应性原则,指的是教育一方面要模仿自然界及其法则或"秩序";别一方面要适应儿童的自然本性。这两个方面的区别是,前者强调的是教育要适应客观的自然"秩序",后者强调的是教育要适应主观的自然"本性"。就前者而言,他认为:"秩序是把一切事物教给一切人们的主导原则,这是应当、并且只能以自然的作用

---

① [捷克]夸美纽斯.大教学论·教学法解析[M].任钟印,译.北京:人民教育出版社,2008:300.
② [捷克]夸美纽斯.夸美纽斯教育论著选[M].任钟印,选编.北京:人民教育出版社,2005:405.
③ [捷克]夸美纽斯.夸美纽斯教育论著选[M].任钟印,选编.北京:人民教育出版社,2005:338—339.
④ [捷克]夸美纽斯.大教学论·教学法解析[M].任钟印,译.北京:人民教育出版社,2008:337.
⑤ [捷克]夸美纽斯.大教学论[M].傅任敢,译.北京:教育科学出版社,1999:致意读者1.

为借鉴的。一旦这个原则彻底地被掌握以后,艺术的进行立刻便会同自然的运行一样容易,一样自然。"① 就后者而言,他强调,教师应仔细观察学生能力发展的次第,切实地了解和掌握学生的个性,并采取相应的教育措施,顺应这种次第,因材施教。无论是教育要模仿自然,还是教育要适应学生的本性,都要求教师成为有效的贯彻者。夸美纽斯认为,只有尽量使教育艺术的步骤符合自然的步骤,才能把训练才智的艺术奠定在坚实的基础上。"假如我们看见园丁、画家和建筑家步随自然的后尘得到了好结果,我们就应该明白,教育青年的教育家是应该采取同一行径的。"② 假如学生不违背自己的意志,任何学科的学习不被强迫,智性不被强迫去做违背天性发展的事情,就不会有学生的智力受到抑制,厌恶学习的情形发生。"每个人都会顺着他的自然的倾向去发展,无论他的身份如何,都会去为上帝和人类服务。"③ 因为"步随自然的后尘,我们发现教育的过程会来得容易"。④ 因此,教师的教育教学必须以自然适应性原则为指导,步骤自然的后尘,顺应学生的自然本性,唯有如此,才能取得好的教学效果。总之"教师是自然的仆人,不是自然的主人;他的使命是培植,不是改变。所以,假如他发现了某门学科与某个学生的天性不合,他决不应该强迫他去学习。"⑤

由上可知,夸美纽斯从教师应是教学活动的引导者和指导者、教师应是学生学习活动的促进者、教师应是学生学习活动的示范者、教师应是学生求知欲和学习兴趣的激发者、教师应是理论与实践的结合者、教师应是教学艺术的掌握者和"深谙教学之道的人"、自然适应性原则的贯彻者等方面论述的教师角色观,是全面、深刻而系统的。它是在继承昆体良和人文主义教育家的教师观的基础上发展而来的,又是基于当时的教师教育的现实而建构的。它不仅在当时的教育界有很大影响,为当时的教育者如何成为一个"好"教师提供了标准和范例,而且影响了后世自然教育家对教师角色观的建构,即使在今天也有许多的合理内核,值得我们关注和借鉴。

更引人注目的是,夸美纽斯在西方教育思想史上第一次系统地阐释了"自然适应性原则的贯彻者"的教师角色观,要求教师的教育教学应模仿自然的"秩序",适应儿童的自然本性,是很有道理的。因为自然界及其法则是有供人类可资借鉴之处,这使教育类比自然有其合理性;因为儿童有其区别于他人的独特的自然本性的,教育教学不能与之相违背,否则就会抑制学生智力发展,使学生感受不到学习的快乐,甚至会厌恶学习。这一教师角色的定位,不仅为当时的教师的教育教学提供了指导思想,使教师尊重儿童的自然本性,提升教育活动的效果,而且影响了后世教育家的教师观的建构,特别是影响了卢梭对"自然教育的导师"的教师角色观的论述,为它奠定了基

---

① [捷克]夸美纽斯.大教学论[M].傅任敢,译.北京:教育科学出版社,1999:65—66.
② [捷克]夸美纽斯.大教学论[M].傅任敢,译.北京:教育科学出版社,1999:76.
③ [捷克]夸美纽斯.大教学论[M].傅任敢,译.北京:教育科学出版社,1999:138.
④ [捷克]夸美纽斯.大教学论[M].傅任敢,译.北京:教育科学出版社,1999:90.
⑤ [捷克]夸美纽斯.大教学论[M].傅任敢,译.北京:教育科学出版社,1999:138.

础,提供了前提。

(三)主观化自然主义教育思想的教师观

到了18世纪,主观化自然教育思想的代表人物卢梭批判地继承了夸美纽斯的教师角色观,系统地建构了颇具自然主义特色的教师角色观。

1. 教师应是儿童善性的守护者

卢梭认为,儿童的善性是与生俱来的,是造物主所赋予的,天然地存在于儿童身上。儿童的行为,无论是破坏性的,还是建设性的,都不能用善恶的道德标准来衡量。因为儿童在"理性的睡眠"期,儿童没有善恶的观念,也不能接受抽象的观念。他们的行为是活泼好动的天性使然。因此,他明确指出:本性在童年时期的最初冲动始终是正确的,因为在儿童的心灵中没有与生俱来的邪恶,我们都能知道任何邪恶是如何进入儿童的心灵世界的。

基于上述认识,卢梭要求教师应是儿童善性的守护者,他的使命就是保护善,促进各种能力的增长。首先,应实施消极教育。所谓消极教育,是指在儿童出生至12岁这个阶段,教师不要教给儿童任何真理或道德,而是创造良好的教育环境,寓"有为"于"无为",保护儿童的善性,促进儿童的感官和善性的充分、健全的发展,防止儿童的思想产生谬误,心灵染上罪恶,引导儿童走向善好。它包含着消极的知识教育和消极的道德教育两个维度。就前者而言,消极教育的策略是:锻炼儿童的身体和感官,为儿童理智的发展奠定基础;让儿童保持其无知的状态;不要操之过急;不教而教;把时间白白地放过去。① 就后者而言,消极教育的策略是:让儿童的"心闲着不用";重要的是防范,而不是灌输;反对"口头教训",主张"从经验中学";教师要谨言慎行,以身作则;实施"自然后果法"。② 总之,不要用成规去管教儿童,要以"无为"的心态教育儿童,只有放任无为才能一切有为。这是获得成功的唯一方法,你要培养出聪明的儿童,首先必须使他活泼可爱。

其次,实施大自然的教育。因为乡村大自然清新、美丽,空气质量好,对儿童身心健康都有好处。在自然的陶冶下,儿童心情愉快,乐于接受教育。教师应遵循自然,跟着它画出的道路前进。儿童无论是想走,还是呆着不动,都应以儿童的意志为转移。我们绝不能违反大自然增强孩子的身体和使之成长的办法的,要跟随自然,精心照料儿童。在大自然的教育影响下,儿童不仅增强了体格,而且锻炼了思想,形成了对任何年龄的人来说都是必须具备的理解能力。因此,卢梭反复重申了大自然教育的重要性:"要尊重儿童,不要急于对他作出或好或坏的评判,让特异的征象经过一再地显示和确实证明之后,才对它们采取特殊的方法。让大自然先教导很长时期之后,你才去接替它的工作,以免在教法上同它相冲突。"③

---

① 刘黎明,钟昭会.卢梭的消极教育观及其当代价值新探[J].天津市教科院学报,2015(1):5—9.
② 刘黎明,钟昭会.卢梭的消极教育观及其当代价值新探[J].天津市教科院学报,2015(1):5—9.
③ [法]卢梭.爱弥儿(上)[M].李平沤,译.北京:人民教育出版社,2001:117.

2. 教师应是自然和自由教育理念的彰显者和贯彻者

自然和自由教育理念是卢梭教育思想的核心理念,在卢梭教育思想中起着支柱和灵魂的作用。因此,教师应是自然和自由教育理念的彰显者和贯彻者。首先,人为的教育和事物的教育必须服从自然的教育。在卢梭看来,我们每个人都是由三种教师培养起来的。在"自然"、"人"和"事物"这三种教师中,最要突出的是"自然"这位教师。因为自然的教育具有不可控制性,我们难以把握,事物的教育只是在有些方面才能够由我们所把握。我们所能够真正地加以控制的是人的教育。因此,人为的教育和事物的教育必须服从自然的教育,唯有如此,才能取得好的教育效果,达到自然的目标。所谓自然教育,是指"我们的才能和器官的内在的发展",即儿童与生俱来的自然本性的发展。也就是说,要让儿童根据自己的性情率性行事和发展。然而,旧的社会和制度越来越使教育远离儿童的天性,违背儿童身心发展的特点和规律。因此,自然主义教师的重要职责就是,让教育回归自然。这种"回归自然,更多是空间性的。换言之,自然不仅仅是遥远的过去,而且就是当下,就是要把自然生动地引入到当下教育的实践活动之中,以甄定当下教育实践的方向,也就是儿童发展的方向"①。教育遵循自然,就其实质就是顺应儿童发展的内在秩序,使儿童优良德行建基于自然之上,促使儿童的德行向善好方向发展。

其次,要彰显自由教育的理念。自由教育是自然教育题中应有之意,没有自由教育的保障,也就无法实现自然教育。所谓自由教育就是指人能够做自己的主人,能够自由地支配自己的意志,干自己喜欢的事情。用卢梭的话说,就是"真正自由的人,只想能够得到的东西,只做他喜欢做的事情。这是我的第一个基本原理。只要把这个原理应用于儿童,就可源源得出各种教育的原则"②。其一,要让儿童从各种束缚和偏见中解放出来,自由自在地生活。在 18 世纪,法国的儿童一生下来就受着各种束缚,收到的第一件礼物就是枷锁。他们被襁褓包裹着,限制了血液的流动、四肢的舒展和自由的活动。他们还受着各种习俗、偏见和理性教育,压抑了儿童身与心的自由发展。儿童在没有为我们的偏见所束缚的时候,他首先想到的是如何使自己生活得快乐和自由;他觉得最简朴和宽敞的衣服,最不受拘束的衣服,是最珍贵的。这表明,儿童最喜欢自由的状态,自由是儿童的本性,教师应尊重儿童的自由,多给孩子以真正的自由,让儿童多动手、多活动,不要让他们养成驾驭他人的思想。在卢梭看来,自由是儿童快乐的源泉。在儿童的自然倾向没有被偏见和人类习俗改变以前,儿童所以幸福,完全在于他们能够运用他们的自由。不过,由于受到体力柔弱的限制,儿童在童年期的这种自由不是无限制的,而是有限的。卢梭要求教师要尊重儿童的自由,其实质就是"让儿童享有充分自由活动的可能和条件,并在教学过程中采取自然的、自由的教学方法以适应儿童的身心发育水平和个体差异。在这个意义上,教育

---

① 刘铁芳.古典传统的回归与教养性教育的重建[M].北京:北京师范大学出版社,2010:71.
② [法]卢梭.爱弥儿(上)[M].李平沤,译.北京:人民教育出版社,2001:78.

中充分尊重儿童生命自然,实际上也是在开启儿童生命的自由,促进儿童生命的整体、健全、充分的发展,促进儿童自由自主人格的实现"。① 其二,让儿童生活在当下的自然状态,而不是生活在遥远的将来。他对为将来预备的教育提出了批评,认为这种教育远离和轻视儿童当下的生活状态,而去追求那遥不可及的目标,走向儿童永远也达不到的地方,只会令儿童感到痛苦和沮丧。远虑正是人类各种痛苦的真正根源,因为它使人类不停地做自己力不能及的事情,使人类常常向往自己始终达不到的地方。人的一生是短暂的,不要时刻向往那渺茫的未来,而轻视可靠的现在,否则就是发了疯! 他要求教师要珍视儿童可靠的现在,让儿童生活在当下的自然状态,因为当下的自然状态是儿童最喜欢的本真状态,能使他们体验到快乐和幸福。因为人处在自然状态之时,他的能力和欲望能保持平衡,两者的差别很小。因此,他就容易达到幸福的路程。

3. 教师应是具有"把儿童看作儿童"的儿童观的导师

儿童观是建构教育观念的源泉,它制约着教育观念的提出,有什么样的儿童观,就有什么样的教育观。在卢梭之前,由"小大人"儿童观和"神性"儿童观构成的传统儿童观总是把孩子当作大人来对待,实施过度的理性教育,压抑了儿童的个性,使他们无法感受到学习的快乐。卢梭颠覆了传统的儿童观,提出教师应具有"把儿童看作儿童"的儿童观。我在《彰显童年的价值:卢梭儿童观新探》一文中论述了它的基本内涵,即儿童是柔弱的存在;儿童是感性的存在;儿童是自然的存在;儿童是自由的存在;儿童就是儿童;儿童是教育活动中的主体;儿童期有自身的价值和发展规律。② 这种儿童观是对"儿童"概念的发现,第一次明确地提出"儿童就是儿童""应把儿童看作儿童"的儿童观;第一次意识到儿童的地位:在人生的秩序中,童年有它的地位,不能把孩子看作大人,应当把孩子看作孩子;第一次明确指出自然的本质决定了儿童在成人以前就应该像儿童的样子,因为儿童有他特有的看法、想法和感情,不能把成人的观念强加于儿童,而应尊重儿童的特性和发展的内在理路,否则就会造成年纪轻轻的博士和老气横秋的儿童。

这种"把儿童看作儿童"的儿童观客观上要求教师遵循儿童天性的发展的规律,热爱儿童,同他们一起做游戏,做他们学习的合作伙伴,培养他们可爱的本能;贯彻和实施自然和自由教育的理念,让儿童自由自在地生活,培养儿童自由和自主的人格;怜惜和关怀儿童的生命,细心地观察和照料柔弱的儿童,实施消极教育,使儿童愉快地度过他的"理智的睡眠"期;"应帮助儿童来完成他的自主建构,使儿童真正成为教育过程中的主体,引导他们自主学习,自主发展。对儿童而言,

---

① 刘铁芳.古典传统的回归与教养性教育的重建[M].北京:北京师范大学出版社,2010:81—82.
② 刘黎明,刘汝萍.彰显童年的价值:卢梭儿童观新探[J].宁波大学学报(教育科学版),2013(1):26—30.

在自主建构中,收获的不仅仅是认知的东西,还有价值观的提升、理智的挑战、精神的唤醒、主体性和独特性的张扬。"①还应珍惜童年的价值,捍卫儿童的利益,尊重儿童的权利,让儿童拥有一个喜笑颜开、心情恬静的童年。

4. 教师应是儿童学习活动的引导者和研究者

儿童的学习活动充满着问题、困惑和好奇,需要教师给予指点,加以引导,就能使儿童的学习活动朝着正确的方向发展。当儿童身体的活力极度发达的时候,精神的活力的发展就要引导。教师要明白儿童从"好动"到"好奇"的演变规律:儿童开始是好动,然后才发展为好奇,对这种好奇加以引导,就可以使好奇心成为他追求知识的内在动力。教师要做的事情是,首先,应认识到哪些倾向产生于自然,哪些倾向是偏见导致的。在教学内容上,要抛弃那些不适合于孩子天然兴趣的东西,让兴趣引导儿童的学习活动,让本能来限制儿童学习的范围,促使儿童自己去寻求知识。其次,教学要讲究趣味性。"有多么多有趣的东西可以供我们用来引导一个学生的好奇心,而且在这样做的时候,既不离开他所能理解的实际的物质关系,也不使他心中产生一个他弄不清楚的观念!教师的艺术是,绝不要让学生把注意力放在那些无关紧要的琐碎的事情上,而要不断地使他接触他将来必须知道的重大关系,以便使他能够正确地判断人类社会中的善恶。"②再次,当教师看到儿童的好奇心已充分地调动起来了的时候,就可以实施问题教学,向儿童提出若干个问题,引导儿童解答自己心中的困惑,满足他的好奇心。

要使教师成为一个合格的引导者,前提是教师必须是研究者。首先,教师应具有广博的知识视野,受过高深的教育。卢梭认定教师必须受过教育,才能指导和教育好他的学生;必须受了多层次的教育,才能担当起教育儿童并使他健康成长的使命。不能把儿童交给一个连自身都没有受过良好教育的人,因为这样的人不能教育好儿童。其次,教师要精通业务。具体表现在已经具备教师职业所必需的知识;了解人心的自然进程和儿童的年龄特征;知道如何研究人类和单独的个人;能够提供适合学生年龄的有趣的东西,知道所教学生的爱好和偏向。总之,教师必须精通业务。再次,教师必须善于观察和研究,具有研究的素质和能力。既要能善于观察和研究儿童,又要对所教学科有精深的研究。就前者而言,教师要研究儿童发展的内在特性和内在理路,因为"儿童是有他特有的看法、想法和感情",教师不能以自己的看法、想法和感情去取而代之,否则就会出现不良的后果。每一个儿童心灵有它特有的形式,教育必须根据这种特有形式,而不是根据其他的形式去教育和指导他;唯有如此,才能使教育者在他身上所花费的苦心取得成效。也就是说,要研究儿童的个性,才能因材施教,取得好的教学效果。他告诫教师要多多地探索大自然,对儿童说的第一句话必须建立在对儿童充分了解和研究的基础上,只有当儿童性格的种子自由自

---

① 刘黎明,刘汝萍.彰显童年的价值:卢梭儿童观新探[J].宁波大学学报(教育科学版),2013(1):26—30.
② [法]卢梭.爱弥儿(上)[M].李平沤,译.北京:人民教育出版社,2001:254.

在地表现出来,没有受到任何束缚的时候,才能对儿童的性格给予全面的详详细细的观察。就后者而言,教师必须有通识教育的能力,对地理学、物理学、化学、宇宙学、博物学等都有相当的熟悉和精深的研究,还要具有这些学科教育的实践智慧,能够引导学生通过活动、游戏、感觉事物而研究性学习,能够指导学生以世界为唯一的书本,以事实为唯一的教训。总之,唯有通过对儿童和学科等的细心观察和研究,教师才能很好地引领儿童的发展,才能使他进入了发展其爱好和才能的境地,促进其天性达到全面发展的目标。

5. 教师应是儿童智慧发展的启迪者和促进者

儿童智慧的发展是卢梭极其关注的一个重要问题,他对儿童好奇心和求知欲的高度重视,对儿童独立思考的重要性的深刻阐释,对儿童判断力培养的精辟论述,无不体现了这一点。他心目中理想的教师就是儿童智慧发展的启迪者和促进者。首先,教师能够精心选择那些真正有益于儿童幸福和能使儿童变得聪明的知识供儿童学习。尽管这类知识为数不多,但值得儿童去追寻。因为我们教育目标是培养聪明的人。因而,学到什么样的知识并不重要,重要的是所学的知识要有用处。因此,真正好的办法是:要对儿童周遭的事物加以选择,精心选择那些儿童能够理解的东西,而把他不应该知道的事物都藏起来,这样,就可以让他获得他一生的行为所需要的各种各样有用的知识,为青年时期的教育奠基。尽管这个办法不能培养天才,但它能培养有性格、有判断力、身心都健康的儿童。

其次,启发儿童积极思维,养成自主学习,独立思考的习惯。为了培养儿童的好奇心,教师不要急急忙忙地使他的好奇心得到满足,而应该提出一些他能理解的问题,让他主动去寻求这些问题的答案。教师在教学中必须善于用重要的问题"启发你在他心灵中所培养的思想",巧妙地使儿童产生学习的欲望。要做到:要让儿童自己去理解各种知识,而不是你的告诉而知道知识。不要教他这样那样的学问,而要由他自己去发现那些学问。你不能用你的权威代替儿童的理智,否则,他自己就不去独立思考,不再运用他的理智,而听从和囿于别人的见解。教师要讲究提问艺术,"你问他的问题不应当太多,而应当经过慎重的选择;由于他向你提出的问题比你向他提出的问题多得多,所以你被他问着的时候总是比较少的,而更多的时候是你问他:'你问这个问题有什么用呢?'"①卢梭在提问艺术运用的经验是:只要我们向儿童提的问题本身"很有意思"、"很新鲜",也是为儿童的能力所能够理解的,就能引起他的好奇心,引起他的疑惑,激发他探究知识的动力。

再次,教给儿童研讨学问的工具,使他自己去发现真理。在卢梭的视野中,方法、工具胜于知识和学问本身。因此,对于教师而言,重要的是,让学生掌握研讨学问的工具和方法,能够在自己需要知识的时候,懂得如何去获得知识和发现真理,教他爱真理胜于一切,而不是教给他各种各

---

① [法]卢梭.爱弥儿(上)[M].李平沤,译.北京:人民教育出版社,2001:237.

样的知识和学问；重要的是，培养儿童喜欢和爱好学问的兴趣，而且在这种学术兴趣充分被激发之时，再教给儿童如何研究学问的理路和方法。卢梭断言：毫无疑问，这是判断所有一切教育是否良好的一个基本原则。

所有以上措施都是为了培养学生的判断力，增进学生的智慧。因为判断力是智慧的表现，是我们所有的理解或观念产生的本原。由于正确的判断在于有可靠的依据，在于能对别人所说的事情分辨出何处是真何处是假，所以教师要用它来训练学生掌握这个判断事物的精义。

6. 教师应是儿童生活和学习的榜样

榜样是儿童生活和学习的动力。卢梭十分看重榜样在儿童生活和学习中的作用，要求教师做一个值得推崇的模范。首先，教师本人应当是做父亲的或者是更有教养的人。教师的职业是高尚的职业，因为教师既不做一个可以出卖的人，又不是为金钱而从事这个职业。他还把教给孩子如何做人的老师不称为教师而称之为导师。因为重要的是指导儿童如何做人，而不是拿什么东西去教孩子。导师的责任不是教给儿童行为的准绳，而是如何引导儿童去发现这些准绳。其次，教师要严格地管束自己，把自己造就成一个人，必须是一个值得推崇的模范。卢梭要求教师做到："当孩子处在无知无识的时候，你尽可从容地进行一切准备，以便让他最初看到的都是适合他看的东西。你必须使自己受到人人的尊敬，你必须从使别人爱你着手做起，才能使每一个人处处想满足你的心意。如果你不能控制孩子周围的人，你就不能做孩子的老师；这种权威，如果不以别人尊敬你的道德为基础，就永远不能充分地行使。"①再次，教师要为儿童树立行为的榜样，并使这种榜样刻画在他们记忆里，深入他们的心灵深处。他要求教师在任何事情上，对儿童的教育行动多于口训。因为儿童容易记住自己所做的和别人替他们做的事情，而容易忘记他们自己说的和别人对他们说的话。他告诫教师："大自然把这个世界造成人类的第一天堂，你在这个世界上要当心，不要在教天真无邪的孩子分辨善恶的时候，自己就充当了引诱的魔鬼。你既然不能防止一个孩子在外面学别人的样子，所以就必须集中精力把那些样子按适合于孩子的形象印在他们的心中。"②

7. 教师应是儿童寻求快乐的"知心人和决定人"

卢梭认为，快乐是学习活动的动力之所在，教师的一个重要使命就是让儿童享受到快乐。然而当时教师的教育让儿童学习枯燥的功课，接受啰唆的教训和进行无休无止的问答，导致学生心情忧郁和颓丧，对学习感到极其厌恶和疲惫。"在这种情况下，他们怎能不拒绝把他们的心思用去思考你们压在他们身上的那一堆教条，怎能不拒绝把他们的心思用去思考他们的创造者，何况你们还把他们的创造者说成是他们的欢乐的敌人呢？"③教育的艺术就是让儿童喜欢你所教的内

---

① ［法］卢梭.爱弥儿(上)[M].李平沤,译.北京：人民教育出版社,2001：96—97.
② ［法］卢梭.爱弥儿(上)[M].李平沤,译.北京：人民教育出版社,2001：99.
③ ［法］卢梭.爱弥儿(下)[M].李平沤,译.北京：人民教育出版社,2001：464.

容,让他对所教的内容产生兴趣,发生热爱。因为儿童有活泼的性情和模仿心,它们为这种教育艺术的成功运用提供了前提和基础。特别是他们有快乐的天性,足以支撑这一做法,所以对实施这一艺术是很有把握的。他要求教师要热爱儿童,和儿童一起玩耍,做游戏,使儿童从中获得快乐,培养他们可爱的本能。卢梭对自己帮助爱弥儿寻求快乐深有体会:想方设法获得儿童对自己的信任,以便成为儿童在寻求快乐中的知心人和决定人。尊重、熟悉童年期儿童自然倾向的发展情况,以便加以控制,而不是打击它们。"我要了解他的观点,才能对他进行指导;我决不牺牲他现在的快乐去寻求什么遥远的幸福。我不希望他有一时的快乐,但是如果可能的话,我希望他有永久的快乐。"①

8. 教师应是充满爱心的良好师生关系的建构者

卢梭认定,良好的师生关系是教育取得成功的前提和保障。这种师生关系意味着师生之间能融洽相处,彼此信任和尊敬,能把师生各自的命运始终作为他们之间共同的目标,使彼此间不分离。这种师生关系离不开教师的建构。首先,教师要取得学生的信任。这种信任包括学生对老师知识渊博、理智的判断和能理解他的长处的信任。由于儿童与教师长期的和谐相处,儿童能从长期的经验中深深相信教师很爱他的,是一个聪明有识的人,能够为他的幸福着想,并且知道怎样为他谋求幸福的。只有相互信任,彼此尊重,互相爱护,才会使彼此间变得十分亲热。其次,教师必须牺牲自己的时间、心血、爱甚至自己本身,必须以仁爱之心对待儿童,因为慈善的行为比金钱更能解除别人的痛苦。这种爱不是单方面的,而是双向的。"你爱别人,别人就会爱你;你帮助别人,别人就会帮助你;你待他情同手足,他对你就会亲如父子。"②总之,彼此间的关心和善意,比任何礼物都能产生更多的实际利益和效果。再次,教师应成为孩子的伙伴,像孩子一样与他和谐相处。卢梭希望教育孩子的老师最好是年轻的聪慧的人,甚至他本人就是一个孩子,能够成为儿童的伙伴,协助儿童获得知识、发展智慧,获得身心的全面发展。能够分享彼此间的欢乐,并在这一过程中赢得儿童的信任。尤其是在儿童不懂人情世故的时候,我们不能把他当成人来培养,为了获得儿童的信任,取得教育的实效,教师的一举一动都必须宛如孩子。

综上所述,卢梭从教师应是儿童善性的守护者、教师应是自然和自由教育理念的彰显者和贯彻者、教师应是具有"把儿童看作儿童"的儿童观的生命导师、教师应是儿童学习活动的引导者和研究者、教师应是儿童智慧发展的启迪者和促进者、教师应是儿童生活和学习的榜样、教师应是儿童寻求快乐的"知心人和决定人"、教师应是充满爱心的良好师生关系的建构者的角度论述的教师角色观是深刻而系统的,颇具自然主义特色,充分彰显了自然和自由教育的理念,充分体现了教师对儿童的热爱。它对教师提出了很高的要求,即教师应是儿童善性的守护者、具有"把儿童看作儿童"的儿童观、儿童学习活动的引导者和研究者、儿童智慧发展的启迪者和促进者、儿童

---

① [法]卢梭.爱弥儿(下)[M].李平沤,译.北京:人民教育出版社,2001:482.
② [法]卢梭.爱弥儿(上)[M].李平沤,译.北京:人民教育出版社,2001:97.

生活和学习的榜样、儿童寻求快乐的"知心人和决定人"、充满爱心的良好师生关系的建构者。在这样的教师观的影响之下,学生就会培养成为既具有农夫的身手,又具有哲学家的头脑;既能行动又能思考;富于感情和理智,判断力很强;心地仁慈而善良,身心和谐发展的人。很显然,这种自然主义教师角色观包含了很多真理性的颗粒,不仅在当时的教育界是新颖的,具有振聋发聩的影响和意义,而且在今天仍然具有启示价值,值得我们教师教育研究者和实践者去继承和发扬。

(四)心理化自然教育家的教师观

在19世纪,科学技术有了长足的进步,儿童心理学和教育心理学得到了初步的发展,"教育要心理学化"成为时代的最强音。心理化自然教育家开始关注心理学,并以极大的热情投入到心理学的研究中,进而力图使教育学与心理学联姻。与此相联系,心理化自然教育家裴斯泰洛齐、赫尔巴特、第斯多惠、福禄培尔、斯宾塞把心理学的原理引入到教师观的建构中,要求教师懂得心理学,并能使之运用到教育教学之中,从而形成了颇有心理学化特色的教师角色观。

1. 教师应是对学生充满热爱的人

心理化自然教育家继承了以往教育家热爱学生的传统,并在更深层次上论述了这个传统,从而推进了这个传统的进一步发展。瑞士教育家裴斯泰洛齐首先论述了爱的重要价值。他认为,信任、爱、自由和欢乐是生活的基础,教育作用的发挥要以它们为基础,缺乏它们,就会导致不良的后果:学生会精神不振,心肠变硬。"爱是认识和行为集中的神圣的中心。通过这个中心,它们才真正成为人性的力量,即真正的人的力量。"①在谈及乡村教师的素养时,指出:"如果教师富有仁爱、智慧和纯朴精神;能胜任工作,得到青年和老人的信任,把爱秩序和克己看得比实际知识和学问更高尚、更重要;具有透彻的洞察力,能看到孩子将来可能发展成什么样的人,并以此为目标来指导教育工作,这样的教师就会成为这个村庄的名副其实的父亲。"②可见,爱对于教师的工作是多么的重要!"毫无疑问,在我们天生的全部爱中,最接近真正人性的爱不仅局限于已逝去的事物,而且能激发人的感情,在人的心中萌发出对一切美好事物的崇高热情!应该给这种爱以最强烈的激励;这一思想对道德教育具有最重要的意义,应该成为全部教育学构想的基础。"③据此,他要求教师能胜任工作,能够以生活的智慧的洞察力和爱来指导、教育孩子,培养他们成为朝气蓬勃、训练有素的成员。如果教师给予学生以真诚的爱,同时也获得了学生的信任,就会使学生亲其师、信其道,教学的所有问题都会迎刃而解。他不仅在理论上要求教师热爱学生,而且在实践中身体力行,给予儿童以深切的爱,他的教学原则的精髓就是爱。德国教育家赫尔巴特认为,"教育艺术使儿童的心灵从平静状态中激动起来,给它以信任与爱,使它能随意地被控制与激发起来"。④ 第

---

① [瑞士]阿图尔·布律迈尔.裴斯泰洛齐选集(第二卷)[M].尹德新,组译.北京:教育科学出版社,1994:206.
② [瑞士]裴斯泰洛齐.裴斯泰洛齐教育论著选[M].夏之莲,等译.北京:人民教育出版社,2001:322.
③ [瑞士]阿图尔·布律迈尔.裴斯泰洛齐选集(第二卷)[M].尹德新,组译.北京:教育科学出版社,1994:254.
④ [德]赫尔巴特.赫尔巴特文集(教育学卷一)[M].杭州:浙江教育出版社,2002:34.

斯多惠把儿童看成是"上帝和人的宠儿"、"尘世和天堂乐园的继承人",要求教师"应当用爱来接待他们,用理性来指导他们,用聪明才智来教育培养他们,'蒙以养正',你们应当孜孜不倦地、耐心地、手把手地引导他们,你们应当好好鼓励他们,启发与活跃他们幼稚的思想"①。他认为,"教师只有热爱学生,精心培养学生,教学才会成功,能有什么比得到一些判断力和实际知识更有价值呢——这时教师又会感受到教学的幸福"②。这也就是说,热爱学生,成功教学,是教师个人幸福的源泉。他强调,真正的永不消失的教学热情必须建立在对教师职业的热爱上,而对教师职业的热爱又必须是基于对发展儿童世界的热爱上。

2. 教师应是儿童善性的守护者

裴斯泰洛齐坚信人的本性是善的。人如果有了善性,做事的时候是愉悦的;如果他不善,那准是向善的道路被人堵塞了。同样,儿童的本性也是善的,而且乐意接受善的东西。不过,他向善是指向自己,而不是老师和教育者。这要求后者的情绪和激情不能随心所欲,引导儿童向善的行为本身必须是善的,而且要让儿童相信是善的。儿童善性的重要性在于,它是教育的基础,也是儿童所有才智发展的基础。教师必须是儿童善性的守护者。"教育人发展这种纯朴的、天真无邪的知觉,就要像父亲关心他的孩子成长一样。父亲需要注意,无瑕的心灵和素质应保护和引导他的孩子发展智力。"③如果教师有与人为善的情感,就会使自己的内心深处变得高尚,反之,如果教师缺乏善意,就会从内心深处感到人格丧失。前者有益于教育;后者有害于教育。因此,他把善良的本性看作是施加人为影响最重要的基础。教师对儿童施加影响,进行人为的教育,应牢记在任何情况下都必须服从孩子的本性。"人为影响和本性之间的关系犹如一座房子和岩石地基之间的关系:只要这座房子和岩石地基结合成一体,还可盖几间厢房;但是一旦这座房子和岩石地基结合部出现了裂缝,这幢房子终有一天会倒塌,变成断墙残垣。"④因此,教师应根据儿童本性的差异,施加不同的影响,促进儿童各自本性的最大程度的发展。人的全部教育就是促进儿童的自然本性遵循它固有的方式发展的艺术。第斯多惠认为教育的出发点是遵循儿童的本性,因为在教育中教师是跟儿童打交道,因此一切教育应按照儿童的本性来进行。他强调任何教学的首要的最高的规律,就是教育要符合儿童的本性及其发展的规律。所以,教育者要倾听和遵从自然的声音,按照自然的声音教育儿童。"只有跟自然联盟,才能得到幸福并且造福别人。不信任人的天性,就不可能有适应自然的、成功的教育。"⑤福禄培尔也要求教师要顺应儿童的天性施教。因为只有对儿童和儿童的本性有充足、透彻的认识,并基于

---

① [德]第斯多惠.德国教师培养指南[M].袁一安,译.北京:人民教育出版社,2001:22.
② [德]第斯多惠.德国教师培养指南[M].袁一安,译.北京:人民教育出版社,2001:111.
③ [瑞士]阿图尔·布律迈尔.裴斯泰洛齐选集(第一卷)[M].尹德新,组译.北京:教育科学出版社,1994:196.
④ [瑞士]阿图尔·布律迈尔.裴斯泰洛齐选集(第一卷)[M].尹德新,组译.北京:教育科学出版社,1994:340.
⑤ 张焕庭主编.西方资产阶级教育论著选[M].北京:人民教育出版社,1979:352.

这种认为,勤于探索,才能使真正的教育开花结果,欣欣向荣。儿童的四种本能(即认识本能、活动本能、艺术本能、宗教本能)是教育的基础,教育只有建基于这四种本能之上,才能取得教育的实效。

3. 教师应懂心理学,是善于观察和了解儿童的心理活动的专家

裴斯泰洛齐深信,儿童开始有意识地接受各种事物的感觉印象时,就需要有心理学的参与和训练。"培养智力和技能需要有适合于人类本性的、符合心理学规律的一套循序渐进的方法。"在他看来,以心理学为基础来探索儿童的能力和才华的发展,是探索有效教学方法最基本的起点。因此,他十分注意按照心理学的方式发展和培养儿童的行为能力,也必须十分注意通过心理训练来发展儿童的认识能力。赫尔巴特明确提出心理学是教育学的理论基础之一,教育的手段、途径依赖于它的说明。他指出当时教育领域的薄弱环节、不健康的漏洞就是缺乏心理学造成的:"人们不懂得合理利用知识财富为人类造福,不能获得哲学修养、心理学上的观察、对人类尤其是对青年人性情的了解以及仅仅通过练习即可获得的技巧以及理性支持下的顽强毅力。所有这些都是成功开展教学和教育所不可缺少。"①他用20年的时间通过自我观察、经验总结和教育实验,致力于心理学的研究,我力图使之与教育学联姻。心理学对于教育者来讲,是非常重要的学科,因为"教育者的第一门科学——虽然远非其科学的全部——也许就是心理学。应当说是心理学首先论述了人类活动的全部可能性。我相信认识这样一门科学的可能性与困难:我们了解它需要很长时间;我们要求教育者了解它,将需要更长的时间"。② 第斯多惠要求教师具有顽强不屈的意志和坚定的性格特征。"因为教师是学生的直接榜样,教师的言行直接对学生产生影响,只有那些具备这一心理素质的教师,才有可能培养出具备这一素质的学生。"③福禄培尔对儿童的身心发展的阶段性和连续性展开了研究,认为尽管儿童的身心发展可以分为婴儿期、儿童早期、儿童期和学生期四个时期,但他强调四个时期具有内在的关联性和连续性,不能孤立地看待各个发展阶段。如果教师不注意四个阶段的内在的活生生的联系、持续的发展、内部生长发展的实质,那么,无论是对教学,还是学生的发展,都是有害的,甚至会产生破坏性的影响。因此他要求教师用动态的和整体的眼光去看待儿童身心发展的阶段性和连续性,及时根据儿童的心理变化调整教学的策略。斯宾塞认为,儿童心理的了解和观察是教学成功的重要保障;心理因素的存在彰显着现代教育的进步。"对于教育来说,了解孩子每个阶段的心理特点及其变化规律、应对方法,就像了解一部机器的内部构造一样重要。孩子不同阶段的心理特点及其形成原因,它们的各种诱导方法和结果,哪些行为仅仅是来自心理而不是理智、道德和情感,哪些心理导致积极的行为,而另外

---

① [德]赫尔巴特.赫尔巴特文集(教育学卷三)[M].杭州:浙江教育出版社,2002:256.
② [德]赫尔巴特.普通教育学·教育学讲授纲要[M].李其龙,译.杭州:浙江教育出版社,2002:12.
③ 高觉敷,叶浩生.西方教育心理学发展史[M].福州:福建教育出版社,2005:46.

一些心理导致消极的行为等等,都是教育者应该研究的问题。承认心理因素的存在,是现代教育的重大进步。"①除此之外,心理化自然教育家们还要求把"教育要心理学化"的思想渗透到教学领域的各个方面,以实现教学管理心理学化、教学目的心理学化、教学过程心理学化、教学原则心理学化、教学程序和方法心理学化。

4. 教师应是学生的兴趣和主动性的激发者

裴斯泰洛齐认为,教师和受教育者之间如果能产生共鸣,就能激发学生的学习兴趣。因为教师本身的兴趣与教师在学生身上唤起的兴趣之间,是一种相互作用、相互制约的关系。如果教师对自己的课不聚精会神、全神贯注,不关心自己所教的内容是否为学生所理解,不关心所使用的教学方法学生是否喜欢,对人们是否喜欢他的举止持漠不关心的态度,那么教师的教学就不会成功,必定会疏远学生对他的爱戴之情,必定会导致学生对他所讲的一切抱漠不关心的态度。"而对教学任务的真正兴趣,亲切的话语,美好的思想、和善的面部表情和炯炯有神的目光,所有这一切永远会对孩子们有影响。"②因此,裴斯泰洛齐要求教师:提更多的问题唤起学生求学的动力,用范例引起学生的共鸣,通过解释使学生活跃起来,以和蔼可亲的态度来增强学生的学习兴趣。赫尔巴特也较为深刻地阐释了激发学生主动性的问题,认定兴趣本身就是主动性,由于兴趣是多方面的,因此教学也要激发学生多方面的主动性。教师的作用在于,以经验、思想和见解对学生施加积极影响,以唤醒学生内在的生命力。并不是学生所有的自我主动性都能产生积极的影响,只有正确的、恰到好处的自我主动性才是可取的,才有利于教学。否则,就有可能使学生放任自流和难以管束,那就丧失了教育的可能性。这种分析显示了自我主动性的辩证作用。教师在激发学生主动性时不要偏离教导工作的目的,这就是在正确的道路上指导儿童的思想与努力。因此,"教师应主要是想方设法唤起各种各样的力量,用推动思考力的方法,用赋予思考力以活跃、敏捷、持续和多样性想象的方法,来充实外部世界的创造性作用"③。这对教师提出了很高的要求:教师必须是真正的教育家,这意味着,他们首先应感觉到自己有浓厚的多方面均衡的兴趣,并能够把它渗透到教学之中,构成教学的重要目标。从这里,我们不难发现,赫尔巴特是关注学生的主动性的,那种认为赫尔巴特忽视了学生主动性的观点是站不住脚的。第斯多惠也很重视学生的主动性。他认为,课堂教学艺术不是传授艺术,而是激发、启发和活跃。前提是教师必须有激发性和主动性,缺乏这些,就无法唤醒和活跃学生。"没有兴奋的情绪怎么能激励人,没有主动性怎么能唤醒沉睡的人,没有生气勃勃的精神怎么能鼓舞人呢?"④只有生命才能创造生命。有经验的教师他往往能了解学生心理特点和思想观点的基础

---

① [英]斯宾塞.斯宾塞的快乐教育[M].颜真,译.福州:海峡文艺出版社,2002:241.
② [瑞士]阿图尔·布律迈尔.裴斯泰洛齐选集(第二卷)[M].尹德新,组译.北京:教育科学出版社,1994:285.
③ [德]赫尔巴特.赫尔巴特文集·教育学卷二[M].杭州:浙江教育出版社,2002:25.
④ 张焕庭主编.西方资产阶级教育论著选[M].北京:人民教育出版社,1979:387.

上,针对学生的差异向学生提出不同的问题,"提问的深浅恰恰符合学生的实际水平,造成生动活泼的课堂教学,积极唤起学生的主动性,因势利导,启发学生主动发现问题,让学生在学习中产生新思想,获得新知识"。① 他强调,有活泼的教师才有活泼的学生。教师必须通过启发学生,引导学生进入与其年龄和天性相符合的主动性阶段,以便达到使学生彻底地认识事物本质的教学目的。

5. 教师应是研究者

心理化自然教育家认为,教师应是研究者,既要研究儿童,又要研究与儿童发展相关联的学科和环境。就前者而言,应研究清楚"孩子具备哪方面的能力、孩子作为一个被创造出来的并负有责任的生命,应承担什么使命。哪些是孩子的符合理性和道德的天性,又应使用什么样的手段来完善这些天性,人作为造物主的最高努力目标,上天给他规定了什么目的"②。就后者而言,教师作为研究者,应经常"问问自己:'首先在孩子本身有着什么,其次是他的环境和条件又强加给她些什么东西,而这些东西又正是本性要在人类教育上的运用,是我们可以从中学到教育的原则'"③。每个教师还必须研究普通学科和教师进修的材料。"要善于独立思考,要理解个别真理与真理总和的关系,并且深入进一步研究这种关系与思维之间的联系。所有这一切是彻底识别知识、理解知识的必要前提。"④研究会给教师带来快乐和幸福。

6. 教师应是终身的自我教育者

第斯多惠对这一教师角色观作了系统的探讨。他认为,终身的自我教育对教师而言有重要价值。首先,终身的自我教育是教师崇高而伟大的神圣任务。没有一种目的比整个人类和教师的自我培养与自我完善的目的更为崇高了。因此教师"必须在自己的工作岗位上努力促进真正的文化教育事业,进行终身自我教育,这对教师来说是一种义不容辞的神圣职责。在现实生活中没有什么会超越这种神圣的职责。热爱教育事业就得鼓励人们进行自我教育"⑤。其次,终身的自我教育既是自我完善的需要,也是教育别人的需要。"教师不但本身要进行自我教育,同时还要教育别人。教师应当以教育事业为终身职业,自我教育也是终身教育。因此意义更为深远。教师要别人获取真正的生活,就得发动别人去追求真、善、美,最大限度地发挥他们的天资和智力。认识了这一崇高的任务,教师就得首先开始自我修养。"⑥如果教师不能自我发展、自我培养和自我教育,他就同样不能发展、培养和教育学生;教师的自我教育诚心诚意了,才能诚心诚意

---

① [德]第斯多惠.德国教师培养指南[M].袁一安,译.北京:人民教育出版社,2001:128.
② [瑞士]阿图尔·布律迈尔.裴斯泰洛齐选集(第二卷)[C].北京:教育科学出版社,1994:267.
③ [英]伊里莎白·劳伦斯.现代教育的起源和发展[M].北京:北京语言学院出版社,1992:166.
④ [德]第斯多惠.德国教师培养指南[M].袁一安,译.北京:人民教育出版社,2001:39.
⑤ [德]第斯多惠.德国教师培养指南[M].袁一安,译.北京:人民教育出版社,2001:25—26.
⑥ [德]第斯多惠.德国教师培养指南[M].袁一安,译.北京:人民教育出版社,2001:24.

教育学生。他要求教师必须"言行一致,身体力行,不但要倾听真理,学习真理,而且更重要的是把自己内心拥护的真理和自己的实际生活、思想与意志紧密地联系起来,融为一体,这是教师的自我完善。做不到这一点,就不可能做一个有思想有抱负的真正的人"①。最后,他希望教育家活到老学到老,不断地学习、进修和提高,随时把自己有限的知识教给不同的人,应用于不同的时间和地点。为了避免自己停滞不前,他必须根据社会和职业的要求随时更新和补充自己的知识。

7. 教师应是儿童健康心理的培育者

斯宾塞认为,健康的心理对儿童来说至关重要,在儿童的学习和生活中:"乐观的心理总会带来快乐明亮的结果,而悲观的心理则会使一切变得灰暗。不仅如此,这对他以后的生活也有很大影响。"②为了增进儿童的心理健康发展,斯宾塞建议教师:(1)让儿童乐观地面对生活,以积极的态度、积极的心理去面对周遭的一切;(2)肯定和赞赏儿童,给儿童以自信心,因为"自信是生命中积极、肯定的力量,正如乐观的心理一样。它是早晨露珠中闪亮的光泽,它是雨后树叶上动人的绿色,它是生命中没有尘埃的宝石,是每一个孩子走向成熟和成功的源泉"③。(3)让孩子懂得珍爱自己;(4)让勇气带给儿童以希望,以积极和投入的心态面对问题,"当一个人不断地从心理上暗示自己时,他的反应能力、兴奋程度和判断力、想象力、记忆力都大大提高,从而有助于他解决所面临的问题"④。

(五)生长论自然教育思想的教师观

到了19世纪末20世纪初,美国教育家杜威在生长论自然教育思想的视野中阐释了教师观。生长论自然教育思想的核心就是促进儿童的身体、习惯、兴趣、冲动、本能、情绪、情感、道德等方面的全面生长,尤其是本能的生长。杜威对教师观的论述就是以此为依据的,他要求教师要懂得教育即生长、教育即生活、教育即经验的改造的内涵和精髓,并贯彻到教育教学之中,由此形成了生长论自然主义特色的教师观。

首先,教师是领导者。杜威从三个方面论述了教师是领导者的教师角色观。其一,教师应拥有渊博的知识视野和精通教材。"他的知识必须比教科书上的原理,或任何固定的教学计划更为广博。教师必须触类旁通,才能应付意想不到的问题或偶发事件。他还必须对所教的学科具有真正的热诚,并把这种热诚富有感染力地传导给学生。"⑤"如果教师预先不掌握教材,如果不精通教材,可以无须思考而运用教材,那么,他就不能自由地用全部的时间和注意力去观察和解释学生的智力反应。"⑥作为领导者,教师依靠的是其广博、深刻的知识和成熟的学识经验,而不是其职

---

① [德]第斯多惠.德国教师培养指南[M].袁一安,译.北京:人民教育出版社,2001:24.
② [英]斯宾塞.斯宾塞的快乐教育[M].颜真,译.福州:海峡文艺出版社,2002:243.
③ [英]斯宾塞.斯宾塞的快乐教育[M].颜真,译.福州:海峡文艺出版社,2002:243.
④ [英]斯宾塞.斯宾塞的快乐教育[M].颜真,译.福州:海峡文艺出版社,2002:248.
⑤ 吕达,刘立德,邹海燕.杜威教育文集(第5卷)[M].北京:人民教育出版社,2008:260.
⑥ 吕达,刘立德,邹海燕.杜威教育文集(第5卷)[M].北京:人民教育出版社,2008:260.

位,更不是传统教育中的"统治者"。其二,教师必须掌握教育技术性知识,包括心理学、教育史和各科教学法。教师"能凭借这类知识观察学生的反应,迅速而准确地解释学生的言行,否则,学生的反应,可能察觉不出来;另一理由是,这些知识是别人用过又有成效的方法,在需要的时候,他就能够凭借这些知识给儿童以适当的指导"。① 其三,教师还需对所教学科有特殊的准备。如在上课之前要考虑种种问题:学生已有经验和知识有哪些可以利用?如何加强学生的新旧知识的关联?如何激发学生的学习动机?如何讲清楚教材并使学生牢记教材?怎样使所讲课题个别化,适应每个学生的特殊需要和个别爱好? 等。

其次,教师应是学生各方面发展的引导者和指导者。教师作为引导者和指导者的角色所发挥的作用是多方面的,其一,教师引导学生主动地探究知识,解决问题。杜威认为,提问艺术就是一种指导学生学习的艺术,"即向学生提问,指导他们的探究和养成他们独立探索的习惯;就是说,通过观察和回忆有关的教材而进行探究,以及通过推理,求得现有材料的意义而进行探究。"② 也就是说,教师的责任,就是要指导学生的各种探究活动,使他们主动地解决问题。"教师的作用始终在于帮助儿童,而且通过指导和预见,排除情境中如寻找材料和太细致的准备工作等过分困难的因素。"③其二,引导学生人格的发展。教师要成为学生人格发展的领袖,这意味着教师不仅要教给学生学问,还要研究学生的个性,促进学生人格的发展,教会学生怎样生活。因为"今日的教育为国民教育,学识固应灌输,个格更须注意。人格优长,学识浅薄,其害小;学识优长,人格卑劣,其害大"④。其三,指导学生的思想,使他养成符合社会需要的新习惯。"引导本能,一定要拿有益的知识,活用的知识来训练他,养成他有益于社会的行为,有益于社会的品行。"⑤总之,由于儿童的品行习惯没有定型,"导善则善,导恶则恶,启导之责,全在教师"⑥。

再次,教师应是学生好奇心、主动性的激发者。学生学习的主动性和积极性来自学生内部的本能、好奇心和兴趣,"儿童自己的本能和能力为一切教育提供了素材,并指出了起点"⑦。儿童本能和能力的刺激引发了真正有意义的教育活动。正是在这种意义上,教师应是学生好奇心、主动性的激发者。其一,要激发学生的好奇心,引导学生主动探究知识。教师的重要任务就是为儿童提供材料和条件,把儿童的好奇心引导到主动探究上,这种探究是有目的、能产生结果和增长知识的,通过这种探究形成一种既向人求教,也向书本求教的能力。"当儿童的好奇心已形成了求知的欲望时,教师必须知道如何传授知识;当儿童缺乏询问的态度,把学习看做负担,探索精神大

---

① 吕达,刘立德,邹海燕.杜威教育文集(第5卷)[M].北京:人民教育出版社,2008:260.
② 吕达,刘立德,邹海燕.杜威教育文集(第5卷)[M].北京:人民教育出版社,2008:253.
③ [美]凯瑟琳·坎普·梅休,等.杜威学校[M].王承绪,等译.北京:教育科学出版社,2007:76.
④ 吕达,刘立德,邹海燕.杜威教育文集(第4卷)[M].北京:人民教育出版社,2008:293—294.
⑤ 吕达,刘立德,邹海燕.杜威教育文集(第4卷)[M].北京:人民教育出版社,2008:408.
⑥ 吕达,刘立德,邹海燕.杜威教育文集(第4卷)[M].北京:人民教育出版社,2008:204.
⑦ 吕达,刘立德,邹海燕.杜威教育文集(第1卷)[M].北京:人民教育出版社,2008:05.

为减弱时,教师必须知道如何停止传授预定的知识。"①总之,教师要利用学生的好奇心,养成寻问意识,促使儿童主动求知,发展理智。其二,激发学生的兴趣,提起学生求学的兴味。兴趣是学生学习的内在动力,因此,教师必须激发学生的兴趣,以提起学生求学的兴味。之所以要如此,是因为"教师授课,倘若与儿童天然兴趣相背谬的时候,必定很觉吃力。倘若与儿童天性生出通力合作的关系,那么,儿童就发生固有的自动,在教师教授方面,就觉得容易多了"②。杜威强调,作为智识的领袖,教师不仅要教给学生智识和学问,还要提起学生求学的兴味,发挥学生的主体性。其三,向学生提出问题,形成学生的问题意识,解决问题。"教师的工作就是向儿童提出问题,然后帮助他们确定在解决问题的过程中需要做什么。教师也必须加入其中,有时儿童可能会遇到迷惑不解的问题,当儿童手足无措时,教师会通过提问或讨论的方式提供帮助,提供儿童找不到的材料,或当儿童雄心勃勃的计划由于自身能力的限制而受挫时,教师也会提供帮助。"③

第四,教师应是儿童中心思想的彰显者。杜威继承和发展了卢梭的儿童中心主义的思想,要求教师以儿童中心主义思想指导教育教学活动,成为这一思想的彰显者。杜威认为,传统教育是以教师和学科为中心,儿童的本能、经验被排除在它的视野之外;新教育的本质就是把这个重心转移到儿童身上,教育的一切措施要以儿童为中心,围绕儿童转,儿童的谈话、提问、解释和表现出来的自然冲动被看成自然资源和教育过程"不要投资的资本"。"儿童是起点,是中心,而且是目的。儿童的发展、儿童的生长,就是理想所在。只有儿童提供了标准。对于儿童的生长来说,一切科目只是处于从属的地位,它们是工具,它们以服务于生长的各种需要衡量其价值。"④"我们必须站在儿童的立场上,并且以儿童为自己的出发点,决定学习的质和量的是儿童而不是教材。"⑤

第五,教师应是儿童经验的改造者。教育即经验的继续不断的改造是杜威生长论自然教育思想的核心命题之一,也是杜威对教育本质的重要表述。它要求教师要成为儿童经验的改造者,这是教育过程合乎逻辑的表达,因为"教育是在经验中、由于经验和为着经验的一种发展过程"⑥。教师成为儿童经验的改造者,意味着教师必须将儿童的现有经验与前人已经组织好的经验相融合,使之成为科目。与此相关联,教师还必须知道儿童经验的性质和源起,考虑以下问题:"教材与儿童所有的经验有没有相交之点?教材与儿童可否发生关系?儿童是否能了解意义且能用以改造其粗浅未成熟的经验?教师要仔细选择。选择以后,尤须加以组织。如新开矿苗,必须加以

---

① 吕达,刘立德,邹海燕.杜威教育文集(第5卷)[M].北京:人民教育出版社,2008:77.
② 吕达,刘立德,邹海燕.杜威教育文集(第4卷)[M].北京:人民教育出版社,2008:24.
③ [美]简·杜威,等.杜威传[M].单中惠,编译.合肥:安徽教育出版社,2009:76.
④ 吕达,刘立德,邹海燕.杜威教育文集(第1卷)[M].北京:人民教育出版社,2008:112.
⑤ 吕达,刘立德,邹海燕.杜威教育文集(第1卷)[M].北京:人民教育出版社,2008:112.
⑥ 吕达,刘立德,邹海燕.杜威教育文集(第5卷)[M].北京:人民教育出版社,2008:319.

提炼。教师的目的,是改造经验。科目乃是内部的经验送出来的,绝不是由外面附加上去的东西,如同从上面用力,把石头压倒的样子,必须由其经验提炼改造。这才是正当方法。"[1]"以经验为基础的教育,其中心问题是从各种现时经验中选择那种在后来的经验中能够丰满而具有创造性的生活的经验。"[2]能否做到这一点,是新教育与旧教育的分野之所在。他为教师提供了如下建议:首先,教师要供给儿童活动的环境。"我们晓得儿童的经验,是从他所接触的环境生出来的。倘若我们不利用这种环境,那么,学校的种种科目,都可以根据一种原理,定成很有系统很有组织的,那必定与儿童的经验一点不合。于是把种种知识,从外面附加到儿童经验上去,依然不能融合,简直没有一点用处。所以利用地方环境,是非常要紧的。"[3]其次,教师要供给儿童活动的机会。"儿童在这种环境里面,就能生出动作,改造他们的旧经验,得到一种新知识。所以学校最要紧的,就是要供给儿童活动的机会。那么,一方面可以使儿童的经验日加丰富,一方面使儿童能控制经验。"[4]唯有如此,教授才是有价值的,儿童才能领受教材,获得它的意义。

二、西方自然主义教育思想的教师观的当代价值

时代已进入 21 世纪,世界教育和中国的教育已发生了深刻的变化,教师观的研究也有了长足的进展,但依然存在不少问题。西方自然主义教育思想的教师观对深化当代教师观的研究仍然具有重要价值。

首先,"教师应是教学活动的引导者和指导者"仍然是当代教师观研究不可或缺的方面。夸美纽斯和卢梭都对这一教师角色观给予了高度的重视和论述,其中夸美纽斯的论述最为深刻。夸美纽斯认定,教学活动是教师的教和学生的学组成的双边活动,因而既离不开教师的教,也离不开学生的学。教就是引导学生接受教导,学就是在教师引导下的模仿。作为指导者,教师必须经常地察看和反省自己:学生是否遵循他的教导,遵循得如何。作为被指导者,学生的任务是模仿,"学生总是需要有一个人对他进行指导、告诫、纠正"。[5] 因而,他应当时时去跟随教师,唯有如此,才不会迷失方向。教师则永远是引路人。在 17 世纪,夸美纽斯就对教师作为引导者和指导者的角色有如此深刻的洞见,是难能可贵的。在他之前,无论是亚里士多德的教师观,昆体良的教师观,还是人文主义教师观,在引导者和指导者的论述上都没有像夸美纽斯那样深刻而系统。这个角色观不仅在当时是新颖的,而且对后世教育家的教师观产生了深刻的影响。尽管后世教育家对教师引导者和指导者的角色作了进一步的发挥,但基础是夸美纽斯奠定的。即是在今天,这

---

[1] 吕达,刘立德,邹海燕.杜威教育文集(第 4 卷)[M].北京:人民教育出版社,2008:35.
[2] 吕达,刘立德,邹海燕.杜威教育文集(第 5 卷)[M].北京:人民教育出版社,2008:319.
[3] 吕达,刘立德,邹海燕.杜威教育文集(第 4 卷)[M].北京:人民教育出版社,2008:46.
[4] 吕达,刘立德,邹海燕.杜威教育文集(第 4 卷)[M].北京:人民教育出版社,2008:45.
[5] [捷克]夸美纽斯.大教学论·教学法解析[M].傅任敢,译.北京:人民教育出版社,2006:293.

个角色观仍然具有很多真理的成分。由于儿童年龄小,模仿能力强,总是把教师作为模仿的对象,因而教师的言行会对学生知识的获得,品行的发展,人格的建构,都会产生极为深刻的影响。因此,教师为学生的学习活动提供指导,引导学生全面发展,是教师义不容辞的责任;而学生的学习活动时常充满着问题、困惑和障碍,需要教师的引导和指导。总之,教师永远是学生各方面发展的引路人。

其次,"教师应是儿童智慧发展的启迪者和促进者"仍然具有真理的成分。学生悟性的开启,知识的获得,能力的发展,潜能的激发,都离不开教师的启发、诱导和教育。因此,教师必须是学生学习和能力发展的有力促进者,他应"像辛勤的园丁那样他悉心照管别人托付给他的花园里培育的幼苗,在生长期间给予细心的照料,浇灌施肥,使它生机勃勃,苗壮成长"[①]。他应"寻找要教的内容,或者耐心地去教会学生一切可教的东西。他总想着该怎样教好,让学生愉快勤奋地吸收知识"[②]。卢梭要求教师精心选择那些真正有益于儿童幸福和能使儿童变得聪明的知识供儿童学习;启发儿童积极思维,养成自主学习,独立思考的习惯;教给儿童研讨学问的工具,使他自己去发现真理的见解,对于儿童智慧发展至关重要,仍然值得我们的教师关注和借鉴。

再次,教师应成为学生好奇心、求知欲、学习兴趣和主动性的激发者。这几乎是自然教育家的共同的教师教育理念。自然教育家非常关注学生好奇心、求知欲、学习兴趣和主动性的激发,把它们看成是成功教学的基础和前提。夸美纽斯提出的措施是:其一,教学应来得自然。他形象地说:"因为凡是自然的事情就无需强迫。水往山下流是用不着强迫的,一旦水坝等等阻止水流的东西移开以后,它就立刻往下流。我们用不着劝说一只鸟儿去飞;樊笼开放之后它立刻就会飞的。"[③]其二,诱导学生的学习兴趣。教师在讲解任何新学科时,应用一种引人入胜的方式把教学内容亲切地、诱人地放在学生跟前。或向学生提出问题,去诱导学生积极求知。这些问题可以涉及曾经学过的内容,也可以涉及新的功课,使学生明白不同教学内容之间的关联;或用对话的方式,诱导学生积极发言,争相回答问题,并能解释深奥的问题、比较和寓言之类的东西。其三,教师应和善地对待学生。教师不应粗鲁地对待学生,而应是温和地、循循善诱地跟学生打交道,用仁慈的情操与言语吸引学生,称赞学生所学功课的美好、快意与安易,这样就可以容易使学生对教师产生好感,一心向学。其四,教师应耐心地不断介绍一些有趣的、实际有用的内容,以此吸引学生的注意力,激发他们的兴趣。裴斯泰洛齐要求"教师要提更多的问题来推动学生,用范例来激励学生,通过解释使学生活跃起来,以和蔼可亲的态度来争取学生和提高他们的学习兴趣"[④]。赫尔巴特也较为深刻地阐释了激发学生主动性的问题,认定兴趣本身就是主动性,要求"教师应主

---

① [捷克]夸美纽斯.夸美纽斯教育论著选[M].任钟印,等译.北京:人民教育出版社,2005:405.
② [捷克]夸美纽斯.夸美纽斯教育论著选[M].任钟印,等译.北京:人民教育出版社,2005:405.
③ [捷克]夸美纽斯.大教学论[M].傅任敢,译.北京:教育科学出版社,1999:94.
④ [瑞士]阿图尔·布律迈尔.裴斯泰洛齐选集(第二卷)[M].尹德新,组译.北京:教育科学出版社,1994:284.

要是想方设法唤起各种各样的力量,用推动思考力的方法,用赋予思考力以活跃、敏捷、持续和多样性想象的方法,来充实外部世界的创造性作用"。① 杜威要求教师必须激发学生的兴趣,以提起学生求学的兴味,因为"教师授课,倘若与儿童天然兴趣相背谬的时候,必定很觉吃力。倘若与儿童天性生出通力合作的关系,那么,儿童就发生固有的自动,在教师教授方面,就觉得容易多了"。② 所有这些见解都是非常有价值的。

自然教育家对"学生求知欲和学习兴趣和主动性的激发者"的教师角色的论述,是很有道理的,得到了当代教学理论的积极回应。当代教学理论认为,学生求知欲和学习兴趣的激发,不仅是维持学生持久的学习活动的重要保障,而且也是教学活动取得成功的重要前提。对于学生学习活动的开展而言,教师的重要职责,就是激发学生的求知欲,使他们产生从事学习活动的强大的内部动力,变"要我学"为"我要学"。当代的自主学习理论、探究教学理论、合作教学理论、成功教学理论、情景教学理论、审美教学理论、问题教学理论,研究性教学理论等,无不强调学生学习兴趣、求知欲的重要性,无不把它们的激发看作教学的第一要务。因为没有兴趣,学生就不会有强烈的好奇心和问题意识,就不能有效地推动他们去主动地发现和探究知识、获得知识,发展各种能力。他们提出的激发学生求知欲和学习兴趣的方式,如自然教学、问题教学、对话教学、循循善诱、和善对待学生等等,仍然具有真理的成分,值得我们关注和在教学实践中加以运用。

第四,当代的教师应扮演好"自然和自由教育理念的彰显者和贯彻者"的角色。如前所述,自然和自由教育理念是卢梭教育思想的核心理念,在卢梭教育思想中起着支柱和灵魂的作用。它被历史证明是一种正确的、先进的教育理念,至今仍然影响着当代教育理论和教育实践的发展。因此,教师应成为自然和自由教育理念的彰显者和贯彻者。首先,要彰显自然教育理念。在人为教育、自然教育和事物教育三者中,由于自然教育不能由我们所控制,因此,人为教育和事物教育必然要服从自然教育,这样才能实现自然的目标。这要求教师对儿童的天性要有敬畏之感,让儿童根据自己的性情率性发展。教师的使命就是让教育回归自然。这种"回归自然,更多是空间性的。换言之,自然不仅仅是遥远的过去,而且就是当下,就是要把自然生动地引入到当下教育的实践活动之中,以甄定当下教育实践的方向,也就是儿童发展的方向"③。教育遵循自然,就其实质是"要遵循个体发展的内在秩序,以自然甄定儿童发展的目标与序列,保持基于自然之上的优良德行,避免德行的败化"④。其次,要彰显自由教育的理念。因为,自由是儿童的本性,也是儿童最本真的状态。教师的重要职责就是尊重儿童的各种自由,"多给孩子以真正的自由,少让他们

---

① [德]赫尔巴特.赫尔巴特文集(教育学卷二)[M].杭州:浙江教育出版社,2002:25.
② 吕达,刘立德,邹海燕.杜威教育文集(第4卷)[M].北京:人民教育出版社,2008:24.
③ 刘铁芳.古典传统的回归与教养性教育的重建[M].北京:北京师范大学出版社,2010:71.
④ 刘铁芳.古典传统的回归与教养性教育的重建[M].北京:北京师范大学出版社,2010:71.

养成驾驭他人的思想;让他们自己多动手,少要别人替他们做事"①。在卢梭看来,自由是儿童快乐的源泉。"在偏见和人类习俗没有改变人们的自然倾向以前,孩子和成年人之所以幸福,完全在于他们能够运用他们的自由。不过,在童年时候这种自由会受到体力柔弱的限制。"②教师要尊重儿童的自由,其实质就是"让儿童享有充分自由活动的可能和条件,并在教学过程中采取自然的、自由的教学方法以适应儿童的身心发育水平和个体差异。在这个意义上,教育中充分尊重儿童生命自然,实际上也是在开启儿童生命的自由,促进儿童生命的整体、健全、充分的发展,促进儿童自由自主人格的实现"。③ 教师的另一个重要职责就是让教育回归当下儿童的自然状态,让儿童生活在自己的世界里,享受当下生活的快乐,反对为儿童遥远的未来预备教育。

第五,当代教师应成为具有"把儿童看作儿童"的儿童观的生命导师。儿童观制约着教育观,有什么样的儿童观,就有什么样的教育观。树立正确的儿童观,是成功教育的基础和前提。在我国,"尽管在公众的意识中,儿童被看作'祖国的花朵'、'民族的未来',在教育中也提倡热爱儿童,尊重儿童,按儿童发展的规律教育儿童,儿童观的问题看似已经解决了。但实际上,教育中落后的'国本位'、'家本位'、'成人本位'的儿童观依然存在,突出表现在:把儿童期看做成人生活的准备时期,强迫儿童牺牲今天的幸福去为未来作准备;把儿童视为实现成人未了心愿的工具,否认儿童期自身的价值;不承认儿童有自己的生活世界,强迫儿童去适应成人的规则与环境;在教育教学中把儿童看做任意填充的容器,是有待标准化加工的零件,是分数的奴隶,儿童的生命情感、需要、个性统统成为了牺牲品。由落后的儿童观所产生的'异化'教育,完全背离了儿童教育丰富生命内涵、提升生命境界的意义,不仅严重影响着儿童的身心健康,也影响着中华民族整体素质的提高和文化的可持续发展"④。因此,转变儿童观就成了教育教学的关键所在。卢梭的"把儿童看作儿童"的儿童观是自然主义儿童观的典型代表,对于我们改变教育观念,树立"以儿童为本"的儿童观和教师观,具有极其重要的借鉴价值。它要求我们以"把儿童看作儿童"的儿童观去看待儿童、认识儿童、理解儿童和研究儿童,使儿童成为教育研究的重要课题。具体地说,"儿童是柔弱的存在"要求我们应爱护儿童、怜惜儿童、照料儿童,帮助他们做游戏,增强他们的体质;"儿童是感性的存在"要求我们尊重儿童的感性,不要在1至12岁"理性睡眠期"进行过多的包括理性教育在内的"积极教育",而应该寓"有为"于"无为",实施"消极教育"和感觉教育,以保护儿童的善性,促进感官的发展,为理智的发展奠基;"儿童是自然的存在"要求我们尊重儿童的天性,顺应儿童身心发展的特点和规律,让儿童率性行事;"儿童是自由的存在"要求我们把儿童从各种束缚中解放出来,关注儿童当下的生活世界,让儿童自由自在地生活和学习,并从中获得乐趣;"儿童

---

① [法]卢梭.爱弥儿(上)[M].李平沤,译.北京:人民教育出版社,2001:56.
② [法]卢梭.爱弥儿(上)[M].李平沤,译.北京:人民教育出版社,2001:79.
③ 刘铁芳.古典传统的回归与教养性教育的重建[M].北京:北京师范大学出版社,2010:81—82.
④ 姚伟.儿童观及其时代性转换[M].长春:东北师范大学出版社,2007:引言3—4.

就是儿童"要求我们不要把儿童看做"小大人",做违背儿童天性的事情,而要把儿童看做儿童,因为儿童还没有成人,毕竟是儿童,他们具有不可替代的特有的看法、想法和感情,这是大自然的本质决定的,不能违背,否则,就会培养出年纪轻轻的博士和老气横秋的儿童;"儿童是教育活动中的主体"要求我们置儿童于教育过程中的主体,尊重儿童的主体性,想方设法地调动儿童的主动性和积极性,激发他们的求知欲和学习兴趣,使他们能主宰自己的学习活动;"儿童期有自身的价值和发展规律"要求我们应尊重儿童期自身的价值和发展规律,按学生的年龄特征施教,不要拔苗助长,教给儿童不能理解的东西。

第六,教师懂心理学,是善于观察和了解儿童的心理活动的专家。这实质上是对教师心理素质的要求和研究,无疑具有重要的意义。其一,教师心理素质的研究是自然教育家的教育心理学化思想的重要组成部分,为19世纪上半期教育心理学化运动的兴起和发展作出了重要的历史贡献。教育心理学化思想之所以能成为19世纪欧美的重要教育思潮,能直接促进近代欧美的教育理论和教育实践的发展,推动教育科学的进步,与对教师心理素质的研究分不开。因为教育心理学化思潮的兴起、发展和传播,离不开具备良好心理素质的教师的参与,后者是前提和关键。其二,对教师心理素质的研究,为心理学进入教育学的视野,使教育学奠基于心理学之上,实现教育学与心理学的联姻,最终使教育学成为一门具有科学性质的学科,提供了前提和保障。其三,对教师心理素质的研究,有助于促进儿童身心的发展,尤其是心理的发展,因为教师只有善于观察和了解儿童心理活动的特征和规律,才能有效地实现儿童身心的健全发展,才能深化教育与儿童发展关系的研究。由此可见,教师心理素质对儿童发展的影响是多么重要。其四,对教师心理素质的研究,要求教师具备心理学素养,是心理学专家,这在西方教师角色观发展的历史上还是第一次,开启了教师角色观心理学化的先河,它不仅为教师角色观注入了心理学的"血液",增加了心理学的维度,而且为教师角色观的研究和探索指明了方向,增加了教师角色观的真理性的成分。其五,这一教师角色观在当代的教育改革中仍然具有很强的现实意义。因为心理学是教育学的基础,这已经得到了人们的广泛认同,已成为共识。没有心理学的参与,教育改革是难以奏效的。如果教师不懂儿童心理学,是教不好儿童的,不可能取得教育的实效。从某种意义上说,心理学素养是当代教师角色观的核心内容,也是衡量教师是否合格的一个重要指标。

第七,当代教师应成为终身的自我教育者。第斯多惠提出教师应是终身的自我教育者的命题,对当代教师的发展,极具借鉴意义。首先,时代的发展要求当代教师应成为终身的自我教育者。我们所处的21世纪是一个信息化、学习化时代,科学文化知识迅猛发展,知识的更新的速度在不断地加快,过去的一次性的学校教育已不能适应时代发展的要求,终身的自我教育应运而生。它要求当代教师要活到老、学到老,实施终身的自我教育,彻底改变传统的"教书匠"的教师角色观,赋予自己以新的角色——专家、学者、研究者和终身学习者。这样的教师角色观,客观上要求教师的改变传统教育的职能——传递知识,赋予教育新的职能——"教会学生学习",达到"教是为了不教"的目的。就后者而言,教师必须具有渊博的知识和终身学习的能力,否则,就难以培养学生的自学能力,自己也难以生存。换言之,终身的自我教育成了信息化时代教师的生存权。这意味着教师要清醒地认可自己作为社会人的特质:知识分子,不断学习,不断深造,学而不厌,力求使自身的知识、能力、品德、人格等得到全面的发展。其次,终身的自我教育既是自我完善的需要,也是教育别人的需要。"教师不但本身要进行自我教育,同时还要教育别人。教师应当以教育事业为终身职业,自我教育也是终身教育。因此意义更为深远。教师要别人获取真正的生活,就得发动别人去追求真、善、美,最大限度地发挥他们的天资和智力。认识了这一崇高的任务,教师就得首先开始自我修养。"[①]从教师的专业发展来看,"教师不仅是'教人者',也是'学习者'。不论时代如何改变,也不论是自发的还是被动的,教师都始终应用是持续的学习者,这种学习就是专业发展,就是专业成长。因此,每一个教师都应与时俱进、审时度势、把握时代发展的脉搏,树立终身学习的观念,将陶行知的'活到老,学到老'的思想贯穿于日常的工作和生活当中"[②]。可见,教师成为自我终身教育者的根本目的,就是"学会生存",让教师生存得更好。

第八,教师应成为研究者。"教师应成为研究者"的理念已得到了广大教师的普遍认可,已成为区分教师是专业教师还是非专业教师的根本标志。这个理念渊源于西方自然教育家的教师观。后者已对这个问题作了精深的研究,提出了许多有价值的观点。对于教师的教育生活和专业成长而言,教育研究具有重要意义。首先,研究型和创造型学生的造就依赖于教师的教育研究。教师只有具备研究的能力和素质,通过持续不断地教育研究,树立新的人才观、教育观、课程观和儿童观,有意识地培养自己的研究和创新素质,才能有效激发学生的研究和创新潜能,造就研究型和创造型学生。其次,教育研究能改善教师的教学行为,提升教学的合理性。这是"教师成为研究者"的显著特点。由于教学实践活动具有情景性、动态性、生成性、复杂性和独特性的特点,因而决定了教师研究与专家的理论研究有很大的不同。专家的研究是以解决理论问题为旨趣,其目的是解决学术发展过程中所遇到的重大理论和实践问题,推动该学术领域的学术发展。而中小学教师的研究来源于教学服务于教学,以解决实际问题为旨趣,其目的是为了提高教学质量,促进学校发展,最终服务于学生的发展。因而教师研究的问题相对来说比较微观,比较具体,他们主要是从实践的困难、困惑、经验中发现研究问题;从阅读思考中发现研究问题;从热点、难点中发现研究问题;从与同行的讨论交流中发现研究问题;从学校或学科发展中发现研究问题。只有指向教学中具体问题的教师研究,才拥有生命活力和实践意义;只有从习以为常的现象中发现问题,研究教师身边的问题,才能让教育研究真实、朴实和有效。正是通过教师对实践中的问题的不断发现和解决,理论与实践才真正融合起来,教学中的问题才得到切实的解决,才能有效

---

① [德]第斯多惠.德国教师培养指南[M].袁一安,译.北京:人民教育出版社,2001:24.
② 陈永明,等.教师教育学[M].北京:北京大学出版社,2012:188.

地改善教师的教学行为,提升教学的合理性。再次,教育研究能促进教师素质的提升和专业成长。其一,教育研究有助于形成教师专业所需的知识基础。因为他们通过对中小学教学实际问题的研究,获取鲜活的第一手资料、知识和实践智慧,这对提升教师的职业专业化水平至关重要。其二,教育研究能促进教师个人的专业成长与发展。因为教育研究不仅可以提升教师的教育研究能力,而且可以更新教育观念,提升教育理论水平,完善教师的素质结构,包括教师的职业理想、教师的知识结构、教师的教育观念、教师的自我监控能力、教师的教学行为与策略。其三,教育研究能使教师获得更高的成就感和专业价值感。因为教育研究能使教师获得对自己、学生、教学、课程、教材等多方面的重新认识和建构,这是一个不断完善、丰富、更新研究者原有认知图景的过程,也是不断形成个人教育观念,生成实践智慧,获得更高成就感和价值体验的过程。这个过程极富创造性,充盈着美的意蕴,能使教师感受到过程之美,享受创造和超越带来的尊严和欢乐,实现人生的价值和意义,最终使教师由"青涩"走向"成熟",由"经验型"、"技术型"走向"研究型"和"学者型"。

就教师研究的内容而言,我们从西方自然教育家的教师观中获得如下启示:首先要研究儿童。(1)研究儿童的天性和本能。因为"儿童是有他特有的看法、想法和感情",教师不能以自己的看法、想法和感情去取而代之,否则就会出现不良的后果。杜威的观点是:"儿童自己的本能和能力为一切教育提供了素材,并指出了起点。"①因此,教师应研究儿童的天性和本能,具备这方面的知识,这样才能使自己的教学遵循儿童本能发展的特点和规律。(2)研究儿童的活动,供给儿童活动的机会。因为儿童始终是一个活动的人,活动是儿童存在的标志,因此教师应查明这些活动,研究这些活动,联系这些活动,并为儿童的活动提供条件和机会。经验表明,当儿童有机会从事各种活动时,他们会感到学习是一件愉快的事情,而不是苦差事。(3)研究儿童的心理。因为心理学是教育学的基础。"培养智力和技能需要有适合于人类本性的、符合心理学规律的一套循序渐进的方法。"②"知道学生的天性、生活、希望在什么地方,然后使学校的科目去适应他的天性、生活、希望。由此看来,教师必要研究心理学。"③"对于教育来说,了解孩子每个阶段的心理特点及其变化规律、应对方法,就像了解一部机器的内部构造一样重要。孩子不同阶段的心理特点及其形成原因,它们的各种诱导方法和结果,哪些行为仅仅是来自心理而不是理智、道德和情感,哪些心理导致积极的行为,而另外一些心理导致消极的行为等等,都是教育者应该研究的问题。承认心理因素的存在,是现代教育的重大进步。"④其次要研究学科。教师要有渊博的知识,精通自己所教的学科,能够精心选择那些真正有益于儿童幸福和能使儿童变得聪明的知识供儿童学习,

---

① 吕达,刘立德,邹海燕.杜威教育文集(第1卷)[M].北京:人民教育出版社,2008:05.
② [瑞士]裴斯泰洛齐.裴斯泰洛齐教育论著选[M].夏之莲,等译.北京:人民教育出版社,2001:178—179.
③ 吕达,刘立德,邹海燕.杜威教育文集(第四卷)[M].北京:人民教育出版社,2008:360.
④ [英]斯宾塞.斯宾塞的快乐教育[M].颜真,译.福州:海峡文艺出版社,2002:241.

还要成为儿童经验的改造者,这意味着教师必须将儿童的现有经验与前人已经组织好的经验相融合,使之成为科目。与此相关联,教师还必须知道儿童经验的性质和源起。再次,要研究教法。教学是一门艺术,是艺术中的艺术,因为教学对象——学生是最复杂、最神秘的人。教师只有掌握教学艺术,才能使教员和学生感受到快乐,并取得好的教学效果。因此,教师应是教学艺术的掌握者和"深谙教学之道的人",他们应该研究教学方法,懂得教学方法和艺术。杜威的话值得我们关注:"在教授的方法上也应加以研究,不当专一注意学生能记忆多少,回答多少,须使学生能在所学的各种书中,自己去寻出问题,自己发表对于问题的感想,互相讨论。这才能教学生读书有蓬蓬勃勃的气象,不至于死气沉沉地呆板机械了。"①

第三节 西方自然主义教育思想的教育目的观的当代价值

一、西方自然主义教育思想的教育目的观的演变及主要观点

(一)萌芽时期的教育目的观

自然主义教育思想之父亚里士多德在对教育目的的论述尽管受到了苏格拉底、柏拉图的注重人的理性发展的教育目的观的影响,但提出了具有时代特色的教育目的观。我们可以从两个方面来把握他的教育目的观的内核:一是教育目的是培养具有善德的公民。亚里士多德的思想并非产生于一个伟大的时代,而处在希腊城邦分崩离析,日益走向衰落,马其顿正在兴起的时代。为了实现城邦的中兴和重新辉煌,亚里士多德十分重视教育在国家政治中的作用,认为教育是政治正义的当务之急,城邦应该通过教育使其统一起来并转变成为一个共同体,也"唯有教育才能使它成为团结而达成统一",教育是导向理想城邦的根本途径。在亚里士多德看来,理想的城邦应该是公民参与政治的城邦。教育的目的在于为实现理想的城邦培养具有至"善"(德性)和良好教养的公民。要理解他的教育目的,首先必须理解城邦的本质和公民的本质。按照亚里士多德的看法:"如果要阐明城邦是什么,还得先行研究'公民'的本质,因为城邦正是若干(许多)公民的组合。"②亚里士多德定义的"公民"是指有权参与城邦的政治活动的"人"。这里的"人"是指希腊奴隶主,奴隶和劳动人民被排除在"人"的范畴之外。既然参与城邦政治事务的人就是公民的本质,那么,"人是城邦的动物"本质上就是"人是政治的动物"。而"人是城邦的动物"意味着"人"如果脱离了城邦,没有了保障,就会失去独立性和自主性。"人"的品德和优点实现的必要条件,就是城邦。城邦不仅能在物质上满足人们生活的多样化需求,更主要的是,只有通过城邦的政治生活,参与公共事物的辩论与决策,才能不断地训练和培养一个人的理性和美德。"城邦的目的即

---

① 吕达,刘立德,邹海燕.杜威教育文集(第四卷)[M].北京:人民教育出版社,2008:360.
② [古希腊]亚里士多德.政治学[M].吴寿彭,译.北京:商务印书馆,1965:109.

最为优良的生活,其根本就在于城邦有类似于人的勇毅、正义、明哲等品德,优良的生活也就是有道德的生活,善德是城邦优良生活的本质要求和根本保证。"①而个人实现美德与城邦实现正义、明哲等是相通的。"所有的公民都应该有好公民的品德,只有这样,城邦才能成为最优良的城邦",②城邦之成为善邦,"人"之成为善人,则有赖于教育去实现。因此,教育的目的就是为城邦培养有德性和良好教养的公民。二是教育最终目的就是促进个人的自我实现,使人的理性灵魂得以充分发展。为城邦培养有德性和良好教养的公民,虽然是他的教育目的,但不是唯一的目的,也不是最高的目的。在亚里士多德的视野中,教育的个人发展是第一位的,他"把人看成一个发展的过程,从植物和动物生活——人很多冲动和魄力的来源——进入高级的理智生活,神的生活"。③ 因此,教育的最高目的是立足于人的和谐发展,促进人的自然本性的充分发展。公民的道德训练和幸福生活的获得要依据本性所要达到的目的——人的理性和理智来安排。这样,国家的目的与个人的目的就达到了一致,都在追求、获得幸福。在亚里士多德看来:"教育还应促使人的天使的发展,为青年们的美好生活作准备,使人们正确享受闲暇并进行思辨,这才是教育的真正目的。"④因为"对于人,符合于理性的生活就是最好的和最愉快的生活,因为理性比其他任何的东西更加使人是人,因此这种生活也是最幸福的"。⑤

亚里士多德不仅在理论上提出并论述了这种教育目的,而且在教育亚历山大的实践中落实了这种教育目的,把亚历山大培养成富有理性的伟大人物。正如黑格尔所说:"在亚历山大的教育里面,那能够归功于亚里士多德的哲学教化的是:亚历山大的精神秉赋的特有的伟大、那自然的本性,得到了内在的解放,被提高到完满的、自觉的独立,而这乃是我们在他的目的和事业中所看到的。"⑥

到了古罗马,教育目的发生了很大变化,注重雄辩成为它的核心要求。古罗马教育家的雄辩术尽管是对古希腊雄辩说的继承和发展,但体现了古罗马时代政治、经济和教育发展的客观需要。随着当时平民斗争的胜利和共和政治的发展,雄辩术在政治生活的作用日益增加,它成了争取民众、击败对手、获得政治权利和法庭诉讼胜利的重要工具,个人的政治地位和社会地位的升迁也取决于能否能言善辩。这使得文法和修辞得到了普遍重视,与此相联系,文法和修辞教育也特别发达。然而,到了共和末期,雄辩术的黄金时代已不复存在,其重要性也日渐式微。特别是进入帝制后,雄辩术存在的土壤更加丧失。但由于对帝王的歌功颂德、为帝国效劳、做一个有教养的罗马人的需要,使得雄辩术及其教育依然存在。西塞罗和昆体良的教育目的思想反映了这个时期教育的变化。

---

① 柯彪.亚里士多德与《政治学》[M].北京:人民出版社,2010:17.
② [古希腊]亚里士多德.政治学[M].吴寿彭,译.北京:商务印书馆,1965:121.
③ [美]S·E·佛罗斯特.西方教育的历史和哲学基础[M].北京:华夏出版社,1987:77.
④ 吴式颖,任钟印主编.外国教育思想通史(第二卷)[M].长沙:湖南教育出版社,2002:302.
⑤ 张法琨,选编.古希腊教育论著选[M].北京:人民教育出版社,1994:325.
⑥ [德]黑格尔.哲学史讲演录(第2卷)[M].贺麟,王太庆,译.北京:商务印书馆,2009:288.

在西塞罗看来，教育的目的就是培养雄辩家，就其实质就是培养有演说才能的政治家。西塞罗对这样的具有雄辩才能的政治家的定义是："不论讲话中突然出现什么论题，他都能就这个论题以渊博的知识、巧妙的方法、诱人的魅力和很强的记忆力以及落落大方的文雅举止发表演说。"①从这一段话中，我们不难发现，西塞罗心中理想的雄辩家应该具备的条件是：首先，他应具有渊博的知识。"谁如果没有获得一切重要学科和艺术知识，谁就不能成为完备地具有一切优点的雄辩家。因为雄辩术正是要依靠知识以达到优美和丰满，除非具备了雄辩家应牢固掌握、深刻理解的各种知识，他的讲话就一定有许多空洞的、几乎是幼稚的内容。"②这里的"学科"主要指政治、法律、军事、哲学科目，"艺术的知识"指的是文法、修辞、算术、几何等自由学科。其次，雄辩家应精通修辞学，接受过这方面的训练。雄辩家与一般的博学之士不同之处在于，"他不仅具有知识，更具有使知识充分、生动地表现出来的能力。因此，一个合格的雄辩家必须具有修辞学方面的良好素质，牢记雄辩术的一切规则，能够通俗易懂、优美生动并且准确地表达自己的思想"③。再次，雄辩家应具有优雅的举止风度。能够巧妙地运用手势、眼神、声音的调节变化等辅助、调控演说，以提高演说的实效。总之，"对于雄辩家，我们必须要求他具有逻辑学家的精密，哲学家的思维，近乎诗人的词藻，法学家的记忆力，悲剧演员的嗓子，以及近乎十全十美的演员的姿态"④。

昆体良继承了西塞罗培养雄辩家的教育目的的思想，也强调雄辩家首先要能雄辩，能"必须研究声调、手势、表情、姿态、身体各部分的运用以及研究他的听众。他所做的一切都是为了使他讲的内容与听众打成一片，从而使他自觉主动听讲"⑤。同时也要通晓各种有价值的知识，使他的演说富有权威性和说服力。这是他和西塞罗的教育目的的相同之处。他们教育目的的不同的地方在于，昆体良极力强调雄辩家必须是品德高尚的善良的人，而不是邪恶的人。他反复强调雄辩家必须是善良的"好人"：雄辩家"是个完美的善说家，他只能是个好人；这就是为什么我们不仅要求他要有杰出的演说技艺，而且要具有各种道德德性"，"我们尝试教授的技艺，作为一种理想而被我们珍视的技艺，是一种德性，因为它是属于好人的真正修辞术"，"让我们认定，我们的善说家就是卡图所定义的'善于言辞的好人'；不过，卡图的定义首先强调，同时本质上更重要、更高贵的是，善说家是个'好人'"⑥。雄辩家之所以要是具有高尚品德的善良的好人，是因为雄辩术本身蕴含着"善"的因素，是宏扬真理、正义和德行，引导人趋善避恶的工具，而不是为邪恶辩护的武器。

---

① ［古罗马］昆体良.昆体良教育论著选［M］.任钟印，选译.北京：人民教育出版社，2001：207.
② ［古罗马］昆体良.昆体良教育论著选［M］.任钟印，选译.北京：人民教育出版社，2001：194.
③ 张斌贤主编.外国教育思想史［M］.北京：高等教育出版社，2007：56.
④ ［古罗马］昆体良.昆体良教育论著选［M］.任钟印，选译.北京：人民教育出版社，2001：225.
⑤ ［美］S·E·佛罗斯特.西方教育的历史和哲学基础［M］.北京：华夏出版社，1987：99.
⑥ ［英］葛怀恩.古罗马的教育——从西塞罗到昆体良［M］.黄汉林，译.北京：华夏出版社，2015：188—189.

另一个不同之处就是,昆体良特别强调雄辩家应是具有良好教养的人。他是这样阐释的:"我要所培养的人是具有天赋才能、在全部自由学科上都受过良好教育的人,是天神派遣下凡来为世界争光的人,是前无古人的人,是各方面都超群出众、完美无缺的人,是思想和言论都崇高圣洁的人。"①这使他的思想超越了西塞罗。

文艺复兴时期人文主义教育家对教育目的思想的论述既是对古希腊、古罗马教育目的思想的继承,又是在新的时代以人文主义思想为指导提出来的。理解"人文主义"是正确地把握人文主义教育目的的前提。

人文主义是一个具有丰富性和复杂性内涵的概念,既有人性的因素,又有神性的因素,既崇尚世俗性文化,又注重基督教精神。它是人文主义者继承中世纪基督教、经院哲学的某些因素的基础上发展起来的,以人为中心、人神统一的思想。欧美学者基本上持这种观点。学术界公认的文艺复兴研究的权威性著作是布克哈特的《意大利文艺复兴时期的文化》。作者在这部书中明确指出:"一个奇怪的事实是:这个新文化的某些最热心的提倡者是最虔诚的敬上帝的人乃至是禁欲主义者","所有这些倾向的结果就是:佛罗伦萨的柏拉图学院有意识地以调和古代精神和基督教精神作为它的目标。这是那个时代的人文主义中一个引人注目的绿洲。"②这一观点得到了众多学者的响应。著名的文艺复兴思想史专家克里斯特勒在《意大利文艺复兴时期八个哲学家》中的观点是:"人文主义者并不站在自己的立场上反对宗教和神学,毋宁说,它创造了大量的与神学和宗教共存的世俗学问、文学和思想。"③德国哲学家文德尔班在《哲学史教程》中也注意到文艺复兴与中世纪基督教思想文化的内在关联性,指出:没有一个时代像当时那样经历过如此众多、如此大胆、如此雄心勃勃的改革和图新。然而,如果我们仔细观察而不让自己受骗,那么表现得十分明显的是,整个多种形式的活动都在古代和中世纪传统的范围内进行着。上述分析表明,人和神是统一的。

就其思想内容而言,人文主义者的世界观、人生观、价值观的确是以人为中心的,其特征是:首先,把人置于宇宙万物的中心,高度赞扬、肯定人的价值、尊严和创造力。这是人文主义的核心特征。其次,肯定人的自由意志,宣扬人的思想解放和个性自由。在人文主义者看来,人的意志是自由的。人的伟大之处就在于他是有理性的,能够自己支配自己的行动,可以按照理性自由地发展自身。再次,重视现世生活的价值和尘世的享乐,反对中世纪的禁欲主义和原罪说。人文主义者将天国的幸福和欢乐移至人间,要求人们大胆地追求自己的幸福和欢乐。

然而,我们应该看到,尽管人文主义的主要特征在于"主体性觉醒"、"人的自我发现",但这并

---

① 张斌贤主编.外国教育思想史[M].北京:高等教育出版社,2007:57.
② [瑞士]布克哈特.意大利文艺复兴时期的文化[M].何新,译.北京:商务印书馆,1979:490—491.
③ [美]克里斯特勒.意大利文艺复兴时期八个哲学家[M].姚鹏,等译.上海:上海译文出版社,1987:193.

不意味着反对教会,否定宗教。"对人类尊严的歌颂,并不意味着反对宗教……大多数人文主义者具有真正的宗教感情。"①因为很多人文主义者是从中世纪大学毕业的,深受宗教神学的洗礼,有着强烈的宗教情怀。彼特拉克在《论无知》中表达了这种情怀:我的心灵的最深处是与基督在一起的。当这颗心灵思考或谈到宗教时,即在思考和谈到最高真理、真正幸福和永恒的灵魂的拯救时,我肯定不是西塞罗主义者或柏拉图主义者,而是基督徒。人文主义者认为,"上帝只有在人身上才能表现出完全的神性,也就是说,在基督的完全的人性中,人才是完全的人。在这个意义上,基督是我们无限的榜样,而不是无限权力的榜样"②。总之,人文主义者的最终目标并非是从根本上否定基督教,而"只是想驱散笼罩在基督教之上的那片虚幻的灵光,破除强加在基督徒身上的禁欲主义的符咒,用人性、感性和个人主义的因素来充实和改造基督教,使它少一点中世纪陈腐的神秘气息,更多一点亲切的人情味"。③ 他们追求的最终目标是将人性与神性融合,重新构建一个以人为中心,人神统一的文化和世界。这就是人文主义的意蕴,它制约着人文主义教育目的的提出,使得人文主义者一方面高扬人道主义的精神,强调尊重儿童的天性,促进儿童身心和谐发展;另一方面强调拥有宗教信仰,培养学生对上帝的虔诚之爱。尽管每个人文主义教育家在表述上有所不同,如"公民""朝臣""君主"等,但"无论是关于所追求的总的目标,还是为了实现这些目标所提倡的方法,我们的权威人士所呈现的是奇特的一致"④。

　　首先,培养身心和谐发展的人。意大利的人文主义者弗吉里奥认为,教育目的就是通过博雅教育(包括德育、智育、体育、军事教育、休闲教育等)唤起、训练和发展蕴含于人身心中的最高才能,促进人的身心的全面、均衡发展。无独有偶,意大利的人文主义者西尔维乌斯也表达了同样的教育目的:促进人的身体和精神的统一发展,使人具有知识、智慧、美德和信仰。意大利的人文主义者维多里诺提出的教育目的是:培养身心和谐发展的、受过良好教育的公民。这种公民应学识渊博、文化知识丰厚、品德高尚、有强健体魄和虔诚的宗教信仰。意大利的人文主义者帕尔梅利的教育目的是,培养有知识、有教养、有德行和优雅风度的能为国家服务的完美公民。英国人文主义者马卡斯特认为,教育目的是帮助本性达到最完善的程度。蒙田也表达了类似的观点:"我们造就的不是一个心灵、一个躯体,而是一个人,不应把心灵和躯体分离出来。正如柏拉图所说的,不应只训练其中一个而忽视另一外一个,应将它们同等对待,犹如两匹马套在同一个辕杆上。"⑤他主张培养身心和谐发展的绅士。莫尔的教育目的观是:"人人知书设礼,学问与道德在每

---

① 吴式颖,任钟印主编.外国教育思想通史(第四卷)[M].长沙:湖南教育出版社,2002:19.
② 大卫·戈伊科奇.人道主义问题[M].北京:东方出版社,1997:110.
③ 赵林.西方宗教文化[M].武汉:武汉大学出版社,2005:318—319.
④ [英]威廉·哈里森·伍德沃德.文艺复兴时期教育研究[M].赵卫平,赵花兰,译.济南:山东教育出版社,2013:513.
⑤ [法]蒙田.蒙田随笔全集(上卷)[M].马振骋,译.南京:译林出版社,1996:184.

个人身上竞相争辉。人们把工作与学习、科研结合得如此自然,他们个个勤于工作,敢于思考;他们以正当的享乐为人生的目的,不仅仅享乐精神上的快乐,而且享受物质上的快乐;他们既注意知识的修养、心灵的启迪,也注意身体锻炼和休息;他们人人都是力量、敏捷与美的化身。"①

其次,培养能为资产阶级国家服务的新人——实干型的统治者。这是意大利后期和北方人文主义教育家在教育目的上的主张。他们都坚信,如果统治者很能干、智慧超群、品德高尚,就能使政治清明,国家安定,公民幸福。这种统治者用他们的话来说就是培养贤明的"朝臣"(绅士)和"君主"。这种教育目的观的代表人物是意大利后期的人文主义教育家卡斯底格朗和英国人文主义教育家艾利奥特。卡斯底格朗的教育目的是培养完美的"朝臣",其"完美"体现在:具有学者的智慧、良好的艺术修养、高雅机智和超凡脱俗的谈吐、关心世俗生活和自己精神境界的提升、能文能武的绅士。可见"卡斯底格朗的培养目标不是中世纪擅长军事体育、具礼仪风度而只粗通文墨甚至不通文墨的骑士,也不是前期文艺复兴精通古典文化的学者型人物,而是二者精华的凝练与综合,体现了新的'文雅骑士'精神,反映了新时代对于开拓精神的人的需要"②。艾利奥特的教育目的就是培养资产阶级所需要的绅士。绅士应有强健体魄,有绅士风度,"有文化修养,接受过良好的古典文化教育,能言善道,谈吐风雅,擅长音乐、舞蹈"③。最重要的是,能为国家和王室服务。

再次,培养具有虔诚的宗教信仰,能为上帝和天国服务的人。素有"人文主义之父"美誉的彼得拉克在教育目的上试图调和人文主义与基督教,指出:"培养善良虔诚的意志比培养有能力和聪明的智力要安全。意志以善为对象,理智的对象则是真理,……那些把时间用在认识上帝而不用在热爱上帝上的人是错误的,因为人之一生无论如何不能完全认识上帝,但是人们能够虔诚地热爱上帝……我们对上帝和美德的认识达到一定的程度(因为我们并不能超越这个程度来认识他们)也就足够了。只要我们认识到上帝是一切善的源泉,依靠他,通过他,在他之中,我们就是善的,并且认识到美德是仅次于上帝的最好东西。"④维多里诺认为,教育目的在于培养身心和谐发展的"完全公民"。这种"完全公民"的素质就包含了虔诚的宗教信仰的要求。"维多里诺自己的教育理想最终依赖于宗教信念的深度。敬畏、虔诚和奉行宗教形成了维多里诺个人生活的主要基调。对他而言,人类生命的尊严是取决于其与上帝的关系。因此,他的宗教教学坦率诚恳;坚持参加教会仪式;灌输宽恕和谦卑。"⑤维夫斯非常重视基督教所蕴含的"至爱"与"至善"的道德

---

① 吴式颖,任钟印主编.外国教育思想通史(第四卷)[M].长沙:湖南教育出版社,2002:409.
② 张斌贤.西方教育思想史[M].北京:人民教育出版社,2011:166.
③ 张斌贤.西方教育思想史[M].北京:人民教育出版社,2011:166.
④ [美]克里斯特勒.意大利文艺复兴时期八个哲学家[M].姚鹏,等译.上海:上海译文出版社,1987:19.
⑤ [英]威廉·哈里森·伍德沃德.文艺复兴时期教育研究[M].赵卫平,赵花兰,译.济南:山东教育出版社,2013:415.

教化意义,主张通过教育培养学生对上帝的虔诚之爱,实现个人发展的终极关怀,因此,教育的主要任务是铸造基督教的美德。伊拉斯谟在教育目的观中,主张把王子培养成"基督教王子",使之具有最高的权力、最大的智慧、最大的仁慈,并把"在青年的头脑中插下虔诚的种子"看作教育的首要任务。弥尔顿的教育目的同样带有浓厚的宗教色彩:"学习的目的是通过重新正确地认识上帝,用以补偿我们祖先的罪孽。从这种认识出发,去爱他、模仿他,像他一样,因为通过使我们的灵魂具有真正的德性,我们可能最接近上帝,由于这种德性与信仰的天恩是一致的,它能达到尽善尽美的境地。"①

综上所述,古希腊的自然教育思想侧重于培养哲学家和政治家,注重的是理性和智慧的发展,这是教育的终极目标,而道德仅仅是教育目标的一个组成部分。这与古希腊整个文化的理性思辨传统和氛围密切相关。而古罗马教育思想侧重于雄辩家的培养,道德的培养是教育的最高目的。这与古罗马民族具有强烈道德意识的文化心理息息相关。文艺复兴时期人文主义教育目的继承并深化了古希腊和古罗马的教育目的,体现了以人为本的特征,反映了"人文主义"思想的要求和新时代新兴资产阶级对人才素质的要求,具有强烈的现实主义精神和强烈的宗教情怀的特征。

由此我们不难看出,萌芽时期自然主义教育家就已经提出了完整的教育目的观,他们对教育目的的追问,目的在于:首先是变革旧的教育现实,使教育的目的日趋合理,更加符合人类自身发展的需要;其次是使人类不断地深化对教育目的价值取向的认识,不断更新人类教育的价值观念和教育思维方式,引导人们现实地变革教育世界和人类自身的教育生存环境,促进人的身心的和谐发展;再次是为后世教育的发展提供理想的蓝图,引领人类教育向着更好、更善、更美的方向前行。

(二)客观化自然教育思想的教育目的

到了17世纪,客观化自然教育思想的代表人物夸美纽斯继承和超越了人文主义教育家的教育目的观,使人文主义教育目的观得到了更系统的阐发。综合夸美纽斯多本教育著作关于教育目的思想,我们认为,他主要从四个方面阐释了教育目的思想。

首先,通过泛智教育,获得一切知识和"完全智慧"。

夸美纽斯的泛智教育论是他的整个教育思想的出发点,其核心理念就是把一切有益于人类的知识教给一切人类,获得周全的智慧。在《泛智学导论》中他指出:"从所有各别的科学中能形成一种统一的、包罗万象的科学的科学和艺术的艺术,即泛智论。"②他希望在知识领域的全部精华都能在学生的头脑中生根。在另一本书《泛智学校》中,他明确提出建立泛智学校,他说:"我们

---

① [美]E·P·克伯雷.外国教育史料[M].任宝祥,译.武汉:华中师范大学出版社,1990:370.
② [捷克]夸美纽斯.夸美纽斯教育论著选[M].任钟印,选编.北京:人民教育出版社,2005:201—202.

希望有睿智的学校,而且是博学的学校,即工场,在这样的学校里所有的人都能受教育,都能学习现在和将来生活所必需的学科,而且达到完美的程度。"①这里的"睿智的学校"指的就是充满智慧的学校。在夸美纽斯看来,获得智慧是泛智教育的题中应有之意。"因为智慧创造了万物,智慧教授一切。那么显而易见,我们应该借助科学研究接近对各种事物的普遍认识,接近'泛智',接近包罗万象的而且各部分协调的完全智慧。……因为智慧给青年人以理性和科学,也因为智慧之途的确是能给人带来欢乐之路。……智慧把人们引向上帝,引向永久快乐的源泉,使人怡然自得。"②

其次,完善人的天性,促进人的天赋才能的发展。

夸美纽斯认为,人天生就具有思维、意志、活动能力和语言四种能力,正是它们使我们"能够理解所有的事物,能够从所理解的事物中只选择完美的事物,能够始终掌握事物,能够自由地支配已经掌握的事物,能够享受事物带来的快乐。"③人之所以具备天赋才能,是因为人具有上帝的形象,然而人又不同于上帝,必须通过教育培养天赋才能,彰显人的意义。夸美纽斯所理解的人的意义既是对客观世界的改造,又是对人的精神世界的改造。用他的话来说就是,"人的意义在于改良农田、菜园、葡萄园和改进某种技术,此外,还改善自己的身体,而人的意义也可以说是在于完善自己的灵魂或者自己的天赋才能"④。学校教育的目的就是使儿童适应他的使命,让他通过一切教育完善他的天性,使他成为支配万物,遵循理智和自由的意志,能够理智、平静而得体地生活的人。"只有完善天赋才能,才可以使我们与上帝比拟,而这正是人们比世界上一切宝藏、一切荣誉、一切欢乐和所有一切包括在人们欲望之间的东西更为需要的,所以,完善天赋才能应该是我们追求的崇高目标。"⑤在所有天赋才能中,夸美纽斯最看重的是人的精神才能的完善,认为它的完善"需要以下条件:第一,人有能力考虑许多问题,并且迅速地钻研这些问题;第二,人要善于分辨事物之间的细微差别,选择和追求善的事物,而藐视和避开恶的事物;第三,人要熟练地完成所从事的事情;第四,为了更好地传播智慧的光明,为了阐明一切存在和想象的事物,人要善于辞令,使人们得到收获"⑥。这些训练措施无疑有助于人的精神世界的塑造。总之,要确立综合完善人的天赋才能的目的,引导学生在遵循这些目的时能感悟到在现今和未来生活中,身体、智慧和心灵的美好。

再次,使学生获得学问(博学)、德行和虔信,促进其身心和谐发展。

---

① [捷克]夸美纽斯.夸美纽斯教育论著选[M].任钟印,选编.北京:人民教育出版社,2005:239—240.
② [捷克]夸美纽斯.夸美纽斯教育论著选[M].任钟印,选编.北京:人民教育出版社,2005:173—174.
③ [捷克]夸美纽斯.夸美纽斯教育论著选[M].任钟印,选编.北京:人民教育出版社,2005:364.
④ [捷克]夸美纽斯.夸美纽斯教育论著选[M].任钟印,选编.北京:人民教育出版社,2005:365.
⑤ [捷克]夸美纽斯.夸美纽斯教育论著选[M].任钟印,选编.北京:人民教育出版社,2005:373.
⑥ [捷克]夸美纽斯.夸美纽斯教育论著选[M].任钟印,选编.北京:人民教育出版社,2005:365.

夸美纽斯特别重视学生的学问（博学）、德行和虔信的获得，把它们看作是学生全面发展的重要体现。因为"学问、德行和虔信对所有人都同样重要，不论我们从灵魂的本质去看，或从我们被创造出来并来到这个世界的目的来看，都是如此"①。不仅如此，这三者还是人们获得快乐的源泉，因为它们是三个泉源，"一切最完美的快乐的溪流都是从这里流出的"②。人们之所以能够获得学问、德行和虔信，是因为学问、德行和虔信的种子天然地存在于人们的身上，从而使人们具有获得这三者的可能性。对学问而言，人与生俱来就有能力获得万物的知识，"因为我们的头脑不仅能攫取我们近处的事物，而且能攫取遥远的事物，无论是空间上还是时间上的一切事物；它能领悟困难的事物，搜寻出隐藏着的事物，殚精竭虑于考察不可思议的事物。头脑的能量是无限的，无边无际的"③。对于德行而言，德行的种子也是与生俱来的，因为"(1)每个人都喜爱和谐；(2)人本身不论在外部或内部都不过是和谐"。④ 对于虔信而言，虔信的种子也是天然存在于人身上，"因为形象就意味着相似，相似者喜爱与之相似的原型，这是不变的自然规律"⑤。这意味着人喜爱创造自己的上帝。然而，我们应该看到，尽管知识、德行和虔信的种子是自然地深植在我们身上，要把它们从种子变为现实—开花、结果，主要依赖于教育。没有恰当的教育和培养，"没有辛勤的教学和关怀，谁也不可能成为有文化的人"。⑥ 他还强调学校教育的意义，认为学校是人性的工场，是造就人的场所，只有通过学校教育的作用，人才能成为真正意义上的人，人的身心和谐发展才成为可能。所谓身心和谐发展"不只是人的一个方面，而是整个的人都需要发展，在为完善人性所需要的一切方面都需要发展"。⑦ 人的和谐发展不只需学问、德行和虔信的发展，还需要有强健的体魄，有了强健的身体，才可能有精神的发达。

第四，教育的终极目标是为来世的生活作准备。

夸美纽斯认为，教育的终极目标与人的终极目标具有同一性，都是为来世的生活作准备。"这就是与神、一切完美、荣耀和幸福的终极相结合的目的，与神永远同享完全的荣耀和幸福的目的。"⑧而为永生作准备，人必须熟知万物；有能力管束万物和自己；让自己和万物归属于万有的源泉—神。换言之，要具有学问、德行和虔信。

从夸美纽斯的四重教育目的的内容来看，他的教育目的呈现出世俗性、现实性与宗教性并重的特征。前三个方面的教育目的主要指向改革旧的教育，为现实社会和新兴资产阶级培养全面

---

① [捷克]夸美纽斯.大教学论·教学法解析[M].任钟印，译.北京：人民教育出版社，2006：70.
② [捷克]夸美纽斯.大教学论·教学法解析[M].任钟印，译.北京：人民教育出版社，2006：72.
③ [捷克]夸美纽斯.大教学论·教学法解析[M].任钟印，译.北京：人民教育出版社，2006：40.
④ [捷克]夸美纽斯.大教学论·教学法解析[M].任钟印，译.北京：人民教育出版社，2006：45.
⑤ [捷克]夸美纽斯.大教学论·教学法解析[M].任钟印，译.北京：人民教育出版社，2006：46.
⑥ [捷克]夸美纽斯.夸美纽斯教育论著选[M].任钟印，选编.北京：人民教育出版社，2005：371.
⑦ 任钟印主编.世界教育名著通览[M].武汉：湖北教育出版社，1994：329.
⑧ [捷克]夸美纽斯.大教学论·教学法解析[M].任钟印，译.北京：人民教育出版社，2006：28.

和谐发展的人才,是现实的世俗的教育目的;最后的一个部分则是宗教的目的,要求对上帝有虔诚的信仰,成为上帝的爱物。如果说前三者是进步的教育目的,是夸美纽斯教育目的的核心和落脚点,那么最后一部分则反映了夸美纽斯教育目的的落后性和局限性。夸美纽斯之所以在教育目的中给宗教留有地盘,一方面与他从小所受的宗教教育、成年后担任教会领袖有关,另一方面与当时社会背景有关。"在18世纪末法国资产阶级革命以前,资产阶级在政治、哲学、文化、教育等一切领域的反对封建专制的斗争几乎都披上了宗教外衣,采取了神学争论的形式。因此,夸美纽斯的世界观具有宗教神学色彩,他每每要借用宗教和神学的外衣来发表和支持他的教育新见解,是不足为奇的。"①

尽管夸美纽斯教育目的带有明显的宗教色彩,但与中世纪教育目的相比,还是前进了一大步。"西欧早期中世纪的教育目的是把人造就成上帝忠顺的奴仆,教会所理想的人是没有理智、只有信仰,没有意志、只有服从,没有人的感情、只有对上帝的敬畏的机械工具,教会宣扬人的稚弱无能,全知全能只属于上帝。人生的意义、人的价值、人的智慧和能力、人的使命遭到最彻底的否定。"②与中世纪教育目的不同,夸美纽斯教育目的对人生的意义、人的价值、人的智慧和能力、人的使命给予了充分的彰显,把人看作是造物中最崇高、最美好的,培养的是积极入世的、能改变教育现状的、资产阶级所需要的人才。尽管他具有强烈的宗教情怀,"但就他的世界观和教育观的深处和主导方面而言,他是立足尘世看天上,而不是高踞于云端看人间;宗教是夸美纽斯的一面旗帜,而人文主义和现实主义是他思想中的灵魂。可以说,夸美纽斯既是唯实主义教育家,更是人文主义的教育思想家。"③总之,我们应该看到夸美纽斯教育目的积极进步的因素,并加以弘扬。

(三) 主观化自然教育思想的教育目的

真正具有自然主义色彩的教育目的的出现,始于18世纪的主观化自然教育思想的代表人物——卢梭。他不仅继承了前辈培养公民的教育目的思想,而且着重提出并论述了培养"自然人"的新的教育目的观。

首先,教育的首要目的是培养自然人

在卢梭的语境中,教育目的就是培养自然人。他这样描述"自然人"的形象"他心中的观念为数不多,然而是很明确的;虽说他读书没有别的孩子好,但他对自然这本书的理解却比其他的孩子透彻,他的智慧不表现在他的舌头上,而是储藏在他的脑子里;他的记忆力不如他的判断力强;他只会说一种语言,但是他懂得他所说的语言;虽然他说话不像别人说得那样好,但他做事却比他们做得高明"④,这种自然人的人格特征如下。

---

① 吴式颖,任钟印主编.外国教育思想通史(第四卷)[M].长沙:湖南教育出版社,2002:244.
② [捷克]夸美纽斯.夸美纽斯教育论著选[M].任钟印,选编.北京:人民教育出版社,2005:11.
③ 李明德.西方教育思想史——人文主义教育之演进[M].北京:人民教育出版社,2008:177.
④ [法]卢梭.爱弥儿——论教育(上)[M].李平沤,译.北京:人民教育出版社,2001:206.

(1) 自我实现。卢梭认为,只有自己实现自己意志的人,才不需要借助他人之手来实现自己的意志,因而在所有的一切财富中最可贵的不是权威,而是自由。真正自由的人,只想他能够得到的东西,只做他喜欢做的事情。对于爱弥儿而言,卢梭说:"我的目的是,只要他处在社会生活的漩流中,不至于被种种欲念或人的偏见拖进漩涡里去就行了;只要他能够用自己的眼睛去看,用自己的心去想,而且除了他的理智以外,不为任何其他权威所控制就行了。"①

(2) 身体强壮,身心两健。卢梭把身体的强壮看做是心智发达的基础,要求教师在儿童生命和健康不遭到任何危害时,就要把他培养得十分强壮,"以便他长得既聪慧又有理性,能干活,能办事,能跑,能叫,能不停地活动,能凭他的精力做人,能凭他的理性做人"。②"他的身体愈活动,他的心思也就愈灵敏;他的体力和智力同时成长,互相增益。"③

(3) 独立自主,不盲从权威。在卢梭看来,经过自然教育熏陶的学生对任何事情都有自己的见解,不盲从权威。他绝不会按老一套公式办事,绝不怕什么权威和先例,他觉得怎样合适,就怎样做,就怎样说。他的举止不是从书本上学来的,他的话句句忠实于他的思想,他的行为完全出于他的心意,他的方法始终适合于他的意图。他要亲自观察,弄清楚他想知道什么东西之后,他才会发问。总之,他能独立思考,有主见。

(4) 快乐而自由。卢梭认为,儿童生下来后,就应该让他享受到自由:不戴帽子,不系带子,也不包襁褓,而是穿上肥大的衣服,让他的四肢自由伸展,能在屋子里爬来爬去,随意活动。这样,童年期的教育结束后,儿童会一直享受到快乐和自由。他长大为成熟的儿童,他过完了童年的生活,然而他不是牺牲了快乐的时光达到他这种完满成熟的境地的,恰恰相反,它们是齐头并进的。在获得他那样年龄的理智的同时,也获得了他的体质许可他享有的快乐和自由。卢梭所追求的教育目标就是培养"自由自在的孩子"和"自由自在生活的人"。在《爱弥儿》一书中,卢梭反复地阐明了这一点。

(5) 思想健全,智慧出众。由于卢梭的教育目的不是教爱弥儿获得各种各样的知识,而是"教他怎样在需要的时候取得知识,是教他准确地估计知识的价值,是教他爱真理胜于一切"④,因而爱弥儿成为一个心思开朗,头脑聪敏善于学习,思想健全的人。他能像哲学家那样思考问题,尽管他的知识不多,他所有的知识经过了透彻的理解、真正属于他自己。

(6) 懂得做人的天职。卢梭认为,"在自然的秩序中,所有的人都是平等的,他们的共同的天职,是取得人品;不管谁,只要他在这方面受了很好的教育,就不至于欠缺同他相称的品格"⑤。

---

① [法]卢梭.爱弥儿——论教育(上)[M].李平沤,译.北京:人民教育出版社,2001:362.
② [法]卢梭.爱弥儿——论教育(上)[M].李平沤,译.北京:人民教育出版社,2001:137.
③ [法]卢梭.爱弥儿——论教育(上)[M].李平沤,译.北京:人民教育出版社,2001:137.
④ [法]卢梭.爱弥儿——论教育(上)[M].李平沤,译.北京:人民教育出版社,2001:284.
⑤ [法]卢梭.爱弥儿——论教育(上)[M].李平沤,译.北京:人民教育出版社,2001:09.

这个品格就是如何做人的品格。卢梭力图教儿童生活的技能,因而培养出来的人既不是文官,也不是武人,更不是僧侣,而是一个懂得如何做人,如何尽到做人的本分,如何在生活中懂得幸福和忧患的人。教师的天职就是指导孩子怎样做人。"他的责任不是教给孩子们以行为的准绳,他的责任是促使他们去发现这些准绳。"①

(7) 身心和谐发展。卢梭憧憬的自然人就是身心和谐发展的人。"我们在开头锻炼他的身体和感官之后,又锻炼了他的思想和判断的能力,这样我们就能使他把四肢的运用和智力的运用结合起来;我们训练了一个既能行动又能思想的人。我们还需要做的事情只是把他教育成和谐与通情达理的人,也就是说,用情感来使他的理性臻于完善。"②因为教育的最大秘诀是使身体锻炼和思想锻炼互相调剂。当儿童长到20岁时,其身心发展就会达到完善的境界:长得体态匀称,身心两健,肌肉结实,手脚灵巧;他富于感情,富于理智,心地十分仁慈和善良;他有很好的品德,有很好的审美能力,既爱美又乐于为善;他摆脱了种种欲念的支配和偏见的束缚,他一切都服从理智的法则,他一切都倾听友谊的声音;他有许多有用的本领,而且还通晓几种艺术。在卢梭的笔下,爱弥儿是十全十美的人,他的身体、理智、心灵、道德、审美等各方面都得到了全面发展。

由此可见,卢梭的教育目的是培养能独立思考、能自我实现的人,也是享受快乐和自由的身心和谐发展的资产阶级"新人"。

卢梭之所以要提出培养"自然人"的教育目的,主要原因如下。(1)对"自然"的崇敬和信仰。在卢梭看来,自然既指自然界,也指事物和人的本性,是充满灵性和活力的世界。他不仅赞美大自然,而且时常从大自然中获得美的体验,领悟到大自然的真理。他认为,人对大自然的感觉,不仅获得大自然的知识,更重要的是培养人的生存感觉。"要使感觉丰富化,必须接受大自然对我们的感官的开导。自然界的事物是我们真正的老师,是我们描述物体的模特儿。但感觉并非纯粹客观的认识,而是充满了情感,是自然教给我们对人的生命感受和保存方法。只有反复地感觉,并尽可能进行多种感觉的比较,才能形成对事物的正确把握。比如触觉,它'使我们在外界物体接触我们的身体时能获得正确的印象,因此它使用的时候最多,最能给我们以保存生存所需要的直接知识'。"③总之,人的健全理智和情感赖以发展的基础就是对大自然的健全感觉。自然人的造就离不开对大自然的健全感觉。因此,"卢梭唯一信仰的是'自然神',他的唯一的老师就是自然。自然浸染他的思想,他惟一爱的人是'自然人',他向往的道德是自然的道德,他希望的教化是自然的教化,自然的情感已深入他的血液,成为他的'性情'生活的特性"④。由此我

---

① [法]卢梭.爱弥儿——论教育(上)[M].李平沤,译.北京:人民教育出版社,2001:28.
② [法]卢梭.爱弥儿——论教育(上)[M].李平沤,译.北京:人民教育出版社,2001:276.
③ 郑晓江,詹世友.西方人生精神[M].南宁:广西人民出版社,1997:268.
④ 金生鈜.德性与教化[M].长沙:湖南大学出版社,2003:166.

们不难理解他提出培养自然人的教育目的。(2)自爱情感的至上性,决定了他提出注重个人本位的教育目的观。在卢梭看来,"自爱"的情感高于一切,也是先于其他一切欲念的欲念,其他欲念只不过是它的演变。它是我们种种欲念的发源,所有一切欲念的本源,也是唯一同人终身不离的欲念。它们是我们达到自由和保存目的的工具。因此,"为了保持我们的生存,我们必须要爱自己,我们爱自己要胜过爱其他一切的东西"[①]。"由于每一个人对保存自己负有特殊的责任,因此,我们第一个最重要的责任就是而且应当是不断地关心我们的生命。"[②]他在《社会契约论》中也表达了同样的观点:"人性的首要法则,是要维护自己的生存,人性的首要关怀,是对于其自身所应有的关怀;而且,一个人一旦达到有理智的年龄,可以自行判断维护自己生存的适当方法时,他就从这时候起成为自己的主人。"[③]这表明,卢梭把个体的生命和生存的保存以及对自身的关爱看得高于一切,成为一切活动的出发点和归宿。这种自爱情感的优先性和至上性决定了他提出注重个人本位的、培养自然人的教育目的。(3)基于对当时社会和教育的批判。卢梭在《爱弥儿》中开门见山地指出:"出自造物主之手的东西,都是好的,而一到了人的手里,就全变坏了。"[④]这意味着,人性本善是人与生俱来的,是封建社会和封建教育使人的天性和心灵变坏。偏见、权威、需求、先例和社会制度扼杀了人的天性,使人的内在自然遭到破坏。"我们的种种智慧是奴隶的偏见,我们的一切习惯都在奴役、折磨和遏制我们。文明人在奴隶状态中生,在奴隶状态中活,在奴隶状态中死。他一生下来就被人捆在襁褓里;他一死就被人钉在棺材里;只要他还保持人的样子,他就要受到我们的制度的束缚。"[⑤]学校教育对人的天性的扼杀更为严重。教育者"除了拿竞争、嫉妒、猜疑、虚荣、贪婪和怯弱,拿各种各样在身体还没有长定以前就能把人的心灵完全败坏的最危险和最易于刺激的欲念去教育以外,就想不出其他的手段"。[⑥]这种教育"只能训练出一些阴险的人来,这些人成天装着事事为别人,却处处为的是他们自己"。[⑦]他们"既是奴隶又是暴君"、"充满学问但缺乏理性"、身心脆弱,一旦进入社会,就会暴露其愚昧、骄傲和种种恶习。因此"由于不得不同自然或社会制度进行斗争,所以必须在教育成一个人还是教育成一个公民之间加以选择,因为我们不能同时教育成这两种人"。[⑧]卢梭选择了前者,目的是以自然和自然人的善好,来对抗文明社会和"文明人"的恶。"卢梭当然清楚,人类的生活方式样本质上是政治体而非自然体。某种政治体才是人类生活的历史事实,自然人或自然状态仅仅是

---

① [法]卢梭.爱弥儿——论教育(上)[M].李平沤,译.北京:人民教育出版社,2001:290.
② [法]卢梭.爱弥儿——论教育(上)[M].李平沤,译.北京:人民教育出版社,2001:290.
③ [法]卢梭.社会契约论[M].何兆武译.北京:商务印书馆,2003:05.
④ [法]卢梭.爱弥儿——论教育(上)[M].李平沤,译.北京:人民教育出版社,2001:01.
⑤ [法]卢梭.爱弥儿——论教育(上)[M].李平沤,译.北京:人民教育出版社,2001:11.
⑥ [法]卢梭.爱弥儿——论教育(上)[M].李平沤,译.北京:人民教育出版社,2001:91.
⑦ [法]卢梭.爱弥儿——论教育(上)[M].李平沤,译.北京:人民教育出版社,2001:08.
⑧ [法]卢梭.爱弥儿——论教育(上)[M].李平沤,译.北京:人民教育出版社,2001:05.

虚拟的形而上学假设。近代启蒙人提出这样的假设,不过是为了探究这样的问题——什么样的政治体是最好的。换言之,自然人或自然状态的假设不过是用于衡量或打造更好或最佳政体及其社会人的尺度。可以想见,对任何既存的社会制度而言,自然状态及其自然人这个形而上学假设无不具有革命的颠覆性。既然卢梭认为,自然状态论的前辈们对自然人的探究还不彻底,我们也可以设想,《论不平等》对自然人的探究具有更为彻底的颠覆性,以此探究为基础的'教育论'《爱弥儿》当然就具有更为彻底的革命性。"①

其次,培养道德公民。

卢梭所培养的自然人——爱弥儿,是他想象中的学生,"一个与众不同的孩子",一个抽象的人,"必须对他采取一套特殊的教法"。②这表明,爱弥儿的教育不是大众教育,而是精英教育,培养的是资产阶级需要的、能够改造社会精英人物。这决定了他的学生不可能永远生活在自然状态中,还得重返社会,成为一个好公民。卢梭指出:"生活在自然环境中的自然人和生活在社会环境中的自然人是大有区别的。爱弥儿并不是一个奔逐荒野的野蛮人,他是一个要在城市中居住的野蛮人。他必须懂得怎样在城市中满足他的需要,怎样利用它的居民,怎样才能同他们一起生活,虽然他不像他们那样生活。"③如果说《爱弥儿》是对个人精英的重构,那么《社会契约论》则是对社会公民的重构。这种公民应具有两个重要的品质:一是具有良好道德的公民。他阐释了道德与公民的关系:"祖国没有自由,祖国就不能继续存在;有自由而无道德,自由就不能继续保持;有道德而无公民,道德就荡然无存。因此,如果你把人们都培养成公民,那你就一切全都有了。"④他还说:"唯有道德的自由才能使人类真正成为自己的主人;因为仅仅有嗜欲的冲动便是奴隶状态,而唯有服从人们自己为自己所规定的法律,才是自由。"⑤他在《社会契约论》中把道德诉诸"公意","公意"是他提出的一个著名的概念,意指共同体中所有成员应遵守的道德准则。其重要性在于:"唯有公意才能够按照国家创制的目的,即公共幸福,来指导国家的各种力量;因为,如果说个别利益的对立使得社会的建立成为必要,那么,就正是这些个别利益的一致才使得社会的建立成为可能。"⑥二是具有爱国精神的公民。他说:"人们的精神之具有民族特性,是教育培养出来的;只有教育才能如此密切地指导人们的舆论和爱好,使人们在思想、感情和生活上成为热爱自己国家的人民。一个孩子呱呱坠地之时,他睁眼看到的是祖国;到他将来临死之时的最后一瞥,他看到的也是祖国。每一个真正的共和主义者一吃了母亲的奶,就深深地怀着对母亲的爱,即:

---

① 刘小枫.《爱弥儿》如何"论教育"[J].北京大学教育评论,2013(1):126—146.
② [法]卢梭.爱弥儿——论教育(上)[M].李平沤,译.北京:人民教育出版社,2001:26.
③ [法]卢梭.爱弥儿——论教育(上)[M].李平沤,译.北京:人民教育出版社,2001:280.
④ [法]卢梭.卢梭全集(第5卷)[M].李平沤,译.北京:商务印书馆,2012:233.
⑤ [法]卢梭.社会契约论[M].何兆武译.北京:商务印书馆,2003:26.
⑥ [法]卢梭.社会契约论[M].何兆武译.北京:商务印书馆,2003:31.

爱法律和自由。这种爱将贯穿他的一生；他心中只有他的祖国,他是为祖国而生的；他一旦孤独无依了,他就什么也不是了；一旦没有祖国了,他也就什么也没有了；他虽然没有死,但比死还难过。"①可见,爱祖国对于公民的生活和生存是多么重要,是公民概念题中应有之意。

（四）心理化自然教育思想的教育目的

到了19世纪,心理化自然教育家在继承前辈教育目的的基础上,也对教育目的进行了深刻阐释。

首先,教育目的是培养多方面兴趣。

这是赫尔巴特提出的教育目的观。他认为,培养多方面兴趣是教育的直接目的,也叫做可能的目的。他提出这一教育目的的依据：一是人类社会的分工对人才素质的要求。从教育本质看,统一的教育目的是不可能出现的。因为,随着人类社会的发展,特别是进入资本主义社会后,社会分工不可避免,做的工作越局限,分工就越细。这要求未来的劳动者不仅要精通一种工作,而且要全面发展,掌握多方面的知识。"这种专一的精通是各人意向中的事情,而多方面的可接受性,只能产生于个人从一开始就作出的多方面的努力之中,这就是教育的任务。因此,我们把教育目的的第一部分叫做兴趣的多方面性。"②它也称之为平衡的多方面性或一切能力的和谐发展。二是基于道德形成的机制。德育是不能同整个教育中分离出来,而是必然地、深远地和其他教育问题关联在一起。其他部分是作为德育的先决条件而存在的,只有在进行其他方面教养的过程中才能有把握地开展德育。这其他部分就包含着多方面兴趣,后者是德行的基础,因此,应当寻求多方面的教育,多方面地培养人,这样就可以从中产生"道德性格的坚定性"。此外,"精神生活的健康要求安宁与敏感性,两者都同样在于兴趣,兴趣越多种多样并且恒常,精神生活的总和就越大"。③

其次,教育的最高目的和首要目的就是培养道德。

赫尔巴特把培养道德看做教育的最高目的。他说："我们可以将教育惟一的任务和全部的任务概括为这样一个概念：道德。道德,普遍地被认为是人类的最高目标,因此也是教育的最高目标。"④可见,人类和教育的最高目标都是培养道德。这与赫尔巴特对道德对人发展的全面影响的认识密切关联。用他的话说就是："道德,是兼顾全面的,而不是开始时就给学生以直接规定的；是指点迷津的,适意地推动理性和想象力发展的；是感人的,而不是严肃的和处罚性的；是使人产生思想的,而不是压制良心的。"⑤它对人的影响是潜移默化的,因为"心灵最好是通过和风细雨般

---

① [法]卢梭.论波兰的治国之道及波兰政府的改革方略[M].李平沤,译.北京：商务印书馆,2014：22.
② [德]赫尔巴特.赫尔巴特文集（教育学卷一）[M].杭州：浙江教育出版社,2002：38.
③ [德]赫尔巴特.赫尔巴特文集（教育学卷二）[M].杭州：浙江教育出版社,2002：302.
④ [德]赫尔巴特.赫尔巴特文集（教育学卷二）[M].杭州：浙江教育出版社,2002：177.
⑤ [德]赫尔巴特.赫尔巴特文集（教育学卷二）[M].杭州：浙江教育出版社,2002：25.

的浸润的方式用种种感受来培养,通过开始时适合小孩年龄,随着年龄增长而不断给予纠正的道德学来培养。这种道德学必须永远不给理智带来困难,从而培养人的情感和习惯,因而是不容割断的,因为道德情感要求提供养分,而且是更好的养分"。①

再次,教育目的是培养学生自助学习和自我教育的能力。

英国教育家斯宾塞论述了这个教育目的。在他的视野中,教育目的就是"有一天能够不教",以培养学生自助学习和自我教育的能力。在儿童智力的培养中,自我教育总是伴随着快乐教育,"整个过程应以培养自我教育能力为核心,它所引起的心智活动应该是孩子乐意接受的"。② 之所以要培养儿童的自我教育能力,是因为:(1)有助于培养儿童的独立思考能力。第一,会使儿童懂得事物的因果关系,形成因果的概念,明白事物的存在总是有原因的;第二,会让儿童以自己的方式找到和思考这种原因,而不是全盘接受某个人或某本书上的观点,不迷信权威。(2)能够保证所学的东西的鲜明性和持久性。儿童通过复杂的心智和意志活动,自己得来的任何一项知识,自己解决的任何一个问题,都永远归属于他。这种成就所需要的心智准备、思维的集中、胜利后的兴奋,结合起来就能使知识牢固地印在他的记忆里。(3)这种自我教育的训练使儿童不断地组织、重构和应用知识,今天所获得的知识成为解决下一个问题的方法,下一个问题的解决又成为解决新问题的前提。这样得出的知识,一到手就转化为能力。(4)自我教育训练有助于培养儿童的意志和品质。因为这种训练能够使他有勇气和习惯去克服困难,有耐心集中注意力。"失败,坚持,再失败,再坚持。这种性格对日后的生活也具有重要价值,使他们珍视荣誉,正视现实。"③总之,教育的最高目标就是培养自治、自省和自我教育的人。

第四,教育目的是培养身心和谐发展的"完人"。

心理化自然教育家裴斯泰洛齐和第斯多惠论述了这个教育目的。裴斯泰洛齐所论述的教育目的是发展学生的天赋的内在力量,促进儿童身体、道德、智慧的和谐的平衡的发展。他说:"为人在世,可贵者在于发展,在于发展各人天赋的内在力量,使其经过锻炼,使人能尽其才,能在社会上达到他应有的地位。这就是教育的最终目的。"④"我的初等教育思想,在于依照自然法则,发展儿童道德、智慧和身体各方面的能力,而这些能力的发展,又必须顾到它们的完全平衡。"⑤他认为,人的各种力量的发展根源于内在奋发力的觉醒。如人的灵魂的觉醒产生感觉,精神的觉醒产生思考,眼睛的觉醒产生看,耳朵的觉醒产生听,脚的觉醒产生走,手的觉醒产生拿。"这一切不是由外来的、人体以外的意志和外来的奋发力促发的,而是由每个人自己的意志和他的各种力量

---

① [德]赫尔巴特.赫尔巴特文集(教育学卷二)[M].杭州:浙江教育出版社,2002:30.
② [英]斯宾塞.斯宾塞的快乐教育[M].颜真,译.福州:海峡文艺出版社,2002:101.
③ [英]斯宾塞.斯宾塞的快乐教育[M].颜真,译.福州:海峡文艺出版社,2002:102.
④ 张焕庭.西方资产阶级教育论著选[C].北京:人民教育出版社,1996:173.
⑤ 张焕庭.西方资产阶级教育论著选[C].北京:人民教育出版社,1996:206.

中的奋发力促发的。奋发力的觉醒导致道德力量、精神力量和体力的发展。"①裴斯泰洛齐强调，教育意味着人的全面发展，而不是孤立的片面的发展。因为后者是一种不顺乎自然的假教育。"真正的、顺乎自然发展的教育，就其本质而言，是为了追求人的完善，追求人的各种力量的完善。如果片面地培养某种力量，这种内部紧密的力量，真正顺乎自然地产生这种追求的力量会被削弱和扼杀。"②

无独有偶，第斯多惠把教育目的定位为：激发学生的主动性，培养学生的独立性，促进真、善、美的和谐发展，以服务于人生的目的，实现学生的自我完善。这一教育目的的核心是主动性的激发，因为"人只要靠自身的力量从外部统治中解放出来，人的发展就会越来越自由，越来越和谐。达到这种程度，人生在世便不会被动，便不会忍气吞声和受苦受难，人将会有主动的意志和主动的行动。内部的独立活动从认识论上来讲就是思想，外部活动就是精神的主动"③。可见，内在的主体力量对人生的发展至关重要。

（五）生长论自然教育思想的教育目的

美国教育家是在生长论自然教育思想的语境中阐释教育目的的，这使他的教育目的带有鲜明的生长论特色。

1. 教育的个人目的：培养生长的人

杜威在《民主主义与教育》中阐释了培养生长的人的教育目的。他说："教育的过程，在它自身以外没有目的，它就是它自己的目的。"④"我们探索教育目的时，并不要到教育过程以外去寻找一个目的，使教育服从这个目的。我们整个教育观点不允许这样做。我们要做的，是要把属于教育过程内部的目的，和从教育过程以外提出的目的进行比较。"⑤"我们要提醒自己，教育本身并无目的。只是人，即家长和教师等才有目的；教育这个抽象概念并无目的。所以，他们的目的有无穷的变异，随着不同儿童而不同，随着儿童的生长和教育者经验的增长而变化。"⑥杜威的这三段话表面上看讲的是"教育无目的"，实际上是他区分了教育过程内的目的和教育过程以外的目的，他倡导的是教育过程内的目的，反对的是教育过程以外的目的。后者是传统的教育目的，前者是他的培养生长的人的教育目的。就"生长"的内涵来说，生长就是朝着后来结果的行动的累积运动。就"生长"的目的而言，指的是包括本能在内的身体、智力、情感、道德的全面生长。强调过程性是他的教育目的的重要特征。据杜威分析，因为生活就是生长，"哪里有生

---

① [瑞士]阿图尔·布律迈尔.裴斯泰洛齐选集(第二卷)[M].北京：教育科学出版社，1994：327.
② [瑞士]阿图尔·布律迈尔.裴斯泰洛齐选集(第二卷)[M].北京：教育科学出版社，1994：343.
③ [德]第斯多惠.德国教师培养指南[M].袁一安，译.北京：人民教育出版社，2001：89.
④ 吕达，刘立德，邹海燕.杜威教育文集(第2卷)[M].北京：人民教育出版社，2008：52.
⑤ 吕达，刘立德，邹海燕.杜威教育文集(第2卷)[M].北京：人民教育出版社，2008：99.
⑥ 吕达，刘立德，邹海燕.杜威教育文集(第2卷)[M].北京：人民教育出版社，2008：106.

活,那里就已经有热切的和激动的活动。生长并不是从外面加到活动的东西,而是活动自己做的东西"①。无论是儿童还是成人都在生长,只是各有适合于不同情况的不同的生长方式而已。"除了更多的生长,没有别的东西是和生长有关的,所以除了更多的教育,没有别的东西是教育所从属的。"②因此,他的结论是:"因为生长是生活的特征,所以教育就是不断生长;在他自身以外,没有别的目的。"③"教育的过程是一个继续不断的生长过程,在生长的每个阶段,都以增加生长的能力为其目的。"④杜威的教育目的另一个特征就是强调生成性。教育目的是在儿童的生活和活动中生成的。因为"心理是生长着的东西,因而在本质上是变化着的,在不同时期呈现出能力和兴趣的不同特点的东西。"⑤在他看来,"生长和生活无止境、无终极,因而也没有最后的目的。生长和生活永远前进,在其扩充、提高、更新、重组的过程中,儿童和青少年便逐步成长而终于成为社会的合格成员"⑥。因此,教育目的是生成的,而不是终极的。

2. 教育的社会目的:培养良好的公民

在杜威的视野中,个人目的的实现离不开儿童的社会生活的参与,因为"儿童的社会生活是其一切训练或生长的集中或相互联系的基础。社会生活给予他一切努力和一切成就的无意识的统一性和背景"⑦。另一理由是受教育的个人与社会是有机结合的。"如果从儿童身上舍去社会的因素,我们便只剩下一个抽象的东西;如果我们从社会方面舍去个人的因素,我们便只剩下一个死板的、没有生命力的集体。"⑧据此,他指出:"教育目的—民治国家尤其如此—是要养成配做社会的良好分子;详言之,就是使社会的各分子能承受社会的过去或现在的各种经验,不但被动地吸收,还须每人同时做一个发射的中心,使他所承受的及发射的都贡献到别的公民心理去,也来加入社会的活动。"⑨"教育的方针就在怎样训练,怎样引导个人的本能,叫它和社会的生活相结合。必定要把个人的本能和现在社会的生活沟通一气,叫它恰好适应社会的需要,才是教育的目的。"⑩这就是说,个人目的和社会目的是统一的,而不是彼此相分离的。就社会目的特征而言,杜威主要谈了两点:一是注重道德的培养。教育的社会目的就是道德的目的,即使知识与行为打通,这也是教育的最高和最后的目的。明白了这一点,就应该寻找方法尽可能使行为与道德打通,使知与行统一,这样就有希望实现教育的社会目的。二是注重人格的养成。这是因为:"今日的教育为国民教育,

---

① 吕达,刘立德,邹海燕.杜威教育文集(第2卷)[M].北京:人民教育出版社,2008:45.
② 吕达,刘立德,邹海燕.杜威教育文集(第2卷)[M].北京:人民教育出版社,2008:53.
③ 吕达,刘立德,邹海燕.杜威教育文集(第2卷)[M].北京:人民教育出版社,2008:55.
④ 吕达,刘立德,邹海燕.杜威教育文集(第2卷)[M].北京:人民教育出版社,2008:56.
⑤ 吕达,刘立德,邹海燕.杜威教育文集(第1卷)[M].北京:人民教育出版社,2008:73.
⑥ 吕达,刘立德,邹海燕.杜威教育文集(第2卷)[M].北京:人民教育出版社,2008:本卷前言18.
⑦ 吕达,刘立德,邹海燕.杜威教育文集(第1卷)[M].北京:人民教育出版社,2008:10.
⑧ 吕达,刘立德,邹海燕.杜威教育文集(第1卷)[M].北京:人民教育出版社,2008:07.
⑨ 吕达,刘立德,邹海燕.杜威教育文集(第3卷)[M].北京:人民教育出版社,2008:96.
⑩ 吕达,刘立德,邹海燕.杜威教育文集(第4卷)[M].北京:人民教育出版社,2008:397.

学识固应灌输,人格更须注意。人格优长,学识浅薄,其害小;学识优长,人格卑劣,其害大。"①

综上所述,西方自然主义教育家的教育目的观存在着很大的差异。首先是视角的差异。有的自然教育家的教育目的观持个人本位目的观,这种教育目的观强调使儿童的自然本性、本能得到自然和自由的发展,着眼于从个人需要的视角设计教育目的。"典型的个人本位目的观在教育史上主要以卢梭、福禄培尔、裴斯泰洛齐、斯宾塞等人为代表。卢梭主张以儿童本性的自然发展为目标,裴斯泰洛齐则认为儿童生来就蕴藏有各种能力和力量的种子,教育就是促使儿童的各种天赋才能的种子得到和谐发展,使儿童成为一个幸福的人。福禄培尔采取了与裴斯泰洛齐类似的目的观,而斯宾塞的主张科学知识学习的目的观完全是从儿童个人的未来幸福生活需要考虑的。"②有的自然教育家如赫尔巴特持社会本位论,强调从社会需要出发培养学生的多方面兴趣和道德。有的自然教育家如夸美纽斯、杜威的教育目的观介于个人本位目的观与社会本位目的观之间,强调教育既要为个人的发展服务,又要为社会发展服务,试图对个人需要和社会需要平衡考虑。夸美纽斯一方面寄希望于教育来实现他的社会理想,另一方面强调教育应完善人的天性,促进人的天赋才能的发展,为个人的永生永世的幸福作准备。杜威的教育目的观更是这种教育目的观的典型,他的培养"生长的人"的教育目的,表达的是儿童中心论,强调个人本能的自然发展,服务于个人发展的需要;他的培养"良好社会分子"的教育目的,彰显的是社会中心论,强调把社会的需要放在第一位,服务于社会的发展。可见,杜威的教育目的观持的是"双中心"的价值取向,试图使教育满足个人和社会的双重需要。其次是内容的差异。同样是个人本位的教育目的观,有的比较突出人的自然本性的发展(卢梭),有的则强调天赋才能的发展(裴斯泰洛齐),有的强调个体本能的生长(杜威),不过大多数自然教育家都强调个体身心的自然和自由的和谐发展。在社会本位的教育目的观中,有的强调知识,有的强调道德。

自然教育家的教育目的观之所以有这些差异,"显然与特定的社会历史条件有不可分割的联系。特定的社会有其特定的政治、经济、科技和文化的现实,也有其特定的发展趋向。社会的发展必然与人的发展联结在一起,就如同同一硬币的两面不可分离一样。因此,有什么样的社会发展,必然会对人的身心发展提出什么样的要求,教育作为塑造人的工作必定要反映和适应社会对人的这种需要。教育在开始塑造人的时候,自然要设计一种关于人的蓝图,对这个蓝图的设计,不管设计者是一谁、他持什么样的哲学观、社会观和价值观,都要自觉或不自觉地对时代的这种需要作出自己的回答,尽管答案是千差万别的,但这不过是对同一道题的多种解法罢了"③。他们一致的地方是都强调个体身心的自然和自由的和谐发展,这反映了他们的共识和自然主义教

---

① 吕达,刘立德,邹海燕.杜威教育文集(第4卷)[M].北京:人民教育出版社,2008:294.
② 陈佑清.教育目的论[M].武汉:湖北教育出版社,1994:68.
③ 陈佑清.教育目的论[M].武汉:湖北教育出版社,1994:81—82.

育目的发展的带规律性的东西。

二、西方自然主义教育思想的教育目的观的当代价值

(一) 培养当代社会的"自然人"

卢梭的培养"自然人"的教育目的对当代教育具有警示和纠偏的意义。在当今教育界,以模式化、抽象化、理性化、工具化为特征的教育普遍存在,导致个体的主体性被扼杀,个体的人性被摧残,个体的个性被磨灭,造成了人的单向度的理性的发展,而人的感性、情感、审美、价值等被排除在"人的发展"的视野之外,或者被边缘化。倡导"自然人"的培养,也像卢梭所指出的,并非要使个体返回原始森林,成为野蛮人,而是要培养生活在当代社会中的自然人。其意图是以培养自然人的教育目标和教育理念为基础,借鉴自然人的特征——自我实现、身体强壮、身心两健、独立自主,不盲从权威、快乐而自由、思想健全,智慧出众、懂得做人的天职、身心和谐发展,来批判现时教育中的模式化、抽象化、理性化、工具化的弊端,重新甄定教育目标,为儿童生命的发展敞开一片人性化、人道化的空间,为儿童的健康发展提供更多的可能性。培养"自然人"的古典教育目标之所以能发挥其当代价值,是因为"我们今天的教育境遇跟卢梭所批判的教育并无质的差别,这其中不仅有科学技术型知识的发展带来的学习负担逐渐加重,更有太多人为的压力,诸如恶性的竞争,学校中的各种纪律与规训,家庭、学校、社会对儿童的单一性期待等等,导致儿童心灵世界的重负。重申自然教育,究其实质,就是要重新甄定当下教育的方向,为儿童的发展敞开自然、积极、健康的路径。理想的教育在引导个体走向成人世界,走向俗世化的社会生活之中,尽可能地在人心之中,守住一种原初的生命本色,守住儿童自然的生命个性,实际上也就是守住生命的本色与自然,保持个体生命对周遭世界的敏感性,避免个体生命陷于虚华的现代文明的围裹之中,触摸不到真实世界的痕迹,从而为人生发展留下一种丰富与质朴的可能性。同时以个体作为自然人之身体与感官的充分发展,给个体生命注入充分的活力与激情,以避免现代人性的萎缩"①。

(二) 教育的最高目的是培养道德

赫尔巴特和杜威都把道德看作教育的最高目的。赫尔巴特指出:"我们可以将教育唯一的任务和全部的任务概括为这样一个概念:道德。道德,普遍地被认为是人类的最高目标,因此也是教育的最高目标。"②之所以是最高目的,是因为它对人的发展具有全面的影响,即"道德,是兼顾全面的,而不是开始时就给学生以直接规定的;是指点迷津的,适意地推动理性和想象力发展的;是感人的,而不是严肃的和处罚性的;是使人产生思想的,而不是压制良心的"③。它对人的影响

---

① 刘铁芳.古典传统的回归与教养性教育的重建[M].北京:北京师范大学出版社,2010:80.
② [德]赫尔巴特.赫尔巴特文集(教育学卷二)[M].杭州:浙江教育出版社,2002:177.
③ [德]赫尔巴特.赫尔巴特文集(教育学卷二)[M].杭州:浙江教育出版社,2002:25.

是潜移默化的。因为"心灵最好是通过和风细雨般的浸润的方式用种种感受来培养,通过开始时适合小孩年龄,随着年龄增长而不断给予纠正的道德学来培养。这种道德学必须永远不给理智带来困难,从而培养人的情感和习惯,因而是不容割断的,因为道德情感要求提供养分,而且是更好的养分"①。杜威也持相同的观点,认为品格的培养是至高无上的教育目的。这种教育目的思想影响了20世纪教育目的的发展。"可以说,20世纪中各种人文主义的教育流派,都认为道德是个人完美生活和人类社会生活中最宝贵的东西,是人的全面发展所追求的最高目标。"②它也被我国解放以后的教育目的所继承。尽管我国的教育目的在不同的历史时期的表述有所差异,但都把道德教育放在首位,都看到了道德教育对人的全面发展的奠基作用。但是,在应试教育的影响下,我国的不少中小学校具体地执行中出现了偏差,使得现实教育存在着重智育,轻德育的现象。更为严重的是,现代学校教育中规训的"在场",导致儿童德性与人格分离和异化。"它通过规范的行使和强制,使人通过自我意识故意排除人格中与道德价值不和谐的一切特征和倾向,对消极面有意识地否认或者驯服以达到圣人德性,结果主体只形成了一种'表面人格'或'人格面具'"③,从而导致儿童言行不一、身心分裂,人格片面发展。与此相联系,儿童还会在日常生活中出现道德行为失范和德性异化的现象。因此,如何落实德育的首要地位,增强德育的实效性,使德性与人格统一,是我国教育理论研究者和广大教师应当认真思考的问题。

(三)教育目的应注重学生的自我教育,促进学生的自我实现

关注自我教育,促进自我实现,一直是西方自然教育家的崇高理想。在西方教育思想史上,自我实现的教育目的是西方自然教育家首次建构的。无论是亚里士多德、人文主义教育家,还是卢梭、福禄培尔、斯宾塞,抑或是杜威,都阐释了这个教育目的。这个教育目的的核心,就是发挥主体的能动性,通过自己教育自己,养成自助学习和自我教育的能力,挖掘蕴藏在个体身心的各种潜能,最大限度地促进个体的自我实现。它得到了现代心理学家和教育家的积极回应。美国人本主义心理学家和教育家马斯洛在《人性能达到的境界》中论述了自我实现的教育目的观:"教育的功能、教育的目的——人的目的、人本主义的目的、与人有关的目的,在根本上就是人的'自我实现',是丰满人性的形成,是人种能够达到的或个人能够达到的最高程度的发展。说得浅显一些,就是帮助人达到他能够达到的最佳状态。"④另一位人本主义心理学家和教育家罗杰斯也提出了相同的教育目的,他对"自我实现"者的要求是"'能从事自发的活动,并对这些活动负责的人;能理智地选择和自定方向的人;是批判性的学习者,能评价他人所作贡献的人;获得有关解决问题知识的人;更重要地,能灵活地和理智地适应新的问题情境的人;在自由地和创造性地运用所有有关经验

---

① [德]赫尔巴特.赫尔巴特文集(教育学卷二)[M].杭州:浙江教育出版社,2002:30.
② 扈中平,刘朝晖.挑战与应答—20世纪的教育目的观[M].济南:山东教育出版社,1995:08.
③ 孙晓轲.儿童德性论[M].济南:山东教育出版社,2011:79.
④ [美]马斯洛.人性能达到的境界[M].林方,译.昆明:云南人民出版社,1987:169.

时,融会贯通某种灵活地处理问题的方式的人;能在各种活动中有效地与他人合作的人;不是为他人的赞许,而是按照他们自己的社会化目标工作的人'。这样的人,是拥有理想'自我'的人,是'自我'得到充分实现的人"[①]。美国学者劳伦斯·库在"教育中被遗忘的人"的文章中指出,"教育的一个根本目标就是帮助人成为一个人,尽他的可能成为一个完全符合人性的人"[②]。印度教育家克里希那穆提认为,"自我认识,乃是一个人明白他自己的整个心理过程。因此,教育的真正意义是自我了解,因为整个生活是汇聚于我们每个人的身心"[③]。我国学者王坤庆也表达了相似的观点:"更新教育目的观,更多地在教育目的的价值取向上关注人的自身价值的培植和弘扬,关注人的精神层面的建构,是中国教育在21世纪的发展中首先要作出的抉择。"[④]这些教育家和学者从不同的视角强调了自我实现的教育目的的重要性,丰富了自我实现的教育目的的内涵。这表明,自我实现的教育目的在现代社会非常重要,就其意义而言,它不仅是个人可持续发展所必需,而且也是学习化社会和终身教育所必需,是中国教育在21世纪的发展中所作出的必然抉择。

（四）教育目的应关注儿童当下的生活世界

卢梭和杜威都强调教育目的应关注儿童当下的生活世界。卢梭批评传统教育为了不可靠的未来而牺牲现在的弊端,并声称它是一种野蛮的教育,束缚了儿童的发展,使他们无法获得幸福。"远虑！使我们不停地做我们力不能及的事情,使我们常常向往我们永远达不到的地方,这样的远虑正是我们种种痛苦的真正根源。像人这样短暂的一生,竟时刻向往如此渺茫的未来,而轻视可靠的现在,简直是发了疯！"[⑤]杜威进一步发挥卢梭的这一思想,提出了教育是生活的过程,也是儿童生长的过程的命题,认为过程和目的是统一的和内在的,而不是外在的和从外面强加的。教育的目的应关注儿童当下的生活世界,"学校必须呈现现在的生活——即对于儿童说来,是真实而生气勃勃的生活。像他在家庭里,在邻里间,在运动场上所经历的生活那样"[⑥]。"使人们乐于从生活本身学习,并乐于把生活条件造成一种境界,使人人在生活过程中学习,这就是学校教育最好的礼物。"[⑦]他把教育目的回归儿童的生活世界、考虑儿童现有情况,看作是良好目的的标准之一。

卢梭和杜威的教育目的观启示我们,无论是教育目的的制定,还是教育目的的贯彻,都不要为了遥远的未来而牺牲可靠的现在,都要关注儿童的生活世界,而不是关注分数和升学率,更不能把后者当成是教育目的。儿童的生活世界是属于儿童本身的世界,也是儿童最喜欢的世界。

---

① 钟启泉,黄志成.美国教学论流派[M].西安:陕西人民教育出版社,1993:251.
② [美]马斯洛,等著.人的潜能和价值[M].林方,主编.北京:华夏出版社,1987:267.
③ [印]克里希那穆提.一生的学习[M].张南星,译.北京:群言出版社,2004:15.
④ 王坤庆.精神与教育——一种教育哲学视角的当代教育反思与建构[M].上海:上海教育出版社,2002:225.
⑤ [法]卢梭.爱弥儿——论教育(上)[M].李平沤,译.北京:人民教育出版社,2001:75.
⑥ 吕达,刘立德,邹海燕.杜威教育文集(第1卷)[M].北京:人民教育出版社,2008:08.
⑦ 吕达,刘立德,邹海燕.杜威教育文集(第2卷)[M].北京:人民教育出版社,2008:53—54.

儿童在生活世界中游戏、活动、玩耍，是最快乐的事情。我们需要做的是，记住杜威的话："教育的目的应该增加儿童更多的能力，更多的兴趣，每天所受的教育应该一天增加一天，教育便是现在的长进，不是将来的长进。因为倘若不是现在的长进，便是不长进。"①唯有让儿童生活和生长在自己的生活世界里，使教育与生活融为一体，才能满足儿童的活动和需要，激发儿童的智慧，促进儿童不断地生长。

（五）教育目的应关注儿童的主体性和差异性

自然教育家确立教育目的时对儿童的主体性给予了高度关注。在卢梭看来，经过自然教育熏陶的学生对任何事情都有自己的见解，不盲从权威。他绝不会按老一套公式办事，绝不怕什么权威和先例，他觉得怎样合适，就怎样做，就怎样说。他的举止不是从书本上学来的，他的话句句忠实于他的思想，他的行为完全出于他的心意，他的方法始终适合于他的意图。他要亲自观察，弄清楚他想知道什么东西之后，他才会发问。总之，他能独立思考，有主见。第斯多惠强调教育目的是培养学生为真、善、美服务的主动性。杜威强调要养成学生主动的习惯，即"包含思维、发明和使自己的能力应用于新的目的的首创精神"，有了这种主动的习惯，就能使学生主动地寻找应付新环境的方法，主动地调整自己的活动，使他的活动的整个过程富有意义，活动的每个阶段都有自己的价值，从而促进儿童日新月异的生长，实现自我更新。与此相联系，教育目的应关注个性的发展，彰显差异性。卢梭说过："每个人生来具有特异的气质……我们往往不加区别，使具有不同爱好的儿童从事同样的练习；他们的教育毁灭特殊的爱好，留下死板的千篇一律的东西。所以，在我们消耗我们在阻碍儿童真正的天赋的努力之后，我们用来代替的短命的和虚幻的才华化为乌有，而我们所扼杀的儿童的天赋能力也不能复活。"②赫尔巴特反对教师侵犯学生的个性，要求把学生的个性作为教育的出发点。杜威指出，在教育目的上，"凡是考虑儿童天赋能力的原则的人，没有不对不同的儿童天赋能力各异这样的事实感到惊异。这种差异不仅是关于能力的强度，甚至在能力的质量和组织方面，也各人不同。"③他反对千篇一律的教育目的，因为它"忽视个人的特殊能力和要求，忘记了一切知识都是一个人在特定时间和特定地点获得的"。④

自然教育家对主体性的强调和对个性的尊重，给我们思考教育目的提供了重要的启示。"在我国当今的教育中，外在的教育目的依然盛行，社会、教师、家长的目的和要求不断被强化，无视学生兴趣与需要的各种名目的课外辅导剥夺了学生休息与选择的自由。学生被当作学校（工厂）培养的产品，学生不再是有血有肉的活生生的个体，学生的主体性被抹杀了。"⑤我们应改变这种状况，像

---

① 吕达，刘立德，邹海燕.杜威教育文集（第3卷）[M].北京：人民教育出版社，2008：107.
② 吕达，刘立德，邹海燕.杜威教育文集（第2卷）[M].北京：人民教育出版社，2008：114.
③ 吕达，刘立德，邹海燕.杜威教育文集（第2卷）[M].北京：人民教育出版社，2008：114.
④ 吕达，刘立德，邹海燕.杜威教育文集（第2卷）[M].北京：人民教育出版社，2008：106.
⑤ 吴亚玲.杜威的教育目的观及其现实意义[J].汕头大学学报，2010(3)：83—87.

自然教育家那样重视学生的主体性。因为,学生的身心发展固然离不开教师的引导、启发和教育,但决定因素是学生自身,外因只能通过内因而起作用。离开了学生的主观能动性和内在力量的参与,学生的发展几乎是不可能的。学生的主体性本身既是发展的内容,也是衡量发展的一个重要指标。只有当学生的内在潜能被充分激发和唤醒的时候,只有当他愉快地和主动地参与教育过程、主体性得到充分彰显的时候,教师的外在影响才是有效的,学生知识的获得、能力的发展、品德的养成、人格的完善等,才能从可能性变为现实性。与此相联系,我们还应重视学生的个性的发展,把它当成教育的出发点,真正做到尊重学生的个性,给学生留有宽阔的自我发展的空间,而不是侵犯学生的个性。因为发展学生的个性,是学生主体性发展的前提和保障。没有学生个性的张扬,也就无所谓学生主体性的发展。"我们最终的职责是防止我们的天性在发展中遭受忽视或缺乏条理。我们必须运用我们的创造力创造出我们所能获得的最强的个性。因为只有这样,我们才能一定成为宇宙中神灵的伙伴。"[①]同时我们应意识到,培养与众不同的、有个性的人,给学生创造个性发展的空间,发挥他们的创造性思维,也是我国建设创新型国家的关键之所在。

(六) 教育目的应注重培养身心和谐发展的人

注重培养身心和谐发展的人,是西方自然教育思想的一个重要传统。尽管自然教育家在教育目的上的表述有所不同,但是,无论是亚里士多德的"自我实现者"、昆体良的"雄辩家"、人文主义教育家的"朝臣"、"君主""领袖",还是卢梭的"自然人"、第斯多惠的"完人",抑或是杜威的"生长的人",都强调培养和促进学生身心的和谐发展,都指向培养优秀的人性。在这一点上,自然教育家似乎没有多少分歧。这表明,人的身心和谐发展的培养,是自然教育目的的最重要的维度,是自然教育家从事教育活动的出发点和归宿。它的合理性在于,只有教育为社会培养具有和谐发展的、优秀人性的合格人才,才能有效地服务于社会,为国家、民族的发展作出自己的贡献;反之,培养出来的人身心分离,就不符合国家、社会的发展需要。在身心的发展中,心灵的发展重于身体的发展,教育应以培育和提升儿童的心灵为天职。

然而,反观我国的教育现实,人们更多地关注学生如何成为某领域的有专长之材,忽视了学生如何"做"人和"成"人。尽管在我们的理论探讨中、在文件中,都认识到教育目的的价值取向是应注重全面发展的人、完整的人的培养和塑造,但在实然层面上,我们培养出来的人是注重分数和成绩,善于应试的、单向度的"知识人",而不是智慧发达、心灵高贵、身心健全的人。功利的教育目的重于或遮蔽了非功利的教育目的,导致教育中"人"的缺席和异化,身与心分离。人成了教育的手段,而不是教育的目的。这使得现在的中小学存在着雅斯贝尔斯所批评的教育现象:"本来是用训练有素的方法来处理广泛的学习资料,现在变成了空洞无聊的尽义务而已;本来学生的学习目的是求取最佳发展,现在却变成了虚荣心,只是为了求得他人的看重和考试的

---

① [英]约翰·怀特.再论教育目的[M].李永宏,译.北京:教育科学出版社,1997:51.

成绩;本来是渐渐进入富有内涵的整体,现在变成了仅仅是学习一些可能有用的事物而已。本来是理想的陶冶,现在却只是为了通过考试学一些很快被遗忘的知识。"①这种丧失了精神性目标的教育,给学生带来的是支离破碎的混杂的知识,而不是充满精神内涵的整体性教育。教育的目标应该使学生领悟知识的精神内涵和精神价值,在完善的生活、学习中达成精神的精神的发展。由此看来,如何继承自然教育家的教育目的的思想遗产,在教育中把人的全面发展真正落到实处,高度关注学生心灵世界的发展,是我们的教育理论和教育实践迫切需要解决的问题。

（七）教育目的应在个人发展与社会发展之间保持必要的张力

自然主义教育家的以促进个人的身心和谐发展而著称,但也不忘通过培养良好的公民,来促进社会的发展。卢梭是个人本位的最早倡导者,但培养良好的公民也是他的教育目的的重要内容。杜威的教育目的由培养生长的人和培养良好的公民所构成。两者是统一的。无论是促进个体的和谐发展,还是培养能促进社会发展的良好公民,都有其合理性。要真正把握和实现教育目的,必须在个人发展与社会发展之间保持必要的张力。因为社会是由个人所组成,个人的发展离不开社会所提供的物质文明和精神文明的条件。即使卢梭的培养自然人的教育目的,其意图也不是要人成为返回原始森林中的野蛮人,而是生活在社会中的自然人,他要履行社会赋予他的责任。"脱离开社会来谈论人的全面发展,只能是一种理论研究中的抽象,若作为现实中的教育目标,则必然落空。因为心智的全面和谐发展或身心的全面和谐发展既要以社会的全面和谐发展和高度完善化为条件,又要以进一步推动和促进社会的全面和谐发展为目的。"②从另一个角度看,社会的发展也离不开个人的发展,只有个人充分发展,素质不断提升,社会的发展才有保障。离开了个人的发展,社会的发展也会落空。因而两者是辩证统一的关系。

（八）教育目的应是预设性与生成性的统一

西方自然教育家的教育目的主要由预设性目的和生成性目的所构成。前者的代表人物主要有亚里士多德、昆体良、人文主义教育家、夸美纽斯、裴斯泰洛齐、第斯多惠、斯宾塞,后者的代表人物是卢梭和杜威。前者认为教育目的在教育活动开展之前就已经预设好了,教育内容的确定,教育方法的建构,教育活动的展开,都要受他的影响和决定。如亚里士多德的教育的终极目标是培养人之为人的理性,教育活动以理性为特征。昆体良的教育目标是培养雄辩家,教育内容和方法注重学生品德和雄辩能力的培养。后者认为教育目的是生成的,没有终极的教育目标。卢梭的培养"自然人"的教育目的就是生成性的,而不是固定不变的,每个教育阶段都有自己的目标。卢梭特别反对终极的教育目标,认为为了遥远的未来而牺牲可靠的现在,那是最愚蠢的,是导致

---

① [德]卡尔·雅斯贝尔斯.什么是教育[M].邹进,译.北京:生活·读书·新知三联书店,1991:45.
② 于伟.教育哲学[M].北京:北京师范大学出版社,2015:121.

学生痛苦的真正根源。他指责传统教育:"竟时刻向往如此渺茫的未来,,而轻视可靠的现在,简直是发了疯!"①杜威反对外在的教育目的,强调教育过程内的目的,即生长目的,认为目的与过程是统一的,教育即生长,教育即生活,教育即经验的继续不断地改造。这些命题尽管内涵有所差异,但在本质上是相通的,都强调教育过程内儿童的生长、生活和经验改造的重要性,都指向的不是遥远的未来,而是儿童当下的生活世界,关注的是儿童兴趣、智慧的激发和唤醒。杜威反复申论,"生长和生活无止境、无终极,因而也没有最后的目的。生长和生活永远前进,在其扩充、提高、更新、重组的过程中,儿童和青少年便逐步成长而终于成为社会的合格成员。这就是杜威的'教育无目的论'"②。

我国培养全面发展的人的教育目的尽管有其合理性,但由于它的单一性、抽象性、普遍性、主观性和功利性,导致教育的整齐划一,忽视学生的个别差异和教学实践的情境性和丰富性,受到了研究者反思和诟病。"我们必须为生成性教育目的争取到应有的生存空间。生成性教育目的强调过程而非结果,强调生成而非预成,可在一定程度上弥补预设性教育目的的不足。'学校教育的目的不是由政府的决策或某一种教育观所制定的统一标准,教育并不强求每个受教育者都得到统一的标准化全面发展,教育可以培养片面发展的人,即符合学生自己的特质和他生活中的特殊性的人。'在预设教育目的一统天下的局面下,生成性教育目的以其未特定性或非完形性,不拘泥于预定的、具体的教育目的或目标,或许能给教育者和受教育者带来福音,留下一片自我发展、自由发展和自由发展的蓝天!"③因此,我们应解构预设性的教育目的,重视生成性教育目的,使两者之间保持必要的张力,唯有如此,我们的教育目的就更加完美,既能顾及国家的发展需要,又能顾及学生的个别差异,从而真正促进他们的全面发展。

第四节 西方自然主义教育思想的天性教育观的当代价值

一、西方自然主义教育思想的天性教育观的演变及基本观点

(一)萌芽时期的天性教育观

天性教育思想最早渊源于亚里士多德。他所理解的天性(或本性)就是"自然",即一种使得物体按其习惯方式运行的属性。例如,一粒橡籽之所以能成为一粒橡树,是因为这是他的本性。狗吠、岩石下落,大理石受雕刻家的锤子和凿子摆布,这些都是因为它们各自的本性使然。因此,亚里士多德认为,宇宙间的所有事物变化和运动都可以追溯到事物的本性。不仅如此,它还

---

① [法]卢梭.爱弥儿——论教育(上)[M].李平沤,译.北京:人民教育出版社,2001:75.
② 吕达,刘立德,邹海燕.杜威教育文集(第2卷)[M].北京:人民教育出版社,2008:本卷前言18.
③ 唐德海,周西安,韦莉娜.论教育目的的预设与生成[J].高等教育研究,2007(8):22—26.

包含了努力、奋争和趋向。"石块压顶,而种子在努力破土而出;幼小的动物努力增长其尺寸、发展其形体,直到它达到成年动物的尺寸和形体,而且由于已经达到了它的目标,它的努力停止了。整个过程包含着潜能与现实之间的区别,其中潜能是奋争的场所,凭借着奋争,潜能朝着现实的方向进发。"①人的发展变化源自于他的本性。"一个人生来就是人,而不是其他动物,并且其身心必定具有某种特性。"②亚里士多德指出,幼儿很像动物,他被欲望和情绪所支配。但儿童胜于动物,因为他有动物没有的潜在力,羞耻心、模仿的、竞赛的、优秀的、节奏的、正直的和惊奇的潜在力,有其特殊性。这种"本性"为人的发展和教育提供了可能,教育使这种可能变为现实。

正是在这个意义上,他最早"认识到儿童的生活是含动植物与人类生活而成的,必然要依据其自然的发达以为教育,则可更明显地提倡一种教育上的自然主义运动了"。③因而他首次提出了教育应"效法自然"原理:"教育的目的及其作用,有如一般的艺术,原来就在效法自然,并对自然的任何缺漏加以殷勤的补缀而已。"④在他看来,教育适应儿童本性的过程就是潜能向现实转化的个体自我实现的过程。尽管亚里士多德对天性教育思想的论述还比较抽象、笼统,但他开启了人类对教育与人的天性发展关系认识的先河,为后世教育家探讨教育问题提供了崭新的视角,具有人本化的教育意蕴。

到了古罗马,天性教育思想得到了进一步的发展和深化。在古罗马教育思想史上,最早论述教育与儿童天性发展关系的是卢克莱修。他认为,教育能改善人的天性、驱除无知和罪恶,引导人们朝着至善的方向发展,使人拥有神灵般的生活。"简而言之,尽管人的天性中存在着与动物本能相同的因素,但教育可以通过发展理性,使人真正成为人。"⑤其后的西塞罗、塞涅卡、昆体良和普鲁塔克对这个问题作了进一步的阐释和发挥。西塞罗第一次在演说家教育的视野中论述了天性教育思想,认为对于一个演说家而言,天赋素质是最重要的,它构成了演说术理论构思的基础。有些人尽管熟悉演说的技艺规则和方法,但写不好演说术理论的著作,其原因在于缺乏天生的资质。"从事演说需要心灵和智力的某种迅捷的活动,这种活动能使思考敏锐,阐释和修饰丰富,记忆牢固而持久。……如果它们能得到技艺的激励和促进,那情况当然会很好,但是它们不可能由技艺载植和馈赠,因为那一切都是自然的赠礼。"⑥这就是说,天性能提升人的心灵和智力的活动。他还发现儿童与生俱来就喜欢游戏活动。即使是高难度的游戏,也不能改变儿童喜爱

---

① [英]柯林武德.自然的观念[M].吴国盛,译.北京:北京大学出版社,2006:99.
② 张法琨,选编.古希腊教育论著选[M].北京:人民教育出版社,1994:286.
③ 薛文蔚.自然主义与教育[M].北京:商务印书馆,1933:2.
④ [古希腊]亚里士多德.政治学[M].吴寿彭,译.北京:商务印书馆,1965:405.
⑤ 张斌贤主编.外国教育思想史[M].北京:高等教育出版社,2007:44.
⑥ [古罗马]西塞罗.论演说家[M].王焕生,译.北京:中国政法大学出版社,2003:79.

它的天性。这显示了儿童天性的持久性。所有探讨儿童教育问题的教育家都强调这种持久天性的重要性。

塞涅卡接受了斯多葛主义的"顺应自然而生活"的理念,并把它定义为幸福的生活。他要求人们按照自然本性而生活,通过哲学的学习获得美德,实现这种幸福生活。而美德的教育基础是由自然(即天性)决定的,天性在每个人的心中播下了美德的"种子"。因为每个人与生俱来就倾向于美德,环境的刺激和教育的影响使人性中的这些品质从沉睡中唤醒。尤其是教育能促使美德的基础——"种子"由潜能变为现实。用他自己的话说,就是"我们天生就向往美德,但我们却不是生来就具备美德,除非你去培养他,不难的话,即使最好的人,也只具备获得美德的素质,而不具备美德本身"。[①]

普鲁塔克对天性教育的认识同样深刻。他认为,德性培养的实际完成,取决于天性、理智和应用的协调统一。其中理智是指学习,应用指向练习,原理关联教育,习惯与练习相关。只有这三者结合才能达到完美境界。他对三者作了辩证的理解:"天性如果不通过教导加以完善,就是不实之华;教导如果无天性之助,就是残缺不全;练习如果没有两者的帮助,就不能完全达到目的。"[②]他把这种关系比作农事,首先必须土壤是肥沃的;其次,农民必须熟知农事;最后播下的种子必须是良种。在这里,"天性好比土壤,青年的教育者好比农夫,所教的合理的原理和概念好比种子。我敢断然肯定,所有这三者的结合和协调一致才促成了那些受到普遍尊敬的人的心灵的完善"[③]。世界上的杰出人物如毕达哥拉斯、苏格拉底、柏拉图等都体现了这种特点,实现了天性、理性、习惯三者的完美结合。他进一步强调,教育在形成人的性格和美德中发挥着重要作用,教育者(父母、奶妈、教仆、教师)应担当这种教育责任,因为他们决定教育能否正常发挥其效能,决定教育性质的好坏。教育的作用比天性更为重要。"正如良好的天赋能力可能由于怠惰而遭毁坏,迟缓迟钝的天赋能力可以由教育而得到改善。"[④]他指出,个体的努力和勤奋具有强大的力量,能推动人去获得成功。许多的事例清楚地表明了这一点。

昆体良是古罗马自然主义教育思想的集大成者,提出了许多有价值的思想。和西塞罗一样,昆体良也是在雄辩教育的视野中阐释天性教育的,服务于雄辩教育。他认为:"自然(nature,即天性)如果辅之以精心的培养,就能获得更大的力量。如果一个人与自己的自然倾向背道而驰,他就不可能在他的天性不适合的学业中取得成就,他的似乎与生俱来的才能由于受到忽视就会被

---

① [古罗马]塞涅卡.幸福而短促的人生——塞涅卡道德书简[M].赵又春,张建军,译.上海:生活·读书·新知三联书店上海分店,1989:214.
② [古罗马]昆体良.昆体良教育论著选[M].任钟印,选译.北京:人民教育出版社,2001:243.
③ [古罗马]昆体良.昆体良教育论著选[M].任钟印,选译.北京:人民教育出版社,2001:243.
④ 杨汉麟.外国幼儿教育史[M].北京:人民教育出版社,2011:69.

削弱下去。"①可见，天性是获得力量、取得成就的基础和前提。天性与教育的辩证关系是："没有教育的帮助，天性仍然能取得很大成就，而没有天性的帮助，教育是毫无用处的。……中等的雄辩家得之于天性者更多，而优秀的雄辩家则更多得之于教育。"②他强调，天性是有待于教育加工的材料，一个铸范着，一个被铸范着，没有原材料作基础，教育艺术就会毫无作为；没有教育艺术，原材料仍会有一定价值，教育艺术的完善比优质的材料更优胜。对此，他以农业为例加以说明。"即使精耕细作，也不能使不毛之地的土质改良，肥沃的土地未耕种也能长出有用的产品。但如果在肥沃的土壤上再加以耕耘，就能长出比土地的自然肥力所能产出更新的产品。"③他还意识到，"如果确有美德存在，甚至在我们受到任何关于美德的教导以前，天性就已经给了我们最初的美德的闪光，……人从一开始就造就了能为自己辩护的能力，这种辩护能力虽不尽善尽美，但是足以说明天性赋予了人以某种雄辩的才智"。④

正因为如此，他要求教师要善于观察学生能力的差异，弄清楚每个学生的天性的特殊倾向，实行因天性的差异而施教。天性的善良素质不仅不应该加以忽视，而且应加以培养，补充天性中所缺乏的东西。"对于智力较弱的学生应该作些迁就，对他们的教育应仅仅限于天性对他们的要求，因为他们只有力所能及的事才能取得更好的效果。但是，如果交给我们的是天赋素质丰饶的学生，可望培养成为真正的雄辩家的学生，他就应该学习雄辩术的全部长处。"⑤由于每个学生演说风格的不同，如有的学生的演说风格简洁优美；有的学生的演说风格是单刀直入的、庄重的、和颜悦色的；有的学生的演说风格则是机智幽默，因此教师要敏锐地观察，然后使自己的教学适合学生的特殊情况和需要，尽可能使每个学生的长处都得以充分发挥。作为教师的雄辩家的演讲腔调也要根据课堂教学的具体情况发生变化，作出调整。"演讲要时而沉重有力，时而稳重严正，时而猛烈逼人，时而气概恢宏，时而活跃兴奋，时而侃侃而谈，时而措词尖刻，时而友好待人，时而若无其事，时而小心翼翼，时而心平气和，时而文质彬彬，时而甜言蜜语，时而简洁明了，时而灵巧机智，总之，不能千篇一律，而又要前后连贯。"⑥可见，因材施教是张扬学生的天性，发挥学生特长，取得良好教育效果的重要保障。

影响古罗马天性教育思想形成的因素主要有：(1)家庭教育的影响。在古罗马，家庭教育比学校教育更重要，学校教育不受重视。大多数古罗马教育家是在家庭教育的熏陶下成长起来的。西塞罗阐释了家庭教育对自己的深刻影响：父亲在家庭教育中对自己的影响最大。受家庭教育

---

① ［古罗马］昆体良.昆体良教育论著选[M].任钟印，选译.北京：人民教育出版社，2001：88.
② ［古罗马］昆体良.昆体良教育论著选[M].任钟印，选译.北京：人民教育出版社，2001：127.
③ ［古罗马］昆体良.昆体良教育论著选[M].任钟印，选译.北京：人民教育出版社，2001：127.
④ ［古罗马］昆体良.昆体良教育论著选[M].任钟印，选译.北京：人民教育出版社，2001：129.
⑤ ［古罗马］昆体良.昆体良教育论著选[M].任钟印，选译.北京：人民教育出版社，2001：89—90.
⑥ ［古罗马］昆体良.昆体良教育论著选[M].任钟印，选译.北京：人民教育出版社，2001：176.

"父权制"的影响,他接受过良好的教育,从小就热爱学习,但他"更多仍是受益于实践经验和家庭生活的教训,而不是学习书本"①。这是共和时期古罗马所有教育的重要格言。家庭生活的教训既包括正面的成功育儿经验,也包括反面的失败教训。在成功育儿经验中,古罗马人有古希腊理想所缺乏的内容:对儿童的充分同情和赋予儿童以尊严,也包含着对儿童天性的顺应和尊重。离开了后者,家庭教育就难以成功。因此,古罗马教育家非常重视根据家庭教育经验,观察儿童的天性特征,并因材施教。(2)古罗马人务实的功利主义精神。讲究实际,务求实用,是古罗马人思想和行为的重要特征。古希腊人常常采用理智、和谐、均衡的标准来衡量事物,与之不同,古罗马人非常重视事物的实用、有效的价值,并以此作为衡量和判断事物的标准。"希腊人衡量事物时多采用理智的、美学的眼光来看待事物,这是他们对生活最高目标(或价值)进行思考的结果。罗马人的眼光则更带有明显的功利色彩,这基于人他们对事物有用性的考虑,事物是否有用是以它与制度生活的关系来衡量。……罗马人在衡量判断事物时都讲求实际,他们举止高雅、持重,有严格的行为规范,比希腊人更注重名誉和道德的力量。"②这种务实的功利主义精神同样体现在古罗马的教育所有特点之中。罗马的学科范围比希腊的学科范围要狭隘得多,古希腊所重视的体操、舞蹈、音乐、自然科学和哲学,到古罗马不被重视,降为文学和演讲术的副科,这些学科通常是在校外私下传授。学哲学的目的是力图找寻一种方法,能够在实际生活加以运用。对于文学家和领导人而言,学哲学就是为了丰富思想、开拓视野,提升理解能力。大多数人学哲学则是为了追求安慰和力量,因而他们感兴趣的是哲学中的神秘的内容。也有很多人把哲学看作知识和智慧的源泉,因为他们以出卖知识和智慧来维持生计,他们是那个时代披着哲学家外衣的职业"顾问"和"谋士"。"各种知识和技巧都用来培养优秀公民和杰出的演说家,并且把文法和修辞的专业性吹捧到不适当的程度,这恰好说明了这种实用目的。"③在身心的培养中,最重视体育,健康的身体运动,如跑步、骑术、游泳、摔跤、狩猎、干苦力活等,成为正常教育不可或缺的部分,在古罗马孩子的日常生活中占据核心地位,其重视程度超越了心灵的发展。古罗马教育的这种务实精神也体现在教育家们对天性教育的论述之中,即要求按照每个儿童天性的不同,因材施教。因为天性的发展是儿童心灵和教育的"实际",这个"实际"的不同,导致对每个儿童的教育不能千篇一律,而是要贴近儿童的"实际",进行有差异的教育,这是教育取得"实效"的关键。因此他们很重视有差异的天性教育。

综上所述,古罗马的天性教育思想在西方自然主义教育思想史上占有重要地位,有力地促进了西方天性教育思想的发展,作出了重要贡献。

---

① [英]葛怀恩.古罗马的教育—从西塞罗到昆体良[M].黄汉林,译.北京:华夏出版社,2015:41.
② 夏之莲.外国教育发展史料选粹(上)[M].北京:北京师范大学出版社,1999:126—127.
③ [英]博伊德·金合著.西方教育史[M].任宝祥,吴元训,译.北京:人民教育出版社,1985:68—69.

首先,它继承了并在一定程度上实践了亚里士多德的天性教育思想,从而使古希腊—罗马的天性教育思想传统得以形成和发扬光大。如果说,亚里士多德的天性教育思想还停留在理论层面的话,那么,古罗马的天性教育思想已经付诸实践,并且在实践中取得了重要的成果,这样就促进了亚里士多德的天性教育思想在罗马的传播和发展。

其次,古罗马的天性教育思想不仅继承了亚里士多德的天性教育思想,而且深化和超越了后者。如果说亚里士多德的天性教育思想充满了思辨和抽象的意味,不利于实际操作,那么古罗马的天性教育思想已经具体化了,并在教育实践中得到了一定程度的应用,这正好弥补了前者之不足。更为重要的是,古罗马的天性教育思想充满了辩证的意味,认为天性是原料,没有原料作基础,教育艺术就毫无作为;没有教育的帮助,天性虽然仍有发展,但难以得到很好的发展。良好的教育能使天性的发展锦上添花。罗马的这种对天性与教育关系的辩证认识是亚里士多德的天性教育思想所没有,是对天性教育思想的深化,也是古罗马天性教育思想的重要特征。

再次,古罗马天性教育思想进一步拓展和深化了人类对教育现象的认识。古希腊教育家对教育现象的认识充满了思辨的色彩,教育思想停留在宏观层面,对具体的教育问题探讨较少。"在一定意义上可以说,希腊教育家们的教育思想并不是(或不完全是)他们本人教育经验的经验的总结,而是理论思考的产物。但在古罗马的教育思想中,人们可以看到教育家的经验与他们的思想之间存在着直接的关系。他们的教育思想在很大程度上是对教育实际状况的反思,或是对自身或他人教育实践经验的理论抽象。"[①]在天性教育思想的指导下,古罗马教育家对教学原则、教学的程序与方法、游戏活动、雄辩教育、教师工作等众多的具体教育问题作了较为深入的探讨,推动了人们对具体教育问题和教育现象的认识,这无疑是一种巨大的进步。

第四,它与亚里士多德的天性教育思想一起共同构成了西方自然主义教育思想的历史基础。这个传统为后世的教育思想和教育实践的发展提供了丰厚的营养,使它们在吸收古罗马天性教育思想精华的基础上不断前行。

第五,古罗马天性教育思想的重要特色是开创了一种讲究实际,务求实用的新的功利主义传统。如前所述,他们对具体的教育问题探讨较多,而对纯粹的理论问题兴趣不大。"这一点是与古罗马民族注重实际、实效的文化心理直接相关的。在古希腊教育思想中,人们不容易发现思想家们对诸如教学程序、教学方法、教师工作等实践性较强,而理论性相对不足的问题的思考,即使是那些本来较具体的问题,古希腊思想家也把它们抽象到相当的理论高度(例如,苏格拉底法)。因此,在古希腊教育思想中,似乎不存在具体的、技术性的教育问题。而在古罗马教育思想中,情

---

① 张斌贤.西方教育思想史[M].北京:人民教育出版社,2011:102.

形正好相反。古罗马教育家在探讨具体的教育问题时,是何等得心应手,提出了一系列富有创见性的主张。而在一些较为抽象的教育理论问题上,他们则显得'力不从心'。"① 不过,这个传统构成了西方教育传统的重要组成部分。

第六,古罗马教育家西塞罗、塞涅卡、昆体良、普鲁塔克的天性教育思想对后世天性教育思想产生过深刻的影响。文艺复兴时期的几乎所有的人文主义教育家都受到了他们的学说的影响和启迪,维多里诺、伊拉斯谟等人直接受到了西塞罗思想的洗礼。在夸美纽斯的《大教学论》和卢梭的《爱弥儿》中,我们时常可以看到西塞罗、塞涅卡、普鲁塔克和昆体良学说的影子。

总之,古罗马天性教育思想对后世学说的影响是具体而深刻的,它标志着人类的天性教育思想开始由宏观向微观转变,由抽象向具体转变。这种转变必将给人们带来教育观念、教育思维方式的变革,同时也会对人类的教育实践产生重要影响。

文艺复兴时期的人文主义教育家在继承古希腊、罗马天性教育思想的基础上,建构了具有"人文主义"特色的天性教育思想。

1. 天性教育的内涵

人文主义教育家心目中的天性教育是自然教育的一部分,其核心内涵就是遵循儿童的自然本性实施教育,以促进儿童天性的发展。人文主义教育思想的集大成者夸美纽斯对这种"自然"的概念作了如下的界定:"我们说的自然,不是指亚当作恶以后全人类所过的堕落生活(因为亚当作恶,所以我们自然叫做受神罚的人,我们自己不能具有任何善良的思想),它指的是我们的最初的和原始的状况,我们应当回复这种状况,如同回到一个起点一样。"② 人文主义教育家以天性为基点,阐释了教育与儿童天性发展的关系。

意大利的人文主义者维尔捷留斯充分肯定人的天赋的价值,认为按照本性的指引去做事,就是一个有价值的人。因为人的智力天分、思想性格是不同的,因而对学习内容和方法的选择也应不同。教育应承认天生的爱好,并加以遵循。只有如此,教育才能唤起、训练并发展蕴藏于人身心中的使人品高尚的最高天赋。另一个法国人文主义者萨多莱特非常重视从大自然中获得力量和启示,认为"我们从大自然得到了我们的中枢,得到了造就我们成为真实和有特性的个人的一切,但是仍是粗糙的雏形,文字的功能使这一切达到最完美的程度,并创造一种可与其原型相比的美"③。

西班牙人文主义者华尔特认为,发现和利用大自然赋予每个人的天赋,对于教育具有重要的意义。"倘若我是个教师,在接受学生来校之前,我要对他进行多次的考察和实验,直到我发现其

---

① 张斌贤.西方教育思想史[M].北京:人民教育出版社,2011:102—103.
② [捷克]夸美纽斯.大教学论[M].傅任敢,译.北京:教育科学出版社,1999:13.
③ [英]伊里莎白·劳伦斯.现代教育的起源和发展[M].纪晓林,译.北京:北京语言学院出版社,1992:37.

智力的素质为止。……但是不能否认，……确实有的智力适合于某种科学，却不适合另外一种；因此，在一个孩子上学之前，应该发现其智力的情况和类型，看他适于学习哪种科学，然后引导他再学习。"①

意大利著名人文主义教育家维多里诺强调尊重儿童的天性和个别差异，因为每个儿童有自己的所好，不可能表现出同样的天才嗜好，教育者必须跟随儿童的自然本性前进。

英国人文主义教育家艾利奥特指出："个性的完美的典型号实际表现在'明智'或'智慧'之中，它是一种精神品质，是'本性'(natura)、'知识'(scientia)、和'美德'(virtus)的结合，可以应用于实际的事务。……它是真正的教育所开出的花朵。"②

荷兰人文主义教育家伊拉斯谟认定人的发展取决于本性和能力、教育的培养和训练、实践三要素的协调统一。天性固然重要，但如果缺乏巧妙的训练就难以完善，而实践如果缺乏训练所提供的方法就难以达到目的，取得成功。三者的辩证关系是："天性是资材，是倾向性，教育和实践为天性发展提供切实的内容，天性是发展的可能性，教育和实践的参与使可能性变为现实性。人的发展是先赋的天性与后天的教育和实践的合金。"③他还指出，儿童都擅长真正属于自己本性的活动，因此，教师要按照大自然的规律行事，适应儿童的本性，依靠儿童的内在力量，发挥他们的主动性，尽可能使儿童的学习活动充满自由和愉快。

西班牙人文主义教育家维夫斯认为，"正如有某种力量赋予土地生长各种各样的草木一样，我们的心也被赋予了生长一切艺术和学识种子的力量；一心追求最主要和简单真理的倾向，以此，我们的思想才不断发展；渴望追求最为明确的善良目的；对明显真理的敏捷反应……这就是孩子能立即接受他以前从未见过的最明显真理的原因"④。这种儿童的内在力量是教育的基础，教育应依赖和促进儿童内在力量的发展。

维夫斯的突出贡献是把心理学引入教育领域，从心理学的视角出发，关注学生的本性、心理状态和接受能力，并以此为依据，选择教学内容，确定教学方法。这使得他的教育思想充满心理学的色彩。首先，他要求教师在了解和研究学生心理特点的基础上，选择适合于学生的科目。还主张根据智力缺陷、聋哑和盲童的不同问题，选择特殊科目。其次，对于教学和学习过程而言，他提出了一个革命性的命题，即教学和学习过程是由学习者的本性决定的。再次，他强调本民族语言的教学，以使学生能轻松自如地理解所学的知识。第四，强调感觉是儿童最初的老师，理解源自感觉。感觉是智力活动的基础。第五，观察、理解、比较、判断能力构成了儿童心灵的天然能

---

① [英]伊里莎白·劳伦斯.现代教育的起源和发展[M].纪晓林，译.北京：北京语言学院出版社，1992：38.
② [英]威廉·哈里森·伍德沃德.文艺复兴时期教育研究[M].赵卫平，赵花兰，译.济南：山东教育出版社，2013：304.
③ 吴式颖，任钟印主编.外国教育思想通史(第4卷)[M].长沙：湖南教育出版社，2002：307.
④ [英]伊里莎白·劳伦斯.现代教育的起源和发展[M].纪晓林，译.北京：北京语言学院出版社，1992：54.

力,但在每个儿童身上的表现是不相同的,因而教师要根据儿童天然能力的差异,设计课程,确定教法。

法国人文主义教育家蒙田对"自然"的价值给予高度重视,提出了"最高的训练,就是依顺自然"的教育命题,认定自然是我们伟大的母亲,给我们画好了美满的道路。因此,教师的教学应遵循儿童的身心特点,不能违背自然规律,无论是日常生活中,还是在思考问题时,都应保持与自然倾向一致,遵循自然的教导。教师的一个重要使命,就是观察儿童、研究儿童,使自己的教学适合儿童的能力。正如他自己所说:"教师应把他的学生看作一匹马,让这匹马跑在他的前面,这样他就能更好地了解他的步伐,断定他到底能走多远,并且依此而知道如何教才能适合他的能力。"[①]

总之,在人文主义教育家的视野中,天性教育是指教育者根据儿童的自然本性的差异,针对儿童不同的身心特点,实施有区别的教育。因为儿童的内在力量是教育的基础和前提,如果教育违背儿童的天性,就不可能取得良好的效果。天性教育的内涵也是在探讨教育与儿童天性发展的关系中展现出来的。正如前面所说,天性、教育和实践的辩证关系是:"天性是资材,是倾向性,教育和实践为天性发展提供切实的内容,天性是发展的可能性,教育和实践的参与使可能性变为现实性。人的发展是先赋的天性与后天的教育和实践的合金。"[②]

2. 天性教育的目的

人文主义教育家尽管在天性教育目的上的表述有所差异,提出了培养朝臣、君主、政治家、领袖人物、高级教士、杰出教师、完全公民等主张,他们观点中有共同的地方,即他们都强调通过德育、智育、体育、美育,促进人的身心的全面和谐的发展。弗吉里奥的教育目的就是通过博雅教育实现人的身体和心智的全面发展。维多里诺反对培养书呆子,强调教育目的就是通过博雅教育培养具有优良的德行、丰厚的知识、虔诚的宗教信仰和强健体魄的人。英国的马尔卡斯特认为,教育是个全面发展问题:"让身体的每个器官,让心灵的所有力量都得到最好的锻炼。"[③]从而使本性得到最完美的发展。意大利的阿尔伯蒂特别重视人性的研究,关注人的身体和心灵的发展。在他看来,人性不仅表现在人的外形——身体方面,也表现在人的内在——心灵。就前者而言,人是所有活的物体中最崇高和最高雅的,必须通过正确的方式使之保持健康和美丽。身体的重要性在于,只有通过它,才能为他的国家、家庭和自身提供最完全最长久的服务。"所有意大利的人文主义者都反对身体无价值的思想,反对基于这种思想并随之而来的关于生活的禁欲主义的观点。"[④]就后者而言,无穷的好奇和对真理的专注是心灵的首要美德。人和其他动物相同之处是,都具有保护自己物种的本能,但人独自拥有追究事物存在原因的愿望和能力,同时具有辨别

[①] 戴本博.外国教育史(上)[M].北京:人民教育出版社,1989:280.
[②] 吴式颖、任钟印主编.外国教育思想通史(第4卷)[M].长沙:湖南教育出版社,2002:307.
[③] [英]伊里莎白·劳伦斯.现代教育的起源和发展[M].纪晓林,译.北京:北京语言学院出版社,1992:64.
[④] [英]威廉·哈里森·伍德沃德.文艺复兴时期教育研究[M].赵卫平,赵花兰,译.济南:山东教育出版社,2013:75.

道德行为优劣的愿望和能力。两者都可以借助于教育来实现。法国拉伯雷的教育目的在于,培养具有体魄、知识和美德的"巨人"。蒙田认为,教育目的不仅要关注人的心智的健全,而且要关注人的体力的增强,因为我们所教育的是一个人,而不仅仅是思想或躯体。"正如柏拉图所说的,我们不能只培养一方面,而忽略另一方面,我们要使身心都能平行发展,这正像驾在同一辕上、齐头并进的两匹马一样。"①总之,人文主义教育家追求的教育目标是身体和心灵的全面的协调的发展,它包括强健的体魄、渊博的知识、健全的心智、优良的判断力、优雅的风度、善辩的口才、高尚的德行、较强的审美能力和虔诚的宗教信仰。

3. 天性教育的内容

在天性教育的内容上,以人文学科为主,辅之以自然学科。前者推崇的是古希腊罗马的古典文学作品,人性和人际关系成为研究对象的核心内容。中世纪的"七艺"从神学的附属地位上升为传授人文之学的学科,历史和道德哲学是新增加的内容。这些人文学科直接服务于资产阶级,塑造他们的人性,陶冶他们的人格,提升他们的道德,培养他们的审美能力,促进他们的天性的发展。他们从这些人文学科中"发现人",使人的自我意识和主体性得到觉醒和彰显。由于人文主义教育家的主要学术兴趣在人文学科,加上古希腊罗马留下来的自然科学遗产较少,因而后者在文艺复兴时期前期的教育内容中不占主要地位。但随着自然科学的发展,自然学科的地位在文艺复兴时期后期有了显著的提升。伊拉斯谟就要求儿童要学习自然知识,他把天上的灿烂光辉、地上的丰硕收成、隐蔽的河流源泉、奔腾入海的奇观、浩瀚无边的大海、数不尽的生物家族等都纳入学生思考的对象。拉伯雷也表达了相似的观点,要求儿童学习自然界的一切。维夫斯认为,最好的书本知识是大自然的本身,他要求学生利用闲暇时间和假日去观察自然、思考自然,获取自然知识。人文主义教育家对自然科学的重视,同样体现了人的主体性和自我意识的觉醒。因为人们在探究万事万物奥秘的过程中,意识到自身心智的伟大、理性的潜能与威力,更意识到自己是自然的主人和征服者。

人文主义教育家还论述了选择教学内容的标准:有用性和全面性。英国的约翰·布林斯利论述了前者,要求学生:"只学习对他们最为有用的书本和事物。这是学校最为关注的问题,并能极好地促进学习;要教给学生理解所学的一切,并能讲出一切事物的原因。"②法国的蒙田论述了后者,指出:"我愿意把这个世界结构作为我的学生的精选的教科书;那么多奇怪的性格、各色各样的宗派、不同的判断、不同意见、不同的法律,以及奇异的风俗习惯,它们教我们作出正确的判断,并且启迪我们的判断力去承认自己的缺点和天生的虚弱。"③

---

① [英]伊里莎白·劳伦斯.现代教育的起源和发展[M].纪晓林,译.北京:北京语言学院出版社,1992:52.
② [英]伊里莎白·劳伦斯.现代教育的起源和发展[M].纪晓林,译.北京:北京语言学院出版社,1992:67.
③ 华东师范大学教育系选编.西方古代教育论著选[M].北京:人民教育出版社,2001:386.

4. 天性教育的原则与方法

(1) 顺应自然

英国莫尔把"符合于自然的生活"看作最高的美德,要求教育应顺应自然。他说:"乌托邦人给至善下的定义是:符合于自然的生活。……一个人在追求什么和避免什么的问题上如果服从理性的盼咐,那就是遵循自然的教导。"①他特别推崇德行的引导,因为它能使儿童的自然本性趋向正当高尚的快乐和幸福。如前所述,法国的蒙田对"自然"的价值给予高度的重视,提出了"最高的训练,就是依顺自然"的命题,认定自然是我们伟大的母亲,给我们画好了美满的道德。因此他要求教师的教学遵循儿童的身心特点,不要违背自然规律,无论是在日常生活中,还是在思考问题时,都应保持与自然的倾向一致,遵循自然的教导。总之,在人文主义教育家的视野中,遵循自然是天性教育的基础和前提。

(2) 因材施教

因材施教是人文主义教育家最为重视的教育原则,差不多每位著名的人文主义教育家都论述了这条原则,因为它对天性教育最有效,最能促进个体天性的发展。英国的艾里奥特认定"教师的首要职责是了解学生的性情气质"②。约翰·布林斯利要求教师在选择和制定教学题目时,要把考虑学生不同的能力作为依据,给予特殊的经验和判断。"教师要仔细观察和精确了解学生的不同气质,……并且要进一步注意每个人不仅在自然赋予他感兴趣的学习中进步更快,而且对以前不感兴趣的事情可能会由于特别的学习而变成有兴趣。"③

维多里诺对学生的个性发展特点格外尊重,每当学生在某些方面表现出特殊才能时,他就会及时调整教学内容和方法。当学生成长为具备选择能力的成年时,就允许选择他们感兴趣的任何学科。"这种尊敬个性以及真诚地发展个性的努力使他获得了各种不同类型家长的信任,他们都把自己的男孩委托给他管教。"④

维夫斯的著作《灵魂与生命》被誉为是近代第一部心理学著作,其重要贡献就是倡导教育者必须了解和研究儿童的心理和思想活动,这是教育活动展开的基础。教师要判断学生的不同的能力,使教学与他之相适应。"在确定对每个人的教学时,要考虑到他的性情气质;认真地考虑这一问题属于心理学研究的范畴。在不同的情况下,不同的学习专业要求不同的自然智力,以保证学生能顺利成功。"⑤

---

① 华东师范大学教育系选编.西方古代教育论著选[M].北京:人民教育出版社,2001:362.
② [英]伊里莎白·劳伦斯.现代教育的起源和发展[M].纪晓林,译.北京:北京语言学院出版社,1992:62.
③ [英]伊里莎白·劳伦斯.现代教育的起源和发展[M].纪晓林,译.北京:北京语言学院出版社,1992:69.
④ [英]威廉·哈里森·伍德沃德.文艺复兴时期教育研究[M].赵卫平,赵花兰,译.济南:山东教育出版社,2013:42.
⑤ [英]伊里莎白·劳伦斯.现代教育的起源和发展[M].纪晓林,译.北京:北京语言学院出版社,1992:58.

法国的蒙田反对灌输知识,倡导针对学生能力的不同,因材施教。他批评传统教师只复述儿童已学过的东西,把学生当漏斗,喋喋不休地向漏斗里灌输知识。他要求教师改变这种做法,"一开始就应该按照他所教育的孩子的能力施教,使他们的能力表现出来,让他对许多东西都学一点,然后独立地作出选择和区别,有些时候给他开条路,有些时候要让他自己去开路"①。

伊拉斯谟也要求教师要因材施教,"必须在一种情况下采用一个方法,在另一种情况下采用另一个方法。当他的学生还是一个小孩时,他可以通过有趣的故事、令人愉快的寓言和巧妙的比喻引进他的教导。当他年龄稍长时,他可以直接地教他相同的东西"②。

(3) 直观性原则

人文主义教育家对直观性教学原则也很关注,因为直观教学具有生动、形象的特征,符合儿童的感性思维占主导地位的特征。艾里奥特论述了直观教学的价值,认为使用图表和教具的教学效果要比死读硬灌科学定理的方法更好,前者一周的教学胜过后者半年的时间,因而他非常重视直观的、经验的教学。他认为,"在获取科学知识的过程中,经验决不是无足轻重的,任何工作和事务都有不足之处,科学和他艺术决无顶点,这些都要实践中用经验加以补充和完备"③。英国的马尔卡斯特明确指出:"我们靠外部感官触及,听到,看到,嗅到,尝到一切可以感觉得到的事物。这些外部的精华便自然地吸收了,受到检验,储藏于记忆之中,然后再去探求新的知识。手、耳、眼都是最伟大的工具。"④伊拉斯谟主张用箴言的手段教育王子。这些箴言应雕刻在戒指上,画在图画中,挂在花圈上,以王子最感兴趣的方式直观地呈现在他面前。

(4) 理解性原则

这一原则在法国蒙田的教育思想中得到了最充分的体现。他反对学究的灌输式的教学,因为这种教学不可能使学生理解和消化知识只能死记硬背,造成学生智力上的缺陷—愚笨。他要求教师重视对知识的理解、消化和判断,把培养理解力和判断力作为教学追求的目标。因为只有通过理解,对所学知识、观察的现象和事物作出判断,它们才会变为自己思想的一部分。如果学生学习知识时不动脑筋,只满足于死记硬背,就发现不了真知。如果不把知识消化,不能变为自己的,不能增长我们的发育和力量,知识的学习就毫无益处。因此理解是一条非常重要的教学原则。拉伯雷也强调理解知识的重要性,认为没有经过透彻理解的事物等同于废物。

---

① 华东师范大学教育系选编.西方古代教育论著选[M].北京:人民教育出版社,2001:375.
② 吴元训,选编.中世纪教育文选[M].北京:人民教育出版社,2005:130.
③ [英]伊里莎白·劳伦斯.现代教育的起源和发展[M].纪晓林,译.北京:北京语言学院出版社,1992:62.
④ [英]伊里莎白·劳伦斯.现代教育的起源和发展[M].纪晓林,译.北京:北京语言学院出版社,1992:66.

(5) 注重儿童的游戏活动。

维夫斯极力倡导游戏活动,因为这有利于表现儿童的敏锐和性格。"要通过游戏教会儿童统治和领导的本领。西班牙人的一条谚语说的好:'官职和游戏都是检验思想的试金石。'"①约翰·布林斯利的观点是:"让学校变成游戏的场所。只有把地基打好,高楼才能平地而起。对天真的学生来说,大部分学习是一种游戏。"②

(6) 反对冷漠,倡导表扬和鼓励

人文主义教育家都反对对学生冷漠,倡导表扬和鼓励,以增强学生学习的动力。英国的约翰·布林斯利要求教师对学生充满爱、庄重和温柔,尽一切努力,用适当的表扬、奖励和诚实的竞赛来激励他们的学生,使他们能够力争上游。英国的另一位学者罗杰·阿夏姆也表达了同样的观点:"在培养儿童学习的过程中,爱胜于恐惧,温柔胜于打骂。表扬犹如一块磨刀石,再没有比它更能磨练出敏锐的智慧,成为鼓励好学的动力。"③维多里诺认为,学生与生俱来就有爱好学习的兴趣和能力,教师要对此种兴趣和能力加以尊重,反对强迫学生学习,更反对体罚学生;倡导自由和自治教育,以爱、尊重、公正的态度对待学生,尽可能多地鼓励和表扬学生,增强学习的自信心。维夫斯要求教师:"允许给儿童小的奖励,对儿童表扬。用表扬和赞同来敦促儿童,犹如快马加鞭。教师和同学不能总用冷嘲热讽使学生感到羞耻,这样做容易使他们在初露头角时便灰心丧气。因为,冷落可能会阻碍人去争取进步。"④

(7) 教育环境自然化

人文主义教育家认识到:"只有在自然环境中,学生才能完全展露他们的天性,才能使自己的身心处于一种自然状态,得到真正的幸福和快乐。"⑤因而他们在选择学校校址,创办新学校时,十分重视教育环境的自然化。维多里诺的"快乐之家"就很重视这一点。学校周围环境优美,花草成荫,空气清新。教室的墙壁上饰以儿童自然游戏的壁画,其意图是营造生动活泼的氛围,让儿童在此能快乐地生活和学习。教育环境自然化使自然与教育融为一体,成为西方自然则主义教育思想的一个新传统,对后世自然教育思想和实践的发展产生了重要影响。

5. 对文艺复兴时期天性教育思想的评析

第一,人文主义教育家的天性教育思想体现了"以人为本"的特色。在中世纪,人的地位是低下的,活在上帝和神学的束缚中;人是具有原罪的,是一种卑微的存在。到了文艺复兴时期,人文主义者发现了"人",人的地位得到了提升,人的价值、尊严和创造力得到了充分的肯定和彰显。

---

① [英]伊里莎白·劳伦斯.现代教育的起源和发展[M].北京:北京语言学院出版社,1992:60.
② [英]伊里莎白·劳伦斯.现代教育的起源和发展[M].北京:北京语言学院出版社,1992:66.
③ [英]伊里莎白·劳伦斯.现代教育的起源和发展[M].北京:北京语言学院出版社,1992:64.
④ [英]伊里莎白·劳伦斯.现代教育的起源和发展[M].北京:北京语言学院出版社,1992:60.
⑤ 王天一,方晓东.西方教育思想史[M].长沙:湖南教育出版社,1996:177.

"通过教育,人可以成为完美的个体,可建立丰功伟绩,可战胜命运的肆虐。人是有力量的,人能凭自己的力量改变世界。这种思想特征对人的思想和行为方式、对教育思想和教育实践都是一种极大的解放。人成为教育的重心和中心,教育就是解放人,就是塑造完美的新人。"①天性教育的目的、内容和原则无不体现这种"以人为本"的理念。在教育目的上,人文主义教育家所追求的是培养身心和谐发展、多才多艺的、尽善尽美的人的教育目标。这是中世纪教育培养僧侣的教育目标所无法比拟的。从教育内容上看,无论是古典人文学科,还是自然科学都充满着人文主义色彩。前者对人性的赞美、对人的力量、价值、尊严和创造力的歌颂,无不洋溢着一种乐观向上的精神。后者彰显出人的理性和威力,以及对自然的占有和支配,这同样体现了人的主体性和自我意识的觉醒。从教育方法上看,教育方法的因材施教、直观教学、理解性教学、倡导游戏活动,反对强迫和惩罚,重视表扬和鼓励等,无一不是对中世纪教育方法的蒙昧主义、权威主义、禁欲主义、信仰主义等特征的反判,折射出对人身心特点和个性自由发展的尊重,体现了"以人为本"的人文主义精神。这种"以人为本"的人文主义精神对后世的自然教育家的教育实践活动和教育思想的建构产生了重要影响,使他们的自然教育思想都渗透着"人"的意蕴,充满着人文情怀。

这种"以人为本"特色的形成与他们的指导思想——"人文主义"密切相关。所谓"人文主义"不是流行意义上的以人性反对神性,以人道反对神道的观点,而是以人为中心的、人神和谐统一的文化和理念。它既包含了人性的因素,也包含了神性的因素。一方面,人文主义教育家把人置于宇宙万物的中心,热情地歌颂人的价值、尊严和力量,赞美人的伟大;另一方面又并不反对教会,也不否定宗教,而是对宗教信仰保持虔诚的态度,具有强烈的宗教情怀。前者制约着它的"以人为本"的特色,后者制约着它的"宗教主义"特色。

第二,人文主义教育家的天性教育思想体现了"自然主义"的特色。人文主义教育家的天性教育思想的本身就是自然主义教育思想的大厦不可或缺的组成部分。它所展现出来的内涵、目的、内容和原则都可以从夸美纽斯、卢梭、裴斯泰洛齐、福禄培尔、杜威等人的教育思想中找到影响和踪迹。天性教育目的启迪了后世自然教育家对人的素质和规格的思考,构成了后者教育目的的重要构件。顺应自然和教育环境的自然化被后世自然教育家所直接继承,成为他们的重要的教育原则。其他教育原则有助于启迪后世自然教育家构建尊重儿童的自然天性,按照儿童的身心特点施教的教育原则和方法体系。总之"自然主义是人文主义教育思想的一个非常重要的特征。……它以事实为依据充分肯定了人性,为人文主义教育思想的建立奠定了基础;它提供原则方法和依据,为人文主义教育思想体系提供框架。自然主义将教育引上科学之路;自然主义使人文主义教育家对人、对教育体系具有最简单、最原始但在当时最客观、最唯物、最进步的认识。"②不过,这

---

① 张斌贤.西方教育思想史[M].北京:人民教育出版社,2011:189.
② 王天一,方晓东.西方教育思想史[M].长沙:湖南教育出版社,1996:210.

种"自然主义"也有局限性,即对教育过程和原则方法的认识缺乏具体的心理学依据,停留在"自然"表层的理解,未能深入到"自然"的内部本质。

第三,人文主义教育家的天性教育思想体现了"宗教主义"的特色。如前所述,这一特色是在人文主义教育家的指导思想——"人文主义"思想的影响下形成的,正是在"人文主义"思想的指导下,人文主义教育家既关注教育的"人性",也不忽略教育的"神性",开启了教育思想神学化的新方向。不过"这里的神学不同于中世纪的神学,有新的视角。人文主义者视野中的'上帝是至高的爱和美德的象征,是最高真理的化身,他是一种自然的力量,因此,人和上帝不是奴仆和主人的关系,人类对上帝的认识就是追求宇宙的本质。'……因此,'人文主义的基本倾向并非从根本上否定基督教信仰,而是用人性、感性的个人主义的因素来充实改造基督教,使其少一些中世纪的陈腐气息,多一点亲切的人情关怀。'……教育的神性化,也就是教育的人性化。因为在人文主义者眼里,人性与神性是相通的,上帝是人性、爱和美德的化身"[①]。反映到天性教育思想之中,就是要有"虔敬"和"信仰"的维度。维多里诺和伊拉斯谟的教育目标中就包含了这一维度,他们要求在儿童的心灵中播下"信仰"的种子,培养具有虔诚的宗教信仰的新人。他们在对课程的制定中,《圣经》仍然是不可或缺的教学内容。这些方面彰显出他们天性教育思想的神学意味。

第四,人文主义教育家的天性教育思想体现了"经验主义"的特色。这一特色具体体现在对经验、感觉、直观和行动在教育中的价值的高度关注。艾里奥特强调直观教学的效果比死读硬灌科学定理的方法要好。马尔卡斯特认定一切事物的获得来源于感知,"手、耳、眼都是最伟大的工具"。意大利的达·芬奇坚信知识来源于感觉,智慧由经验而来,"在经验的指导下读书,价值要大得多,因为经验是我们老师的导师"[②],人文主义教育家不仅注重感觉的价值,而且注重在行动中获得经验。维夫斯把实际学问看作指导人生的原则,认为实际的学问不仅包含书本上的理论,还包括把所学知识获得的经验以及形成的对事物的判断能力和预见能力。拉伯雷倡导理论联系实际,把所学知识同日常生活实际相结合,通过问答、辩论、参观、考察等活动,让学生亲自参与实践活动,运用理论知识解答实际问题,并在这一过程中活用知识,获取经验,启发心智,完善个性。

第五,人文主义教育家的天性教育思想体现了"创新性"的特色。在教育目的上,人文主义教育家不仅提出了培养朝臣、君主、政治家、领袖人物、绅士、高级教士、杰出教师、完美公民等新的人才观,而且对这些人才提出了新的素质观,即具备强健的体魄、渊博的知识、健全的心智、优良的判断力、优雅的风度、善辩的口才、高尚的德行、较强的审美能力和虔诚的宗教信仰,最终使人的身体和心智都得到和谐全面的发展。尽管人的和谐发展的思想古代就已存在,但"人文主义的

---

① 刘黎明.西方自然主义教育思想史[M].武汉:华中科技大学出版社,2014:86—87.
② 李武林.西方哲学史教程[M].济南:山东大学出版社,1987:264.

和谐发展的思想与古代具有完全不同的性质：个人主义、自然主义、自由主义和享乐主义。古代的和谐发展是从民主政体的秩序出发的适应社会需要的节制的和谐发展,而人文主义的和谐发展则是从个人的自然需要出发的适合个人自由意志的自由的、快乐的、开放的和谐发展。人文主义的和谐发展思想是资本主义时代的反映,充分体现了资产阶级的特征"[①]。在教育内容上,人文主义教育家在复兴古典人文学科的基础上,增添了民族语言、历史和道德哲学的内容,探讨了古典人文学的价值,从中发现了"人性",并以此来提升人的精神境界。自然科学在文艺复兴后期也得到了重视。更为重要的是,他们还提出了选择课程的有用性和全面性的标准。在教学原则和方法上,建构了顺应自然、因材施教、直观性原则、理解性原则、注重儿童的游戏活动、反对冷漠,倡导表扬和鼓励、教育环境自然化的新的原则体系,彰显了人道主义和自然主义的精神。

综上所述,萌芽时期的天性教育思想经历了古希腊、古罗马到文艺复兴时期的发展历程。每个时期的天性教育思想都各具特色,都为后世天性教育思想的发展作出了重要贡献。古希腊时期的亚里士多德提出了教育要效法自然的原理,使儿童天性的发展成为教育研究的主要对象,从而开启了天性教育思想研究的先河。古罗马的天性教育思想不仅继承了亚里士多德的天性教育思想,而且深化和超越了后者。如果说亚里士多德的天性教育思想充满了思辨和抽象的意味,不利于实际操作,那么古罗马的天性教育思想已经具体化了,并在教育实践中得到了一定程度的应用,这正好弥补了前者之不足。更为重要的是,古罗马教育家对教育与儿童天性的发展关系作了辩证的思考,提供了不同于古希腊的富有真理性的内容。人文主义教育家的天性教育思想在继承前辈天性教育思想的基础上,对天性教育作了进一步的思考,使天性教育思想有了新的意蕴,呈现出"以人为本"、"自然主义"、"宗教主义"、"经验主义"和"创新性"的新特征,有力地促进了西方天性教育思想的发展。不过,这个时期的天性教育思想散见在教育家的政治、哲学和文学的著作中,是和其他的思想混杂在一起,缺乏专门的教育学的视野,其论述停留在直观、朴素的状态,缺乏系统性的思考。尽管如此,它为后世天性教育思想的发展提供了萌芽,奠定了基础,照亮了道路。

(二) 客观化时期的天性教育思想

夸美纽斯是文艺复兴时期天性教育思想的集大成者,他在继承人文主义教育家的天性教育思想的基础上,第一次从教育学的高度对天性教育思想作了较为系统的阐发,使天性教育思想有了新的维度。

1. 天性教育的意蕴

夸美纽斯对天性教育的内涵的理解,也是在对教育与儿童的天性关系的解读中进行定位的。

[①] 王天一,方晓东.西方教育思想史[M].长沙:湖南教育出版社,1996:169—170.

他所指的"天性"是指"我们的最初的和原始的状况,我们应当回复这种状况,如同回到一个起点一样"①。这种"天性"也就是我们与生俱来的自然本性,主要表现为渴望得到发展的知识、德行和虔信的种子,它们是教育的基础,为教育的实施提供了可能性。夸美纽斯首先充分肯定人的智慧和力量,认为人心的能量是无限的,能获得万物的知识,因为人的心理无论对较近的事物还是遥远的事物都能攫取。事物的遥远既包括空间的遥远,也包括时间上的遥远。人的心理的力量是没有限度的,也是没有边际的,能够测度一切,领悟一切。具有感觉和理性的人能够辨认宇宙中的一切事物。因此,"我们不必从外面拿什么东西给一个人,只需把那暗藏在身内的固有的东西揭开和揭露出来,并重视每个各别的因素就够了"②。他还把人脑比做腊和思想工场,能够接受万物的影像,能够接纳整个宇宙中的任何事物。其次,他认为,人与生俱来就具有上帝赋予的德行的种子。因为这句话的真实性关联着两个命题:人人喜爱和谐与人的本身里外都只是一种和谐。前者是人的心理的重要特征,每个人生来就喜爱长得美好的人、精致的马、美丽的相片、媚人的图画,因为部分与颜色的比例令人喜悦;人生来就喜爱音乐,因为和谐的声音所致。因此,人生来在心理上就爱和谐,渴求和谐。就后者而言,人不过是身心两方面的一种和谐而已。在身体方面,人像一座大钟,各部分相互配合,使转动持续而和谐。在心灵方面,人的和谐体现在意志、欲望、情爱与理性的相互作用与支撑。身体和心灵的和谐就是德行的表现,能够引领我们去过幸福的生活。再次,他认为,虔信的根源存在于人身边。"凭借着圣灵的神恩,使一个人变聪明、变诚实、变正直、较之使他的进步受到偶然的邪恶的阻碍更自然、更容易。因为万物容易回复它们的本性。"③

然而,人尽管具备知识、德行和虔信的种子,但它们仅仅是发展的可能性,只有通过祈祷、教育和行动,才能使之变为现实性。其中教育最为重要。夸美纽斯提出的重要命题是:"只有受过恰当的教育之后,人才能成为一个人。""假如要形成一个人,就必须由教育去形成。"④教育是每个人必需的,无论是愚蠢的人、聪明的人,还是富人、穷人、美貌无知的人,抑或是具有权力的人,都必须受教育。"因为他们既然是人,他们就不应当成为无理性的兽类,不应当变成死板的木头。并且由此可见,一个愈是多受教导,他便愈能按照准确的比例胜过别人。"⑤尽管一个人可以自行长成一个人形,但要长成为一个理性的、聪明的、有德行和虔信的动物,必须通过教育,在人的少年期就把知识、德行和虔信灌输到他们身上。

那么,什么样的教育能促进学生知识、德行和虔信的发展?答案是适应学生天性、能力、性

---

① [捷克]夸美纽斯.大教学论[M].傅任敢,译.北京:教育科学出版社,1999:13.
② [捷克]夸美纽斯.大教学论[M].傅任敢,译.北京:教育科学出版社,1999:15.
③ [捷克]夸美纽斯.大教学论[M].傅任敢,译.北京:教育科学出版社,1999:22.
④ [捷克]夸美纽斯.大教学论[M].傅任敢,译.北京:教育科学出版社,1999:24.
⑤ [捷克]夸美纽斯.大教学论[M].傅任敢,译.北京:教育科学出版社,1999:28.

格、兴趣的教育。首先,教师要根据学生自然本性的不同施教。夸美纽斯指出,教师不是自然的主人,而是自然的仆人;他的使命不是改变,而是培植。他的教导应适合儿童的天性,当他发现他所教学科不与儿童的天性相一致时,决不能强迫儿童学习。因为每个儿童的发展是顺着他的自然倾向的,无论他的身份如何,都会为上帝和人类服务。如果违背儿童的意志,强迫儿童学习,就会使他厌学和智力受到抑制。其次,教师对学生的有效指导应以学生的能力为根据。"我们的格言应当是:凡事都要追随自然的领导,要去观察能力发展的次第,要使我们的方法依据这种顺序的原则。"①教师所教的任何事情,必须基于学生的年龄和心理力量,否则,就不应该教他们;教师应俯身屈就学生的水平,采取一切办法,使学生的理解能力得到发展。再次,基于学生性格的差异施教学。由于天赋能力的差异,会造成性格的不同:一个学生可能是伶俐的或愚钝的,敏锐的或粗鲁的,勤奋的或粗心大意的。如果一个学生是伶俐的、敏锐的、勤奋的,教师就不要费很大力气教学;如果一个学生是愚钝的、粗鲁的和粗心大意的,教师就必须求助于耐心、注意和勤奋。第四,实施兴趣教学。他说:"我们必须遵循自然,不论学生成熟到何种程度,要允许他们去做感兴趣的事情,这样我们就不致与自然作对而是充当她分娩时的接生婆。"②

综上所述,夸美纽斯视野中的天性教育是指:教育应挖掘学生的内在潜能,遵循学生的自然倾向、能力、性格、兴趣的不同特征,促进学生的知识、德行和虔信的全面发展。

2. 天性教育的目的

夸美纽斯在《论天赋才能的培养》和《大教学论》中较为系统地论述了教育目的思想。

第一,教育目的在于,促进学生的天赋才能的发展。这关涉到人的精神世界的发展。"我们之所以具有天赋才能,是因为我们具有上帝的形象,也就是说,我们是上帝的缩影,然而我们毕竟是人。……人的意义也可以说是在于完善自己的灵魂或者自己的天赋才能。"③人需要精神的教育,能够正确地理解、想象、工作、表达一切的教育,如果离开了精神教育,人就会精神贫乏、心灵空虚。只有当思维、意愿、手和语言达到了尽善尽美的程度,人才能成为名副其实的人。"只有完善天赋才能,才可以与上帝比拟,而这正是人们比世界上一切宝藏、一切荣誉、一切欢乐和所有一切包括在人们欲望之间的东西更为需要的,所以,完善天赋才能应该是我们追求的崇高目标。"④

第二,教育目的在于促进学生的知识(学问)、德行和虔信的发展。在《大教学论》中,夸美纽斯专门论述了这个目的。在他看来,每个人都需要学问、德行和虔信,因为它们是涌出一切最完美快乐之流的三个泉源。"一个人为了他自己的好处,不独要有学问,而且要有德行和虔信;为了

---

① [捷克]夸美纽斯.大教学论[M].傅任敢,译.北京:教育科学出版社,1999:205.
② [捷克]夸美纽斯.大教学论·教学法解析[M].任钟印,译.北京:人民教育出版社,2008:342.
③ [捷克]夸美纽斯.夸美纽斯教育论著选[M].任钟印,选编.北京:人民教育出版社,2005:365.
④ [捷克]夸美纽斯.夸美纽斯教育论著选[M].任钟印,选编.北京:人民教育出版社,2005:373.

他的邻人的幸福,不独要有德行,而且要有学问和虔信;为了上帝的光荣,不独要有虔信,而且要有学问和德行。"①可见,学问、德行和虔信对于每个人都同等重要。"无论我们从心灵的本体去看,或从我们被创造到这个世界来的目的去看,都是如此。"②总之,学校教育的重要使命就是让学生受到完善人类天性的一切教育。当我们引导学生遵循这些目的时,就能使他们感到在现今和未来的生活中,身体、智慧和心灵都是美好的。

3. 天性教育的教学原则

天性教育的教学原则是在总的指导原则——自然适应性原则影响下建构的。所谓自然适应性原则,是以类比自然的方法为基础论述教育原理的原则,其内涵包含上述提到的教育要适应儿童的本性、能力、性格的特征外,还包括教育要模仿自然的法则(也叫秩序)。后者是其核心内容。夸美纽斯认为,大自然存在着坚定不移的自然规律,也叫法则或秩序,它们在动植物、人类社会生活和人类教育中都发挥作用,是教育应遵循的坚如磐石的原则。因为人的发展和教育要获得成功,取决于教学艺术对自然的模仿。两者的关联在于,"秩序是把一切事物教给一切人们的教学艺术的主导原则,这是应当,并且只能以自然的作用为借鉴的"③。"艺术若不模仿自然,它必然什么都做不了。"④"没有自然,艺术就会显得苍白无力。艺术是自然的竞争者,艺术仿效自然,艺术是自然的产物。"⑤就这条原则的意义而言,夸美纽斯认为,它具有向导的作用:有自然作向导,教育就不会迷失方向。因此,他强调,万物的严谨秩序构成了改良学校的基础;教导的严谨秩序应当以自然为借鉴。"一旦这个原则被彻底地掌握以后,艺术的进行立刻便会同自然的运行一样容易,一样自然。"⑥步随自然的后尘,教育过程就会来得容易。正是在这个主导原则的影响下,夸美纽斯论述了一系列教学原则。

(1) 主动性原则

主动性原则是夸美纽斯高度关注的教学原则,因为爱好美好事物和渴望主动性是儿童的天性。他说:"因为爱更美好的事物乃是人心所固有的天性。给他尝一尝美好的事物,你就会看到他会多么快速地被吸引住,因为追求任何一种善乃是出自天性,使他体会到困难不是不可克服的,他就会立即着手工作,因为渴望主动和力求精通事物乃是人心的特性。"⑦基于此,他要求教师应尽一切可能的方式激发学生求知与求学的欲望。例如,教师应和善地对待学生;循循善诱地启发学生;实施对话教学,诱导学生争相提问和回答问题;应尽一切努力使学生懂得所学功课是值得

---

① [捷克]夸美纽斯. 大教学论[M]. 傅任敢,译. 北京:教育科学出版社,1999:42.
② [捷克]夸美纽斯. 大教学论[M]. 傅任敢,译. 北京:教育科学出版社,1999:423.
③ [捷克]夸美纽斯. 大教学论[M]. 傅任敢,译. 北京:教育科学出版社,1999:65—66.
④ [捷克]夸美纽斯. 大教学论[M]. 傅任敢,译. 北京:教育科学出版社,1999:64.
⑤ [捷克]夸美纽斯. 夸美纽斯教育论著选[M]. 任钟印,选编. 北京:人民教育出版社,2005:209.
⑥ [捷克]夸美纽斯. 大教学论[M]. 傅任敢,译. 北京:教育科学出版社,1999:66.
⑦ [捷克]夸美纽斯. 大教学论·教学法解析[M]. 任钟印,译. 北京:人民教育出版社,2008:297.

赞许的,这样做会激发学的喜爱,喜爱会激发学生的渴望,而渴望会导致学生在课业上努力用功。

(2) 直观性原则

夸美纽斯坚信一个伟大的真理:"存在心灵中的事情是没有不先存在感觉中的,所以智性所用的一切思想材料全是从感觉中得来。"① 为此,他把感官看作知识首要的、永恒的向导,认定获得知识的唯一门户就是感官,正是通过它,任何在人以外的事才有进入心灵的通路,感官奠定了知识的坚固基础,因而学生首要的、永恒的责任就是运用感官。教师应尽可能地实施感觉教学,用儿童自己的感官观察任何事物;尽可能地求助于感官的证明,以获得确实可靠的真理。在可能的范围内,要把一切事物放到学生的感官跟前,这是教学的金科玉律。

(3) 理解性原则

夸美纽斯认为,理解就是指儿童能从认知感官看见事物的内部结构,触及事物的本质。理解的重要性在于,任何事物如果没有经过感官的正确领悟,那么对它的理解是毫无价值的;对没有理解的任何判断都是谬误;对没有理解和深思的事物的记忆都是转瞬即逝的。理解性原则要求教师做到:一是要教学生能够理解的东西。一切学科都应加以排列,使其与学生的年龄相适合,凡是超过学生理解的东西不要教给学生。二是要教会学生善于区别事物。"教的意思不是别的,不过是指阐明各个事物在不同的目的、形式和根源上怎样相互区别。"② 因为认识事物就是知道事物间的区别,善教的人就是善于区别的人。三是让学生认识事物的原因。"因为凡存在之物,都是由于它自己的原因而存在,它所具有的任何东西都是来自这个原因。所以,通过事物的原因教任何事物就是将它深深地注入理解力之中。"③ 认识和理解事物的本质就是认识事物的原因。四是利用分析、综合、比较的方法增强学生的理解力。"这些方法有助于使人认识明白、清楚的共同目的,因为对一个主题作理智的分析是理解的开端,再把它们放在一起标志着理解的深化,将它与所有其他同类的东西进行比较是理解的完成。"④

(4) 循序渐进原则

夸美纽斯认为,基础知识对于知识大厦的建构是非常重要的,必须打牢固。如果掌握一门学科的全部知识,教学必须从能支撑整体的基础开始,一旦这种基础建立起来,我们就应当在它们的上面建筑促成整个建筑物的一切。但要求教师遵循如下顺序:前面的成为后面的阶梯,后面的加强前面的;一切先学的都应该成为一切后学的基础,先到的要先教,后来的要后教;"从简单到复杂前进,从复杂向更复杂前进,从更复杂向再复杂前进,这是艺术中的艺术,任何时候任何地方都不能违反"⑤。

---

① [捷克]夸美纽斯.大教学论[M].傅任敢,译.北京:教育科学出版社,1999:71.
② [捷克]夸美纽斯.大教学论·教学法解析[M].任钟印,译.北京:人民教育出版社,2008:319.
③ [捷克]夸美纽斯.大教学论·教学法解析[M].任钟印,译.北京:人民教育出版社,2008:319.
④ [捷克]夸美纽斯.大教学论·教学法解析[M].任钟印,译.北京:人民教育出版社,2008:322.
⑤ [捷克]夸美纽斯.大教学论·教学法解析[M].任钟印,译.北京:人民教育出版社,2008:313.

(5) 理论与实践相结合原则

在夸美纽斯看来,理论与实践的关系是辩证的:实践是必需的,它要求有榜样、教训和练习,它们构成了教与学的全部活动。没有这三者,什么东西也不能教,不能学。它们各自有独特的功用:"经常的实例大大促进快捷,明白的教训大大促进愉快,不断的实践大大促进彻底。"①理论是必要的,它使人做任何事情是出于理解和理论的指导,而不至于基于盲目的冲动去做。因此,理论与实践应相结合。为了达成这一点,教师应做到:首先,理论要先行,让理论永远先于实践。其次,任何知识的教学应基于实践去教,使感官和心智都得到实际的指正,而不是根据书本去教。凡是应当做的都应从实践中教,使学生从写字去学习写字,从谈话去学习谈话,从唱歌去学唱歌,从推理去学推理。让学生自己去看、听、摸、嗅、尝,通过自我感受去获得一切知识。只有通过实践去学习才能达到完美的程度。这种行动原则是自然自己规定的,"正是为了通过理论、实践和应用而形成的,同时为了使每个学生能时时自己去钻研,去感受,去表达,去动手,去应用"②。

(6) 愉悦性原则

愉悦性是好的教学的重要标志。教学效果好的教师往往既能使学生在学业上受益,又能在情感上让学生感到愉悦。情感是学生生命的重要组成部分,它们既能吸引学生走向目标,也能吸引学生离开目标。"如果精神感受不到吸引力,它就缺乏爱好。哪里精神缺乏爱好,那里就必须违背它的意志去加以推动。"③教师应当知道怎样激发学生兴趣,怎样鼓励学生热情,防止学生厌恶学习。这与人性的特点密切相关。人性的特点是自然地显露出什么东西使它高兴,什么东西使它不悦。教师必须从人性的特点中加以学习。这就要求教师做到:第一,据自然看作本性的要求,而不是与本性作斗争。前者是愉快和进步的基础,后者是阻碍破坏和压制本性的力量。教师不要压制和破坏人性,成为人性的力量,而应使人性得到顺其自然的引导,因为人性是自由的,它喜爱自发性,憎恶强迫。教师在执行和完成全部教学任务时应有父亲的仁慈,决不发脾气。第二,教师必须以经常求助于感官、向感官提出方法来吸引学生。这是快乐的源泉。因为人的感官乐于与所学对象相联系,而苦于与所学对象分离。第三,让学生通过个人的实践学习一切事物。因为人性乐于与事物一道工作。学生喜爱从做中学。"边说边做的人就感觉不到厌恶,因为他们在自由地按照自己的思想行事。"④第四,"为用而学"所有事物。因为人性总是喜爱有用的事物,探询事物的用途,服务于有用目的的任何事物。"我们务必不要沉溺于空洞的沉思,让用途处处显然可见。美丽的事物只有当它有用时才被人欣赏。"⑤第五,寓教学于游戏和娱

---

① [捷克]夸美纽斯.大教学论·教学法解析[M].任钟印,译.北京:人民教育出版社,2008:350.
② [捷克]夸美纽斯.夸美纽斯教育论著选[M].任钟印,选编.北京:人民教育出版社,2005:424.
③ [捷克]夸美纽斯.大教学论·教学法解析[M].任钟印,译.北京:人民教育出版社,2008:356.
④ [捷克]夸美纽斯.大教学论·教学法解析[M].任钟印,译.北京:人民教育出版社,2008:358.
⑤ [捷克]夸美纽斯.大教学论·教学法解析[M].任钟印,译.北京:人民教育出版社,2008:358.

乐之中。喜爱自由是人的天性。游戏和娱乐体现了自由的天性,是自由的运用,因而受到每个学生的欢迎和热爱。再者,人性以竞争为乐事,而一切游戏都体现了社会性和竞争性,因而得到人性的赞扬。最后,由于学生渴望新奇,喜欢看到一件事情的结果,因而喜欢参加有机会看到竞赛结果的游戏。

4. 对夸美纽斯天性教育思想的评析

首先,夸美纽斯天性教育思想是对以往各方面研究成果的积极借鉴。在自然观上,夸美纽斯借鉴了14世纪至17世纪的机械自然观。在机械自然观的视野中,自然界是一架机械,而不再是一个有机体。所有机械都遵循着普遍的"秩序"(或法则),它们在动植物和人类生活中都发挥作用。"文艺复兴的思想家们像希腊思想家一样,把自然界的秩序看作理智的一个表现,只不过对希腊思想家来说,这个理智就是自然本身的理智,而对文艺复兴的思想家来讲,它是自然之外的某种东西—神性创造者和自然的统治者—的理智。这个区别是希腊和文艺复兴自然科学之间一切主要差异的关键。"① 受这种机械自然观的洗礼,夸美纽斯也把世界看成是机械,要求教育遵循机械的法则,以此来论证他的自然适应性原则。在哲学观上,他继承了古罗马至文艺复兴时期的哲学思想。"夸美纽斯的'自然适应性'原则根源于古代西方的斯多葛派哲学,特别是受西塞罗的影响,同时亦深深地打上时代的烙印。"② 培根的唯物主义感觉论对他影响最大,使他认识到感觉是认识事物的开端,在感觉中不存在的东西,在理智中也不存在。这为他的直观教学原则的提出奠定了认识论基础。在天性教育思想的来源上,主要吸收了文艺复兴时期的天性教育思想。"一方面,人文主义者对自然的热爱、认识、赞美、描写和利用,启发了夸美纽斯从自然界、人类社会生活和人本身去考察和研究普遍的法则或秩序,并以它们为理论依据去探索教育的规律和原理,构建教育理论体系。另一方面,人文主义者'对人的尊重、对人的智慧和力量的深刻信念,对生命的珍惜和热爱,对人的和谐发展的渴望,对教育作用的高度估计,对自然的崇拜向往,对古希腊、文化的珍视,对教育接近现实生活的追求,对儿童的温和态度等人文主义教育观都渗透在《大教学论》中'"③,影响了夸美纽斯天性教育思想的建构。

其次,夸美纽斯天性教育思想是对文艺复兴时期天性教育思想的超越。不可否认,夸美纽斯天性教育思想承继了文艺复兴时期天性教育思想,前者是后者的集大成者,但更多的是对后者的超越。这种超越体现在系统性、民主性和世俗性上。就系统性而言,文艺复兴时期天性教育思想是散见在每个人文主义教育家的教育思想之中,不够系统,而夸美纽斯天性教育思想无论对天性教育的意蕴、天性教育目的,还是天性教育的原则,都作了深刻、系统的论述,特别是对天性教育

---

① [英]柯林武德.自然的观念[M].吴国盛,译.北京:北京大学出版社,2006:6—7.
② 陆志远.夸美纽斯的适应自然教育原则的历史启示[J].教育史研究,1991(1).
③ 李明德、金锵.教育名著评价(外国卷)[M].福州:福建教育出版社,1992:45.

原则的论述,更为丰富和系统,更富有条理,建构了历史上第一个天性教育原则体系。就民主性而言,文艺复兴时期天性教育从本质上讲是一种贵族教育和等级制教育,远没有扩大到平民,而夸美纽斯天性教育思想富有民主性,在教育的对象上,要求"不仅有钱有势的人的子女应该进学校,而且一切城镇乡村的男女儿童,不分贫富贵贱,同样都应该进学校"[1]。在天性教育内容上也体现了民主性,他要求把一切知识教给一切人类。就世俗性而言,"他的教育思想比以往的人文主义教育思想具有更强烈的世俗性。这既突出地表现在夸美纽斯把教育视为个人的身心和谐发展和治理人类弊病、造福社会的重要手段,也表现在他对学习与现实生活密切联系的百科全书式的以及实用知识的强调。总之,夸美纽斯更倾向唯实的人文主义,'其教育思想体现的是一种现实主义的广义的人文主义而非那种古典主义的、狭窄的人文主义'"[2]。

再次,夸美纽斯天性教育思想是他的客观化自然教育思想的重要组成部分,首次从教育学的高度奠定了西方自然主义教育思想的逻辑起点。如前所述,萌芽时期各个阶段的教育家都有天性教育的思想,都论述了教育与儿童天性发展的关系,都强调教育要促进儿童天性的发展,但我们不难发现,这些思想主要是在政治学和哲学的视野中阐释的,缺乏专门的教育学视野。无论是古希腊亚里士多德的天性教育思想,还是古罗马的天性教育思想,抑或是人文主义教育思想,因时代的限制,还不可能建立体系化的天性教育思想。正是夸美纽斯扭转了这个局面,建立了体系化了的天性教育思想。他的"伟大贡献,正在于他以自己毕生的丰富的教育经验为基础,综合了15—17世纪教育学上各种理论的探讨,以适应自然的思想为红线,把《大教学论》的教育概念范畴都有机地联系在一起,使教育学第一次以一种有结构的独立形态从哲学框架、伦理学框架、政治学框架中分离了出来,……第一次获得了'严格而彻底的教育体系'"[3],并在此教育体系的关照下,第一次从教育学的高度确立了西方自然主义教育思想的逻辑起点——教育要促进儿童天性的发展。他不仅提出儿童发展的"种子说",强调儿童发展的内在潜能是巨大的,而且强调教育在儿童的"种子"由潜能变为现实的重要作用。更为重要的是,他较为系统地论述了:只有符合儿童的自然倾向、能力、性格、年龄的教育,才能促进儿童天性的发展,建构了有助于天性发展的教学原则体系。这不仅强化了由亚里士多德开创的"内发论"的思想,而且影响后世自然主义教育家如卢梭、裴斯泰洛齐、第斯多惠、福禄培尔、杜威对自然教育思想体系的建构,使他们都强调儿童内在力量的重要性,都把"教育要促进儿童天性的发展"看作是自然教育思想的逻辑起点和核心。

第四,夸美纽斯天性教育思想充满了"人道"和"人本"的情怀。夸美纽斯天性教育思想是对人性的张扬,充满人文主义的情怀。一方面,他继承了人文主义教育家对人的尊严、力量和创造

---

[1] [捷克]夸美纽斯.大教学论[M].傅任敢,译.北京:教育科学出版社,1999:37.
[2] 李明德.西方教育思想史[M].北京:人民教育出版社,2008:194.
[3] 毛祖桓.从方法论看教育学的发展[M].重庆:重庆出版社,1990:71.

力赞美和讴歌的人文主义思想,在《大教学论》中充分赞美和讴歌人的美好,提出了一个著名的命题:"人是造物中最崇高、最完善、最美好的",并把它作为《大教学论》第一章的标题。"这既凸显了夸美纽斯关于人的最基本的看法,也蕴涵着他强调研究教育问题要以人为起点的思想。"①人是夸美纽斯天性教育思想的主题和灵魂,他的天性教育思想是围绕人进行阐释的。他充分肯定人的力量,认为人脑是一个小宇宙,能够接纳万事万物;人的潜能是巨大的,蕴藏着学问、德行和虔信的"种子"。"种子说"为人的发展和教育的实施提供了充分的可能性,正确的教育是建立在这种可能性的基础之上的。因此,他和亚里士多德一样倡导教育的"内发论"。"他基于人是最崇高、最完善、最美好的造物所提出的许多论述,虽然其中对人的潜能和根底的看法存在某些神秘的成分,但却充分显示了他对人的存在和力量的尊重、热爱和信任,对人的意义和价值的明确肯定,对人的和谐发展和完善自我的赞颂,以及他强调人应该重视现实的人生,而智慧和德行是人生的要素等人文主义思想,这是对文艺复兴以来许多人文主义者对人的人文主义理解的丰富和发展。"②另一方面,他的天性教育思想蕴含了"以人为本"的特色,彰显了教育的人性化。这在天性教育的意蕴上表现得最为明显,它强调教育应挖掘学生的内在潜能,遵循学生的自然倾向、能力、性格、兴趣的不同特征,促进学生的知识、德行和虔信的全面发展。天性教育的原则也是围绕这一点来论述的,它要求教师要调动学生的主动性,使之处于主体地位;所教授的内容对于学生来说是用和能够理解的;要按照学生的特点循序渐进和直观地教学;采取各种措施让学生感受到教学的愉悦,充满快乐。所有这一切无不体现了以人为本的人道主义精神。

(三)主观化时期的天性教育思想

1. 天性教育的前提

(1)天性教育的前提之一:性善论

卢梭认为,解决社会问题和教育问题的前提就是了解和认识人的天性。然而在人类所有知识之中,最有用但最不完善的知识,就是关于人的知识。这在教育界突出表现为对儿童知识的缺乏和不理解:"我们对儿童是一点也不理解的:对他们的观念错了,所以愈走就愈入歧途。最明智的人致力于研究成年人应该知道些什么,可是却不考虑孩子们按其能力可以学到些什么,他们总是把小孩子当大人看待,而不想一想他还没有成人哩。"③更不幸的是,人取得的进步越多,获得的知识越多,就越是远离原始状态,没法抓住其中最重要的东西,导致悖论的出现。从某种意义上说,正是由于对人的不断研究,使得我们无法认识人。因此,"认识你自己"这句箴言比伦理学家们的所有大部头著作更重要也更难懂。

---

① 李明德.西方教育思想史[M].北京:人民教育出版社,2008:178.
② 李明德.西方教育思想史[M].北京:人民教育出版社,2008:181.
③ [法]卢梭.爱弥儿——论教育(上)[M].李平沤,译.北京:人民教育出版社,2001:序言2.

卢梭力图从性善论的视角揭开"儿童"之秘密。他认为,儿童的本性是善的,本性的最初冲动始终是正确的,这是不可争辩的原理。"因为在人的心灵中根本没有什么生来就有的邪恶,任何邪恶我们都能说出它是怎样和从什么地方进入人心的。"①人性本善也是造物主赋予我们的,只是腐败的社会制度、宗教、偏见、权威导致天性被扼杀。他在《新爱洛伊丝》中描述了儿童纯洁善良的天性:"他们还处于天真烂漫的时期,他们从未见过罪恶的事例,他们怎么会干出罪恶的事情来呢?他们从未有机会感受到贪欲,他们又怎么可能会产生贪欲呢?没有人在向他们灌输偏见,他们又怎么可能产生偏见呢?您都看见了,他们没有做过任何错事,他们身上没有任何的不良倾向。他们虽然还很无知,但却并不愚笨,他们虽有点欲望,但却并不是非要别人满足他们不可;他们往坏的方向发展的倾向早已被防止了,他们的本性是好的;所有一切都在向我证实,我们所指责的他们的那些缺点,根本不是他们本质上的缺点,而是我们给造成的。"②所以,要使他们内在的天性得到发展,必须远离不良的社会制度和不良的教育环境,"以天性为师,而不以人为师",要人成为"天性所造成的人,而不是人造成的人"③。教育应摆脱封建文化的樊篱而使人率性发展。"他的性善哲学给'归于自然'作了理论根据,他的'归于自然'是性善哲学的应有结论。在卢梭的哲学体系中,特别是在他的教育思想体系中,天性哲学是关键。"④

(2) 天性教育的前提之二:对传统教育的批判

卢梭从不自由教育、预备教育、理性教育、灌输式教育对违背儿童天性的传统教育进行了有力的批判。在不自由教育方面,卢梭认为,当时的人们从小就不让儿童自由自在地活动,而是给婴儿戴帽子,系带子,包襁褓,让四肢不能自由地伸展,躯体处于被束缚状态,这样他们"收到的第一件礼物是锁链","受到的第一种待遇是苦刑"。在预备教育方面,野蛮的教育为了不可靠的将来而牺牲了现在,使儿童受着各种各样的束缚,在哭泣、惩罚、恐吓和奴役中度过本应欢乐的岁月,永远享受不到他们的年岁应有的快乐和幸福。教育者"所抱的希望是好歹终有一天使他获得幸福,然而在目前却把他弄得怪可怜的,这样的远虑是多么糟糕!这些庸俗的理论家,竟把放纵同自由、快乐的儿童同娇养的儿童,全都混淆起来,我们必须使他们了解这中间是有区别的"⑤。卢梭还批评了颠倒先感性后理性的自然教育的秩序,指出:"'和儿童讲理论'是洛克的主要格言。这在如今是风行一时的作法;但我并未见到实施的结果证明了这种理论的正确。那些总被我们对着他们讲理论的儿童,在我看来是格外愚蠢。在人所有的心能之中,理性是由其他各种心能组织而成,是一桩最迟缓最精美的发展,而你偏用它训练幼年儿童。使一个人成为有

---

① [法]卢梭.爱弥儿——论教育(上)[M].李平沤,译.北京:人民教育出版社,2001:92.
② [法]卢梭.新爱洛伊丝[M].陈筱卿,译.北京:北京燕山出版社,2007:410.
③ 滕大春.卢梭教育思想述评[M].北京:人民教育出版社,1984:33.
④ 滕大春.卢梭教育思想述评[M].北京:人民教育出版社,1984:26.
⑤ [法]卢梭.爱弥儿——论教育(上)[M].李平沤,译.北京:人民教育出版社,2001:70—71.

乃是优美教育的冠石,而你由儿童的理性来训练儿童!你以错误的目的地为出发点,误以目的为手段了。假如儿童已理解理性,那就无须乎教育了。"①与理性教育相联系是灌输式教育。教育者成天讲道说教,卖弄学问,向儿童灌输所谓的良好观念,而实际上灌输的是荒唐和谬误,导致儿童养成了爱玩弄字眼、凡事爱争辩、总不服气以及以贪婪、恐惧、虚荣的动机做事情等种种习惯。所有这些教育使"每个人的精神都仿佛是在同一个模子里铸出来的,礼节不断地在强迫着我们:我们不断地遵循着这些习俗,而永远不能遵循自己的天性。我们再也不能表现真正的自己"②。所有的习惯都在奴役、折磨和遏制着儿童,使他们的智慧都成为奴隶的偏见,从而导致他们在奴隶状态中生和死。对传统教育的批判,构成了卢梭建构天性教育的实践基础。

2. 天性教育的意蕴

(1) 天性教育即儿童天性的自然发展

在卢梭的视野中,天性教育就是自然教育,"自然"指的是人的"原始倾向"或"内在的自然"。卢梭通过隐喻的方式诠释了自然:"自由生长的植物,虽然保持着人们强制它倾斜生长的方向,而且,如果这种植物继续发育的话,它又会直立地生长的。人的习性也是如此,只要人还处在同样的境地,他就能保持由习惯产生的习性。"③换言之,就是自然本性不能以外在力量来强迫改变,这是"习性"使然。他反对由外在力量强迫导致的不自然的习惯,倡导符合儿童天性的习惯——自然。它们是与生俱来的生理器官、本能、潜能。

根据"内在的自然"的涵义,卢梭诠释了"自然教育"的第一层内涵,也是最核心的内涵:自然教育即儿童天性的自然发展。卢梭认为,"我们的才能和器官的内在的发展,是自然的教育;别人教我们如何利用这种发展,是人的教育;我们对影响我们的事物获得良好的经验,是事物的教育"④。在这里,卢梭把"自然教育"定位为"我们才能和器官的内在的发展",也就是儿童天性的自然发展。它相对于人为教育和事物教育而言具有先在性,为后两者"立法",因为天性教育是不以人意志为转移的,事物的教育只有在某些方面由我们决定,只有人的教育才是我们所能控制的,因此后两者要服从前者。唯有三者相互配合,才能达到理想的自然的目标。

卢梭对"天性教育"的界定是很有意义的,因为"人类所能触及和理解的一切,根本上都是以人自身为尺度的,以人自身的有限性为逻辑前提的。因此,确立人自身,确立内在于人自身的自然天性为教育的自然法,这是教育应有的谦虚和明智,这是人类经历'教育万能'的自欺与狂妄之后所应通向的基本的明智。教育应免于对自然法的违抗与僭越。教育应随时接受自然法的检视"⑤。

---

① 滕大春.卢梭教育思想述评[M].北京:人民教育出版社,1984:96.
② [法]卢梭.论科学与艺术[M].何兆武,译.上海:上海世纪出版集团,2007:23.
③ [法]卢梭.爱弥儿——论教育(上)[M].李平沤,译.北京:人民教育出版社,2001:4.
④ [法]卢梭.爱弥儿——论教育(上)[M].李平沤,译.北京:人民教育出版社,2001:3.
⑤ 苗曼.天性引领教育[D].南京师范大学,2012:13.

这一内涵奠定了卢梭整个自然教育思想的基调,是卢梭自然教育思想的核心和灵魂,是我们把握和深刻理解卢梭自然教育思想的前提和逻辑起点。这一内涵通俗地讲,就是让儿童根据自己的性情率性发展。教育的过程就是儿童追寻自身天性发展的过程。

例如,儿童对知识的学习是由好奇的天性推动的。卢梭认为,当身体的活力极度发达的时候,精神的活力也跟着要受到教育。开始,孩子们只不过是好动,后来就变得好奇;这种好奇心只要很好的引导就能成为我们现在所讲的这个年龄的孩子寻求知识的动力。这是一种自然的由同他在目前息息相关的事物引起的好奇心。"一方面他生来就有谋求幸福的欲望,另一方面又不能充分满足这种欲望,因而他不得不继续不断地寻求满足他的欲望的新的方法。这就是好奇心的第一本原,这个本原是自然而然地在人的心中产生的,但它的发展必然同我们的欲望和知识成比例的。"①

由此可见,儿童是从自己的现实利益出发,从自己的生活需要出发,在自己与事物以及与他人的关系中获取知识,认识自我,发展自我,保存自我的,都是依靠儿童的天性得以实现的。真正的教育只不过是儿童原始本性的发展。放任儿童本性的发展,就是自然的教育。

(2) 天性教育就是儿童自然状态的回归

卢梭自然教育的第二层涵义是回归儿童的自然状态。所谓"自然状态"是指人心中未加雕饰、未受社会文明污染的原始状态或原初状态。他从性善论出发,描绘了自然状态:一种恬静、自由、和平、幸福的状态。生活在这种状态中的人是自然人。他们比其他许多动物更为弱小,也不如其他动物那样敏捷,但从整体上说,他们是一切动物中构造最完善的。"他们保存自己几乎是他们唯一注意的事项,因此,他们最有利训练的能力就是那些以防守和攻击为主要目的的能力。相反,那些仅由逸乐和肉欲而获得进步的器官,则应停留在粗糙的状态,因此,野蛮人的感觉器功能在这方面分开了,他的触觉和味着极其粗糙,他们的视觉、听觉和嗅觉则非常精细锐敏。"②他们过着一种孤独、和平的和无拘无束的快乐生活。

然而,环境和社会的进步改变了人的灵魂,使人渐渐地脱离了人的原始状态。在《爱弥儿》一书中,他开宗明义地断言:"出自造物主之手的东西,都是好的,而一到了人的手里,就全变坏了。"③人性本善,但不平等的社会和不健康的文明禁锢和扭曲了人性,"强使一种土地滋生另一种土地上的东西,强使一种树木结出另一种树木的果实"④。社会中的各种因素如偏见、权威、需要、先例、制度扼杀了人的天性,使人的天性像一株偶然生长在大路上的树苗,让行人碰来撞去,东弯西扭,不久就弄死了。为此,他要求慈爱而有先见的母亲要避开这种社会制度,"保护这株正在成

---

① [法]卢梭.爱弥儿——论教育(上)[M].李平沤,译.北京:人民教育出版社,2001:216.
② [法]卢梭.卢梭的民主哲学[M].刘烨,编译.呼伦贝尔:内蒙古文化出版社,2008:85.
③ [法]卢梭.爱弥儿——论教育(上)[M].李平沤,译.北京:人民教育出版社,2001:1.
④ [法]卢梭.爱弥儿——论教育(上)[M].李平沤,译.北京:人民教育出版社,2001:1.

长的幼苗,使它不受人类各种舆论的冲击!……趁早给你的孩子的灵魂周围筑起一道围墙,别人可以画出这道围墙的范围,但是你应当给它安上栅栏"①。卢梭指出的道路就是取缔社会中对儿童发展过多的人为干预和控制,回归儿童的自然状态。

(3) 教育应适应自然的法则

让儿童在户外经受各种考验的法则。儿童在户外经过自然给他的各种考验,就会磨砺他的性情,从小就知道什么是烦恼和痛苦,这样一到他们能够运用自己的生命时,生命的本原就更为坚实。这是自然的法则。表面上看,孩子在室外受到自然给他的锻炼倍加危险,而实际上这是在分散危险。因为"经验告诉我们,娇生惯养的孩子比其他的孩子死的多些。只要我们不使他们做超过其能力的事情,则使用他们的体力同爱惜他们的体力相比,其危害还是要小一些。因此,要训练他们经得起他们将来有一天必然要遇到的打击。锻炼他们的体格,使他们能够忍受酷烈的季节、气候和风雨,能够忍受饥渴和疲劳,把他们浸在冥河水里吧"②。

解决儿童饮食问题的法则。只要让儿童养成吃普通的和简单的菜肴的习惯后,你就可让他们爱吃多少就吃多少,爱怎样跑和玩,就尽量去跑跑玩玩,你可以放心,他们绝不会吃得太多,也不会患消化不良症。"我们的食欲之所以过渡,只是因为我们没有使它遵循自然的法则;我们经常在规定或增减我们的膳食,但无论是增是减,却由我们的手做天平,而这个天平的衡量标准是我们的想象而不是我们的胃。"③

按自然法则生活。卢梭认为,人应该把你的生活限制于你的能力,你就不会再痛苦了。紧紧地占据着大自然在万物的秩序中给你安排的位置;不要反抗那严格的必然的法则,不要为了反抗这个法则而耗尽了你的体力,因为上天所赋予你的体力,不是用来扩充或延长你的存在,而只是用来按照它喜欢的样子和它所许可的范围而生活。你天生的体力有多大,你才能享有多大的自由和权力,不要超过这个限度;其他的一切全都是奴役、幻想和虚名。

3. 天性教育的目的: 培养自然人

培养自然人是卢梭的天性教育所要达到的目的。卢梭在《论人类不平等的起源和基础》中对"自然人"进行了深入细致的描述,为教育目的的提出埋下了伏笔。他认为,自然人生活在自然状态之中,其特征是野性,而不是邪恶。他们很少会陷入危险的纷争,因为他们的情绪波动不大,很少激动,又受到十分有益的约束,只注意防备可能受到的伤害,不蓄意去伤害别人。由于他们之间没有交往和联系,也就没有"你的""我的"之分,也不知道诸如虚荣、尊重、敬意和蔑视之类的东西。他们漂泊游荡于丛林中,没有技艺、语言和栖所,与世无争。他们没有情感,只具有与其状态

---

① [法]卢梭.爱弥儿——论教育(上)[M].李平沤,译.北京:人民教育出版社,2001:2.
② [法]卢梭.爱弥儿——论教育(上)[M].李平沤,译.北京:人民教育出版社,2001:20.
③ [法]卢梭.爱弥儿——论教育(上)[M].李平沤,译.北京:人民教育出版社,2001:199.

相应的意识和智力,只感到实际的需要,只留心自己必须注意的东西。"这就是卢梭所理解的自然状态和自然人的主要轮廓,是他对于人类原初状态的理解。这些论断当然离科学还很远,它缺乏考古学、人类学的根据。卢梭的天赋人权和自然人的教育就是从这些基本概念中来的。"①

卢梭之所以要描述假想的原始状态和自然人,是因为他试图"消除年代久远的谬误和根深蒂固的偏见";是因为他认识到,在当时腐败的社会制度中,除了培养自然人外,没有更好的选择。当时的社会状况变幻莫测,人的职业也是变化不定的,如果按照职业分工来培养人,就会使人无所适从,因而培养生活在现社会中"抽象"的自然人是最佳的选择。这种"自然人"不管社会如何风云变幻,都能依据人的本分做人,取得做人的品格。这就是卢梭的天性教育目的所要培养的人。它远不同于封建的教育目的,即"培养适合阶级身分的封建贵族,把天真善良的儿童塑造成帝王、朝臣、豪绅、巨富,把纯洁无瑕的青少年镶嵌在不平等的社会等级里,是违反天性的矫揉造作,是形成畸形异状而残缺丑陋的人"②。他在《爱弥儿》中详细地论述了培养自然人的天性教育目的。他认为,基于自然秩序的每个人都是平等的,他们共同的天职,就是通过教育获得人品,教育的目标指向人及其生活的技能,而不是文官、武人和僧侣。"他首先是人;一个人应怎样做人,他就知道怎样做人,他在紧急关头,而且不论对谁,都能尽到做人的本分;命运无法使他改变地位,他始终将处在他的地位上。"③这种人不是奔逐荒野的野蛮人,而是居住在城市中的野蛮人——自然人。他按照他的理智生活,用自己的眼睛去看,用他自己的心去想,而不被任何权威所控制,即使他处在社会生活的漩流中,也不会被种种欲念或人的偏见拖进漩涡里。这也就是说,卢梭的天性教育目的的意蕴在于培养社会中的自然人,其品格是既有农夫的身手,又有哲学家的头脑,身心全面发展。

4. 天性教育的路径

(1) 树立"把儿童当作儿童"的儿童观

儿童观是教育观建构的前提,有什么样的儿童观就有什么样的教育观,因而,卢梭十分重视儿童观的建构。在他看来,无论是"小大人"观还是"神性儿童"观,都是扼杀儿童天性的儿童观,因为它们"对儿童是一点也不理解的:对他们的观念错了,所以就愈走就愈入歧途。最明智的人致力于研究成年人应该知道些什么,可是却不考虑孩子们按其能力可以学到些什么,他们总是把小孩当大人看待,而不想一想他们还没有成人哩"④。与这种批判相联系的是,卢梭建构了"把儿童当作儿童"的新的儿童观。它首次认识到儿童与成人的区别,发现了儿童不同于成人的独特性,要求教育者给予和尊重儿童的独特地位,这就是"在万物的秩序中,人类有它的地位;在人生

---

① 戴本博.论卢梭的"自然人"和"自然教育"[J].安徽师范大学学报,1988(2).
② 滕大春.卢梭教育思想述评[M].北京:人民教育出版社,1984:44.
③ [法]卢梭.爱弥儿——论教育(上)[M].李平沤,译.北京:人民教育出版社,2001:9.
④ [法]卢梭.爱弥儿——论教育(上)[M].李平沤,译.北京:人民教育出版社,2001:原序2.

的秩序中,童年有它的地位;应当把成人看作成人,把孩子看作孩子。分配每个人的地位,并且使他固定于那个地位,按照人的天性处理人的欲念"①。不仅如此,卢梭还道出了其中的理由:"大自然认为,孩子在成人以前毕竟还是孩子。如果我们想把这个顺序颠倒过来,我们便会生产出一种不成熟而且毫无味道的勉强长成的果子,这种果子在变得成熟之前便会烂掉……童年有它自己观察、思考和感觉事物的方法,若试图用我们的办法去取代它们,那是最愚蠢不过的事情了。"②

(2)让教育回归儿童的自然状态

在卢梭看来,儿童的自然状态就是他的本真状态,其核心内容就是尽情地、自由的玩耍。"他什么东西都想去摸一摸,什么东西都想去弄一弄。他这样地动个不停,你绝不要去妨碍他,因为这可以使他获得十分需要的学习。"③教育者应懂得"大自然是有增强孩子的身体和使之成长的办法的,我们绝不能违反它的办法。当一个孩子想走的时候,我们就不应当硬要他呆着不动,但是,如果他想呆在那里,我们就不应当逼着他去走。只要不用我们的错误去损害孩子的意志,他是绝不会做没有用处的事情的。只要他愿意,就让他跑跑跳跳,吵吵闹闹好了。他的一切运动,都是他日益增强的身体所必需的"④。在玩耍和游戏中,儿童即是受了伤,也不在乎,仍然很高兴。"我看见雪地上有几个淘气的小鬼在那里玩,他们的皮肤都冻紫了,手指头也冻得不那么灵活了。只要他们愿意,就可以暖和暖和,可是他们不去;如果你硬要他们去的话,也许他们觉得你这种强迫的做法比寒冷还难受一百倍。"因为"我让他自由,就可以使他在目前过得挺高兴;我给他以锻炼,使他能抵抗他必然要遭受的灾难,从而就可以使他在将来过得愉快。"⑤可见,"人愈是接近他的自然状态,他的能力和欲望的差别就愈小,因此,他达到幸福的路程就没有那样遥远"⑥。因此,教师应爱护儿童,帮他们活动、玩耍、做游戏,培养他们可爱的本能,使他在自然状态中度过幸福的童年。

(3)遵循儿童的天性,让儿童率性发展

在卢梭看来,既然人为的教育和事物的教育必须服从自然的教育,那么,教育者要做的事情就是遵循儿童的天性,让儿童从生命诞生的那天开始,就根据自己的性情率性发展。他指出:"教育是随生命的开始而开始的,孩子在生下来的时候就已经是一个学生,不过他不是老师的学生,而是大自然的学生罢了,老师只是在大自然的安排之下进行研究,防止别人阻碍它对孩子的关

---

① [法]卢梭.爱弥儿——论教育(上)[M].李平沤,译.北京:人民教育出版社,2001:71.
② [英]伊里莎白·劳伦斯.现代教育的起源和发展[M].纪晓林,译.北京:北京语言学院出版社,1992:131.
③ [法]卢梭.爱弥儿——论教育(上)[M].李平沤,译.北京:人民教育出版社,2001:48.
④ [法]卢梭.爱弥儿——论教育(上)[M].李平沤,译.北京:人民教育出版社,2001:81.
⑤ [法]卢梭.爱弥儿——论教育(上)[M].李平沤,译.北京:人民教育出版社,2001:82—83.
⑥ [法]卢梭.爱弥儿——论教育(上)[M].李平沤,译.北京:人民教育出版社,2001:72.

心。他照料着孩子,他观察他,跟随他,像穆斯林在上弦到来的时候守候月亮上升的时刻那样,他极其留心地守候着他薄弱的智力所显露的第一道光芒。"①儿童率性发展的要求应贯彻要儿童的所有生活和活动之中。例如,儿童的活动就是由他活泼的天性和现实的需要推动的。"在孩子的心中,活力却极其旺盛,正向外扩张,可以说,他觉得他的生命足以使他周围的一切都活跃起来,不管他是在制作什么东西还是在破坏什么东西,这是无关紧要的;只要他能改变事物的现状就够了,所有的改变都是一种活动。如果说在他身上似乎是破坏的倾向较多,其原因也不在于邪恶,而是由于制作东西的活动总是迟缓的,而破坏东西的活动由于比较迅速,所以更适合于他的活泼的性情。"②"造物主在把这种生命的活力赋予孩子的同时,又小心翼翼地只让孩子们轻轻地去使用这种活力,以免造成危害。"③"大自然要求我们的也只是为了保持我们自身所需要的活动。"④因此,教育的准则之一,就是给他们帮助的时候,应当只限制在他们真正需要的时候才帮助他们,绝不能依从他们胡乱的想法和没有道理的欲望,因为,胡乱的想法不是自然的。

教育者还必须按照学生的年龄去对待他,把他放在他应有的地位,好好地使他保持在那个地位,不再有越出那个地位的企图,因为每个年龄阶段所表现出来的天性是不相同的。与之相适应,教育的任务也不应相同。

婴儿期(出生至两岁)这是儿童身体养护和体育的时期。卢梭认为,健康的体魄是智慧的基础,身体必须要有精力,才能听从精神的支配。因此,在这个阶段,教育的主要任务是促进儿童身体健康发展。他对法国上流社会用襁褓捆扎婴儿四肢的做法提出了批评,认为这种做法有碍儿童身体的自由发展。他主张让儿童的四肢在无拘无束状态中自由活动,通过看、摸、听去感觉事物,学会观察和认识周围事物,应当尽力采取符合儿童自然需要的生活方式对待儿童。同时要防止儿童沾染任何不良习惯,以确保儿童身心健康。

儿童期(两岁至12岁)这是"理智的睡眠"期。卢梭认为,儿童在这个阶段的智力和记忆力都带有感性的色彩,缺乏理性思维,因此在教育上不能强迫儿童去思考,去读书,而应该着重发展儿童的感官,对儿童进行感觉教育,这是教育的首要任务。教师的职责在于发展儿童的视觉、触觉、听觉、嗅觉、味觉,积累丰富的感觉经验,以便为下一个时期的学习奠定基础。

少年期(从12岁至15岁),这是知识教育和劳动教育的时期。儿童通过感官教育和体育积累学丰富的感觉经验,身体也得到了发展,能够进行理性思维,教育的任务是进行智力教育和劳动教育。对此卢梭提出了不少有价值的见解。他认为,应按趣味性和有用性的标准确立智力教育的内容,在儿童对学问的兴趣发展起来后,教给儿童研究学问的方法,在劳动教育上,他主张让儿

---

① [法]卢梭.爱弥儿——论教育(上)[M].李平沤,译.北京:人民教育出版社,2001:43.
② [法]卢梭.爱弥儿——论教育(上)[M].李平沤,译.北京:人民教育出版社,2001:54.
③ [法]卢梭.爱弥儿——论教育(上)[M].李平沤,译.北京:人民教育出版社,2001:54.
④ [法]卢梭.爱弥儿——论教育(上)[M].李平沤,译.北京:人民教育出版社,2001:55.

童学会农业劳动和手工劳动,在劳动中知道只有靠劳动而生活的人,才是真正自由的人。

青春期(从15岁至20岁)这个时期被卢梭称为"暴风雨和热情"的时期。教育的主要任务就是把儿童从乡村带回城市进行道德教育。因为儿童的欲望已达到"暴风雨"般的狂热程度,情绪处于急剧变化之中,因此,需要用道德规范的约束力量加以调节,指导儿童培养善良的情感、善良的意志和善良的判断,使儿童知道如何处理好人与社会、人与人之间的关系。

总之,"人的天性发展是有秩序的,率性发展的教育必须适应不同时期的儿童发育的水平,万不该不顾天性发展,硬把成人理解的知能来主观武断地使幼年儿童接受"①。

(4) 教育应以大自然为师

教育应以大自然为师是教育回归自然状态题中应有之意,因为儿童本身是大自然的重要组成部分,儿童的心向往大自然,而"大自然总是向最好的方面去做的,……最初,它只赋予他维持他生存所必需的欲望和满足这种欲望的足够的能力。它把其余的能力通通都储藏在人的心灵深处,在需要的时候才加以发挥。只有在这种原始的状态中,能力和欲望才获得平衡"②。这也就是说,大自然是儿童免去痛苦,获得快乐的源泉。所以,教育应以大自然为导师。他引用塞涅卡的话说:"我们身患一种可以治好病;我们生来是向善的,如果我们愿意改正,我们就得到自然的帮助。"③因此,他强调:"用实际的事物!用实际的事物!"通过实物教学和直观教学,让儿童在大自然中接受生动形象的教育。作为教育者应"对大自然多多地探索一下吧,你必须好好地了解了你的学生之后,才能对他说第一句话,先让他的性格的种子自由自在地表现出来,不要对它有任何束缚,以便全面地详详细细地观察它。你认为这样让他自由是浪费了他的时间吗? 恰恰相反,这段时间是用得非常恰当的,因为只有这样才能知道怎样在最宝贵的时期中不致浪费片刻的光阴;……在童年时期牺牲一些时间,到长大的时候会加倍地收回来的"④。因此,教育者"要尊重儿童,不要急于对他作出或好或坏的评判。让特异的征象经过一再地显示和确实证明之后,你才去接替它的工作,以免在教法上同它相冲突"⑤。

5. 卢梭天性教育思想的评析

首先,卢梭的天性教育思想以性善论为基础,揭示了"儿童"的秘密。这个秘密就是儿童的本性是纯洁善良的,本性的最初冲动始终是正确的。这在人类教育思想史上还是第一次,为天性教育思想的建构奠定了强有力的基础,因为没有性善论作基础,就不会有"以天性为师",尊重和呵护儿童天性发展的天性教育思想的提出。它有力地打击了以性恶论为基础的封建教育,使儿

---

① 滕大春. 卢梭教育思想述评[M]. 北京:人民教育出版社,1984:35.
② [法]卢梭. 爱弥儿——论教育(上)[M]. 李平沤,译. 北京:人民教育出版社,2001:72.
③ [法]卢梭. 爱弥儿——论教育(上)[M]. 李平沤,译. 北京:人民教育出版社,2001:扉页.
④ [法]卢梭. 爱弥儿——论教育(上)[M]. 李平沤,译. 北京:人民教育出版社,2001:95.
⑤ [法]卢梭. 爱弥儿——论教育(上)[M]. 李平沤,译. 北京:人民教育出版社,2001:117.

童从封建教育的束缚中解放出来成为可能,为近代教育的发展指明了方向。"性善论应用到教育上,便成为尊重儿童的天性和要求率性发展,这样把抑制天性的教育变为尊重天性的教育,意味着教育上的巨大变革。的确,由中世纪宗教枷锁下的教育发展成为近代教育,无论在内容上、方法上,大都和适应天性要求有联系。从前的教育把天性看做敌人,以制服顽皮的儿童为能事,儿童的心理、生理的情况是教育者很少过问的;在长久的实践之后,人们才认识到研究儿童是教育工作必备的条件。在这由抹杀天性到尊重天性的历史发展的转折点上,卢梭恰是枢纽人物。"[1]

其次,卢梭的天性教育思想对儿童天性发展与教育关系的认识和把握,充满了真理性。在西方教育思想史上,自然教育家一直在对儿童天性发展与教育关系进行了艰苦卓绝的探索,从古希腊的亚里士多德到古罗马的昆体良、西塞罗、塞涅卡等,再到文艺复兴时期的人文主义教育家和夸美纽斯,他们都对这个问题进行过研究,提出了不少富有建设性的理论观点,如教育要遵循儿童天性的发展,针对儿童个性差异因材施教等。然而,他们的理论观点是不系统的、零碎的,其视角主要是"人"的视角,还没有深入儿童的内心深处,真正发现儿童的天性以及在促进儿童天性发展问题上教育应当何为。这一使命是由主观化自然教育家卢梭来完成的。卢梭从教育即儿童天性的发展、教育即儿童自然状态的回归、教育应适应自然法则等方面揭示了天性教育的意蕴,又建构了培养自然人的"个人本位"的教育目的观,更为重要的是,提出了树立"把儿童当作儿童"的儿童观、让教育回归儿童的自然状态、教育应适应自然的法则、教育应以大自然为师等促进儿童天性发展的有效路径,从而使天性教育思想系统化和理论化,充满了真理性。因为卢梭的天性教育思想深入了儿童天性的本质,发现了儿童及其本性的秘密。如果说以往教育家的天性教育思想是从"人"的视角研究儿童,那么,卢梭的天性教育思想则是从"儿童"的视角去研究儿童,彰显了儿童教育的"儿童"意味。按照卢梭的天性教育思想实施教育,就可以冲破封建教育的桎梏,解放儿童固有的天性,唤醒儿童的潜能,使儿童成为一个能按自己的性情率性发展的自由自在的人。

再次,卢梭的天性教育思想充满了"以儿童为本位"的情怀。"近世以来,如何对待儿童已成为衡量社会优下的准绳。是摧残儿童还是解放儿童,是鄙弃儿童还是解放儿童,是苛虐儿童还是爱护儿童,是把儿童视为人类的毒瘤还是看作人类未来的希望,乃是判断社会制度是否合理和社会意识是否进步的分水岭"[2],也是衡量教育制度好坏的分水岭。卢梭的天性教育思想关注和彰显的是后者。无论是天性教育意蕴的揭示,还是"个人本位"教育目的的建构,抑或是天性教育路径的探讨,卢梭总是站在儿童的立场上,体现了对儿童的关爱和"以儿童为本位"的精

---

[1] 滕大春.卢梭教育思想述评[M].北京:人民教育出版社,1984:39.
[2] 滕大春.卢梭教育思想述评[M].北京:人民教育出版社,1984:41.

神和理念。在近代,儿童的地位有了显著的提升,这与卢梭的天性哲学及其教育思想的影响息息相关。"在过去,儿童被误解为具体而微的成人:如今则知儿童身心具有不同于成人的特征,不能以教育成人的教材和方法用于儿童。在过去,儿童被误解为愚昧无知而须给他们灌输知识的蠢才,如今则知儿童是能够能动地适应环境的小活动家和能够自觉地理解事物的小思想家。在过去,儿童被比作为天性邪僻而无理取闹的恶魔,如今则视儿童为能够行善尚义的天使。在这天翻地覆的巨变中,卢梭的天性哲学是起过强大催化作用的酵母。所以世界进步人士公认:卢梭不但是儿童教育的改造者,还是广大儿童的福音,是儿童解放的象征,是为儿童争夺人权的旗手。"[①]

第四,卢梭的天性教育思想在西方天性教育思想史上具有里程碑的意义。卢梭的天性教育思想虽然继承了以往教育家天性教育思想的精髓,但又超越了后者,具有里程碑的意义。如前所述,以往教育家虽然探讨了天性教育问题,提出过富有建设性的理论观点,但其视角是"人"而不是"儿童"。卢梭从"儿童"的视角出发,来研究和探讨天性教育问题,深入儿童的内心深处,真正发现儿童的天性以及在促进儿童天性发展问题上教育应当何为。这使他的天性教育思想不仅有"人"的视野,更有"儿童"的视野。他极力倡导教育者应遵循儿童的天性施教,不要超越儿童的年龄特征和身心发展水平,更不要强迫儿童学习和强行灌输知识,而应当创造良好的教育环境,实施消极教育,让儿童的天性"自主"地、"率性"地发展,让天性引领教育的发展,使儿童在自然状态中自由自在地成长。这一让天性自然和自由发展的教育理念开启了人们研究儿童及其天性的先河,构成了现代教育的基调,指引着现代教育发展的大方向和大趋势,影响着裴斯泰洛齐、第斯多惠、福禄培尔、杜威、蒙台梭利等教育家对天性教育思想的建构,后世的天性教育思想都渗透了卢梭的天性教育思想。这使得他的天性教育思想具有划时代的启蒙意义。正如杜威所说:"卢梭所说的和所做的一样,有许多是傻的。但是,他的关于教育根据受教育者的能力和根据儿童的需要以便发现什么是天赋的能力的主张,听起来是现代一切为教育进步所作的努力的基调。他的意思是,教育不是从外部强加给儿童和年轻人某些东西,而是人类天赋能力的生长。从卢梭那时以来教育改革家们所最强调的种种主张,都源于这个概念。"[②]

(四)心理化时期的天性教育思想

心理化自然教育家在继承夸美纽斯和卢梭的天性教育思想的基础上,对心理学及其在教育中的运用展开了深入的研究,赋予了天性教育思想以心理学的新内涵,使心理学成为了教育理论研究的新视域,开辟了教育心理学化的新进路,极大地推进了教育学与心理学的融合,为19世纪"教育心理学化"运动的开展和教育科学的发展奠定了基础,注入了新的活力。

---

① 滕大春.卢梭教育思想述评[M].北京:人民教育出版社,1984:41—42.
② 吕达,刘立德,邹海燕.杜威教育文集(第1卷)[M].北京:人民教育出版社,2008:209.

1. 天性教育的内涵
(1) 教育应与儿童天性的发展相适应

作为自然主义教育思想的传人,心理化自然教育家裴斯泰洛齐、第斯多惠、福禄培尔所论述的视角也没有离开教育与人的自然本性关系研究的传统,也要求教育应与人的天性发展相适应。裴斯泰洛齐把自己的全部哲学和教育思想建立在人和人性的基础上,认为人性是教育的出发点和可靠的基础。他以人的本质为基点来理解人性,认为人的本质既不是人的肉体,也不是人的感官欲望,而是人的才能,它包括道德和宗教信仰的才能,也包括智慧和实践的才能,正是这些才能构成了人的人性。"人性本身就是人类幸福的真正基础,它不是产生于社会状态本质性的种种感知、观念和倾听,而仅仅产生于目的在于使每个人净化和高尚化的那些情感、观念信仰和倾向。"① 人性化与大自然的教育有关,但大自然造就的人不完善,人必须依靠教育和自我努力去实现人性化。人为的教育和影响要取得实效,必须依靠儿童的本性,无论在何种情况,都应服从儿童的本性,并针对儿童本性因材施教。"如果施加人为影响时,违背了本性发展的规律,人就会重新回到野蛮状态……施加人为影响的规律是从研究本性发展过程中推演出来的。本性永远是施加人为影响最重要的基础。"② 据此,他认为,人的全部教育就是促进儿童自然天性遵循它固有的方式发展的艺术;真正好的教育方法是以人的天性中永恒和普遍的素质及力量为出发点的。他强调教育"必须按孩子本身的高级天性的理想目标进行培养。这是合乎自然规律的基本教育思想,这种思想要求'人为艺术'要绝对服从'自然'。所有外来的教育影响必须与人的动物天性相联系,使蕴藏在人的高级天性中的才能和天赋得以充分发挥"③。作为教育者,不仅要思考把儿童培养成什么样的人,还要认真研究儿童的天性,考虑清楚如下的问题:孩子具备何种能力?作为一个负责任的生命,孩子应承担什么使命?哪些是孩子的符合理性和道德的天性,使用何种手段完善这种天性?等。对这些问题的思考有助于使教育提高到科学的水平,使"教育科学应该起源于并建立在对人类天性最深入的认识的基础上"④。

第斯多惠对人的天资与教育的关系作了系统的阐释。在他看来,天资就是人的本性,是造物主所赐给人的,它"就是一个人本身的能力和活动可能性的基础。也可以说天资是发展能力和力量的胚胎——天资是一种起因,……是一种最初最深的活动或动因的基础。天资是造物主安排给人的,这就是基础、可能性、条件、根基与胚胎,等等"⑤。天资对教育活动的开展

---

① [瑞士]阿图尔·布律迈尔.裴斯泰洛齐选集(第一卷)[M].尹德新,组译.北京:教育科学出版社,1994:25.
② [瑞士]阿图尔·布律迈尔.裴斯泰洛齐选集(第一卷)[M].尹德新,组译.北京:教育科学出版社,1994:339—340.
③ [瑞士]阿图尔·布律迈尔.裴斯泰洛齐选集(第一卷)[M].尹德新,组译.北京:教育科学出版社,1994:124.
④ [瑞士]裴斯泰洛齐.裴斯泰洛齐教育论著选[M].夏之莲,等译.北京:人民教育出版社,2001:339.
⑤ [德]第斯多惠.德国教师培养指南[M].袁一安,译.北京:人民教育出版社,2001:76.

而言具有前提性的意义。教育活动的开展依赖于天资,如果受教育者缺乏天资,教育家也无能为力;天资的存在为教育活动的开展提供了可能性。当然,这种可能性要转化为现实性,还需要其他条件。"我们无论如何也不能忽视这一点,根据内部或精神天性和外部的特点进行类比可以使我们容易理解,天资是胚胎本身的发展,同时必须有其他因素作前提才能发展。这种发展不仅和身体的器官有联系,同时也和外部的刺激有联系,天资的每一发展,智力的一切变化都是天资与刺激两种因素的产物。"[1]他进一步论述了天资与激发的关系,认为天资与激发是每一发展的两个必备条件,没有教育的激发,天资就会停滞不前。教育理论便是激发的理论。当然,"如果激发不符合天资,那么会出现两种可能,一是激发根本不影响天资,二是发展朝违反自然规律以反常的方向进行下去;结果便会出现畸形发展"[2]。因此,真正的教育必须符合自然规律和天资发展的特点,使天资既不能过早唤醒,也不能过晚唤醒,因为过早唤醒会导致神经衰弱,而过晚唤醒不能获得应有的发展。他还论述了天资的共性与个性及其教育。他指出,人类的普遍天资存在于每个儿童身上,这就使得每个儿童具有相同的天资,而且具有相同的目的——达到人类的理想。除了天资和使命有共性之外,每个人的天资还存在着千差万别。"个人的天资和使命又是所有人的天资和使命,这是符合一般发展规律的。"[3]针对这种情况,"教育家只能遵循公认的普遍经验,每个新生的婴儿都具备人类普遍的天资,但是在某一特性中所表现出来的特殊现象进行详细的研究和探索,人们决不能避而不答这些重要的问题。比如,一般人的天资究竟能发展到何等程度,从哪儿出现差异,是智力上的还是体力上的,是两者同时出现差异,是量的差异还是质的差异,诸如此类的问题有待读者自己去思考,有待科学的发展去解决"[4]。

福禄培尔从幼儿教育的视角论述了教育与儿童天性发展的关系。他认为,儿童的活动是由灵魂深处的意识决定并创造的。在活动中,儿童能利用自己的力量,自主自发地表现自己。因为他希望去创造某些东西,以便使他内部的欲望可以在外部表现出来。儿童的一切活动、一切意志必须从内部本质的发展、训练和表现联系起来。教育的重要使命就是唤醒、顺应儿童内在本性,使他能自主的活动。他把儿童内部的、最本质的东西作为教育的根据和基础,断定教育不可能也不允许直接地由外部推断内部,因为事物的本质常常在某种关系上要求反过来,不是由外部推断内部,而是由内部推断外部。"因此,原来的教育、教学和训练,其最初的基本标志必然是容忍的、顺应的(仅仅是保护性的、防御性的),而不是指示性的、绝对的、干预性的……注重顺应的真理和该真理在教育中的运用,不管可能有人说些什么反对的话,不管该真理可能遭

---

[1] [德]第斯多惠.德国教师培养指南[M].袁一安,译.北京:人民教育出版社,2001:78.
[2] [德]第斯多惠.德国教师培养指南[M].袁一安,译.北京:人民教育出版社,2001:80.
[3] [德]第斯多惠.德国教师培养指南[M].袁一安,译.北京:人民教育出版社,2001:82.
[4] [德]第斯多惠.德国教师培养指南[M].袁一安,译.北京:人民教育出版社,2001:78.

到如何猛烈的攻击,它终将在年轻一代中证明自己的明确性和真理性,得到年轻一代的信赖和运用。"①在他看来,教育、训练和全部教学与其是绝对的、指示性的,不如更应当是容忍的、顺应的,因为在纯粹采用前一种教育方式的情况下,人类的那种完美发展,稳步和持久的前进将会丧失,而丧失的这一切,正是上帝精神在人身上并通过人的生活所表现的自由和自决,这自由和自决便是全部教育和全部生活的目的和追求,也是人的唯一命运。他强调,"如果我们不希望在精神和肉体上毁灭我们的孩子,如果我们不希望损害他们当前的童年生活和他们随后的青少年生活,如果我们不希望损害他们未来作为公民的生活,他们未来的家庭生活和他们作为全人类一员的整个生活,那么,我们在儿童的教育和训练中就必须符合他们个体本性的需要"②。

(2) 教育应遵循儿童的心理特点,彰显心理学化

心理化自然教育家并不满足于天性教育思想停留在对教育与儿童本性关系的认识,而是在继承以往教育家自然教育思想的基础上,根据哲学和科学发展的最新成果,对心理学及其在教育中的应用展开深入研究,更多地赋予天性教育以心理学的内涵,从而改变了教育的致思方向,把教育与儿童本性关系转换成"教育与儿童心理关系",使教育心理学化成为教育发展的大方向和大趋势,实现了教育学与心理学的联姻。这是心理化自然教育家对天性教育思想和教育科学发展作出的最大贡献。

而开启"教育要心理学化"先河的是裴斯泰洛齐。在裴斯泰洛齐之前,心理学之域还未能成为自然教育家所面对的问题,无论是夸美纽斯的《大教学论》,还是卢梭的《爱弥儿》,尽管蕴含着教育要心理学化的可能性,但都没有把它作为一个明确的课题提出来,没有进入他们的研究之域。这个任务由裴斯泰洛齐来完成。正是他,开启了教育要心理学化的新进路,以心理学为关注之域,表现出明确的理论自觉。因为裴斯泰洛齐的理论并没有停留在"儿童天性"的视野上,而是把儿童的天性确切地理解为儿童的心理活动,天性即心理。他在西方教育思想史上既是第一个明确提出教育科学要以心理学为基础的教育家,也是第一个明确提出教育要以心理学为基础的教育家,他明确指出:"我感到我的实验已经证明民众教育可以建立心理学的基础之上,可以根据它的基本原则建立起通过感觉印象获得的真正知识,……我感到我能解决的是那些具有洞察力、没有偏见的人的问题。"③为此,他在《葛笃德怎样教育她的子女》中创造性地提出了"教育要心理学化"的命题,这一核心的命题具有丰富的心理学的意蕴。这主要从教育理论基础的心理学化、教育目的心理学化、教育内容心理学化、教学过程心理学化、教学方法心理学化和教学艺术心理学化彰显出来。④

如果说裴斯泰洛齐的"教育要心理学化"思想还只是教育与心理的初步结合,那么赫尔巴特

---

① [德]福禄培尔.人的教育[M].孙祖复,译.北京:人民教育出版社,2001:9.
② [德]福禄培尔.福禄培尔幼儿教育著作精选[M].单中惠,等译.上海:华东师范大学出版社,2009:74.
③ [瑞士]裴斯泰洛齐.裴斯泰洛齐教育论著选[M].夏之莲,等译.北京:人民教育出版社,2001:22—23.
④ 刘黎明.教育科学化的最早倡导者和奠基者:裴斯泰洛齐[J].教育文化论坛,2014(3).

的心理教育学则把教育与心理的结合引向深入。赫尔巴特是最早将心理学从哲学和生理学中分离出来的教育家,也是第一个明确宣称心理学是教育学的首要科学的教育家,他说:"教育者的首要科学,虽然不是全部科学,是心理学,人类活动的全部可能性的概要,均在心理学中从因到果的陈述了。"①同时也是明确断言心理学是教育学的理论基础的教育家,他指出:"教育学作为一种科学,是以实践哲学与心理学为基础的。前者指明目的,后者指明途径、手段以及对教育成就的阻碍。"②在《心理学教科书》的序言中,他断言,改善心理观念的方式是纠正整个哲学领域的误解的基本条件,也是间接地纠正受各种偏见影响的所有科学领域中误解的基本条件。心理学为教育者对教育活动的观察和解释提供了可能。他将自己的教育理论体系称为心理教育学,并论述了它的理论意义。他说:"纯粹心理教育学给人的正是这样一种形象。它能窥透一个正在成长的人在一定情况下可以成为这样或那样的人的可能性。无论是对低劣的还是优秀的教育者,它都会告诉他们它在起什么作用,……一旦我拥有了这么一种学问,还有什么能阻止我们为了崇高的目的去向它讨教?"③"很显然,心理教育学首先要考虑的是学生的多种可塑性,不只是考虑继续发展的天赋,还有在各年龄阶段上获得的能力;然后,要讲究书本和教学器具,讲究奖励和强制手段,并借此勾勒出某些理想学生的素质状况,若某一种教育手段对他产生全面的特别作用。"④他之所以特别重视心理学的作用,是因为他意识到:"20年来我对我的教育学部分进行了形而上学和数学探讨,并伴随着自我观察、经验和实验,只是为了从心理学认识中找到基础。这一不算不费力的实验的推动力,过去与现在都只出于我主要的信念,即我们教育学知识中不健康的漏洞大部分是由心理学的缺乏造成的,而且我们首先必须有这门科学。"⑤为此,他致力于心理学及其在教育中应用的研究。他把心理学知识渗透到全部教育理论的建构中,全面系统地论述了教育教学心理学化,包括教育目的心理学化、课程设置心理学化、教学过程心理学化、教学程序和方法心理学化。

第斯多惠在这个问题上也作出了自己的贡献。他不仅仅论述要求研究儿童的发展和儿童的心理,而且不空谈教育对儿童本性的适应,将自然适应性原则具体运用于教学实践领域:确立儿童本性中智力发展的形式;研究儿童心理活动的阶段性规律;更为重要的是,根据自然适应性原则确立了许多具体教学的原则和规则。这就增加了自然适应性原则的深度。

福禄培尔"是有关童年早期的第一位心理学家"⑥,他对儿童的内在心理活动作了深刻的洞

---

① 张焕庭主编.西方资产阶级教育论著选[M].北京:人民教育出版社,1979:266.
② 张焕庭主编.西方资产阶级教育论著选[M].北京:人民教育出版社,1979:298.
③ [德]赫尔巴特.赫尔巴特文集(心理学卷)[M].杭州:浙江教育出版社,2002:164.
④ [德]赫尔巴特.赫尔巴特文集(心理学卷)[M].杭州:浙江教育出版社,2002:165.
⑤ [德]赫尔巴特.赫尔巴特文集(教育学卷二)[M].杭州:浙江教育出版社,2002:273.
⑥ [英]伊里莎白·劳伦斯.现代教育的起源和发展[M].纪晓林,译.北京:北京语言学院出版社,1992:216.

察,他认为:"游戏和说话构成了儿童生活的因素。因而,在这一阶段,儿童向每一件事物都给予他生命、感情和说话的本领。他想象所听到的一切,因为孩子开始把内在的存在展示出来,所以,他把这同一主动性归结于他周围的一切,归结于石头、木片、花草树木和动物。"①他对教育心理学化的贡献在于,他揭开了儿童的心理秘密与特点,并据此提出了幼儿教育的对策,为幼儿教育的发展奠定了坚实的基础。

2. 天性教育的基本内容

(1) 教育理论基础的心理学化

裴斯泰洛齐的教育理论基础的核心是包括了心理学在内的人性学说。他在《天鹅之歌》中阐释了他的顺乎自然的初级教育思想是以心理学为基础的思想。他说:"我的人性不是由我的并非永存的肌肉和鲜血组成的,也不是由人类的欲望这样一种动物的感觉所组成的,而是由我的心、精神、技能组成的。由此可以得出这样的结论:初级教育思想是一种关于顺乎自然地发展和培养人的德、智、体的主张。如果采取顺乎自然地发展和培养各种能力及才能的手段,那么我们动物本性的要求从总体上要服从于天性本质的高要求,服从我们的心、精神和技能的高要求。这意味着我们的血肉要服从于我们的精神。"②也就是服从于人的心理活动机制及其规律。在裴斯泰洛齐看来,初级教育要顺乎自然地发展,也就是顺乎儿童的心理活动及其规律发展。教育活动只有以心理学为基础,才能促进儿童各种力量的均衡发展,取得好的教育效果。因而,他坚信,只要我们本性的基本力量能顺乎自然的发展,各种力量就能达到平衡。

赫尔巴特明确提出心理学是教育学的理论基础,是教育方法的重要支撑,它能帮助我们解决教育活动中的困惑和难题,因而是教育者的首要科学。他的心理学被称为观念心理学,主要包括观念和统觉。"观念"是赫尔巴特心理学和教学理论中的核心概念,一般是指事物呈现于感官,在意识中留下的印象,"它们的巨大可塑性是教学的主要条件"。③"统觉"是赫尔巴特心理学的一个重要学说,它指的是观念的同化和相互融合。具体地说,"所谓'统觉'指的是,人在经验中获得了一定的表象(这里也是各种感觉),于是,在吸收新的表象时就依靠这种旧的表象来同化新的表象,形成表象体系或'统觉群'"④。"统觉学说在教育上具有重要意义,是赫尔巴特对教育心理学的独特贡献。依据统觉学说,教学上应把新的知识与学生原有的知识结合起来,通过统觉过程把新知识纳入学生原有的知识体系中,才可进入学生的意识领域,从而为学生所理解。学生原有的知识观念越多,新旧知识结合得越紧密,巩固的程度也就越高。"⑤

---

① [英]伊里莎白·劳伦斯.现代教育的起源和发展[M].纪晓林,译.北京:北京语言学院出版社,1992:216.
② [瑞士]阿图尔·布律迈尔.裴斯泰洛齐选集(第二卷)[M].北京:教育科学出版社,1994:342.
③ [德]赫尔巴特.普通教育学·教育学讲授纲要[M].李其龙,译.杭州:浙江教育出版社,2002:207.
④ [德]赫尔巴特.赫尔巴特文集(哲学卷一)[M].杭州:浙江教育出版社,2002:前言25.
⑤ 高觉敷,叶浩生.西方教育心理学发展史[M].福州:福建教育出版社,2005:51.

（2）教育目的心理学化

裴斯泰洛齐心目中的教育目的就是促进人的道德、智力（精神力）、体力的发展。它们和人的心理活动密切相关，"人的心灵的觉醒产生感觉，精神的觉醒产生思考，眼睛的觉醒产生看，耳朵的觉醒产生听，脚的觉醒产生走，手的觉醒产生拿。这一切不是由外来的、人体以外的意志和外来的奋发力促发的，而是由每个人自己的意志和他的各种力量中的奋发力促发的。奋发力的觉醒导致道德力量、精神力量和体力的发展"①。这三种基本力量就其本性而言，是按照各自的发展规律独立进行的。但它们的发展规律是内在统一的，彼此并不矛盾。"任何人的教育艺术都无权阻止或破坏这三种力量的特性或连接它们的神圣纽带。相反，教育艺术对于人的各种力量的干预，必须服从人的本性在发展这些力量时所遵循的规律，服从连接这三种力量的神圣纽带。在发展这三种力量时，教育艺术应同发展这种力量的趋向相结合，并以此为基础，教育艺术的参与是为了根据人的本性及其规律发展这些力量。"②具体地说，首先，要用自然确定的心理次序排列发展各种力量和才能的手段，根据教育艺术自然地培养各种力量；其次，要十分注意按照符合心理学的方式发展和培养儿童的各种行为能力，用心理训练发展儿童的各种认识能力，促进它们的均衡发展。

赫尔巴特认为，教育的唯一的任务和全部的任务概括为这样一个概念：道德。"道德，普遍地被认为是人类最高的目标，因此也是教育的最高目标。"③道德目的的实现依赖于五种道德观念，即内心自由、完美性、友善、正义、报偿。这五种道德观念的产生与情感、意志等心理状态密切相关。在他看来，内心自由有益于情感，它能使人心情舒畅，所表达出来的就是愉快。它之所以使人心旷神怡，就是因为内心自由使人摆脱内心苦闷。儿童"能否成为自由的人，能在多大程度上成为自由的人，这依赖于心理上的遭遇，看他是更沉浸于自私自利的算计还是对他周围世界的审美理解"④。完美性观念是按照人与人的量的对比关系而定的。"当人们处在量的对比关系中时，弱者的不愉快心情只能通过提高自己的地位，使自己与强者处于同等地位才能消除。当强者和弱者偶然地或随意地接近时，弱者的不愉快心情也会通过量的诸环节的分离而消失。"⑤友善的观念也与情感、意志有关。善举能使自己的意志和异己者的意志和谐相处，获得愉快的情感。法的观念意味着众多意志的和谐，它能避免争斗，于是，就不会存在可能引起不愉快的因素。侵害他人的行为，在意志和谐的情况下是不会发生的。在报偿的观念中，善意的行动，带给人们的是欢乐。行善者的思想也能带来愉快，接受行善者的欢乐也会使人们高兴。因此，我们必须看到，赫尔巴特"倡导的五种道德观念着眼于人的内心世界，关注改造儿童内部的心理结构，发展儿童明

---

① ［瑞士］阿图尔·布律迈尔.裴斯泰洛齐选集（第二卷）[M].尹德新，组译.北京：教育科学出版社，1994：327.
② ［瑞士］阿图尔·布律迈尔.裴斯泰洛齐选集（第二卷）[M].尹德新，组译.北京：教育科学出版社，1994：328.
③ 彭正梅，[德]本纳.赫尔巴特教育论著精选[M].杭州：浙江教育出版社，2011：11.
④ 彭正梅，[德]本纳.赫尔巴特教育论著精选[M].杭州：浙江教育出版社，2011：19.
⑤ 彭正梅，[德]本纳.赫尔巴特教育论著精选[M].杭州：浙江教育出版社，2011：102—103.

辨的见识及相应意志,促进心理的主动性与积极性。五种观念基于人性的现实基础之上,是'一种生活本身的原则',体现了理性、自由与完善的品质,并逐渐扩展为相应的社会规则及秩序。"①这体现了赫尔巴特对道德目的的心理学运用。

(3) 教育内容心理学化

裴斯泰洛齐要求在教学内容上根据心理学原理实施以简化为特征的要素教育。长期以来,他探索每一门课中应该施加人为影响的心理根源,因为他相信,只有这样,才能根据每个人的本性确定教育方式。他的教学目标就是要在人类技能和人类知识的所有科目中打下牢固可靠的基础,使初等教育科目有更好的顺序,有更好的心理学基础,以便增强儿童对每种艺术都能给予简化与概括的能力。他在《方法》中论述了简化教学内容的思想,指出:"我曾经根据这些规律(认知规律——笔者注)去简化人类所有知识的要素,把它们融入一系列典型的范例之中,这些典型范例将传播对大自然的广泛认识,将使人们普遍地了解心智中的重要的概念,并使人体的主要机能得到锻炼,即使最低下的阶级也是如此。"②为此,他要求初级读物"必须从人类知识最简单的要素开始,必须用所有事物的最基本的形式给儿童以深刻的印象。"③他把教学内容最简单的要素概括为数目、形状和语言。他试图简化教与学的机制,强调选自教科书的、企图给儿童的一切东西都应该十分简单,这样就使每一位母亲和每一位教师,哪怕他们只有很少一点教学能力,都能够掌握、解释它们并把它们联系起来。

赫尔巴特设计的教学内容是以经验和兴趣为基础的。他认为,全部生活,人类的全部观察,证明每个人都从他的经验与他的交际中吸取适合他自己的一切,展现他原有的观念与感情。"对于我们的一切观念来说,那些丰富的、强烈的、具有独特明确性的内容,应用一般经验的练习内容,与实际、国家和时间的联系手段,对于人的客观现状的忍耐心,这一切都必须从精神生活的交际与经验这源泉中吸取。"④兴趣是设计教学内容的重要的依据。教师如果能教学内容兴趣化,就"能够使学生引发起来的兴趣迅速地向各个方面继续发挥作用,以使他们能带着兴趣,如同带着自己赢得的资本般生长起来,并尽可能克服会造成这种资本减少的种种干扰。"⑤对学生而言,学习的成功依赖于兴趣,是兴趣激发他们发奋,使他们觉得自己付出的努力是值得的,为了使自己进一步发展,他们必须具有强烈的兴趣,这样才不会在半道上停止不前或觉得自己所学的东西没有意义。越不考虑兴趣的力量,越难以激发兴趣,则教学活动必须始终有趣。如果确有必要,应将所有兴趣紧密结合起来,并通过极少量的教学内容使它们得以形成。"假如内容不能赢得学生

---

① 贺国庆,刘向荣.赫尔巴特教育心理学化的理性分析[J].教育学报,2006(5).
② [瑞士]裴斯泰洛齐.裴斯泰洛齐教育论著选[M].夏之莲,等译.北京:人民教育出版社,2001:199.
③ [瑞士]裴斯泰洛齐.裴斯泰洛齐教育论著选[M].夏之莲,等译.北京:人民教育出版社,2001:33.
④ [德]赫尔巴特.普通教育学(教育学讲授纲要)[M].李其龙,译.杭州:浙江教育出版社,2002:70.
⑤ [德]赫尔巴特.赫尔巴特文集(教育学卷二)[M].杭州:浙江教育出版社,2002:272.

的兴趣,那么就会产生恶性循环的后果。"①"使人厌倦就是教学的最大罪恶。"②因此他要求教师必须力图使其宣讲的内容引起学生的兴趣,那些能够以某种方式打动学生的心灵,激发学生兴趣的内容,应当得到优先考虑。教师必须把时间留给这些内容,用较长时间钻研它们,然后使它们以某种方式产生影响,发现它们在这个或那个学生身上赢得了什么样的兴趣。教学的主要优势在于教师自己的兴趣保持在教学的每个内容上。认真谨慎的态度,思想的进步,开朗和随之来去的热情,是很难用良好的意愿来代替的。

(4) 教学过程心理学化

裴斯泰洛齐试图将人类的教学过程心理学化,试图把教学与他的心智本性、周围环境以及他与别人的交往都协调起来。他对教学过程心理学化作了具体的描述:"这个世界……呈现在我们面前犹如一个混乱的感觉印象的大海,其感觉印象相互交融。假如我们仅仅通过大自然而进行的发展还不够迅速和顺利的话,那么,教学所做的事情就是消除这些感觉印象的混乱;把对象相互分离开来;在想象中把那些相似的或相互联系的对象结合起来;用这种方法使所有对象都清晰地呈现在我们面前,同时借助对这些对象的清晰了解产生正确无误的概念。教学首先把混乱、模糊的感觉印象一个一个地呈现在我们面前,然后把这些孤立的感觉印象以变化的姿势放到我们跟前,最后把它们跟我们早已有的整个系统组合起来,清晰的概念就是这样形成的。这样一来,我们的学习就是从混乱走向确定;从确定走向明白;从明白走向清晰。"③应该说,这个过程是完整的,其目标就是从感觉印象上升到清晰的概念。

赫尔巴特根据观念和统觉心理学思想,对教学过程的演进进行了深入的探讨,提出了著名的教学形式阶段论,即明了、联合、系统、方法。每个阶段都与观念、统觉和兴趣相关联。

(5) 教学方法心理学化

裴斯泰洛齐认为:"探索有效方法的最基本的起点,以心理学为基础来发展人的能力和才华,这种方法对促进儿童从婴儿期开始发展是行之有效的。"④他深信,儿童开始有意识地接受各种事物的感觉印象时,就需要有符合心理学的训练。儿童的智力和技能的培养需要有适合于人类本性的、符合心理学规律的一套循序渐进的方法。而这种方法的本质,就是唤起儿童的各种天赋最内在的能力和普遍的素质。为此,他要求把所有教育和发展的方法简化为反映它们内在本质的简单的形式,还要简化为既符合心理学又和谐的语言的教学形式。

赫尔巴特根据观念心理学提出了三种教学方法,这就是单纯提示教学、分析教学和综合教学。单纯提示教学是以学生的经验为基础,通过直观的教学,引导学生观察事物,促进学生的观

---

① [德]赫尔巴特.普通教育学·教育学讲授纲要[M].李其龙,译.杭州:浙江教育出版社,2002:269.
② [德]赫尔巴特.普通教育学·教育学讲授纲要[M].李其龙,译.杭州:浙江教育出版社,2002:71.
③ [瑞士]裴斯泰洛齐.裴斯泰洛齐教育论著选[M].夏之莲,等译.北京:人民教育出版社,2001:88.
④ [瑞士]裴斯泰洛齐.裴斯泰洛齐教育论著选[M].夏之莲,等译.北京:人民教育出版社,2001:34.

念活动,为观念的联合作准备。"我们可以由周围年长者的生活线索把儿童引导到其出生以前的时代。凡是与儿童以往观察到的相当类似并有联系的一切,我们一般都能通过单纯的提示使儿童感知到。"①它要求教师遵循的规律是:描述应使学生相信所描述的即其所见的。它有助于教师进行细致的教学工作。对于教师而言,拥有这种教学形式,就能极有把握赢得学生的兴趣。分析教学的重要意图就是区分不同的观念,找出其相同点和相异点,以便实现观念的联合。在他看来,每一个有思想的教育者,他的健康的触觉会把他引导到分析在儿童头脑中堆积起来并通过单纯提示教学增殖起来的材料,使儿童注意力逐渐专注到较细小和极细小的问题上去,以便使儿童的一切观念达到明确与纯洁的程度。他强调,对现存材料的不断分析,常常可以获得关于各种前提的联想,一个人得出逻辑结论的熟练程度全依赖于这种联想——科学的想象。如果人们经常不断地对经验进行分析和思索,那么经验就会出色地使人们的各种思想多样化地混合起来,融为一体。赫尔巴特认为,综合教学是建立在它自身的基础之上的,其主要任务就是使学生所学观念系统化,建立整个思想体系。最普通的一种综合就是联结性的综合,它到处存在,在一切方面有助于使学生的头脑灵活起来,因此必须尽早地、最大限度地得到训练,直到达到最高的熟练程度。对于真正的综合教学来说,我们可以从这样的前提出发:在整个青少年学习时期单纯提示的教学和分析教学凡在合适的地方都对他们产生了帮助。

（6）教学艺术心理学化

裴斯泰洛齐"长期探寻一切教学艺术的共同心理根源",因而确信只有通过这个共同心理根源,才可能发现一种形式和方法,在这个形式中,人类的教养经由大自然自身的绝对规律来决定的。他认定这种形式是建立在心智的一般结构的基础上的,依靠这种心智结构,我们的理解力把感官从大自然接受来的感觉印象中结合成一个整体,形成概念。在他看来,在儿童这个年龄阶段自然也能使孩子确切地意识到无数的事物。教师要做的事情就是要以心理学为基础的艺术把言语同一切知识结合起来,使儿童能在更高水平上对这些事物有清晰的理解;这就可以把多方面艺术和真理的基础同自然本身给他的教育联系起来,以自然所教的事物为工具,来解释所有可以与这些事物联系起来的艺术和真理的基本知识。

3. 心理化时期的天性教育思想的评析

综上所述,心理化自然教育家对心理学及其在教育中的应用进行了深入细致的研究,极大地推动了天性教育向心理学的方向发展,有力地促进了教育科学的发展。

首先,裴斯泰洛齐第一次明确提出教育要以心理学为基础,"教育要心理学化",极大地丰富和发展了卢梭的自然教育思想。在18世纪,卢梭改变了夸美纽斯客观化自然教育思想的致思取向,把教育的重心放在儿童的自然本性上,直接以儿童的本性来论证教育原理,建立了主观化、真

---

① ［德］赫尔巴特.普通教育学·教育学讲授纲要[M].李其龙,译.杭州:浙江教育出版社,2002:87.

正具有儿童视野的自然教育理论体系。不过,他的理论有其局限性。尽管他对儿童地位的认识、儿童概念的发现、儿童特点的揭示,无不昭示出他对儿童心理的关注,但他对儿童心理活动的认识是模糊的。真正使"教育心理学化"理念明晰起来的是裴斯泰洛齐。他的重大创造是:把人的自然本性直接理解为人的心理活动,赋予了人的自然本性以心理学的内涵,明确提出了"教育要心理学化"的口号和理念,并从教育理论基础的心理学化、教育目的心理学化、教育内容心理学化、教学过程心理学化、教学方法心理学化、教学艺术心理学化等维度进行了论证。他对"感觉"、"直观"、"共同心理根源"的论述,对"教育要心理学化"途径和方法的寻求,展示了以心理学的立场提出和研究教育问题的自觉努力,实现了教育与儿童自然本性关系理论的自我超越,同时意味着人类对"儿童天性"认识能力的自我提升,推进了自然教育理论基础的人性论向心理学的转变。尤其重要的是,这一口号和理念的提出,使西方教育思想从"客观化"和"主观化"的自然教育思想中超拔出来,形成了新的独立的理论形态和研究范式——心理化自然教育思想,使自然教育思想发展到一个新的境界。如果说,夸美纽斯的客观化自然教育思想的特征是探索外在世界的"秩序",卢梭的主观化自然教育思想的特征是探索儿童的"原始自然",那么,裴斯泰洛齐的心理化自然教育思想的特征是探索儿童的"心理活动及其规律",因而他的认识与前两者相比更为深入。正是从裴斯泰洛齐开始,教育中的心理学问题日益显现出来,并逐渐占据了近代教育学的中心地位,一跃成为自然教育思想研究的主题,获得了前所未有的重视。由此带来的变化是,裴斯泰洛齐"把西方教育史上教育学、心理学、教学论的研究推向了一个科学化的新阶段。"[1]

其次,赫尔巴特是欧洲教育心理学化思想的典型代表,他最早宣称教育学的第一门科学是心理学,明确地把心理学看成教育学的理论基础,最早从教育实践与教育理论的结合上探索教育学的科学化,积累了丰富的教育经验和理论资源,为教育科学的发展作出了极其重要的贡献。心理学在赫尔巴特教育学中有举足轻重的作用,是赫尔巴特教育学大厦的支柱和基石,它与伦理学交织在一起,共同服务于教育学的建构,前者支撑教育方法,后者支撑教育目的。19世纪上半期欧美"教育心理学化"运动的顺利开展,与赫尔巴特的努力推动分不开。可以说,赫尔巴特是这次运动的有力倡导者、促进者和大功臣。离开了赫尔巴特,心理化自然教育思想范式和学派难以形成,教育心理学化思想会缺乏实质性的内容。从这个意义上讲,赫尔巴特是心理化自然教育思想当之无愧的典型代表。"赫尔巴特的教育心理学化继承了康德、裴斯泰洛齐的思想,还深受泛爱派教育家特拉普和神学教育家施瓦茨等对儿童心理学的研究及教育史研究方法的影响。个人爱好、时代需要、思想来源成为赫尔巴特教育心理学化的必要条件,而教育学自身的发展规律及与心理学先天的融合优势为其心理学化的实现提供了可能。教育和心理学同为研究'人的发展'的

---

[1] [瑞士]裴斯泰洛齐.裴斯泰洛齐教育论著选[M].夏之莲,等译.北京:人民教育出版社,2001:中译本前言20.

科学,广义上都属'人'学范畴,学科本身具有很多交叉融合的有利条件,为心理学作为研究教育的科学方法提供了实现的基础,也是教育科学发展的必然结果。"①与以往的自然教育家相比,赫尔巴特在教育心理学化的道路上走得更远,他不仅明确提出心理学是教育学的理论基础,而且系统地论述了教育心理学化思想。

再次,心理化自然教育家的天性教育思想有着重要的历史作用:促进了对儿童、儿童心理、儿童个性的关注和研究,并为后来的教育心理学奠定了初步基础;丰富和发展了对教育的理解,特别是开展了对儿童发展和教育的关系的探讨,推进了教育科学的发展;推动了教育和教学过程与方法的研究与改进。②

(五)生长论时期的天性教育思想

杜威在批判地审视以往天性教育思想的基础上,建构了富有生长论特色的天性教育思想。

1. 天性教育的内涵

杜威把天性教育定义为:个人的本能与社会生活相融通的教育活动。他指出:"教育这个东西,乃是引导训练发展个人本能,让它恰好和社会生活相合。所以现代的教育可以说是沟通个人本能和社会生活的一种工具。"③这段话表明,天性教育包含两层意思:一是教育要引导训练发展儿童的本能。所谓本能,就是儿童与生俱来的种种倾向和冲动。它有生理本能和精神本能之分。前者是因为人体内的细胞有吸收饮食的能力,使人能够饮食,从而促进肉体的发育和成长,后者是指人的心理有吸收外面知识的能力,从而促进精神的生长。儿童的这种固有的能力就是"本能"。它"是冲动的、活泼的、自然的,不能不生活的,所以成人必须引导他,利用它。这就是儿童必须要教育的道理"④。本能是教育的内在蕴含和基础,是不能违背的,否则,就会阻碍它的生长。旧教育的最大缺点是借助外界知识之灌输,而不能利用儿童个人之本能,促进本能的生长。知识的灌输会"摧毁儿童固有之本能,非教育之正鹄也"⑤,因此,他强调,儿童固有本能、冲动的态度和活动对教育具有重要意义,构成了一切教育活动的首要根基。儿童无数的自发活动、游戏都极具价值,都是教育方法的基石。他之所以再三申明天然本能的重要,是因为有许多教育学者忽视和看轻这个不学而知的本能,"他们总想把儿童期缩短,将成人的知识经验硬装进去。他们以为儿童期是完全白费了的,哪里知道这是真正的教育基础!"⑥二是教育要促进个人本能与社会生活的结合。因为,本能的倾向性,自然的冲动,在受教育之前,往往未经过训练,杂乱无章,不能适合

---

① 贺国庆,刘向荣.赫尔巴特教育心理学化的理性分析[J].教育学报,2006(5).
② 中国教育史研究会编.杜威赫尔巴特教育思想研究[M].济南:山东教育出版社,1985:205—209.
③ 吕达,刘立德,邹海燕.杜威教育文集(第4卷)[M].北京:人民教育出版社,2008:397—398.
④ 吕达,刘立德,邹海燕.杜威教育文集(第4卷)[M].北京:人民教育出版社,2008:08.
⑤ 吕达,刘立德,邹海燕.杜威教育文集(第4卷)[M].北京:人民教育出版社,2008:201—202.
⑥ 吕达,刘立德,邹海燕.杜威教育文集(第3卷)[M].北京:人民教育出版社,2008:87.

社会生活之用,所以,"教育一方面是拿不学而知不教而能的本能做主体;一方面是以适应社会的需要做目的的"①,养成儿童有益于社会的行为和品行。概言之,"现代的教育,不但要发展个人的才能,还要注意把个人的发挥指引到有益于社会的一个方向上去。因此,教育家的问题不单是观察的儿童的本能,还要研究此时此地的社会需要,挑出几种主要的社会生活,用来安排在学校里;使学生的生活就是精彩的社会生活;使儿童做这种活动时,就可以不知不觉地预备将来了解应付社会国家的种种需要,种种问题"②。这也就是说,天性教育的本质在于,促进儿童个人的本能的训练发展与社会生活的融通,培养儿童有益于社会的行为和品行。

2. 天性教育的目的

与天性教育的本质相适应,杜威建构了以儿童的天性发展为核心的天性教育目的观。它也包含两方面的内容:其一,促进儿童天性发展。既然天性是教育的内在蕴含和基础,那么教育的重要使命和目的就是促进学生天性的发展。教育者要以儿童个人的本能做基础,拿教育做发展本能的工具。一切学问和教育训练,都要以天然生成的本能为基础和动力,引导和利用本能,促进儿童固有的天性和力量的增长,这就是新教育的宗旨。其二,培养儿童有益于社会的行为和品行。这是天性教育的必然要求。因为个人的本能未必恰好和社会生活相合,所以教育的目的就在于训练和引导个人的本能,使它恰好适应社会的需要并和社会生活相结合。这需要教师要拿有益的活用的知识来教育和训练儿童,使本能朝着社会的方向发展,使儿童的行为和品行的发展符合社会生活的需要。这两方面的教育目的具有内在的关联,表现在:"无论何种教育能力,假使受教的没有天然的本能,那么就要教也无从教起;然无论他有多大的本能,假使没有社会的需要,那么就要学也无从学起。"③

3. 天性教育的路径

(1) 确立以研究与应用儿童心理学为前提的教学指导思想

杜威把心理学看作是教育的根基,要求教育者认真研究心理学,从心理学的视野去探索儿童的能量、兴趣和习惯,并把这种研究作为教学的开端。因为能为一切教育提供素材,指明起点的,不是教材,也不是教师,而是儿童的本能和能力。这意味着心理学是基础。"如果对个人的心理结构和活动缺乏深入的观察,教育的过程将会变成偶然性的、独断的。"④因此,教师仅有丰富的知识和渊博的学问是不够的,还必须研究学生的心理和个性,替学生的精神方面着想,使他们在精神上实际上获得益处。他断言:教师如果能够研究和懂得学生的心理,就能够提起学生求学心的兴味。研究心理学,实在是学问中最有兴味的学问。如果教师缺乏对儿童心理的观察和研究,就不能和儿童表同情,儿童也不会亲近他,这就可能导致教育的失败。杜威还强调初等学校应"是

---

① 吕达,刘立德,邹海燕.杜威教育文集(第4卷)[M].北京:人民教育出版社,2008:398.
② 吕达,刘立德,邹海燕.杜威教育文集(第4卷)[M].北京:人民教育出版社,2008:406.
③ 吕达,刘立德,邹海燕.杜威教育文集(第4卷)[M].北京:人民教育出版社,2008:399.
④ 吕达,刘立德,邹海燕.杜威教育文集(第1卷)[M].北京:人民教育出版社,2008:05—06.

应用心理学的实验室。那就是说,它是研究在儿童身上显露出来和发展了的心理的场所,是探索似乎最可能实现和推进正常生长的条件的材料和媒介的场所。……它的任务是按照现代心理学所阐明的智力活动和生长过程的原理来观察儿童教育的问题"①。

不仅如此,杜威还提出了研究和应用心理学的方法。首先,教师应经常和儿童直接接触,创造更多的考察儿童心理的机会。"教员应当常常带一本日记簿,就是记在心里也可以;总之对于学生的个性,要时时记录起来。他的进步怎样,退步怎样。这是很有效力的方法。"②其次,教师关注学生心理的各个方面,鼓励学生的长处,叫他知悔自己的短处,还要知道如何诱导学生的心理。再次,针对学生的特性因材施教。他认为,学生的性情、人格、品行是教授的中心;而学生的心理、构造、性情、家庭、环境、欲望、机会、需要都不相同;教师不能视它们为一律,应当有针对性地教授。

(2) 彰显课程和教材的经验性、心理化与趣味性

在杜威看来,课程与教材是实现天性教育目的,促进儿童本能生长的中介和桥梁,因而,对于学生的全面发展而言,具有重要意义,必须认真研究和组织。传统的课程和教材主要是书本知识,存在着忽视儿童的实际经验和生活的需要,无法调动儿童的主动性,无法使他们领受课程和教材的意义的弊端,必须加以改革。新的课程和教材必须有新的理念。

首先,课程和教材必须反映儿童的实际经验。

儿童的已有亲切的和直接的经验是教师教授科目、支配教材和组织教材的基础和源泉,把它与所教的科目关联在一起,就能使学生领悟教材的意义。因此,教师的重大使命和责任,就是把儿童现有的经验与书本知识联合在一起,也就是把儿童的经验变成科目。与此同时还必须知道儿童经验的性质和源起。他强调,教材是否以儿童的经验做根据和基础,是区别新教育和旧教育的重要标准。学校教材先以儿童的固有的直接经验做根据和基础,然后授以抽象的知识,定出学校有组织有系统的科目,这就是新教育。以学校中有组织有系统的科目做根据和基础,把知识从外面附加到儿童固有的经验上去,这就是旧教育。

其次,课程和教材应心理化

杜威认为,对儿童而言,教材永远不是从外面灌输进去的,它依赖儿童的主动性,依赖儿童心理的积极展开和内部的同化作用。学生如果缺乏自动性,那原因就是教材与学生的经验、兴趣、动作、需要不相符合,不能激发学生的动机所致。因此,必须"知道学生的天性、生活、希望在什么地方,然后使学校的科目去适应他的天性、生活、希望。由此看来,教师必须研究心理学"③。"作

---

① 吕达,刘立德,邹海燕.杜威教育文集(第1卷)[M].北京:人民教育出版社,2008:70.
② 吕达,刘立德,邹海燕.杜威教育文集(第4卷)[M].北京:人民教育出版社,2008:280.
③ 吕达,刘立德,邹海燕.杜威教育文集(第4卷)[M].北京:人民教育出版社,2008:360.

为教师,他考虑的是怎样使教材变成经验的一部分;在儿童的可以利用的情况里有什么和教材有关;怎样利用这些因素;他自己的教材知识怎样可以帮助解释儿童的需要和行动,并确定儿童应处的环境,以便使他的成长获得适当的指导。他考虑的不限于教材本身,他是把教材作为在全部的和生长的经验中相关的因素来考虑的。这样看来,就是使教材心理化。"①

再次,课程和教材应具有趣味性

对儿童来说,教材必须是有趣的,能够引起他们学习的兴味,使他们主动地探求知识,这意味着教材必须和儿童的经验、需要、兴趣、行为建立内在的关联,然后从这种关联里自然生出一种趣味性,这就是天然的趣味。有了它,儿童就会主动学习,领受教材的意义。

(3) 建构不断生长儿童的本能、改造儿童的经验的教学过程

尽管杜威的"生长"指向构成儿童身心的所有因素,但核心要素是本能和经验。他力图建构的是不断生长儿童的本能、改造儿童的经验的教学过程。因为他把生长的理想归结为本能的发展和经验的改造,这种生长和改造,不是一日就可以完成的,而是变化的,天天不同,是向前的改造和生长,"乃是有'日新月异'的思想在里面"。每个人都在生长,只不过因年龄的差异有量的不同而已。在生长的每个阶段,都以增加生长为目的。学校的使命是为儿童提供与每个阶段相应的作业和活动,以保障儿童在每个阶段的发展。这一教学过程有如下的特征。

其一是动态性。如前所述,儿童本能的生长和经验的改造是每天不同,日新月异的,这决定了学生的学习和成就不是固定的,是每日每时都在变化着的。因为儿童所关心的事物是相互关联,是一个整体,因而他们的兴趣具有统一性,是结合在一块的。凡是在他的视野中事物就成为他的整个宇宙。"那个宇宙是变化的和流动的,它的内容是以惊人的速度在消失和重新组合。但是,归根到底,它是儿童自己的世界,它具有儿童自己的生活的统一性和完整性。"②

其二是经验性。杜威认为,学习是自我保存和生长过程的一部分。如果要使教学富有成效,教师必须求助于经验,让学生从经验中学习。这意味着"它就是在我们对事物有所作为和我们所享快乐或所受的痛苦这一结果之间,建立前前后后的联结。在这种情况下,行动就变成尝试;变成一次寻找世界真相的实验;而承受的结果就变成教训——发现事物之间的联结"③。

其三是生成性。儿童是在经验中学习的,也是在活动中学习的。儿童能把自己全部固有的首创精神和极大的热情投入活动中,不仅享受了自然学习带来的快乐,而且增强了自信心,解放了他从事活动所需要的全部力量。"他喜欢学习,忘记了他正在'学习';因为学习是作为经验的副产品无意识地完成的,他认识到经验本身是有价值的。"④在这一过程中生成各种知识和品行。

---

① 吕达,刘立德,邹海燕.杜威教育文集(第1卷)[M].北京:人民教育出版社,2008:121.
② 吕达,刘立德,邹海燕.杜威教育文集(第1卷)[M].北京:人民教育出版社,2008:121.
③ 吕达,刘立德,邹海燕.杜威教育文集(第2卷)[M].北京:人民教育出版社,2008:138.
④ 吕达,刘立德,邹海燕.杜威教育文集(第1卷)[M].北京:人民教育出版社,2008:223.

知识是在儿童的行动中呈现出来的,并不需要死记硬背才能保存他们发现的东西。儿童的肌肉、听觉、视觉以及推理过程的协同作用,保证了知识的顺利获得。"成功赋予积极的成就以一种光彩;人为工作动机不再是必要,儿童出于对工作本身的热爱来学习工作,……活动需要的积极品行—有活力、主动性、创造—这些品质比在执行命令中哪怕是最完美的忠诚来说对世界更有价值。学生看到了他的工作价值,因此看到了自己的进步,这激励他去追求进一步的结果。"①

(4)确定以活动化和环境化为核心要求的教学原则和方法

教学原则和方法的第一个核心要求是教学活动化,即通过活动从做中学。这是有现代心理学为根据的。杜威指出,现代心理学提供的事实,即儿童的自然的学习方法依赖于自身固有的本能,这种固有的本能构成了他学习的工具。而儿童的躯体活动蕴含着本能,因此教育者不能抑制躯体活动,而应该为儿童的活动创造环境和机会,否则就是抑制本能。他反复阐明了活动教学的重要性。首先,它是儿童寻求知识的主要途径。因为活动是儿童的本真状态,儿童最喜欢活动。如果你试图使他停止活动,使他安静下来,你就不仅妨碍了儿童的快乐和健康,而且切断了儿童寻求真正知识的主要途径。其次,它有助于儿童身体的发展和心智的觉醒。因为儿童无论在身体还是精神方面,都是迫切要求活动的,他的身体的活动和心智的觉醒是相互依存的。"只要身体的活动是必须学习的,它在性质上就不仅是身体的,而且是心理上的、智力上的。"②再次,它能加深儿童对知识的理解。他借用福禄培尔的话说,"从工作中学来的课程,从生活中得到的教训,就其本身以及对学习者的效果来讲,印象最深,最易理解,作用最持久和最有进步意义"③。第四,它能培养和发展儿童的兴趣。因为"儿童本能的力量、他实现自己冲动的要求,是压制不住的。如果外部的条件使得儿童不能将他的活动用于要做的工作,他就令人十分惊奇地学会了为满足教师的要求而对外部的教材仅仅给予恰如其分的注意,同时却留下其余的力量去穷究使他感兴趣的联想的事物"④。基于以上要求,他要求教师要利用儿童活动的天性做有益的事情,随机指导,使他自行解决一切问题,以主动的方法替代被动的方法。

教学原则和方法的第二个核心要求是教学环境化。杜威把教学环境的供给看得十分重要。首先,儿童的本能的发展离不开环境。因为儿童的本能只有在适当的环境中,和人交往才能发达。因此教师应让儿童经常接触自然环境和社会的环境,这样才能使儿童的知识、道德、习惯,各方面有启发和养成的机会。其次,儿童经验的获得与环境息息相关。儿童的经验是与周遭的环境相接触后生成的。教师如果不利用环境,只是按照一种原理,组织系统化的科目,从外面附加到儿童的经验上去,那与儿童的经验是不相符合的,因而利用环境,让儿童接触环境,是非常要紧

---

① 吕达,刘立德,邹海燕.杜威教育文集(第1卷)[M].北京:人民教育出版社,2008:358.
② 吕达,刘立德,邹海燕.杜威教育文集(第1卷)[M].北京:人民教育出版社,2008:189.
③ 吕达,刘立德,邹海燕.杜威教育文集(第1卷)[M].北京:人民教育出版社,2008:262.
④ 吕达,刘立德,邹海燕.杜威教育文集(第1卷)[M].北京:人民教育出版社,2008:165.

的。儿童进了学校,教师的重要使命就是就是供给儿童环境,供给儿童活动的机会,使儿童置身于环境中,生出动作,改造他们的旧经验,获得新知。一方面使儿童获得的经验日加丰富,另一方面使儿童能有效地控制经验。实验的结果表明,儿童的本能活动只有在和各种环境相融合时,获取的成就最大。总之,供给儿童环境,供给儿童活动的机会,是教师唯一的能处,唯一能做的事情。

4. 杜威天性教育思想的评析

杜威继承了亚里士多德以来的天性教育思想,特别是卢梭的天性教育思想,但又超越了后者,使天性教育思想有了新的维度。

首先,杜威丰富和发展了以往的天性教育思想。以往天性教育思想的精华,如教育要以儿童的天性为基础,促进儿童天性的自由发展;重视感觉教育、活动教育;强调以儿童为中心,尊重儿童的需要和发展时机;注重儿童主体性的培养;教育教学心理学化等,都成了杜威构建天性教育思想的理论基础和思想来源,但杜威的天性教育思想克服了以往的天性教育思想的局限,增加了新的内容,极大地推进了天性教育思想的发展。这可以从如下方面彰显出来。(1)以往的自然教育家对天性的概念都缺乏明确的界定,无论是古代的自然教育家,还是以卢梭为代表的近代自然教育家对天性的理解是含糊不清,有时指向自然规律,有时指向人的自然素质,有时指向儿童的身心特征,这导致人们无法对"天性"概念准确把握,随意性太强。杜威视野中的"天性"指向的是本能。他从内涵和外延两个方面界定了本能:所谓本能,就是儿童与生俱来的种种倾向和冲动。它有生理本能和精神本能之分。前者是因为人体内的细胞有吸收饮食的能力,使人能够饮食,从而促进肉体的发育和成长,后者是指人的心理有吸收外面知识的能力,从而促进精神的生长。儿童的这种固有的能力就是"本能"。这就明晰和深化了"天性"的概念。(2)以往的自然教育家对何谓"天性教育"也缺乏明确的界定,而杜威明确地把它定义为:个人的本能与社会生活相融通的教育活动。这个概念表明,一是教育要引导训练发展儿童的本能;二是教育要促进个人本能与社会生活的结合。以往自然教育家更多是侧重于前者,而忽视后者,杜威强调两者的结合,无疑是一种超越。

其次,在天性教育的目的上,杜威的双重天性教育目的观也是很有深意的。杜威认为天性教育的目的关涉及到促进儿童天性的发展和培养儿童有益于社会的行为和品行两个方面。就前者而言,就是强调本能是教育的天然的基础,教育若脱离了本能就不可能取得实效。就后者而言,就是强调教育要与社会生活相结合。"因为个人的本能未必恰好和社会生活相合,所以教育的方针就在怎样训练,怎样引导个人的本能,叫它和社会生活相结合。必定要把个人的本能和现在的社会生活沟通一气,叫它恰好适应社会的需要,这才是教育的目的。"[①]这种认识是很深刻的,既符

---

① 吕达,刘立德,邹海燕.杜威教育文集(第4卷)[M].北京:人民教育出版社,2008:397.

合个人发展的需要,也符合社会发展的客观要求。

再次,以心理学为教学指导思想,是对近代教学要心理学化思想的深化。教学要心理学化思想是近代自然教育思想的精华,深刻地影响了杜威的教育心理学思想的建构。杜威根据自己的本能论心理学,对心理学在教育中的作用作了进一步的阐释,极大地推进了教学要心理学化思想的发展。如果说,19世纪教学与心理只是初步的结合,那么,到了20世纪初,杜威把教学与心理的结合引向深入。以心理学为教学指导思想是其表现之一。其一,杜威把心理学看成是教学的根基和出发点,要求教师认真研究学生的心理和个性,从心理学的视角去探索学生的兴趣、能量和习惯,目的是提升学生学习的兴味,亲近教师,与教师的心理产生共鸣,从而使学生乐学,提升教学的实效。其二,强调初等学校是应用心理学,探究儿童的心理促进儿童生长的场所和实验室,并确定"它的任务是按照现代心理学所阐明的智力活动和生长过程的原理来观察儿童教育的问题"。这是富有建设性的思想。其三,难能可贵的是,杜威还提出了研究和应用心理学的方法,如观察儿童、研究儿童、诱导儿童的心理;针对儿童的特性因材施教等。这些方法对确保教学与心理的深度结合发挥着重要作用。以上观点是以往的天性教育思想所没有的,蕴含着真理性和创新性。

第四,杜威提出的彰显课程和教材的经验性、心理化与趣味性的观点,富有真理性,是对传统教育的教材观的反叛。传统的课程和教材是书本知识,它既不和儿童的本能相联,也不和儿童的经验相交,这就难以调动学生的主动性和积极性,也无法使学生领悟教材的意义。杜威的天性教育思想克服了传统教材的这种弊端,反复强调:学校教材必须以儿童的固有的直接经验做根据和基础,知道经验的源起和性质;儿童是决定教材的根本,教材的使用必须依赖儿童心理的积极展开和内部的同化作用,必须使教材心理化;教材必须和儿童的经验、需要、兴趣、行为建立内在的关联,然后从这种关联里生出一种趣味性。所有这些观点既是对传统教育的教材观的反叛,又体现了现代教材观的发展趋势,得到了当代教育心理学的积极肯定,成为当代教育心理学和教材观的重要构件。

第五,杜威建构的教学过程观是以生长儿童的本能、改造儿童的经验为旨趣的,主要特征是动态性、经验性和生成性。就动态性而言,强调儿童本能的生长和经验的改造是每天不同,日新月异的。就经验性而言,强调的儿童是在经验中学习和改造,也即儿童是在主客体的相互作用中学习。就生成性而言,强调学生的知识、才能、智慧、品行、创造性是在教学过程中生成,而不是教师教出来的。杜威的这种教学过程观得到了后来的蒙台梭利和皮亚杰的继承。蒙台梭利深受杜威的影响,认为儿童的心理发展是机体与环境交互作用的结果,这一观点与杜威的经验继续不断的改造有异曲同工之妙。皮亚杰的儿童心理发展的"建构"学说也是在杜威教学过程观的基础上形成和建构起来的。不仅如此,杜威的教学过程观还得到了当代教学理论的有力支持。后者认为教学过程不是凝固不变的,而是动态的、变化的和生成的,不管是经验还是知识,抑或是儿童的心理、才能、智慧、品行、创造性等等,都是在师生共同的作用中生成的,是在特定的教学情境中生成的,既不依赖于教师单纯的教,也不依赖于学生纯粹的学。

第六,杜威确定的以活动化和环境化为核心要求的教学原则和方法,对当代教学理论的发展产生了重要影响。它提醒我们首先要认识到"从做中学"的意义。这种意义体现在:它是儿童寻求知识的主要途径;它有助于儿童身体的发展和心智的觉醒;它能加深儿童对知识的理解;它能培养和发展儿童的兴趣。所有这些方面都构成了当代教学理论的意义观,成为了活动教学的指导思想。当代的发现学习、探究学习、自主学习、活动教学等理论也与杜威的"从做中学"密切相关,是对杜威的"从做中学"的继承和深化。其次,它提醒我们教师的责任和使命就是供给儿童环境、供给儿童活动的机会,使儿童置身于环境中,生出动作,改造经验,发展本能。因为儿童本能和心理的发展离不开环境,只有和人交往才能发达。不管是自然环境,还是社会环境,都会对儿童产生切实的作用。由此看来,这种观念无疑会对当代的教学环境理论产生重要影响。

二、西方自然主义教育思想天性教育观的当代价值

(一)正确处理教育与儿童天性的关系

天性教育观为我们正确处理教育与儿童天性的关系提供了理论依据和借鉴价值。西方自然教育家认为,要正确处理教育与儿童天性的关系,首先必须认识儿童天性的内涵及其内在的规律性。关于天性的内涵,西方自然教育家在不同时期作了定义,有的称之为"原始的倾向",如夸美纽斯;有的称之为"内在的自然",如卢梭;有的称之为"心理活动";有的称之为"天资",如第斯多惠;有的称之为"本能",如杜威。尽管名称不同,但它们都指向儿童与生俱来的种种趋向、种种冲动。夸美纽斯把"天性"定义为:"我们的最初的和原始的状况,我们应当回复这种状况,如同回到一个起点一样。"卢梭把它定义为:儿童与生俱来的内在的器官和才能的发展。裴斯泰洛齐把天性称之为儿童的心理。杜威在综合前人观点的基础上,对天性的内涵作了系统的论述。他认为,天性即本能,意指儿童与生俱来的不学而能、不教而知的种种倾向和冲动。它有生理本能和精神本能之分。前者是因为人体内的细胞有吸收饮食的能力,使人能够饮食,从而促进肉体的发育和成长,后者是指人的心理有吸收外面知识的能力,从而促进精神的生长。在此基础上,西方自然教育家还探讨了天性的内在秩序和规律,这种内在秩序和规律体现在:

(1)天性本善。卢梭认为,儿童与生俱来的天性是善的,是造物主所赐予的,本性的冲动永远是正确的。裴斯泰洛齐也持性善论。他指出,人的本性的发展的倾向是趋向善的,每个人都倾向做一个善人。"人是善的,而且愿意向善;他愿意在这样做时是愉悦的。如果他不善,那准是向善的路堵塞了。堵塞这条路是件可怕的事情,但这种事情却是那样的普遍,以致眼下好人少。但一般说来,我永远相信人心是善的。"①"我的所有著作中,并以我能达到的最清晰的方式所说明的道

---

① [瑞士]阿图尔.布律迈尔.裴斯泰洛齐选集(第一卷)[M].尹德新,组译.北京:教育科学出版社,1994:339.

德的基本原则是,人是本性为善的存在者,他热爱正心和秩序,人心中没有原初的堕落;自然原初的运动总是正确的。一切加诸人心的邪恶都不出于人的本性。"①

(2) 方向性。方向性是天性的基本属性,也是生命的基本属性,它决定着生命的基本方向。夸美纽斯和杜威的话为我们认识这种方向性提供了思路。夸美纽斯指出:"人的天性作为上帝的影子,它就是灵活地透进脑海的、简单正确的阿里阿德娜引路线;它的长度足以找到一切迷宫的出路,人的天性从不迷失方向。"②杜威认为,本能是一种天然的趋向,决定了生命的发展方向,也为教育的发展提供了素材,指出了起点,教育要"以学生个人的本能做主",教育的方向应与天性的方向相适应、相一致。

(3) 主体性。西方自然教育家都肯定,天性具有主体性,人的内在力量的驱动使主体性成为可能。夸美纽斯认为,天性犹如植物的种子,天性的发展犹如植物的生长。"种子如果种在地下,它便会向下生出根芽,向上生出嫩枝,嫩枝凭着它们天生的力量,日后便可长成枝柯和树叶,垂着绿荫,点缀着花儿与果实。所以我们不必从外面拿什么东西给一个人,只需把那暗藏在身内的固有的东西揭开和揭露出来,并重视每个各别的因素就够了。"③这也就是说,天性的发展来自于内部力量的驱动,天性内部蕴含着发展的主体性。

裴斯泰洛齐指出,人与生俱来就蕴藏着各种能力和力量的萌芽,它们都趋向于发展。正如"眼睛要去看,耳朵要去听,双脚要去行走,手要去抓握。同理,心灵要去信任,去爱,智力要去思考"④。第斯多惠也认为,天性具有主体性,天性的发展来自于内部的力量。他指出:"人的固有本质就是主动性,一切人性、自由精神及其他特性都从这一主动性出发;一切创作、思维、注意力、感受,所有的克己、谈话、行动以及所有的自由运动和手势都以主动性为核心力量。"⑤因此,教育教学的最高目标就是启发主动性,培养独立性。

(4) 动态性。在西方自然教育家看来,天性是变化的、发展的,没有固定不变的天性。夸美纽斯认为,学问、德行和虔敬的种子虽然与生俱来,但实际的学问、德行和虔敬是需要从祈祷、教育和行动中获取。也就是说,"种子"是可能性,内蕴发展、变化的趋向,由可能性变为现实性,需要不断的祈祷、教育和行动。卢梭认为,儿童的天性不是固定的,而是向前发展的,呈现出由感性到理性发展的趋势,在不同的年龄阶段如婴儿期、儿童期、少年期和青年期具有不同的特征,这决定了人的教育阶段的划分和教育任务的确定。杜威对天性的动态性,更是作了明确的阐释。他指出,"如果人性是不变的,那么,就根本不要教育了,一切教育的努力都注定要失败了。因为

---

① 余中根.裴斯泰洛齐教育思想研究[M].昆明:云南大学出版社,2009:64.
② [捷克]夸美纽斯.夸美纽斯教育论著选[M].任钟印,选编.北京:人民教育出版社,2005:421.
③ [捷克]夸美纽斯.大教学论[M].傅任敢,译.北京:教育科学出版社,1999:15.
④ [瑞士]裴斯泰洛齐.裴斯泰洛齐教育论著选[M].夏之莲,等译.北京:人民教育出版社,2001:427.
⑤ [德]第斯多惠.德国教师培养指南[M].袁一安,译.北京:人民教育出版社,2001:22.

教育的意义就在于改变人性以形成那些异于朴质的人性的思维、情感、欲望和信仰的新方式。所以人性不变的理论是在一切可能的学说中,最令人沮丧和最悲观的一种学说"①。因此,在杜威的视野中,儿童的本能、心理是不断变化、发展的,在不同阶段呈现出的能力和兴趣的形态各不相同。

(5) 差异性。卢梭认为,每个儿童的天性是不同的,都有自己的看法、想法和感情,都有自己特异的征象。正因为如此,他要求教育者要尊重儿童,在认识和把握特异征象的基础上实施特殊的方法,而不要急于对儿童作出或好或坏的评判。第斯多惠对天资的差异性作了深刻的阐释。他认为,每个儿童身上都包含着人类的普遍天资,除此之外,"每个人的天资还有一种固有的差异,在统一性和共性的范围内还存在千差万别。一个人和另一个人在不同的发展中均有各自的天资。个人的天资和使命又是所有人的天资和使命,这是符合一般的发展规律的,只是在这一范围内根据发展和培养的方法和程度的不同而出现差异"②。杜威也明确指出:"学生的性情、人格、品行是教授的中心;而学生各有各的特性,各人的心理、构造不同、性情不同、家庭不同、环境不同、欲望不同、机会不同、需要不同;做教员的,不能视为一律,应当视为各别的、各有个性的,而加以适应地教授。"③天性的差异性为因材施教提供了学理上的依据。

(6) 适宜性。这里的适宜性是指天性的发展条件的适宜性。儿童天性的发展离不开适宜的环境和教育。卢梭主张让儿童到乡村大自然中去接受教育,因为乡村大自然的环境最接近自然状态,最有利于儿童天性的发展。裴斯泰洛齐强调,"儿童的天性不是一成不变的,而是发展变化的。影响天性发展的因素主要有内部和外部两个方面,内部因素是儿童的天性本身,外部因素是社会环境和教育的影响。'人的成长是通过本身的力量,通过人的本性的力量;人通过他生活环境中偶然的机会受到培养,人通过技艺和意志的培养受到教育。'"④第斯多惠认为,儿童的天性的发展取决于两个因素:一是天资的存在,二是激发的存在。前者是基础,是儿童发展的可能性,但它要成为现实的发展离不开外在的激发;后者指向教育的影响,只有通过遵循天资发展规律的教育的影响,天资的发展才有可能。

西方自然教育家对儿童天性及其内在规律的揭示,为我们把握儿童的天性及其内在规律奠定了基础。不仅如此,他们还较为系统地论述了天性与教育的关系,为我们正确处理天性与教育的关系提供了借鉴与启示。

首先,天性是教育的基础和前提。天性的基础和前提作用是客观存在的,是儿童本身能力和活动可能性的基础。没有天性的帮助,教育是毫无用处的;没有对天性的尊重,教育的目标是无

---

① 褚洪启.杜威教育思想引论[M].长沙:湖南教育出版社,1998:123.
② [德]第斯多惠.德国教师培养指南[M].袁一安,译.北京:人民教育出版社,2001:82.
③ 吕达,刘立德,邹海燕.杜威教育文集(第四卷)[M].北京:人民教育出版社,2008:285.
④ 胡碧霞.自然主义与幼儿教育[M].合肥:安徽少年儿童出版社,2010:72—73.

法实现的;过早或过晚唤醒天性,都会有损于天性的发展。"天性与教育相比具有无法变更的逻辑先在性,教育不能力图改造天性,教育应作为天性成长的辅佐者而存在,教育应接受天性的指引和领导";"教育应该与天性具有基本的同向性。天性的方向就是生命自身展开的方向,教育活动之展开从根本上不应另设方向,更不能自创方向";"天性只能在大方向的意义上'引领'而并不能'决定'教育。天性从根本上来说只能'提示'教育的方向而不能决定教育的细节性原则。"[1]总之,教育应围绕儿童的天性、遵循儿童的天性,因为儿童的天性在儿童与教育的互动中处于中心地位,只有围绕这个中心,教育才有好的效果。缺乏天性的存在,教育对儿童的发展是无能为力的,也无法保障发展的可能性。当代心理学也证明:"儿童身心的发展变化,受机体内部生物基因固有的程序制约,儿童成长中各种机能的出现都有一个内部时间表,外部环境虽然对儿童的发展有一定的影响,但它不足以改变机能成熟的步伐。某种机能尚未成熟时,通过教育或训练,促使其提前出现或加速发展,结果往往是事倍功半,甚至使这种能力的发展受阻。"[2]正如美国人本主义心理学家马斯洛所言:"我们必须抓住'本能'论,或者像我宁愿采用的概念——基本需要论。我们抓住原始的、固有的、在一定程度上由遗传决定的需要、冲动、渴望的研究,可以说这也是人的价值的研究。"[3]

其次,天性的发展离不开教育。对于儿童的发展而言,天性固然重要,它是根基和可能性,但它不是已经完成的发展,它的发展离不开其他因素作前提。在这些因素中,教育和实践起着决定性的作用。正如伊拉斯谟所言:"天性是资材,是倾向性,教育和实践为天性发展提供切实的内容,天性是发展的可能性,教育和实践的参与使可能性变为现实性。人的发展是先赋的天性与后天的教育和实践的合金。"[4]教育者应协调天性与教育的关系,因为没有儿童的天性做基础,教育就成为无源之水;而缺乏教育的影响与指引,天性的发展不能变为现实性,既不能很好地朝社会的方向发展,也难以符合社会的要求。"但教育的目的不是改变儿童的天性,而应是保护儿童的天性,引导儿童的天性向着正确的方向发展。教育的出发点应当是儿童的天性,教育的作用要受到儿童天性的制约。如果过分夸大教育和训练的作用,最终可能导致儿童的天性被窒息,使儿童丧失发展的积极性与主动性。因此,幼儿教育要以儿童的天性为依据,教育应对儿童的天性保持敬畏。"[5]

再次,教育应符合天性发展的内在秩序和规律。既然儿童的天性的发展呈现出天性本善、方向性、主体性、动态性、差异性、适宜性等内在秩序和规律,教育就必须遵循天性发展的这些内在

---

[1] 苗曼.天性引领教育—幼儿教育变革路向探寻[D].南京:南京师范大学,2012:40.
[2] 侯莉敏.儿童的生活与教育[M].北京:教育科学出版社,2009:48.
[3] [美]马斯洛,等著.人的潜能和价值[M].林方,主编.北京:华夏出版社,1987:82.
[4] 吴式颖,任钟印主编.外国教育思想通史(第4卷)[M].长沙:湖南教育出版社,2002:307.
[5] 胡碧霞.自然主义与幼儿教育[M].合肥:安徽少年儿童出版社,2010:74—75.

秩序和规律,不能做有悖于它们的事情。否则,儿童的天性就会被压抑甚至被扼杀,儿童的主体性得不到发挥,儿童的全面发展就会落空。

　　反思我国的现实教育,就不难发现,我们的教育在许多方面存在着无视儿童的天性,与儿童身心发展的规律背道而驰的行为和误区。表现之一:指向专门训练的早期化。童年时期应是人生中最欢乐、最幸福的阶段,活动是儿童本真状态,他们应在活动、游戏、童话、故事、音乐等中度过他们的童年。然而众多的教师和家长从教育观念到实践都强调对儿童进行早期的智力开发。在教育观念上,认为智力开发越早越好。其思想主要来源于日本学者铃木镇一的《神童作坊》,这本书认为"对幼儿进行早期教育是迫切而必需的,而且,早期教育进行得越早、越及时,就越能使孩子发挥出超乎寻常的能力,这种能力往往能大到成年人不可思议的地步"①。在实践上,提出的口号是"不输在起跑线上",让儿童参加诸如兴趣班、奥数班、特长班、国学班等各种训练班,实施专门化的早期训练。其结果是损害了儿童天性的发展,使"他们的人格特质过早被定型,几乎没有给未来人格的发展预留任何的空间。过早专门化训练不利于儿童的系统成长、整体的发展。如果我们不适应儿童的天性,任凭我们的教养推动儿童超越其自然的水平,这种做法对儿童的正常成长并无益处,反而可能导致长期发展的受阻"②。表现之二:儿童教学功利化。它是指儿童的教学对功效和利益的片面追求。功利主义教学指向如何谋生,获得实际利益。"主要宗旨只是教会人去追求、适应、认识、掌握、发展这个外部物质世界,着力于教会人的是'何以为生'知识和本领。……它的最根本的缺失就在于它放弃了'为何而生'的教育,不能让人们从人生的意义、生存的价值等根本问题上去认识和改变自己;也必然前提性要抛弃塑造人自由心灵的那种神圣的尺度;把一切教育的无限目的都化解为谋取生存适应的有限目的。"③对教师和家长而言,教学的目的是培养聪明的"神童"和具有谋生本领的大学生,而不是儿童心灵的塑造和人格的陶冶。于是,他们特别关注儿童的分数和谋生技能的获得,在教学中着力于传授有用的不系统的知识技能和应试技巧,这无疑削弱了儿童原初的精神生活和反思能力,破坏了儿童身心的整体发展。表现之三:儿童教学"成人化"。对儿童而言,儿童的自身的世界不是依靠自己的力量建构的,而是成人根据自己的想象和规则强行"建构"的。受古代"预成论"儿童观的影响,教师总是把儿童看成"小大人",抹杀了儿童与成人的根本区别,要求儿童一切行为要以成人的意志为转移,听从他们,服从他们。为了"生存"的教育目的,他们不顾儿童的天性、兴趣和需要,不仅送儿童参加各种训练班,而且强行灌输自己的价值标准和成人才需要学习的内容,过早地进行各种专业训练,脱离了儿童的生活经验,打乱了儿童的生活方式和生活规律,导致儿童享受不到童年应有的快乐,过早地进入成

---

① [日]铃木镇一.神童作坊[M].张峣,译.北京:京华出版社,2005:14.
② 程志宏.儿童天性与儿童教育[D].南京师范大学,2007:21.
③ 鲁洁.通识教育与人格陶冶[J].教育研究,1997(4).

人世界,破坏了儿童天性发展的固有程序,往往造就出"早熟"和"老气横秋"的儿童。表现之四:儿童教学理性化。儿童最喜欢活动教学和直观教学,因为它们符合儿童活泼好动的天性和以形象思维的特点。然而现实的儿童教学却以传授抽象的理性知识,发展儿童的理性的逻辑思维为己任,把情感、意志等非智力因素排除在儿童发展的视野之外,把儿童的生活经验排除在教学内容的视野之外,全然不顾儿童的本能、需要和愿望,强制性地向儿童灌输成人才需要学习的内容,重认知轻经验。这种抽象的理性教学忽视了感性发展,钝化了儿童的感受力,过分地张扬了儿童的理性能力,导致儿童情感冷漠,个性受压抑,主体性得不到充分发挥,身心的发展受到限制和阻碍。

要克服儿童教学的上述弊病,儿童教学必须遵循儿童天性发展的内在秩序和规律。首先,要信任儿童的天性,充分发挥儿童的潜能。造物主赐予儿童的天性总的来看是善的、富有建设性的和值得信赖的,而不是恶的。它为我们的儿童教学提供了素材,指明了方向,是我们教学的指路明灯。我们的儿童教学必须为天性所引领,跟着它们画出的道路前进,不要做无视儿童的天性,背离儿童身心发展规律的事情,如过早地对儿童进行专门化的训练、过度地开发儿童的智力、灌输式教学、剥夺儿童的活动和自由等,而应让儿童的天性引领儿童的教育。更为重要的是,要依靠现代的生理学、心理学、人类学、教育学等学科的最新成果,充分地认识和把握蕴藏在儿童内部的巨大潜能,通过教育充分地挖掘、唤醒和激发它们,使它们成为教学的正能量,鼓舞和激励儿童,使教学充满生命的活力。其次,要充分发挥儿童的潜能和主体性,让儿童真正成为教学活动中的主人。既然儿童的天性是善的、富有建设性的和值得信赖的,教学就应建立在儿童天性的基础之上,不能违背儿童天性的发展规律,而应让天性和本能做主。唯有如此,儿童的教学才能与他们身心发展的规律相适应,为儿童主体性的发挥创造良好的氛围,让活动和游戏成为儿童教学的主旋律,从而使儿童的非智力因素的发展和个性的张扬有广阔的天地,儿童的潜能和主体性的唤醒和激发有可靠的保障。再次,为儿童天性的发展提供适宜的教育,包括适宜的教育时机、适宜的教学内容和适宜的教学方法。适宜的标准是符合儿童天性发展的特点和规律,儿童的主动性和积极性得到极大的发挥,儿童学得愉快,学得高效,身心和谐发展。

(二)促进儿童天性的发展应成为儿童教育的根本目的

传统的教育目的是塑造人。尽管这种人的形象不同,有的指向"政治人",有的指向"经济人",有的指向"文化人",有的指向"理性人",有的指向"非理性人",但这些人的共同特点是通过"塑造"来实现的,"教育即人的塑造"。尽管人性有可塑的部分,但并不意味着天性也是可塑的。"教育塑造与不可塑的人类天性之间,尚存在巨大的没能弥合的理论裂沟。天性需要表达,天性不应塑造,如果天性得不到充分表达或被扭曲的表达,那'教育塑造'这一本来被合理的建筑最终也会坍塌在人的废墟上。"[①]"塑造人"的教育目的,其实质是通过外部的灌输方式"改造"人;其逻

---

① 苗曼.天性引领教育—幼儿教育变革路向探寻[D].南京:南京师范大学,2012:65.

辑设定是教育引领人的发展;其后果是把儿童天性的发展排除在教育目的的视野之外,不仅导致"教育异化",也导致"人的异化"。由于传统教育目的的塑造只是指向人性的部分,而不是人性的全部,因而人的全面发展被教育所遗忘;由于"塑造人"常常采用灌输的方式来进行,全然不顾儿童的天性、本能、兴趣、欲望和需要,因而儿童天性的发展得不到重视,处在被压制甚至被扼杀的状态。

要扭转这种局面,我们必须把天性作为教育的原点,把儿童天性的发展作为教育的根本目的,让天性引领儿童的教育。"作为'成人之学'的人类教育,其本真的使命本来就在于'人性建设',其本意就应是以人为本,以儿童为本的,天性本来就是教育的逻辑原点之所在,本来就应成为教育'舞台'上的'中心光源'之所在。这一问题本来就无须论证的,但是现实中它被遮蔽得太深以至积重难返,因而需要来大作论证了。诚如鲁洁先生一针见血所指出:'教育嫁给过政治,嫁给过经济,却没有嫁给人'。教育在很多的田野上耕作过,却失落了自己的真正的家园。人类的天性,这是教育所得以存身与立命的最广阔、最神圣的家园,教育却弃之不顾。建设自己的家园,守护自己的家园,教育应回到自己的原点。"①总之,教育应以天性为原点,以儿童天性的发展为根本目的。

(三)建构儿童本能生长、经验改造的教学过程

卢梭和杜威的教学过程指向儿童本能的生长和经验的改造,其实质就是要让儿童体验生命的意义,在体验中增长经验,获得知识,发展天性。这一观点富有真理性。儿童的发展源自于内部的本能、冲动、需要、情感、欲望等因素的驱动,离不开儿童对自身与环境融合的体认、感悟和觉解,因而教学过程不仅有对知识的获得,更多的是一种体验的过程,一种对知识、经验的体验和对生命意义的体验,它充满着情趣、诗意、创造和灵感,彰显着经验的改造、情感的互动、师生之间平等的对话与交流,是儿童内在天性潜能的唤醒和内在力量的自由表达与展示。真正的知识和智慧是儿童与客观环境相互作用的产物。这意味着儿童是通过体验获取知识、改造经验、形成智慧和造就个体的。"通过体验得来的知识,才是真实的知识;通过体验认识的世界,才是真实的世界。人通过体验认识世界的同时,才真实地认识了自己。不断的体验,最能使个体依本性发展。"②如果儿童的学习脱离了体验,就只能以死记硬背的方式获取知识,这样的知识是死的知识、死的教条,它外在于儿童的内在世界,不再是儿童世界的一部分。相反,它使儿童异化到死的知识之中,成为服务于知识的工具。在学校里,教师所传授的知识,无论是自然科学知识,还是人文社会科学知识,都烙上了人类集体或个人的经验和体验的印记。教师的教学只有将儿童的个人体验与知识创造者的体验相互印证,才能产生共鸣,碰撞出真理的火花,才能把知识学活,使学

---

① 苗曼.天性引领教育—幼儿教育变革路向探寻[D].南京:南京师范大学,2012:100.
② 黄武雄.童年与解放[M].北京:首都师范大学出版社,2009:57.

习活动变得有趣,富有成效。因此,教学过程应是经验和体验的过程。在这里,不仅某门学科的学习需要体验,而且所有学科知识的整合都离不开体验。"整合知识是重要的体验过程,它包含了皮亚杰的同化与顺应。整合的体验,使人再度参与宇宙的领域与秩序。每个人以他自己原先对世界的理解,来整合后来接受的知识,把它们组织成他对世界深一层的理解。当他对世界的理解越深刻而真实,他也就越能认识自己。不断从事整合的体验,使人的知性成熟,细细解读体验的结果,人则认识了世界,认识了自己,人格也渐臻成熟。"①

(四)教育应回归儿童的自然状态

儿童的自然状态是儿童的本真状态,也是儿童天性舒展、潜能释放的最佳状态。(1)回归儿童当下的生活状态。首先,就是要让教育走进儿童当下的生活世界,关怀和引导儿童在当下生活中的所思、所想和所为,满足他们此时此刻的生活需求,使他们的当下生活过得愉快,反对以未来生活的要求强加给当下的儿童,更不能牺牲儿童当下的生活来迎合未来社会的发展。"当代心理学和教育学的研究以及无数的事实都已证明,儿童现在的生活和未来的生活有相同的价值,没有儿童今天的快乐生活就没有明天幸福的成年。"②其次,关怀儿童的日常生活。"既要整合儿童的日常、非日常生活,又要在提高儿童物质生活条件的同时,关注儿童整个童年期日常生活的每一天、每一刻的感受与体验,让儿童每一天都是快乐的、幸福的。"③再次,关注儿童的生活质量。这种关注要求教育者对儿童未来生活生活质量的提升作出努力,还要关注儿童个体当下的身体、本能、欲望、知识、智慧、创造性和品行各方面的发展;关注儿童在学习活动中的学习方式以及与此相关的好奇心、质疑和探究精神的养成;关注儿童在教育生活和活动中幸福的享受和快乐的体验。(2)回归儿童的游戏。游戏是儿童存在的方式,也是童年生活的核心构成,往往能给人以快乐和幸福的回忆。沈宗瀚在晚年回忆自己幼时与同伴游戏时流露出无尽的快乐,他说:"吾村儿童甚多,常同游戏余时常偕三哥、五弟于晴天早饭后往大晒场与他家小孩聚会,三五成群,捉迷藏,调草龙,放风筝,掘荠菜,溪沟捕小鱼、泥鳅,……游玩节目四季不同,兴高采烈,乐趣无穷,使我身体强健,并养成我爱好旷野山林之生活。"④而缺乏游戏的童年就会给人留下抱憾。胡适就有这种感慨:"我小时候身体弱,不能跟着野蛮的孩子们一块玩,我母亲也不许我和他们乱跑乱跳。小时候不曾养成活泼游戏的习惯,无论在什么地方,我都是文绉绉的……大人们鼓励我装先生的样子,我也没有嬉戏的能力和习惯,又因为我确是喜欢看书,所以我一生可算是不曾享有过儿童游戏的生活。"⑤沈宗瀚和胡适通过早年亲身经历的回忆,彰显出游戏的重要性。对于游戏的独特价值,挪

---

① 黄武雄.童年与解放[M].北京:首都师范大学出版社,2009:61.
② 姚伟,关永春.儿童教育与儿童的生活质量[J].东北师范大学学报,2004(2).
③ 姚伟,关永春.儿童教育与儿童的生活质量[J].东北师范大学学报,2004(2).
④ 丁海东,杜传坤.儿童教育的人文解读[M].济南:山东教育出版社,2008:61.
⑤ 薛原.童年[M].济南:山东画报出版社,2006:14.

威哲学家让—罗尔·布约克沃尔德有过精辟的论述:"新生儿从玩自己的手指和脚趾时开始,游戏就是一个铸造其人格个性的熔炉。儿童用游戏的方式进入生活,试验自己的语言能力和体能,他们直接面对各种混乱的印象和作为日常生活要素的挑战。在他与每天生活的直接接触中,奠定了他此后社会性理解和生长的基础,奠定了基本态度,奠定了每个个体的能力和为人处事技巧的独特样式。"①这段话提醒我们,游戏是儿童进入生活、认识世界的主要途径,也是他们形成为人处事、待人接物的态度,培养语言、思维、创造等各种能力,释放生命的能量,养成良好的行为习惯,培养儿童社会性理解、友爱精神和合作意识,获得幸福和快乐,促进生长的重要方式,还是塑造个性和人格的熔炉。然而,儿童的游戏本能正在遭受压抑,得不到释放。"在当前的城市家庭中,儿童也面临着缺乏游戏伙伴、场所、机会等问题。对于接近半数的城市儿童而言,在双休日,他们既无同龄伙伴一起交往和玩耍,又无合适的游戏场所可去。如半数城市儿童外出经常去的场所是商场。同时,因家长工作繁忙,在工作日和周末都很疲惫,真正能够经常带子女外出游玩的家长为数不多。对于这些城市儿童而言,他们只能在家独自游戏或由家长陪同游戏。这些客观因素导致儿童的游戏活动在一定程度上受到限制。"②

  教育应回归儿童的游戏。首先,要为儿童的游戏活动创造条件,提供游戏伙伴、场所和机会,让儿童生活在游戏的世界,能够尽情地绽放自己的天性,获得愉悦和满足。其次,尊重儿童游戏的权利。游戏是儿童的一项基本的权利。《儿童权利公约》第31条明确规定:"缔约国确认儿童有权享有休息和闲暇,从事和儿童年龄相宜的游戏和娱乐活动,以及自由参加文化和艺术活动。"因此,我们应当尊重儿童游戏的权利,而不要压制、阻碍甚至剥夺儿童的活动和游戏;应建构和完善保障儿童游戏的制度体系,切实地落实儿童的活动和教育的各项权益。再次,教育应尊重儿童的游戏方式。儿童的游戏是多种多样,无论是自发性游戏还是有组织的游戏,无论是运动性游戏还是精神性游戏,都应予以尊重。儿童的教育要把教育活动与游戏活动融为一体,不能使游戏活动游离于教育活动之外,不再放逐于小学的课间时段。唯有如此,游戏才能有效纳入小学创造教育的体系中,儿童的好奇心、求知欲、创造性才能得到真实的彰显和激发。第四,鼓励儿童在游戏中自由地探索。无论是严格组织的游戏,还是显得比较松散的游戏,都是来自于内在力量的驱动,都应为它们的发生营造自由、宽松的氛围。"探索的好奇与欲望是游戏之心脏。它以与熟悉打交道而开始,去寻觅不熟悉。从知道到不知道的探险,孩子们要掌握它,只能通过这么一种创造性的两重性。"③因此,鼓励儿童自由探索应成为游戏活动的基本原则。总之,要以游戏之精神从观念到实践去观照儿童的教育。

---

① [挪威]让—罗尔·布约克沃尔德.本能的缪斯:激活潜在的艺术灵性[M].上海:上海人民出版社 1997:44.
② 王喜海.童年与儿童教育[M].北京:中国轻工业出版社,2012:112.
③ [挪威]让—罗尔·布约克沃尔德.本能的缪斯:激活潜在的艺术灵性[M].上海:上海人民出版社 1997:25.

（五）教育要心理学化

教育要心理学化是心理化自然教育家的天性教育思想的主旋律，也在杜威的天性教育思想中得到了充分的彰显。它要求在教育目的、教学内容、教学过程、教学方法等方面都要心理学化，其目的是使教学活动符合儿童的心理发展的特点和规律，提升教学效率，促进儿童身心的全面发展。它对于儿童教育有重要的启示意义。

首先，儿童教育应以心理学指导儿童的发展

儿童的发展是需要心理学的指导，"教育即指导"是自然教育家的一个著名命题，其实质是应用心理学促进儿童在各个领域的发展，涉及行为、学习、认知、情绪情感、社会性等领域。无论哪个领域的发展都离不开心理学的指导。例如，行为指导要求教育者要从心理学的角度了解和观察儿童行为问题，如情感交流问题、注意力问题、行为的不适应和攻击性问题等，通过角色扮演、行为调控、游戏等方法加以解决。学习指导要求教育者要知晓儿童学习中存在的问题，如学习兴趣较低、学习动机不强、意志力薄弱、学习自我调控性较差、学习方法失当、学习焦虑等，然后通过激励性原则、启发性原则、整体性原则和情感性原则的运用，解决问题，教会儿童学习。儿童的认知、情绪情感、社会性的发展更是离不开心理学的指导。心理学的指导能够促进、改善儿童身心的全面发展。儿童的身体、本能、兴趣、需要、智力、情感、道德、个性等的发展，都需要教育者懂得心理学尤其是儿童心理学，能够利用心理学，深入儿童的心灵世界，唤醒儿童的心理潜能，唯有如此，才能高效地促进儿童身体和精神的健全发展。

其次，彰显课程教材的心理学化

彰显课程教材的心理学化是心理化自然教育家和生长论自然教育家的共同信念。它给我们的启示之一：课程教材应与儿童的经验相融合。对儿童而言，已有的经验是自己在各种场合亲自获得的、体验过的，因而显得很亲切并且印象深刻，当它们与课程教材相遇和融合时，就能够唤醒儿童的体验和经验，引发儿童与课程教材的共鸣，激发儿童强烈的学习动机，从而调动儿童学习的积极性，使儿童容易领悟教材的意义。教师的重要使命就是了解和研究儿童经验的性质和源起，把儿童的经验变成科目，以儿童固有的经验做根据和基础，融通经验与课程教材。启示之二：使教材富有趣味性。兴趣是儿童学习成功的动力和源泉，没有趣味的教材往往使儿童感到枯燥无味，引不起儿童学习的欲望和动机，因此教师的重要任务就是使教材与儿童的兴趣、需要和行为之间建立内在联系，然后从这种关联中生出一种趣味性，杜威称之为天然的趣味。有了它，儿童就会积极性地参与经验的建构和教材意义的领悟。启示之三：课程教材应符合儿童的心理特点。对于儿童而言，教材永远不是从外面灌输进去的，它依赖儿童的主动性，依赖儿童心理的积极展开和内部的同化作用。只有当教材与儿童的经验、兴趣、动作、需要相符合时，儿童的学习动机才会得到充分激发，他才会感到学习不是苦差事，而是兴趣盎然的。因此，要使教学富有成效，教师必须知道儿童的天性、生活、希望在什么地方，研究它们与教材的关联，然后使科目与之相适应。也就是说,教师必须研究心理学,使教材心理化。

再次,教育活动必须适应儿童心理发展的规律

在自然教育家的视野中,遵循儿童心理发展的规律是教育活动得以展开的基础和根本依据,他们为此进行了不懈的探索,通过对大自然和儿童的研究,提出了两条重要的教育遵循儿童心理发展的规律。一是教育应遵循大自然发展的规律。因为儿童心理发展的规律与大自然发展的规律是相对应的,具有相同的发展进程。"它们跟物质自然的规律一样,并且相信从中能找到一条普遍的心理学化的方法的可靠线索。"[①]人的所有的教育艺术就其实质而言,都是心理的自然机制规律的结果。这提醒我们,教育者必须细心地思考大自然的规律,教育活动应模仿大自然的活动,教育的艺术必须奠定在大自然规律的基础上。夸美纽斯和裴斯泰洛齐所揭示的自然界的"秩序"和"法则"仍然是当代教育活动开展的重要基础,教育不能违背它们,否则,就会有损于儿童天性的发展。当然,大自然规律并非完美无缺,它既有积极的方面,也有消极的方面,既有永恒性,又有偶然性,教育不能机械地模仿或消极地遵循自然,而应依据人性的要求促进自然进程的发展。二是教育应遵循人的自然天性的发展规律,彰显心理学化。这一规律是裴斯泰洛齐揭示出来的。他把探究一切方法和教学艺术的共同基础,即心理学,使教育心理学化作为自己的教育使命。长久以来,他探索每一门课中应该施加人为影响的心理根源,因为他坚信,只有这样,才能根据每个人的本性确定教育方式,才能使认识从迷糊到明确,从明确到清楚,从清楚到清晰。他试图将人类的教学过程心理学化,试图把教学与他的心智本性、周围环境以及他的交往方式都协调起来。他说:"我必须要解决的问题是:如何把一切教学艺术的要素与我心中的自然本性和谐地结合起来,即要通过心理机制规律使他们和谐起来,通过心理机制规律,我的心智从自然的感觉印象发展成清晰的概念。"[②]他在《教学方法》中认为,只有以心理学为基础,教育者才能深入地了解儿童,把握儿童的心智特点,真正按儿童本性教育,提升教学效率。他确信只有通过这个共同的心理根源,才可能发现一种形式,在这个形式中,人类的教养经由大自然自身的绝对规律来确定。这提醒我们,教育必须按照儿童的天性即心理发展的规律来实施,唯有如此,才能有效地促进儿童天性的健康发展。任何违背儿童心理发展规律的教育,如理性化教育、模式化教育、强制性教育、功利主义教育、教育暴力等,都是反人性的,都会使儿童身心的发展遭到破坏。

(六)儿童教育要以大自然为导师

儿童教育要以大自然为导师是西方自然教育家的一贯主张。卢梭在《爱弥儿》中反复强调教育应以大自然为师而不以人为师,要跟着大自然画出的道路前进,要求教育者为儿童创造自然化的教育环境。裴斯泰洛齐"要求教师多观察大自然在一棵树上发挥的崇高作用,模仿大自然的活

[①] [瑞士]裴斯泰洛齐.裴斯泰洛齐教育论著选[M].夏之莲,等译.北京:人民教育出版社,2001:79.
[②] [瑞士]裴斯泰洛齐.裴斯泰洛齐教育论著选[M].夏之莲,等译.北京:人民教育出版社,2001:204.

动,使教育遵循大自然的规律,必须时刻保持与大自然的朴实过程相统一,必须遵循无论何处都发挥指导作用的原则——大自然统一原则"①。第斯多惠指出,"我们必须倾听大自然的呼唤,忠实地遵循大自然所指出的方向。人只有和大自然结合才会幸福。上帝与大自然同在,在外部如同在内部,在星光闪烁的宇宙如同在人的天性。不相信人的天性便不可能有符合自然发展规律的好教学法"②。斯宾塞要求家长和教师要懂得大自然这位和蔼而亲切的老师,把它介绍给自己的孩子,这关系到孩子一生的幸福。打开孩子心灵通向大自然的窗户,需要父母的灵性和耐心。因为孩子尽管在天性上是自然的亲近者,但并不是每个孩子都懂得去聆听、触摸、呼吸大自然的美与和谐。这要求做父母的能理解大自然的话语,然后教孩子去看、去听、去描摹。

　　大自然对儿童具有重要的教育价值。首先,大自然为儿童身体和精神的健康发展提供基础和源泉。大自然是儿童的母亲,儿童是大自然之子。从进化的视角看,无论是儿童的肉身,还是儿童的精神,都是大自然进化的产物。这种"母—子"关系决定了儿童对大自然有一种天然的亲近感,他们喜欢自然,热爱自然,与自然融为一体。这两者的交融性为儿童体能的发展提供了活力,也能够使他们从自然界中吸取天地之精华来孕育和充盈自己的生命。"如果儿童失去了大自然的浸润与濡化,失去了与大自然的亲密联系,那么不止他们的体能将无法得到正常的发展,而且在他们被'包裹'与'包装'的同时也必将失去本应属于他们的朝气与活力。"③儿童的心理和精神的发展同样离不开大自然。后者对前者具有内塑作用,能增强儿童的感受力,获得对大自然和谐的体验,使儿童的心理和精神的发展充满生机和活力。正是"在大自然的背景下,儿童率性而动,按照他的天性蹦着、唱着、梦想着,一切都是那么的自然而然——这就是儿童的世界"④。离开了与大自然的接触与对话,儿童的生命感受力就会钝化,儿童的心灵世界的发展就失去了源泉,无法得到丰满和充盈。可见,大自然是儿童身心发展不可或缺的"背景"。其次,大自然使儿童充满好奇心,成为哲学家。在大自然中,儿童对大自然充满好奇,喜欢对大自然发问,问这问那,所问的内容几乎无所不包,这种对大自然的惊奇和天生的探索的欲望,使儿童成为哲学家。童年在大自然的体验与感受对其今后探究真理具有重要价值,他们在大自然中所经历的发现、问题、困惑、幻想,会影响他们日后的学术研究所需要的问题意识、质疑问难精神和创新精神的形成,会推动他们不断地去追求、探索真理,会成为他们探究大自然的奥秘和未知世界的强大的精神动力。再次,大自然是儿童幸福和快乐的源泉。大自然是儿童最伟大的导师,它不仅对儿童的品质、智慧和性格的形成有重要影响,而且对儿童日后的幸福感和快乐感有重要的影响。儿童从大自然中获得的快乐远比抽象的知识学习获得的快乐要多得多。"这是因为自然这位无处不在的老师

---

① 刘黎明.西方自然主义教育思想史[M].武汉:华中科技大学出版社,2014:150.
② [德]第斯多惠.德国教师培养指南[M].袁一安,译.北京:人民教育出版社,2001:100—101.
③ 焦荣华.论教育学视野中儿童与大自然的关系[D].南京师范大学,2007:13.
④ 刘晓东.解放儿童[M].北京:新华出版社,2002:162.

早已把关于生命的本质,关于事物的规律、法则等等,通过它每时每刻的力量向每一个愿意接受它恩赐的人展开。关键仅仅在于,你是否有信心去接近它,是否愿意去学习它,是否接受它的启示。这种启示本身已包含了无穷的乐趣和益处。"①因此,真正的自然教育是令人快乐的。

然而,我们今天的儿童教育与大自然是疏离的,使儿童生活和学习远离大自然。"我们的幼儿园却逐渐失去了其原有的意义和价值,而被附加了诸多额外的功能。尤其是在科技高速发展的时代,幼儿园甚至变成了'准小学',并随之兴起了外语热、计算机热等对幼儿来说难以下咽的'硬骨头'。于是,可怜的孩子封闭在狭小的空间内'好好学习,天天向上'。"②

基于此,儿童教育应回归自然,激发学生的好奇心,让儿童在大自然怀抱中求真、求善、求美,尽情绽放自己的天性,张扬自己的个性,诗意地栖居于自然界;学校应为儿童营造自然化的教育环境,让学校周围树木林荫,花草遍地,空气清新,窗明几净,让儿童置身其中能感受到愉悦,体验到真、善、美,使自己得到快乐的成长。

---

① [英]斯宾塞.斯宾塞的快乐教育[M].颜真,译.福州:海峡文艺出版社,2002:144.
② 焦荣华.论教育学视野中儿童与大自然的关系[D].南京师范大学,2007:27.

第五章 西方自然主义教育思想的当代价值(中)

第五节 西方自然主义教育思想的消极教育观的当代价值

"消极教育"观是卢梭自然教育思想中很重要、很独特的思想,它主要是针对儿童身心发展的第一、第二阶段,即婴儿期和童年期而言的,因为"人生当中最危险的一段时期是从出生到 12 岁。在这段时间中还不采取摧毁种种错误和恶习的手段的话,它们就会发芽滋长,以至以后采取手段去改的时候,它们已经扎下了深根,以致永远也把它们拔不掉"。① 在卢梭看来,"消极教育"就是"摧毁种种错误和恶习的手段",因而实施"消极教育"就成为这个时期教育的主要内容。之所以如此,是因为"消极教育"有助于锻炼儿童的身体,发展儿童的感官,获得感性经验,养成良好的习惯,以便更好地适应儿童"理性的睡眠"期的发展需要,奠定儿童的理智、道德发展的基础。

一、西方自然主义教育思想的消极教育观提出的理论基础和实践依据

(一)性善论哲学

性善论是卢梭的重要的哲学思想,也是他的"消极教育"观的立论基础。他认为,人生下来就是善的,而不是中世纪教会所宣扬的"原罪"。他在《爱弥儿》中开门见山地指出:"出自造物主之手的东西,都是好的,而一到了人的手里,就全变坏了。"②这就是说,人天生善良,后来"变坏"是由于偏见、权威、需要、先例及一切社会和教育制度造成的。正是它们扼杀了人的天性,使人的天性像偶然生长在大路上的树苗,让人碰来撞去,不久就弄死了。后来卢梭在《爱弥儿》的下卷中又重申了人性本善的思想:"上帝绝不希望人滥用他赋予人的自由去做坏事……上帝使人自由,以便使人通过选择而为善弃恶。"③在卢梭看来,人的善良的天性是由良心、理性和自由所构成的。要使这种善良的天性得以保存和发扬光大,那么,在教育上就应摆脱社会文化的束缚,不按成规去管教学生,而应该坚持教育的"无为",倡导"消极教育",因为"要放任无为才能一切有为"。④ 这与

---

① [法]卢梭.爱弥儿(上卷)[M].李平沤,译.北京:人民教育出版社,2001:93—94.
② [法]卢梭.爱弥儿(上卷)[M].李平沤,译.北京:人民教育出版社,2001:1.
③ [法]卢梭.爱弥儿(下卷)[M].李平沤,译.北京:人民教育出版社,2001:405.
④ [法]卢梭.爱弥儿(上卷)[M].李平沤,译.北京:人民教育出版社,2001:139.

卢梭对儿童本性的认识息息相关。卢梭坚信:"本性的最初冲动始终是正确的,因为人的心灵中根本没有什么生来就有的邪恶,任何邪恶我们都能说出它是怎样和从什么地方进入人心的。"①卢梭把它视为"不可争辩"的教育原理。

(二) 感觉经验论

感觉经验论是卢梭"消极教育"的另一个重要的理论基础。因为在卢梭看来,1—12岁的儿童处在"理性的睡眠"期,这意味着在这个时期教育的主要任务是发展儿童的感觉经验,为以后理智的发展奠定基础。在这个时期,儿童只能接受形象,不能接受观念。他区分了感性理解与理智理解的概念,认为进入人的头脑的所有一切都是通过感官实现的,感觉是认识活动的起点。所以,人的最初的理解是一种感性的理解,它是理智理解的基础。也就是说,先有感性理解,然后才有理智的理解,因而我们最初的哲学老师是我们的脚、我们的手和我们的眼睛。如果在这个时期灌输一些儿童所不理解的知识和观念,就会使他的童年过得"十分忧郁和没有趣味"。真正好的办法是,对儿童周围的事物加以选择,十分慎重地使他不断接触他能理解的东西,而藏起那些儿童所不应该知道的东西,尽可能用这个办法去获得他一生行为的知识。尽管这个办法不能培养神童,但它能"培养有见识、有性格、身体和头脑都健康的人"。这也就是"消极教育"的使命。

(三) "率性发展"的天性教育观

"率性发展"的天性教育观决定了"消极教育"的必然性。卢梭认为,我们每个人所受的教育有三种,即自然教育、人为的教育和事物的教育。"我们的才能和器官的内在的发展,是自然的教育;别人教我们如何利用这种发展,是人的教育;我们对影响我们的事物获得良好的经验,是事物的教育。"②在这里,卢梭把"自然的教育"定位为"我们的才能和器官的内在的发展",也就是儿童本性的率性发展。由于自然的教育不能由我们决定,因此,人为的教育和事物的教育要服从自然的教育,唯有如此,才能实现自然教育的目标。这决定了教育是"消极的",即要听任儿童本性的自由发展,让儿童在感觉中、活动中和游戏中发展感官,获得理智发展所必需的感觉经验。家长和教师在教育上应当"无为",不去超越儿童身心发展阶段,过早地进行知识教育和道德教育。表面上看,这样做牺牲了一些时间,但最终结果是在长大的时候加倍收回来,甚至还会创造教育的奇迹。

(四) 对当时法国的"积极教育"的批判

这是卢梭的"消极教育"思想立论的实践依据。卢梭的"消极教育"思想是针对当时法国的"积极教育"而言的,是在批判"积极教育"的基础上建构的。所谓"积极教育",就是在适龄以前培养心智,把做人的义务等知识灌输给儿童。具体地说,"积极教育"表现为:(1)过早的理性教育。卢梭描述了这种教育:"孩子们固然要受到他们耳濡目染的坏事的败坏,但同他们受你的教育不

---

① [法]卢梭.爱弥儿(上卷)[M].李平沤,译.北京:人民教育出版社,2001:92.
② [法]卢梭.爱弥儿(上卷)[M].李平沤,译.北京:人民教育出版社,2001:3.

善的败坏相比,在程度上还是要轻一些。你为了向他们灌输你所谓的良好的观念,就成天讲道说教,卖弄学问,结果在灌输你那个思想的同时,又把20个一点价值也没有的观念灌输给他们了。"①卢梭指责这种理性教育是本末倒置,把目的变成了手段。(2)强迫教育。教师采取规规矩矩的教育方法,发号施令,强迫儿童执行,以为这样做就可以管住儿童,然而实际上是儿童在管教师,他利用教师强迫他做的事情,反过来是要教师做他喜欢做的事情。(3)过早的语言教育。当时的教师从儿童幼年时就灌输他们根本听不懂的语言,因而导致儿童养成种种不好的习惯,如爱玩弄字眼、爱打断别人的一切讲话,凡事爱争辩,自己认为自己很高明,可与老师平起平坐;以后还会以贪婪、恐惧或虚荣的动机去做教师认为合理的事情。(4)过早的"义务"知识教育。"当你试图说服你的学生相信他们有服从的义务时,你在你所谓的说服当中就已经是搀杂了暴力和威胁的,或者更糟糕的是还搀杂了阿谀和许诺的。因此,他们或者为利益所引诱,或者为暴力所强迫,就装着被道理说服的样子。"②由于他们被强迫接受"义务",导致他们为了得到奖励或逃避惩罚而采取奸诈、虚伪和撒谎的行为。可见,这些教育实施得都不是时候,违背了儿童本性的发展规律。

二、西方自然主义教育思想的消极教育观的基本内容

何谓"消极教育"?卢梭在多个地方阐明了这个概念。他在《致博蒙书》中区分了"积极教育"与"消极教育",他说:"但凡主张在适龄以前培养心智,把做人的义务等知识灌输给孩子,我称作积极教育;但凡主张先让作为认知工具的身体器官长成,再传授知识,通过感官训练为理智作准备,我称作消极教育。消极教育并不是放任闲暇,完全不是。……这种教育帮助孩子做好准备,在他有能力领悟真实时引领他通往真实,在他有能力热爱善好时引领他通往善好。"③在《爱弥儿》中,卢梭指出:"最初几年的教育应当纯粹是消极的,它不在于教学生以道德和真理,而在于防止他的心沾染罪恶,防止他的思想产生谬见。"④这两段话不仅阐释了"消极教育"的内涵,而且揭示了"消极教育"的内容,即消极的知识教育和消极的道德教育。

(一)消极的知识教育

根据卢梭消极教育的观点,消极的知识教育由以下内容构成。

内容之一:锻炼儿童的身体和感官,为儿童理智的发展奠定基础。卢梭认为,感官是在儿童身上最先成熟的官能,也是要首先锻炼的官能,它是其他官能尤其是理智官能发展的前提。因为我们的四肢、我们的感觉和各种器官是我们思想和智慧的工具,后者的发展依赖于前者。人类的真正的理解力不仅不是脱离身体而独立形成的,而且要有良好的体格才能使人的思想敏锐和正

---

① [法]卢梭.爱弥儿(上卷)[M].李平沤,译.北京:人民教育出版社,2001:98.
② [法]卢梭.爱弥儿(上卷)[M].李平沤,译.北京:人民教育出版社,2001:89.
③ [法]卢梭.致博蒙书[M].吴雅凌,译.北京:华夏出版社,2014:53—54.
④ [法]卢梭.爱弥儿(上卷)[M].李平沤,译.北京:人民教育出版社,2001:94.

确。在最初的思想活动中,完全是以感觉为指导。如果教师要培养学生的智慧,首先就是要锻炼智慧所依赖的体力,使他健壮起来,使他长得既聪慧又有理性,从而既能凭他的精力做人,又能凭他的理性做人。身体的锻炼和思想的发展是相互促进的。儿童的身体愈活动,他的思想就愈灵敏。也就是说,儿童的体力与智力是同时成长、相得益彰的。总之,只有培养活泼的儿童,才能教出聪明的人。

内容之二:让儿童保持其无知的状态。卢梭要求教育者对1至12岁的儿童不要让他读书,也不要让他获得各种观念,尤其不要对他进行理性教育,因为再也没有谁比那些受到理性教育的孩子更傻的了。人们就企图用理性去教育孩子!这简直是本末倒置,把目的当成了手段。最重要的是让他尽可能保持其无知的状态。这是"一项需要在很长的时期中刻苦学习才能学会的艺术"。其意图是让大自然去教育儿童,使儿童从大自然中获得感觉和知识。卢梭指出:"要尊重儿童,不要急于作出或好或好的评判。让特异的征象经过一再地显示和确实证明之后,才对它们采取特殊的方法。让大自然先教导很长的时期后,你才去接替它的工作,以免在教法上同它相冲突。"①这是消极教育的精神之所在。教育的总原则就是,按大自然喜欢的办法照顾儿童,不要人为的干预,否则大自然就会放手不管。他在总结大自然教育经验时指出:"像这样在大自然的单独指导之下继续不断地锻炼,不仅增强了体格,也丝毫没有使思想因此而迟钝,反而在我们身上形成儿童时期易于形成的唯一的理解能力,而这种理解能力,对任何年龄的人来说都是必须具备的。"②

内容之三:不要操之过急。卢梭反对操之过急的教育,要求语言教育、理性教育、知识教育等都不要在这个时期实施。"由于大家不愿意把孩子教育成孩子,而要把它教育成一个博士,所以做父亲的和做教师的不论骂他、夸他、吓他、教他、改他的缺点、答应给他东西和对他讲道理,都操之过急,做得不是时候。"③

内容之四:不教而教。卢梭认为,如果教师采取自己不教也不让别人教的方针,使儿童健壮地成长到12岁,即使这个时候儿童分不清左右手,但教师去教他,他的智慧的眼睛也会向理性睁开。由于他没有染上偏见和习惯,因而他不会有什么东西与教师的教育效果相抵消。儿童在教师手中会变成最聪明的人。"你开头什么也不教,结果反而会创造一个教育的奇迹。"④"你不急于达到什么目的,反而可以很有把握和十分迅速地达到那个目的。"⑤

内容之五:把时间白白地放过去。卢梭要求童年时代的教育应当浪费时间,而不是争取时

---

① [法]卢梭.爱弥儿(上卷)[M].李平沤,译.北京:人民教育出版社,2001:117.
② [法]卢梭.爱弥儿(上卷)[M].李平沤,译.北京:人民教育出版社,2001:147.
③ [法]卢梭.爱弥儿(上卷)[M].李平沤,译.北京:人民教育出版社,2001:94.
④ [法]卢梭.爱弥儿(上卷)[M].李平沤,译.北京:人民教育出版社,2001:94.
⑤ [法]卢梭.爱弥儿(上卷)[M].李平沤,译.北京:人民教育出版社,2001:135.

间。他说:"谨慎的人啊,对大自然多多探索一下吧,你必须好好地了解了你的学生之后,才能对他说第一句话,先让他的性格的种子自由自在表现出来。不要对他有任何束缚,以便全面地详详细细地观察它。你认为这样让他自由是浪费了他的时间吗?恰恰相反,这段时间是用得非常恰当的。因为只有这样才能知道怎样在最宝贵的时期中不致浪费片刻的光阴。"①在卢梭看来,把时间白白地放过去,不争取时间,是最重要和最有用的教育法则。

内容之六:珍视童年的价值。在卢梭看来,童年是人生极其珍贵的财富,是儿童最美好的时光,应该让天真烂漫的儿童充分享受那喜笑颜开、心情恬静的童年,而不应使转眼即逝的岁月充满悲伤和痛苦。他告诫家长和教师,"你们决不要剥夺大自然给予他们的短暂的时间,否则你们将后悔不及的;一到他们能感受生的快乐,就让他们去享受;不管上帝在什么时候召唤他们,你们都不要使他们没有尝到生命的乐趣就死了"②,而应该爱护儿童,帮他们做游戏,培养他们可爱的本能,使他们有一个愉快而幸福的童年。

(二)消极的道德教育

卢梭把这个时期的道德教育看成是"消极的",认为最高尚的道德不仅是消极的,而且是难以实践的。因为这种道德不是为了做给人家看的,而且,即使我们做得令人心满意足,也不能因此就在我们心中产生甜蜜的快乐。在达到有理智的年龄以前,我们为善为恶都不是出于认识的,在我们的行为中无所谓善恶。

内容之一:让儿童的"心闲着不用"。卢梭要求教育者"凡事要做得恰如其分,而且,同你的学生争辩什么理由,特别是不要为了教他赞成他不喜欢的事情而同他讲道理,因为常常在不愉快的事情中谈论道理,只会使他觉得道理是令人讨厌的东西,使他还不能明白道理的心灵从小就对道理表示怀疑。你必须锻炼他的身体、他的器官、他的感觉和他的体力,但是要尽可能让他的心闲着不用,能闲多久就闲多久"③。要让大自然先教导很长的时期之后,你才去接替它的工作,以免在教法上同它相冲突。这是消极教育的精髓之所在,因为"在童年时期牺牲一些时间,到长大的时候会加倍地收回来的"。④

内容之二:重要的是防范,而不是灌输。卢梭认为,教育者的重要任务是防范社会的偏见和不良习俗的影响,消除一切人为的和不当的限制和束缚。"只有在防止别人对你的学生施加影响的时候,你才能采取行动,我以后还要不断地重复这一点;如果可能的话,就连有益的教育也加以抛弃,以免把有害的教育授予他们。"⑤他提醒教育者"大自然把这个世界造成了人类的第一

---

① [法]卢梭.爱弥儿(上卷)[M].李平沤,译.北京:人民教育出版社,2001:95.
② [法]卢梭.爱弥儿——论教育(上)[M].李平沤,译.北京:人民教育出版社,2001:70.
③ [法]卢梭.爱弥儿——论教育(上)[M].李平沤,译.北京:人民教育出版社,2001:94—95.
④ [法]卢梭.爱弥儿——论教育(上)[M].李平沤,译.北京:人民教育出版社,2001:95.
⑤ [法]卢梭.爱弥儿——论教育(上)[M].李平沤,译.北京:人民教育出版社,2001:99.

天堂,你在这个世界上要当心,不要在教天真无邪的孩子分辨善恶的时候,自己就充当了引诱的魔鬼"。① 在他看来,与周围环境的不良相比,教育的不善带给儿童的危害更大:孩子们固然要受到他们耳濡目染的坏事的败坏,但同他们受你的教育不善的败坏相比,在程度上还是要轻一些的。他反复强调这个时期不能灌输知识和道理,重要的是防范。

内容之三:反对"口头教训",主张"从经验中学"。卢梭强调,教师不要对儿童进行任何种类的口头教训,也不要施加任何种类的惩罚,因为儿童还不知道自己错在何处。也不要叫他们请求你的宽恕,因为他们还不知道冒犯了你。他倡导儿童从经验中取得教训。由于他们的行为没有任何善恶的观念,他们是不可能做出从道德上看来是一件很坏的,而且是值得惩罚和斥责的事情。因此,在任何事情上,教师的教育应当是行动多于口训。

内容之四:教师要谨言慎行,以身作则。卢梭强调,教师要谨言慎行,以身作则,为学生作出榜样,而不能在教天真无邪的孩子分辨善恶的时候,自己就充当了引诱的魔鬼。"你既然不能防止一个孩子在外面学别人的样子,所以必需集中精力把那些样子按适合于孩子的形象印在他的心中。"②儿童是很容易忘记他们自己说的和别人对他们说的话,但是对他们所做的和别人替他们做的事情,就不容易忘记。

内容之五:实施"自然后果法"。所谓"自然后果法"就是指利用儿童犯错误的后果去教育儿童。换言之,就是根据事物和自然的秩序对儿童进行教育。如果儿童做得不好,有冒失的行为,就让他碰一些有形的障碍或受到由他的行为本身产生的惩罚,就能加以制止。因为这些惩罚会给他留下深刻的印象,他会从中吸取教训。这样,你不禁止,也能预防他顽皮捣乱。经验和身体的柔弱就是儿童的法规。卢梭举了一些例子加以说明。如儿童打坏了家具,不要给他添置新家具,让他感觉到没有家具的不方便;他打破了房间的窗子,就让他昼夜受风吹。这样他就会从自己的行为中吸取教训,受到教育。"其目的是为了使大家明了我们不能为惩罚孩子而惩罚孩子,应当使他们觉得这些惩罚正是他们不良行为的自然后果。"③

内容之六:创设"消极教育"的环境。"消极教育"并不是说教育者毫无作为,它需要教育者具有更多的责任心和耐心,为儿童的自由活动创设良好的安全环境。"在听任孩子们自由自在地胡闹时,就要把一切值钱的东西拿开,凡是易碎和珍贵的东西都不要放在他们够得着的地方。他们房间中的家具要又简单又结实;不要摆什么镜子、陶器和贵重物品。……不管你多么小心,如果一个小孩子还是捣了一些乱和打碎了一些有用东西,就不要因为你的疏忽大意反而去打他或骂他;不要让他听到一句责备他的话,而且最好不要让他觉察到他使你感到痛心;你要作出好像

---

① [法]卢梭.爱弥儿——论教育(上)[M].李平沤,译.北京:人民教育出版社,2001:99.
② [法]卢梭.爱弥儿——论教育(上)[M].李平沤,译.北京:人民教育出版社,2001:99.
③ [法]卢梭.爱弥儿——论教育(上)[M].李平沤,译.北京:人民教育出版社,2001:107.

那个家具是自行坏了的样子,最后,你能做到一声不吭的话,我倒认为反而会收到很大的效果。"①。

三、西方自然主义教育思想的消极教育观的当代价值

（一）消极教育观是批判"积极教育"有力的思想武器

现在许多家长在"不输在起跑线上"口号的影响下,对儿童教育"格外操心",生怕自己的孩子在知识、能力、特长方面落伍,于是实施了与儿童天性和身心发展特点相悖的"超前教育"、"特长教育"、"兴趣教育"等,希望因此造就出优秀儿童,甚至"神童"。由于这些教育行为背离了儿童的天性,把一些高深的、超越儿童发展阶段的、原本在成人阶段才学的知识灌输给儿童,干扰了儿童发展的自然进程,因而不仅不会收到好的教育效果,而且还会牺牲儿童童年的快乐,损害儿童的身心健康。

这种过分的"积极教育"在学校教育中同样存在。受应试教育的压力,儿童每天都置于教师的权威、规训、监控和管理的束缚下,接受教师的一系列有目的、有组织、有计划的知识教育和训练,使儿童只关注知识技能,其生命、精神、个性的发展被边缘化,儿童完整的世界不复存在,独立的生存空间也随之失去。儿童"虽有伙伴,却没有真正意义上的游戏。儿童的游戏被纳入学校的课程计划,并附加了一定的教育内涵,即儿童必须在规定的时间,按照统一要求,玩指定的游戏。在这样的游戏里,真正的游戏精神已相去甚远"②。家长和教师的过分"主动"超越了儿童发展进程,必然会导致儿童发展的弱化,丧失其主动性和创造性,甚至会产生厌学情绪。

应当看到,儿童有自身的发展规律,具有不同于成人的"独特"的想法、看法和感情,他们喜欢质疑问难,喜欢活泼好动,富于想象,模仿性、可塑性强,倾向于形象思维。他们无论是身体上、智力上,还是社会性上、情绪上都有特殊的需要,正是这种特殊的需要决定了他们的学习、活动、思考、体验、感受与众不同,与成人相比更有差异。如果我们忽视这种差异,将儿童等同于成人,强行灌输知识和道德规范,就会导致儿童揠苗助长。儿童的特点和需要是教育的出发点,值得我们认真研究。事实上,认识、了解和遵从儿童的特点和需要,是确保儿童获得成功和平等权利的唯一正确的道路。我们应该以卢梭的"消极教育"原理为指导,按照儿童的意愿教育,听从儿童内心的指引,做到"无为而教"。唯有如此,才能创造教育的奇迹。

（二）消极教育观提醒我们:教育是一种等待的艺术。

卢梭认为,儿童的天性有自身的发展规律,人为的教育和环境的教育必须服从自然的教育。尽管教育是随儿童生命的开始而开始,不过在这个时候,儿童不是老师的学生,而是大自然的学生。老师只是辅助大自然,在大自然的安排之下进行研究。让大自然先教导很长的时期后,教师

---

① [法]卢梭.爱弥儿——论教育(上)[M].李平沤,译.北京:人民教育出版社,2001:93.
② 齐学红.儿童:一个悖论式的存在[J].教育科学研究,2005(11).

才去接替它的工作,以免在教法上同它相冲突。据卢梭观察,这个漫长的岁月是1—12岁。这个时期教育的总原则是:"在任何事情上都让大自然按它最喜欢的办法去照顾儿童,因为人一旦干预它的做法,它马上就会放手不管的。"①这是卢梭对消极教育基本精神的阐释。它要求我们学会等待,认识到教育是一种等待的艺术。在儿童尚未具备理性能力之前,不应运用儿童的心灵。当代心理学的下列阐释与卢梭的上述观点是一致的:"儿童身心的变化,受机体内部生物基因固有的程序所制约,儿童成长中各种机能的出现都有一个内部时间表,外部环境虽然对儿童的发展有一定的影响,但它不足以改变机能成熟的步伐,某种机能尚未成熟时,若通过教育或训练,促使其提前出现或加速发展,结果往往事倍功半,甚至使这种能力的发展受阻。"②

这意味着,卢梭提出的"让儿童的心能闲多久就闲多久"、"不仅不应当争取时间,而且还必须把时间白白放过去"的教育法则是很有道理的,是符合当代心理学的原理的。借鉴这一教育思想,我们不应过早地开发儿童的智力,学计算、识字、读经在儿童早期都不是时候,而应顺其自然,明白等待是一种教育艺术,"在童年时期牺牲一些时间,到长大的时候会加倍地收回来的"。"你不急于达到什么目的,反而可以很有把握和十分迅速地达到那个目的。"

(三)消极教育观有助于我们重视感官教育,回归儿童的生活世界

卢梭的消极教育观启示我们:第一,要重视儿童期的感官教育。尽管我们可以不同意他把1—12岁定位为儿童期,也可以不接受他把这个时期称之为"理性睡眠"期,但我们必须承认卢梭发现的一个事实:儿童期的主要任务是进行感觉教育,发展儿童的感官。如果感觉教育不充分,或者过早地进行理性教育,都是不恰当的,都会影响儿童理智的发展,影响儿童的理解力、判断力和推理能力的形成和发展。脑科学研究表明,在人身上最先发展的官能是感官,儿童的感觉系统在儿童期就已经成熟。感觉对于儿童来说太重要了。其一,儿童生存状态就是感觉的。他时刻都在感觉,感觉本身和儿童是融合在一起的,他通过感觉来获得自身所需要的东西,通过感觉来体验世界,保存自我的。感觉是他生命存在的主要方式或者是主要标志,正是注重感觉才使儿童变得真实、可爱。其二,儿童是依靠感官来发现和认识外在世界,发展智力的。感觉经验是理性认识的基础,理性认识是建立在感觉经验的基础之上的。卢梭的这个思想得到了意大利教育家蒙台梭利的有力支持。蒙台梭利认为,感知是从感觉开始的,感觉的发展先于智力的发展。"3—7岁正是孩子感觉发育形成的阶段。儿童在这一时期好奇心特别强,对周围环境高度关注。在这一阶段,如果我们能有意识地给予他们指导,就能使他们所接受的某种感觉沿着理性的道路发展,从而在这个基础上建立起清晰的心智。"③儿童通过视觉、味觉、触觉、听觉和嗅觉不断地发现

---

① [法]卢梭.爱弥儿——论教育(上)[M].李平沤,译.北京:人民教育出版社,2001:158.
② 侯莉敏.幼儿教育:崇尚天性,回归自然[J].早期教育,2005(6):17—18.
③ [意]蒙台梭利.蒙台梭利全书[M].吴启桐,金海涛,译.南宁:广西科学技术出版社,2013:49.

和认知世界,又不断地受各种感觉刺激的影响,形成良好的鉴别能力、精确能力和协调能力。其三,儿童的内心世界也是依靠感觉来发现的。这个时期,儿童是不仅依靠感觉来发现和认识外在世界的,也是通过感觉来发现内心世界,发现内心世界所有活动的:身体的、情绪的、心理的、认知的、精神的。儿童是通过感觉唤醒自己和创造自我的。"感觉是所有发展和创造的初始、过程和背景。这就是自我创造教育的一个核心理由,因为感觉无法被'教'和替代。"① 儿童是依靠自己的感觉而成长的,如果离开了儿童的感觉,企图通过"教"来实现儿童的生长和发展,是难以达到的。因为脱离儿童感觉而"教"出来的成长,不仅难以发展好智力,而且还会导致生命与认知的分离以及身体、感觉、心智的分离。因此我们应让儿童做自己感觉的主人。

第二,儿童教育应该回归儿童的生活世界。儿童的生活世界是由儿童生活、儿童游戏和儿童的自发学习所构成,这三者是相互交融在一起的。游戏是儿童最喜欢的本真的自愿参与的自主、自由的活动,是儿童日常生活不可缺少的部分。从某种意义上说,游戏就是儿童的生活本身,它们可以随时随地展开。"对于儿童生活而言,游戏是其核心内容和主要表现形式;对于儿童的游戏来说,它最初就是儿童自然的生活,随着儿童的发展,游戏才开始脱离儿童生活,并获得了相对独立的形式和内容。"② 儿童的自发学习也是植根于儿童的日常生活,是通过儿童的日常生活来展开的,也是通过游戏来进行的。换言之,游戏的过程就是儿童学习的过程。苏霍姆林斯基就持这种观点:"我们注意观察一下,游戏在儿童生活中,特别是在学龄前时期占有什么地位,对于孩子来讲,游戏是最严肃的事情。世界在游戏中向儿童展现,儿童的创造性才能也是在游戏中显示的。没有游戏,就没有、也不可能有完满的智力发展。游戏犹如打开的一扇巨大而明亮的窗子,源源不断的有关周围世界的观念和概念的湍流通过这个窗子注入孩子的心田。游戏犹如火花,它点燃探索和求知的火焰。"③ 然而,在现实的教育中,成人对有教师指导下的儿童学习比较重视,盲目地灌输超越儿童生活世界的教学内容,而对儿童在日常生活和游戏中进行的自发学习比较忽视。"无论是日托幼儿园、全托幼儿园,其教育者给儿童提供的更是一种'课程化'的成长环境。一般儿童成长过程被'课程化'的背后,是我们国家围绕'分数'运作的基础教育体系。这种体系的存在,决定了知识学习成为童年生活的中心,其他活动必须围绕这个中心安排。一旦妨碍了知识学习,其他最重要的事情,比如作为儿童本能活动的游戏,都要退位或让位。"④ 因此,教育者要使儿童身心得到全面和谐发展,必要改变这种局面,重视儿童生活、儿童游戏和儿童的自发学习,使儿童教育回归儿童的生活世界。

---

① 孙瑞雪. 完整的成长——儿童生命的自我创造[M]. 北京:世界图书出版公司,2010:80.
② 王喜海. 童年与儿童教育[M]. 北京:中国轻工业出版社,2012:55.
③ [苏]瓦·阿·苏霍姆林斯基. 把整个心灵献给孩子[M]. 唐其慈,等译. 天津:天津人民出版社,1981:114—115.
④ 王喜海. 童年与儿童教育[M]. 北京:中国轻工业出版社,2012:122.

(四) 消极教育观为我们实施"自然后果"的惩罚教育提供了思想指导

在西方教育思想史上,卢梭是最早提出"自然后果"惩罚教育的教育家,后来19世纪的英国科学教育家斯宾塞也系统地论述了"自然后果"惩罚教育。它的基本内涵是让儿童体验到自己犯错误的行为后果的惩罚,并从中吸取教训,受到教育。它比人为的惩罚更富有好的教育效果,因为它具有以下优势。(1)有利于儿童认识正确的因果观念,受到教育。惩罚具有必然性:有什么样的错误行为,就要受到什么样的惩罚。儿童是从自己行为的经验中判断该做什么,不该做什么,会有什么后果。例如儿童在寒冷的冬天打破了窗子,就要忍受到寒冷,受到必然性后果的惩罚。由此他就会认识到行为与后果之间的关系,学会如何行动,这比从家长和教师通过权威惩罚儿童获得的判断可信得多。(2)使儿童感受到教育的公正性。自然的管教使每个儿童感受到教育的平等和公正。"因为惩罚仅仅是由不良行为自然带来的后果,它不受权威的主观情感因素支配。主观情感因素常常会导致相同的错误却有不同的惩罚方式和不一样的结果,因为在人为惩罚时,权威者总难免带有任意性与武断性,而自然惩罚会很公正,遵循过失大惩罚就重,过失小惩罚就轻的规律,不会受外在权威意志的任何影响。"①(3)自然惩罚比人为惩罚更有效。因为"在道德管教方面主要具有价值的并不是体验家长的要求或斥责,而是体验那些在没有家长意见干预下他自己的行为的后果。真正具有教育意义和有益健康的后果,并不是家长以自封为自然代理人的方式所给予的,而是自然本身所给予的,或以自然的方式给予的"②。自然惩罚不会中断亲子之间的心灵和爱的联系,而且还会增进亲子间的亲切、理性的关系,这对于提升道德教育的实效至关重要。因此,在实施道德教育时,我们应避免人为惩罚,倡导自然惩罚的教育。

第六节 西方自然主义教育思想的经验教育理论的当代价值

西方自然教育家在推进西方自然主义教育思想的演进过程中积累了丰富的经验教育的经验,建构了经验教育理论。这种理论对指导我们的经验教学,建构经验教育思想,具有重要的借鉴价值。

一、西方自然主义教育思想的经验教育理论的历史演变

经验教育思想发端于文艺复兴时期。英国哲学家培根是西方自然主义经验教育理论的奠基者,他反对"天赋观念论",提出感官是儿童获取知识的源泉和基础。"严格地说来,他虽然不是经

---

① 刘立献.斯宾塞自然惩罚理论的思想渊源与特点[J].学前教育研究,2008(5):67—69.
② [英]斯宾塞.斯宾塞的快乐教育[M].颜真,译.福州:海峡文艺出版社,2002:154.

验主义的鼻祖,但因了他的影响而产生的经验主义、自然主义教育学说,那是无可见逃的。在培根以前,关于教育上的议论,虽然也不能说没有像他一样的思想发表过,如实学主义的教育思想即是其一例;但16世纪的实学的教育思想,只是经验主义或自然主义的教育说的先声,且如代表感觉的实学主义者马卡斯特的思想,其所传布的地方并不广大;及至17世纪受到培根的影响,才渐加有力起来,发达起来,致造成自然主义的教育思潮。"①

17世纪的夸美纽斯在继承人文主义者,特别是培根感觉论的基础上,对经验教育作了较为深刻的论述。他把感官教育视为教学的"金科玉律",要求"在尽可能的范围内,一切事物都应该尽量放到感官跟前。一切看得见的东西都应该放到视官的跟前,一切听得见的东西都应该放到听官的跟前"②。其理由是:第一,知识的开端永远必须来自感官,所以智慧的开端当然不仅在于学习事物的名目,而在于真正知觉事物本身! 第二,科学的真实性与准确性依靠感官的证明多于其他一切。第三,感官是记忆最可信托的仆役,所以,假如这种感官知觉的方法能被普遍采用,它就可以使知识一经获得之后,永远得以记住。

18世纪的卢梭对经验教育作了更为系统的阐述。受"感觉实在论"的影响,卢梭认为,感官是获得知识的门户,知识是通过儿童的感知得以形成的。我们真正的老师是经验和感觉。由于人最初的自然的运动是观测他周围的一切东西,是探查他所见到的每一样东西中有哪些可以感知的性质同他有关系,因此,他最初进行的研究,可以说是用来保存其生存的实验物理学。因此"在最初的思想的活动中,完全是以感觉为指导的。以世界为唯一的书本,以事实为唯一的教训"③。他要求教育者尽可能用可以感觉到的事物去影响儿童,"则他所有一切的观念就会停留于感觉;使他从各个方面都只看到他周围的物质世界;不这样做,他准是一句话都不听你的,或者对你所讲的精神世界就会产生一些荒谬的概念,使你一生也没有办法替他消除"④。卢梭的这种观点的提出是基于两个方面的原因,一是由1—12岁的儿童的身心发展特点决定的。在卢梭看来,这个时期儿童处在"理性的睡眠"期。这意味着他们缺乏理解和判断的能力,缺乏真正的记忆。他们的记忆带有感性的特点,记得声音、形状和感觉,然而很少记得观念,更不用说记得观念的联系,他们只能接受形象的东西。形象和观念的区别在于:"形象只不过是可以感知的事物的绝对的图形,而观念是对事物的看法,是由一定的关系确定的。"⑤由于在我们身上首先成熟的是感官,而理智这个官能发展得最迟,也最难于发展。儿童身心发展的这个特点,决定了这个时期只能进行感觉教育,而不能进行理性教育。他对当时偏重于理性的教育进行了指责:"一种良好教育的

---

① 蒋径三.西洋教育思想史(上)[M].福州:福建教育出版社,2011:87.
② [捷克]夸美纽斯.大教学论[M].傅任敢,译.北京:教育科学出版社,1999:141.
③ [法]卢梭.爱弥儿[M].北京:人民教育出版社,2001:217.
④ [法]卢梭.爱弥儿[M].北京:人民教育出版社,2001:87.
⑤ [法]卢梭.爱弥儿[M].北京:人民教育出版社,2001:118.

优异成绩就是造就一个有理性的人,正因为这个缘故,人们就企图用理性去教育孩子!这简直是本末倒置,把目的当作了手段。"①这个时期不应学习许多学科,如几何、历史、地理、拉丁文等,因为这些学科脱离了儿童的生活实际和理解能力。他指责崇尚传统教育的人只重书本、词句,而轻视实际事物:"词句、词句,还是词句。在他们所吹嘘的各种学科中,对学生真正有用的,他们反而不教,因为它们是事物的学科,他们就不会教好,他们所选教的是他们知道其中的一些术语、谱系、地理、年代和语言等等的科学,以此显示他们精通这些学科;然而,所有这些学问,对成年人来说关系不大,对孩子来说关系就更小了。"②二是实施"消极教育"的需要。"消极教育"的意图是要保护儿童先天的善性和理智的发展。这恰恰是要通过感官教育才能实现。为此,这个时期教育的主要任务是发展儿童的感官,为理智的发展奠基。

受卢梭自然教育思想的影响,19世纪的瑞士教育家裴斯泰洛齐也探讨了经验教育理论。他认为,知识来源于感觉经验,感觉印象是一切知识的绝对基础,也"是人类教学的唯一真实的基础,因为它是人类知识的唯一真实的基础。继感觉印象之后的一切都是感觉印象的结果,都是对它加以抽象的过程。因此,哪儿的感觉印象不完善,哪儿的结果就既不会明确、可靠,也不会有把握;在任何情况下,只要感觉印象不精确,虚假和错误就会随之而来"③,他对感觉教育的探讨没有停留在认识论的视野,而是把它上升到心理学的高度。他致力解决的问题是"如何把一切教学艺术的要素与我心中的自然本性和谐地结合起来,即要通过心理机制规律使它们和谐起来,通过心理机制规律,我的心智从自然的感觉印象发展成清晰的概念"④。他要求"智力和能力的发展要有一个适合于人类本性的、心理学的、循序渐进的方法……也就是说,建筑在教学艺术的普遍规律上,遵循这些规律,可以采用一系列的从最简单到最复杂的练习,循序渐进地教育儿童。这样练习的结果,儿童必然获得他们教育上所需要的、逐日增长的便利"⑤。这就使经验教育的过程有了心理学的视野:个别到一般,从简单到复杂,循序渐进。他深信,儿童在有意识地接受各种事物的感觉印象时,就需要有符合心理学的训练。训练感官经验的要素方法简言之就是心理学方案,为的是激励先天的自我发展。它们表示一种努力,即通过鼓励儿童把注意力集中到物体对象上,从而使感官印象起到教育作用。

美国教育家杜威以经验论哲学为基础,全面阐释了经验在教育中的地位和作用,为我们提供了经验教育论的新视野。在杜威那里,经验具有无所不包的性质。其一,经验是指人们的生活内容、过程和方式,这使经验具有十分丰富的内涵,即"'经验'指开垦过的土地,种下的种子,收获的成果

---

① [法]卢梭.爱弥儿[M].北京:人民教育出版社,2001:87.
② [法]卢梭.爱弥儿[M].北京:人民教育出版社,2001:119—120.
③ [瑞士]裴斯泰洛齐.裴斯泰洛齐教育论著选.[M].夏之莲,等译.北京:人民教育出版社,2001:200.
④ [瑞士]裴斯泰洛齐.裴斯泰洛齐教育论著选.[M].夏之莲,等译.北京:人民教育出版社,2001:204.
⑤ 张焕庭.西方资产阶级教育论著选[C].北京:人民教育出版社,1979:191.

以及日夜、春秋、干湿、冷热等等的变化。这些为人们所观察、畏惧、渴望的东西;它也指这个种植和收割、工作和欣快、希望、畏惧、计划、求助于魔术或化学、垂头丧气或欢欣鼓舞的人"①。杜威把这种与生活和历史关联的经验称之为原初经验。其二,经验是机体与周围环境相互作用的过程。它包含着主动和被动两个因素,它们以特有的形式结合着。在主动的方面,经验就是尝试,在被动的方面,经验就是承受结果。经验不再是通过感官被动获得的一些散乱的感觉印象,而是关于事物的关系性存在。"每个经验都包含着行动或尝试和所受的结果之间的联结,把经验的主动的行动的一面和被动的经受结果一面割裂开来,就会破坏经验的极其重要的意义。"②这就是说,经验是一个统一的整体,既包括能经验的人,又包括人所经验的客体和对象。儿童不仅要从经验中学习,还要看出他所做的事对他的行为结果的关系。"通过他的行为的结果,展现着他早先是盲目的和冲动的目的的意义和性质,还展现着他所生活的世界的有关的事实和事物。在这种经验里,知识既扩展自我,也扩展到世界;知识变成有用的东西和希望的对象。"③经验成为儿童各方面发展和生长的载体。

经验在教育中具有重要的意义。杜威认为,"在全部不确定的情况当中,有一种永久不变的东西可以作为我们的借鉴,即教育和个人之间的有机联系。或者说,新教育哲学专心致志地寄希望于某种经验的和实验的哲学"④。教材、教学和训练的方法都是由经验决定的。为了实现教育目的,不论对学习者个人来说,还是对社会来说,教育都必须以经验为基础。因为一切真正的教育都是来自于经验。

二、西方自然主义教育思想的经验教育理论的基本内容

(一)感性教育是理性教育的基础和前提

自然主义教育家都把感性教育看成是理性教育的基础和前提,理性教育的展开依赖于感性教育。最早认识到两者的辩证关系的是夸美纽斯。他指出,一切知识都是从感官的感知开始的;然后才由想象的媒介进入记忆的领域;随后才由具体事物的探讨对普遍生出理解;最后才有对于业已领会的事实的判断。

卢梭也认为,由于所有一切都是通过人的感官而进入的头脑的,所以人的最初的理解是一种感性的理解,正是有了这种感性的理解做基础,理智的理解才得以形成。"所以说,我们最初的哲学老师是我们的脚、我们的手和我们的眼睛。用书本来代替这些东西,那就不是在教我们自己推理,在教我们老是相信别人的话,而不是自己去学习。"⑤这就告诉我们,儿童真正的老师是经验和

---

① [美]杜威.经验与自然[M].傅统先,译.南京:江苏教育出版社,2005:8.
② 吕达,刘立德,邹海燕.杜威教育文集(第5卷)[M].北京:人民教育出版社,2008:295—296.
③ 吕达,刘立德,邹海燕.杜威教育文集(第5卷)[M].北京:人民教育出版社,2008:297.
④ 吕达,刘立德,邹海燕.杜威教育文集(第5卷)[M].北京:人民教育出版社,2008:317.
⑤ [法]卢梭.爱弥儿[M].北京:人民教育出版社,2001:148.

感觉,理性教育建立在感性教育的基础之上,离开了感性教育,也就无所谓理性教育。如果教育者不使学生的心灵向往于遥远的未来,"而是专心致志地使他按照自己的能力生活,使他注意同他有直接关系的事物,那么,你就可以发现他是能够进行观察、记忆和推理的。这是自然的次序。有感觉的生物一活跃起来的时候,他就可以获得同他的体力相适应的辨别能力;只有在保持自身生存所需要的体力以外还有多余的体力时,才适于把这种可以做其他用途的体力用来发展的思考能力。所以,如果你想培养你的学生的智慧,就应当先培养他的智慧所支配的体力。不断地锻炼他的身体,使他健壮起来,以便他长得既聪慧又有理性,能干活,能办事,能跑,能叫,能不停地活动,能凭他的精力做人,能凭他的理性做人"①。因此,他强调,应当儿童从周围的事物中去学习知识,获得经验,因为儿童周围的事物就是一本书,能使儿童在不知不觉中继续不断地丰富他的记忆,从而增进他的判断能力。为了培养他具备这种头等重要的能力,真正的好办法是:要对他周围的事物加以选择,要十分慎重地使他继续不断地接触他能够理解的东西,而把他不应该知道的事物藏起来,我们要尽可能用这个办法使他获得各种各样有用于他青年时期的教育和他一生的行为的知识。

裴斯泰洛齐认为,思维能力是从客观物体给我们造成的感觉印象中开始的,感官接触物体唤起了它们内部固有东西的自我发展。可见,理性教育依赖于感性教育。要用事物感觉印象的简明解释来充实孩子们的思想,教会孩子们描绘他们周围的事物,表达他们的观念,掌握这些观念,因为孩子们开始对那些已经获得了的感觉印象有了清晰的意识。反过来,理性和精神世界同样会对感性教育产生影响。他说:"根据我们的自然本性的基本要求,我们的感觉规律必须服从于我们的道德和精神生活的规律。没有这种服从,我们的本性的物质部分就不能影响我们的教育的实际的最后结果,即培养人性。人类仅通过内心的和精神的生活而成长为人。通过内心的和精神的生活,人变成独立的、自由的和知足的。仅仅是物质自然不能引到这种境界。"②因此,感性教育与理性教育是相互依存的、相互结合的。

杜威也论述了理性教育与感性教育的辩证关系。一方面,经验是儿童形成概念,获得意义的前提。儿童的手、眼、耳是儿童用来做事的器官,他从做事中理解意义。杜威举例说,一个放风筝的男孩,必须注视着风筝,注意放风筝的线对于手的不同压力。他的感官所以是知识的通道,并不是外界的事实不知怎么地"传达"到大脑,而是因为它们被用来做一些有目的的事情。他所看见和接触到的东西的性质和做的事情有关,这些性质很快被理解,也就有了意义。没有做事的经验,也就没有做事的意义,"教育是在经验中、由于经验和为着经验的一种发展过程,愈是明确地和真诚地坚持这种主张,对于教育是什么应有一些清楚的概念就愈加显得重要"③。他甚至强调,

---

① [法]卢梭.爱弥儿[M].北京:人民教育出版社,2001:136—137.
② [瑞士]裴斯泰洛齐.裴斯泰洛齐教育论著选[M].夏之莲,等译.北京:人民教育出版社,2001:161.
③ [美]杜威.我们怎样思维·经验与教育[M].姜文闵,译.北京:人民教育出版社,2005:250.

一盎司经验胜过一吨理论,因为只有在经验中,任何理论才具有充满活力和可以证实的意义。另一方面,经验要有意义,离不开理性思维和理性教育。没有某种思维的因素,便不可能产生有意义的经验。因为思维乃是一个探究的过程,一个观察事物的过程和一个调查研究的过程。在这个过程中,思维能把我们经验中的智慧的要素明显地表现出来,获得意义,使我们有可能行动有目标。总之,"发展中的经验就是所谓思维,思维的开始阶段就是经验"[①]。

(二)教育即经验的继续不断的改造

这是杜威提出的独特的经验教育理论。杜威认为,教育就是通过传递过程使经验的意义得到更新的过程。他为教育下的定义是:教育是经验的继续改造,使得一方面能操纵经验,一方面能使经验日益丰富。经验的继续改造是教育的内在蕴涵,也是教育即生长的理想之所在。因为"生长的理想归结为这样的观点,即教育是继续不断的改组和改造"[②]。他在《教育哲学》中对"改造"作了专门的解读:所谓"改造",不是仅仅改造就算了事,还要"继续改造",才是真正的改造。并不是第一天改造,第二天再这样改造,如此地做下去;乃是有"日新月异"的思想在里面。改造要能"变化",天天不同,渐渐向改造方面进行。这样改造,是向前的,是有目的的。显然,这种改造不是经验的累积,而是一个经验动态变化、有新的意蕴的过程。

首先是对构成儿童身心各种因素的全面改造,不仅有身的改造,更重要的是突出心的改造,儿童精神世界的改造。因为此时的"经验成为儿童各方面发展和生长的载体。知识的获得在经验中;科学思维方法的习得也是在经验中;影响品德的最佳方式在于给儿童提供一种社会性的经验的情境,而不是说教;职业准备的最佳方式——间接准备,也是通过一些经验性的作业达成的。可以说儿童各方面的生长皆是于经验中获得的"[③]。

其次是儿童与环境相互作用的过程。这意味着经验是儿童作用于环境的产物,包含了儿童与环境的交互作用。此时的经验与理性不是对立的,而是一种相互交融的关系。杜威在《民主主义与教育》中论述了两者的重要性:"任何事实,如果我们利用它而使新的经验的成分有意义,这个事实就是一般。'理性'正是利用一种能力,利用先前经验的材料来认识新的经验材料的意义。一个有理性的人对直接接触他感官的事件,习惯于在它和人类共同经验的联系中进行观察,而不是把它看成一个孤立的东西。"[④]两者的辩证关系在于,"没有通过感觉器官的积极反应而区别出来的个别,就没有认识的材料,也没有智力的发展。没有把这些个别放在从过去广泛的经验所提炼出来的意义背景之中——个别只是一些兴奋或刺激。感觉论学派和理性论学派的错误,同样在于每一派都没有认识到感觉刺激和思维的作用在应用旧经验于新经验,从而保持生活的连续

---

① 吕达,刘立德,邹海燕.杜威教育文集(第2卷)[M].北京:人民教育出版社,2008:151.
② 吕达,刘立德,邹海燕.杜威教育文集(第2卷)[M].北京:人民教育出版社,2008:76—77.
③ 褚洪启.杜威教育思想引论[M].长沙:湖南教育出版社,1998:181.
④ 吕达,刘立德,邹海燕.杜威教育文集(第2卷)[M].北京:人民教育出版社,2008:329.

性和一致性时,都与改组中的经验有关"①。这就克服了感觉论学派和理性论学派把经验与理性对立的错误,使经验与理性有机结合。

再次,强调儿童在经验改造中的主体作用。既然经验包含着作为主动因素的儿童和作为被动因素的环境,两者以特有的形式结合着,那么就应该重视儿童的主体作用,发挥儿童的主动性。因为经验的意义的获得,经验的效果和价值的测定,都离不开儿童的主动性。"经验实际上是本能的和冲动的活动与事物的相互作用。即使是一个幼儿,他所经验的东西也并不是接受的一个事物所铭刻的特性,而是摸拿、投掷、敲打、撕扯等活动对实物所产生的结果,以及实物对活动的方向所产生的后果。"②他对传统的经验哲学和直观教学思想进行了批判,认为"忽视经验的根深蒂固的主动的和运动的因素,是传统的经验哲学的致命缺点"③,这体现在教育上的弊端就是"'直观教学'往往把感觉活动孤立起来,把它作为目的本身。实物愈孤立,感觉的性质也愈孤立,感觉印象作为知识的单位也愈清楚。这个理论不仅使教学向机械孤立的方向发展,把教学降为感觉器官的体操(用处就像任何身体器官的操练,但只有这种用处),而且忽视思维。根据这个理论,感官观察无须和思维联系;事实上,按严格的理论,在感官观察以前,思维是不可能的,因为思维只是所接受的感觉单位加以合并和区分,它不进行任何判断"④。

(三) 经验教育的目的:培养观察力、思维力和判断力

卢梭最早探讨了经验教育的目的,他指出,经验教育的目的就是培养观察力、发展理解力和判断力。因为在我们身上首先成熟的官能是感官,因此应该首先锻炼的是感官;然而,唯独为人们所遗忘的,而且最易为人们所忽略的,也是感官。锻炼感官,并不仅仅是使用感官,而是要通过它们学习正确的判断,也就是要学会怎样感受;因为我们只有经过学习之后,才懂得应该怎样摸、怎样看和怎样听。可见判断力的培养与经验教育密切相关。不仅如此,理解力的培养也与经验教育息息相关。人类真正的理解力不仅不是脱离身体而独立形成的,而且要有良好的体格才能使人的思想敏锐和正确。为此,他强调,为了学会思想,就需要锻炼我们的四肢、我们的感觉和各种器官,因为它们就是我们的智慧的工具;为了尽量地利用这些工具,就必须使提供这些工具的身体十分强健。

裴斯泰洛齐也强调经验教育对观察力和理解力的影响,认为直接观察产生出对客体的印象,孩子运用语言能力得以表达印象所含的意义。通过印象和表达,事物成为客体,映入眼帘的客体既有联系,又有区别,可相互比较,也可用以提高他的思维能力。

---

① 吕达,刘立德,邹海燕.杜威教育文集(第2卷)[M].北京:人民教育出版社,2008:329.
② 吕达,刘立德,邹海燕.杜威教育文集(第2卷)[M].北京:人民教育出版社,2008:261.
③ 吕达,刘立德,邹海燕.杜威教育文集(第2卷)[M].北京:人民教育出版社,2008:262.
④ 吕达,刘立德,邹海燕.杜威教育文集(第2卷)[M].北京:人民教育出版社,2008:260.

第斯多惠认为,教师真正想培养学生的智力,那就必须真正认识到自己所担负的使命,刻苦学习并理解直观教学原则的深刻意义,以便提高自己的直观教学能力。教师教学的价值就是取决于这种直升教学的能力。

斯宾塞认为,忽略了感官的教育会使人困倦。仔细观察是一切伟大成就的必要条件,艺术家、科学家需要它,医生诊断需要它,工程师需要它。因此,系统地培养孩子的观察力成为教育的首要任务。

在杜威那里,经验教育的目的在于全面地促进人的改造和生长,不仅要促进人的理性因素的发展,也要促进人的非理性因素的发展。对经验教育与思维和理论的关联,杜威给予了特别的关注。他认为,经验中包含着思维,包含着理论。在发现儿童的活动和发生的结果之间的详细关联时,试验性的经验所包含的思维就显露出来。思维就是发展中的经验,思维的开始阶段就是经验。如果我们要激发学生的思维,就要懂得经验或经验的情境的意义,必须想到校外出现的情境,想到日常生活中使人对活动感兴趣和从事活动的那些作业。理论也离不开经验。一种经验,即使是微薄的经验也能产生有分量有活力的理论。"离开经验的理论,甚至不能肯定被理解为理论。这样的理论往往变成只是一种书面的公式,一些流行话,使我们思考或真正建立理论成为不必需的,而且是不可能的。"①总之,经验关联着思维,也关联着理论。

(四)经验教育的路径:直观教育、从经验中学

1. 直观教育

夸美纽斯首先论述了直观教育思想。他要求人类必须尽可能地研究天、地、橡树和山毛榉之类的东西,去学会变聪明,而不依靠书本学习。他们必须学会了解并考察事物的本身,不是别人对事物所已作的观察。他说,如果我们人人都从本源,从事物本身,不从其他来源去获得知识,我们就可以步随古代智者的后尘了。基于此,他强调,任何知识都不应该根据书本去教,而应该实际指证给感官与心智,得到实际指证。

卢梭也论述了直观教育思想。他反复要求教师用实际事物教育学生,以世界为唯一的书本,以事实为唯一的教训。在谈到爱弥儿的绘画教学时,卢梭的直观教育思想鲜明地体现出来:"我希望他的老师不是别人,而是大自然,他的模特儿不是别的,而是他所看到的东西。我希望摆在他眼前的是原件而不是画在纸上的图形;我希望他照着房子画房子,照着树木画树木,照着人画人,以便养成习惯,仔细地观察物体和它们的外形,而不至于老是拿那些死板板的临摹的绘画当作真实的东西来画。"②

裴斯泰洛齐的直观教育思想也很丰富。首先,论述了直观教育的重要性。他指出,直观是心

---

① 吕达,刘立德,邹海燕.杜威教育文集(第2卷)[M].北京:人民教育出版社,2008:142.
② [法]卢梭.爱弥儿[M].北京:人民教育出版社,2001:179.

理训练的基础。"我们必须按照心理学的方式发展和培养我们的行为能力,也必须注意进行心理训练来发展认识能力。而发展我们认识能力的这种心理训练,要以初步的直观为基础,它必须用这个基本线索引导儿童获得最纯正的明晰概念。"①发展儿童直观能力的自然进程是与每个人的实际生活状况相联系的。自然进程对直观能力发展的影响完全取决于生活在某一实际生活环境的孩子感官出现的事物形象。其次,着重论述了初级艺术教育中的直观教育。在他看来,初级艺术教育的任务是,帮助孩子的感官接触更多的直观事物,加深印象,综合印象,更好地理解这些印象,使其更富教育意义。培养艺术能力的主要基础是通过五种知觉(视、听、嗅、味、触)获得直观能力的那些手段,因为艺术能力是从直观能力发展起来的。因此,全面地培养知觉、器官和肢体是自然地培养艺术能力的基础。他要求初级艺术教育应该同孩子表述直观对象的自然进程产生某种联系。表述直观事物自然是同孩子的实际生活状况相联系的。如果艺术教育脱离实际生活状况,甚至与其发生矛盾,就不能产生影响。

第斯多惠的直观教育的见解也很深刻。他认为,儿童的智力发展依赖于对外部世界的观察,由此而产生的智力感觉与直观紧密相联,直观又从理解提高到普通的想象和概念,因此概念必须建立在直观上。直观是一切真知的基础。直观教学原则适用于所有的学科课堂教学,不论是宗教课、语文课还是数学和几何课都离不开这个教学原则。他要求教师热衷于直观教学原则,力求使自己的课堂教学面向儿童的实际生活。"教师一旦采用直观教学原则,那就应当一切从一个最小的事实起步,从一个实例开始,决不要从一个规则和原理开始。规则是实例和原理的抽象。反映是来自事实,规则若没有实例为依据,原理若没有事实为依据,则都是根本无法理解的。"②他提出的直观教学原理的要求是:从直观出发,继续进展到思维,从个别到一般,从具体到抽象,决不可以颠倒。

斯宾塞对直观教育提出了自己的看法。他认为,不但婴儿期、低幼期需要实物教育,在稍大一些的孩子和青年中,都应该重视实物教育。不仅仅是在家里,课堂上也需要实物,还应扩大到更大的范围,包括田野、树丛、矿山、海边的事物。没有什么事比儿童采集新鲜花卉,观察新奇昆虫,收集石块贝壳更愉快。

2. 从经验中学

卢梭和杜威专门论述了从经验中学的思想。卢梭认为,儿童的最初的思想活动纯粹是感性的,是以世界为唯一的书本,以事实为唯一的教训。也就是说,儿童的知识是从经验中获得的。毫无疑问,儿童亲自取得对事物的观念,要比从他人学来的观念清楚得多。因为"我们真正的老师是经验和感觉,一个人只有根据他所处的关系才能清楚地觉察哪些东西是适合于他的。一个

---

① [瑞士]裴斯泰洛齐.裴斯泰洛齐教育论著选[M].夏之莲,等译.北京:人民教育出版社,2001:181.
② [德]第斯多惠.德国教师培养指南[M].袁一安,译.北京:人民教育出版社,2001:120.

小孩子是知道他要变为成人的;他对成人的状况可能具有的种种观念,对他来说,就是教育的理由;但是,他对这种状况不能理解的地方,就绝不应该让他知道"[①]。他强调,我们只有在使用过我们的器官以后,才懂得怎样去运用它们。只有从长期的经验中我们才能学会充分发挥我们本身的能力,而我们要真正学习的,正是这种经验。他反对儿童学习纯理论的知识。因为纯理论的知识是不适合孩子的,不必让孩子钻研深奥的理论知识,而应让他们用某种演绎的方法把他们的经验一个一个地联系起来,以便凭这个锁链把它们井然有序地记在心里。

杜威的教育即经验的继续不断的改造的命题实际上就是强调"从经验中学"。其路径是,首先要遵循经验的连续性和交互作用的原则。经验的连续性原则意味着,每种经验既从过去经验中采纳了某些东西,同时又以某种方式改变未来经验的性质。经验的交互作用原则赋予经验的客观条件和内部条件这两种因素以同样的权利。任何正常的经验都是这两种条件的相互作用。这两个原则彼此不是分开的,它们互相交叉又互相联合。可以说,它们是经验的经和纬的两个方面。它们彼此积极生动的结合是衡量经验的教育意义和教育价值的标准。其次,教材和教法要与儿童的经验紧密结合。杜威认为,教授科目或是支配教材的时候,最要紧的就是要有组织。而这种组织是从亲切、直接的经验得来的。把儿童的经验,与所授的科目联合在一起,作为基础。有了这个基础,就能叫儿童领受教材的意义。教师的目的,是改造经验。科目乃是内部的经验送出来的,绝不是由外面附加上去的东西,如同从上面用力,把石头压倒的样子,必须由其经验提炼改造。这才是正的方法。教师的重大责任,就是将儿童现有的经验,与前人已经组织好的经验联合在一起,也就是把儿童现有的经验变成科目。这是教师应该知道的。不但仅仅知道这样,必须同时知道儿童经验的性质和源起。在他看来,教材能否与儿童固有的经验相结合,是判断新教育和旧教育的重要指标。因为前者主张学校教材要先拿儿童的现有经验做基础,然后定出学校中有系统有组织的种种科目,授以抽象的知识。而后者主张以学校中有系统有组织的种种科目做根据,然后以此根据,把种种知识从外面附加到儿童固有的经验上去。

三、西方自然主义教育思想的经验教育理论的当代价值

(一)经验教育论提醒我们:感觉教育是获得知识的基础,也是理性教育的前提和凭借

感觉教育是西方自然教育思想的重要组成部分,几乎所有的自然教育家都很重视感觉教育。他们达成的共识是:第一,一切知识来源于感觉,感觉和经验是我们的老师;第二,感性教育是理性教育的基础。就第一个方面而言,感觉教育是符合儿童身心发展的特点,因为儿童是感性的存在,擅长形象思维和具体思维,喜欢感性教育。他们是通过感觉来认识外在的世界,发

[①] [法]卢梭.爱弥儿[M].北京:人民教育出版社,2001:235.

现自己的精神世界,获得道德和良知的。"对于儿童来说,全然敞开的感觉就是他生命本身,他依靠感觉来发现和创造新的自己和现象。这里包含两个内容,一是儿童就是感觉的。其实根本上来说,人是感觉的,虽然人有其他的部分,但人时刻都是感觉的,感觉本身和人是一体的。对于儿童,任何一种未知到来时,儿童都先用感觉拥抱它,呆在它的最核心。……通过感觉获得的东西,就会变成一个人的血液和细胞,这就是内化,或者称之为肉体化。二是儿童依靠感觉来发现和认识世界。儿童好像把生命的整体感觉都聚焦在视觉、味觉、触觉、听觉、嗅觉这五种基本感觉上。"[①]离开了感觉世界,儿童无法获得知识,认知能力得不到提升。由此可见,夸美纽斯要求在尽可能的范围内,一切事物都应该放到感官跟前。一切看得见的东西都应该放到视官跟前,一切听得见的东西应放到听官跟前。其意图就是通过感觉获得知识。这是很有道理。卢梭要求教育者尽可能用感觉到的事物去影响儿童,以世界为唯一的书本,以事实为唯一的教训。这一思想也是很深刻的。他们的观点彰显了经验教育的认知功能和价值。

就第二个方面而言,卢梭反对过早的理性教育,因为理智这个感官是最难发展的,也是发展最迟的,它是由各种感官综合而成的。而最先发展的是儿童的感官。所以卢梭强调,如果在童年期用理性去教育孩子,那是本末倒置的,把目的当成了手段。他要求我们把自己的手、脚、眼看成我们的哲学老师,在进行了较长时间的感性教育的基础上,才进行理性教育。杜威把思维看作是探究的过程、观察的过程和调查研究的过程,认为发展中的经验就是思维,意义的获得,思维能力的培养,都离不开经验。这些观点的重大意义是,在一定的程度上揭示了儿童思维发展的非理性的特点和机制,突破了传统教育重理性轻感性的传统,对我们思考感性教育与理性教育的辩证关系具有重要的借鉴价值。

(二)经验教育论关于"教育即经验的继续不断的改造"的思想为当代经验教育论拓展了新的视野,提供了新的内容

杜威提出的"教育即经验的继续不断的改造"的思想,促进了当代经验教育论的发展,拓展了当代经验教育论的新视野。

首先,拓展了经验教育的目标。传统的经验教育的目标主要是发展儿童的感性认知能力和理解力,而儿童的其他能力得不到重视。而杜威的经验教育目标不囿于儿童的感性认知能力和理解力,是促进身心的全面生长,不仅包括认知、思维、想象等理性因素,也包括情感、意志等非理性因素。"经验的继续不断的改造",不只是通过感官获得知识,还要对构成儿童身心发展因素的全面改造、全面生长,因而赋予了经验教育目标以新的内涵。

其次,确立了经验是教育生长的基点,强调一切真正的教育都来源于经验的思想。杜威认

---

① 孙瑞雪.完整的成长——儿童生命的自我创造[M].北京:世界图书出版公司,2010:73.

为,儿童的经验是教育的起点,也是教育的归宿。教育生长的理想所在,就是教育是经验的继续不断的改组和改造。这使得一方面能操纵经验,一方面使经验日益丰富。而要达到这一点,教师应加强教材、教法与儿童经验的关联,把儿童现有的经验变成科目,知道儿童经验的性质和源起。只有把儿童的经验,与所有的科目联合在一起,作为基础,才能使儿童理解教材,领受教材的意义。这就克服了传统学校的科目不与儿童现有经验联系的局限性:从外面把种种科目附加到儿童经验上去。

再次,彰显儿童在经验改造中的主体性。杜威认为,传统经验论哲学的致命缺点就是,忽视了儿童在经验中的主体作用。因为在传统经验论哲学中,儿童只是一个被动接受知识的容器,其主体性得不到重视,被边缘化。而在杜威那里,儿童的主体性在经验的改造中得到了充分的彰显。因为杜威理解的经验不再是儿童被动接受的感觉印象,而是一个儿童与环境相互作用的过程,他不仅受环境影响,反过来,他也主动地改造环境,由此获得知识及其意义。这意味着经验与儿童做事情密切相关,儿童的主动参与,才使经验的改造成为可能。"在杜威那里,理性不再是一个抽象的体系,或某种神秘的官能,而是一种'智慧',一种使经验(或做、行为等)更富有成效的'智慧'。因此这种理性是一种新理性。"[1]在传统教育中,经验与理性是分离的,儿童只是"知识的旁观者",没有机会主动地参与到知识的建构和经验的改造。而在杜威的视野中,经验与理性不是对抗的,而是相融相通的,经验的过程就是一个探究的过程、观察的过程和调查研究的过程,这离不开儿童的探究、反思和行动,离不开儿童理性思维的参与。"思维就是把我们经验中的智慧的要素明显地表现出来。它使我们有可能行动有目标。它是我们所以有各种目的的条件。"[2]换言之,儿童思维重要性使儿童在经验改造中的主体性得以彰显。

(三)经验教育论为我们确立经验教育的路径提供了重要的理论支撑

经验教育论为我们提供的经验教育的路径主要有两条:一是直观教学;一是"从经验中学"。就第一个方面而言,直观教学是前辈教育家留给我们的宝贵的教育遗产,是行之有效的教学经验,应该发扬光大。不过,需要我们重视的是,进行直观教学时应让儿童的思维参与其中,发挥儿童的主体性。就第二个方面而言,"从经验中学"是卢梭和杜威极力倡导的教学理念,值得我们思考和借鉴。杜威反对像海绵一样吸收知识的注入式教学,主张从情境中、从经验中学习。这种学习的意义在于,它首先能够使儿童产生真正的思维。他认为,教学的情境包含着困惑、疑难,能够激发儿童思维,产生各种问题。只有当儿童亲身考虑问题的种种条件,寻找解决问题的方法时,才算真正在思维。因此,要激发儿童的思维,教师必须懂得经验或经验情境的意义,必须想到校外出现的情境,想到日常生活中使儿童对活动感兴趣和从事活动的那些作业。这是经验教学的

---

[1] 褚洪启.杜威教育思想引论[M].长沙:湖南教育出版社,1998:179.
[2] 吕达,刘立德,邹海燕.杜威教育文集(第2卷)[M].北京:人民教育出版社,2008:143.

源泉。另外,它能使儿童有效地获得知识及其意义。因为思想、观念不可能以观念的形式从教师传递给学生,而是在有意义的学习情境中产生的。正是在这种情境中,儿童自己的活动能产生观念,证实观念,坚守观念,察觉到事物的意义或联系。

而实现这两方面意义的路径是:

首先,应该强化教材与儿童经验的关联。杜威反复重申,教师当编定课程的时候,必须把教材与儿童固有的经验联合在一起。不但如此,并不把他直接间接的知识,一起融洽,成为学校里有系统有组织的教材。

其次,在经验教学的原则上,要切实地贯彻经验的连续性和交互作用原则,因为它们彼此积极生动的结合是衡量经验的教育意义和教育价值的标准。

再次,在问题的解决中重组经验。问题解决的步骤是:第一,学生要有一个真实的经验的情境——要有一个对活动本身感到兴趣的连续的活动;第二,在这个情境内部产生一个真实的问题,作为思维的刺激物;第三,他要占有知识资料,从事必要的观察,对付这个问题;第四,他必须负责有条不紊地展开他所想出的解决问题的方法;第五,他要有机会和需要通过应用检验他的观念,使这些观念意义明确,并且让他自己发现它们是否有效。[①] 这是一个不断地在情境中提出问题,解决问题,获得观念及其意义的过程。

第四,让学生在体验中学习。经验教育理论告诉我们,知识是和学习者融合在一起的,它不能外在于学习者而孤立存在。必须有学生的体验参与其中,知识和课程的意义才能得以彰显。"没有学生亲自参与的过程体验融入其中,课程也就失去了灵性。传统课程的重大缺陷就在于没有充分关注学生的学习过程体验,也由此失去了课程的许多创生点。"[②]因此,必须让学生在体验中学习。

体验学习是一种自主学习。学习者不仅要主动地获取知识,建构自己的知识结构,而且要主动地促进自身生命的成长。学习者"在生活中通过体验学习,不仅意识到自己活着,而且还明白自己生命的意义、目的和价值,并能理性、自主地面对生活,知道自己为什么活,应当怎样活。因此,主体生命的成长就是在生活中,在与他人、与社会的接触中,通过体验学习形成各种不同的反应结合,并将这种反应应用到其他情境中,从而增强发展的可能性,展开生命力,确证个体的尊严和价值,确证生命的独特性,创建充满个性的生活世界"[③]。

体验学习是一种探究学习。学习者必须自己去发现问题,探究问题,培养主动的探索精神、反思性思维和创造力。正如杜威所言,经验要有意义,必须有学生的主动探索和理性思维。没有

[①] 吕达,刘立德,邹海燕.杜威教育文集(第2卷)[M].北京:人民教育出版社,2008:161.
[②] 马开剑.杜威重建经验概念的课程价值[J].华东师范大学学报(教育科学版),2005(1).
[③] 张相乐.论体验学习的实质[J].长江大学学报,2009(1).

思维的因素，便不可能产生有意义的经验。因为发展中的经验就是思维，思维的开始阶段就是经验。思维乃是一个探究的过程，一个观察事物的过程和一个调查研究的过程。在这个过程中，学生"收获不仅包括认知方面的，如概念、定义、原理（公理、定理）、公式、基本事实的掌握以及认知策略的完善，也应包括态度、价值观的改变、丰富与提升，所经受到的理智的挑战和内心的震撼，所获得的感动和鼓舞，以及精神的陶冶和心灵的净化，等等"①。

第五，融通传统教育与经验教育。传统教育与经验教育是相互独立又相互依存的关系，完全可以融通与互补。《〈基础教育课程改革纲要（试行）〉解读》精辟地阐释了这两者的关系："第一，学科领域的知识可以在综合实践活动中延伸、综合、重组与提升；第二，综合实践活动中所发现的问题、所获得的知识技能可以在各学科领域的教学中拓展和加深；第三，在某些情况下，综合实践活动也可和某些学科教学打通进行。"②学生的有效学习和发展，既离不开传统的学科教育，也离不开经验教育。前者的优点是有利于学生掌握人类文化的精华知识，获得系统的知识，但它的局限在于，割裂了科学、艺术、道德的内在联系，难以使学生获得对世界的整体认识；忽视了自主、探究对学生发展的意义；忽视了学生实践能力的形成和社会经验的获得；尤其忽视了学生个性的发展。后者正好能弥补前者的缺点，因为后者具有整体性、实践性、开放性、生成性、自主性等特点，能为学生个性的发展营造良好的空间，有利于学生整体地认识和体验自我、社会与自然之间的内在关联，使自我、社会与自然和谐发展。这一过程有助于发展学生自主学习和探究能力以及合作精神，促进学生自身的实践能力和个性的充分发展。因此，如果能把自主学习、探究教学、对话教学、合作教学、校本课程与学科课程、传统教育融合为一体，无疑能最大限度地促进学生身心的整体发展。

第六，营造良好的教育情境，让儿童从生活世界中获得经验。儿童经验的获得离不开生活世界，是在与生活世界的互动中实现的。"教育者不必从事强迫性灌输，就能指导儿童的经验。教育者的主要责任是不仅要通晓环境条件所形成的实际经验的一般原则，而且也要认识到在实际上哪些环境有利于引导生长的经验。最为重要的是，他们应当知道怎样利用现有的自然的社会的环境，并从中抽取一切有利于建立有价值的经验的东西。"③因此，我们应创设良好的教育环境，鼓励学生积极参与教育活动，从活动中获得新经验，从而使儿童经验的内容得以丰盈，经验的范围得以拓展。

杜威关于"从经验中学"的意义和路径的思考对我们建构经验教育思想具有重要的启示价值。我国的经验教学正在兴起，它迫切需要经验教育思想加以指导。遗憾的是我们缺少真正意义上的经验教育思想，指导我们经验教学实践的依旧是传统意义上的教育学。这种教育学至少

---

① 钟启泉，等主编.为了中华民族的复兴，为了每位学生的发展[M].上海：华东师范大学出版社，2001：265.
② 钟启泉，等主编.为了中华民族的复兴，为了每位学生的发展[M].上海：华东师范大学出版社，2001：81.
③ [美]杜威.我们怎样思维·经验与教育[M].姜文闵，译.北京：人民教育出版社，2005：259.

有两大缺陷：一是缺失教育实践的品格。我们的教育学谈论的教学论，无论是教学任务、教学过程、教学规律，还是教学原则、教学方法、教学模式，基本上是从理论到理论，从观念到观念，缺乏与教学实践的关联与契合，难以指导经验教学的实践。二是缺失杜威视野中的经验维度。我们的教育学不关注经验，尤其是不重视有儿童思维和主体性参与的经验。由于缺失经验的维度，缺失"从经验中学"的思维，导致我们的教育学缺乏活力，变得僵化。杜威对这种脱离了经验的理论进行了批判："一种经验，一种非常微薄的经验，能够产生和包含任何分量的理论（或理智的内容），但是，离开经验的理论，甚至不能肯定被理解为理论。这样的理论往往变成只是一种书面的公式，一些流行的话，使我们思考或真正的建立理论成为不必需的，而且是不可能的。由于我们所受的教育，我们以为文字就是观念，我们用文字来处理问题，这种处理方法实际上只是使我们知觉模糊，不再能认识困难。"[1]杜威提醒我们，"只有在经验中，任何理论才具有充满活力和可以证实的意义"[2]。基于上述理解，我们需要建立一种经验教育思想，一种包含杜威所论述的"从经验中学"意义和路径的经验教育思想，唯有这样的充满活力的思想，才能有效地指导当今的经验教学实践，提升经验教学的效果。

第七节 西方自然主义教育家视野中的愉快教育思想的当代价值

西方自然主义教育家在探索自然主义教育思想的过程中，建构了比较系统的愉快教育思想。从其形成过程看，愉快教育思想发端于古希腊罗马，形成于夸美纽斯，发展于卢梭，斯宾塞达到顶峰。它的历史演变和基本内容对现当代愉快教育思想产生了深远影响，为当代中国的教育变革提供了有益的借鉴与启示。

一、西方自然主义教育家视野中的愉快教育思想的历史演变

（一）亚里士多德、昆体良：愉快教育思想的萌芽

愉快教育思想萌芽于古希腊罗马时期，主要反映在亚里士多德和昆体良的教育思想之中。亚里士多德已意识到"快乐"在自由教育中的意义，认为自由人能体验到休闲本身所给予愉快和幸福。这种愉快和幸福感来自于富有自由和高贵特征的音乐、哲学等文雅学科的学习，如音乐就可以给人提供"理智的享受"，"人生最美好的事是心中愉快地'满堂宾客，倾听乐师歌唱'"[3]。这种"理智的享受"既有高贵的因素的参与，又有愉快的因素的参与，"高贵"与"愉快"构成了幸福的

---

[1] 吕达,刘立德,邹海燕.杜威教育文集(第2卷)[M].北京：人民教育出版社,2008：141—142.
[2] 吕达,刘立德,邹海燕.杜威教育文集(第2卷)[M].北京：人民教育出版社,2008：141.
[3] 张法琨,选编.古希腊教育论著选[M].北京：人民教育出版社,1994：286.

两种维度。昆体良第一次在教学论的视野中论述了快乐的意义。他反对强制性教学,倡导教学必须考虑学生的意愿和快乐。因为"学习的热情取决于爱好,这是不能强迫的……。按一般规律,头脑拒绝接受任何一项靠粗暴强制手段强加的任务"①。他最早论述了快乐的游戏教学,指出:"我赞成创立一种办法来激发儿童的学习热情,给他玩象牙活字,或让他玩任何可以使他增加乐趣的东西,这些东西使他很愉快地就掌握,观察并叫出名字来。"②

(二)人文主义教育家:古老的愉快教育思想的复兴

文艺复兴时期的人文主义教育家批判了以强制和暴力为特征的经院主义教育,重新发现和复兴了古希腊罗马的愉快教育思想,并使之在人文主义思想的熏陶下展现出新的维度。人文主义教育家在愉快教育思想上的突出贡献表现在如下方面。

首先,论述了古典的人文主义学科学习的快乐。

意大利人文主义教育家布鲁尼要求人们热爱文学和诗歌,因为它们令人陶醉、令人愉快。他说:"如果您热爱文学,就请您读它们,您会沉浸于快乐之中,如食美味,如饮醇酒。"③他特别强调诗歌的学习给人带来的愉悦,指出:"天性引起我们兴趣的正是诗歌,它比文学的任何其他分支更能引起我们的兴趣。它极为有用、快乐和崇高。一个人如果没有关于诗歌的知识,就绝不能被认为是受过自由人教育的人。"④蒙田论述了哲学极富魅力,学习和讨论哲学是令人愉快的,他指出:"事实上没有东西比它更加美丽,没有东西比它更加令人愉快,没有什么东西比它更加好玩,而且我可以说,没有东西比它更加变化无常,因为我们在其中看不见什么形象,听不到什么说教,只有消遣和娱乐。"⑤哲学的讨论是人们生活中最甜美的事情,因为"哲学的讨论,总是愉快的、欢乐的,从来不烦恼和作弄那些使用它们的人们"⑥。

其次,论述了学习过程的快乐。

意大利的人文主义教育家维吉里奥对此作了深刻的阐释,认为"当知识的种子落入适宜于培养它的头脑时,对知识的追求就在人的头脑中产生奇妙的快乐,及时地结出丰硕的果实。……书中的每一样东西的学习都是令人愉快的,有益于过善良高尚生活的"⑦。"从学习权威的箴言和书上所论述的那些榜样中,他们能变得多么聪明,行动中的人,无论他们是从事国事活动或对外战争,或者忙于自己的或朋友的事务,当他们疲倦时,不可能有别的东西比知识和书籍更令人愉快的休息。"⑧他

---

① [英]伊里莎白·劳伦斯.现代教育的起源和发展[M].纪晓林,译.北京:北京语言学院出版社,1992:20.
② [英]伊里莎白·劳伦斯.现代教育的起源和发展[M].纪晓林,译.北京:北京语言学院出版社,1992:21.
③ [美]凯林道夫编.人文主义教育经典文选[M].任钟印,译.北京:北京大学出版社,2012:80.
④ [美]凯林道夫编.人文主义教育经典文选[M].任钟印,译.北京:北京大学出版社,2012:92.
⑤ 吴元训选.中世纪教育文选[M].北京:人民教育出版社,2005:418.
⑥ 吴元训选.中世纪教育文选[M].北京:人民教育出版社,2005:419.
⑦ [美]凯林道夫编.人文主义教育经典文选[M].任钟印,译.北京:北京大学出版社,2012:44.
⑧ [美]凯林道夫编.人文主义教育经典文选[M].任钟印,译.北京:北京大学出版社,2012:42.

还认为读书和写作，能使人了解人类的过去、现在和未来，使现代人与古人对话和交流，"从而使我们的每一个时刻既是过去的，又是未来的，还有什么别的生活方式比这更愉快更有益呢？"①

再次，把"愉快"提升到教学原则的高度，要求教师实施愉快教学。

实施愉快教学对教师提出了很高的要求：第一，教师要以爱和愉快的态度对待学生。西班牙人文主义教育家维夫斯认为，"孩子们将热爱和信任教师，把他们当作为上帝服役的牧师，当作他们心灵的父亲。教师易于以他们愉快的态度而获得学生的热爱，将由于他们是很好的教师和他们正直的生活而得到学生的尊敬。教师的爱对优良的教和学能发生多么巨大的影响，是难以令人置信"②。这就是说，要使学生在教学中发生愉悦感，前提是教师必须热爱学生，以愉快的情感去影响学生，唯有如此，学生才会亲其师，信其道。这要求教师"讲愉快的、生动的、理智的和美妙的故事或历史等。同样，也适合于引证长期流传的优美格言或一些明智的和可笑的谚语"③。英国人文主义教育家罗杰·阿夏姆也表达了类似的观点："我多次希望在教师身上能有这种温柔的本性……。我认为，在培养儿童学习的过程中，爱胜于恐惧，温柔胜于打骂。表扬犹如一块磨刀石，再没有比它更能磨练出敏锐的智慧，成为鼓励好学的动力。"④第二，实施游戏活动，让儿童感受其中的快乐。游戏是儿童最喜欢的活动，能给儿童带来无穷的快乐。大多数人文主义教育家都倡导游戏活动。英国人文主义教育家约翰·布林斯利要求教师通过游戏激发学生的学习兴趣，主张"让学校变成游戏的场所。只有把基础打好，高楼才能平地而起。对天真的学生来说，大部分学习都是一种游戏"⑤。德国人文主义教育家马丁·路德断言："对孩子来说，高兴和娱乐同吃饭喝水一样重要。如果我们要教孩子，我们必须变成孩子。但愿上帝让我们有更多的儿童游戏。"⑥维夫斯认为，游戏可让儿童获得自由、快乐和荣誉，因而倡导儿童在游戏中快乐学习。第三，通过培养儿童德行的实践，让儿童体验到快乐。英国人文主义教育家莫尔指出："乌托邦人特别不肯放过精神的快乐，以其为一切快乐中第一位的、最重要的。他们认为主要的精神之乐来自德行的实践以及高尚生活的自我意识。"⑦他认为，乌托邦人把德行理解为遵循自然本性的指示而生活。无独有偶，蒙田也认为"德行是人类一切欢乐的护士和养母，她使它们公平和正直，使它们确定和纯真。通过节制它们，她就使它们保持清新和使人喜欢。通过节制和清除了她所拒绝的欢乐，她就激励我们寻求她所允许的欢乐，为自然所同意的欢乐"⑧。第

---

① [美]凯林道夫编.人文主义教育经典文选[M].任钟印,译.北京：北京大学出版社,2012：45.
② 吴元训选编.中世纪教育文选[M].北京：人民教育出版社,2005：278.
③ 吴元训选编.中世纪教育文选[M].北京：人民教育出版社,2005：284.
④ [英]伊里莎白·劳伦斯.现代教育的起源和发展[M].纪晓林,译.北京：北京语言学院出版社,1992：64.
⑤ [英]伊里莎白·劳伦斯.现代教育的起源和发展[M].纪晓林,译.北京：北京语言学院出版社,1992：66.
⑥ [英]伊里莎白·劳伦斯.现代教育的起源和发展[M].纪晓林,译.北京：北京语言学院出版社,1992：40.
⑦ 吴元训选编.中世纪教育文选[M].北京：人民教育出版社,2005：220.
⑧ 吴元训选编.中世纪教育文选[M].北京：人民教育出版社,2005：420—421.

四,教学必须遵循儿童的自然本性和年龄特征。意大利人文主义教育家维尔捷留斯要求教师承认和遵循儿童天生的兴趣爱好和特点,因为他们对学习作出的选择取决于个人不同的智力天分和思想性格。英国人文主义教育家埃里奥特认为,"如果一个孩子生来便喜欢用笔绘画,或喜欢用石头或木头雕刻,那就不要去阻止他……,派一位高明的行家去帮助他;用精湛的技巧去教他绘画和雕刻。这一切都是'孩子自然爱好所决定的,而不是用强迫能做到的'"[1]。第五,反对强制性教学。英国的埃里奥特反对对儿童强者学习,主张用儿童所喜欢的表扬和漂亮的礼物去吸引学生,引导他们快乐学习。英国的约翰·布林斯利强调指出:"特别是在最年幼的孩子中间,要最最谨慎小心,不要使他们沮丧灰心。不能用粗暴严厉的语言奚落取笑,不能用严酷的教训来对待他们,不能使他们在了解学校之前便恨学校,不能使他们在学到学识的甜头之前便讨厌学习。恰恰相反,在学校里要尽一切努力,通过表扬一切好事鼓励他们竞赛,诚实地力争上游。"[2]法国的蒙田认为,法国的学究们不去引导学生乐学,给予学生的是棍棒和铁箍,导致学生恐惧和害怕学校。与此相反,他主张用温和的教学方法对待学生,呼吁人们"抛弃暴力吧! 抛弃这种强制吧! 我相信,这一切只能使一种高贵的天性变得呆滞和堕落,……看看教室里充满鲜花,而不是血迹斑斑的桦木棍棒,那不是更加令人尊敬吗? ……引导学生的兴趣爱好十分重要,否则你不过是在造就一群驮满书的驴子"[3]。西班牙的维夫斯认为,"人类的思想都倾向美好的自由。它允许自己从事工作,但是一旦被强迫,便会受到损害。我们知道:当驱使一个人怀着勉强的思想去从事一件不合志趣的工作时,结果便会很糟糕"[4]。

人文主义教育家的愉快教育思想尽管不系统,散见在他们的哲学、政治、文学、教育等著作之中,但它毕竟为愉快教育思想的形成和发展奠定了重要的基础,它的地位和价值不容忽视。

(三)夸美纽斯:愉快教育思想体系的形成

夸美纽斯是最早构建愉快教育思想体系的教育家。他的愉快教育思想反映在《大教学论》、《教学法解析》等著作之中,其基本架构包括:愉快教学思想的理论基础和实践依据、"愉快"的教学意蕴、愉快教学的目的、愉快教学的原则等。他从自然教育思想、幸福观方面探讨了愉快教学的理论基础。就前者而言,他是在教育适应自然原则的视野中论述愉快教学思想的。他一方面强调"教导的严谨秩序应当以自然为借鉴,并且必须是不受任何阻碍的",这是"教与学的方法所能根据的磐石一般的原则"[5]。"艺术若不模仿自然,它必然什么都做不了。"[6]"没有自然,艺术就

---

① [英]伊里莎白·劳伦斯.现代教育的起源和发展[M].纪晓林,译.北京:北京语言学院出版社,1992:62.
② [英]伊里莎白·劳伦斯.现代教育的起源和发展[M].纪晓林,译.北京:北京语言学院出版社,1992:66.
③ [英]伊里莎白·劳伦斯.现代教育的起源和发展[M].纪晓林,译.北京:北京语言学院出版社,1992:51.
④ [英]伊里莎白·劳伦斯.现代教育的起源和发展[M].纪晓林,译.北京:北京语言学院出版社,1992:60.
⑤ [捷克]夸美纽斯.大教学论[M].傅任敢,译.北京:教育科学出版社,1999:64.
⑥ [捷克]夸美纽斯.大教学论[M].傅任敢,译.北京:教育科学出版社,1999:64.

会显得苍白无力。艺术是自然的竞争者,艺术仿效自然,艺术是自然的产物。"①他说,"如果我们看见园丁、画家和建筑家步随自然的后尘得到了好结果,我们就能明白,教育青年的教育家是应该采取同一行径的"②。为此,他要求尽可能地使教学艺术的步骤符合自然的步骤,只有当教学艺术步随自然的后尘,教学过程才能来得"容易并且快意",才能获得万物的知识,才能使教学成为把一切事物教给一切人们的全部艺术。另一方面,他强调应遵循儿童的自然本性,不压制自然本性。因为"人性的特点自然地显露出什么东西使它高兴,什么东西使它不悦"③。因此,他把遵循儿童的自然本性看做是愉快教学的总原则,指出:"把自然本性看做本性的要求,这是愉快的进步的基础。不这样看待自然倾向就是与本性作斗争,也就是阻碍、破坏和压制本性的努力。"④就后者而言,他是在神学的视野中阐释幸福观的,他认为,人的终极目的是"与神、一切完美、荣耀和幸福的终极相结合的目的,与神永远同享完全的荣耀和幸福的目的"⑤。这里"'幸福'一词,我们所指的不是躯体的快乐……,而是心灵的快乐,那是从我们身外的事物,或从我们本身,或从上帝生出来的"⑥。他要求学校应成为快乐的场所,让学生无论是获得学问,还是德行,抑或是获得虔信,都在愉快的氛围中进行,使学生拥有快乐的体验。他对传统教育的批判构成了愉快教学思想产生的实践依据。他还揭示了"愉快"教学意蕴和价值,认定"愉快"是教学法(教学艺术)成功实施的必要条件,指出:"我们敢于承诺一种伟大的教学法,即是说,将一切事物教给一切人的无所不包的艺术,它是真正能以确定性教授它们、务使必有成效的教学艺术,它是愉快地进行教授的艺术,即是说,教师和学生双方都没有烦恼或厌恶,而是双方都引为最大的乐事。"⑦夸美纽斯强调愉快教学的目的就是使教师和学生都获得快乐。与愉快教学的目的相适应,他建构了由自然性原则、激发求知欲原则、情感性原则、直观性原则、条理性原则、多样性原则、问题教学原则、从实践中学习原则构成的愉快教学原则体系,从而使愉快教育思想体系得以形成。

(四)卢梭:愉快教育思想体系的发展

卢梭在自然和自由教育思想的视野中阐释了愉快教育思想,极大地推进了愉快教育思想体系的发展。首先,他从自然教育思想、自由教育思想、幸福观三个方面奠定了愉快教育的理论基础。在卢梭看来,所谓"自然教育"就是遵循儿童天性的自然发展,让儿童回归自然状态,在自由自在的环境中愉快地成长。"愉快"是自然教育内在蕴涵,衡量儿童全面自由发展的重要指标。

---

① [捷克]夸美纽斯.夸美纽斯教育论著选[M].任钟印,选编.北京:人民教育出版社,2005:209.
② [捷克]夸美纽斯.大教学论[M].傅任敢,译.北京:教育科学出版社,1999:64.
③ [捷克]夸美纽斯.大教学论·教学法解析[M].任钟印,译.北京:人民教育出版社,2006:356.
④ [捷克]夸美纽斯.大教学论·教学法解析[M].任钟印,译.北京:人民教育出版社,2006:356.
⑤ [捷克]夸美纽斯.大教学论·教学法解析[M].任钟印,译.北京:人民教育出版社,2006:28.
⑥ [捷克]夸美纽斯.大教学论[M].傅任敢,译.北京:教育科学出版社,1999:42.
⑦ [捷克]夸美纽斯.大教学论·教学法解析[M].任钟印,译.北京:人民教育出版社,2006:7.

卢梭对"爱弥儿"的教育过程始终充满快乐,无论培养"自然人"的教育目的,还是由活动、游戏或作业构成的教育内容,抑或是由天性教育、消极教育、自由教育、感觉教育、智慧教育、生命教育等构成的自然教育路径,都有快乐的意蕴,无不折射出卢梭对儿童的关爱以及以儿童为本位的精神。他提出的"把儿童看作儿童"的儿童观,更是彰显出他对儿童天性、需要的尊重,是为了儿童的幸福,"按照人的天性处理人的欲念"。正因为自然教育是快乐的,因而培养出来的儿童充满自由和快乐。卢梭对爱弥儿经过自然教育之后的形象:"他长大为成熟的儿童,他过完了童年的生活,然而他不是牺牲了快乐的时光才达到他这种完满成熟的境地的,恰恰相反,它们是齐头并进的。在获得他那样年纪的理智的同时,也获得了他的体质许可他享有的快乐和自由。"①在这一点上,卢梭与夸美纽斯有相通之处,都强调自然教育思想是愉快教育思想的重要的理论支撑。与夸美纽斯不同之处在于,卢梭还把自由教育思想看作是愉快教育思想的另一个重要根据。在卢梭的视野中,自由教育是指教育者按照儿童的意志实施的让儿童自由自在地学习和生活,成为自己的主人的活动。具体地说,它包含三层意思:(1)让儿童在学习和活动中按照自己的意志行事。按照自我意志行事是儿童自由活动的标志,是自由教育题中应有之意。在《爱弥儿》中,卢梭对自我意志的重要性给予高度的肯定:"只有自己实现自己意志的人,才不需要借用他人的意志来实现自己的意志;由此可见,在所有的财富中最为可贵的不是权威而是自由。"②因为按照自我意志行事,儿童才能体验到自由,反之,当儿童与自我意志分离的时候,他就不可能获得自由。(2)让儿童在学习和活动中做自己喜欢做的事情。这是自由教育的精髓。卢梭认为,儿童最喜欢做的事情是从事感性的活动和游戏。就前者而言,因为儿童最先发展起来的官能是感官,因此感觉教育最适合他们。就后者而言,爱弥儿觉得游戏和工作是难以区分的,两者之间是可以划等号,游戏即工作。他会兴趣盎然地去做一切事情,而且动作大方,令人高兴和喜悦;他的心理倾向和知识的范围也在做这些事情中反映出来。即使其中有痛苦,他们也能够笑嘻嘻地忍受,毫无怨言。(3)让儿童成为他自己活动的主人。这是自由教育的最高境界。卢梭认为,自由教育的一条重要法则,就是教师要从小就锻炼儿童尽可能地依靠自己的能力,而不求助于他人,学会自己管理自己,成为自我活动的主人,彰显儿童自身的主体性。为此,卢梭要求教师不要同儿童无休止地讨论谁来做主,更不要出现让儿童在两者意志之间举棋不定的局面,而应该每件事情都让儿童做主,这样好于你做主一百倍。由此可见,自由教育是令人愉快的,符合儿童快乐的天性。此外,和夸美纽斯一样,卢梭也把幸福观看作是愉快教育思想的重要构成。卢梭认为,无论是成人,还是儿童,都追求快乐,避免痛苦。趋乐避苦是人的行为的重要原则,儿童也不例外。"当我们一意识到我们的感觉,我们便希望去追求或者逃避产生这些感觉的事物,我们首先要看这些事物使我们

---

① [法]卢梭.爱弥儿——论教育(上)[M].李平沤,译.北京:人民教育出版社,2001:209.
② [法]卢梭.爱弥儿——论教育(上)[M].李平沤,译.北京:人民教育出版社,2001:78.

感到愉快还是不愉快,其次要看它们对我们是不是方便适宜,最后则看它们是不是符合理性赋予我们的幸福和美满的观念。"①要获得幸福,就必须首先获得幸福的概念。"自然人的幸福是同他的生活一样简单的;幸福就是免于痛苦,也就是说,它是由健康、自由和生活的必要条件组成的。"②"正是我们力图增加我们的幸福,才使我们的幸福变成了痛苦。一个人只要能够生活就感到满足的话,他就会生活得愉快,从而也生活得很善良。"③因此,要使儿童获得幸福,就必须满足他的合理的欲望,控制他的胡思乱想,使他的能力和欲望保持平衡。在教育上,教师要尽可能帮助儿童,使他们在游戏活动中度过自由、满意和快乐的童年。其次,他建构了愉快教育的原则和方法。它们包括激发学生好奇心原则、主动性教学原则、问题教学原则、体验教学原则、游戏活动教学原则、因材施教原则、确立分享快乐的师生关系原则。这些愉快教学原则和方法的提出,对于深入批判当时的以压抑儿童天性、强迫儿童学习书本知识为特征的旧教育,促进愉快教育思想体系的发展起到了重要的推动作用。

(五)斯宾塞:愉快教育思想体系发展的里程碑

在19世纪,英国哲学家和教育家斯宾塞提出的愉快教育思想具有里程碑的意义,使西方愉快教育思想的发展达到了顶峰和极致,其标志是斯宾塞的《教育论》和《斯宾塞的快乐教育》的发表。尤其是后者的发表意味着世界上第一部快乐教育专著的诞生。之所以说它具有里程碑的意义,是基于以下理由:首先,它反映了19世纪英国教育变革的最重要的趋势。斯宾塞认为这个趋势就是"在发生的一切变革中,最值得注意的是人们逐渐有个愿望,想把获得知识当成一件愉快而不是苦恼的事情。那愿望是由于多少认清了儿童在每个不同年龄阶段所喜欢的智慧活动是对他有益的,不喜欢就是对他有害的。大家逐渐都公认儿童爱好某种知识,就意味着在开展的心智已经能够吸收它,也需要它促进发育;反过来,讨厌任何一种知识,就标志着那知识提出得过早或者照那个形式是不能消化的"④。"最重要的是,变革的倾向表现在各个方面都努力用引人入胜的方式来介绍知识,使获得知识成为愉快的事。"⑤由此,他提出了一个重要的命题:"努力要早年教育使人愉快,要一切教育带有乐趣。"⑥其次,他为愉快教育思想奠定了更明确、更坚实的自然教育思想的基础。他在继承裴斯泰洛齐自然教育思想的基础上,提出了在教育的次序上,"教育必须适合心智的演化过程"的命题,认为"心智演化有个自然过程,干扰它就会发生损害;我们不能把人为的形式硬加在一个正在发展的心智上;心理学也给我们提出了一个供求规律,而我们要不出毛

---

① [法]卢梭.爱弥儿——论教育(上)[M].李平沤,译.北京:人民教育出版社,2001:4—5.
② [法]卢梭.爱弥儿——论教育(上)[M].李平沤,译.北京:人民教育出版社,2001:234.
③ [法]卢梭.爱弥儿——论教育(上)[M].李平沤,译.北京:人民教育出版社,2001:74.
④ [英]斯宾塞.斯宾塞教育论著选[M].胡毅,王承绪,译.北京:人民教育出版社,1997:100.
⑤ [英]斯宾塞.斯宾塞教育论著选[M].胡毅,王承绪,译.北京:人民教育出版社,1997:101.
⑥ [英]斯宾塞.斯宾塞教育论著选[M].胡毅,王承绪,译.北京:人民教育出版社,1997:100.

病就必需遵守它"。① 一方面,无论是儿童的心智,还是能力的发展,都是有一定顺序的,教育者应为儿童心智或能力的发展找出这个顺序,提供不同的知识。另一方面,无论儿童的品质、性格和智慧,还是在以后的生活中是否感到快乐和幸福,都必然与自然教育相关联。然而,传统教育忽视了对儿童来说更有意义的自然教育和自助教育,仅仅把教育看作在严肃的教室里的苦行僧的生活,没有意识到"自然教育和自助教育在孩子身上最直接的反应恰恰就是快乐和有趣"②。他提倡的快乐写作和快乐教育都是建立在自然教育思想的基础上,都是立足于儿童的自然属性而提出的。在斯宾塞看来,"没有任何其他教育方法比顺应孩子自然的次序、兴趣更有效果、更有益处"。③ 由此,他断言:"真正的自然教育是快乐的。"④再次,他构建了由愉快教育目的、过程、原则和方法的系统的愉快教育思想体系。在教育目的上,他认为,必须承认这一点:保持学生的快乐本身就是一个值得追求的目标,培养学生成为快乐的和自助的人,是教育的重要目的。在教育的过程上,他阐释了快乐教育和自我教育相结合的过程原理。在教育原则上,他提出了兴趣性原则、愉悦性原则、爱的情感教育原则、自我教育原则、实物教学原则、以身作则原则。在教育方法上,他倡导快乐的教育方法,认为它比其他任何方法更有效,宣称"最好的方法就是把教育变成渐进的、快乐的事情"⑤。第四,斯宾塞的愉快教育思想对后世的儿童教育产生了广泛而深远的影响。正如《斯宾塞的快乐教育》一书的翻译者颜真所说:"在过去一百年里,哪一部教育著作对欧美国家的父母和老师影响最大,读者最多?哪一种教育方法培养出来的优秀人才—包括在许多领域被称为天才的人—最多?《斯宾塞的快乐教育》无疑是这样一本书。"⑥正因为如果,它得到了很多有识之士的高度评价,法国教育家龚贝雷说:"对于如何训练孩子,《斯宾塞的教育》是卢梭《爱弥儿》之后最有用的最深刻的教育著作。"⑦美国哈佛大学校长杜威断言:"《斯宾塞的教育》是英国和美国读者最多的教育名著。很多人把他看做是人类历史上第二个牛顿,我认为,在现代教育史上,他是一座纪念碑。"⑧英国剑桥大学教育专家奎克宣称斯宾塞的愉快教育思想"预示着教育的未来"⑨。

综上所述,西方自然主义教育家视野中的愉快教育思想经历了萌芽、形成、发展和成熟(或顶峰)的演变,其中夸美纽斯、卢梭和斯宾塞的贡献最大。夸美纽斯论述了愉快教学的理

---

① [英]斯宾塞.斯宾塞教育论著选[M].胡毅,王承绪,译.北京:人民教育出版社,1997:95.
② [英]斯宾塞.斯宾塞的快乐教育[M].颜真,译.福州:海峡文艺出版社,2002:38.
③ [英]斯宾塞.斯宾塞的快乐教育[M].颜真,译.福州:海峡文艺出版社,2002:122.
④ [英]斯宾塞.斯宾塞的快乐教育[M].颜真,译.福州:海峡文艺出版社,2002:138.
⑤ [英]斯宾塞.斯宾塞的快乐教育[M].颜真,译.福州:海峡文艺出版社,2002:25.
⑥ [英]斯宾塞.斯宾塞的快乐教育[M].颜真,译.福州:海峡文艺出版社,2002:序言1.
⑦ [英]斯宾塞.斯宾塞的快乐教育[M].颜真,译.福州:海峡文艺出版社,2002:封底.
⑧ [英]斯宾塞.斯宾塞的快乐教育[M].颜真,译.福州:海峡文艺出版社,2002:封底.
⑨ [英]斯宾塞.斯宾塞的快乐教育[M].颜真,译.福州:海峡文艺出版社,2002:封底.

论基础和实践依据、愉快教学的意蕴、愉快教学的目的和原则,对愉快教育思想的形成作出了独特的贡献。卢梭在《爱弥儿》中从自然教育思想、自由教育思想、幸福观三个维度阐释了愉快教育的理论基础,建构了包括激发学生好奇心原则、主动性教学原则、问题教学原则、体验教学原则、游戏活动教学原则、因材施教原则、确立分享快乐的师生关系原则在内的愉快教学原则体系,从而丰富了愉快教育体系,为愉快教育思想的发展注入了新"血液",极大地推动了愉快教育思想的发展。斯宾塞对愉快教育思想发展的贡献最大,因为他的《斯宾塞的快乐教育》是世界上第一本自成体系的快乐教育专著,它的发表标志着西方愉快教育思想的发展达到了顶峰,具有里程碑的意义。这是其一。其二,他为愉快教育奠定了更明确、更坚实的自然教育思想基础,提出了著名命题:"真正的自然教育是快乐的",反映了19世纪英国教育变革最重要的趋势。其三,构建了由愉快教育目的、过程、原则和方法构成的系统的愉快教育思想体系,作出了前无古人、后无来者的卓越贡献,对后世愉快教育思想的发展产生了巨大的影响。

二、西方自然主义教育家视野中的愉快教育思想的基本内容

(一)愉快教育的目的

西方自然主义教育家从不同的视角论述了愉快教育的目的。首先,愉快教育的目的就是让学生拥有快乐。夸美纽斯认为,他建构的"大教学论"的主要意图在于使教师教起来感到愉悦的艺术,使学生得到最大的快乐,不感到烦恼,学习就像做游戏和娱乐一样。由学问、德行和虔信构成的现实的教育目的的实现过程,同样可以使学生得到最大的快乐。因为涌出一切最完美的快乐之流的三个泉源就是学问、德行和虔信。由学问生出来的快乐,主要是学生在思辨、钻研学问时体验的快乐,"因为他无论在什么地方,无论看见什么东西,无论想到什么事情,到处都可以发现一种吸引的力,常常使他忘却自己,与它们化为一体"。[①] "人生没有比寻智慧更快乐的事。"[②] 德行的快乐,是由人在按照公道所要求做事,喜见自己"诚笃心情",沉浸德行的时候所带来的甜蜜的喜悦。这种快乐要大于前一种快乐,因为"一颗善良的心就是一席永恒的筵席"[③]。虔信的快乐是人生最高的快乐,因为"他对于上帝慈父般的、不变的恩惠感到欢喜,以致他的心和上帝的爱融合在一起"。[④] 其次,愉快教育的目的是培养快乐的人。卢梭和斯宾塞论述了这一目的。卢梭认为每个阶段的教育目的都应使儿童获得快乐,成为自由自在、活泼可爱、幸福快乐的人。幸福快乐是卢梭教育目的的重要的价值取向。例如童年期应使爱弥儿同时获得理智和快乐;少年期结

---

① [捷克]夸美纽斯.大教学论[M].傅任敢,译.北京:教育科学出版社,1999:42.
② [捷克]夸美纽斯.大教学论[M].傅任敢,译.北京:教育科学出版社,1999:43.
③ [捷克]夸美纽斯.大教学论[M].傅任敢,译.北京:教育科学出版社,1999:43.
④ [捷克]夸美纽斯.大教学论[M].傅任敢,译.北京:教育科学出版社,1999:43.

束后,爱弥儿"他的身上强壮,四肢灵活,思想健全而无偏见,心地自由而无欲念。……因而可以按大自然所能允许的范围生活得尽量地满意、快乐和自由"①。斯宾塞强调教育的目的就是让儿童成为快乐的人,"必须承认,保持青年的快乐本身就是一个有价值的目标"。②

(二) 愉快教育的内容

在夸美纽斯那里,愉快是对教学内容的内在要求。教师应使学生对自己所教的全部功课感到愉悦,不应对已经完成的功课厌倦,而是对未教的功课充满期待和渴望。每一门学科的教学在开始的时候,教师就应当通过向学生证明这门学科是多么有用、多么出色、多么令人愉快和多么必要,来唤醒学生对该学科的爱好。卢梭也认为,要把有用的、有益于儿童幸福的知识教给儿童。教育者可以利用自己所拥有的知识和经验,告诉儿童所学事物的用处和快乐,促使儿童产生学习的欲望和热情。这类知识主要包括大自然的知识、事物的经验教训、当下的活动和游戏。斯宾塞认为,在教学内容上,要教给儿童各种有价值的知识,包括各种医学、自然科学、欣赏音乐、诗歌、绘画等方面的知识,这是儿童生活所需要的基本知识。"在所有这些知识中,要告诉孩子,有的只有永恒的内在价值,有的是有半内在价值的,有的则是有习俗的价值。科目学的真理是具有内在价值的,今天有,一千年以后也有。"③总之,知识的有用和愉快是衡量教学内容价值的重要指标。

(三) 愉快教育的教学过程

西方自然教育家总体倾向于把教学过程看作是愉快的过程。夸美纽斯力图使教学过程成为学生"迅速地、愉快地、彻底地懂得科学、纯于德行和习于虔信"的过程,使师生都能得到最大快乐的过程。在教学过程中"愉快是必不可少的,因为它可以防止潜入的教学的祸患—厌烦和憎恶,因为它能刺激心理并保持它对功课的兴趣"④。

卢梭认定教学过程是激发学生兴趣,发现知识的过程。他强调教师只要用巧妙办法,可以使儿童对任何事情发生兴趣甚至热爱,而又可以使他避免产生不良的心理,如虚浮、竞争和妒嫉。他们的活泼的性情、模仿心,尤其是快乐的天性,能够帮助他们有把握地做到这一点。"问题不在于怎样用强力迫使他进行活动,而是要使他产生某种欲望,从而促使他去进行活动;这种欲望,如果在自然的秩序中善加选择的话,就可使我们达到一举两得的目的。"⑤"问题不在于教他各种学问,而在于培养他有爱好学问的兴趣,而且在这种兴趣充分增长起来的时候,教他以研究学问的方法。毫无疑问,这是所有一切良好的教育的一个基本原则。"⑥从这里我们可以看出,"卢梭所谓

---

① [法]卢梭.爱弥儿——论教育(上)[M].李平沤,译.北京:人民教育出版社,2001:286.
② [英]斯宾塞.斯宾塞教育论著选[M].胡毅,王承绪,译.北京:人民教育出版社,1997:129.
③ [英]斯宾塞.斯宾塞的快乐教育[M].颜真,译.福州:海峡文艺出版社,2002:253.
④ [捷克]夸美纽斯.大教学论·教学法解析[M].任钟印,译.北京:人民教育出版社,2006:288.
⑤ [法]卢梭.爱弥儿——论教育(上)[M].李平沤,译.北京:人民教育出版社,2001:157.
⑥ [法]卢梭.爱弥儿——论教育(上)[M].李平沤,译.北京:人民教育出版社,2001:223.

的'良好教学'即发现教学,发现教学的基本构成要素即'学问的兴趣'和'学问的方法'。这两个要素是获得知识、发现真理的工具,而不是知识、真理的本身。因此,卢梭的教学论不是以知识为本位,而是以兴趣、能力为取向的"①。"教育的艺术是使学生喜欢你所教的东西。"②教学过程就是成就学生发现知识和真理,获取快乐和判断力的过程。

斯宾塞对教学过程理论提出了自己独到的见解,构建了一个自我教育与快乐教育相结合的教学过程。斯宾塞对这一过程中自我教育与快乐教育的关系作了辩证的阐释:"整个过程应该以培养自我教育能力为核心,它所引起的心智活动应该是孩子乐意接受的。"③"前者是心智成长的科学概括,后者是心智成长的艺术的信条。"④因此,教师一方面要鼓励学生自我教育。"应该引导儿童自己去探讨,自己去推论。给他们讲的应该尽量少些,而引导他们发现的应该尽量的多。"⑤自我教育的最大好处是能使学生加深对所学知识的理解和记忆,培养专注的习惯。因为"学生自己得来的任何一项知识,自己解决的任何一个问题,那个成就所需要的心智准备活动、必要的思维集中、胜利后的兴奋等会使这些知识深深地印入他的记忆中。这比任何灌输的知识都会鲜明、生动、持久。而且,还有助于培养他们面对困难的勇气和培养专注的习惯"⑥。另一方面,快乐本身是有效的心智活动的前提和目标。应当看到,自我教育训练的方法"也是能够引起孩子内心快乐的方法。不仅仅是因为获得外部奖励而快乐,而是活动的本身是快乐的。长期以来,禁欲主义者总是把快乐看做人生的奢侈和享受,但他们忽视了快乐本身也是一种有效的心智活动的前提。快乐也是一种于己于人有价值的目标"⑦。

不仅如此,斯宾塞还进一步探讨了愉快教学过程的规律和机制。他认为,在情绪不好的情况下,儿童的学习效果就不好;而在快乐的状态下学习是最有效的。"在同等情况下,教学的效率显然与学生从事那项学习的快乐程度成正比。"⑧因为"孩子在快乐的时候,他学习任何东西都比较容易,相反在情绪低落、精神紧张的状态下,他的信心会减弱,这时即使是一个伟大的教育家在面对他们,也不会有任何办法,惟一的方法是先把他们的情绪调节到快乐、自信、专注,然后再开始学习"⑨。在方法上,"应该用快乐的办法教育年青人,使他们在上课时像玩耍一样快乐。人们从心智上有了恰当指导而得来的乐趣,往往比肌肉力量得到练习的乐趣大

---

① 张华.经验课程论[M].上海:上海教育出版社,2000:54.
② [法]卢梭.爱弥儿——论教育(上)[M].李平沤,译.北京:人民教育出版社,2001:351.
③ [英]斯宾塞.斯宾塞的快乐教育[M].颜真,译.福州:海峡文艺出版社,2002:101.
④ [英]斯宾塞.斯宾塞的快乐教育[M].颜真,译.福州:海峡文艺出版社,2002:289.
⑤ [英]斯宾塞.斯宾塞的快乐教育[M].颜真,译.福州:海峡文艺出版社,2002:289.
⑥ [英]斯宾塞.斯宾塞的快乐教育[M].颜真,译.福州:海峡文艺出版社,2002:288.
⑦ [英]斯宾塞.斯宾塞的快乐教育[M].颜真,译.福州:海峡文艺出版社,2002:102.
⑧ [英]斯宾塞.斯宾塞的快乐教育[M].颜真,译.福州:海峡文艺出版社,2002:288.
⑨ [英]斯宾塞.斯宾塞的快乐教育[M].颜真,译.福州:海峡文艺出版社,2002:23.

得多。这一个观点,从裴斯泰洛齐以来的知名老师都证明过,爱丁堡大学的皮兰斯教授也证明过"①。

(四) 愉快教学的原则

1. 激发好奇心原则

卢梭对激发学生的好奇心原则作了精辟的阐释。首先,充分肯定了好奇心对儿童获取知识的重要意义。他提出了一个重要的命题,即"好奇心是儿童寻求知识的第一本原",因为好奇心只要巧妙的引导,就能成为儿童寻求知识的动力。一方面儿童与生俱来就有获取幸福的欲望,另一方面他会不断寻求满足这种欲望的新方法。这种本原是内在于人心中,是自然而然地产生的,但它推动着儿童对知识的获取和欲望的发展,是同后者成比例的。其次,提出了激发学生好奇心的路径。第一,研究好奇心。教师引起了学生的好奇心后,就要根据好奇心发展的方向和趋势,展开对他的爱好、倾向进行研究,以发现儿童"天才的第一道火花"。第二,教学要讲究趣味性,力求用有趣的内容引导学生的好奇心。不过,这时候,既不能脱离学生所能理解的实际的物质关系,也不能让学生在心中产生不清楚的观念。教师要不断使学生接触他将来必须知道的重大关系,认清人类社会中的善恶,而不是把注意力放在琐碎的事情上,这体现了教学的艺术。第三,善于通过提问引导学生的好奇心。卢梭指出:"为了培养他的好奇心,就不能急急忙忙地去满足他的好奇心。你提出一些他能理解的问题,让他自己去解答。要做到:他所知道的东西不是由于你的告诉而是由于他自己的理解,不要教他这样那样的学问,而要由他自己去发现那些学问。你一旦在他心中用权威代替了理智,他就不再运用他的理智了,他将为别人的见解所左右。"②卢梭认为,他提的问题之所以能够引起学生的好奇心,是因为那些问题本身是"很有意思"、"很新鲜的"也是学生所能理解的。如果教师决定回答学生的问题,那就对所有的问题尽可能回答得简单而清晰,话中不包含不可思议和模糊的意味。

2. 兴趣性原则

夸美纽斯和斯宾塞较多地论述了这一原则。首先,兴趣是教学的前提。夸美纽斯认为,教学的最好时机是儿童对功课抱有极大热情,有渴求学习的求知的欲望,而不去教一个对学习不感兴趣的人,因为那是白费力气。因而,"必须尽一切努力使学生把他的功课看作是值得赞许的事。这种赞许会激发喜爱,喜爱会激发渴望,渴望会激发用功"③。他强调"除非学生的求知欲旺盛,不要着手对他施教"④。斯宾塞提出了一个著名的命题:"教育使人愉快,要一切教育带有乐趣。"⑤在

---

① [英]斯宾塞.斯宾塞的快乐教育[M].颜真,译.福州:海峡文艺出版社,2002:287—288.
② [法]卢梭.爱弥儿——论教育(上)[M].李平沤,译.北京:人民教育出版社,2001:217.
③ [捷克]夸美纽斯.大教学论·教学法解析[M].任钟印,译.北京:人民教育出版社,2006:297.
④ [捷克]夸美纽斯.大教学论·教学法解析[M].任钟印,译.北京:人民教育出版社,2006:297.
⑤ [英]斯宾塞.斯宾塞教育论著选[M].胡毅,王承绪,译.北京:人民教育出版社,1997:100.

他看来,儿童智慧的本能比我们自己的推理更为可靠。某个作法尽管从理论上讲似乎最好,但它如果不引起兴趣或比其他方法较少的兴趣,那么教师就应该放弃。他断言:"在获得知识的能力这一方面,我们可以放心依靠这个一般规律:就是在正常情况下,健康的活动是愉快的,引起痛苦的活动是不健康的。"①因为,让儿童产生兴趣和满足,会给儿童带来快乐,因此,教学如果使儿童先产生兴趣,儿童获取知识的效果会事半功倍。其次,夸美纽斯和斯宾塞提出了兴趣教学的策略。夸美纽斯强调,应该用一切可能的方式激发儿童求知和求学的欲望。例如,称赞教师及其教学技巧,使学生信任、热爱教师;和善、温和地对待学生,循循善诱;把所教的内容亲切地、诱人地放在儿童跟前,用对话的形式诱导学生争相答复,并对深奥的问题加以解释。斯宾塞认为,兴趣教学反对灌输知识,使学生负担过重。那些急于培养儿童心智而不顾其身体的教师,往往没有意识到成功的人更多的是依靠其精力和兴趣,而不是依靠强行的知识的灌输。他要求教师在儿童表现疲倦之前,就应该停止功课。他还提出用兴趣诱导学生快乐学习。在他看来,"'兴趣是学习和求知最大的动力',这句古老的谚语今天和以后都不会过时。这不仅仅是一种方法,它所包含的是人类知识获取的一个古老而充满智慧的法则。同样'诱导是教育和培养孩子的最好方法',这句话今天和以后也不会过时"②。

3. 情感性原则

夸美纽斯和斯宾塞对这一原则进行了阐释。夸美纽斯认为,情感在教学中起着动力的作用。"因为一个人不可能使人受益而不同时使人愉快。诚然,我们的情感是我们的生命的一半,它们既吸引我们走向目标,也吸引我们离开目标。如果精神感受不到吸引力,它就缺乏爱好。哪里精神缺乏爱好,那里就必须违背它的意志去加以推动。而且,当精神没有愿望时,就没有什么东西容易到不能变得困难的,没有什么东西甜蜜到不会令人惊愕。"③为此,教师要做到:一是让学生知道学科的美好和用途。因为儿童固有的天性是爱好更美好的事物,如果教师能够把美好的事物呈现在学生面前,就会吸引他们去满足自己的天性,渴望主动和力求精通事物。二是教师要以父亲般的仁慈情感对待学生。也就是说,教师在执行任务时不能发脾气,而应以仁慈的爱的情感影响学生,以便使学生能感受到爱,并把它作为勤奋学习的动力。

斯宾塞认为,情感教育能对儿童潜能开发、智力的发展起着催化剂的作用。他们人生中的许多精彩故事、伟大的行为都离不开情感。"它是道德的真正基础,是理智的动力,是人生生生不息的力量。"④如果教师在对儿童进行智力培养时经常流露出亲切和善意的情感,就会激励儿童,使他们乐意接受教师的指导和教诲。自在、安适的情绪有利于儿童接受新知识、容纳新形象。"教

---

① [英]斯宾塞.斯宾塞教育论著选[M].胡毅,王承绪,译.北京:人民教育出版社,1997:111.
② [英]斯宾塞.斯宾塞的快乐教育[M].颜真,译.福州:海峡文艺出版社,2002:78.
③ [捷克]夸美纽斯.大教学论·教学法解析[M].任钟印,译.北京:人民教育出版社,2006:356.
④ [英]斯宾塞.斯宾塞的快乐教育[M].颜真,译.福州:海峡文艺出版社,2002:261.

育的一个重要目的,还在于培养孩子爱的情感,唤醒他身上沉睡的爱的情感。对于教育来说,爱的情感使教育中太尖锐的矛盾得到化解,也使孩子以更高的热情去实现教育的目标。"①他主张用积极的暗示激发学生的情感。因为积极的暗示总是和真挚的爱的情感相联系,"它有时是发现孩子在某方面的潜能,有时是对他性格中优秀成分的敏锐捕捉,有时是对他智力的真诚赞美"②。更为重要的是,要让孩子感受到爱和表达爱,以激发儿童身上相应的积极情感。"爱,真的需要说出来。美好的情感当你说出来时,也会唤起别人同样好的情感。"③

4. 愉悦性原则

愉悦性原则是指让学生在教学中体验到快乐,在愉快的氛围中获取知识,发展智力。夸美纽斯不仅要求学校应是快意的场所,而且要求教师的教学能使学生感到轻松愉悦,有不可抗拒的吸引力,"使男孩子从学习中得到的快乐不少于整天打球或自我消遣"④。他认为,通过以竞争为特性的游戏和娱乐引发儿童的愉悦。对于儿童而言,游戏和娱乐是他们最喜欢的活动,他们能专心致志地投入其中,这体现了他们的天性,因为"喜爱自由乃是天性。每一种游戏都或多或少是志愿的因而是自由的运用,而从事严肃事务的职业表面上看是由于必要性,因而是被迫的。再者,一切游戏都是社会性的、竞争性的事情,而人性以竞争为乐事,因为它乐于受到表扬。最后,人心渴求新奇,喜欢看到一件事情的结果……,所以,它也喜爱参加有机会看到竞赛结果的游戏"⑤。

斯宾塞认为,追求教学的愉悦是当时一切教育变革的趋势。"在所发生的一切变革中,最值得注意的是人们逐渐有个愿望,想把获得知识当成一件愉快而不是苦恼的事情。那愿望是由于多少认清了儿童在每个不同年龄所喜欢的智慧活动是对他有益的,不喜欢的就是对他有害的。大家逐渐都公认儿童爱好某种知识,就意味着在开展的心智已经能够吸收它,也需要它去促进发育;反过来,讨厌任何一种知识,就标志着那知识是提出得过早或者照那个形式是不能消化的。"⑥因此,他强调最好的方法是把教育变成渐进的、快乐的事情。为此,他要求教师首先要使所教功课力求快乐。因为愉快的功课使知识富有吸引力,会使儿童以愉快的方式获得知识,这"不只是因为知识本身是有趣的,而且许多快意和成功的体验将促使他们终身进行自我教育"⑦。相反,痛苦的功课会使儿童讨厌知识,因此儿童会受到冷眼、威吓、惩罚而苦恼。前者会变得自信、开朗;后者会变得沉闷、胆怯。其次,要引导儿童有目的地追求快乐。儿童的快乐不是单一,而是多种多样的,缺乏社会目的,教师要尽快地引导儿童得到"有目的的快乐"。"对于教育者来说,应该先

---

① [英]斯宾塞.斯宾塞的快乐教育[M].颜真,译.福州:海峡文艺出版社,2002:262.
② [英]斯宾塞.斯宾塞的快乐教育[M].颜真,译.福州:海峡文艺出版社,2002:128.
③ [英]斯宾塞.斯宾塞的快乐教育[M].颜真,译.福州:海峡文艺出版社,2002:269.
④ [捷克]夸美纽斯.大教学论·教学法解析[M].任钟印,译.北京:人民教育出版社,2006:76.
⑤ [捷克]夸美纽斯.大教学论·教学法解析[M].任钟印,译.北京:人民教育出版社,2006:359.
⑥ [英]斯宾塞.斯宾塞教育论著选[M].胡毅,王承绪,译.北京:人民教育出版社,1997:100.
⑦ [英]斯宾塞.斯宾塞的快乐教育[M].颜真,译.福州:海峡文艺出版社,2002:287.

让孩子们快乐起来,然后再给出可行的目标。"①再次,把愉快作为评价教师教学结果的标准。在斯宾塞看来,"作为评判任何培养计划的最后考验,应该提出这样一个问题:它是否在学生中间造成一种愉快的兴奋?在拿不准一种特殊方式或安排是同上述的各原理协调,还是同某些其他原理更协调的时候,稳当的办法是依靠这个标准"②。

5. 自然性原则

夸美纽斯、卢梭和斯宾塞一致推崇自然性原则。夸美纽斯认为,教育如果遵循自然的法则,步随自然的后尘,按照学生的年龄施教,智性不被强迫去做天性所不倾向的事情,那么教育的过程来得容易和快乐。因此,"要使方法能够激起求知的愿望,它第一就必须来得自然。因为凡是自然的事情就都无需强迫。水往山下流是用不着强迫的。……我们用不着劝说一只鸟儿去飞;樊笼开放之后它立刻就会飞的"③。教师应该做的事情是,"应当知道怎样防止出现厌恶,怎样激发兴趣,怎样鼓励热情。他必须从人性的特点学习这些东西。人性的特点自然地显露出什么东西使它高兴,什么东西使它不悦"④。"我们必须遵循自然,不论学生成熟到何种程度,要允许他们去做感兴趣的事情,这样我们就不致与自然作对而是充当她分娩时的接生婆。"⑤

卢梭的贡献在于确立了这样的观念:"教育是来自儿童本身的自然发展的过程,通过天生的兴趣和本能,这一过程才能有所前进。"⑥教师要给儿童以自由和快乐,"不要因此加重了他的负担,以致使它感到厌倦,所以要时时注意,不管怎样,在他快要困倦的时候,什么事情都要停下来;因为重要的不是要他学多少东西,而是不要使他做任何违反他的意志的事情"⑦。"只要一个孩子还没有为我们的偏见所束缚,他的头一个愿望必然是想生活得愉快和自由;最简朴和宽敞的衣服,最使他不受拘束的衣服,在他看来才是最珍贵的"⑧,因此,卢梭强调应当按照人的天性处理人的欲念,为了儿童的幸福,我们要做的事是就是:把孩子看作孩子。

斯宾塞认为,自然的教育充满快乐,"既然在幼儿的自我教育中,咬珊瑚和拆开玩具的乐趣就推动他去了解物质的特性,那么在选择一系列最能引起学生兴趣的学科和教法中,我们也照着自然的意图办事,按照生活的规律来调整我们的做法"⑨。在教育中,只要使我们的办法为一切心智

---

① [英]斯宾塞.斯宾塞的快乐教育[M].颜真,译.福州:海峡文艺出版社,2002:46.
② [英]斯宾塞.斯宾塞教育论著选[M].胡毅,王承绪,译.北京:人民教育出版社,1997:111.
③ [捷克]夸美纽斯.大教学论[M].傅任敢,译.北京:教育科学出版社,1999:94.
④ [捷克]夸美纽斯.大教学论·教学法解析[M].任钟印,译.北京:人民教育出版社,2006:356.
⑤ [捷克]夸美纽斯.大教学论·教学法解析[M].任钟印,译.北京:人民教育出版社,2006:342.
⑥ [英]伊里莎白·劳伦斯.现代教育的起源和发展[M].纪晓林,译.北京:北京语言学院出版社,1992:138.
⑦ [法]卢梭.爱弥儿——论教育(上)[M].李平沤,译.北京:人民教育出版社,2001:223—224.
⑧ [法]卢梭.爱弥儿——论教育(上)[M].李平沤,译.北京:人民教育出版社,2001:151.
⑨ [英]斯宾塞.斯宾塞教育论著选[M].胡毅,王承绪,译.北京:人民教育出版社,1997:101.

在成熟进程中都经过的那个自然发展服务,我们就会获得成功。当然,"孩子尽管在天性上是自然的亲近者,但并不是每个孩子都懂得去聆听、触摸、呼吸大自然的美与和谐。这首先需要每一个做父母的理解大自然的话语,然后教孩子怎样去看、去听、去描摹"。这也就是说,打开孩子通向大自然之路,需要父母的灵性和耐心。

6. 实物教学原则

夸美纽斯和斯宾塞都论述了实物教学与快乐教育之间的内在关联。夸美纽斯认为,"人的感官乐于与对象联系,苦于与对象分离,因为感官只有在那些对象中才能找到营养。这就是儿童……在听说他们从未见过、从未听过、从未尝过的某物时,急切地去看、听、尝的缘故。如果你限制他们,你就是压制他们。因此,将一切事物向儿童的感官提出的方法将会是快乐的源泉。所以,我们必须以经常求助于感官吸引我们的学生"①。斯宾塞认为,忽略了感官的教育,就会导致儿童在以后的教育中困倦、模糊和不快乐。真正的自然教育是令人愉快的。"有什么事比儿童采集新鲜花卉,观察新奇昆虫,收集石块贝壳时更愉快呢?如果你当一个植物学家把一群孩子带到田野,你一定会发现,孩子们会积极帮他探寻植物,多么专注地看他研究,围着他问这问那。"②正因为如此,斯宾塞强调,在所有学生的教育中,都要重视实物教育,无论在家里,还是在课堂,都需要实物,还要把范围扩大到田野、树丛、矿山、海边的事物。

7. 多样性原则

夸美纽斯阐述了多样性原则。夸美纽斯认为,喜爱多样性,厌恶单调,是儿童的天性。因为他们不满足于有限的事物,与生俱来就具有领悟无限的能力。"观看者从各个部分都是一样的事物中感受不到快感,如平坦的沙地、单调的海面、纯白的墙,一张空白的纸等,就是这个缘故。但是,一片长满树木和植物的平原、山峦、河谷、原野和葡萄园的景色壮丽的地方、城镇、要塞,用丰富多彩的画面装饰起来的墙面,上面写有东西的纸——这些对于感官和精神是多么受欢迎的赏心乐事!所以,凡是所教的内容都应当用令人喜爱的多样性加以调节。"③

8. 有用性原则

夸美纽斯非常重视有用性原则,强调教师所教科目必须指出它的实际用途,凡是没有用处的东西不教,也不让学生学毫无用处的东西。因为"人性总是探寻事物的用途;它欢迎应允能服务于有用目的的任何事物。……我们务必不要耽溺于空洞的沉思,让用途显然可见。美丽的事物只有当它有用时才被人欣赏"④。无独有偶,卢梭也强调知识的实际用途,反对学习儿童不能理解和无用的东西,把有用性作为衡量教学内容的标准。他指出:"你可以大大地利用你的知识和经

---

① [捷克]夸美纽斯.大教学论·教学法解析[M].任钟印,译.北京:人民教育出版社,2006:358.
② [英]斯宾塞.斯宾塞的快乐教育[M].颜真,译.福州:海峡文艺出版社,2002:95.
③ [捷克]夸美纽斯.大教学论·教学法解析[M].任钟印,译.北京:人民教育出版社,2006:359.
④ [捷克]夸美纽斯.大教学论·教学法解析[M].任钟印,译.北京:人民教育出版社,2006:358.

验,向他指出所有你告诉他的事物的用处!因为你要知道,你向他提出这个问题,也就是在教他反过来向你提这个问题;你应当估计到,在你以后要他做什么事情的时候,他一定要照你的样子问:'那有什么用处呢?'"①因此,有用性关联着学生的现实利益,而"现实的利益才是最大的动力,才是使人走得又稳又远的唯一动力"②。总之,"无论你讲解什么东西,重要的是要好好地先揭示它的用途,然后才指出它的弊端"③。

9. 问题教学原则

通过提问激发学生的求知热情和愉悦感,是夸美纽斯和卢梭的共同的教育信念。夸美纽斯把引人入胜的方式讲课和提问看作是激发学生学习兴趣的重要途径,认为"提问可能是涉及前面学过的,用以说明它与现在所学问题之间的连接,或是涉及学业的新分支。因为如果学生对课题的无知被无情地暴露出来,就可能激起他们掌握它、彻底理解它的愿望"④。当某个学生不能回答问题时,就把问题呈现在全班学生面前,鼓励其中回答得最好的学生,使他们成为鼓励其余学生的榜样。卢梭要求教师不能告诉学生所要学习的内容,而应当让学生自己决定学习和研究什么东西。教师要做的是,设法使学生理解那些东西,巧妙地使学生产生好奇心和学习的欲望,向他提供满足欲望的办法。教师所提问题是经过自己慎重选择的,不宜太多。"倘使他自行向你提出一些问题,你就看怎样能引起他的好奇心就怎样回答,而不要去考虑如何满足他的好奇心;特别是当他不是为求知而发问,而是胡说八道地问你一大堆没头没脑的问题时,你就应该马上停止回答,因为这时他在心中所想的不是你们讨论的事情,而只是怎样用许多的问题来找你的麻烦。"⑤

10. 自我教育原则

斯宾塞阐释了自我教育原则。他认为,自我教育是充满快乐的,放弃了自己做力所能及的事,就永远不会获得自我努力随之而来的快乐。"孩子的兴趣不管看起来多么无用而离奇,也同样可以通向对他一生具有伟大意义的自我教育,一旦他获得这种能力和习惯,同样会导向他成为一个杰出的、优秀的、有教养的人。"⑥自我教育应遵循的原则是:"应该尽量鼓励孩子自我发展,应该引导孩子自己去进行探讨,自己去推论,给他讲的应该尽量少些,而引导他们自己去发现的应该尽量多些。从人类获取知识的方式看,最主要的获取方式是自我教育,而且取得了最好的效果,孩子的知识获取与能力培养也应参照这一方式。"⑦他倡导用兴趣帮助儿童展开自我教育,其

---

① [法]卢梭.爱弥儿——论教育(上)[M].李平沤,译.北京:人民教育出版社,2001:236.
② [法]卢梭.爱弥儿——论教育(上)[M].李平沤,译.北京:人民教育出版社,2001:135.
③ [法]卢梭.爱弥儿——论教育(上)[M].李平沤,译.北京:人民教育出版社,2001:254.
④ [捷克]夸美纽斯.大教学论·教学法解析[M].任钟印,译.北京:人民教育出版社,2006:153—154.
⑤ [法]卢梭.爱弥儿——论教育(上)[M].李平沤,译.北京:人民教育出版社,2001:224.
⑥ [英]斯宾塞.斯宾塞的快乐教育[M].颜真,译.福州:海峡文艺出版社,2002:103.
⑦ [英]斯宾塞.斯宾塞的快乐教育[M].颜真,译.福州:海峡文艺出版社,2002:94.

方法是：把从兴趣到成果的过程完整地交给他自己,遇到困难时,适当给予鼓励;提出一些新的问题,希望他自己去找到答案;对他因兴趣而产生的成果,作出阶段性评价,让他看到评价的变化。他会很重视这种评价,并从变化中思考怎样获得好评价的方法。①

三、西方自然主义教育家视野中的愉快教育思想的当代价值

（一）理论支撑：自然和自由教育思想

当代学者在论述愉快教育思想的理论基础时更多地诉诸于教育学和心理学,而没有意识到自然教育思想和自由教育思想也是愉快教育思想的重要的理论基础。其实,这个重要的理论基础在西方自然教育家那里就形成了传统,得到了确认。早在文艺复兴时期,荷兰人文主义教育伊拉斯谟强调"要引导学生怀着自信心去正视生疏的问题,慢慢地但却是坚毅地去解决它。我们不能低估年青人有能力以自己的才智找到合适的答案,……与其他任何生物一样,孩子都擅长真正属于他本性的活动,……因此,要按大自然的规律办事,在学校中消除过重的劳累现象,要尽量使学生能够自由和愉快"②。维夫斯辩证地指出:"教师应该按照学生的年龄特征和所传授的知识选择所教的东西。最重要的是,孩子们必须习惯于一切令人高兴的好事并热爱它们,见到坏事便伤心憎恶它们;但是,他们关于善和恶的看法应该适应其思想能力,因为他们不能一下子便领悟最高最完全的东西。"③夸美纽斯一方面强调"教导的严谨秩序应当以自然为借鉴,并且必须是不受任何阻碍的",这是"教与学的方法所能根据的磐石一般的原则"④。"艺术若不模仿自然,它必然什么都做不了。"⑤他说,"如果我们看见园丁、画家和建筑家步随自然的后尘得到了好结果,我们就能明白,教育青年的教育家是应该采取同一行径的"⑥。为此,他要求尽可能地使教学艺术的步骤符合自然的步骤,只有当教学艺术步随自然的后尘,教学过程才能来得"容易并且快意",才能获得万物的知识,才能使教学成为把一切事物教给一切人们的全部艺术。另一方面,他强调应遵循儿童的自然本性,不压制自然本性。因为"人性的特点自然地显露出什么东西使它高兴,什么东西使它不悦"⑦。因此,他把遵循儿童的自然本性看做是愉快教学的总原则,指出:"把自然本性看做本性的要求,这是愉快的进步的基础。不这样看待自然倾向就是与本性作斗争,也就是阻碍、破坏和压制本性的努力。"⑧在卢梭看来,"自然教育"的意蕴就是遵循儿童天性的自然发展,让

---

① [英]斯宾塞.斯宾塞的快乐教育[M].颜真,译.福州:海峡文艺出版社,2002:104—105.
② [英]伊里莎白·劳伦斯.现代教育的起源和发展[M].纪晓林,译.北京:北京语言学院出版社,1992:45.
③ [英]伊里莎白·劳伦斯.现代教育的起源和发展[M].纪晓林,译.北京:北京语言学院出版社,1992:59.
④ [捷克]夸美纽斯.大教学论[M].傅任敢,译.北京:教育科学出版社,1999:64.
⑤ [捷克]夸美纽斯.大教学论[M].傅任敢,译.北京:教育科学出版社,1999:64.
⑥ [捷克]夸美纽斯.大教学论[M].傅任敢,译.北京:教育科学出版社,1999:64.
⑦ [捷克]夸美纽斯.大教学论·教学法解析[M].任钟印,译.北京:人民教育出版社,2006:356.
⑧ [捷克]夸美纽斯.大教学论·教学法解析[M].任钟印,译.北京:人民教育出版社,2006:356.

儿童回归自然状态,在自由自在的环境中愉快地成长。"愉快"是自然教育内在蕴涵,衡量儿童全面自由发展的重要指标。卢梭对"爱弥儿"的教育过程始终充满快乐,无论培养"自然人"的教育目的,还是由活动、游戏或作业构成的教育内容,抑或是由天性教育、消极教育、自由教育、感觉教育、智慧教育、生命教育等构成的自然教育路径,都有快乐的意蕴,无不折射出卢梭对儿童的关爱以及以儿童为本位的精神。他提出的"把儿童看作儿童"的儿童观,更是彰显出他对儿童天性、需要的尊重,是为了儿童的幸福,"按照人的天性处理人的欲念"。正因为自然教育是快乐的,因而培养出来的儿童充满自由和快乐。斯宾塞在继承前人的基础上,更是强调自然教育思想在愉快教育中的基础地位。一方面,无论是儿童的心智,还是能力的发展,都是有一定顺序的,教育者应为儿童心智或能力的发展找出这个顺序,提供不同的知识。另一方面,无论儿童的品质、性格和智慧,还是在以后的生活中是否感到快乐和幸福,都必然与自然教育相关联。然而,传统教育忽视了对儿童来说更有意义的自然教育和自助教育,仅仅把教育看作在严肃的教室里的苦行僧的生活,没有意识到"自然教育和自助教育在孩子身上最直接的反应恰恰就是快乐和有趣"①。他提倡的快乐写作和快乐教育都是建立在自然教育思想的基础上,都是立足于儿童的自然属性而提出的。在斯宾塞看来,"没有任何其他教育方法比顺应孩子自然的次序、兴趣更有效果、更有益处"②。由此,他断言:"真正的自然教育是快乐的。"③此外,西方自然教育家还论述了愉快教育思想的另一个理论基础——自由教育思想。西班牙的维夫斯认为,"人类的思想都倾向美好的自由。它允许自己从事工作,但是一旦被强迫,便会受到损害。我们知道:当驱使一个人怀着勉强的思想去从事一件不合志趣的工作时,结果便会很糟糕"④。在卢梭的视野中,自由教育是指教育者按照儿童的意志实施的让儿童自由自在地学习和生活,成为自己的主人的活动。在《爱弥儿》中,卢梭对自我意志的重要性给予高度的肯定:"只有自己实现自己意志的人,才不需要借用他人的意志来实现自己的意志;由此可见,在所有的财富中最为可贵的不是权威而是自由。"⑤因为按照自我意志行事,儿童才能体验到自由,反之,当儿童与自我意志分离的时候,他就不可能获得自由。而没有自由的教学,就会使学生的身心发展受到限制,难以获得愉悦感。这两个理论基础应成为当代愉快教育思想的重要的理论支撑。就前者而言,只有遵循自然法则和自然本性的教育,才是符合学生身心发展特点的教育,才会为学生所乐意接受,才会唤起学生快乐的情绪,为儿童获取知识、发展智力创造一个轻松愉快的氛围和背景。因为愉悦的情感在学生的认知活动中起着动力的作用,能够有效地促进学生的知觉、记忆、思维和注意。学生就会体验到学习的愉悦,正

---

① [英]斯宾塞.斯宾塞的快乐教育[M].颜真,译.福州:海峡文艺出版社,2002:38.
② [英]斯宾塞.斯宾塞的快乐教育[M].颜真,译.福州:海峡文艺出版社,2002:122.
③ [英]斯宾塞.斯宾塞的快乐教育[M].颜真,译.福州:海峡文艺出版社,2002:138.
④ [英]伊里莎白·劳伦斯.现代教育的起源和发展[M].纪晓林,译.北京:北京语言学院出版社,1992:60.
⑤ [法]卢梭.爱弥儿——论教育(上)[M].李平沤,译.北京:人民教育出版社,2001:78.

如斯宾塞所言：真正的自然教育是令人愉悦的。快乐的功课会提升学生智力活动的效率。"有一份材料在介绍国外科研成果时说，儿童在融洽气氛中进行'快乐学习'要比中性情绪下，接受力提高25%—40%，记忆力提高1.5—2倍。"①没有愉快的情感，学生就不会有成功发现真理、掌握知识、发展智慧后的快乐体验。反之，在强制、压抑、恐惧的氛围中，学生就会对知识厌恶，厌倦学习，智力活动就会受到抑制，学习无乐趣可言，教学效果当然就很低。就后者而言，自由是愉快教学的前提。如果学生的言行处处受到强制和束缚，身心处在不自由和被动状态，就不会产生由"要我学"到"我要学"的强烈的学习兴趣，更体验不到教学中的快乐。反之，如果学生的身心处在自由状态下，学生的行为不受拘束，可以自由自在，其学习就会充满乐趣。所谓"自由"意味着活动。儿童天生活泼好动，喜欢活动，即使在活动中受点轻伤，他们仍然会乐在其中，愉快地忍受痛苦。因此应多给儿童活动和游戏，让他们尽情地玩耍，在活动中获取知识，享受快乐。"活动对于儿童来说太重要了。不让儿童活动就等于不让儿童思考，儿童的成长就是借助于活动进行的。有活动的自由，孩子智力状态就会很高，心理状态就会很好，情感会成熟。"②其次，"自由"意味着做自己的主人，能按自己的意志行事，使自己的行为、意志、情感、精神处在自主的状态，不受外力的干扰和压迫。这一点对于儿童来说也太重要，如果学生的学习行为总是受到束缚和压制，经常处在被动的状态，不能自主掌控，其主动性、能动性和创造性就得不到充分发挥，就难以获得愉悦感。"自己做自己的主人，这并不是我们以往认为想做什么就做什么，而是你可以按照自己的意志，执行自己的计划，你的计划不被任何人破坏。"③总之，愉快教学是在自由自在的状态中发生的，自由是愉快教学不可或缺的前提。

（二）愉快教学目标：快乐的发展

快乐作为教学目标得到了夸美纽斯、卢梭和斯宾塞的一致认可，构成了西方愉快教育思想的一个重要传统。夸美纽斯把获得快乐看成教育的重要目的。他建构的"大教学论"的意图在于，"将一切事物教给一切人的无所不包的艺术，它是真正能以确定性教授它们、务使必有成效的教学艺术，它是愉快地进行教授的艺术，即是说，教师和学生双方都没有烦恼或厌恶，而是双方都引为最大的乐事"④。卢梭期待的教学目标是：爱弥儿度过了他的童年，他长大为成熟的儿童，不仅获得了快乐，而且发展了理智。他的这种完满成熟的境地的达到与他度过的快乐和自由时光是齐头并进的。也就是说，理智、自由和快乐在自由教育中可以同时获得，不必牺牲一方而成全另一方。"他比任何人都更应该依靠他自身，因为他完全达到了他那样年龄的人所能达到的圆满境地。他没有犯过什么过失，或者说，他所有的恶习都是任何人不能保证自己没有的。他的身体强

---

① 倪谷音.我和愉快教育[M].上海：上海教育出版社，1997：55.
② 孙瑞雪.爱和自由[M].北京：中国妇女出版社，2009：277.
③ 孙瑞雪.爱和自由[M].北京：中国妇女出版社，2009：277.
④ [捷克]夸美纽斯.大教学论·教学法解析[M].任钟印，译.北京：人民教育出版社，2006：7.

壮,四肢灵活,思想健全而无偏见,心地自由而无欲念。……因而可以按大自然所能允许的范围生活得尽量地满意、快乐和自由。"①可以说,满意、快乐和自由是自由人的必备素质,也是自由教育所要追求的目标。杜威对此的解释是:卢梭"遵循自然的教育目的,意思就是注意儿童爱好和兴趣的起源、增长和衰退"②。斯宾塞强调教育的目的就是让儿童成为快乐的人,"必须承认,保持青年的快乐本身就是一个有价值的目标"③。

我们应当继承这个传统,把快乐作为教学目标,以实现学生的生动、活泼、主动的发展。在传统的教育目的中,人们过多地重视学生知识的获取和智力的发展,而忽视了情感的发展,割裂了认知与情感的统一。唯理性的教育和模式化的教育,过度地发展了人的理性,使人的情感、个性的发展边缘化,被排除在教育目的的视野之外。事实上,情感是人的身心发展的重要维度。没有爱和情感,就不会有学生的幸福和快乐,也就不会有真正的教育,更不会有学生身心自由而愉悦的发展。正如尼尔所说:"孩子们幸福与快乐的程度,全靠我们给他的爱和赞许而定。我们一定要和孩子站在一边。与孩子站在一边就是给孩子爱那并不是一种占有的爱,也是一种不讲理智的爱,而是一种让孩子感觉到你爱他,也赞同他一切行为的爱。"④教育的成功并不在于获取多少知识,而在于造就对生活充满爱,能快乐地学习,积极地生活,身心愉悦发展的人。爱、赞许等情感在学生的认知活动和身心发展中起着内驱力的作用,能使学生高效地获取知识,推动着学生的身心朝着快乐和幸福的方向发展。"情感之所以成为行为的动力,主要是因为情感是与人的活动倾向性相联系的,情感是人的需要是否满足而产生的体验,情感加强着需要的动力作用。在对活动的调节和控制过程中,情感波动同人的需要一起驱动人的行为,当一种需要未得到满足时,人就会产生一种内心反应和身心波动(即产生情感),以调动身心全部力量实现这种需要,这样首先由需要促动人的行动,而情感则加强身心对这种需要满足的渴望。"⑤可见,快乐是一个有价值的教育目标。只有在快乐教育目标的指引下,学生才能学得愉快,学有所成,身心才能得到生动、活泼和主动的发展。

(三)愉快教学过程:愉悦、探究和自我教育

西方自然教育家关于愉快教学过程的研究为我们把握愉快教学过程的本质提供了重要的启示。

启示之一:教学过程是令人愉快的过程。正如夸美纽斯所指出的:在教学过程中"愉快是必不可少的,因为它可以防止潜入的教学的祸患——厌烦和憎恶,因为它能刺激心理并保持它对功

---

① [法]卢梭.爱弥儿——论教育(上)[M].李平沤,译.北京:人民教育出版社,2001:286.
② 吕达,刘立德,邹海燕.杜威教育文集(第2卷)[M].北京:人民教育出版社,2008:114.
③ [英]斯宾塞.斯宾塞教育论著选[M].胡毅,王承绪,译.北京:人民教育出版社,1997:129.
④ [英]尼尔.夏山学校[M].王克难,译.海口:南海出版公司,2006:77.
⑤ 陈佑清.教育目的论[M].武汉:湖北教育出版社,1994:197.

课的兴趣"①。斯宾塞同样要求教学过程应是愉快的过程,因为他认识到:"痛苦的功课使人感到知识讨厌,而愉快的功课会使知识吸引人。那些在恐吓和惩罚中得到知识的人们,日后很可能不继续钻研;而那些以愉快的方式获得知识的人们,不只是因为知识本身是有趣的,而且许多快意和成功的体验使他们终身进行自我教育。"②这也就是说,趋乐避苦是儿童的天性。他们喜欢在愉悦的环境中快乐地学习,这种愉快氛围能激活知识和智慧,唤醒儿童的潜能,张扬他们的个性,使他们对知识的获得充满乐趣。"科学研究表明,愉快对学生的发展具有一系列积极的影响:愉快有利于学生消除逆反心理,以更开放的心态接受教育,从而促进外部教育要求和内容的内化;愉快有利于学生优化学习活动,提高学习效率……愉快有利于学生减轻精神负担,增进身心健康;愉快有利于学生形成和谐的人际氛围;愉快有利于学生形成乐观、开朗的人格特征——新时代的人格基调。总之,愉快有助于学生素质的全面发展。"③因此,教师的教学要讲究艺术,既合目的又合规律,使教学具有美的特性,使师生都陶醉于美的和快乐的情景中,既乐教,又乐学。虽然愉快教学主要彰显的是快乐,但并不排斥学生刻苦钻研,以顽强的意志克服困难,但更多的是要使苦学转变为乐学,乐学既是手段,又是教学过程应达成的目标。所谓"学海无边乐作舟,书山有路趣为径"就是对后者的真实写照。

启示之二,教学过程应是激发学生兴趣,发现知识的过程。卢梭对这一教学过程进行了深刻阐释。卢梭认定教学过程是激发学生兴趣,发现知识的过程。他强调教师只要用巧妙办法,可以使儿童对任何事情发生兴趣甚至热爱,而又可以使他避免产生不良的心理,如虚浮、竞争和妒嫉。他们的活泼的性情、模仿心,尤其是快乐的天性,能够帮助他们有把握地做到这一点。"问题不在于怎样用强力迫使他进行活动,而是要使他产生某种欲望,从而促使他去进行活动;这种欲望,如果在自然的秩序中善加选择的话,就可使我们达到一举两得的目的。"④"问题不在于教他各种学问,而在于培养他有爱好学问的兴趣,而且在这种兴趣充分增长起来的时候,教他以研究学问的方法。毫无疑问,这是所有一切良好的教育的一个基本原则。"⑤这也就是说,兴趣是学问获得的前提条件,没有兴趣,学问就难以获得。学生对事物的探索和发现,是由兴趣驱动的,兴趣是学生认知活动的推动力,是动机中最具活力的成分,有助于学生进行智慧的和创新的活动。正如赞可夫所说:"劳动、学习的过程及其成果所带来的迷恋和喜悦,会给人增添新的力量,赋予活动以高涨的精力,而苦闷、忧郁则抑制人的活动。"⑥在教学过程中,对学生兴趣的培养和激发,是愉快教

---

① [捷克]夸美纽斯.大教学论·教学法解析[M].任钟印,译.北京:人民教育出版社,2006:288.
② [英]斯宾塞.斯宾塞的快乐教育[M].颜真,译.福州:海峡文艺出版社,2002:287.
③ 卢家楣,等.论"愉快教育"的基本特征[J].教育研究,1994(9).
④ [法]卢梭.爱弥儿——论教育(上)[M].李平沤,译.北京:人民教育出版社,2001:157.
⑤ [法]卢梭.爱弥儿——论教育(上)[M].李平沤,译.北京:人民教育出版社,2001:223.
⑥ [苏联]赞可夫.教学与发展[M].杜殿坤,等,译.北京:人民教育出版社,1985:107.

学的前提和基础。"许多愉快教育的改革实验,都十分注重兴趣的研究。认为学生在教学过程中的认识兴趣由低到高分为情境兴趣、稳定兴趣及志向兴趣。"①而要激发学生乐学的兴趣离不开教师的乐教的兴趣,后者是前者的基础。教师只有在教学中精神饱满、精力充沛、充满愉快,才能对学生产生同样的效果,使学生的灵魂和精神得以唤醒。因为只有在精神与精神的影响中,生命与生命的唤醒中,爱与爱的交流中,双方体验到美和愉悦,实现马斯洛所说的"高峰体验"。因此,我们不仅要激发和培养学生的乐学兴趣,发挥学生的主体作用,使他们做愉快教学活动的主人,同时也要注重教师乐教兴趣的激发和培养,发挥他们的主导的作用,使教师的"主导"与学生的"主体"统一,乐教与乐学有机结合。只有如此,才能高效地启动学生乐学。

启示之三,教学过程应是自我教育的过程。斯宾塞对教学过程理论提出了自己独到的见解,构建了一个自我教育与快乐教育相结合的教学过程。斯宾塞对这一过程中自我教育与快乐教育的关系作了辩证的阐释:"整个过程应该以培养自我教育能力为核心,它所引起的心智活动应该是孩子乐意接受的。"②"前者是心智成长的科学概括,后者是心智成长的艺术的信条。"③不仅如此,斯宾塞还进一步探讨了自我教育过程的规律和机制。他认为,在情绪不好的情况下,儿童的学习效果就不好;而在快乐的状态下学习是最有效的。"在同等情况下,教学的效率显然与学生从事那项学习的快乐程度成正比。"④因为"孩子在快乐的时候,他学习任何东西都比较容易,相反在情绪低落、精神紧张的状态下,他的信心会减弱,这时即使是一个伟大的教育家在面对他们,也不会有任何办法,惟一的方法是先把他们的情绪调节到快乐、自信、专注,然后再开始学习"⑤。

这一教学过程观对于我们理解自我教育的过程富有启示价值。自我教育是教学过程的核心。这取决于如下因素:首先,学生在教学过程中处于主体地位。传统教育注重应试教育,置学生于被动地位,只关注教师的"教",忽视了学生如何"学",学生的主动性、积极性得不到发挥,学习只能被动受教,获得知识的方式只能是死记硬背,不能有效地内化知识。与此相反,现代教育主张学生是教学过程的中心,处于主体地位。知识的获得、良好教学效果的取得必须依赖于学生主动性和积极性的充分发挥。学生只有经过刻苦钻研,独立思考,积极内化的过程,才能把外在的教育影响和客观化的知识转换自己的精神财富,把知识学活,融会贯通地掌握和应用。在这一过程中,自我教育是关键。离开了学生的自我教育,学生的主体性得不到彰显。其次,教学过程是一个他我教育与自我教育相结合的过程。这两者互为前提和基础。一方面,自我教育离不开他我教育,这在儿童教育中尤其如此。通过他我教育的启发和指导,学生才能学会自我教育,激

---

① 毛亚庆.对愉快教育本质的理解[J].普教研究,1994(6).
② [英]斯宾塞.斯宾塞的快乐教育[M].颜真,译.福州:海峡文艺出版社,2002:101.
③ [英]斯宾塞.斯宾塞的快乐教育[M].颜真,译.福州:海峡文艺出版社,2002:289.
④ [英]斯宾塞.斯宾塞的快乐教育[M].颜真,译.福州:海峡文艺出版社,2002:288.
⑤ [英]斯宾塞.斯宾塞的快乐教育[M].颜真,译.福州:海峡文艺出版社,2002:23.

发自我的潜能,充分发挥自我的主体作用,学会学习,形成自主学生的能力,从而成为教学活动的主人。"要使学生会学,教师必须善教,通过教师的教引导学生的思维上路,把着力点放在引导、转化和开窍上。让学生在接受教的同时'自化自得',也即从'扶、带、看'至'自求得之'。通过学法指导的有机渗透,让学生自己拿着一把金钥匙去开知识宝库的大门。这里,关键的一步是教师要带好,通过自己的教法,带领学生进入好学、乐学、会学的境界。"①另一方面,自我教育是他我教育顺利进行和完成的基础和途径,他我教育的内容要有效地影响学生,必须借助自我教育的认识、接受和内化等环节。正如雅斯贝尔斯所说:"知识必须自我认识,自我认识只能被唤醒,而不像转让货物。一个人一旦有了自我认识,就会重新记忆起仿佛很久以前曾经知道的东西。"②从根本上说,自我教育必须依赖学生的"主动求教"。"自我教育作为一种充分体现学生主体性的教育,它摈弃了权威者对学生个体思维过程的干预,把学生推到了主动求教的位置上。它使学生不论是接受思想观念,确立一种理想信念,或掌握知识、技能和技巧,都通过自身自觉的内心体验,通过自己的思考与分析,通过自己的选择与认同,在具有十分强烈的、急迫的内化欲望中完成。没有主动求教,也就没有自我教育。"③再次,教学过程是通过自我教育,促进学生乐学的过程。斯宾塞的关于自我教育蕴含着快乐的观点是很有道理的。因为在自我教育中,学生对知识的获得,对教师课堂提问的正确回答,实现了由未知到已知的转化,求知欲的满足蕴含着快乐;学生对困难的克服,由失败到成功的转换,同样蕴含着成功的愉悦感。可以说,快乐是学生自我教育取得实效的前提,离开了"快乐",也就无所谓"会学"。"因为学生强烈的求知欲和学习热情会成为学习的直接动力,使学习成为学习者最迫切的需要。……有学习兴趣,才能使人所学东西具有稳定性,才可以心情愉快,兴致勃勃、全神贯注地学习思考,甚至达到废寝忘食的境地。若此,他才会充分发挥自己的主动性、自觉性,才会变被动学习为主动学习,才会渴求提高自己的自学能力,积极探索学习的规律和方法。可见乐学之于会学有多么大的作用。"④

(四)愉快教学原则:激发好奇心等多重启迪

西方自然教育家对愉快教学原则进行了深入的研究,建构了独特的愉快教学原则体系,主要包括激发好奇心原则、兴趣性原则、情感性原则、愉悦性原则、自然性原则、实物教学原则、多样性原则、有用性原则、问题教学原则和自我教育原则。

1. 愉快教学应遵循激发好奇心原则

这一原则启示我们,好奇心是儿童获取知识的强烈欲望和强大的推动力,是愉快教学可以值得信赖的最原始的力量。它能引发学生对当前刺激物的积极探索与思考,提升学生的认知活动的实

---

① 张晓静.自我教育论[M].哈尔滨:黑龙江教育出版社,2004:151—152.
② [德]雅斯贝尔斯.什么是教育[M].邹进,译.北京:生活·读书·新知三联书店,1991:10.
③ 张晓静.自我教育论[M].哈尔滨:黑龙江教育出版社,2004:115.
④ 张晓静.自我教育论[M].哈尔滨:黑龙江教育出版社,2004:152.

效。当学生好奇心不断地被唤醒、增强时,他们就能体验到认知过程的兴奋和愉悦。"强烈的好奇心是人生来就具有的基本本能。……在心智还不成熟时,好奇心以其宽容性引导人们去接收、记忆各种信息,而当大脑稳定地记忆了一定的信息模式时,好奇心又与这些稳定的模式一起定向地对外界信息进行变换,引导更多的新奇性信息进入人的心理,通过信息组织促使心智进一步地成长。"① 可见,好奇心与信息的扩充、知识的增长是成正比的。因此,我们可以利用教学内容的"新鲜"和"有趣"、巧妙的提问等去激发学生的好奇心,使它们成为获取知识、愉悦身心的内驱力,不断地营造一种奋发向上、积极求知的氛围。

2. 愉快教学应遵循兴趣性原则

这一原则启示我们首先要充分肯定兴趣的教育价值。其一,兴趣是儿童求知的引路人,是儿童认知活动的强大的内驱力。应让兴趣成为儿童最好的老师。因为"当个体的现实个体兴趣高时,会表现出掌握目标的特征,此时个体会主动寻求具有挑战性的任务,面对失败和挫折时能继续努力。而那些现实个体兴趣低的个体则表现出成绩目标定向的特征,他们避免高难度的挑战性工作,面对失败会高度焦虑"②。哲学家梁启超把兴趣教育称为"趣味教育",并对它的动力作用以及教育教育者的责任作了重要的阐释。他指出:"趣味是活动的源泉,趣味干竭,活动便跟着停止,好像机器房里没有燃料,发不出蒸汽来,任凭你多大的机器,总要停摆,停摆过后,机器还要生锈,产生许多毒害的物质哩。人类若到把趣味丧失掉的时候,老实说,便是生活得不耐烦,那人虽然勉强留在世间,也不过行尸走肉。"③既然趣味在儿童的活动中如此重要,教育者的责任就是把趣味当作目的,唤起儿童的趣味。因为"教育家无论多大能力,总不能把某种学问教通了学生,只能令受教的学生当着某种学问的趣味,或者学生对于某种学问原有趣味,教育家把它加深加厚,所以教育事业,从积极方面说,全在唤起趣味。从消极方面说,要十分注意,不可以摧残趣味"④。"所以教育家最要紧教学生知道是为学问而学问,为活动而活动,所有学问,所有活动,都是目的,不是手段。学生能领会得这个见解,他的趣味,自然终身不衰了。"⑤梁启超对趣味教育更加使我们加深了兴趣教育的作用和意义的认识。其二,拓展儿童的知识视野,发掘儿童的潜能。"儿童的兴趣是一种具有浓厚情感色彩的指向性活动,它可以调动儿童在活动中的积极性与主动性,督促儿童集中精力来探索、研究某事物或活动,从而获得关于某事物或活动的多方面的知识和体验,并积极地、创造性地完成当前正在从事的工作。"⑥按照杜威的观点,兴趣是儿童生长的信号和特征。

---

① 徐春玉.好奇与想象力[M].北京:军事谊文出版社,2010:81.
② 何旭明.学习兴趣的唤起[M].北京:教育科学出版社,2011:15.
③ 董方奎,陈夫义.梁启超论教育[M].海口:海南出版社,2007:277.
④ 董方奎,陈夫义.梁启超论教育[M].海口:海南出版社,2007:275.
⑤ 董方奎,陈夫义.梁启超论教育[M].海口:海南出版社,2007:276.
⑥ 娄立志.儿童教育哲学[M].上海:华东师范大学出版社,2014:63.

其三,兴趣蕴含着快乐。兴趣能使儿童的活动充满乐趣,能给儿童带来认知活动的愉快体验。因为兴趣总是和积极的情绪相关联。"事实上,很多时候,当感兴趣的事物出现时,人们便产生愉快的情绪,并主动地把注意力集中在这类对象上。反过来,人们也能从个体接近某类事物时快乐的情绪表征,来推测个体对这类事物的兴趣程度。学习兴趣则是个体对学习活动的定向反射,个体一进行学习活动便产生愉快感,并能力将注意力集中于学习内容。……如果兴趣很浓,则个体不会仅仅等待对象的出现,而是迫不及待地积极寻求、探究。一个学生如果对某类学习内容很感兴趣,他便会在学习活动中体会到快乐,并积极主动探究同类学习内容,并保持高度的愉快感。"①此外,要尽可能地利用各种方法如利用教学内容的"新颖性"和"有趣性"、对儿童的活动合理引导、巧妙课堂提问、真诚的师生对话等,来调动学生的学习兴趣,从他们能主动学习,乐于学习。

3. 愉快教学应遵循情感性原则

从夸美纽斯和斯宾塞对情感教育原则的论述中,我们知道情感在愉快教学中起着支柱的作用。"天下最神圣的莫过于情感。用理解来引导人,顶多能叫人知道那件事应该做,那件事怎样做法,却是被引导的人到底去做不去做,没有什么关系,有时所知的越发多,所做的倒越发少;用情感来激发人好像磁力吸铁一般,有多大分量的磁,便引多大分量的铁,丝毫容不得躲闪。所以情感这样东西,可以说是一种催眠术,是人类一切动作的原动力。"②然而,传统教育的教学过程只关注知识和理智,忽略了情感,导致教学过程唯理性化,使得本应结合的理智和情感分离了。由于情感被排除在教学过程的视野之外,学生只能被动地接受知识,不能很好地消化知识,只能死记硬背知识。教学过程的动力主要来自外在的奖励和惩罚。然而,"如果一个活动被某种外在的奖品或代替所奖励——一些活动本身之外的东西——当没有奖品报偿时,这个活动就很难成为自由和自愿性的活动,同时儿童也较无法享受活动本身的乐趣"③。教学要取得实效,必须使理智与情感有机结合,使教学过程的两条信息回路——认知信息回路与情感信息回路畅通,不受阻碍。正如赞可夫所指出的,提高教学效果的最重要的条件之一就是"发展学生的道德品质、审美情感和意志,形成学生的精神需要,特别是形成学生对学习的内部诱因"④。"教学法一旦触及学生的情绪和意志领域,触及学生的精神需要,这种教学法就能发挥高度有效的作用。"⑤

4. 愉快教学应遵循愉悦性原则

夸美纽斯和斯宾塞对愉悦性原则的深刻论述,启示我们:

---

① 何旭明.学习兴趣的唤起[M].北京:教育科学出版社,2011:20—21.
② 董方奎,陈夫义.梁启超论教育[M].海口:海南出版社,2007:290.
③ 檀传宝.世界教育思想地图[M].福州:福建教育出版社,2010:346.
④ [苏联]赞可夫.教学与发展[M].杜殿坤,等,译.北京:人民教育出版社,1985:106.
⑤ [苏联]赞可夫.教学与发展[M].杜殿坤,等,译.北京:人民教育出版社,1985:106.

首先,要让学生从教学活动本身获取快乐,把教学变成渐进的、快乐的事情。这种内在的快乐能够对学生的学习、探究活动产生持久的、永恒和强大的推动力,是外在的奖励所无法比拟的,因为后者产生的动力是短暂的,不能持久。对这种内在的快乐,梁启超有过精辟的论述,他说:"要从自己劳作中看出快乐——看得像雪一般亮,信得像戏一般坚,那么,自然会兴会淋漓的劳作去,停一会都受不得,那里还会厌倦。……一个人对于自己劳作的对象,能够'好之乐之',自然会把厌倦根子永断了,从劳作中得着快乐,这种快乐别人要帮也帮不来,要抢也抢不去,我起他一个名叫做'自己田地'。"①可见,"自己田地"快乐是永恒的快乐,也是克服厌倦的良方。

其次,要把快乐当成人生和教育的目的,引导儿童有目的地追求快乐。"试问人生不该以快乐,难道该以苦痛为目的吗。但什么叫做'快乐'不能不加以说明:第一,要继续的快乐,若每日捱许多时候苦才得一会的乐,便不算继续;第二,要彻底的快乐,若现在快乐伏下将来苦痛根子,便不算彻底;第三,要圆满的快乐,若拿别人的苦痛来换自己的快乐,便不算圆满。"②继续的快乐、彻底的快乐和圆满的快乐是愉快教学的最高境界,也是愉快教学要达成的目标。因此,"教育家特别便宜处:第一,快乐就藏在职业的本身,不必等到做完职业之后找别的事消遣才有快乐,所以能继续;第二,这种快乐任凭你尽量享用不会生出后患,所以能彻底;第三,拿被教育人的快乐来助成自己的快乐,所以能圆满。乐哉教育,乐哉教育"③。

再次,要把快乐作为衡量师生教与此效果的标准。如果教学活动能令师生充满快乐和愉悦,那可以说明教学效果是令人满意的、是好的教学。这意味着:一方面教师的教是成功的、充满激情的、富有启发性的,能令师生都感到快乐;另一方面学生的学习是高效的,身心处于愉悦之中。这种愉悦不是来自于外在的奖励,而是来自于学习活动的本身,来自于课堂教学的美。所以,快乐是一个有价值的目标,是衡量教学效果好坏的重要指标。在这个问题上,我们应牢记斯宾塞的话:"作为评判任何培养计划的最后考验,应该提出这样一个问题:它是否在学生中间造成一种愉快的兴奋?在拿不准一种特殊方式或安排是同上述的各原理协调,还是同某些其他原理更协调的时候,稳当的办法是依靠这个标准。"④

5. 愉快教学应遵循自然性原则

从夸美纽斯、卢梭和斯宾塞对自然性原则的论述中,我们知道愉快教学要得以真正落实,必须遵循自然性原则。所谓自然性原则,其核心意蕴是指教育者要按照儿童的天性和自然规律施教,不做违背儿童身心发展规律的事情,让儿童在自我天性的引领下自由地成长。之所以如此,是因为"教育的出发点应当是儿童的天性,教育的作用要受到儿童天性的制约。如果过分夸大教

---

① 董方奎,陈夫义.梁启超论教育[M].海口:海南出版社,2007:402.
② 董方奎,陈夫义.梁启超论教育[M].海口:海南出版社,2007:404.
③ 董方奎,陈夫义.梁启超论教育[M].海口:海南出版社,2007:404.
④ [英]斯宾塞.斯宾塞教育论著选[M].胡毅,王承绪,译.北京:人民教育出版社,1997:111.

育和训练的作用,最终可能导致儿童的天性被窒息,使儿童丧失发展的积极性与主动性。因此,幼儿教育要以儿童的天性为依据,教育应当对儿童的天性保持敬畏"①。只有遵循儿童的天性和自然规律的教育,才能使儿童不受到各种束缚,获得身心的快乐和解放,并充分地发挥其的主体作用,使其真正成为教学活动的主人。

自然性原则有两个核心要求,第一,教育教学必须以儿童的天性为根本依据。当代的中国教育存在问题很多,主要有两个:一是注重应试,注重分数和知识的获取。为了使幼儿不输在所谓的"起跑线上",让儿童除了参加正常的课堂教学外,还占用他们的课余时间,使他们参加各种兴趣班、特长班、奥数班、读经班……,这样他们无法张扬自己的个性,身心疲惫,智慧的发展受束缚,灵性被压抑,好奇心被扼杀,无法实现儿童生动、活泼和主动地发展。二是违背儿童的天性的发展规律,忽视儿童的自然成长和自然成熟的规律,把儿童当成"小大人",过度地开发儿童的智力,把一些只有在成人阶段才学习的内容传授给儿童。这种揠苗助长的做法,只能使儿童成为"年纪轻轻的博士和老态龙钟的儿童"。要改变当代中国教育的这些弊端,我们必须重视和依靠儿童的天性,把它作为我们教育教学的根本依据,让天性引领我们的教育方向。因为"天性赋予儿童力量。天性赋予儿童内在的、无穷的、宝贵的生命成长力量。天性是生命成长的动力源头。只有内蕴于儿童自身的天性才使儿童能够真正步入人生的起跑线。儿童的天性需要发展,儿童的天性必须得到发展。……天性里蕴藏着成长的力量,天性里蕴藏着智慧的基本形态性智,天性里蕴藏着人成为主体的根本内核,只有充分彰显儿童的天性,才能拉响儿童生命起跑的发号令"②。第二,让儿童接受大自然的教育,按照大自然的秩序教育儿童。之所以如此,一是因为"'假如我们把自然看做我们的向导,她是决不会把我们领入歧途的'……这是我们的信仰,我们的建议是要经心地注视自然的作用,要去模仿它们"③。按照斯宾塞的观点,真正的自然教育是令人愉快的,儿童最喜欢大自然的教育,往往陶醉于其中。二是因为儿童与大自然有着天然的亲近关系。儿童是大自然之子,与生俱来就具有亲自然、亲生命的天性,因而,他们能够与大自然的一切建立起一种对话和交流的关系。因为"儿童的心灵本身尚没有受到文化的沾染和异化,因而最完整地保存着人类的自然感性;儿童与大自然是一体的,只有儿童才更亲近大自然,也只有在儿童那里才能寻觅到与大自然的真正和谐相通。正是因为儿童与大自然这种和谐的'我——你'的关系,才使得人们在怀念和追忆童年时,无不沉醉在大自然美景中'嬉戏'的快乐之中;甚至可以说,童年的记忆往往是与大自然联系在一起的,大自然是童年记忆永不褪色的'背景'"④。

---

① 胡碧霞.自然主义与幼儿教育[M].合肥:安徽少年儿童出版社,2010:75.
② 苗曼.天性引领教育——幼儿教育变革路向探寻[D].南京师范大学,2012:77.
③ [捷克]夸美纽斯.大教学论[M].傅任敢,译.北京:教育科学出版社,1999:66.
④ 焦荣华.论儿童与大自然之间的"我——你"关系[J].徐州师范大学(教育科学版),2010(3).

6. 愉快教学应遵循实物教学原则

实物教学原则之所以能引起儿童的愉悦之感,是因为它是直观的、形象的和生动的,与儿童主导思维——形象思维是相契合的,因而能引起儿童强烈的共鸣,从而产生愉快之感。对于儿童而言,感官教育是快乐的源泉,既可以使儿童获取经验,又可以使儿童陶醉于直观教学所带来的美感之中,其乐无穷。在这个问题上,我们应重视斯宾塞的观点,即忽略了感官的教育,就会导致儿童在以后的教育中困倦、模糊和不快乐。真正的自然教育是令人愉快的。因此,无论在家里,还是在课堂,都需要实物教育,还要把范围扩大到自然界,包括田野、树丛、矿山、海边的事物。

7. 愉快教学应遵循问题教学原则

由夸美纽斯和卢梭对问题教学原则的论述可知,愉快教学与问题教学之间有密切关联。在注入式教学中,学生只能被动接受教育,感受到的只是压抑和痛苦,甚至厌倦教学。愉快的教学只能发生在启发式教学所营造的氛围中。而启发式教学的最佳形态是问题教学。通过好的提问,可以唤醒学生的内在潜能,激发学生的好奇心和求知欲望,调动学生积极思维,使他们进入生命与生命的对话与交流的境界。在这种充满生命活力的课堂教学中,师生都能感受到课堂教学的美,身心都会感到轻松和愉悦,创造和想象的潜能得到了极大的激活,个性得到了充分的张扬。"好的教学就是如何激励学生的向学之心,让学生自己想学习,并且找到学习的方法,体验学习的乐趣。"[①]好的提问应该具备如下的条件:问题应具备启发性、趣味性和艺术性;问题能激发学生思考,能使学生从被动状态中解放出来,从某种抑制状态中兴奋起来;提的问题应是教学内容的重点;问题应有一定的难度,但又不能太难,要以"最近发展区"为标准;提问的方式应讲究艺术性,能够巧妙地使学生产生好奇心和求知的热情。总之,好的问题教学能够激励学生和鼓舞学生,使他们乐于求真、求美和向善,享受课堂教学所带来的美和乐趣,从而"亲其师,信其道"。

第八节 西方自然主义教育思想的人文价值

西方自然主义教育思想的人文价值的研究,是西方自然主义教育思想的当代价值研究的重要视域。这种研究首先源自于完善西方自然主义教育思想及其当代价值的需要。西方自然主义教育思想作为一个完整的体系,不仅要研究它的内容、方法和目标,还应该研究它的价值,特别是人文价值。西方自然主义教育思想的人文价值理论不仅是西方自然主义教育思想的重要内容,而且是它存在的前提。因为西方自然主义教育思想如果没有其人文价值理论的前提支撑,它就不是一种人文的学问,也就失去了存在的理由、价值和意义。西方自然主义教育思想的一切理论都是其人文价值观的展开,离开了人文价值观,西方自然主义教育思想就不是一个完整的体系。

---

① 刘铁芳.什么是好的教育——学校教育的哲学阐释[M].北京:高等教育出版社,2014:160.

然而,教育界缺失西方自然主义教育思想人文价值的研究,这不仅影响了西方自然主义教育思想存在的必要性和合理性,同时也关涉到西方自然主义教育思想发展的基本方向和理论完善。因此,理论界迫切需要从理论上阐释西方自然主义教育思想的人文价值。其次,研究西方自然主义教育思想的人文价值是为了指导教育实践的需要。西方自然主义教育思想的人文价值的研究,有助于对西方自然主义教育思想本身的研究对象和功能属性的认识,也有助于西方自然主义教育思想的人文价值实现的认识,有助于克服当今教育实践中"功利主义"倾向,这无疑有助于自然教育实践的开展和西方自然主义教育思想获得自我更新和完善的驱动力。正是这两方面的需要构成了研究西方自然主义教育思想人文价值的根据。

一、研究西方自然主义教育思想的人文价值之意义

我们的现代教育思想是从以往的自然教育思想发展而来的,包容了"自然主义"的成分。尽管我们的现代教育思想与过去相比,有了很大的发展和创新,但这种发展和创新是在继承自然教育思想的基础上实现的。离开了西方自然教育思想,我们的现代教育思想的发展也就失去了根基。自然教育思想的历史之光照亮了当下教育的发展之路,它不仅告诉我们过去曾经发生过的教育事情,更指出过去曾经发生过而今仍然存在的教育事情。"透过古代那种纯朴而深邃的伟大,我们似乎达到了人生的一个新境界,体验到人类的高贵以及获得做人的标准。"[①]"从历史中我们可以看见自己,就好像站在时间中的一点,惊奇地注视着过去和未来,对过去我们看得愈清晰,未来发展的可能性就愈多。"[②]因此,我们对过去的自然教育思想研究得愈多,我们就愈能看到现代教育思想发展的可能性。"追求伟大的事情在过去是高贵的,在现在是高贵的,到将来永远也是高贵的。"[③]

现代教育思想与古典的自然教育思想是相互依存的关系,一方面,自然教育思想为现代教育思想的发展提供了前提、根基和素材,现代教育思想流淌着自然教育思想的"血液",另一方面,自然教育思想的发展离不开现代教育思想对它的批判、反思和完善,现代教育思想是在继承中创新,不断推进自然教育思想的发展和演变的。当然,这并不意味着现代教育思想必然比自然教育思想"优越"。没有理由相信,现代人的遗传天赋水平和教育思维水平比其前辈高,两者之间并不存在明显的差异。这使得现代教育思想与古典的自然教育思想在理论旨趣、思想、观点等方面存在着相似性,并且这种相似性远远多于和大于它们之间的差异性。

既然如此,现代教育的诸多问题如儿童观问题、天性教育问题、主体性教育问题、活动教育问

---

① [德]雅斯贝尔斯.什么是教育[M].邹进.译.北京:生活·读书·新知三联书店,1991:56.
② [德]雅斯贝尔斯.什么是教育[M].邹进.译.北京:生活·读书·新知三联书店,1991:58.
③ [捷克]夸美纽斯.大教学论[M].傅任敢.译.北京:教育科学出版社,1999:致意读者6.

题、生命教育问题等的解决,都可以从古典的自然教育思想的研究中获取"营养"和思想资源。更为重要的是,我们通过钻研自然教育家的经典著作,研讨他们的自然教育思想,不仅可以提升自己的眼光、情趣和格调,训练自己的思维方式,增加思想的深度,而且能够增加教育智慧,培育人性和气质,涵养性情,提升自己的精神境界,从而增加现代教育的人文气息,使现代教育的人文内涵更加丰富。"对教育之初始与经典的回归,正在于不断地回到教育的基本问题,守护人类教育的基本精神,以甄定当下教育发展的路向,提升现代教育的品格,恢复当下教育生活的沛然生气。缺少古典精神的支撑,教育的现代性建构就只能是无本之木,无源之水。"[1]然而,我们应该看到,"置身于现时代之中,我们常常自以为是的认为现代教育思想远比古代教育思想优越,忘记了其实古典教育离教育的源头更近,古典教育思想离教育的核心问题更近,古典教育思想中包含着教育之源头的关键信息。我们在追溯教育的源头之时,同样需要的是追溯教育源头的思想,不断地回味古典教育思想,重温古典教育的基本精神"[2]。正是从这个意义上说,我们可以从西方自然教育思想的回溯中获得人文的、理性的和精神的力量,以此对抗和超越功利化的现时教育,增加现代教育的"古典的自然主义理念"的成分和人文的内涵,使之朝着自然化、人性化和人文化的方向迈进。与此同时,培育个体的人性和精神生命,使个体拥有人文的情怀,拥有自由、尊严与幸福,最终促进个体的身心和谐地、整全地发展。这就是我们研究西方自然主义教育思想的人文价值要达成的目标和意义。

二、西方自然主义教育思想在本质上是人文的学问

西方自然主义教育思想在本质上是人文的学问,因为西方自然主义教育思想的旨趣是以人为本,具有丰富的人文意蕴;西方自然教育家的教育思想都是以人性论为基础的,体现了以人为本的人文精神;西方自然主义教育思想以人文关怀为价值取向的;西方自然主义教育思想彰显了对何谓"好的教育"的人文追问。这种研究无疑会加深我们对西方自然主义教育思想人文特性的理解和把握。

(一)西方自然主义教育思想的旨趣是以人为本,具有丰富的人文意蕴

自然主义教育之父—亚里士多德在西方自然主义教育思想史上首先提出了教育要适应、效法儿童的自然本性的思想,使自然教育思想的人本因素得到初步的彰显。他认为,宇宙间的所有事物变化和运动都可以追溯到事物的本性。人也是如此。人的发展变化源自于他的本性。"一个人生来就是人,而不是其他动物,并且其身心必定具有某种特性。"[3]幼儿生下来后很像动

---

[1] 刘铁芳.古典传统的回归与教养性教育的重建[M].北京:北京师范大学出版社,2010:42.
[2] 刘铁芳.古典传统的回归与教养性教育的重建[M].北京:北京师范大学出版社,2010:38—39.
[3] 张法琨,选编.古希腊教育论著选[M].北京:人民教育出版社,1994:286.

物,他被欲望和情绪所支配,但儿童胜于动物,因为他有动物所没有的"本性",如羞耻心、潜在力,即包括模仿的、竞赛的、优秀的、节奏的、正直的和惊奇的潜在能力。而这种"本性"为人的发展和教育提供了可能。人的一切教育只有依据这种内在的可能性,才能使潜能变为现实,实现人的自我发展。"教育的一个方面就正是这种自我实现的过程。人的本性正如人的本身一样依赖于这一事实:只有当他充分发展时,才是一个理性的动物。用亚里士多德的话来说,理性是人的决定性的形式或思想。正是理性最终在人身上揭示出来,并且从一开始就在起作用,推动和指导人的发展。"①正是在此意义上,亚里士多德把教育看成是一个内在发展的过程,是自我的展开和自我实现的过程。他从灵魂学说出发,认为儿童本性的自然发展是由灵魂从低级灵魂(植物灵魂)、中级灵魂(动物灵魂)到高级灵魂(理性灵魂)的发展过程,与此相适应,要对儿童实施体育、德育、智育、美育和谐发展的教育,使人的身心得到和谐的发展。因此,合理的教育应遵循儿童的自然进程,首先是身体训练,使其有健康的体魄;其次是品格教育,养成良好的习惯;再次是理智教育,发展学生的理性思维能力。此外,还要借助"既不立足于实用,也不立足于必需,而是为了自由和高尚的情操"②的自由教育、哲学教育、音乐教育,促进儿童的"物性生活"、"感性生活"、"理性生活"的协调统一和发展,促进儿童灵魂的最大改善和理性的充分发展。这无疑展现了亚里士多德自然教育思想中的人文主义因素,对后世人文主义自然教育思想的兴起和发展产生了深刻的影响。

人文主义自然教育思想的真正形成是在文艺复兴时期。人文主义教育家在歌颂人的价值、尊严和自然本性的人文主义理念的指导下,探讨了教育与人的天性之间的关系,都强调教育应遵循儿童的自然本性。例如意大利的维多里诺强调:"我们并不希望每个儿童要表现同样的天才嗜好;无论怎样,儿童总可以有他自己的所好;我们承认我们必须跟随儿童的自然本性前进。"③荷兰的伊拉斯谟要求教育者"要引导学生怀着自信心去正视生疏的问题,慢慢地但却是坚毅地去解决它。我们不能抵估年青人有能力以自己的才智找到合适的答案,……与其他任何生物一样,孩子都擅长真正属于他本性的活动,……因此,要按大自然的规律办事,在学校中消除过重的劳累现象,要尽量使学习能够自由和愉快"④。法国的拉伯雷倡导个性解放,思想自由,让儿童率性发展。他对德廉美修道院修士们的生活的描绘反映了这一点:"院内整个生活起居,不用法规、章程、条例来拟定,而取决于各人的自愿与乐意。什么时候高兴,便什么时候起床,什么时候心里动念,就什么时候喝酒、吃饭、工作、睡觉;没有人来叫他们起身,也没有人勉强他们喝酒、吃饭,或做任何别的事情……他们的规则只有一条:想做什么便做什么。"⑤人文主义教育家不仅提出了教育要

---

① [英]博伊德·金合著.西方教育史[M].任宝祥,吴元训,主译.北京:人民教育出版社,1985:36.
② 苗力田主编.亚里士多德全集(第8卷)[M].北京:中国人民出版社,1994:275.
③ 滕大春主编.外国教育通史(第二卷)[M].济南:山东教育出版社,1989:173.
④ [英]伊里莎白·劳伦斯.现代教育的起源和发展[M].纪晓林,译.北京:北京语言学院出版社,1992:45.
⑤ 吴元训,选编.中世纪教育文选[M].北京:人民教育出版社,2005:372.

适应儿童的自然本性,而且还提出了具有"人文主义"色彩的教育方略,如尊重儿童的天性和个别差异,因材施教;培养学生的理解力和判断力,反对死记硬背;在大自然中求得知识;理论联系实际,学习致用;教育环境自然化。

由此可见,"人文主义者在研究自然教育思想时发现了作为'人'的儿童,肯定了他们的尊严和价值,要求教育应有'人性'的内涵,应高扬儿童的感性生命,高扬儿童的自由性、主体性和完整性,强调教育应根据儿童的身心特点,遵循儿童的天性而进行,以此促进学生个性的全面和谐地发展。他们论述的自然教育的内涵、自然教育目的、自然教育的内容、自然教育的路径无不体现了这一以人为本的理念。这无疑突破了以蒙昧主义、禁欲主义和权威主义为特征的中世纪教育对儿童天性的桎梏,促进了儿童个性的解放,人性的觉醒和人格的完善"①。

17世纪的人文主义教育思想的集大成者——夸美纽斯继承了文艺复兴时期人文主义教育家肯定人的价值、尊严、快乐、幸福的人文传统,在《大教学论》中热情地歌颂了人的伟大,提出了一个具有人文主义色彩的命题:"人是造物中最崇高、最完善、最美好的",把它作为《大教学论》第一章的标题。不仅如此,他在《母育学校》中宣称"儿童是无价之宝——上帝的灵魂"②这反映了夸美纽斯对作为人的儿童的基本看法,也体现了教育应以儿童为出发点的思想。他认识到,儿童生来就有德行、学问、虔信的种子,这意味着儿童具有发展的可能性,正是这种可能性为教育提供了前提和基础,这使得"我们不必从外面拿什么东西给一个人,只需把那暗藏在身内的固有的东西揭开和揭露出来,并重视每个各别的因素就够了"③。他说:"我们之所以具有天赋才能,是因为我们具有上帝的形象,也就是说,我们是上帝的缩影,然而我们毕竟是人。"④作为人,其意义不仅在于发展身体,而且在于完善心灵世界和自己的天赋才能。"只有完善天赋才能,才可以使我们与上帝比拟,而这正是人们比世界上一切宝藏、一切荣誉、一切欢乐和所有一切包括在人们欲望之间的东西更为需要的,所以,完善天赋才能应该是我们追求的崇高目标。"⑤而要使天赋才能变为现实,需要通过教育。只有受过恰当的教育之后,人才能成为一个人。通过教育,使人的发展导向德行、学问和虔信,进而"使天性中过多、过少的东西因此得以中和起来,使一切心理因素因此得以变和谐,变得美满"⑥。不过,要达成这个目标,教育一方面要遵循自然的法则,另一方面要遵循儿童的自然本性。尽管夸美纽斯对自然和人的自然本性还缺乏真正的科学的理解,"但是,他把文艺复兴以来人文主义和自然主义倾向相结合的教育观明确地表述为教育自然适应性原则,并

---

① 刘黎明.西方自然主义教育思想史[M].武汉:华中科技大学出版社,2014:86.
② [捷克]夸美纽斯.夸美纽斯教育论著选[M].任钟印,选编.北京:人民教育出版社,2005:12.
③ [捷克]夸美纽斯.大教学论[M].傅任敢,译.北京:教育科学出版社,1999:15.
④ [捷克]夸美纽斯.夸美纽斯教育论著选[M].任钟印,选编.北京:人民教育出版社,2005:365.
⑤ [捷克]夸美纽斯.夸美纽斯教育论著选[M].任钟印,选编.北京:人民教育出版社,2005:373.
⑥ [捷克]夸美纽斯.大教学论[M].傅任敢,译.北京:教育科学出版社,1999:58.

力求从理论和实践上,找出合乎规律的教育教学过程的自然基础,这显然是他对人文主义教育中的自然主义倾向发展的独特贡献"①。

18世纪的法国著名教育家卢梭的自然教育思想的人文主义色彩更加浓厚,这体现在以下三个维度:一是卢梭关于自然教育、人为教育、事物教育三者之间关系的认识。卢梭认为,我们每个人都是受自然教育、人为教育、事物教育成长起来的。他对这三种教育作了如下的界定:"我们的才能和器官的内在的发展,是自然的教育;别人教我们如何利用这种发展,是人的教育;我们对影响我们的事物获得良好的经验,是事物的教育。"②在这里,卢梭把自然教育定位为"我们的才能和器官的内在的发展",也就是儿童与生俱来的天性的发展,这是一切教育的中心和灵魂。因为在这三种教育中,自然的教育完全是不能由我们决定的,事物的教育只是在某些方面由我们决定,只有人的教育才能完全由我们所控制,因此,人的教育和事物的教育必须服从自然的教育,以儿童的自然本性为教育的灵魂。只有当这三者和谐统一,相互配合时,自然教育的目标才能实现。也就是说,无论何种教育,都必须以儿童及其本性为根本,彰显以儿童为本的精神。二是卢梭对儿童观的理解。他批评了"把小孩子当大人看待"的传统教育的儿童观的弊病:"对儿童是一点也不理解的:对他们的观念错了,所以就愈走就愈入歧途。最明智的人致力于研究成年人应该知道些什么,可是却不考虑孩子们按其能力可以学到些什么,他们总是把小孩当大人看待,而不想一想他们还没有成人哩。"③他在《爱弥儿》中对儿童的独特地位给予了诠释:在万物的秩序中,人类有它的地位;在人生的秩序中,童年有它的地位;应当把成人看作成人,把孩子看作孩子。这是对"儿童"概念的首次发现,从此开启了理论界研究儿童,认识儿童本性和儿童世界的先河。他根据自己对儿童的认识和理解,建构了崭新的"把儿童看作儿童"的儿童观,其内涵是:儿童是柔弱的存在;儿童是感性的存在;儿童是自然的存在;儿童是自由的存在;儿童就是儿童;儿童是教育活动中的主体。④ 这种儿童观客观上要求教育者不能压抑儿童的个性,而要热爱儿童,尊重儿童的人格、尊严和需求,细心地呵护儿童生命的发展,以儿童为本位,顺应儿童的自然本性实施教育,促进儿童身心的自然和自由地发展。三是卢梭对教育的年龄分期理论的建构。他根据儿童在每个时期身心发展的特点和规律,把儿童受教育的过程分为四个时期,并确定了每个时期教育的任务。(1)幼儿期(出生—2岁)这个时期的儿童软弱无能,活泼好动,教育的重点是体育和保健,教育的任务以身体的养护和锻炼。(2)儿童期(2—12岁)这个时期的儿童语言和身体活动能力得到了发展,但理性处在睡眠状态,教育的任务是进行感官教育,为理智发展奠基。(3)少年期(12—15岁)这个时期的人感觉器官得到了发展,萌发了对知识的好奇心,因此教育的任务是知识教育

---

① 李明德.西方教育思想史:人文主义教育之演进[M].北京:人民教育出版社,2008:195.
② [法]卢梭.爱弥儿(上)[M].李平沤,译.北京:人民教育出版社,2001:3.
③ [法]卢梭.爱弥儿(上)[M].李平沤,译.北京:人民教育出版社,2001:原序2.
④ 刘黎明.西方自然主义教育思想史[M].武汉:华中科技大学出版社,2014:119—120.

和劳动教育,促进儿童智力和判断力的发展。(4)青年期(15—20岁)这个时期的人的感官、智力得到了较好的发展,并开始意识到社会关系,因此,教育的任务是通过道德教育和宗教教育,激发善良的情感,培养良好的意志,促进青年德行的发展。总之,这种教育的年龄分期理论在很大程度上反映了儿童身心发展的特点,体现了"按照孩子的成长和人心的自然的发展而进行教育"的理念,有很多真理的成分,也彰显了以儿童为本的思想,为人文主义自然教育思想的发展增添了新内涵。

19世纪末20世纪初的美国教育家杜威对人文主义自然教育思想的发展作出了自己独到的贡献。他的教育思想也是以人为本的,这体现在他对如下命题的提出和阐释上。其一,教育要以儿童的本能、活动为依据。本能是天然生来、不学而能的种种趋向和种种冲动。教育和学习是由本能的刺激而导致的,是从内部生发出来的,是以儿童自己的本能为依据的。它们为教育提供了素材,并指明了起点和方向。"教育不过观察哪些是他们可能的,哪些是应该利用的,把它一一挑选出来,加以相当的训练,引到实际应用上去,把他们本能一一发现出来,这才是注重自动的新教育。"①在杜威看来,是否注重儿童的本能是新教育与旧教育的分歧之所在。"从前的教育家对于儿童的本能很不留意;现在才知道儿童的本能是教育上很重要的东西。一切学问和训练,必然要拿人类天然生来的本能做根据,利用他自动的能力,发展他原有的天性,才是新教育的宗旨。从前的教育,把学生当作被动的,把许多教授的材料装进学生心里去,就算了事;现在的教育,要是学生自动,是以学生个人的本能做主,拿教育做发展他们本能的工具。"②注重个人本能的趋势,就是现代教育的新趋势。而儿童本能的生长全在于活动,活动是本能的具体表现。它对于儿童的发展有重要的意义,因为"儿童的身体和精神两方面都是迫切的要求活动的。儿童的个别活动如同身体的发展和精神的发展必须同步前进一样,他的身体的活动和心理的觉醒是相互依存的"③。"只要身体的活动是必须学习的,它在性质上就不仅是身体的,而且是心理上的、智力上的。"④按照杜威的理解,"现代心理学已经指明了这样一个事实,即人的固有的本能是他学习的工具。一切本能都是通过身体表现出来的;所以抑制躯体活动的教育,就是抑制本能,因而也就是妨碍了自然的学习方法"⑤。因此,学校的目的就在于满足和提供儿童每个发展阶段所必需的作业和活动,促进儿童的各方面的生长。

其二,教育应以儿童的经验为基础。教育所依赖的唯一训练就是直观的训练,是通过生活本身得来的。经验正是直观训练的源泉。"教育是在经验中、由于经验和为着经验的一种发展过程。愈是明确地和真诚的坚持这种主张,对于教育是什么应有一些清楚的概念就愈加显得重要。"⑥在全部不

---

① 吕达,刘立德,邹海燕.杜威教育文集(第4卷)[M].北京:人民教育出版社,2008:397.
② 吕达,刘立德,邹海燕.杜威教育文集(第4卷)[M].北京:人民教育出版社,2008:396.
③ 吕达,刘立德,邹海燕.杜威教育文集(第1卷)[M].北京:人民教育出版社,2008:218.
④ 吕达,刘立德,邹海燕.杜威教育文集(第4卷)[M].北京:人民教育出版社,2008:397.
⑤ 吕达,刘立德,邹海燕.杜威教育文集(第1卷)[M].北京:人民教育出版社,2008:355.
⑥ 吕达,刘立德,邹海燕.杜威教育文集(第5卷)[M].北京:人民教育出版社,2008:319.

确定的情况当中,教育与个人经验之间的关联,可以作为一种永久不变的东西为我们所借鉴。由此,杜威强调,一切真正的教育是从经验而来的。"为了实现教育目的,不论对学习者个人来说,还是对社会来说,教育都必须以经验为基础——这种经验往往是一些个人的实际的生活经验。"[①]如何实现教育以儿童的经验为基础的？杜威从教材、教法和教师的责任方面提出了要求。教师在教授科目或处理教材时,要把儿童的经验与所教的科目有机结合,作为基础。儿童有了这个基础,就能够领悟教材的意义。在教法上,教师考虑的问题是：教材与儿童所有的经验有没有关联之处？教材与儿童能否发生关系？儿童是否了解经验的意义并改造其经验？在此基础上,教师要作出选择并加以组织。教师的重大责任,就是使儿童现有的经验与前人已经组织好的经验有机结合,并变成科目。教师不仅要知道这些,而且还必须知道儿童经验的性质和源起。其三,教育要以儿童为中心。杜威认为,旧教育偏离了儿童即时的本能和活动,其重心在教师和教科书,这导致学生的学习和发展缺乏动力,只能被动学习、被动发展。他要求现代教育要有重大的转变,进行一场革命,一场和哥白尼把天体的中心转到太阳一样的革命。革命的实质就是以儿童为中心,教育上的一切措施都围绕儿童而组织起来。"儿童是起点,是中心,而且是目的。儿童的发展、儿童的生长,就是理想所在。只有儿童提供了标准。对于儿童的生长来说,一切科目只是处于从属的地位,它们是工具,它们以服务于生长的各种需要衡量其价值。"[②]决定学习的质和量的是儿童而不是教材,因而教师应站在儿童的立场,为儿童着想,并且以儿童为自己的出发点。这是杜威在《学校与社会》、《儿童与课程》中阐释的儿童中心主义思想。后来,他又在《平民主义之教育》中进一步重申了这一思想："教授中最适合者,当以儿童为教学之中心,以儿童为目的,以科目为方法,启发儿童,使之好问难,好研究,有自动之精神,思考之能力,发展其个人之才能,庶将来置身社会,即可应用而谋生。"[③]

总而言之,杜威的自然教育思想是以儿童为中心,以儿童的本能、经验为依据为基础的。但这并不意味着对社会环境的忽视。对于儿童本能的生长、经验的改造而言,自然环境固然重要,但社会环境也不可缺乏。因为儿童本能的生长、经验的改造,只有和人交往、和社会环境相接触,才有发达,才有实现之可能。

(二) 西方自然主义教育思想是以人性论为理论基础

西方自然教育家的教育思想都是以人性论为基础的,体现了以人为本的人文精神。其中对人性论阐释得最清楚、最系统的是卢梭、裴斯泰洛齐和福禄培尔。

卢梭对自然教育思想的人性论基础的建构是从阐释人性的重要性开始的。卢梭认为,"在人类的一切知识中,最有用但也最不完善的知识,就是关于人的知识"[④],德尔斐神庙铭文的那句"认

---

① 吕达,刘立德,邹海燕.杜威教育文集(第5卷)[M].北京：人民教育出版社,2008：366.
② 吕达,刘立德,邹海燕.杜威教育文集(第1卷)[M].北京：人民教育出版社,2008：112.
③ 吕达,刘立德,邹海燕.杜威教育文集(第4卷)[M].北京：人民教育出版社,2008：202.
④ [法]卢梭.论人类不平等的起源和基础[M].高煜,译.桂林：广西师范大学出版社,2009：74.

识你自己"的箴言,比伦理学家们的所有大部头著作更重要也更难懂。它是哲学家最值得关心的问题,也是最难解决的问题。要了解人与人之间不平等的起源,建立理想的社会制度,必须从"认识人类本身着手"①进而认识社会,把研究人和研究社会有机结合起来。"必须通过人去研究社会,通过社会去研究人;企图把政治和道德分开来研究的人,结果是这两种东西一样也弄不明白的。"②这是卢梭研究人的根本原则。

基于此,卢梭把人类生活分为"自然状态"与"社会状态",相应地也把人区分为两种,即"自然人"和"社会的人"。两者相比较,卢梭赞美的是自然状态下的自然人。因为"自然状态下的人,与其说是邪恶的,不如说是野性的。他们情绪很少激动,又受到十分有益的约束,只注意防备可能受到的伤害,而不蓄意去伤害别人,因此不会动辄就陷入十分危险的纷争。由于他们之间没有任何交往,从而也就不知道什么是虚荣、尊重、敬意和蔑视,绝少有你的、我的之分,没有关于公正的确切观念"③。他们是自主的个体,天性善良,没有受到社会的不良环境、习俗的影响,生活得自由自在,符合人的天性。卢梭"认为人人秉赋善良的天性,若能顺从天性的发展,人类就可以进入黄金时代;无奈罪恶的社会扼杀人的天性,邪恶便笼罩人间。他的理论是个人和社会都应该'归于自然',杜绝传统势力的侵蚀,从而复现人人自由平等的无压迫无暴政的尧日舜天"④。卢梭在《爱弥儿》中系统地论述了人性本善的思想。他指出:"造物主之手的东西都是好的,而一到了人的手里,就全变坏了。"⑤也就是说,人生下来天性就是善良的,而进入社会后,是偏见、权威、先例和社会制度使人丧失了天性。为了冲破旧制度的束缚,他致力于性善论和"归于自然"的教育理论的研究。

性善论是卢梭人性论的核心内容,它由良心、理性、自由所构成的。按照卢梭理解,自由是人之为人的重要特性,因为构成人与动物的种差的不是人的悟性,而是人的自由施动者身份。尽管人和动物一样要受到自然的影响,但人由于有自由意识的灵性,因而有服从或不服从的自由。自由是每个人天生就有的自然权利,是不能被剥夺的。"每个人都可以享受生命和自由,但至少可以肯定无权放弃它们。放弃自由,人就降低了自己的人格;放弃生命,就是消灭本身的存在。因为任何世俗的财富都不能补偿生命和自由的丧失,所以,无论以什么代价放弃生命和自由,都是既违背天理又违背理性的。"⑥儿童也具有这种生命权和自由权。"应该趁早就让他支配他的自由和体力,让他的身体保持自然的习惯,使他经常能自己管自己,只要他想做什么,就应该让他做什么。"⑦一句

---

① [法]卢梭.论人类不平等的起源和基础[M].高煜,译.桂林:广西师范大学出版社,2009:74.
② [法]卢梭.爱弥儿(上卷)[M].李平沤,译.北京:人民教育出版社,2001:329.
③ [法]卢梭.论人类不平等的起源和基础[M].高煜,译.桂林:广西师范大学出版社,2009:116.
④ 滕大春.外国近代教育史[M].北京:人民教育出版社,1989:80.
⑤ [法]卢梭.爱弥儿(上卷)[M].李平沤,译.北京:人民教育出版社,2001:01.
⑥ [法]卢梭.论人类不平等的起源和基础[M].高煜,译.桂林:广西师范大学出版社,2009:152.
⑦ [法]卢梭.爱弥儿(上卷)[M].李平沤,译.北京:人民教育出版社,2001:46.

话,就是让儿童成为自己的主人。理性在天性发展中也具有重要意义,"只有理性才能教导我们认识善和恶。使我们喜善恨恶的良心,尽管它不依存于理性,但没有理性,良心就不能得到发展"①。不过,儿童理性的发展不是理性教育的结果,而是儿童天性自然生长的结果,是在感觉经验教育的基础上发展起来的。"对儿童强调理性的教育不仅没有正确地认识儿童,而且严重地败坏了儿童的天性,几乎所有的社会恶习都是因为人们过早地强调理性教育的结果。教育的职能不在于对儿童展开种种理性教育,而是奠定和丰富理性成长的根基。"②与理性相比,良心更有优势。因为理性欺骗我们的时候是太多了,我们有充分的权利对它表示怀疑。"良心从来没有欺骗过我们,良心是人类真正的向导;它对于灵魂来说,就像本能对于肉体一样;按良心去做,就等于是服从自然,就用不着害怕迷失方向。"③良心是人的灵魂深处生来就有的正义和道德的原则,是圣洁的本能,也是"永不消逝的天国的声音",能够引导人准确地判断善恶,使人天性善良和行为合乎道德。

性善论反映到卢梭的自然教育学说中,就是要求教育者做到:首先,在教育的目的上,要"回归自然",让儿童率性发展,培养自然的和自由的新人;其次,在教育过程中,就是必须遵循儿童身心的特点和规律,顺应儿童的自然本性,使教育与儿童身心发展的每个阶段协调一致;再次,在教育的路径上,实施天性教育、自由教育、消极教育、生命教育和智慧教育。

总之,卢梭"借性善说而力倡解放人性和革新教育,是有功绩的。他痛斥旧教育戕害天性,使人成为文明的牺牲品,遂坚决反其道而行之,认为,'天性最初的冲动永远是正当的',乃是颠扑不破的原则;主张教育以天性为师而不以人为师;要求天性所造的人,而非人所造成的人"④。这是对儿童的最大关爱。

裴斯泰洛齐的天性教育、教育心理学化、要素教育、爱的教育等教育思想也是建立在人性论的基础之上的。人性论是裴斯泰洛齐非常重视和研究的课题。他说:"我多年来一直在研究的唯一书本就是人,我的全部哲学都是建立在人和人的经验的基础上的。"⑤"我只能思考我自己个人发展的本质。我原本能够和应该找到的真理不是别的,正是存在于我自身的、由我的生活经验引导而得出的真理。正因如此,我的思维过程将帮助许多人认识世界和他们自己的生活。"⑥他经常思考的问题是:我是什么样的人?人的特性是什么?我做了什么?人做什么?和卢梭一样,他对人的看法是乐观的,持性善论:"人是善的,而且愿意善;他愿意在这样做时是愉悦的。如果他不

---

① [法]卢梭.爱弥儿(上卷)[M].李平沤,译.北京:人民教育出版社,2001:53.
② 王本余.教育与权利:儿童的教育权利及其优先性[M].福州:福建教育出版社,2012:33.
③ [法]卢梭.爱弥儿(下卷)[M].李平沤,译.北京:人民教育出版社,2001:414—415.
④ 滕大春.卢梭和他的《爱弥儿》[J].载卢梭.爱弥儿(下卷)[M].李平沤,译.北京:人民教育出版社,2001:19.
⑤ [瑞士]阿图尔·布律迈尔.裴斯泰洛齐选集(第一卷)[M].北京:教育科学出版社,1994:81.
⑥ [瑞士]阿图尔·布律迈尔.裴斯泰洛齐选集(第二卷)[M].北京:教育科学出版社,1994:34—35.

善,那准是向善的路堵塞了。堵塞这条路是件可怕的事情,但这种事情却是那样地普遍,以致眼下好人少。但一般说来,我永远相信人心是善的。"①

正是这种人性论构成了裴斯泰洛齐心理化自然教育思想的前提。他要求教育要依据儿童的内在本性来实施。他指出:"我把通过培养和教育对每个人施加的影响称作人为的影响。我认为,人是通过人为的影响得到发展的。人为的影响非常重要,施加人为的影响要与人的本性发展过程相适应。"②理由是"本性永远是施加人为影响最重要的影响,人为影响和本性之间的关系犹如一座房子和岩石地基之间的关系"。③

在裴斯泰洛齐人性论视野中,人有三种生存状态,即自然状态、社会状态、道德状态。生活在自然状态下的自然人是纯粹为自我而生存的人,生活在社会状态下的社会人是因共同的协议而与其同胞联系在一起的人,生活在道德状态下的道德人是完全撇开他的原始需要和社会义务,从自身的内在价值观看待事物的人。对应于这三种状态的人具有三重本性,即动物性、社会性和道德本性,他阐释道:"我的真理和正义观发端于我的天然本能,或我的社会需要,或者我的道德力量。所以,我自身有三重性——动物本性、社会本性和道德本性。这三重差异说明了这个事实:我的有些要求是基于自然人法则的,有些要求是基于社会人法则的,还有些要求是基于道德人法则的。"④他要求教育和立法必须遵循自然进程,必须使动物性本体的人通过保存其动物性的友善,不丢掉清白无辜形象,即使他像孩子般虚弱。它们必须使作为社会生物的人通过忠诚和信任唤起信赖,便于使自己成为一个温和的、好心肠的、友好的本体。

人的本性对人的发展既有好的方面,也有不好的方面,对后者应加以约束。"按照人的本性,如果不加约束,任其自然发展,则愚昧、粗心、无知、懈怠、妄信、胆怯等将不一而足,更加上无限的贪欲和损人利己的行为,即成诡诈、狡猾、恶毒、猜疑、强暴、冒险、寻仇、残忍的性格。这是人的天然本性,一旦听其自然地成长,就必然是这样。"⑤从这个意义上说,教育和立法就显得尤为重要。

受卢梭和裴斯泰洛齐的影响,福禄培尔的心理化自然教育思想也建立在人性论的基础上。在人性是善还是恶的问题上,他秉承了卢梭和裴斯泰洛齐的观点,也持性善论,他说:"人绝不是生来就坏的,他也不是生来就有坏的和恶的品质和追求,除非我们要把有限的、物质的、暂时的肉体的东西说成本来是恶的、坏的和错误的,除非我们要把这样东西的性质及其必然结果,即人为了使自己成为善良、能干和有德性,他必须有犯错误的可能,为了使自己有真正的自由,他必须有

---

① [瑞士]阿图尔·布律迈尔.裴斯泰洛齐选集(第一卷)[M].北京:教育科学出版社,1994:339.
② [瑞士]阿图尔·布律迈尔.裴斯泰洛齐选集(第一卷)[M].北京:教育科学出版社,1994:339.
③ [瑞士]阿图尔·布律迈尔.裴斯泰洛齐选集(第一卷)[M].北京:教育科学出版社,1994:340.
④ [瑞士]裴斯泰洛齐.裴斯泰洛齐教育论著选[M].夏之莲,等译.北京:人民教育出版社,2001:270—271.
⑤ [瑞士]裴斯泰洛齐.林哈德与葛笃德(下卷)[M].北京:人民教育出版社,2005:749.

可能使自己成为奴隶,也列为坏的、恶的、错误的。但是,这一切乃是暂时中表现永恒,多样的个别中表现统一的必然现象,也是人注定要成为一个有意识的、有理性的和自由的人这种命运的必然现象。"①人可能不犯错误,没有缺点,但人身上的缺点的一切表现,归根结底,根据在于他的善良的品行和良好的追求遭到了压制和扭曲,被误解和往错误的方向引导所导致的。因此,克服和消除一切缺点、恶习和不良现象的唯一切实的方法在于努力寻找和发现人的本来就有的善良的源泉,然后加以培养和保护,加以正确引导。他明确指出:"因为上帝是愿意在有限中表现自己的,所以就只能通过有限的和暂时的东西,并在有限和暂时中去达到目的。谁如果因此而把暂时的、个别的、因而是有限的、物质的、肉体的东西本身称作坏的,那么他从而就蔑视了创造,蔑视了已经形成的东西,蔑视了自然本身,甚至在本来意义上亵渎了上帝。同样地,如果把人说成按其本质他本身既不善,又不坏,也不恶,那么这就已经违背了人性和人。"②这是福禄培尔对人的基本看法。

正是从这种性善论出发,福禄培尔要求一切教育和训练都要在理解、尊重儿童的本性的基础上进行,并以它为出发点。因为儿童的所有外部活动都是基于自身最深处的天性和生命的。它们需要和渴望在某种外部物体上得到反映。在这种反映中,儿童学会理解他自己的活动及活动的本质、方向和目标,也学会根据外界的现象做出反应,控制和决定他的活动。儿童是通过自身的内部活动来达到自我知觉,学会自我控制、自我决定和自我安排的。因此,从最初的本性以及内部活动中来理解儿童,是儿童全面和顺利发展的基础和起点,也是能够满足自身本性要求的养育和教育的基础和起点。儿童的教育和训练必须符合他们本性的需要。他强调"儿童的教育不是别的,而是从人的生命之初开始,对儿童表现出来的整个天性和本质的理解,以及对儿童尽可能完善的认识和表征,这些理解、认识和表征是贯穿人的整个一生的。严格地说,在思想上没有意识到这一目标而坚持实施它的教育,不能算是真正符合人的本性的教育"③。

福禄培尔还进一步论述了儿童的创造性在其发展和教育中的重要价值。他认为,儿童生命的原始和根本的本性是在创造性的活动中表现出来的。"儿童最初的创造能力和天赋的表现,同时也就是他身上创造能力的最初证明。这确实是同儿童的自然天性不可分离的。因此,这里非常明确地提出了一个要求——怎样才能既揭示形成和培养的规律,又发现真正的内涵丰富的生命规律。"④他要求教育者尊重自然法则和儿童的本性来达成培养创造力的目标,使儿童获得真正的宁静、欢乐和自由。

由上可知,自然教育家的自然主义教育思想是立足于人性的,是以人性来规定教育的,因而

---

① [德]福禄培尔.人的教育[M].孙祖复,译.北京:人民教育出版社,2001:85.
② [德]福禄培尔.人的教育[M].孙祖复,译.北京:人民教育出版社,2001:86.
③ [德]福禄培尔.福禄培尔幼儿教育著作精选[M].单中惠,等译.上海:华东师范大学出版社,2009:213.
④ [德]福禄培尔.福禄培尔幼儿教育著作精选[M].单中惠,等译.上海:华东师范大学出版社,2009:306.

使自然主义教育成为一种"人"的教育,一种以"育人为本"的教育,其根本特性是以人为中心,以追求人的生命的成全和人性的发展为旨趣。教育人性论的确立,使人不再成为社会的工具,而成为教育的目的,使人的教育充满人道主义的关怀。

(三)西方自然主义教育思想以人文关怀为价值取向

所谓"人文关怀"是"对人的生存状态的关注,对人的权利的尊重,对人类发展前景和历史命运的思考。具体地说,也即是对人的现实状况的关注、对人的尊严与符合人性的生活条件的肯定和对人的解放与自由,特别是对人的精神解放、心灵解放、精神自由、心灵自由的追求,对人生意义的思考,是对人自身命运与价值高度关注的精神体现"①。这个概念虽然是从哲学意义上界定的,但也适合我们对西方自然主义教育思想的人文关怀的研究。西方自然教育家都很关注儿童的生存状态、尊严以及生活,表现出对儿童的自由和解放的强烈追求,蕴含着丰富的人文关怀的意蕴。人文关怀是西方自然主义教育思想的基本维度,也是西方自然主义教育思想的价值取向。

1. 对旧教育批判中的人文关怀维度。西方自然教育家都站在人性的立场上严厉地批判了当时的旧教育的弊病。夸美纽斯把当时的经院教育定位为"一种荒谬的和害人的教育",因为它实行的体罚,导致本应该成为增进儿童智慧场所的学校却成了"儿童恐怖"的地方,变成了他们"才智的屠宰场"。卢梭对当时的封建教育进行了深刻的批判,认为它是一种过度的理性教育,其弊端在于违背了儿童的身心特点,"我们从来没有设身处地揣摩过孩子的心理,我们不了解他们的思想,我们拿我们的思想当作他们的思想;而且,由于我们始终是按照自己的理解去教育他们,所以,当我们把一系列的真理告诉他们的时候,也跟着他们的头脑中灌入了许多荒唐和谬误的东西"。②裴斯泰洛齐认为旧教育导致所有儿童过着不幸的生活,从小就把他们与自然隔离,把他们像绵羊一样整群地圈在充满恶臭的屋子里,无情地将他们囚禁起来,"逼他们去注视乏味而又单调的字母……,逼他们去走使人发疯的生活道路"③。"那些有悖于心理学的学校从本质上说只是违反自然的、使人窒息的机器,旨在摧毁自然赋予其活力的能力和经验所产生的全部结果。"④杜威认为他的生长论自然教育思想是以批判传统教育为出发点的。传统教育忽视了儿童的兴趣和需要,导致儿童被动学习。他对这种状况作了描述:"学校以课程为本位,不注意儿童个性,仿佛和海绵放在水里一样。海绵有许多毛细孔,水到了里边,一见压力,就挤出来了。教授用注入的形式,就和水入海绵中一样,到考试时或是听他们背诵时,就和从海绵中压水一样,他们所说的一会儿都压出来了。"⑤总之,这种对旧教育的批判透露出自然教育家对儿童生存状况的极大的关

---

① 王东莉.德育人文关怀论[M].北京:中国社会科学出版社,2005:62.
② [法]卢梭.爱弥儿(上卷)[M],李平沤,译.北京:人民教育出版社,2001:221.
③ [瑞士]裴斯泰洛齐.裴斯泰洛齐教育论著选[M].夏之莲,等译.北京:人民教育出版社,2001:32.
④ [瑞士]裴斯泰洛齐.裴斯泰洛齐教育论著选[M].夏之莲,等译.北京:人民教育出版社,2001:31—32.
⑤ 吕达,刘立德,邹海燕.杜威教育文集(第4卷)[M].北京:人民教育出版社,2008:359.

注,蕴含着对儿童之存在的价值、意义的深层关怀。

2. 儿童观中的人文关怀维度。无论是夸美纽斯的"儿童是无价之宝"的儿童观,还是卢梭的"把儿童看作儿童"的儿童观,抑或是心理化自然教育家裴斯泰洛齐、第斯多惠、福禄培尔等的尊重儿童的心理特点和规律的儿童观,以及生长论自然教育家杜威的"儿童中心主义"的儿童观,都彰显了一种热爱儿童、尊重儿童的人文关怀的精神。特别是卢梭的儿童观充满了人文关怀的意蕴。首先它明确指出了儿童在生理、心理上都不同于成人,有一个尚待成熟的时期。教育者应尊重儿童生长的时机,不能拔苗助长。其次,它表明了儿童有自己的个性,有自己的快乐和幸福,教育者应为儿童的快乐和幸福提供"消极教育"的环境。再次,它告诉我们,"儿童期儿童自有自己的特点和发展规律,教育者不要只注重成人的需要而忽略儿童的需要,不要为了儿童的'将来'而放弃儿童的现在。应把属于儿童的东西还给儿童"[①]。

3. 自然教育路径理念中的人文关怀维度。概括地讲,自然教育路径主要有感觉教育、自由教育、主体性教育、活动教育、生活教育、个性化教育、生命教育、消极教育和心理化教育。在实施这些教育路径时,自然教育家都强调以人为本,以儿童为本,尊重儿童的身心发展的阶段和特征,一切从儿童出发,以儿童的本性发展为依据。

4. 自然教育实践中的人文关怀维度。自然教育家夸美纽斯、裴斯泰洛齐、福禄培尔、杜威等都在其教育实践中体现了对儿童关爱的人文精神。这种人文精神在裴斯泰洛齐的教育实践中体现得最为典型。裴斯泰洛齐是一位热爱儿童、关怀儿童的贫民教育改革家,无论是在新庄、斯坦兹,还是布格多夫、伊佛东,他都实施"爱的教育",促进了儿童身心的健全发展。他的教育对象多为身染疾病、心智不够健全的流浪儿童。他以爱的原则教育和关怀儿童。他说:"从早到晚,我几乎是一个人置身于他们中间。所有对他们的身心起良好作用的一切,都出自我的手。每一项帮助、在危难中伸出的每一只援助之手和他们得到的每一个教训,都直接来自于我。我的手放在他们手上,我的眼睛对着他们的眼睛,我的眼泪与他们的眼泪一起流淌,我的微笑伴随着他们的微笑。……在他们健康的时候,我在他们中间,当他们病了的时候,我就在他们身旁。"[②]这种人文关怀的精神受到了德国哲学家费希特的高度赞美:"裴斯泰洛齐生活的灵魂是爱。他爱贫穷和被压迫的人们。他的爱……使他的所获,竟远过于他的追求——他原来求的是贫苦孩子的启蒙,而得着的是人类教育的大道!"[③]

5. 自然教育目的中的人文关怀维度。自然教育目的在本质上是培养人、塑造人、发展人的,因而它具有丰富的人文关怀意蕴。这可以从以下方面彰显出来。(1)自然教育目的的以人为本。

[①] 王天一,方晓东.西方教育思想史[M].长沙:湖南教育出版社,1996:247.
[②] [瑞士]阿图尔·布律迈尔.裴斯泰洛齐选集(第二卷)[M].北京:教育科学出版社,1994:315.
[③] 肖朗,赵卫平.跨文化视野中的教育史研究——裴斯泰洛齐教育思想国际研讨会论文集[M].杭州:浙江大学出版社,2011:66.

自然教育目的尽管存在着视角差异、内容差异、时间差异,但都注重人的培养和发展。回溯历史,我们可以看到,人的培养是自然教育目的的核心构成。亚里士多德的教育目的注重理性的、自我实现的人的培养;文艺复兴时期人文主义教育家的教育目的关注领袖人物、公民和绅士的培养;17世纪的夸美纽斯的教育目的关注德行、学问、虔信人的培养;18世纪的卢梭重视"自然人"的培养;19世纪的裴斯泰洛齐的教育目的重视和谐发展人的培养;第斯多惠的教育目的重视真、善、美的人的培养;斯宾塞的教育目的重视快乐的和自治的人的培养;19世纪末20世纪初的杜威的教育目的则重视生长的人的培养。由此可见,自然教育家的教育目的的核心追求就是培养人,人的培养是自然教育目的题中应有之意。(2)教育目的的全面关怀。夸美纽斯要求教育者通过泛智教育培养身心和谐发展的人,"不只是人的一个方面,而是整个的人都需要发展,在为完善人性所需要的一切方面都需要发展"①。"学校的目的应该是使人适应他的使命,即让他受到能完善人类天性的一切教育。他应成为能支配他拥有的万物的人。人的诞生是为了理智地支配自己,遵循理智和自由的意志,理智、平静而得体地生活……"②卢梭的教育目的是培养身心和谐发展的有见识、有性格、身体和头脑都健康的自然人和公民。"教育的最大秘诀是使身体锻炼和思想锻炼互相调剂。"③裴斯泰洛齐的教育目的是培养和发展儿童的一切天赋力量和才能。具体地说,就是"依照自然的法则,发展儿童道德、智慧和身体各方面的能力,而这些能力的发展,又必须顾到它们的完全平衡"④。第斯多惠的教育目的是培养人的主动性和促进真、善、美的发展。杜威的教育目的是促进儿童的身体、本能、兴趣、情感、道德和智慧的全面生长,使儿童成为生长的人和良好的社会公民。由此可见,自然教育目的是对人的全面关怀,既有个人的维度,又有社会的维度;既注重人的身体发展,又注重人的心灵和精神的发展;既重视智力因素的发展,又重视非智力因素的发展。确保儿童身心的整体发展是自然教育目的的重要维度。(3)教育目的的当下关怀。卢梭反对预备教育,倡导当下教育和对儿童的当下关怀。他要求教育者要热爱儿童,关注儿童当下的生活和自然状态,使儿童在游戏中找寻快乐,培养儿童可爱的本能,使儿童拥有一个喜笑颜开、心情恬静的童年。他对剥夺儿童快乐时光的旧教育者提出了严厉的批评和责问:"你们当中,谁不时刻依恋那始终是喜笑颜开、心情恬静的童年?你们为什么不让天真烂漫的儿童享受那稍纵即逝的时光,为什么要剥夺他们绝不会糟蹋的极其珍贵的财富?他们一生的最初几年,也好像你们一生的最初几年一样,是一去不复返的,你们为什么要使那转眼即逝的岁月充满悲伤和痛苦呢?"⑤就其原因,就是向往遥远的未来,忽略儿童当下的生活。旧教育者"不断地使我们迷失本

---

① 任钟印主编.世界教育名著通览[M].武汉:湖北教育出版社,1994:329.
② [捷克]夸美纽斯.夸美纽斯教育论著选[M].任钟印,选编.北京:人民教育出版社,2005:421—422.
③ [法]卢梭.爱弥儿(上卷)[M],李平沤,译.北京:人民教育出版社,2001:275—276.
④ 张焕庭主编.西方资产阶级教育论著选[M].北京:人民教育出版社,1979:206.
⑤ [法]卢梭.爱弥儿(上卷)[M],李平沤,译.北京:人民教育出版社,2001:70.

性,他们轻视现在,不停地追求那愈追愈追不到的未来,他们硬要我们离开现在的境界,走向我们永远也达不到的地方"①。这种"远虑"的弊端在于"使我们不停地做我们力不能及的事情,使我们常常向往我们永远达不到的地方,这样的远虑正是我们种种痛苦的真正根源。像人这样短暂的一生,竟时刻向往如此渺茫的未来,而轻视可靠的现在,简直是发了疯!"②无独有偶,杜威也强烈地反对预备教育,因为它忽视了一个事实,就是儿童生活在现在,而不是生活在将来,他不知道为将来预备什么,缺乏可见的形体与紧迫性,最终使儿童丧失动力。"这种办法自以为成功的地方——自以为为将来作了预备,实际上正是它最失败的地方。"③杜威认为,良好的教育目的的标准是,首先,所确定的教育目的必须以对正在做的事情为依据,是现有情况的产物。其次,一个合理的目的,它的价值就是能够帮助我们改变环境,应付环境,使环境产生有益的变化。再次,良好目的应使活动自由开展,目的与手段是有机结合的,而不是分离的。第四,良好的目的是以每个儿童特有的活动和需要为依据,是变化的,也是动态生成的。第五,确定教育目的必须警惕所谓一般的目的和终极的目的,因为它们只能使教师和学生陷入机械的、奴隶性的工作。总之,在杜威的视野中,良好的教育不是外部的目的,也不是为遥远的将来预备的目的,它就是儿童生活的过程本身,就是儿童生长能力的增加。"教育的过程,在它自身以外没有目的;它就是它自己的目的。"④"学校教育的目的在于通过组织保证生长的各种力量,以保证教育得以继续进行。使人们乐于从生活本身学习,并乐于把生活条件造成一种境界,使人人在生活过程中学习,这就是学校教育的最好的产物。"⑤

(四)西方自然主义教育思想彰显了对何谓"好的教育"的人文追问

西方自然教育家都认为旧教育不是好的教育,旧的学校也不是理想的学校,因而在对它们进行深刻批判的基础上,都追问了何谓"好的教育",力图建立一种理想的充满人文关怀的教育思想。在夸美纽斯看来,"好的教育"从如下方面体现出来:(1)它应当是"周全的"、"泛智的"教育。所谓"周全的"教育就是通过德育、智育、宗教教育,培养学生德行、智力和虔信的教育。一切男女儿童,不论贫富贵贱,都应该接受这种教育。在他的视野中,完美的学校教育应该有助于儿童的心灵与头脑的训练,即"一所学校如果完美地起到了它的作用,那就应该是一个真正锻造人的地方;在那里,学生的思想被智慧之光照亮,……感情和欲望与道德协调地结合,人们的心都充满圣洁的爱"⑥。不仅如此,一切真正的教育还应该是"泛智的",即对广泛知识的学习,"我们希望,把

---

① [法]卢梭.爱弥儿(上卷)[M].李平沤,译.北京:人民教育出版社,2001:70.
② [法]卢梭.爱弥儿(上卷)[M].李平沤,译.北京:人民教育出版社,2001:75.
③ 吕达,刘立德,邹海燕.杜威教育文集(第2卷)[M].北京:人民教育出版社,2008:57.
④ 吕达,刘立德,邹海燕.杜威教育文集(第2卷)[M].北京:人民教育出版社,2008:52.
⑤ 吕达,刘立德,邹海燕.杜威教育文集(第2卷)[M].北京:人民教育出版社,2008:53-54.
⑥ [英]伊里莎白·劳伦斯.现代教育的起源和发展[M].纪晓林,译.北京:北京语言学院出版社,1992:76.

一切知识领域中的精粹的总和灌输给他们的头脑。……要使他们知道一切必须熟悉的东西,理解一切事物的原因,懂得一切事物的真正有益的运用"①。"我们希望有睿智的学校,而且是博学的学校,即泛智的学校,即工场,在这样的学校里所有的人都能受教育,都能学习现在和将来生活所必需的学科,而且达到完美的程度。"②他的《大教学论》就是服务于这一"泛智教育"的,因为"大教学论"就是一种把一切事物教给一切人们的全部艺术,这是一种教起来既准有把握又准有结果的艺术。(2)它应当是"自然的"教育。这里主要包含两方面的内容:一是教育要模仿自然界的法则或秩序。因为秩序是主导教学艺术的原则,这是只能以自然的作用为借鉴的。因而无论是教导的严谨秩序,还是教学的艺术,都应当以自然为借鉴。艺术如果不模仿自然,它必然什么也做不了。二是教育应遵循儿童的自然本性。由于每个儿童的自然本性是不同的,因而教育应因材施教,而不能千篇一律。"当知识不能适合这个或那个学生的思想爱好时,它便是不适当的。因为,人们彼此思想的差异就如同不同的动物和植物之间的差异一样。对一个人要用一种方法对待,对另外一个人就要换种方法,不能对所有人均采用千篇一律的办法。……如果一位教师看到某个学习内容不适合学生的自然气质和爱好,他决不要强迫学生去学它。"③(3)它应当是"愉快的"教育。"愉快"是夸美纽斯《大教学论》的理论旨趣,贯穿于教学原理之中。无论是教师的教,还是学生的学,都应有"快乐"的意蕴。"大教学论"就是一种教起来令教员和学生都感到最大快乐的艺术。对学生而言,他不感到困难,也不感到厌倦,而像做游戏和娱乐一样。

卢梭在深刻地批判了以注重强迫教育和理性教育为特征的旧教育的基础上,对何谓"好的教育"给予了追问和自己的答案。(1)它应当是"自然的"教育。所谓自然的教育就是指儿童天性的发展,用卢梭的话说"我们的才能和器官的内在的发展,是自然的教育"。人为的教育和事物的教育必须服从自然的教育,因为后者是不能由我们所控制的,只有当三者和谐统一,才能实现自然教育的目标,成为好的教育。这一内涵是卢梭整个自然教育思想的核心和灵魂。通俗地讲,就是让儿童根据自己的性情率性发展。这意味着教育的过程就是儿童追寻自己天性发展的过程。自然教育的另一层内涵就是取缔社会中对儿童发展的过多干预和控制,回归儿童的自然状态。让儿童在乡村大自然中接受教育;解除儿童的束缚,还儿童本来的面貌;关注儿童当下的生命状态和幸福,反对为未来的教育作预备。(2)它应是"自由的"教育。让儿童自由自在地生活和活动是卢梭自然教育的内在蕴含,没有自由教育,也就没有自然教育,没有儿童的率性发展。自由是儿童的自然权利,儿童生而自由的,放弃了自由,也就放弃了做人的资格。只有彰显自由的教育,才符合儿童身心发展的特点和规律,才是好的教育。(3)它应当是"消极的"教育。这是针对"积极

---

① 张焕庭主编.西方资产阶级教育论著选[M].北京:人民教育出版社,1979:43.
② [捷克]夸美纽斯.夸美纽斯教育论著选[M].任钟印,选编.北京:人民教育出版社,2005:239—240.
③ [英]伊里莎白·劳伦斯.现代教育的起源和发展[M].北京:北京语言学院出版社,1992:73.

教育"而言的。所谓"积极教育"就是在儿童适龄以前培养儿童的心智,把做人的义务等知识灌输给儿童。具体体现在过早的理性教育、强迫教育、过早的语言教育和过早的义务知识教育。凡是先让作为认知工具的身体器官长成,然而施以知识教育,通过感官训练为理智发展作准备,就叫"消极教育"。它包含的内容是:锻炼儿童的身体和感官,为儿童的理智发展奠基;让儿童保持其无知的状态;不教而教;让儿童的心闲着不用,能闲多久就闲多久;重要的是防范,而不是灌输;反对"口头教训",主张"从经验中学";实施"自然后果法"①。消极教育的意图就是它不在于教儿童以道德和真理,而在于防止他的心沾染罪恶,防止他的思想产生谬见,从而保护先天的善性。(4)它应当是"感性的"教育。因为儿童期是"理智的睡眠"期,理智这个官能是最迟最难发展的,是在其他官能发展的基础上综合而成的,因此,儿童最初的理解是感性的理解,而非理智的理解。儿童最初的哲学老师是他们的手、脚和眼睛。儿童是依靠感官去获得智慧和知识,发展判断力的。因此要对儿童进行感觉经验教育,让儿童在感觉中、在活动中、在经验中接受教育,反对理性教育。(5)它应当是"以儿童为本位"的教育。这意味着儿童(而不是社会)是教育的前提和出发点,教育应以儿童为本。这是卢梭的自然教育思想区别于以往教育思想的地方,也是新教育与旧教育的分水岭。因为他认识到儿童与成人的区别,认识到儿童的独特地位:"在万物的秩序中,人类有它的地位;在人生的秩序中,童年有它的地位;应当把成人看作成人,把孩子看作孩子。"②儿童不仅地位独特,而且思想也独特,有自己的看法、想法和感情,这是大自然所决定的。"大自然希望儿童在成人以前就要像儿童的样子。如果我们打乱了这个次序,我们就会造成一些早熟的果实,它们长得既不丰满也不甜美,而且很快就腐烂:我们将造成年纪轻轻的博士和老态龙钟的儿童。儿童是有他特有的看法、想法和感情的;如果想用我们的看法、想法和感情去代替他们的看法、想法和感情,那简直是最愚蠢的事情。"③也就是说,"好的教育"必须考虑儿童特有的看法、想法和感情,遵循儿童的特点和时机,把儿童当儿童看待,不能做违背儿童身心特点的事情。

　　心理化自然教育家裴斯泰洛齐、第斯多惠、福禄培尔、斯宾塞等的自然教育思想尽管存在着视角差异、内容差异,但在强调教育要心理学化方面是一致的,都认为遵循了儿童的自然本性和儿童的心理特点与规律的教育就是"好的教育",因而他们致力于探讨教育的理论基础的人性化和心理化、教育目的心理化、教育过程心理化、教育原则心理化、教学程序和方法心理化,从而促进了教育学与心理学的结合,促进了儿童身与心的健全发展。

　　杜威也追问了何谓"好的教育"。杜威认为,满足以下两个条件的教育就是"好的教育"。一

---

① 刘黎明,钟昭会.卢梭的消极教育观及其当代价值新探[J].天津市教科院学报,2015(1).
② [法]卢梭.爱弥儿(上卷)[M].李平沤,译.北京:人民教育出版社,2001:71.
③ [法]卢梭.爱弥儿(上卷)[M].李平沤,译.北京:人民教育出版社,2001:88.

是教育是社会的历程。"教育好像历史上的戏剧,由古到今,天天改造,陈的才死去,新的又出来。这样一天天地新陈代谢,演成一种改造的历程。"①按照杜威的理解,所谓"改造",不是仅仅改造就算了事,还要"继续改造",才是真正的改造。改造是天天改造,包含"日新月异"的思想。改造要能"变化",天天不同,是逐渐向前的,也是有目的的。改造以后,经验的内容比从前更圆满、更丰富,因而教育的定义就是:教育是经验继续的改造,使得一方面能操纵经验,一方面能使经验日益丰富。二是教育是根于自然倾向,合乎儿童天性发展的。教育的设施必须顾及儿童的需要和儿童固有的本能。一切教育都必须根着儿童的天性,才是自然的。如果儿童不愿意受教育,甚至害怕教育,那只能说明这种教育是有缺点的,不是根于儿童天性的教育。由此,杜威得出结论,教育是社会的历程;教育是根于自然倾向的。"这两层是最要紧的。合于这两层的教育就是好教育;不合于这两层的教育就是坏教育。"②

由上可知,西方自然教育思想是关怀人、塑造人、培养人的人文学问,具有丰富的人文关怀意蕴,是一种理想的、"好的教育"。

三、西方自然主义教育思想的人文价值

（一）培养学生德性,提升学生的幸福感

古希腊的自然教育之父——亚里士多德最早从美德、至善、幸福、沉思等概念出发,探讨了道德教育的问题与价值。首先,幸福是合德性的活动。美德是人的各种固有灵魂的功能都得到完善的发挥。它包括理智美德和行为美德两个部分,前者由智慧、实践、系统知识构成,后者由节制、慷慨等构成人的幸福总是和美德关联。按照亚里士多德的理解,"幸福是学得而不是靠运气获得的。因为幸福在于灵魂的合德性的活动,并且是一生中合德性的活动。"③"最优良的善德就是幸福,幸福是善德的实现,也是善德的极致。"④由此看来,亚里士多德理解的幸福就是"善行",就是"灵魂的活动"。其次,最高的幸福来源于思辨的沉思的活动。与理智的美德和善行相联系,沉思的活动能使人获得快乐,享受幸福。"爱智慧的活动似乎具有惊人的快乐,因为这种快乐既纯净又持久。"⑤因此,最高的幸福来源于理性的沉思的活动。他强调,"若幸福是合德性的活动,它就是合于我们自身中那个最好部分的德性的活动,即沉思。它是最完美的活动"⑥。幸福与沉思相伴随,沉思能力越强,享受的幸福越多。幸福不是与偶然的沉思相伴随,而是内在于

---

① 吕达,刘立德,邹海燕.杜威教育文集(第4卷)[M].北京:人民教育出版社,2008:08.
② 吕达,刘立德,邹海燕.杜威教育文集(第4卷)[M].北京:人民教育出版社,2008:08.
③ [古希腊]亚里士多德.尼各马可伦理学[M].北京:商务印书馆,2006:319.
④ [古希腊]亚里士多德.政治学[M].吴寿彭,译.北京:商务印书馆,2009:370.
⑤ [古希腊]亚里士多德.尼各马可伦理学[M].北京:商务印书馆,2006:306.
⑥ [古希腊]亚里士多德.尼各马可伦理学[M].北京:商务印书馆,2006:330.

沉思,沉思本身就是目的,就是幸福。因此,学哲学、爱智慧、沉思对于学生的幸福而言,是最重要的。

17世纪的夸美纽斯也认为,德行是人快乐和幸福的源泉。他说,学问、德行、虔信,这三个元素就是涌出一切最完美的快乐之流的三个源泉。德行的种子是天生在我们身上,但实际的德行却没有这样给我们,这是应该从祈祷、从教育、从行动中去获取。只有受过恰当的教育之后,人才能成为一个人。换言之,通过恰当的教育,就可以使人获取德行。

18世纪的卢梭深刻地论述了自爱、怜悯、良心与道德教育、幸福的关联。在卢梭看来,人生来就具有自爱心和怜悯心,前者表现为自我保护,后者指向对他人的仁慈和友善。他说:"我们的种种欲念的发源,所有一切欲念的本源,唯一同人一起产生而且终身不离的根本欲念,是自爱。它是原始的、内在的、先于其他一切欲念的欲念,而且,从一种意义上说,一切其他的欲念只不过是它的演变。"①自爱是符合自然的秩序,因而始终是好的。关爱自己的生命,是每个人第一个最重要的责任。为了自我保护,要做的事情就是要爱自己,爱自己要胜过爱其他一切的东西。由这种情感直接导致的结果是:我们也同时爱保持我们生存的人。这样就由"自爱"导向"怜悯"。两者结合,就能使人的良心获得安宁与幸福。卢梭把"良心"定义为灵魂的声音、心灵深处的正义和道德的原则。它在道德教育中发挥至关重要作用。人之所以天性善良、行为合乎德行,是"良心"在其中起指导作用。因为"良心从来没有欺骗过我们,它是人类真正的向导;它对于灵魂来说,就像本能对于肉体一样;按良心去做,就等于服从自然,就用害怕迷失方向"②。良心之所以能激励人,是与自爱与怜悯形成的道德密切相关。人们为善为恶,是由人的理智决定的。一旦他的理智使他认识到善,他的良心就会使他爱善。尽管人们喜善恨恶的良心不依存理性,但没有理性,良心也难以发展。这种天生的"求善避恶"的情感,就个人来说,"就是对自己的爱,对痛苦的忧虑、对死亡的恐惧和对幸福的向往"③。

在卢梭的视野中,自然人与道德人的幸福是不同的。自然人的幸福很简单很单纯,就是为了自我保存和免于痛苦。"道德人有认识的能力,他意识到什么德行最适合于他的天性,在他心中有着为善的想望,这种想望是自然而愉快的,只要它留下一次快乐的回忆,就足以使它不断地呈现在我们的心中。因此,在卢梭看来,为善之乐就是道德人的幸福。"④

(二)挖掘儿童的潜能,实现儿童的自我价值

自然教育家都对儿童发展的可能性和潜能充分信任,重视儿童自我发现和自我教育,力图开发儿童的潜能,实现儿童的自我价值。意大利文艺复兴时期教育家维尔捷留斯指出:"我们必须

---

① [法]卢梭.爱弥儿(上卷)[M],李平沤,译.北京:人民教育出版社,2001:290.
② [法]卢梭.爱弥儿(下卷)[M],李平沤,译.北京:人民教育出版社,2001:414—415.
③ [法]卢梭.爱弥儿(下卷)[M],李平沤,译.北京:人民教育出版社,2001:420.
④ 于凤悟.卢梭思想概论[M].北京:北京师范大学出版社,1986:233.

记住各个人的智力天分是不同的,……在某种程度上,对学习的选择取决于每个人的思想性格,……在教育中应该承认天生的爱好,并加以遵循。"①荷兰人文主义者伊拉斯谟对儿童自发的能动性的价值给予了充分的肯定:"要引导学生怀着自信心去正视生疏的问题,慢慢地但却是坚毅地去解决它。我们不能低估年轻人有能力以自己的才智找到合适的答案,……与其他任何生物一样,孩子都擅长真正属于他本性的活动,……因此,要按大自然的规律办事,在学校中消除过重的劳累现象,要尽量使学习能够自由和愉快。"②西班牙人文主义教育家比贝要求教育者"在确定对每个人的教学问题时,要考虑他的性情气质;认真地考虑这一问题属于心理学研究的范畴。在不同的情况下,不同的学习专业要求有不同的自然智力,以保证学生能顺利成功"③。英国人文主义教育家马尔卡斯特指出:"教育的目的是帮助本性达到最完美的程度。"④人文主义教育思想的集大成者夸美纽斯坚定地认为:儿童的一切成长,一切学识,一切发展都来自内部,教育的作用在于对这种发展进行引导和指导,使其有所成效。⑤ 他要求教育者的教育工作要适合学生的特点,教授的知识应适合学生的思想爱好,否则就不是适当的。对待不同的学生就应采取不同的方法,不能千篇一律地对待所有的学生。由此可见,人文主义教育家都很重视儿童潜能的开发和自我价值的实现。

18世纪的卢梭要求教育者应尊敬儿童,研究儿童,观察儿童,以儿童的本性作为教育工作的基础。下面的几段话阐明了这一点:"要尊敬孩子的童年……,在你接过她的事务之前,要让天性有足够的时间开动起来。""在使性格发展之前,我们必须研究它。一位细心的教师在说出第一个字之前,一定会观察他的学生。""一个孩子要自己选择他所爱做的事情。但是你应该时刻在他身旁,不停地观察他,在他没有察觉的情况下观看他的动作。"⑥教育者不仅要观察儿童,研究儿童,还要针对儿童的特征因材施教。因为每个儿童都有与生俱来的明显的气质,它决定了儿童的才华和性格。每个思想也都有自己的形式,教育只有符合这种形式,才能取得实效。他还强调自我发现学习的重要性,主张让儿童的本能引导他去寻求知识,因为儿童有一种天生好学的愿望,自然的好奇心会引导他的发现学习。"自己所获得的事物概念,要比取自他人教义的概念更为清楚并更有说服力。我们愚蠢和迂腐的方法总是妨碍了孩子依靠自己去更好地学习。"⑦在他看来,自我发现是最好的符合儿童天性的学习,"不要忘记,你不应该告诉孩子应该学些什么;应该让他去学习所要学的东西,让他去寻求和发现"⑧。自我发现学习的意图是唤醒儿童学习的内在潜能和

---

① [英]伊里莎白·劳伦斯.现代教育的起源和发展[M].纪晓林,译.北京:北京语言学院出版社,1992:36.
② [英]伊里莎白·劳伦斯.现代教育的起源和发展[M].纪晓林,译.北京:北京语言学院出版社,1992:45.
③ [英]伊里莎白·劳伦斯.现代教育的起源和发展[M].纪晓林,译.北京:北京语言学院出版社,1992:58.
④ [英]伊里莎白·劳伦斯.现代教育的起源和发展[M].纪晓林,译.北京:北京语言学院出版社,1992:64.
⑤ [英]伊里莎白·劳伦斯.现代教育的起源和发展[M].纪晓林,译.北京:北京语言学院出版社,1992:76.
⑥ [英]伊里莎白·劳伦斯.现代教育的起源和发展[M].纪晓林,译.北京:北京语言学院出版社,1992:130.
⑦ [英]伊里莎白·劳伦斯.现代教育的起源和发展[M].纪晓林,译.北京:北京语言学院出版社,1992:135.
⑧ [英]伊里莎白·劳伦斯.现代教育的起源和发展[M].纪晓林,译.北京:北京语言学院出版社,1992:135.

学习的兴趣。这是儿童成长的唯一动力。总之,卢梭的观点是:教育来自于儿童内部的自然发展,是通过儿童与生俱来的兴趣和本能来实现。这是以遵循儿童在不同发展阶段的需要和特点为前提的,以开发儿童的内在潜能,唤起儿童强烈的求知热情为目的,以敞开儿童探索对周围世界的认知的可能性为旨趣的。

心理化自然教育家也论述了这个问题。裴斯泰洛齐相信教育的力量来自于人的内在善良和爱的信念。"凡属善良、神圣和崇高的一切,凡属要促进人身上和谐完美的一切,都产生自一个中心的力量,它根据人的内在圣洁,对那些事物加以调节、指导、激励和限制。运用教学及教学本身不会造成爱,也不会造就恨。这就是教学决不是教育实质的缘故。爱才是实质……。没有爱,儿童的体魄和智力都不可能得到自然的发展。"①在裴斯泰洛齐看来,人的内在本性永远是施加人为影响最重要的基础,施加人为影响要与人的本性发展过程相适应。名副其实的教育应努力使人的各方面能力得到均衡的、全面的发展。裴斯泰洛齐的努力"为教育家们打开了把儿童需要和自发成长密切相联的这样一条前所未有的办学道路,这是一条有待于在20世纪后半叶彻底探索的道路"。②

福禄培尔也非常重视儿童内部力量的教育价值,认为只有启发和唤醒儿童的内在生命,有意识地把神圣统一性的内在法则再现出来,才能对儿童有真正的、持久的和建设性的影响。他要求教师应更多地赋予儿童的内在生命以意义和主动性,而不是多样性,这是至关重要的。人的内在和本能的生命是教育的基础和源泉,因此,教育的目的不是灌输越来越多的东西,而是从儿童本身挖掘东西,使儿童的内在生命得以发展。儿童的自我发展应是教育优先考虑的,"在他能够思考对其本性陌生的新鲜事物之前,儿童自己首先已经有一定的能力了。在他获取崭新的事物之前,他自己应该有某种坚实的基础了,……我们必须承认,一个人在没有达到适当的发展阶段,而且不具备自己的精神力量之前,他是不能取得新鲜知识的"③。为此,教育者必须研究儿童,观察儿童的性格,在此基础上为儿童提供游戏,使儿童在游戏中获取知识。因为游戏是符合儿童天性的、最富于精神的活动,是后来全部生活的胚芽,也是儿童内在自我积极主动的展现——内在需要和动力的内在展现。"一个孩子,如果在体力允许的范围内,能够以自我积极主动的决心和坚持不懈的毅力去彻底地游戏,肯定会成为一个完全彻底,坚毅如钢的,能为了自己和他人的福利而自我牺牲的人。"④总之,福禄培尔相信童年是神圣的,童年的人格应该得到尊重,这会导致儿童研究充满意义和尊严。

---

① [英]伊里莎白·劳伦斯.现代教育的起源和发展[M].纪晓林,译.北京:北京语言学院出版社,1992:158.
② [英]伊里莎白·劳伦斯.现代教育的起源和发展[M].纪晓林,译.北京:北京语言学院出版社,1992:169.
③ [英]伊里莎白·劳伦斯.现代教育的起源和发展[M].纪晓林,译.北京:北京语言学院出版社,1992:213.
④ [英]伊里莎白·劳伦斯.现代教育的起源和发展[M].纪晓林,译.北京:北京语言学院出版社,1992:213—214.

英国教育家斯宾塞的论述也很深刻。他认为,每一个孩子都有有待开掘的潜能,每一个生命都具有灵性和与生俱来的禀赋,关键在于如何训练和开发。斯宾塞提供这样的教育方略:一是自然教育,即教育要遵循一种自然的成长顺序,与思想进化的自然过程相适应,找出才能的自发发展的顺序,并提供相应的知识。二是自我教育。一旦儿童获得了自我教育的能力和习惯,就会使他成为一个优秀的、有教养的人。因此,他要求教育者在教育中应该尽量鼓励自我发展的过程,引导儿童自己独立地探讨和推论。给他们讲的应该尽量少些,而引导他们去发现应该尽量多些,以此来达到教育的目的——有一天能够不教。三是快乐教育。他认为,快乐教育能够开发儿童的智力和潜能。当孩子在快乐的时候,他就能很容易学习任何东西,学习效果就好。相反,当孩子处在不快乐、情绪低落、精神紧张的状态下,他的智力、潜能、信心就会大大降低和减弱。因此,他强调,教育应当是快乐的。

美国教育家杜威的论述同样是深刻的。他把本能、天性看作教育的基础,因为它们为教育提供了素材,指明了方向。真正的教育就是以儿童本性为基础的积极主动过程,"所有教育活动的主要根源是儿童本能和带有冲力的态度及活动,而不在于叙述和应用外来材料。……所以,儿童们为数甚多的自发活动对教育是有用处的;不只这些,这些活动是教育方法的基石"[1]。基于此,教育者要引导儿童去发现重要的有益的目标和从事特殊活动的材料,从活动中,从经验中产生"自己的问题",使问题成为儿童活动的导向。这是其一。其二是儿童对学习活动必须有兴趣。兴趣的价值就在于它们能给儿童以力量。"任何力量当呈现它即刻有用的水平时,都需要成为觉悟。它的真正意义是利用它向更高的水平推进。"[2]其三,儿童的学习活动必须有"内在的动力",这种内在的动力来源于儿童有产生于自己经验的目的和需要,只有儿童在学习活动时意识到这一目的和需要,是他自己的目的和需要时,才会产生一种掌握学习"规律"的内在动力。其四,为儿童潜能的发挥提供自由的保障。也就是说,"更多地给予个人以自由,把个人的潜力解放出来,这个观念和这个理想是自由精神永远存在的核心"[3]。

综上所述,尽管不同时期的自然教育家论述的角度各异,但他们都非常重视通过教育开发儿童的内在潜能,唤醒儿童内在的精神生命,进而促进儿童身心的自我发展。

(三)为儿童建构以意义为核心的精神世界

儿童和成人一样追求有意义的精神生活,没有意义的生活,是他们难以忍受的。他们的生活是和教育是结合在一起的,是一种教育生活。西方自然主义教育思想被教育发展的历史证明是一种"好的教育",因而能够引领儿童的精神生活,赋予儿童存在以意义,帮助儿童建构以意义为

---

[1] [英]伊里莎白·劳伦斯.现代教育的起源和发展[M].纪晓林,译.北京:北京语言学院出版社,1992:274.
[2] [英]伊里莎白·劳伦斯.现代教育的起源和发展[M].纪晓林,译.北京:北京语言学院出版社,1992:273.
[3] [美]杜威.人的问题[M].上海:上海人民出版社,1986:100.

核心的精神世界。

首先,自然教育目的能够规范儿童的发展,使之朝着人性的、人道的、有意义的精神生活的方向前行。在自然教育目的中,尽管也有终极教育目的,但它并不占主流地位。在自然教育中占主流地位,起支配作用的教育目的,是生成论教育目的,即教育目的是促进儿童的身体、知识、智慧、情感、意志、道德、灵魂、审美、教养等各方面生成性发展。卢梭、福禄培尔、杜威等都持这种目的观。生成论教育目的观是内在于教育过程的,是和儿童本性的发展相契合的,因而能够为儿童建构以意义为核心的精神世界,提升儿童的精神境界。它主要从以下几个维度展现其特征:(1)自然的和生长的人。卢梭基于"自然"是美好的人性的假设,认为本性的最初的冲动始终是正确的,因而倡导教育的目的就是顺应儿童自然本性的发展,使儿童成为自然地和自由地发展的人。而要达到这一点,教育者必须把儿童的教育植根于儿童的生活和活动中,从活动和生活中获取身体和精神成长的一切资源,使儿童在生活和活动中自我生成,而不是用外在的东西灌输给儿童,使儿童"被动"地成长。美国教育家霍恩认为,卢梭的教育目的包含着四个有价值的特殊目的,即把健康和活力作为目的;尊重身体的活动;尊重儿童的个别差异;要注意兴趣的产生、高涨和消退。[①]无独有偶,杜威的"生长的人"的教育目的也蕴含着这样的意蕴。它的基本的内涵就是教育就是身体、本能、情绪、情感、兴趣、习惯、道德、智慧、精神等的生长。这意味着生长和教育是不可分离的,是内在关联着的,教育即生长。"因为生长是生活的特征,所以教育就是不断生长;在它自身以外,没有别的目的。学校教育的价值,它的标准,就看它创造继续生长的愿望到什么程度,看它为实现这种愿望提供方法到什么程度。"[②](2)快乐的人。卢梭和斯宾塞都主张教育的一个重要目的就是把儿童培养成快乐的人。卢梭认为远虑是一切痛苦的真正根源:"像人这样短暂的一生,竟时刻向往如此渺茫的未来,而轻视可靠的现在,简直是发了疯!"[③]儿童精神愉悦和快乐是来源于当下的生活和活动,因此教育的一个重要目的就是让儿童能够享受当下的快乐,一个重要的教育原则就是要爱护儿童,帮助他们做游戏,培养他们可爱的本能,使他们得到快乐,拥有一个喜笑颜开、心情恬静的童年。他告诫当时的教育者:"你们决不要剥夺大自然给他们的短暂的时间,否则你们将后悔不及的;一到他们能感受生的快乐,就让他们去享受;不管上帝在什么时候召唤他们,你们都不要使他们没有尝到生命的乐趣就死了。"[④]这种告诫既表达了卢梭对传统教育的不满,又蕴含了他对儿童精神世界发展的关切。斯宾塞明确提出教育的目的就是让儿童成为一个快乐的人。这要求教育者努力做一个乐观、快乐的人,能够营造快乐、鼓励的氛围,教育的手段与方法也应该是快乐的。(3)独立的有尊严的人。卢梭认为,大自然希望儿童在成

---

① 瞿葆奎.教育学文集·教育目的(第4卷)[M].北京:人民教育出版社,1989:575—576.
② 吕达,刘立德,邹海燕.杜威教育文集(第2卷)[M].北京:人民教育出版社,2008:55.
③ [法]卢梭.爱弥儿(上卷)[M].李平沤,译.北京:人民教育出版社,2001:75.
④ [法]卢梭.爱弥儿(上卷)[M].李平沤,译.北京:人民教育出版社,2001:70.

人之前就应该像儿童的样子,成为独立的有尊严的自我。因为"儿童是有他特有的看法、想法和感情的;如果想用我们的看法、想法和感情去代替他们的看法、想法和感情,那简直是最愚蠢的事情"①。如果我们打乱了发展的次序,把儿童当成人看,混淆了儿童与成人的区别,就会造成年纪轻轻的博士和老态龙钟的儿童。在这种状况下,儿童的生活就无意义和快乐可言,精神世界也得不到发展。基于此,卢梭要求教育者要尊重儿童的个性和尊严,对儿童或好或坏的判断要延迟,"让特异的征象经过一再地显示和确实证明之后,才对他们采取特殊的方法。让大自然先教导很长的时期之后,你才去接替它的工作,以免在教法上同它相冲突"②。斯宾塞明确提出,要尊重儿童自尊的权利,培养儿童自尊心。这是培养儿童责任心、上进心、荣辱感的前提,也是教育要实现的重要目标。杜威也强调要尊重儿童的天性和尊严,尊重儿童未成熟的状态。他借用埃默森话说,"关于儿童训练,有两点要注意:保存儿童的天性,除了儿童的天性以外,别的都要经过锻炼搞掉;保存儿童的天性,但是阻止他扰乱、干蠢事和胡闹;保存儿童的天性,并且正是按照它所指出的方向,用知识把儿童的天性武装起来"③。"只要想到要运用这个方法,就意味着高尚的品格和渊博的学识了。"④

(4)自由的人。自由是儿童天性的发展和意义和精神世界建构的前提和保障。这是自然教育家的一个基本认识。卢梭所追求的教育目标就是培养"自由自在的孩子"和"自由自在生活的人"。自由教育理念是卢梭自然教育思想的核心和内在蕴含。自由是儿童天赋的权利和做人的资格,它比财富更为重要。卢梭说过,自由意味着自己实现自己的意志,"真正自由的人,只想他能够得到的东西,只做他喜欢做的事情。这就是我的第一个基本原理。只要把这个原理应用于儿童,就可源源得出各种教育的法则"⑤。他首先"反对压抑儿童的个性、束缚儿童自由的旧教育,要求教师尊重儿童的自由和主动性,事事让儿童做主,创造儿童自由发展的氛围;其次要解除儿童的各种束缚,解放儿童的大脑和手脚,让儿童自由活动;再次要关注儿童当下的自然状态,因为自由源于当下的自然状态"⑥。杜威进一步发挥了卢梭的自由教育理念,把它看作儿童身心全面发展的重要组成部分,指出:"假如教师要了解每个学生的需要和能力,假如儿童在学校要受到全面的、能使其心理、性格和身体得到最好的训练,那么在教室里的自由是必不可少的。"⑦"给儿童以自由,使他在力所能及和别人所允许的范围内,去发现什么事他能做,什么事他不能做,这样他就不至于枉费时间去做那些不可能的事情,而把精力集中于可能的事情了。儿童的体力和好奇心能够引导到积极的道

---

① [法]卢梭.爱弥儿(上卷)[M].李平沤,译.北京:人民教育出版社,2001:88.
② [法]卢梭.爱弥儿(上卷)[M].李平沤,译.北京:人民教育出版社,2001:117.
③ 吕达,刘立德,邹海燕.杜威教育文集(第2卷)[M].北京:人民教育出版社,2008:55.
④ 吕达,刘立德,邹海燕.杜威教育文集(第2卷)[M].北京:人民教育出版社,2008:55.
⑤ [法]卢梭.爱弥儿(上卷)[M].李平沤,译.北京:人民教育出版社,2001:78.
⑥ 刘黎明.西方自然主义教育思想史[M].武汉:华中科技大学出版社,2014:319—320.
⑦ 吕达,刘立德,邹海燕.杜威教育文集(第1卷)[M].北京:人民教育出版社,2008:279.

路上去。"①培养自由人的教育目的与儿童人性的发展是相契合的,因为儿童的人性发展需要自由的环境,培养自由人的教育目的恰好能提供这种环境。(5)身心的和谐发展。这涉及儿童的身体世界和精神世界两个维度的和谐发展。英国人文主义教育家马卡斯特的教育目的着眼于帮助儿童的本性最完善的发展。法国人文主义教育家蒙田着眼于培养躯体与心灵统一的人:"我们造就的不是一个心灵、一个躯体,而是一个人,不应把心灵和躯体分离出来。正如柏拉图所说的,不应只训练其中一个而忽视另一外一个,应将它们同等对待,犹如两匹马套在同一个辕杆上。"②夸美纽斯的教育目的在于使学生获取学问、德行和虔信,促进身心的和谐发展。卢梭的教育目的是培养身心健全发展的自然人。他描述了这种自然人的形象:长得体态匀称,身心两健,肌肉结实,手脚灵巧;他富于感情,富于理智,心地十分仁慈和善良;他有很好的品德,有很好的审美能力,既爱美又乐于为善;他摆脱了种种欲念的支配和偏见的束缚,他一切都服从理智的法则,他一切都倾听友谊的声音;他有许多有用的本领,而且还通晓几种艺术。裴斯泰洛齐的教育目的在于开发儿童的潜能,发展儿童天赋的内在力量。第斯多惠的教育目的在于促进儿童的自我完善和真、善、美的全面发展。杜威的教育目的是促进儿童的身体、本能、兴趣、习惯、知识、智慧、情感、道德的全面生长,培养生长的人。由此可见,自然教育家都重视儿童身心的协调发展,都把儿童身体世界与精神世界的和谐统一发展作为自己的教育目标。这样的教育目的无疑会促使儿童的身心发展沿着人性的方向前行,引领儿童的精神生活的发展,提升儿童的精神境界。

其次,西方自然主义教育思想能为儿童的精神成长所不可或缺的两种活动(游戏和教育)提供理论指导。就游戏活动而言,福禄培尔的游戏理论可以为教育者认识游戏的意义以及如何开展游泳活动提供指导。他指出,游戏在自然教育中占有重要地位,它的价值在于:游戏是儿童整个未来生活的胚芽;游戏是儿童内在本质的表现,满足了儿童的内部天性,促进了儿童的内部发展;游戏促进了儿童生命力的发展;游戏有助于促进儿童智慧的发展;游戏有助于培养和提升儿童的道德;游戏有助于使儿童获得快乐、幸福和满足。③他还论述了身体游戏、感官游戏和精神游戏,制作了一套"恩物"玩具。这些论述无疑会提升游戏活动的精神意义,满足儿童的精神追求,促进儿童精神世界的发展。就教育活动而言,西方自然主义教育思想的天性教育观、自由教育观、消极教育观、经验教育观、活动教育观、主体性教育观、个性化教育观、生活教育观、生命教育观、儿童观等,无疑会优化儿童的教育活动,赋予教育活动以意义与精神的内涵,把儿童看作儿童,使教育活动真正回归童年,回归儿童的生活世界,向生活世界敞开心智的大门,向精神世界敞

---

① 吕达,刘立德,邹海燕.杜威教育文集(第1卷)[M].北京:人民教育出版社,2008:279.
② 蒙田.蒙田随笔全集(上卷)[M].南京:译林出版社,1996:184.
③ 刘黎明.西方自然主义教育思想史[M].武汉:华中科技大学出版社,2014:212.

开发展的可能性,不断地拓展儿童精神世界发展的视野。

(四)激活当下教育的可能性,敞开儿童教育的人性空间

我们的时代已进入了21世纪,儿童教育的"当代意味"越来越浓,然而,我们必须承认一个事实:它仍然留有"传统教育"的痕迹,童年危机依然存在。首先,儿童教育远离儿童的天性,违背儿童自然生长的规律,传授一些只有成人才可接受的各种实用的东西,而符合儿童身心特点的内容越来越少,导致儿童的学习缺乏主动性、创造性和想象力,无法感受学习过程中的乐趣,只能被动学习、强制性学习。其次,儿童被当成模式化、标准化的人塑造,灌输相同的内容,使用同样的教法,使得儿童的个性和自由被严重束缚,教育的多样性和差异性被抹杀。早在18世纪的卢梭就对这种模式化的教育进行了批判:"每个人生来具有特异的气质……我们往往不加区别,使具有不同爱好的儿童从事同样的练习;他们的教育毁灭特殊的爱好,留下死板的千篇一律的东西。所以,在我们消耗我们在阻碍儿童真正的天赋的努力之后,我们用来代替的短命的和虚幻的才华化为乌有,而我们所扼杀的儿童的天赋能力也不能复活。"[①]再次,过度的理性教育。它以给儿童传授理性知识,培养理性能力为旨趣,其特点是重认知轻情感,重知识轻经验,重理性轻感性,其结果是使儿童的感受力钝化,情感冷漠,精神生活缺失。由上可知,当下儿童教育的最大弊端是,儿童教育与儿童的经验、兴趣和生活世界相疏离,压抑了儿童探究的欲望、好奇心、主动性和创造性,扼杀了儿童的天性,阻碍了儿童自然和自由发展的可能性,难以培养身心和谐发展的人。

要克服儿童教育的弊端,解决童年危机,我们要做的事情是,学习和研究西方自然主义教育思想,激活当下儿童教育发展的可能性,使儿童教育回归童年,回归儿童的生活世界。因为自然教育思想是以反传统教育的面貌出现的,是对传统教育的反判。它不仅为我们反思和批判传统教育提供思想资源和思想武器,而且能为当代教育者提供思想的启蒙。最重要的是,它能满足和激活儿童教育向好的方向发展的可能性,敞开儿童教育的人性空间。首先,崇尚促进儿童身心和谐发展的教育目的,为儿童的发展提供理想的蓝图,指明前进方向。自然教育目的为人类教育的发展展示了未来的构想、憧憬和可能性,是激励人们从事有意义活动,创造美好教育生活的精神力量。在自然教育目的指导下,教育者会尊重儿童的天性,遵循儿童天性发展的特点和规律,提升儿童身心和谐发展的有效性。其次,"把儿童看作儿童"的儿童观的树立,能使教育者避免把儿童当成"小大人",视儿童为儿童,从而从根源上消除拔苗助长、强迫教育等弊端,儿童将成为教育活动的中心,以儿童为本位将替代以成人为本位,儿童的发展时机和需要将得到尊重。再次,"消极教育"、自由教育的实施,有助于儿童先天的善性和智性获得自由的"慢"的发展,使教育成为一门等待的艺术,使儿童拥有一个心情恬静、快乐幸福的童年,生活在自己的世界里而不是成人的

---

① 吕达,刘立德,邹海燕.杜威教育文集(第2卷)[M].北京:人民教育出版社,2008:114.

世界里。第四，主体性教育的实施，让儿童成为教育活动的主体，提升儿童的尊严和地位，使儿童的主体性得到充分发展。第五，个性化教育的实施，会使儿童的个性得到尊重，因材施教成为重要的教育理念得到彰显。爱的教育、愉快教育的实施，使教育成为一门引人入胜、令人愉悦的艺术，使儿童获得爱和快乐，成为一个有爱心、自尊和自爱的人。总而言之，所有这些自然主义教育思想的实施，无疑会为当下教育的发展敞开一片人道的、人性的、精神的空间，使儿童精神生命的发展获得"好的教育"的支撑。

第六章 西方自然主义教育思想的当代价值(下)

第九节 西方自然主义教育思想的活动教学理论的当代价值

一、西方自然主义教育思想的活动教学理论的演变

活动教学理论萌芽于早期自然教育家的论述中。亚里士多德十分重视具体经验的教育意义,认为在教育活动中,先有实践,然后才有理论,让儿童动手去做是学会一件事的唯一方法。到了古罗马,活动教学引起了教育家们的高度重视。西塞罗倡导将练习作为辩论和演讲的主要方法。昆体良特别推崇游戏活动。他"大谈儿童的好斗性、他们对胜利的渴望、受到祝贺和奖赏的喜悦以及对游戏的喜爱。如果儿童天生就不喜欢学习,那我们就应该使学习变成一种游戏。此外,游戏是儿童活泼的表现,我们不希望看到孩子忧郁,精神不振。在游戏中,儿童表现出天生的急躁,以及其他各种性格特征。儿童在游戏中丝毫不疲倦,因为他不把游戏当成工作,而且关于工作的想法比工作本身更让人感到疲倦"①。到了文艺复兴时期,在人文主义者的教育思想中也有活动教学的思想,如采用参观、远足、观察等方法,注意使学生在实际活动中获得知识。夸美纽斯认为,感官是只是进入心灵的门户,一切知识都是从经验中得来的,假如我们想使我们的学生对事物获得一种真正和可靠的知识,我们就必须格外当心,务使一切事物都通过实际观察和感官知觉去学得。他要求教师对于每门学科,都要考虑它的实用问题。凡是应当做的都必须从实践中去学习。

在西方教育思想史上,18世纪法国教育家卢梭是第一个自觉的在自然主义教育思想视野中较为系统地论述活动课程理论的教育家。他认为自然教育的重要内涵就是让儿童在活动中率性发展,成为自由自在的人。它要求教育者不要对学生进行任何种类的口头教训,应该使他们从经验中去取得教训,"我们只主张我们的学生从实践中学习"②,卢梭不仅论述了活动教学的目的,认为它是促进儿童身心的全面发展,而且提出了活动教学的路径,即从做中学。裴斯泰洛齐继承和丰富了卢梭的活动教学思想,指出:"思想应该通过思维活动而产生,而不是通过对所思问题或思

---

① [法]让—皮埃尔·内罗杜.古罗马的儿童[M].张鸿,向征,译.桂林:广西师范大学出版社,2005:82.
② [法]卢梭.爱弥儿[M].李平沤,译.北京:人民教育出版社,2001:109.

维法则的认识。爱也必须由爱发展起来，而不是来自谈论什么值得爱和什么是爱。同样，实践能力必须来自实践操作，而不是来自不厌其烦的谈论操作。"①"智慧和真理是从同事物的经验中发展起来的。"②因此，他把学习看作自我活动的过程，主张使儿童通过活动获得感觉经验，发展学生的智力。福禄培尔也主张通过儿童的活动发展儿童的天性，发展儿童的创造性。他认为"儿童的所有活动都是基于他最深处的天性和生命的。这种内部生命、内部活动的最深层的渴望在某种外部物体上得到了反映。在这种反映中，儿童学会理解他自己的活动及活动的本质、方向和目标，也学会根据外界的现象做出反应，控制和决定他的活动。这种生命的映象、这种内部生命物体的形成过程是最本质的。因为儿童通过它可以达到自我知觉，学会自我控制、自我决定、自我安排"③。他主要论述了游戏活动对儿童发展的价值。

杜威的活动教学思想更为系统。他批评了旧教育，指出它的弊端在于在"静中听"，让儿童被动接受知识，而不是"从做中学"，主动地去获取经验和知识。前者重心是在儿童以外，如教师、教科书以及任何其他地方，而把儿童自己的直接的本能和活动排除在重心之外。后者则要求教育者重心放在儿童的本能和活动上，并以此作为教育的出发点，规划教育的行为。在他看来，儿童本能的冲动的态度和活动是一切教育活动的首要根基。儿童无数的自发活动、游戏、竞赛、模仿的努力，都是教育方法的基石。无论儿童的身体，还是精神，都是迫切的要求活动的，正是在儿童的各种活动中，儿童身体的发展和精神的发展往往同步前进。换言之，他的身体的成长和心理的觉醒在活动中是相互依存的，不必牺牲一方而成全另一方。因此，学校应通过园艺、木工、纺织、金工、烹饪等活动，让儿童从活动中、从经验中学习。所有的"从做中学"的活动都承担着教育的职责，具有教育的影响，他们的知识、体力、创造性、独立性、人格、道德等都可以得到培养和彰显。由此，杜威主张设置活动课程，使学生探究学习，弘扬学生的主体性，彰显"儿童中心主义"思想的意蕴。

二、西方自然主义教育思想的活动教学理论的基本内容

（一）活动教学的目的

自然教育家对活动教学的目的给予了高度的关注，作了精辟的论述。

首先，活动教学能增强儿童的身体，促进他的健壮和成长。卢梭认为，只要儿童愿意，就让他跑跑跳跳，吵吵闹闹好了。他的一切运动，都是他日益增强的身体所必需的。正是在各种活动中得到锻炼，身体变得日益强壮。

其次，活动教学能使儿童获得必要的经验。卢梭指出，"由于他不经常不停地在活动，所以他

---

① [瑞士]裴斯泰洛齐.裴斯泰洛齐教育论著选[M].夏之莲，等译.北京：人民教育出版社，2001：337.
② [瑞士]裴斯泰洛齐.裴斯泰洛齐教育论著选[M].夏之莲，等译.北京：人民教育出版社，2001：248.
③ [德]福禄培尔.福禄培尔幼儿教育著作精选[M].单中惠，等译.上海：华东师范大学出版社，2009：212.

不能不对事物进行仔细观察,好好地考虑其影响;他从小就获得了许多的经验,他的经验是取之于自然而不是取之于人;正因他不知道教育的意图,他所受的教育就总能发挥良好的效果"①。这些经验包括了解物理的冷热、软硬和轻重,判断它们的大小、它们的样子和能够感觉出来的种种性质。杜威强调,从做中学是儿童获得经验的主要路径。教育就其本质而言,就是儿童经验的继续不断的改造。

再次,活动教学能促进儿童体力与智力、身与心的全面发展。卢梭认为,儿童始终是按照他自己的思想进行活动的,所以他能不断地把身体和头脑的作用结合起来,他的身体愈健壮,他就变得愈加聪明和愈有见识。他的身体愈活动,他的心思也就愈灵敏;他的体力和智力同时成长,互相增益。这是他基于身体和智慧两者关系的认识而得出的结论:"为了要学会思想,就需要锻炼我们的四肢、我们的感觉和各种器官,因为它们就是我们的智慧的工具;为了尽量利用这些工具,就必须使提供这些工具的身体十分强健。所以,人类真正的理解力不仅不是脱离身体而独立形成的,而且要有了良好的体格才能使人的思想敏锐和正确。"②裴斯泰洛齐认为,儿童身心的发展和完善依赖于活动。"人不断地完善自己,使之能完成自身的崇高使命,能执行自己的职责,因为其人性使他向往崇高的目标。这些目标以爱为源泉,以活动为基础,以自由为联盟。"③福禄培尔认为,游戏活动是儿童内在本质的自发表现,显示出他未来的内心生活。幼儿时期的各种游戏是整个未来生活的胚芽,能促进儿童内在本质的发展。"因为整个人的最纯洁的素质和最内在的思想就是在游戏中得到发展和表现的。人的整个未来生活,直到他将要重新离开人间的时刻,其根源全在这一生命阶段。"④通过做游戏,以及让儿童们亲身感受其中包含的自由和快乐,儿童们学会了观察周围的事物和他生命的本身,进一步比较和感受到两者的规律不同,最终得出有益于健康的正确的判断和推论。他们的快乐的真正来源是他们敏感的小心灵里微弱的智慧之光,它在他们的游戏中隐约闪烁着光芒,具有重要意义。杜威认为,活动是儿童的真正生活和生长的基础和依托。通过各种不同形式的主动作业,使学校有可能与生活联系,成为儿童生长的地方。在那里,儿童通过直接生活进行学习。儿童的整个精神获得新生,因为活动能"培养技能、创造性、独立性和体力——一句话,能培育人的性格和知识"⑤。正如美国教育家胡克所指出:"杜威极力主张课程组织和采用的方法要清楚地认识儿童的正常活动,并寻求把儿童的正常活动,包括体力和精神活动,引到建设性的作业上,以鼓舞他们的主动性和创造性。"⑥总之,只要儿童身体的活动

---

① [法]卢梭.爱弥儿——论教育(上)[M].李平沤,译.北京:人民教育出版社,2001:139.
② [法]卢梭.爱弥儿——论教育(上)[M].李平沤,译.北京:人民教育出版社,2001:149.
③ [瑞士]裴斯泰洛齐.裴斯泰洛齐教育论著选[M].夏之莲,等译.北京:人民教育出版社,2001:300.
④ [德]福禄培尔.人的教育[M].孙祖复,译.北京:人民教育出版社,2001:39.
⑤ 吕达,刘立德,邹海燕.杜威教育文集(第一卷)[M].北京:人民教育出版社,2008:253.
⑥ 吕达,刘立德,邹海燕.杜威教育文集(第一卷)[M].北京:人民教育出版社,2008:369.

是必须学习的,它在性质上就不仅是身体的,而且是心理上的、智力上的,是全面的生长。

第四,活动教学能使儿童感受到快乐和幸福。活动是儿童生活的本真状态,儿童最喜欢活动;无论做任何游戏,只要我们能够使他们相信那不过是一场游戏,他们就会毫无怨言,甚至还会笑嘻嘻地忍受其中的痛苦。正是游戏,"才是大自然要求他们的使一切活动能舒展自如的办法,才是使他们的娱乐变得更有趣味的艺术"①。"当你看着一个眼睛灵活、态度沉着、面貌开朗而带着笑容的漂亮的孩子高高兴兴地做最重要的事情或者专心专意地嬉乐游戏的时候,岂不感到高兴、心里乐洋洋的吗?"②福禄培尔认为,每一种确定的和自由的游戏,不管是让儿童整个身体还是让他的部分肢体运动,都会使他感到愉快,因为这激起了他的力量感。"游戏手段唤醒、养育和提升儿童的生命,悄悄地让爱被儿童所知。它让与儿童一起游戏的母亲的生命和爱能够得以展现;最后,它让它自己的生命明显地被儿童所认识到,让它周围外部世界的生命部分地被儿童所看见。儿童则在游戏中并通过游戏的手段得到快乐、幸福和满足。"③

第五,活动教学促进了儿童生命力的发展。卢梭强调,教育者的重要使命就是呵护儿童的活动。在卢梭看来,活动是儿童的本真状态。儿童是在活动中感受发现世界,体验自我,获得身心自由生长的。问题不在于防他死去,而在于教他如何生活。生活,并就不是呼吸,而是活动,那就是要使用我们的器官,使用我们的感觉、我们的才能,以及使我们感到我们的存在的各部分。"我们只有在使用过我们的器官以后,才懂得怎样去运用他们。只有从长期的经验中我们才能学会充分发挥我们本身的能力,而我们要真正学习,正是这种经验。"④因此,应让儿童多活动,即使是冬天,也要让儿童到户外去,到田野去,到冰雪中去锻炼,让他跑,让他玩,让他做游戏。无论做任何游戏,只要我们能使他们相信那只不过是一场游戏,他们就会毫无怨言,甚至还会笑嘻嘻地忍受其中的痛苦。"由于人的最初的自然的运动是观测他周围的一切东西,是探查他所见到的每一样东西中有哪些可以感知的性质同他有关系,因此,他最初进行的研究,可以说是用来保持其生存的实验物理学。"⑤由此可见,儿童所有的一切本能的活动首先是为了保存儿童的生存和幸福。

福禄培尔指出,少年的游戏应当是纯粹的生命力的表现,纯粹的生活勇气的表现。它是在少年身上富有生气地活动着的丰富的生命和生活乐趣的产物。所以这一时期的游戏是以内部生命和活动力、旺盛的生命力以及实际的外部生活为前提的。如果缺少这些,那么这时也会缺少体现真正生命的,因而能重新激发生命的、接近生命和提高生命的游戏。

第六,游戏有助于培养和提升儿童的道德。游戏不仅能增进儿童的情感,培养儿童的交往能

---

① [法]卢梭.爱弥儿——论教育(上)[M].李平沤,译.北京:人民教育出版社,2001:186.
② [法]卢梭.爱弥儿——论教育(上)[M].李平沤,译.北京:人民教育出版社,2001:209.
③ 王佳佳.和优秀教师一起读福禄培尔[M].北京:中国青年出版社,2011:143—144.
④ [法]卢梭.爱弥儿——论教育(上)[M].李平沤,译.北京:人民教育出版社,2001:185.
⑤ [法]卢梭.爱弥儿——论教育(上)[M].李平沤,译.北京:人民教育出版社,2001:148.

力,而且能培养儿童的道德。福禄培尔指出,通过活动和游戏,"我们不但能够培养和阐明儿童们的道德感,而且还能将其提升和外化到他们的行为当中去。最后,这种道德行为将会以高尚的力量反作用于宗教精神的养成和发展上"[①]。

(二)活动教学的课程：活动课程

卢梭最早较系统地探讨了活动课程,把它分为身体锻炼活动、感官锻炼活动和思想锻炼活动。福禄培尔提出的活动课程包括以下几个部分：(1)游戏。福禄培尔认为游戏主要有运动游戏和精神性游戏两种。前者主要由行进游戏、表演游戏、奔跑游戏、纯粹的散步游戏构成。其目的是让儿童积累感知经验,锻炼他们的独立运动能力。后者"主要是使幼儿进行思考和判断的训练,帮助他们认识外部世界万物的基本特征,发展他们的智力。这种游戏是通过各种'恩物'的运用来进行,较多地加入了教育的成分"[②]。(2)作业。它包括恩物、看管花园、饲养家畜、初步的自我服务等简单的劳动活动。福禄培尔认为,劳动活动对儿童的发展具有重要的价值,"通过劳动和在劳动中学习,通过生活和在生活中学习要比任何方式的学习更能生动活泼地向前发展"[③]。(3)语言。教师可以通过格言、诗歌、寓言、童话、歌曲等,训练儿童的语言,使他们从中获得快乐。(4)绘画。(5)唱歌。(6)读写。(7)计数。杜威是活动课程的典型代表。他指出,儿童的活动的能力是教育最根本的基础。学校科目相互联系的真正中心不是科学,不是文学,不是历史,不是地理,而是儿童本身的社会活动。因此,他主张以儿童为中心,设置活动课程。学校应通过园艺、木工、纺织、金工、烹饪等活动,让儿童从活动中、从经验中学习。他"相信它们是代表社会活动的类型和基本形态的;而且,通过这些活动作为媒介把儿童引入更正式的课程中,这是可能的,也是值得向往的"[④]。在杜威看来,活动课程有助于儿童发现学习、探究学习,能满足儿童的兴趣和愿望,促使儿童快乐地成长。

(三)活动教学的路径

1. 从活动中学

卢梭论述了儿童不同时期的活动教学。在婴儿期,由于婴儿的身体发育较快,他建议教育的主要任务是实施身体锻炼。对儿童而言,不要受到任何束缚,不要给他带帽子,也不要给他系带子,更不要给他包襁褓;而应让儿童自由自在地活动,四肢能够自由舒展,血液能够自由流动。总之,这个时候,要多给儿童以真正的自由,少让他们养成驾驭他人的思想;让他们自己多动手,少要别人替他们做事。

在儿童期,儿童的感觉得到了发展但理智处在"睡眠状态",教育的主要任务是实施感官锻

[①] [德]福禄培尔.福禄培尔幼儿教育著作精选[M].单中惠,等译.上海：华东师范大学出版社,2009：230.
[②] 单中惠.让我们与儿童一起生活吧[M].上海：华东师范大学出版社,2008：128.
[③] [德]福禄培尔.人的教育[M].孙祖复,译.北京：人民教育出版社,2001：24.
[④] 吕达,刘立德,邹海燕.杜威教育文集(第1卷)[M].北京：人民教育出版社,2008：11.

炼。感官训练是"理性睡眠"进行"消极教育"的需要,也是为下一个阶段理智发展奠基的需要。这个时期,既要锻炼体力,又要锻炼感官;要使每一种感官都各尽其用,要用这个感官获得的印象去核实另一个感官获得的印象。锻炼感官,并不意味着仅仅是使用感官,而是要通过它们学习正确的判断。也就是说要从对各种事物的接触中学会怎样去体验和感受,并从中积累感性经验,训练各种感官,这是卢梭感官教育的根本目的之所在。教育的环境主要不在城市,而是在乡村大自然。对于儿童而言,周围的事物就是一本有用的教材,自然即课程,经验即知识。

在少年期,要实施智慧锻炼或思想锻炼。当身体强壮后,精神的教育也要展开。首先,要激发学生的好奇心和求知欲,让他产生强烈的学习兴趣,并学会运用自己的头脑独立思考问题。教师尽可能地提出儿童能理解的问题,让儿童独立完成。教师不要教给儿童各种学问,而应让儿童自己去找寻这些问题,以此来培养学生的问题意识。要做到:儿童所知道的知识,是由于他自己的消化、理解,而不是由于你的灌输。其次,要培养学生爱好学问的兴趣,掌握做学问的方法。对于学生而言,"问题不在于教他各种学问,而在于培养他有爱好学问的兴趣,而且在这种兴趣充分增长起来的时候,教他以研究学问的方法。毫无疑问,这是所有一切良好的教育的一个基本原则"[①]。

经过以上的教育和锻炼,儿童的身体增强了,感官得到了锻炼,更重要的是智慧和见识得到了增长,"形成儿童时期易于形成的唯一的一种理解能力,而这种理解能力,对任何年龄的人来说都是必须具备的"[②]。这个过程使身体锻炼和思想锻炼互相调剂,同时觉醒,彰显了教育的最大秘诀。

杜威明确地提出了"从做中学"理念。首先,教师要为儿童提供各种活动。因为儿童无数的自发活动都具有教育上的用途,都是教育方法的基石。一切教育活动的首要根基在于儿童本能的冲动的态度和活动。学校要为儿童安排种种作业,例如园艺、木工、金工、烹饪等,这些活动能把基本的人类事务引进学校,作为学校的教材。其次,要发挥儿童的"自动"作用。"自动"就是要求各种活动要符合儿童的兴趣和需要,使他们情愿去做,心里想什么,就用合理的动作表现出来。教师的责任,就是要指导儿童的活动,满足儿童的欲望,使他们自行地解决一切问题,用主动的方法代替被动的方法。杜威强调,教育不过是观察哪些东西是儿童可能的,哪些是应该利用的,把它们一一挑选出来,加以相当的训练引到实际应用上去,把他们的本能一一发现出来,这才是注重自动的新教育。再次,提供儿童自由活动的机会。杜威认为,儿童在学校里必须允许有自由。给儿童自由,意味着使儿童在力所能及的和别人所允许的范围内,去发现什么事他能做,什么事他不能做。这样他就会把精力集中于可能的事情,而不至于枉费时间去做那些不可能的事情。

---

① [法]卢梭.爱弥儿——论教育(上)[M].李平沤,译.北京:人民教育出版社,2001:223.
② [法]卢梭.爱弥儿——论教育(上)[M].李平沤,译.北京:人民教育出版社,2001:147.

儿童的体力和好奇心能够引导积极的道路上去。教师将会发现,学生的自发性、活泼和创造性,有助于教学,而不是像在强迫制度下那样成为要被抑制的讨厌的东西。对于儿童来说,自由就是提供机会,使他能尝试他对于周围的人和事的种种冲动及倾向,从中他感到自己充分地发现这些人和事的特点,这样他就可以避免那些有害的东西,发现那些对他自己和别人有益的东西。因此,学校和教师最要紧的,就是要供给儿童活动的机会。那么,一方面可以使儿童的经验日益,一方面使儿童能控制经验,获得自由而全面的生长。

2. 从游戏中学

卢梭虽然没有具体的游戏活动及其种类,但他论述游戏的价值,对游戏提出了原则性的看法。他认为,游戏是儿童本真的活动,体现了儿童的本能,能使儿童乐在其中的艺术。游戏"才是大自然要求他们的使一切活动能舒展自如的办法,才是使他们的娱乐变得更有趣味的艺术,以便使他们不感到有丝毫的勉强,不至于把娱乐当成了苦役。因为,归根到底,如果我不能够使游戏在他们看来是一种教育人的办法,他们又从哪里觉得游戏是很有趣味的呢?"①因此,他强调,教师的使命就是,爱护儿童,帮他们做游戏,使他们快乐,培养他们可爱的本能。福禄培尔强调,教师应通过运动游戏、精神性游戏、主动作业,帮助儿童获得知识,丰富感知经验,发展智力和创造性,提升儿童的精神境界,培育和完善儿童的生命,促进儿童身心的全面发展。杜威特别推崇游戏,因为"任何时代任何人,对于儿童的教育,尤其是对于年幼儿童的教育,无不在很大程度上依赖于游戏和娱乐。"②游戏是儿童最喜欢的本真的活动。幼儿最主要的时间消磨在游戏上的,不是从事他们从大一点的儿童那里学来的游戏活动,就是玩他们自己发明的游戏。他们从中能获得乐趣,学会与其他儿童一起正确地游戏和工作。

三、西方自然主义教育思想的活动教学理论的当代价值

(一)西方自然主义教育家的活动教学思想是对传统教学思想的突破和超越,为教学理论的发展注入了新活力,提供了新视野

传统教学思想尽管在不同的历史时期称谓有所不同,有时称之为"封建教育",有时称之为"经院主义教育",有时称之为"理性教育",但它们在本质上有许多共同的地方,如崇尚知识教学,尤其是理性知识教学,把教学过程看作传递知识的过程,教师主导或主宰教学过程,学生缺乏探究、发现、创造等自主权;重视学生理智在教学过程中的作用,把学生的动机、需要、兴趣、情感、意志等排除在教学过程的视野之外;学生常常被视为接受知识的"容器",只能被动学习,背记知识结论。教师讲,学生"静听",教师灌输知识,学生接受知识,成了教学活动的常态,是师生教学活

---

① [法]卢梭.爱弥儿——论教育(上)[M].李平沤,译.北京:人民教育出版社,2001:186.
② 吕达,刘立德,邹海燕.杜威教育文集(第1卷)[M].北京:人民教育出版社,2008:260.

动的真实写照。知识成了维系师生关系的纽带,是绝对真理,也是传统的学科课程的核心内容。教学方法以"灌输"为主,其特征是程式化、模式化、机械化和理性化,导致学生的个性受压抑,主体性得不到彰显,创造意识萎缩,无法实现生动、活泼的发展。

  西方自然教育家倡导的活动教学思想是作为传统教学思想的对立面而出现的,是在批判和超越传统教学思想中得以形成和发展的。卢梭和杜威对活动教学思想的建构是与对传统教学思想的批判相伴随的。卢梭严厉地批判了传统教学思想,认为当时的法国教育唯一关心的是毫无意义的东西和"那些可笑的偏见",把它们撒播在儿童的心田。人们用古代训练竞技士的办法训练儿童,"训练他们喋喋不休、唠唠叨叨地练口才",而从来不教儿童作人的道理。"学校里什么东西都教,就唯独不教他们作人的天职。……孩子们不仅没有学到区别真理与谬误的本领,反而学会了一套狡辩的技能,把真理谬误搞混,使人分不清真伪。"①其结果是败坏了儿童的判断力。杜威把传统教学称之为"从听中学",它的重心在教师、书本和课堂教学,唯独不在儿童的本能和活动,因而不能通过教育改善儿童的生活,改造儿童的经验,更不能促进儿童各方面的生长。

  与传统教学思想不同,卢梭和杜威提出的活动教学思想,其重心在儿童和他们参与的活动,使"静听"的被动式教学变成了主动的"活动"教学。按照杜威的观点,活动教学的内容包括烹调、铁工、缝纫、手工、游戏等。"这些科目不仅有益于加强学校与社会的联系,还能满足儿童的本能与兴趣,使儿童在活动中、在学习中、在学校生活中就能得到满足与乐趣,学习不再是苦差,而是乐事。这些科目一肩而二任,使社会与个人皆能同时兼顾。"②之所以要重视儿童的本能、兴趣和活动的意义,是因为它们构成了一切教育活动的首要根基,是所有教育方法的基石,是教学取得实效必须依赖的力量。他断言:"唯一的真正教育是通过对儿童能力的刺激而来的,……儿童自己的本能和能力为一切教育提供了素材,并指出了起点。除教育者的努力同儿童不依赖教育者而自己主动进行的一些活动联系以外,教育便变成了外来的压力。"③

  由此可见,西方自然教育家倡导的活动教学思想是对传统教学思想的突破和超越,它使师生感到"从做中学"的活动教学不是苦差,而是令人愉快的事情,不仅能愉悦学生的身心,还能改造学生的经验,建构学生的经验世界和心灵世界,促进学生的身体、本能、兴趣、习惯、情绪、道德和人格的全面生长。它改变了传统的教师讲、学生听的局面,彰显了以"活动"为特征的活动教学理念。尽管它不排除知识的学习,但这种知识的学习是通过学生自主地探索、发现、操作、活动和体验来实现的。活动教学思想的提出,无疑丰富了西方教学理论,为西方教学理论的发展提供了崭新的视野。

---

① 李平沤.如歌的教育历程——卢梭《爱弥儿》如是说[M].济南:山东人民出版社,2008:14.
② 褚洪启.杜威教育思想引论[M].长沙:湖南教育出版社,1998:15.
③ 吕达,刘立德,邹海燕.杜威教育文集(第1卷)[M].北京:人民教育出版社,2008:5—6.

(二)西方自然主义教育家的活动教学目的观为当代活动教学目的的确立提供了思想源泉

活动教学思想蕴含着一个重要的理念,就是"活动促发展"。卢梭强调要尽可能通过从活动中学的办法,使儿童"获得各种各样有用于他青年时期的教育和他一生的行为的知识。是的,这个办法既不能培养什么神童,也不能使他的保姆和教师得到人家的夸耀,但是,它能培养有见识、有性格、身体和头脑都健康的人"①。儿童始终是按照他自己的思想进行活动的,所以他能不断地把身体和头脑的作用结合起来,他的身体愈健壮,他就变得愈加聪明和愈有见识。他的身体愈活动,他的心思也就愈灵敏;他的体力和智力同时成长,互相增益。杜威认为,活动是儿童的真正生活和生长的基础和依托。通过各种不同形式的主动作业,使学校有可能与生活联系,成为儿童生长的地方。在那里,儿童通过直接生活进行学习。儿童的整个精神获得新生,因为活动能"培养技能、创造性、独立性和体力——一句话,能培育人的性格和知识"。② 只要儿童身体的活动是必须学习的,它在性质上就不仅是身体的,而且是心理上的、智力上的,显示出学生的全面的生长。由此可知,无论是卢梭的活动教学思想,还是杜威的活动教学思想,无不以发展为活动教学的价值取向和立论基础。学生的主体活动是其全面发展的基础,无论是学生知识、能力智慧的发展,还是情感、人格和价值观的形成,无不依赖于学生的各种活动。"唯有活动,才提供了学生发展的最佳途经和手段;唯有活动,才能实现多种潜在发展可能性向现实确定性的转化,发展只有在一系列的活动中才有望实现、为此,教育教学的关键就是要创造出学生的真实活动,让学生作为主体去活动,在活动中完成学习对象与自我的双向建构,最终实现主动发展。"③

以"活动促发展"的活动教学理念,其使命是促进学生的整体发展。它不局限于学生认知的发展,关注的是学生生命的多方面发展,追求的是对学生完满人格的塑造和精神境界的提升。具体地说,它们从以下方面彰显出来。

(1)活动教学可以使学生获取直接经验,促进学生认知的发展。"学生可以进行各种各样的探究、操作、体验活动,学习具有了主动探索的意义,学生可以了解知识获得过程,经历知识价值生成过程,从而主动建构自己的知识结构,而不是机械接受和背记知识结论。"④

(2)活动教学可以促进学生各种能力的发展。在活动教学中,学生所面对的教学情景是复杂、多变的,所要完成的教学任务是多方面的,这要求学生多方面力量的参与,不仅需要观察力的参与,也需要学生的交往能力、合作能力、动手能力、思维能力尤其是创造能力的参与。学生多种能力的参与,不仅有助于知识的获取和智慧的发展,而且也使自身能力得到训练和提升。

---

① [法]卢梭.爱弥儿——论教育(上)[M].李平沤,译.北京:人民教育出版社,2001:127.
② 吕达,刘立德,邹海燕.杜威教育文集(第1卷)[M].北京:人民教育出版社,2008:253.
③ 杨莉娟.活动教学的内涵、立论基础及其价值[J].东北师范大学学报,1999(3).
④ 杨莉娟.活动教学的内涵、立论基础及其价值[J].东北师范大学学报,1999(3).

(3) 活动教学可以促进学生情意的发展。学生在亲历亲为的活动中,会获得活动带来的愉悦感,促进情意的发展。因为活动教学的实施,能使学生的好奇心、求知欲得到激发,内在潜能和自主自由感得到唤醒,学习兴趣得到充分发挥,认知信息与情感交流的回路得以畅通,情意得到充分彰显。

(三) 西方自然主义教育家的活动课程理论弥补了学科课程理论之不足,丰富和发展了课程理论

西方自然主义教育家建构的活动课程理论有自己的特色和优势,较大地弥补了学科课程理论之不足,为课程理论体系的发展提供了新的范式——活动课程,作出了重要的理论贡献。学科课程尽管有自己的优势,如能够在较短时间内以较少的精力获取人类长期积累的知识的精华,注重知识形成的整合性、逻辑性和顺序性,符合学生身心发展的顺序,能为学生的身心发展奠定良好的知识和理智能力的基础。但它的局限性是:忽视学生的兴趣、情感、个性发展,只关注理论,不关注现实。课程的教与学的方式往往是从书本到书本,从理论到理论,联系实际不够,很难使学生对课程内容产生共鸣,导致学生死记硬背知识结论,无法了解知识形成的来龙去脉,不知道知识形成的过程和方法,更不可能体验在教学活动的探究、发现和创造所带来的美和愉悦。这样使学生学习兴趣下降,缺乏探索和创造能力,不能把所学内容与自己的现实生活关联,身心也得不到全面和谐的发展。西方自然主义教育家建构的活动课程是一种新的范式,有学科课程无法比拟的特色和优势,它在课程目标上追求学生的整体素质的发展,不仅关注学生知识的获得,而且关注学生的身体、兴趣、需要、态度、情感、道德、价值观的发展,尤其关注学生的动手能力和创造力的发展;在课程内容上注重直接经验和最新信息,这一方面使所学内容与学生的实际结合起来,能引起学生强烈的共鸣,激发学生探究欲望,另一方面能极大地满足学生对新的未知事物的好奇心,调动学生的学习热情;在课程学习的主要形式上,注重学生的自主学习、探索和研究。这些方面正好弥补学科课程的诸多不足。

当然,在这里展示活动课程的特色和优势,并不是要使活动课程来取代学科课程。事实上,学生身心的全面发展的实现,既需要崇尚间接经验的学科课程,也需要崇尚间接经验的活动课程。因为直接经验与间接经验是中小学生知识的两个来源,缺一不可,否则,学生所学的知识是不完整的,也是不深刻的,身心也不可能全面发展。从比较的角度看,学科课程与活动课程具有内在的关联性和互补性。首先,在课程目标上,两者都服务于学校培养目标的实现,但发挥作用的侧重点不同。前者主要致力于让学生掌握德、智、体、美、劳发展所需要的知识和技能,促进学生身心全面和谐发展。后者主要致力于让学生在各种活动中主动地探索、发现、操作、活动和体验,使理论与实际活动相结合,促进学生的知识、兴趣、态度、情感和价值观的形成和发展,提升学生的实际操作能力和创造力的发展。就其特点而言,它更注重活动本身的过程性和发展的充分性和差异性。其次,学科课程与活动课程在内容上具有互补性。学科课程是专家在一定时期从

人类长期积累的文化科学中选取知识的精华所组成的,一旦确定,就不易变更,具有较强的稳定性。其局限性是很难适应科学技术的快速变化,反映并吸收学科发展的新成果。活动课程由于自身的实践性、开放性、灵活性、综合性的特征,能够及时吸取科学技术和学科发展的最新成果,因而在内容选择上有较大优势,能在很大程度上弥补学科课程内容滞后的局限。再次,学科课程与活动课程在学习活动方式上具有互促性。"两种学习活动方式的互促关系是通过二者对学生产生的不同影响在彼此之间迁移而实现的。迁移是一种学习对另一种学习的影响。一方面,学科课程中的接受学习适合于学生学习大量的间接经验,培养逻辑思维的能力,这为活动课程中的'从做中学'提供了重要的知识基础和基本的思考方法,使学生避免走一些不必要的弯路。另一方面,活动课程中的'从做中学'方式强调学生的亲自参与和自主选择,有利于培养学生的积极主动性、主体意识和动手操作能力。学生的主动性和主体意识用于接受学习,有利于克服过去在接受学习中常有的死记硬背、机械学习的弊病,达到对学习材料进行有意义学习的良好效果。其动手操作能力则能帮助学生提高学科课程中的活动的质量。"[1]可见,对于学生的全面发展而言,两种课程都重要,都具有不可替代的价值。

(四)西方自然主义教育家的活动课程理论超越了传统的教学过程"认识说",建构了以活动、实践为基点的教学过程观,是对教学过程的理论的丰富和发展

传统的教学过程是一种特殊的认识过程。这种教学过程"特殊认识说"是教学过程本质的最经典的概括和表述,得到理论界的普遍认可,它"始终是理解教学活动的坚实的地基与无法绕开的路径"[2]。尽管它有许多优点,如在较短时间内掌握大量的文化知识;发挥教师的主导作用;发挥学生集体的教育影响与作用;大面积培养知识型人才等,但它的局限性也不能忽视:

(1)预设性。它是指在预成性思维(即为事物的发展预设本质和规律并以此来认识和控制事物运行的思维方式)的指导下,在教学活动展开之前对教学的目标、规律、原则、方法及结果进行系统设计和安排,然而在教学中把学生引导教师的预设上来。"预成性思维视域下的教学形态表现为'律令性教学',它是一种过于重视规律和规则并受其控制的教学。律令性教学将教学过程看作是受教学规律(或者本质)或规则控制的过程,是教学方案的展现过程,它对具体的情景及其状态不够重视。这种教学使原来丰富的教学过程成了线性的教学流程,它封杀了教学中教师的机动空间,剥夺了教师在教学过程中的创造性,进而严重阻碍了学生创造力和健全人格的生成,使教学过程失去了本应有的人文关怀。"[3]

---

[1] 孙宽宁.活动课程与学科课程的关系简论[J].课程·教材·教法,1997(1).
[2] 蔡春.也论作为特殊认识过程的教学过程[J].中国教育学刊,2010(10).
[3] 罗祖兵.生成性教学的基本理念及其实践诉求[J].高等教育研究,2006(8).

(2) 过程目标的单一性和固定性。以"特殊认识"为基点的教学过程所追求的目标是单一的和固定的,即传授真理性知识和发展理性能力。这几乎是教师教和学生学的主要目标甚至是唯一的目标。尽管在教育学的教材中,教学目标被规定为四项,即传授知识、发展能力、发展个性,但在应试教育的影响下,最后两者往往形同虚设。它弱化甚至排除了学生的情感力、意志力、创造力和信仰力的培养和发展,也排除了师生在教学中生成和建构的知识。这种注重理性的教学无法使学生获得对世界的整体把握。因为整体地把握世界仅依靠科学和逻辑思维是无法达到的,还需要有动机、情感、意志等非理性因素的参与。离开了理性因素与非理性因素的协同作用,对世界的整体认识几乎不可能。例如艺术的把握需要情感、想象和直觉;宗教的把握需要信仰,这同样涉及情感与想象。唯理性的教学目标也不利于培养创造性人才。因为唯理性的教学强化了学生的记忆力和逻辑思维能力的功能,弱化了情感、意志和价值观的功能。而后者恰恰能为创造活动提供动力源。动力源是专属于非理性之域,正是动机、需要、情感、意志等为学生的创造活动提供了强大的内驱力,离开了非理性因素的参与,会使学生的思维钝化,好奇心和求知欲下降,探究精神萎缩,由此会严重阻碍学生的创造活动的展开。

(3) 过程的可控性。由于教学目标是要实现传授真理性知识,因而真理性知识主宰着教学过程中教师的教与学生的学。教师是真理性知识的先行掌握者,在教学过程中起主导作用,教学的方向、内容、进程、结果均由教师来负责,因而教师控制着学生。一方面,教师凭借对知识的先行掌握,通过"教教材",使教案设计的内容呈现在课堂中,用知识规训学生,另一方面,凭借严格的各种规则和纪律,限制学生的自由,使学生的主动性、创造性受到遏制,主体性和生命力无法得到彰显。这样,"教学过程只是一个'流'程,而没有'变',即无发展和创造,一切既定。作为认识者,学生既无决定权,也无探究、创造的冲动和可能,他们的使命就是在预定好了的无任何创新的教学活动中听教师系统讲授,领会和顺从'真理'知识的'旨意'。他们的思维只有肯定性向度,不可能有反常话语和否定性思维,因而缺乏质疑、批判、否定、创造、超越的意识和能力。这种教学的严格的决定论、预定主义扼杀了学生的自主性、能动性和创造性"①。

西方自然主义教育家的活动课程理论超越了传统的教学过程"特殊认识说",建构了以活动、实践为基点的教学过程观,表现在如下方面。

首先,活动教学过程是学生实践的过程。

杜威认为,传统教学的显著特征就是让学生在教室里"听中学",把儿童直接的本能和充满生机的冲动排除在教学的视野之外,教学的重心放在在教师、在教科书,以及其他任何地方。由此一来,教学就成了一种缺乏意义和目的的外在提示。任何材料,如果缺乏与儿童生活的关联,不是从先前在儿童生活中占据重要地位的事情中引出,就会流于贫乏和无生命力。即使社会遗产

---

① 刘黎明.论教学任务的反思与重建[J].大学教育科学,2008(1).

的接受和继承也要从活动中去实现。因为"使儿童认识到他的社会遗产的唯一方法是使他去实践,使他从事那些使文明成其为文明的主要的典型的活动"①。由此可见,学校科目相互联系的真正中心是儿童本身的社会活动,而不是诸如文学、历史、地理等科目。

儿童的天性是在活动中彰显出来的。杜威认为从活动中学是儿童天性的体现。儿童要是看见人家做事,就想亲自动手,最不愿意旁观。儿童始终是一个有他自己活动的人。他的这些活动是属于当下的、急迫的,并不需要"诱导"、"逗引"等。教育者的工作,不管是家长还是教师,全在于查明这些活动,联系这些活动,给它们适当的机会和条件;全在于利用儿童喜欢活动的天性做有益的事情,随机指导,让它发展起来。

活动教学要求设置活动课程,倡导主动作业。它们包括烹饪、纺织、金工、木工、铁工、戏剧表演、交谈、讨论、讲故事、图画等。这些主动作业是儿童活动的动力源,其目标不是让儿童上的学校成为一个隔离的场所,而是在学校重演他的校外经验的典型方面,使它扩大、丰富并系统化。它能为儿童提供真正的动机和经验,促进儿童的心智在能力和知识上的增长。

活动是教育方法的基石。杜威认为,儿童无数的自发活动、游戏、竞赛、模仿的努力,甚至婴儿的显然没有意义的动作都可能具有教育上的用途,都是教育方法的基石。教育最根本的基础在于儿童的活动。教育的方法根源于从做中学。"现在用的教育方法和从前不同,现在是叫他去做事,叫他去活动。做教员的随时指导,懂得什么做什么。教授的方法,不是装将进去的,是要儿童自己做将出来的。"②

从实践中学符合现代心理学的研究成果。杜威依据现代心理学的最新研究成果强调,人的固有的本能是他学习的工具。一切本能都是通过身体的活动得以表现出来的。因此,教育不能抑制儿童躯体活动,否则就是抑制了他的本能,妨碍了自然的学习方法。这一观点在所有的进步学校实验中得到了证实。这些学校都运用了儿童的自然活动,强调从做中学。这除了心理学的理由外,还与活动对于儿童身体健康的重要性的认识息息相关,是它的合乎逻辑的结果。

其次,活动教学过程是学生经验与自我整体性发展动态生成、建构的过程。

经验性是指活动教学要注重继续不断的改造经验。它是教育的基础,也是教育本质的体现。杜威给教育下的专门定义就是:教育就是经验的改造或改组。这种改造或改组,既能增加经验的意义,又能提高指导后来经验进程的能力。没有经验,也就无所谓教育。杜威相信一切真正的教育来自于经验。"教育是在经验中、由于经验和为着经验的一种发展过程。愈是明确地和真诚地坚持这种主张,对于教育是什么应有一些清楚的概念就愈加显得重要。"③特别是在全部不确定的

---

① 吕达,刘立德,邹海燕.杜威教育文集(第1卷)[M].北京:人民教育出版社,2008:11.
② 吕达,刘立德,邹海燕.杜威教育文集(第4卷)[M].北京:人民教育出版社,2008:409.
③ 吕达,刘立德,邹海燕.杜威教育文集(第5卷)[M].北京:人民教育出版社,2008:319.

情况当中,有一种永恒不变的东西可以作为我们的借鉴,即教育与个人经验之间的有机联系。

儿童人格的建构离不开经验。经验是儿童人格建构的基础。只有当经验交互作用时,才能存在充分完整的人格;只有建立起各种事物联结在一起的世界和面向儿童当下的生活世界,才能形成完整的人格。

活动教学的教材是经验性的。针对旧教育的教材脱离儿童的生活经验,直接教授现成的知识,导致儿童不能领受教材意义的弊端,杜威强调,教师编定教材,要晓得主动与被动发生关系的时候,其中必有变化。把这种变化保存起来,就成为经验。儿童的这种亲切的、直接的经验构成了活动教学的教材。学校最要紧的,就是供给儿童活动的机会,一方面使儿童在活动中不断地积累经验,另一方面使儿童能够控制经验。新教育与旧教育的分野在于有无经验性。杜威认为,儿童固有的经验是新教育的基础和前提,必须把固有的经验做根据,然后以此根据,定出学校中有系统有组织的种种科目。唯有如此,才能有效地使儿童真正领会教材的意义,提升学生的好奇心、发明力和创造力,提升教学的效率。这就是新教育。与此相反,旧教育是以书本知识为基础,以学校有组织的种种科目为依据,把种种知识附加到儿童固有的经验上去,其结果是,儿童不能真正领会教材的意义,教学也就失去了价值,成为"耳食",没有用处。由此可见,有无经验性是新教育与旧教育的分水岭。

活动教学的方法具有经验的意蕴。在杜威看来,经验是活动教学方法的重要构件。当教师实施活动教学时,必须认真考虑教材与儿童所有的经验有没有相交之点?教材与儿童可否发生关系?儿童是否了解教材的意义?教师必须仔细地对教材加以选择和组织。"教师的目的,是改造经验。科目乃是内部的经验送出来的,绝不是由外面附加上去的东西,必须由其经验提炼改造,这才是正当的方法。"①

整体性是指活动教学能促进儿童身心的整体发展。杜威认为,儿童的真正的生活和生长全靠活动。儿童的身体的活动和精神的觉醒是相互依存的。"如果学校作为一个整体和生活作为一个整体结合起来,那么它的各种目的和理想——文化修养、训练、知识、实用——就不再是各不相同的东西,就不再需要为其中的一个目标挑选某一门学科,为另一个目标挑选另一门学科。儿童在社交能力和社会服务方面的生长。他与生活的更广阔更富有生气的联合变成了统一的目的;训练、文化修养和知识构成这种生长的各个方面。"②杜威强调,儿童有享有他的儿童期的权利,因为他是继续生长的动物,他必须发展得在成年后的世界里能成功地生活。因此教师必须不做任何干涉他的生长的事情,所做的一切事情应当有助于他的身心圆满和自由的发展。只要身体的活动是必须学习的,它在性质上就不仅是身体的,而且是心理上的、智力上的,是身心的全面生长。

---

① 吕达,刘立德,邹海燕.杜威教育文集(第4卷)[M].北京:人民教育出版社,2008:35.
② 吕达,刘立德,邹海燕.杜威教育文集(第1卷)[M].北京:人民教育出版社,2008:67—68.

再次,活动教学过程是激发学生兴趣,彰显学生探究精神的过程。

兴趣性具有重要的教学价值,是杜威活动教学的根本特征。杜威意识到,教育必须从心理学上探索儿童的能量、兴趣和习惯开始。它的每个方面,都必须参照这些考虑加以掌握。

活动教学内在地蕴含着兴趣。杜威指出,儿童如果学习兴趣一点也没有而要引起任何活动,从心理学上说是不可能的。真正的兴趣意味着儿童已经投身于活动的过程中,因而他与那个过程所包括的任何对象和技巧融为一体。活动与兴趣具有同一性。兴趣就是统一的活动。"兴趣的心理学的要旨可以作如下的表述:兴趣主要是自我表现的活动的一种形态——即是说,通过作用于萌芽状态的倾向而出现的生长的一种形态。"①儿童天然兴趣的根基在于自发的冲动性活动。对儿童来说,活动教学蕴含着强烈的兴趣。而每一项兴趣都是源于某种本能或反过来又最终基于一种原始本能的习惯。

兴趣是活动教学的天然资源。兴趣是儿童生长中的能力的信号和象征,它显示了儿童最初出现的能力。因而,对教师来说,经常而细心地观察儿童的兴趣,是最重要的。杜威论述的兴趣主要有四种,即语言和社交的兴趣、制造的兴趣、研究和探索的兴趣、艺术的兴趣。这四类兴趣"它们是自然的资源,是未投入的资本,儿童积极生长仰赖于对它们的运用"②。在杜威的视野中,如果活动包含着生长和发展,兴趣就是正常的,依靠它在教育上就是合理的。如果兴趣是活动中的发展停止的征兆和原因,它就是不合理的运用了。

兴趣是提升活动教学效率的关键。杜威认为,教师只有不断地了解和研究儿童的学习兴趣,通过对儿童兴趣不断地予以同情的观察,才能够进入儿童的生活世界,才能知道他要做什么,用什么教材才能使他工作得最起劲,最有效果。进步学校的实验证明,"当各种活动是按照儿童的兴趣,并为达到儿童的目的而进行时,课堂效果是最好的"③。杜威指出,有的教师对学生所学的学科,不问有无兴趣,以为这是不要紧的,正是大错。学生对所学的东西,尽管不可能样样有趣,但是做教师的,要想方设法引起他对学科的热爱之情,使得学生与他所学的科目能合而为一,发生浓厚的兴趣。

在对待学生兴趣的态度上,杜威要求教师既不要压抑兴趣,也不能放任兴趣。压抑兴趣等于以成人代替儿童,这就减弱了心智的好奇心和灵敏性,压抑了创造性,使兴趣僵化。但也不能放任兴趣,因为放任兴趣等于以暂时的东西代替永久的东西,这会导致以任性和好奇代替了真正的兴趣。

第四,活动教学过程是提升学生精神境界,彰显教学的人文关怀的过程。

---

① 吕达,刘立德,邹海燕.杜威教育文集(第1卷)[M].北京:人民教育出版社,2008:169.
② 吕达,刘立德,邹海燕.杜威教育文集(第1卷)[M].北京:人民教育出版社,2008:48.
③ [美]凯瑟琳·坎普·梅休,等.杜威学校[M].王承绪,等译.北京:教育科学出版社,2007:359.

杜威认为,活动教学不仅能使儿童获得经验和知识,而且能使儿童提升精神境界,获得心理上的安宁、满足和快乐。因为,在儿童从做事情中获得他们的知识的学校里,知识是通过他们的所有感官并且落实于行动中来呈现给他们的;它并不需要特殊的记忆能力才能保留住他们发现的东西;儿童的肌肉、视觉、听觉、触觉及推理都会参与活动学习。成功赋予积极的成就以一种光彩。儿童不需要人为的工作动机,而是出于对工作本身的热爱参与活动。活动所需要的有活力、主动性、创造性等积极品质都会得到彰显。当学生从做中学的时候,他精神上、肉体上都在体验某种被证明对人类有重要意义的经验,他经历的心理过程,与最早做那些事情的人所经历的心理过程完全相同。儿童看到了他的工作价值,因此看到了自己的进步,这激励他去追求进一步的结果。对于儿童而言,"游戏不等于儿童的外部活动。更确切地说,它是儿童的精神态度的完整性和统一性的标志。它是儿童全部能力、思想、以具体化的和令人满意的形式表现的身体运动、他自己的印象和兴趣等的自由运用和相互作用。……从积极方面说,它意味着最高的目的是儿童的充分生长——他的正在萌芽的能力的充分实现,这种实现继续不断地引导他从一个水平前进到另一个水平"①。总之,活动教学能使儿童发现经验本身的意义,获得体验和快乐,促进他们精神世界的发展。

由此可见,活动教学过程重视理性因素与非理性因素的统一,重视经验世界与主体整体性发展的动态生成、建构,重视学生兴趣的激发和探究精神的培养,重视对学生的人文关怀。所有这些方面是作为"特殊认识过程"的教学过程所不具有的,是对后者的突破和超越,也是对现代教学理论体系发展的重大贡献。

四、西方自然主义教育家的活动教学理论对我国当前的教学改革具有重要的启示价值

第一,培养学生自主探究精神,彰显学生的主体性。

在传统教学中,由于教师不顾学生的兴趣和需要,强行向学生灌输知识,学生的自主探究精神被压抑,不能自主地发现和探究知识,他们的探究本能被教科书的"真理"和教师的权利意志扼杀了,只能在教师"静听"的教学中唯教师和教科书是从。他们缺失对知识形成的过程所带来的快乐的感受和体验,也无从知晓发现和探究知识的方法,更无法使自己的主体性得到发挥。由于他们缺失自主探究的时间、空间和权利,久而久之,他们的感受力会钝化,好奇心会弱化,创造性被压抑,身心的全面发展被边缘化。

要改变这种局面,有必要借鉴西方自然主义教育家的活动教学理论。它给我们的一个重要启示就是,要注重学生的自主发现和探究,使学生成为教学活动的主人,以彰显学生的主体性。

---

① 吕达,刘立德,邹海燕.杜威教育文集(第1卷)[M].北京:人民教育出版社,2008:82.

发现、探究是儿童与生俱来的本能,应该得到我们的重视、尊重和引导,使它成为儿童活动的动力和源泉。教师的任务就是激发学生的好奇心和探究心,推动学生自己去发现、探究和找寻知识,在接触和研究各种事物和参加各种活动中去获得知识,而不是接受现成的知识结论。应该让教学成为学生自主发现、探究、体验的过程。知识的获得应是儿童自己在直观地接触自然界的各种事物和生活现实中发现和探究的结果,这样获得的知识才鲜明、深刻和牢固。不仅如此,这一过程还能使学生的自主性、创造性得到彰显。因此,重要的不是让学生掌握各种各样的知识,而是通过创设各种问题情境,引导学生独立地去发现问题和解决问题,培养学生爱好学问的兴趣和质疑问难的精神,在此基础上教给学生探究学问的方法,形成学生的创造精神和实践能力。

第二,关注和回归学生的生活世界。

在传统的教学中,无论是教学目标的确定,还是课程内容和方法的选择,抑或是教学的评价,都是围绕知识的掌握和学生理智的发展来展开的,这使教学呈现的特征是:教学严重背离学生的生活世界,忽视学生已有的经验。"具体体现为:在教学的目标上过分注重学生知识目标的发展,重视学生对知识的记忆、理解与运用的考察,忽视对学生情感、态度和价值观的培养;在教学内容上,以枯燥的理论知识为主,忽视学生鲜活的具体经验;在教学方法上以死记硬背、机械灌输为主,忽视学生的实践;在教学评价上,过分重视对学生学习结果的评价,忽视学生在生活世界学习的过程。"①因此,关注和回归学生的生活世界,已成为教学理论发展的必然趋势。

相对于传统教学而言,西方自然主义教育家的活动教学理论一个很大的优势就是,关注学生的"原初经验",要求教学回归学生的生活世界。卢梭认为,儿童期是"理性的睡眠期",这个时期的儿童应以经验学习为主,以周围世界为唯一课本,要求儿童从活动中、从感知世界中学习。杜威认为,教育就是经验的不断改造,其意义就是经验的增加。他在《经验与教育之关系》中明确指出:"盖学习即经验,经验即学习,学习、经验固不可分而观也。"②"盖根据学生经验,乃谓之自动教育、直接教育,而非机械教育、被动教育也。"③卢梭和杜威之所以要强调儿童经验的重要价值,是因为经验与儿童的学习是不可分离的,儿童的经验永远是教学的"源头活水"。事实上,儿童一出生就置身于一定的环境中,在玩积木、玩开餐馆、杂货店等的游戏中,在户外的活动中和周围生活中获得了各种经验。可见,儿童的生活世界是儿童经验的取之不尽,用之不竭的源泉。这些"原初的经验"为儿童的成功学习提供了基础,是引起儿童对书本知识的教学产生共鸣的资源。只有基于这种儿童生活的经验,才有利于儿童对知识进行吸收、同化和建构。因此,教师应关注儿童

---

① 房慧.经验学习论[M].昆明:云南大学出版社,2011:6—7.
② 吕达,刘立德,邹海燕.杜威教育文集(第4卷)[M].北京:人民教育出版社,2008:256.
③ 吕达,刘立德,邹海燕.杜威教育文集(第4卷)[M].北京:人民教育出版社,2008:258.

的生活世界,教学应回归儿童的生活世界。唯有如此,教学才能贴近儿童,引起儿童的共鸣;才能提升教学的有效性,深度地促进儿童身心的全面发展。

第三,促进学生整体素质的发展。

传统的教学目标虽然在教科书上也被规定为促进学生身心的全面发展,但在实际的教学中这一教学目标并没有得到真正的落实,很好的完成。受应试教育的影响,传统教学只关注学生认知素质的发展和理性因素的发展,而把其他素质和学生的动机、需要、意志、情感、信念、潜意识、本能、兴趣、欲望等非理性因素排除在教学目标的视野之外,形同虚设。学生只能死记硬背各种知识结论,不能举一反三,融会贯通地掌握知识,更不会灵活地运用所学知识解决实际问题。因而,学生素质的整体发展受到限制和束缚。

活动教学提出了"以活动促发展"的理念,让学生全身心地投入活动中,在活动中促进学生的各种素质的发展。这一过程既包含了理性因素的投入,也包含了非理性因素的投入,既有知识、能力的发展,也有情感、态度、价值观的形成。学生的个性、需要、兴趣得到了极大的满足,精神世界得到了极大的提升。学生在活动教学中,既要动脑思考,又要动手操作,特别注重亲自观察和体验,多种感官参与其中,多种学习方式如发现学习、探究学习、合作学习、交往学习、创造性学习等并存,无疑有助于学生各种素质的发展。此外,活动的整体性特征也是学生素质整体发展的重要保障。完整的活动既包括外部活动,又包括内部活动。前者指向学生的感知、观察、操作、言语、交往等活动,后者指向学生的心理活动,如认识活动、情感活动和意志活动等。这两种活动交织在一起,协同作用,共同促进学生素质的整体发展。

第四,批判地借鉴西方自然主义教育家的活动教学理论。

综上所述,西方自然主义教育家的活动教学理论蕴涵着丰富的当代价值和重要启示,具有普遍的指导意义,对加强我国教学理论的科学性具有重要价值。"但这种普遍性要与中国教学实践的特殊性相结合,作出中国化的处理。如果一味地片面地强调普遍性而忽视特殊性,缺乏对中国本土教学理论的全面了解和现实状况的深刻分析,缺乏必要的整合,那么这种普遍性也是空洞而无效的普遍性,而只能弱化我国教学理论的实践功能。"[1]更为严重的是,我们在引进和借鉴西方自然主义教育家的活动教学理论时,"却犯了盲目照搬、生吞活剥、缺乏比较和本土化的错误"[2],把它当成解决教学实践和教学理论的灵丹妙药,缺乏应有的理性批判和判断力,忽视了我国具体的教学实践的特色和教学理论的语境,致使教学理论的"整合"能力缺失和指导功能"乏力"。

要提升我国教学理论的"整合"能力,进行中国化的本土化的改造,必须做到两点:一是对西

---

① 郝志军.教学理论的实践品格[M].北京:教育科学出版社,2008:142.
② 郝志军.教学理论的实践品格[M].北京:教育科学出版社,2008:141.

方自然主义教育家的活动教学理论不照搬,而是批判性地借鉴。尽管西方自然主义教育家的活动教学理论有许多的优点,但也存在着明显的局限性,表现在:过分地注重儿童的本能和兴趣,对教师的主导作用重视不够;过于强调直接经验,忽视系统知识的传授和学习。前者可能导致教学活动处于无序状态,降低教学的质量;后者会导致重活动课程轻学科课程,影响学生身心的全面发展。事实上,学生的身心的全面发展既依赖于学科课程,也离不开活动课程,只有两者整合互补才能实现。如果在基础教育阶段,只重视活动课程而轻视学科课程,那么,中小学生的知识基础就不可能很牢固和系统,而基础知识不系统、不牢固,就会影响进一步的专业知识的学习,也会影响他们身心的全面发展。离开了系统的基础知识,活动教学的效果也不可能很好,因为无论是发现、探究,还是理论的建构,都要以一定的知识作基础。在中小学基础教育阶段,学生以书本知识的学习为主,学科课程应占主导地位,这是中外课程改革实践证明的真理。当然,强调学科课程的重要性,并不意味着要忽视活动课程,恰恰相反,活动课程也要特别重视,因为它能弥补学科课程的许多不足,是学生身心全面发展不可或缺的路径。二是要关注和研究现实的教学生活实践。因为它"包含了师生直接的生存境遇和互动交往、学生成长过程和整体发展、教师生命延续和能力提升等级的内涵和意义。现实的教学生活实践既包含了师生的认知生活实践、情感生活实践、道德生活实践、审美生活实践,是人完美生活历程的重要组成部分。它既是师生日常生活实践的规范化、理性化的进一步延伸和拓展,也是对他们日常生活实践的升华和超越"①。教学理论如果缺失对现实的教学生活内涵和意义的揭示,缺乏对师生的教学生活人文关怀,其指导功能就会乏力。对西方自然主义教育家的活动教学理论的研究和借鉴必须建立在以上两点的基础上。

总之,由于西方自然主义教育家的活动教学理论所蕴含的文化背景不同,教育家的理论旨趣不同,我们不能单靠它来指导和解决我国目前教学理论和教学实践中存在的问题,而应立足于我国本土文化和教学实践批判地借鉴西方自然主义教育家的活动教学理论,在研究教学实践中问题的基础上合理解决。

第十节 西方自然主义教育家视野中的主体性教育思想的当代价值

一、西方自然主义教育家视野中的主体性教育思想的演变

在西方自然主义教育家中,古希腊的亚里士多德最早探讨了主体性教育思想。这一思想的提出与他的自由教育思想息息相关。他把对理性的发展看做自由教育目的的终极追求,因为理性是人与其他动物相区别的最显著的标志之一。而理性的充分发展离不开自由教育。"人的本

---

① 郝志军.教学理论的实践品格[M].北京:教育科学出版社,2008:159.

性正如人本身一样,依赖于这一事实:只有当他充分发展时,才是一个理性生物。……理性是人的决定性的形式或思想。正是理性最终在人身上揭示出来,并且从一开始就起作用,推动和指导人的发展过程。"①按照自由教育的目的,人不仅能造就为最好的公民,也同样能塑造成充分的自我实现者,即使生活的最高目标——幸福得以实现。他把幸福主要指向沉思的生活。这是因为"沉思的活动是人类灵魂中最好的部分(理性)所从事的活动,而且这种活动所关涉的对象也是各种知识的对象中最好的,因此,沉思是最高的人类活动。不仅如此,……沉思活动还伴随着最强烈、最纯粹也最可靠的快乐,它最为持久也最自我充分,几乎不受外部因素的影响。一个人如果选择过一种沉思的生活,那他一定不是为了其他的好处,而是为了沉思本身而选择这种生活……而这种生活若是能持续终生,那就是完满的,从而也就是对人而言的真正幸福"②。这表明,亚里士多德把沉思生活看作人的真正幸福,而达至幸福的条件就是"最自我充分"。所谓"最自我充分",就是人们要充分发挥主体性,主动进行理智的活动,过一种沉思的生活,其最高的境界就是能持续终生,并能从中感受到"最强烈、最纯粹也最可靠的快乐",这是一个人自我价值和主体性得以充分实现和自由发挥的过程。

到了古罗马,主体性教育思想得到了进一步的发展。这在昆体良和普鲁塔克的教育思想中体现得最为明显。昆体良的教育思想给我们留下的一个重要的思想遗产,就是不强迫学生学习,而是激发学生学习的兴趣和意愿,让学生主动学习。因为学生的意愿是他专心致志学习的重要保证,而意愿是发自于内心,是不能通过强制得到的。在如何激发学生的主动性方面,他提出了如下策略。首先,要建立良好的师生关系。他要求教师像父母对待孩子一样对待学生,"他应当严峻而不冷酷,和蔼而不纵容,否则,冷酷会引起厌恶,纵容会招致轻视"③。教师慈父般的态度会赢得学生的尊敬和回报,即"视教师如父母"。这种敬师的情感会促进儿童的学习,"因为在这种感情影响之下,学生不仅将愉快地听讲,而且会相信教师的教导,愿意仿效教师。当汇集到学校去的时候,他们会愉快地、欢欣地聚合在一起,他们的错误被纠正时不会生气,他们受到称赞时会感到鼓舞;他们会专心学习尽力争取教师的珍爱"④。其次,讲究提问艺术。教师要善于向学生提出问题,以此唤起学生的兴趣和对学生的判断力进行测验,"这样做就可以防止学生的漫不经心,防止他们对教师的讲课听而不闻。同时,这样做就可以引导班上的学生自己发现问题,运用他们的智力,而这正是这种教学方法的最终目的。因为,除了使我们的学生不需要总是有人教,我们的教学还能有什么别的目的呢?"⑤再次,让儿童在游戏中快乐学习。在昆体良看来,爱好游戏是

---

① [英]博伊德·金合著.西方教育史[M].任宝祥,译.北京:人民教育出版社,1985:36.
② 章雪富,陈伟.希腊哲学的精神[M].北京:商务印书馆,2016:194.
③ [古罗马]昆体良.昆体良教育论著选[M].任钟印,译.北京:人民教育出版社,2001:66.
④ [古罗马]昆体良.昆体良教育论著选[M].任钟印,译.北京:人民教育出版社,2001:91.
⑤ [古罗马]昆体良.昆体良教育论著选[M].任钟印,译.北京:人民教育出版社,2001:82.

儿童天性活泼的标志。"那种总是迟钝麻木、没精打采的、甚至对那个年龄应有的激动也漠然无动于衷的学生,我是不指望他热心学习的。"①据昆体良的观察,儿童非常喜欢游戏,会在游戏中主动学习。他曾这样"描绘儿童的行为:他们不停地摔倒在地,双手着地爬来爬去,永远不停地游戏,从早到晚到处跑来跑去"②。他"大谈儿童的好斗性、他们对胜利的渴望、受到祝贺和奖赏的喜悦以及对游戏的喜爱。如果儿童天生就不喜欢学习,那我们就应该使学习变成一种游戏。③ 因为他们不把游戏当成工作,不知疲倦地在游戏中学习。第四,因材施教。昆体良看到了教育的因材施教能增加儿童的力量,促进儿童独特的发展。他说:"以良好的教育培养学生的特殊才干使其与天然爱好一致的方向上最有效地发展其多种多样的天赋,有所独创和长进,大多数教师都认为这样做是有好处的。辅之以认真的训练,才能使自然爱好增加力量。一个人若失去了自然爱好,他便不能在对他不适合的学习中取得成功。由于疏忽,他也会使自己的天赋变得衰弱。"④古罗马的普鲁塔克非常重视学生学习的内在力量的唤醒,他的名言是:"灵魂不是一个等待灌输的空瓶,而是一个有待点燃的火炉。"⑤他"最主要的关注点是唤醒和激发道德心的内在力量,激发心智使其处于积极的活动状态。正是这一点,使得普鲁塔克成为世界上最著名的教育家之一"⑥。

到了文艺复兴时期,人文主义教育家以人文主义思想为指导,用自己的理论与实践,主动地、创造性地批判和改造经院主义教育,把自己的理想、价值、情感和态度投射到人文主义教育活动中,以极大的热情复兴古代文化,培养具有人文主义理念的多才多艺的各种人才,并在这一过程中自觉地实现自身的全面自由地发展,使自己的本质力量得到确证,使自己的主体性得到彰显。英国史学家西蒙兹对这种主体性的彰显作了描绘:"人们竞相摆脱控制,纷纷批判循规蹈矩,全都热衷于自由自在的古风,对审美观有了新的认识,不顾一切地要为自己争取不受权力约束的自由天地。人们是如此精力充沛和自有主见,都感到探索的愉快,没有他们不愿意按他们的新认识加以修正的公式。"⑦不仅如此,他们还建构了主体性教学的原则,主要包括顺应自然原则、自由性原则、直观教学原则、兴趣教学原则、理解与批判原则、游戏活动原则、表扬与鼓励原则。这些主体性原则蕴含了"以人为本"的理念,"其主要观念是把人当主体,强调人的主体性,认为人有独立的个性和人格,反对人被边缘化,主张把人看做一切事物的前提、最终本质根源。文艺复兴中表现出了前所未有的对人的注意,描写人、歌颂人,把人放到宇宙的中心"⑧。夸美纽斯继承了人文主

---

① [古罗马]昆体良.昆体良教育论著选[M].任钟印,译.北京:人民教育出版社,2001:26.
② [法]让—皮埃尔·内罗杜.古罗马的儿童[M].张鸿,向征,译.桂林:广西师范大学出版社,2005:73.
③ [法]让—皮埃尔·内罗杜.古罗马的儿童[M].张鸿,向征,译.桂林:广西师范大学出版社,2005:82.
④ [英]伊里莎白·劳伦斯.现代教育的起源和发展[M].纪晓林,译.北京:北京语言学院出版社,1992:22.
⑤ [法]加布里埃尔·孔佩雷.教育学史[M].张瑜,王强,译.济南:山东教育出版社,2013:44—45.
⑥ [法]加布里埃尔·孔佩雷.教育学史[M].张瑜,王强,译.济南:山东教育出版社,2013:44.
⑦ [英]托马斯·马丁·林赛.宗教改革史(上册)[M].孔祥民,等译.北京:商务印书馆,1992:44.
⑧ 刘明翰,等.文艺复兴时代的教育思想家[M].济南:山东教育出版社,2006:9.

义教育家的主体性教育思想,提出了激发求知欲原则、自然性原则、从实践中学原则、游戏活动原则、直观教学原则、因材施教原则等主体性教学原则。他对主体性教育的关注,与他的"内发论"思想息息相关。"我们不必从外面拿什么东西给一个人,只需把那暗藏在身内的固有的东西揭开和揭露出来,并重视每个各别的因素就够了。"①"我们的情感是我们的生命的一半,它们既能吸引我们走向目标,也吸引我们离开目标。如果精神感受不到吸引力,它就缺乏爱好哪里精神缺乏爱好,那里就必须违背它的意志去推动。"②因此,夸美纽斯强调,除非学生的求知欲旺盛,否则,就不要对他施教。

主体性教育思想从亚里士多德到夸美纽斯的发展尽管处在萌芽阶段,还不系统,但它为后世的主体性教育思想的发展奠定了基础,提供了光亮。

到了18世纪,法国教育家卢梭以性善论为指导,在批判传统的封建教育扼杀儿童主体性的弊端基础上,建构了较为系统的主体性教育思想。卢梭的主体性教育思想推动了西方主体性教育思想的发展,树立了一座里程碑,标志着一个新阶段的出现。如果说卢梭以前的主体性教育思想的关注之域是理性的话,那么卢梭主体性教育思想的关注之域是非理性。在卢梭看来,当时儿童的天性受着偏见、权威、先例的扼杀,儿童的思想受着一切习惯的奴役、折磨和遏制。他们生下来后收到的第一件礼物是锁链,接受到的第一种待遇是苦刑。与传统的封建教育相对立,卢梭倡导儿童在教育中处于主体地位,充分发挥他们的主体性,做自己活动的主人。他认为,主体性教育目的就是培养能够独立思考、有主见,不盲从权威的主体性人才。他培养的爱弥儿就是这种人才,他说"只要他能够用他自己的眼睛去看,用他自己的心去想,而且,除了他自己的理智以外,不为任何其他的权威所控制就行了"。③ 卢梭的一个重要贡献就是确立了儿童在教育活动中的主体地位,其经典命题是:"在万物的秩序中,人类有它的地位;在人生的秩序中,童年有它的地位;应当把成人看作成人,把孩子看作孩子。"④他认为儿童的想法、看法和感情与成人的想法、看法和感情有显著的不同,教育者应当尊重他们的独特性,满足他们的需要、兴趣和情感,使他们快乐地成长,拥有幸福和快乐。教师无论对教学内容确定,还是教学方法的选择,都要围绕儿童身心的自由地和全面的发展来进行。他反对对童年期的儿童实施理性教育,而主张实施"消极教育",这体现了卢梭对儿童的最大关爱。他还提出了实现主体性教育的路径,主要包括让儿童率性发展、激发儿童的好奇心、发现探究学习、研究性学习、自主学习、从活动和游戏中学习等。

到了19世纪,心理化自然教育家在卢梭的影响下,都从心理学的视角对主体性教育思想进行

---

① [捷克]夸美纽斯.大教学论[M].傅任敢,译.北京:教育科学出版社,1999:15.
② [捷克]夸美纽斯.大教学论·教学法解析[M].任钟印,译.北京:人民教育出版社,2008:356.
③ [法]卢梭.爱弥儿——论教育(上)[M].李平沤,译.北京:人民教育出版社,2001:362.
④ [法]卢梭.爱弥儿——论教育(上)[M].李平沤,译.北京:人民教育出版社,2001:71.

了积极的探索,提出了自己独特的见解。裴斯泰洛齐是在批判传统教育的基础上建构主体性教育思想的。他认为,传统教育关注的是空洞词语的教学,采用的违背自然规律,不符合的心理学的教学方法,其结果是扼杀了学生的主体性。他说:"在我们的低劣学校里,人们始终只教空洞词语,认为它对人类的心智有重要作用,不仅压制了对自然现象的注意力,甚至毁掉了人们感受自然印象的敏感性。"①尤为严重的是,"我们这些不讲求心理学的学校,实质上是一台机器,其目的在于人为地扼杀被大自然本身唤醒的力量和经验"②。"这类学校教育出来的人带有一种人为的虚假色彩,这一色彩掩饰了内在自然形成力量的不足,欺骗了我们这一世纪的人。"③这使得学生的主体性得不到有效的发挥。裴斯泰洛齐提出了解决这一问题的路径:直观教学、整体性教学、顺应自然、兴趣教学、自我教育和教育爱。他之所以把主体性教育作为自己的关注之域,是因为他意识到"内发论"的重要价值。这种价值体现在:"人的心灵的觉醒产生感觉,精神的觉醒产生思考,眼睛的觉醒产生看,耳朵的觉醒产生听,脚的觉醒产生走,手的觉醒产生拿。这一切不是由外来的、人体以外的意志和外来的奋发力促发的,而是由每个人自己的意志和他的各种力量中奋发力促发的。奋发力的觉醒导致道德力量、精神力量和体力的发展。"④他"深信他所追求的理想目标不存在于人的外部,因此,不能随意强加于人,理想存在于人本身的自然天性之中。因此人有最终赋予自己一生不同意义的可能性,在人生中引起真正的幸福感和完成本性的使命感"⑤。

德国教育家赫尔巴特对当时的不良教育进行了批判,认为"仅仅引向死记硬背的学习,会使大部分儿童处于被动状态,因为只要这种学习继续下去,就会排斥儿童通常可能具有的其他思想"⑥。因此,他反对死记硬背,也反对过度教育,要求教师"不要进行过度的教育。要避免运用一切不必要的强制,这样的强制可能使儿童无所适从,可能抑制他们的情绪,毁灭他们的乐趣;同时,这还可能毁灭他们今后对童年的美好回忆,乃至对教育者的真诚的谢意"⑦。在发挥学生的主体性作用方面,他提出了尊重个性、兴趣教学、活动教学和主动性原则,尤其是对兴趣教学给予了特别的关注。他认为,"教育的兴趣仅仅是我们对世界与人的全部兴趣的一种表现,而教学把这种兴趣的一切对象集中于青年的心胸中,即未来成人的心胸中。……没有这种兴趣,教学无疑是空洞乏味的。任何人都切不要说,他是全心全意在执教!因为这是一种空洞"⑧。他要求教师不

---

① [瑞士]裴斯泰洛齐.裴斯泰洛齐教育论著选[M].夏之莲,等译.北京:人民教育出版社,2001:237.
② [瑞士]阿图尔·布律迈尔.裴斯泰洛齐选集(第一卷)[M].尹德新,组译.北京:教育科学出版社,1994:60.
③ [瑞士]阿图尔·布律迈尔.裴斯泰洛齐选集(第一卷)[M].尹德新,组译.北京:教育科学出版社,1994:193.
④ [瑞士]阿图尔·布律迈尔.裴斯泰洛齐选集(第二卷)[M].尹德新,组译.北京:教育科学出版社,1994:327.
⑤ [瑞士]阿图尔·布律迈尔.裴斯泰洛齐选集(第一卷)[M].尹德新,组译.北京:教育科学出版社,1994:124.
⑥ [德]赫尔巴特.赫尔巴特文集·教育学卷一[M].尹德新,组译.杭州:浙江教育出版社,2002:221.
⑦ [德]赫尔巴特.赫尔巴特文集·教育学卷一[M].尹德新,组译.杭州:浙江教育出版社,2002:34.
⑧ [德]赫尔巴特.赫尔巴特文集·教育学卷一[M].尹德新,组译.杭州:浙江教育出版社,2002:68.

要脱离兴趣,而应该对之加以激发和引导,这是教学的根本任务。他提出了一个著名的命题:"使人厌倦是教学的最大罪恶。"①

德国教育家第斯多惠在教师教育和终身教育的视野中展开主体性教育思想的。由于教育教学的主要手段是激发学生的主动性,使之自我塑造和自我形成,因此教师必须进行自我教育。"凡是不能自我发展、自我培养和自我教育的人,同样也不能发展、培养和教育别人。"②"教师只有诚心诚意地自我教育,才能诚心诚意地去教育学生。"③他要求"教师应当以教育事业为终身职业,自我教育也是终身教育。因此意义更为深远。教师要使别人获得真正的生活,就得发动别人去追求真、善、美,最大限度地发挥他们的天资和智力。认识了这一崇高的任务,教师就得首先开始自我修养"④。除了自我修养,教师的教学必须遵循主动性原则、兴趣教学原则、问题教学原则和因材施教原则。唯有如此,才能激发学生的主体性,取得教学的实效。

德国教育家福禄培尔在幼儿教育思想的视野中探讨了主体性教育问题,提出了一系列主体性教学原则,包括顺应自然原则、主动性学习原则、发现学习原则、创造性教学原则、游戏活动原则。

英国哲学家、教育家斯宾塞在快乐教育的视野中探讨了主体性教育问题。他认为,教育的目的就是要让儿童获得快乐,成为快乐的人,与之相适应,教育的手段和方法也应该是快乐的。而传统的教育恰恰相反,忽视了儿童的快乐,因而无法彰显儿童的主体性。对此,斯宾塞进行了批判,认为在儿童智力培养中,要么"拔苗助长",要么"放任不管",这两者都是有害的。比这两种方式更有害的则是惩罚和粗暴。他还指出:"长期以来的教育误区,把教育仅仅看做是在严肃教室里的苦行僧的生活,而忽视了对孩子来说更有意义的自然教育和自助教育,自然教育和自助教育在孩子身上最直接的反应恰恰就是快乐和有趣。"⑤因此他特别倡导快乐教育,强调"痛苦的功课使人感到知识讨厌,而愉快的功课会使知识吸引人。那些在恐吓和惩罚中得到知识的人们,日后很可能不继续钻研;而那些以愉快的方式获得知识的人们,不只是因为知识本身是有趣的,而且许多快意和成功的体验将促使他们终身进行自我教育"⑥。因此他对主体性教育的论述主要是在快乐教育思想的视野中展开的。为此,他提出了一系列旨在使儿童获得快乐的主体性教育原则,包括快乐教育原则、自我教育原则、自然教育原则、兴趣教学原则、发现学习原则、独立思考原则、积极暗示原则、直观教学原则。

---

① [德]赫尔巴特.赫尔巴特文集·教育学卷一[M].尹德新,组译.杭州:浙江教育出版社,2002:66.
② [德]第斯多惠.德国教师培养指南[M].袁一安,译.北京:人民教育出版社,2001:24.
③ [德]第斯多惠.德国教师培养指南[M].袁一安,译.北京:人民教育出版社,2001:24.
④ [德]第斯多惠.德国教师培养指南[M].袁一安,译.北京:人民教育出版社,2001:23—24.
⑤ [英]斯宾塞.斯宾塞的快乐教育[M].颜真,译.福州:海峡文艺出版社,2002:38.
⑥ [英]斯宾塞.斯宾塞的快乐教育[M].颜真,译.福州:海峡文艺出版社,2002:287.

19世纪末20世纪初美国哲学家、教育家杜威在分析和批判旧教育特点的基础上,建构了生长论主体性教育思想,使自然主义主体性教育思想的发展达到了顶峰。他认为,旧教育的特点在于:"消极地对待儿童,机械地使儿童集合在一起,课程和教学法的划一。概括地说,重心在儿童以外。重心在教师,在教科书以及你所喜欢的任何地方和一切地方,唯独不在儿童自己的直接的本能和活动。"①既然教育的重心不在儿童及其直接的本能和活动,也就无法引起儿童的兴趣和快乐,更无法彰显儿童的主体性。只有确立儿童在教育活动的中心地位,才能实现儿童的主体性及其发展。因此,他宣称:"现在我们的教育中正在发生的一种变革是重心的转移。这是一种变革,一场革命,一场和哥白尼把天体的中心从地球转到太阳那样的革命。在这种情况下,儿童变成了太阳,教育的各种措施围绕着这个中心旋转,儿童是中心,教育的各种措施围绕他们而组织起来。"②这是主体性教育的宣言,它扭转了儿童的不利局面,使儿童变成了教育的重心,无论是教材内容,还是教学方法,抑或是其他教育措施都要以儿童为中心,围绕儿童转。这就极大地调动了儿童的主动性和积极性,有力地彰显了儿童在教育活动中的主体性。他还强调,儿童不仅是起点,是中心,而且是目的。教育的理想之所在,就是儿童的生长和发展。"对于儿童的生长来说,一切科目只是处于从属的地位,它们是工具,它们以服务于生长的各种需要衡量其价值。个性、性格比教材更为重要。……学习是主动的。它包含着心理的积极开展。它包括着从心理内部开始的有机的同化作用。毫不夸张地说,我们必须站在儿童的立场上,并且以儿童为自己的出发点。决定学习的质和量的是儿童而不是教材。"③他不仅确立了儿童的主体地位,而且还提出了实现儿童主体性的教学原则,主要有兴趣教学原则、尊重和利用儿童本能原则、从做中学原则、改造经验原则、回归儿童生活原则、问题教学原则、自动学习原则、整体性教学原则和因材施教原则。

综上所述,虽然西方古代的教育思想蕴含着主体性教育思想的萌芽,为后世的主体性教育思想的发展提供了光亮,但它毕竟是不系统的零星的思想。真正使主体性教育思想从古代向近代转变的关键人物是卢梭。他是西方自然主义教育思想史上第一个从理论上较为系统地阐释主体性教育思想的教育家,是他开启了西方主体性教育思想发展的先河。他的最大贡献是发现了儿童,确立了儿童在教育活动中的主体地位,关注了儿童的需要、兴趣、情感、自由意志等非理性因素的发展,倡导了自然的和自由的教育理念,为西方主体性教育思想的发展奠定了坚实基础,产生了深远的影响。杜威对这种影响给予了高度的评价:"卢梭所说和所做的一样,有许多是傻的。但是,他的关于教育根据受教育者的能力和根据儿童的需要以便发现什么是天赋的能力的主张,

---

① 吕达,刘立德,邹海燕.杜威教育文集(第1卷)[M].北京:人民教育出版社,2008:42.
② 吕达,刘立德,邹海燕.杜威教育文集(第1卷)[M].北京:人民教育出版社,2008:42.
③ 吕达,刘立德,邹海燕.杜威教育文集(第1卷)[M].北京:人民教育出版社,2008:112.

听起来是现代一切为教育进步所做的努力的基调。他的意思是,教育不是从外部强加给儿童和年青人某些东西,而是人类天赋能力的生长。从卢梭那时以来教育改革家们所最强调的种种主张,都源于这个概念。"①应当说,这种评价是中肯的,卢梭受之无愧。受卢梭的影响,心理化自然主义教育家从心理学的角度对主体性教育思想进行了进一步的探索,除了强化儿童在教育活动中的主体地位外,还强调要根据儿童的心理特点和规律施教,重视儿童的兴趣、情绪、情感在教育中的作用,提出了情感教育、自助教育和快乐教育的原则,有力地彰显了心理学在培养学生主体性中的意义与价值。19世纪末20世纪初的美国教育家杜威是主体性教育思想的集大成者,他不仅鲜明地提出了"儿童中心主义"思想,而且从教育目的、课程、教材、教法等多个层面探讨了主体性教育思想,建构了以儿童生长为特征的主体性教育思想,标志着自然主义主体性教育思想的发展达到了顶峰。但这并不意味着主体性教育思想发展的终结,而是由杜威把近代的主体性教育思想溶入了现代主体性教育思想之中,使之成为了现代主体性教育思想的有机构件,从而实现主体性教育思想发展史上的重大转折。

二、西方自然主义教育家视野中的主体性教育思想的基本内容

(一)主体性教育思想的理论支撑

1. 人文主义

人文主义是文艺复兴时期精神的象征,深刻地影响着文艺复兴运动的发展。它既是文艺复兴运动的主导思想,又是文艺复兴时期主体性教育思想的理论支撑。尽管人们可以从多个维度解读人文主义,但它的一个核心内涵和特征是彰显人文主义者和教育对象—学生的主体性。这从如下方面得以体现。

首先,人的尊严、价值感的自我唤醒。在人文主义者的视野中,人是一切活动的中心,对人的认识与对自然界的认识相比,前者更为重要。人的尊严和价值感得到了充分的颂扬和唤醒。意大利人文主义者皮科在《论人的尊严》中热情地歌颂了人的尊严与价值,把人置于整个宇宙的中心,可以按照自己的欲求和判断拥有和掌控自己的"位子、形式和禀赋",也可以不受任何限制的约束,按照自己的自由抉择决定自己的面貌。他借上帝之口说:"我们已将你置于世界的中心,在那里你更容易凝视世间万物。我们使你既不属天也不属地,既非不朽亦非不朽;这样一来,你就是自己尊贵而自由的形塑者,可以把自己塑造成任何你偏爱的形式。你能堕落为更低等的野兽,也能照你灵魂的决断,在神圣的更高等级中重生。"②对人赞美最精彩的要算莎士比亚。他的经典名言是:"人类是一件多么了不起的杰作!多么尊贵的理性!多么伟大的力量!多么优美的仪

---

① [美]杜威.学校与社会明日之学校[M].赵祥麟,译.北京:人民教育出版社,2005:215.
② [意]皮科.论人的尊严[M].顾超一,樊虹谷,译.北京:北京大学出版社,2010:25.

表！多么文雅的举动！在行为上多么像一个天使！在智慧上多么像一个天神！宇宙的精华！万物的灵长！"①人文主义教育的集大成者夸美纽斯在《大教学论》中指出,人是造物中最崇高、最完美、最美好的,宣称"我是永生、智慧与幸福的根源"。②

其次,人的自由个性的自我体认和自我张扬。人文主义的内涵十分丰富,"其中自由是人文主义大厦的基石和核心,是其他人文主义思想得以实现的重要保障。在人文主义教育家看来,人拥有其他动物所没有的理性和自由意志,能够自由地支配自己的行为,自由地发展自己的身心,成为自己的主人"③。例如,"但丁的人文主义思想的主题就是对人的高贵和自由的颂扬。他认为,人的高贵就其成果而言,是天使都无法与之相比,因为它超过了天使的高贵。他还批判了以'门第'来衡量高贵的传统观念,认为使人高贵的不是家族,而是个人。人之所以高贵,是因为人与生俱来就有理性和自由意志,可以自由地追求真理与至善,形成优良的道德品质。他把意志的自由看成是自由的第一原则,这是上帝给予人类的最大恩赐。……有了自由意志,就能唤醒人的个性和理性,自觉地去追求至真至善和至美,就能使人摆脱动物般的生活,过上有理性的有创造性的生活"④。

人文主义教育家力图把这种自由的理念反映到教育中,使教育成为一种自由的教育。意大利的维多里诺反对教师实施强制性学习和体罚,要求教师尊重学生的人格和自由,相信他们可以通过自身的主动学习获得知识和发展能力,因为他们与生俱来就具有学习的兴趣和能力。法国拉伯雷的所有作品都贯穿着自由的主导思想,"就是厌憎一切意味着管制或纪律的东西,或者是为随心所欲制造障碍的东西。任何碍手碍脚的东西,任何限制人的欲望、需要和激情的东西,都是一种恶。拉伯雷的理想就是这样一个社会:在其中,自然,摆脱了一切约束的自然,可以获得彻底自由的发展。这种完美的社会是在著名的特来美修道院实现的,那里的院规完全建立在这样一条非常简单的规矩上:随心所欲"⑤。法国的蒙田认为,"受五花八门思想的影响,受书本权威的束缚,我们的心灵都是在限制中活动。脖子套了绳索挣不脱,也就不会有轻快的步伐。我们失去了活力与自由"⑥。他主张实施自由的教育,让儿童自由活动和发展。如果剥夺了学生自己动手的自由,就会产生不良后果:学生就会成为奴隶和胆小鬼。人文主义教育家对自由教育的重视和强调,使人文主义教育呈现出的重要特征:"反对完全甚于权威的教育模式,而注重自由探究式教育;反对片面的专业技术教育,而主张全面的自由教育。"⑦

---

① [英]莎士比亚.莎士比亚悲剧[M].北京:中国戏剧出版社,2006:171.
② [捷克]夸美纽斯.大教学论[M].傅任敢,译.北京:教育科学出版社,1991:1.
③ 刘黎明.文艺复兴时期自由教育思想探析[J].贵州大学学报,2016(6).
④ 刘黎明.文艺复兴时期自由教育思想探析[J].贵州大学学报,2016(6).
⑤ [法]涂尔干.教育思想的演进[M].李康,译.北京:商务印书馆,2016:263.
⑥ [法]蒙田.蒙田随笔全集(第一卷)[M].马振骋,译.上海:上海书店出版社,2009:135—136.
⑦ [法]加布里埃尔·孔佩雷.教育学史[M].张瑜,王强,译.济南:山东教育出版社,2013:85.

再次,人的主体性的自我彰显。16世纪出现了一批伟大的思想家,如拉伯雷、伊拉斯谟、比代、蒙田、维夫斯等,他们写了很有分量的教育著作,有力地促进了人文主义教育的发展。"这些学说的大量出现并非巧合,当时出现'灿若星河'的一批思想家也绝非偶然。相反,我们的教育体系此时正经历着一场剧烈的危机,这就是危机的结果,它唤醒了思想,创造了思想家。"①他们积极投身于古典文化的复兴和教育革新运动,"纷纷批判循规蹈矩,全都热衷于自由自在的古风,对审美观有了新的认识,不顾一切地要为自己争取不受权力约束的自由天地。人们是如此精力充沛和自有主见,都感到了探索的愉快。没有他们不敢面对的问题,没有他们不愿按他们的新认识来加以修正的公式"②。

人文主义教育家同样要求在教育活动中彰显学生的主体性。在他们看来,"人都具有自然赋予的能动性,在儿童的教育中应放手运用这种能动性,并通过训练促进这种能动性的发展。但是他们同时指出,教师首先要尊重儿童,关注儿童的个性倾向、兴趣和爱好,才能很好地运用和促进这种能动性,调动他们的自主性和积极性"③。

2. 性善论

性善论是卢梭和裴斯泰洛齐主体性教育思想的出发点和理论根据。卢梭认为,正确地认识人的本性是说明社会问题和教育问题的前提条件。然而,关于人的知识是一切知识中最有用而最不完备的。更不幸的是,人取得的所有进步都使人更加远离原始状态。我们的新知识积累得越多,就越是没法抓住其中最重要的东西。因此从某种意义上说,正是对人的不断研究,使得我们无法认识人。卢梭对人的问题进行了认真的研究和探讨,提出了"性善论"的学说。他认为,人的自然本性是纯洁善良的,具有爱心和怜悯心,"一个人对别人的义务不只是靠后来的智慧的训诫来规定的,而是只要他不抗拒同情心的内部推动,他就永远不会伤害别人,甚至不会去伤害任何有感觉的生灵。只有在涉及他的自我保护的正当场合,他才不得不先考虑自己"④,他"发现了两种先于理性而存在的人的本性:一种本性使人对自己的福利和自我保护极为关切,另一种本性使人本能地不愿意目睹有感觉力的生灵(主要是人的同类)受难和死亡。……人的精神能够使这两种本性协调并结合起来,并且仅仅由此便产生所有自然权利的法则,而没有必要让人的社会性介入"。⑤ 关于人性本善的思想,卢梭在《爱弥儿》一书中诠释得更为清楚:出自造物主之手的东西都是好的。本性的最初的冲动始终是正确的,因为在人的心灵中根本没有什么生来就有的邪恶,任何邪恶我们都能说出它是怎样和从什么地方进入人

---

① [法]涂尔干.教育思想的演进[M].李康,译.北京:商务印书馆,2016:261.
② [英]托马斯·马丁·林赛.宗教改革史(上册)[M].孔祥民,译.北京:商务印书馆,1992:44.
③ 李明德.西方教育思想史——人文主义教育之演进[M].北京:人民教育出版社,2008:127.
④ [法]卢梭.论人类不平等的起源和基础[M].高煜,译.桂林:广西师范大学出版社,2009:79—80.
⑤ [法]卢梭.论人类不平等的起源和基础[M].高煜,译.桂林:广西师范大学出版社,2009:79.

心的。对此,卢梭强调这是"不可争辩的原理"。他的整个《爱弥儿》就是围绕着这个原理来论述自然教育思想的。他在《致博蒙特的信》中重申了这一观点:"根据我所著述的推论,根据我在最近的著作(即《爱弥儿》)中尽可能阐明得更完善的推论,道德的基本原则是,人类是天性本善的生灵,热爱公正与秩序;人类心灵中本无邪念,最初遵循本性的活动总是正当的。……我已经表明,所有归咎于人类心灵的不道德行为都不是人类心灵本来所具有的;我已经表明了它们是怎样产生的;可以说我追溯它们的渊源,已经表明,由于不断改变他们善的天性,人类最终变成现在这样。"①

裴斯泰洛齐受卢梭的影响,也持性善论,认为人的天性是善良的和向善的。他说:我十分热切信奉的信念是:人类是可以改善的。因为"人心向善,人人都情愿做个好人"②,有些人之所以有不善的行为,是因为通行向善的道路被堵塞了:"人是善的,而且愿意向善;他愿意在这样做时是愉悦的。如果他不善,那准是向善的路堵塞了。堵塞这条路是件可怕的事情,但这种事情却是那样的普遍,以致眼下好人少。但一般说来,我永远相信人心是善的。"③"我的所有著作中,并以我能达到的最清晰的方式所说明的道德的基本原则是,人是本性为善的存在者,他热爱正心和秩序,人心中没有原初的堕落;自然原初的运动总是正确的。一切加诸人心的邪恶都不出于人的本性。"④正是在"性善论"的影响下,卢梭和裴斯泰洛齐建构了主体性教育思想。

3. 内发论

在西方自然主义教育思想史上,亚里士多德是第一个提出"内发论"思想的教育家,他认定人的发展基于人的内在的理性,正是理性构成了人之所以为人的特性和根据。教育不是外在的,而是内在的,是由内部因素决定的自我实现的过程。

文艺复兴时期的人文主义教育家也持"内发论",觉察到人的内在潜能、自由意志对个体发展的重要价值。意大利人文主义教育家皮科在《论人的尊严》中明确指出,人生来就有根据自身的意志塑造的能力,这是造物主赋予的,它既可以使人成为动物,也可以使人成为与上帝相类似的东西。人的内在潜能的开发,同样是人文主义教育家关注之域。他们的教育目标之一,就是注重学生潜能的发展。维多里诺、弗吉里奥等人的教育目的就有这样的意蕴。

17世纪的捷克教育家夸美纽斯继承的亚里士多德和人文主义教育家所形成的这个"内发论"的传统,明确提出人的发展根源于内部,教育是内发的,而不是外铄的。因为"在自然的一切作为里,发展都是内发的"。⑤ 例如,就一只鸟儿而言,"首先形成的不是足爪、羽毛或皮肤,而是体内各

---

① [美]普拉特纳等.卢梭的自然状态——《论不平等的起源》释义[M].北京:华夏出版社,2008:67.
② [瑞士]裴斯泰洛齐.林哈德与葛笃德(上卷)[M].北京编译室,译.北京:人民教育出版社,2005:358.
③ [瑞士]阿图尔·布律迈尔.裴斯泰洛齐选集(第一卷)[M].尹德新,组译.北京:教育科学出版社,1994:339.
④ 余中根.裴斯泰洛齐教育思想研究[M].昆明:云南大学出版社,2009:64.
⑤ [捷克]夸美纽斯.大教学论[M].傅任敢,译.北京:教育科学出版社,1999:82.

部分；体外各部要到后来有了合适的时机再去形成"。① 所以，教育者应着眼于人的内在的固有的东西的揭开和揭露，而不是从外面给人以东西。

到了18世纪，法国教育家卢梭在他的自然教育思想中更是突出了"内发论"的倾向，这集中体现在他对自然教育本质的论述中。他主要从三个层面阐释了自然教育的本质。首先，自然教育就是儿童"内在的自然"或"原始的倾向"的发展，即儿童的"才能和器官的内在的发展"，换言之，就是儿童自然本性的发展。这一内涵是卢梭整个自然教育思想的逻辑起点，它表明，"人为的教育"和"事物的教育"必须遵循这种以"原始的倾向"为基点的"自然的教育"，唯有如此，才能实现自然教育的目的。无论是教学内容的确定，还是教学方法的选择，都必须以儿童的"内在的自然"的发展为基础，离开了儿童的自然本性，也就无所谓自然教育。其次，自然教育就是回归儿童的自然状态。具体地说，就是取缔一切人为的对儿童发展的干预和控制，解除对儿童的各种束缚，代之以恢复儿童的本来面貌，回归儿童当下的生活，使儿童当下的生命状态和幸福得到关爱。再次，自然教育就是让儿童自由自在地发展。它内在地蕴含着自由教育。在卢梭的视野中，自然教育与自由教育具有同一性，可以划等号，后者对前者起着保障的作用。所谓"自由教育"，"是指教育者按儿童的意志实施的让儿童自由自在地学习和生活，成为自己的主人的活动。具体地说，它包含以下三层意思。(1)让儿童在学习和活动中按照自己的意志行事。(2)让儿童在学习和活动中做自己喜欢做的事情。(3)让儿童成为他自己活动的主人"。② 由此可见，卢梭对自然教育本质的论述，都蕴含着"内发论"的倾向和视野，都强调"内在的自然"的重要性。

到了19世纪，裴斯泰洛齐、福禄培尔也论述了"内发论"。"从裴斯泰洛齐的自然教育思想的内容来看，尽管他的自然教育思想仍然有夸美纽斯和卢梭的影子，但他的重大创造是：把人的自然本性直接理解为人的心理活动，赋予人的自然本性以心理学的内涵，明确提出了'教育心理学化'的口号和理念。他对'感觉'、'直观'、'共同心理根源'的论述，对'教育心理学化'途径和方法的寻求，展示出以心理学的立场提出和研究教育问题的自觉努力，体现了他对自然教育思想作出心理学解读的高度的观念自觉和方法论自觉。"③他关于"内发论"的观点蕴含在对教育心理学化思想的阐释中。在裴斯泰洛齐看来，"人类的所有教学艺术实质上都是心理的机制规律的结果。'我曾试图用自然确定的心理学次序排列发展各种力量和才能的手段。我的学校面临的首要任务是，根据教育艺术自然地培养各种具体的力量'"④。"只有以心理学为基础，教育者才能深入地了解儿童，把握儿童的心智特点，真正按儿童本性教育，提升教学效率。"⑤因此，他力图使教育目

---

① [捷克]夸美纽斯.大教学论[M].傅任敢,译.北京：教育科学出版社,1999：83.
② 刘黎明.卢梭的自由教育思想探析[J].中国教育科学,2016(4)：212—213.
③ 刘黎明.西方自然主义教育思想史[M].武汉：华中科技大学出版社,2014：161.
④ 刘黎明.西方自然主义教育思想史[M].武汉：华中科技大学出版社,2014：153.
⑤ 刘黎明.西方自然主义教育思想史[M].武汉：华中科技大学出版社,2014：152—153.

的心理学化、教材内容心理学化和教学方法与程序心理学化,开启了19世纪欧美教育心理学化运动的绪端。

德国教育家福禄培尔的"内发论"思想是在他的幼儿教育思想的视野中阐释的。在福禄培尔看来,儿童的所有的外部活动是以他的最深处的天性和生命为根基的,内部的活动和生命决定了外部的活动,是通过在某种外部物体反映出来的。正是在这一过程中,"儿童学会理解他自己的活动及活动的本质、方向和目标,也学会根据外界的现象作出反应,控制和决定他的活动。这种内部生命的映象、这种内部生命物体的形成过程是最本质的。因为儿童通过它可以达到自我知觉,学会自我控制、自我决定、自我安排"①。在所有对儿童施加的影响中,内部因素起着决定性作用,是使教育活动得以展开的基础和根据。"只有启发和唤醒儿童的内在生命,并且是自发地源于这种生命的东西,才能对儿童有真正的,持久而赐福的,有教益并有建设性的影响。"②

生长论自然教育家杜威秉承了以往自然教育家的"内发论"思路,进一步强调无论是自我生长,还是能力生长,都源于内部,从内部发出的,而不是由外部灌进去的。"无论什么生物,凡是有生命的,都能生长;所以生长就是生命之表记。我们可以说生长即是生命,生命即能生长。"③儿童的学习也是如此,它是"由内部所生的自然趋向,自然趣味,如同渴要饮,饿要食一样,本用不着引诱的法子去鞭策他"④。换言之,儿童的学习是一种本能的活动,由内部因素引发的。教育者必须掌握儿童内部的心理活动及其特点,才能促进儿童的生长,提升教学效率。因为"心理学是基础的。儿童自己的本能和能力为一切教育提供了素材,并指出了起点。除教育者的努力同儿童不依赖教育者而自己主动进行的一些活动联系以外,教育便变成了外来的压力。这样的教育固然可能产生一些表面的效果,但实在不能称它为教育"⑤。如果教育者对儿童的心理结构和活动不展开研究,缺乏深入的观察,就会出现偶然的、独断的教育过程。这样的教育过程如果不能适应儿童的活动,那么它将会遇到阻力,不协调,其结果导致儿童的天性受到束缚。

总之,自然教育家的"内发论"思想是自然教育活动的理论基础,它决定了自然教育不是外铄的,而是由内部因素引发的;人的主体性的发展同样取决于人的"内在的自然"。

(二) 主体性教育的内涵

西方自然主义教育家对"主体性教育"概念的认识经历了漫长的阶段,每个时期的"主体性教育"观都为这一概念的深化作出了贡献。如前所述,亚里士多德和人文主义教育家对"主体性教育"概念的认识还处在萌芽状态。真正对"主体性教育"概念作了系统的认识,达到了理论和方法

---

① [德]福禄培尔.福禄培尔幼儿教育著作精选[M].单中惠,等译.上海:华东师范大学出版社,2009:212.
② [英]伊里莎白·劳伦斯.现代教育的起源和发展[M].纪晓林,译.北京:北京语言学院出版社,1992:209.
③ 吕达,刘立德,邹海燕.杜威教育文集(第4卷)[M].北京:人民教育出版社,2008:25.
④ 吕达,刘立德,邹海燕.杜威教育文集(第4卷)[M].北京:人民教育出版社,2008:31.
⑤ 吕达,刘立德,邹海燕.杜威教育文集(第1卷)[M].北京:人民教育出版社,2008:5—6.

自觉的是卢梭。其后的裴斯泰洛齐、第斯多惠、福禄培尔、斯宾塞和杜威从不同的视角展开了对这一问题的论述,从而进一步丰富了"主体性教育"概念的内涵。综合他们的论述,我们可以看到,在西方自然主义教育家的视野中,"主体性教育"是指教育者在尊重儿童及其自然本性的基础上,通过各种活动启发和诱导儿童的内在教育需求,激发儿童的自主性和创造性,使儿童成为教育活动的主人的活动。具体地说,它包含如下几层意思。

第一,尊重儿童及其自然本性。

儿童的自然本性是自然主义教育家建构自然教育思想的逻辑起点,也是他们实施主体性教育的出发点,几乎每一个自然教育家都非常尊重儿童及其自然本性。在卢梭那里,尊重儿童,树立"把儿童看作儿童"的儿童观,是主体性教育赖以展开的前提。卢梭认为,传统教育的弊端在于忽视了儿童,对儿童一点也不了解,总是把小孩子当大人看,没有意识到他们还没有成人。真正发现了儿童的是卢梭。他说:"我已经清清楚楚地看出人们应该着手解决的问题了。因此,就从你们的学生开始好好地研究一番吧。因为,我们可以很有把握地说,你对他们是完全不了解的。"①卢梭不仅发现了儿童,而且区别了儿童与成人的不同,建构了"把儿童看作儿童"的儿童观,内容包括儿童是柔弱的存在、儿童是感性的存在、儿童是自然的存在、儿童是自由的存在、儿童就是儿童、儿童是教育活动中的主体。② 他们有不同于成人的想法、看法和感情,这要求教育者应尊重儿童,尊重他们的独特性,视儿童为儿童,以儿童为主体。主体性教育的另一个前提是尊重儿童的自然本性。在卢梭的视野中,儿童的自然本性具有优先性和决定性,"人为的教育"和"事物的教育"必须尊重儿童的自然本性,与"自然的教育"相适应,唯有如此,才能使自然教育得以实现。

裴斯泰洛齐也强调儿童自然本性的重要性,认为人为的影响的施加要与儿童自然本性的发展过程相适应,因为"本性永远是施加人为影响最重要的影响,人为影响和本性之间的关系犹如一座房子和岩石地基之间的关系"③。儿童的成长是通过自身本性的力量得以实现的。难能可贵的是,裴斯泰洛齐还把儿童的自然本性直接理解为儿童的心理活动,首次提出了"教育要心理学化"的口号,这无疑是对儿童自然本性的认识的巨大突破和进步,适应了19世纪心理学的发展趋势,为教育学与心理学的结合奠定了基础。他还开创了真正从心理学的角度研究儿童在教育活动中主体地位的先河。他认为,在一般情况下,孩子由于对事缺乏兴趣而不愿意做某事的,而真实的原因是教师的威吓所导致的。因此,每当学生在课堂上缺乏兴趣、心不在焉的时候,教师应反思自己的教学态度。他强调,教师的首要任务和使命就是"努力激发兴趣并且使其保持生气"④。

---

① [法]卢梭.爱弥儿——论教育(上)[M].李平沤,译.北京:人民教育出版社,2001:原序2.
② 刘黎明.西方自然主义教育思想史[M].武汉:华中科技大学出版社,2014:119—121.
③ [瑞士]阿图尔·布律迈尔.裴斯泰洛齐选集(第一卷)[M].尹德新,组译.北京:教育科学出版社,1994:340.
④ [英]伊里莎白·劳伦斯.现代教育的起源和发展[M].纪晓林,译.北京:北京语言学院出版社,1992:161.

赫尔巴特继承了这个传统,专门从兴趣的的视角论述了学生的主体性。他明确地把兴趣理解为儿童的主动性和自我活动,指出:"兴趣意味着自我主动。自觉的注意力取决于学生的决心。……教育的艺术即在于发展这种自觉的注意力,它包含了我们已见到的兴趣。在兴趣尚未被唤起之处是难以点燃这一兴趣的。一切用强迫手段达到的目的均毫无价值,因为它只能导致没有思想的活动;它甚至还是有害的,因为它毁坏了思想的状态,若兴趣本身尚未被当作教育的宗旨,那我们当然应该考虑把它作为取得永久成果的唯一手段。"[1]在他看来,尽管教育的最终目标是包含在道德这一概念之中,但是,"为了达到这一最终目标,教育要为自己确立一个较近的目标,这可以被称之为'多方面的兴趣'。兴趣一词一般是指思想活动的特征。这是教育应该被唤起的。仅仅靠知识满足不了这种思想活动的要求"[2]。因此,他要求教师尽可能地具有多方面的兴趣,并把这种兴趣保持在教学的每个内容上,从而使学生产生多方面的兴趣,唯有如此,才能使学生保持主体地位。他反对让学生死记硬背知识,理由是"仅仅引向死记硬背的学习,会使大部分儿童处于被动状态,因为只要这种学习继续下去,就会排斥儿童通常可能具有的其他思想"[3]。

第斯多惠认为,对于激发学生的兴趣而言,教师在课堂教学中必须拥有活泼、激发性和兴致勃勃,因为它们是师生感受到快乐的源泉,极具价值。课堂教学的艺术不是传授的艺术,而是激发、启迪和活跃。教师本身"要是没有激发性、没有主动性,又怎么能去激发学生,去唤醒睡眠的人,又怎么能活跃别人呢?只有生命才能创造生命"[4]。因此,他要求教师要拥有熟练的技巧,来活跃学生的思维,引发学生浓厚的学习兴趣,"因为兴趣会使学生自然而然对真、善、美产生乐趣,并会使学生心甘情愿追求真、善、美"[5]。

斯宾塞也对兴趣在主体性教育中的作用给予了极大地关注,认为兴趣是学生活动和探究的最大动力,它蕴含着学生对事物的主动选择。一旦学生的兴趣得到满足,就会带来快乐,从而推动他去追求知识和真理。因此,在教给学生某方面的知识时,只有先让其产生兴趣,教学才能取得事半功倍的效果。而激发学生兴趣的主要方式就是诱导,因为诱导符合学生的身心特点,能强化学生的主动性,使兴趣变得更为持久而有目的。由此,他提出了一个重要命题:"让兴趣为快乐求知引路。"[6]

心理化自然教育家从兴趣这一重要的心理学原理论述主体性教育的观点是很有意义的,因

---

[1] [英]伊里莎白·劳伦斯.现代教育的起源和发展[M].纪晓林,译.北京:北京语言学院出版社,1992:203.
[2] [英]伊里莎白·劳伦斯.现代教育的起源和发展[M].纪晓林,译.北京:北京语言学院出版社,1992:203.
[3] [德]赫尔巴特.赫尔巴特文集(教育学卷一)[M].杭州:浙江教育出版社,2002:221.
[4] [德]第斯多惠.德国教师培养指南[M].袁一安,译.北京:人民教育出版社,2001:177.
[5] [德]第斯多惠.德国教师培养指南[M].袁一安,译.北京:人民教育出版社,2001:176.
[6] [英]斯宾塞.斯宾塞的快乐教育[M].颜真,译.福州:海峡文艺出版社,2002:46.

为兴趣是构成学生自主性和能动性的主要成分,也是儿童内在本性的主要成分,它能促使学生主动求知和探究,从而促进学生主体性的充分发挥。离开了学生的兴趣,也就无所谓主体性教育。

19世纪末20世纪初,美国教育家杜威的关注之域是本能和兴趣。他所理解的自然本性,就是心理学家所说的"本能",就是儿童固有的能力。它"是冲动的、活泼的、自然的,不能不生活的,所以成人必须引导他,利用他,这就是儿童必须要教育的道理"①。由此可见,本能的发展是教育题中应有之意,离开了本能,也就无所谓教育。因为天然的本能构成了教育的基础和依据,若没有天然的本能做基础,教既没有益处,也无法展开。"儿童所以很自然,一方因为有他自己的本能,一方有父母的教育,一方又有社会环境的需要。教育是利用他的本能和环境,使朝着我们预定的方向走去。"②对于学生的求知而言,兴趣也是很重要的,它"是生长中能力的信号和象征。……兴趣显示出最初出现的能力,因此,经常而细心地观察儿童的兴趣,对于教育者是最重要的"③。在这里,杜威把兴趣理解为"生长中能力的信号和象征",使兴趣与能力关联,这无疑突破了以往兴趣理论的意蕴,提升了兴趣的价值,从而使兴趣获得了新的规定。他要求教育者研究心理学,包括兴趣、个性、特性和心理,并强调这是学问中最有兴味的学问。

第二,通过各种活动启发、诱导学生的内在教育需求。

活动教学是西方自然主义教育家的主体性教育的基本形态,也是儿童生活的本真状态,反映了自然主义教育家对儿童的深切理解和关爱。第一个真正自觉地、较系统地探讨活动教学的是卢梭。他主张儿童应从活动中、从经验中、从对大自然的感知中学习,而不是依赖于口训和言辞。真正的教育是实行而不是口训。对于儿童来说,活动教学具有重要意义,因为活动教学蕴含了学生的主动性,能够从各个方面促进他们各方面的发展。首先,它能增强儿童的体质,促进他的健康成长。他建议让儿童尽可能地参与各种活动,通过跑、跳、游戏等,使儿童获得日益增长的身体所需要的东西。其次,它能使儿童获得经验。这里的经验是指直接经验,包括物体的大小、轻重、软硬和冷热,以及它们的样子和种种性质。他们是通过儿童对具体事物的观察、思考而获得的。"他的经验是取之于自然而不是取之于人;正因为他不知道教育的意图,他所受的教育就总能发挥良好的效果。"④再次,它能使儿童的体力和智力获得整体性发展。儿童的活动不是按照别人的思想而是基于自己的思想展开的,因而儿童能不断地、有效地使身体与头脑相结合,使体力和智力相互增益,协调发展;身体活动愈多,心思就越灵敏。第四,它能使儿童体验到幸福和快乐,获得内在的满足感。如前所述,活动特别是游戏是儿童生活的本真状态,能使儿童体验到最大的快乐与幸福。无论做何种游戏,只要我们能够使他们相信那只不过是一场游戏,即使在寒冷的冰雪

---

① 吕达,刘立德,邹海燕.杜威教育文集(第4卷)[M].北京:人民教育出版社,2008:8.
② 吕达,刘立德,邹海燕.杜威教育文集(第3卷)[M].北京:人民教育出版社,2008:87.
③ 吕达,刘立德,邹海燕.杜威教育文集(第1卷)[M].北京:人民教育出版社,2008:14.
④ [法]卢梭.爱弥儿——论教育(上)[M].李平沤,译.北京:人民教育出版社,2001:139.

天,他们也能笑嘻嘻地经受考验,忍受痛苦。因为教师给了他满足、自由和快乐。

杜威也系统地阐述了活动教学思想。他认为,旧教育的弊病在于"消极地对待儿童,机械地使儿童集合在一起,课程和教学法的划一。概括地说,重心是在儿童以外。重心在教师,在教科书以及在你所喜欢的任何地方和一切地方,唯独不在儿童自己的直接的本能和活动"①。在杜威看来,活动是儿童生长的基础和源泉,一切教育活动的首要根基是儿童本能的冲动和态度。学校相互联系的真正中心不是科学,不是文学,不是历史,不是地理,而是儿童本身的社会活动。因此,在杜威的学校里,儿童的主要科目是木工、金工、纺织、缝纫、烹饪等活动,它们不是特殊的科目,而被看作生活和学习的方法。"儿童始终是一个有他自己的活动的人,他的这些活动都是属于当前的、急迫的,并不需要去'诱导'、'逗引'、'发展'等等;教育者的工作,不管是家长或教师,全在于查明这些活动,给它们适当的机会和条件。"②活动教学蕴含了学生主体性的发展。这个"目的应该内在于活动之中;它应该是活动的目的,是活动本身过程的一部分。这样,这个目的就激发人们努力工作,这和由于想到与活动毫无关系的结果而引起的努力很不相同"③。

第三,彰显儿童的主体性。

西方自然教育家都很重视在教育活动中彰显学生的主体性。卢梭所培养的爱弥儿就是一个主体性很强的人,"他不懂得什么叫成规和习惯,他昨天做的事情,绝不影响他今天做的事情;他绝不按老一套的公式办事,绝不怕什么权威或先例,他觉得怎样合适,就怎样做,怎样说。所以,你休想听到他说别人教他说的话,休想看到他从书本上学来的举止,他的话句句忠实于他的思想,他的行为完全是出自他自己的心意"④。这就是说,爱弥儿勇于挑战权威和先例,无论是说话,还是做事,都听从自己的声音,忠实于自己的思想,充分发挥自我的主动性,做自己活动的主人。童年时代就"开始了他个人的生活;在这个时候,他也意识到了他自己。记忆力使自我的感觉延续到他一生的每一个时刻;他真正地成为一个人,成为他自己,因此,他已经有为福为祸的能力了。应该从这里开始把他看作一个有心思的人了"⑤。裴斯泰洛齐强调学生要充分发挥自主性,提升学生的自主状态。他说:"要通过教学唤起和培养孩子对自己的感情和力量的热情。孩子身上的意志应该升华为坚定的信心,依靠他自己的力量和才能把自己真正变成在其处境中与其情况相适应的人。教学应使孩子们在一定程度上把它看作出色的手段,凭借这种手段,孩子们得以依靠自己的力量和才能从道德、精神和职业上的未成年状态上升到全面自主的状态。"⑥第斯多惠

---

① 吕达,刘立德,邹海燕.杜威教育文集(第一卷)[M].北京:人民教育出版社,2008:42.
② 吕达,刘立德,邹海燕.杜威教育文集(第五卷)[M].北京:人民教育出版社,2008:294.
③ 吕达,刘立德,邹海燕.杜威教育文集(第二卷)[M].北京:人民教育出版社,2008:200.
④ [法]卢梭.爱弥儿——论教育(上)[M].李平沤,译.北京:人民教育出版社,2001:207.
⑤ [法]卢梭.爱弥儿——论教育(上)[M].李平沤,译.北京:人民教育出版社,2001:69.
⑥ [瑞士]阿图尔·布律迈尔.裴斯泰洛齐选集(第二卷)[M].尹德新,组译.北京:教育科学出版社,1994:309.

观点是:"教师应当激发学生的更高能力,积极唤起他们的主动行为,以便使他们能成为自己生活的主人,使他们能够独立自主。用形式教育的观点来说,这就是一切发展的最终目的。……只有循循善诱,因势利导,积极激发学生的主动性才是唯一的好办法。"①福禄培尔倡导自我学习、自我塑造的意义,指出:"现时代对教育和教育者、父母和保育员提出了以下必不可少的要求:理解儿童最早期的活动,第一个动作,形成以及自发地进行身体活动的冲动……,鼓励儿童最早在家里进行的活动和通过自我塑造、自我观察、自我检验进行自我学习和自我教育的冲动。"②杜威继承了这一思维路向,从儿童中心主义的高度强调儿童的自主、自动之精神,指出:"教授中最适合者,当以儿童为教学之中心,以儿童为目的,以科目为方法,启发儿童,使之好问难、好研究,有自动之精神,思考能力,发展其个人之才能,庶将来置身社会,即可应用而谋生。"③

(三) 主体性教育的目的

1. 促进儿童天性的发展。

西方自然主义教育家的自然教育思想与人性论密切相关,他们通常把人性理解为天性、原始的倾向、心理活动和本能。西方自然主义教育真正关注人,重视人的天性,始于文艺复兴。人文主义教育家对中世纪宗教神学把人性异化为神性进行了批判,强调人的情感欲望不是万恶之源,而是人的内在天性的重要组成部分,要求人不应由上帝主宰,而应由人自身来把握自己的命运。他们批判禁欲主义,倡导人的思想解放,个性自由,尊重人的尊严,肯定人的主体地位;尊重个体的天性,反对强制和压抑天性;要求人不应成为上帝的奴仆,而是自己的主人,拥有人之所以为人的一切特性(即与生俱来的自然本性)。文艺复兴的一项重要成就就是认识、揭示人的自然本性,促进它的发展,使之变得丰满和完整。"在文艺复兴思想家看来,人性就是天性,儿童的天性,是教育的唯一依据。人文主义教育家首先认为,人性是完整的和美好的,人具有天赋的潜在能力和创造能力,这种本性和能力是潜在的,具有趋向完善的倾向,需要教育唤醒。……人要按照自己的天性顺性发展,就会成为一个完善的人。"④其次,他们强调必须遵循儿童的自然本性。维多里诺就说过:"我们并不希望每个儿童要表现同样的天才嗜好,无论怎样,儿童总可以有他自己的所好;我们承认我们必须跟随儿童的自然本性前进。"⑤因为"和其他任何的生物一样,孩子都擅长真正属于他本性的活动……因此,要按照大自然的规律办事,在学校中清除过重的劳累现象,要尽量使学习能够自由和愉快。"⑥总之,要促进儿童天性的自由、快乐地发展。

---

① [德]第斯多惠.德国教师培养指南[M].袁一安,译.北京:人民教育出版社,2001:90.
② [德]福禄培尔.福禄培尔幼儿教育著作精选[M].单中惠,等译.上海:华东师范大学出版社,2009:74—75.
③ 吕达,刘立德,邹海燕.杜威教育文集(第4卷)[M].北京:人民教育出版社,2008:202.
④ 冯建军,等.教育哲学[M].武汉:武汉大学出版社,2011:36.
⑤ 滕大春,姜文闵.外国教育通史(第二卷)[M].济南:山东教育出版社,1989:173.
⑥ [英]伊里莎白·劳伦斯.现代教育的起源和发展[M].纪晓林,译.北京:北京语言学院出版社,1992:36.

17世纪的捷克教育家夸美纽斯在其"内发论"的影响下,明确提出了教育适应自然的原则。虽然他的人性观还有"上帝"的视野,但他意识到人是造物中最崇高、最完善和最美好的,虽然"我们是上帝的缩影,然而,我们毕竟是人"。① 人生来就具有学问、德行和虔敬的天赋,需要教育者去唤醒和诱导。教育是内在的,不是外在的,"没有必要从外部给人注入任何东西,只需要人自己所固有的蜷缩在内部的东西伸展出来,显现出来,只需要注意每一个个别的成分"②。所谓教育适应自然的原则,"意味着人是自然界的一部分,人的发展遵循自然的规律,教育的法则也应该遵循自然的法则,遵循儿童发展的本性,在这个意义上,教育的法则不是来自于外,而是来自于儿童发展的需要,正如夸美纽斯在谈到智力发展时所指出的,'作为理性动物的人,不是受别人的智力指导,而是受自己的智力的指导'"③。

18世纪的法国教育家卢梭的"自然教育"主要关注之域是儿童的自然本性的教育,它与"人为的教育"与"事物的教育"相比,具有优先性,前者决定后者,没有儿童的自然本性作前提,也就不可能有后者。他的整个教育思想被称为"自然教育思想",其目的是培养自然人。这里的"自然"更多的是指向与生俱来的、不为社会污染的纯真的人性—儿童的本性。他预设了这种自然本性是最好的,理由是"本性的最初的冲动始终是正确的,因为在人的心灵中根本没有什么生来就有的邪恶,任何的邪恶我们都能说出它是怎样和从什么地方进入人心的"④。这是"不可争辩的原理"。他的主体性教育思想的核心是尊重儿童本性的最初冲动,促进自然本性的自由发展,彰显自我的主体性。用卢梭的话来说就是:"我的目的是:只要他处在社会生活的旋流中,不至于被种种欲念和人的偏见拖进漩涡里去就行了;只要他能够用他自己的眼睛去看,用他自己的心去想,而且除他的理智以外,不为任何其他的权威所控制就行了。"⑤李明德教授对卢梭的人性论及其在主体性教育中作用给予了高度的肯定:"卢梭在探讨和论述有关人以及人的教育问题时,不只是一般地传承以往人文主义思想在人性观和自然观上的某些见解作为他思考的基础,而是将它放在他自己的'性善论'、'自然权利说'、'自然神论'以及把'自然状态'理想化等思想的基础上进行审视和探索。卢梭这些富有新意的思想和思路,遂将以往人文主义教育思想中的人性本善和遵循自然的思想倾向加以凸现和发展。这样就既为形成他自己的自然主义教育思想打下了理论基础,又拓宽和深化了人文主义者关于人的发现和人的认识、人的个性解放和自由、人的发展和教育,以及人的权利和幸福等思想的意涵,从而不管卢梭是否明确意识到,他实际上是进一步丰富和发展了人文主义教育思想的理论依据。"⑥

---

① [捷克]夸美纽斯.夸美纽斯教育论著选[M].任钟印,选编.北京:人民教育出版社,2005:365.
② [捷克]夸美纽斯.大教学论·教学法解析[M].任钟印,译.北京:人民教育出版社,2008:6.
③ 冯建军,等.教育哲学[M].武汉:武汉大学出版社,2011:38—39.
④ [法]卢梭.爱弥儿——论教育(上)[M].李平沤,译.北京:人民教育出版社,2001:92.
⑤ [法]卢梭.爱弥儿——论教育(上)[M].李平沤,译.北京:人民教育出版社,2001:362.
⑥ 李明德.西方教育思想史——人文主义教育之演进[M].北京:人民教育出版社,2008:238—239.

2. 增强儿童的主体意识

西方自然主义教育家的主体性教育目的之一,就是重视和发展儿童的主体意识,使儿童成为教育活动的主人。"所谓主体意识,是指作为认识和实践活动主体的人对于自身的主体地位、主体能力和主体价值的一种自觉意识,是主体自主性、能动性和创造性的观念表现,它包括主体的自我意识(主要表现在人与自我关系上,意识到'每一个人都无可争辩地有权发展自己的才能'。)和对象意识(主要表现在人与外部世界的关系上,意识到人能将外部世界变为有益于自身发展的'人化世界')。"①尽管这个"主体意识"的是当代人界定的,但它同样适合于西方自然主义教育家心目中的主体意识,因为西方自然主义教育家对主体性教育目的的思考蕴含着这样的意蕴。卢梭所培养出的爱弥儿就是一个具有很强自我意识的人,"尽管他想做什么就可以做什么,但他绝不做他力所不能及的事情,因为他对他的力量做过实验,所以是有很好的估计的;他的方法始终适合于他的意图,他没有成功的把握就绝不行动。他的眼睛仔细注意地看,因此,他不会看到什么就蠢头蠢脑地去问别人;他要亲自观察,要先弄清楚他想知道什么东西之后,他才发问"②。在裴斯泰洛齐那里,主体意识是通过教育和自我教育而实现的。他指出:"大自然创造出来的人并非完人,他仅仅是一个自然的生物,而人的任务是通过教育和自我教育变成完人,实现自我,以这种方式使之成为'自己的杰作'。"③他强调"我们必须牢记,教育的终极目标不是圆满地完成学业,不是适应生活,不是养成盲目服从和规定的勤奋习惯,而是培养自主的行为"④。在第斯多惠看来,要活跃思想,形成信念,必由之路就是通过自我思考和主动探索来实现。因此,"教学必须有步骤地引导学生进入年龄和天性相符的主动性阶段,以便达到发展学生的主动性,能使学生彻底认识事物本质这样一个教学总目的"⑤。福禄培尔认为,儿童是通过发现和身体活动"自我展现、自我实现,而且确实如我们所描述的那样,儿童外部活动的艺术来自精神并且回归精神。于是,童年期教育中的唯一目标将得到实现——这个目标即是发展和激活每个人的内在世界,也就是实现人类纯洁和普遍的精神生命,从而实现一切被称为生命的物体的最深层的统一,也就是实现与生命之源和生命统一体自身的统一"⑥。斯宾塞十分重视自我教育在培养成主体意识中的作用,指出:"在自我教育方面,我认为,应该尽量鼓励孩子自我发展,应该引导孩子自己去进行探讨,自己去推论,给他讲的应该尽量少些,而引导他们自己去发现的应该尽量多些。从人类获取知识的方式看,最主要的获取方式是自我教育,而且取得了最好的效果,孩子的知识获取与能力的培养也应参照这一方式。"⑦总之,西

---

① 张天宝.试论主体性教育的目的观[J].教育理论与实践,1996(6)1—7.
② [法]卢梭.爱弥儿——论教育(上)[M].李平沤,译.北京:人民教育出版社,2001:208.
③ [瑞士]阿图尔·布律迈尔.裴斯泰洛齐选集(第一卷)[M].尹德新,组译.北京:教育科学出版社,1994:124.
④ [瑞士]裴斯泰洛齐.裴斯泰洛齐教育论著选[M].夏之莲,等译.北京:人民教育出版社,2001:368.
⑤ [德]第斯多惠.德国教师培养指南[M].袁一安,译.北京:人民教育出版社,2001:107.
⑥ [德]福禄培尔.福禄培尔幼儿教育著作精选[M].单中惠,等译.上海:华东师范大学出版社,2009:136.
⑦ [英]斯宾塞.斯宾塞的快乐教育[M].颜真,译.福州:海峡文艺出版社,2002:94.

方自然主义教育家之所以重视增强儿童主体意识,是因为他们意识到儿童的主体意识愈强,他们参与自身发展的自觉性愈大,学习效果愈好。

3. 培养和发展儿童的主体能力

培养和发展儿童的主体能力是西方自然主义教育家的主体性教育目的题中应有之意。所谓主体能力,是指儿童通过对外部世界的驾驭,学会自我控制,不断地促进自己的主体性得以发展和完善的能力。它包括主动的感知能力、活动能力、独立思考能力和判断力。卢梭认为,感知能力的培养是儿童期教育的重要使命,因为儿童身上最早成熟的官能就是感官,理智的官能没有发展,这使得他们的认识中只有感觉而没有理性。因此,教育者必须尽可能用可以感觉得到的事物影响儿童,使他所有一切的观念停留在感觉。"你必须锻炼他的身体、他的器官、他的感觉和他的体力,但是要尽可能让他的心闲着不用,能闲多久就闲多久。"①他反对理性教育,因为这个时期进行理性教育只能使儿童养成凡事爱争辩、不服气;爱玩弄字眼,爱打断别人的一切讲话等种种恶习。裴斯泰洛齐也很重视感觉能力的培养,因为他意识到感觉印象是人类教育的起点和唯一真实的基础。"教育遵循自然的原则要发挥作用,一个重要前提是重视感觉教育。因为物体的感觉印象作用于五官,逐步变成清晰的概念,最后达到智力的本能活动,它独立于感官之外,其发展过程与自然机制的规律并行不悖。人的全部教育就是促进自然天性遵循它固有的方式发展的艺术,这一艺术完全依赖于儿童接受的外部印象同他已发展的能力的精确程度之间的关系与和谐。他视感觉印象的绝对基础作用为遵循自然规律的首要原则:'我已经建立了一个最高的教学原则,即感觉印象是一切知识的绝对基础。除了所有的特殊的教学,我一直谋求发现教学本身的性质和原型,根据这些性质和原型,自然本身已确定了我们人类的教学。'"②西方自然主义教育家对活动能力的培养也十分关注。卢梭认为,培养活动能力无论是对儿童经验的获得,还是对促进儿童体力和智力的全面发展,抑或是儿童快乐和幸福的获得,有重大意义。"由于他不经常不停地在活动,所以他不能不对事物进行仔细观察,好好地考虑其影响;他从小就获得了许多的经验,他的经验是取之于自然而不是取之于人;正因他不知道教育的意图,他所受的教育就总能发挥良好的效果。"③因此,他主张"从实践中去学习"、"从经验中去取得教训",通过身体锻炼活动、感觉锻炼活动和思想锻炼活动,不断地提升儿童的活动能力。裴斯泰洛齐指出:"思想应该通过思维活动而产生,而不是通过对所思问题或思维法则的认识。爱也必须由爱发展起来,而不是来自谈论什么值得爱和什么是爱。同样,实践能力必须来自实际操作,而不是来自不厌其烦的谈论操作。"④因此,他反对从书本到书本,而是倡导各种实际的操作活动,使学生从实践中学习。福禄培

---

① [法]卢梭.爱弥儿——论教育(上)[M].李平沤,译.北京:人民教育出版社,2001:95.
② 刘黎明.西方自然主义教育思想史[M].武汉:华中科技大学出版社,2014:157.
③ [法]卢梭.爱弥儿——论教育(上)[M].李平沤,译.北京:人民教育出版社,2001:139.
④ [瑞士]裴斯泰洛齐.裴斯泰洛齐教育论著选[M].夏之莲,等译.北京:人民教育出版社,2001:327.

尔把儿童的心理潜力分为四种本能：活动本能、认识本能、艺术本能和宗教本能，其中，对活动本能最为看重，因为它是其他本能活动的基础，蕴含了创造的源泉。为了突出活动本能的重要价值，他还把他所创办的世界上第一所幼儿园命名为"幼儿活动学校"，并实施了恩物、游戏和作业为载体的活动教学。杜威反对"从听中学"，倡导"从做中学"。他"在《我们怎样思维》一书中概述了活动教学的基本步骤：情境设置—问题确定—假设—推断—行为检验。为了检验、发展自己的教育理论构想，杜威于1896年在芝加哥大学创办实验学校，取消学科和班级授课制，以问题和生活为中心组织儿童在系列活动中进行学习和探索。如四五岁儿童进行家务活动作业，六岁儿童进行职业活动作业，七岁儿童进行发明和发现活动作业，八岁儿童进行探险活动作业"①。就独立思考能力和判断力而言，卢梭批判了传统教育的弊病："我们从来没有设身处地地揣摩过孩子的心理，我们不了解他们的思想，我们拿我们的思想当作他们的思想；而且，由于我们始终是按照自己的理解去教育他们，所以，当我们把一系列的真理告诉他们的时候，也跟着在他们的头脑里灌入了许多荒唐和谬误的东西。"②他主张通过发现学习和研究性学习来培养学生的独立思考能力和判断力。为了使学生养成事事留心的习惯和牢记明显的真理，就必须让他花几天的心思独立地去弄清楚真理。学生在回答教师的提问时不能糊里糊涂，相反，要求学生具有怀疑精神，能够对问题给予仔仔细细研究后，给出一个满意的答案。他说："我的目的不是教给他各种各样的知识，而是教他怎样在需要的时候取得知识，是教他准确地估计知识的价值，是教他爱真理胜于一切。"③他要求教师实施启发性教学，善于启发学生对所要培养的思想进行钻研，"这样的问题，也许在别的孩子是一点也不注意的，可是它将使爱弥儿苦苦思索半年之久"④。"不仅如此，他对所有一切同他有直接关系的事物都要进行判断，考虑其后果和分析它的道理。"⑤

4. 培养儿童的主体人格

理性因素和非理性因素构成了个体的主体人格。在主体性教育思想发展的最初阶段主要以理性的发展为特征，这主要表现在自然主义教育思想之父—亚里士多德的主体性教育思想之中。他把人的理性发展视为主体性教育的最高目标。他之所以重视理性因素的作用，是因为"人是理性的动物"，理性是人之为人和人与其他动物相区别的根本因素。人类以外有生命的物类大多顺应其天赋而活动，过着自然的生活。其中只有较小的一部分为习惯所影响。"只有人类除天性和习惯外，尚有理性。"⑥"人类对此三端必须求其相互间的和谐，方才可以乐生遂性，而理性尤应是

---

① 潘洪建，王洲林.西方活动教学的历史发展[J].绵阳师范专科学校学报，1999：75—84.
② [法]卢梭.爱弥儿——论教育(上)[M].李平沤，译.北京：人民教育出版社，2001：221.
③ [法]卢梭.爱弥儿——论教育(上)[M].李平沤，译.北京：人民教育出版社，2001：284.
④ [法]卢梭.爱弥儿——论教育(上)[M].李平沤，译.北京：人民教育出版社，2001：254—255.
⑤ [法]卢梭.爱弥儿——论教育(上)[M].李平沤，译.北京：人民教育出版社，2001：138—139.
⑥ 张法琨选编.古希腊教育论著选[M].北京：人民教育出版社，1994：286.

三者中的基调。人们既知理性的重要,所以三者之间要是不相和谐,宁可违背天性和习惯,而依从理性,把理性作为行为的准则。"①亚里士多德的这种以理性为特征的主体性教育思想对后世自然主义教育思想的影响并不大,而对自然主义教育思想阵营之外的洛克、康德的理性主义教育思潮影响很大。在这一点上,后世大多数自然主义教育家并没有沿着亚里士多德开辟的道路前行,而是走着与亚里士多德不同的道路,既关注儿童的非理性因素的发展,又关注儿童的理性因素的发展,注重儿童整体人格的塑造。卢梭特别关注儿童的非理性因素的发展,涉及需要、兴趣和情感的发展。关于需要,卢梭认为,应当尽可能地满足儿童的身体的需要,不论是体力方面,还是智慧方面,都应给予帮助,弥补其不足。"我们要仔细地分别哪些需要是他真正的需要,是自然的需要,哪些需要是由于他开始出现的幻想所造成的,或者是由于我曾经谈到过的生活的过于优裕引起的。"②关于兴趣,他意识到儿童的好奇心是儿童获取知识的动力,他说:好奇心"这个本原是自然而然地在人的心中产生的,但它的发展是必然同我们的欲望和知识成比例的。……所以,在儿童时期学习的东西中,还需要抛弃那些不适合于我们天然的兴趣的东西,而且要把学习的范围限制于我们的本能促使我们去寻求的知识"③。在此基础上,卢梭强调培养儿童的兴趣,认为兴趣比学问本身更为重要,所以先要培养儿童有爱好学问的兴趣,使儿童的兴趣得以充分增长,再教儿童研究学问的方法。这是所有一切良好的教育应遵循的基本原则。教育的艺术就是使儿童能够喜欢教师所教的东西,产生浓厚的兴趣。就情感而言,卢梭主要论述了快乐和自爱的情感。对于前者,卢梭要求教师要以仁爱心关注儿童,爱护儿童,同他们一起做游戏,使他们感到快乐,培养他们可爱的本能,让愉悦伴随着他们的整个儿童期。对于后者,卢梭给予了高度的重视和肯定,他说:"我们的种种欲念的发源,所有一切欲念的本原,唯一同人一起产生而且终生不离的根本欲念,是自爱。它是原始的,内在的,先于其他一切欲念的欲念。"④每个儿童的第一个情感是爱他自己,对保存自己负有特殊的责任。因此,儿童为了保持其生存,必须爱自己,爱自己要胜过爱其他一切东西,从这种情感中将产生的结果是:儿童也同时爱保存其生存的人。卢梭在关注非理性因素的前提下,也没有忘却理性因素的发展。不过,这个理性因素的发展不是理性教育的结果,而是自然教育的结果。"像这样在大自然的单独指导之下继续不断地锻炼,不仅增强了体格,也丝毫没有使思想因此而迟钝,反而在我们身上形成儿童时期易于形成的唯一的理解能力,而这种理解能力,对任何年龄的人来说都是必备的。"⑤爱弥儿始终是基于自己的思想而不是别人的思想而实施活动,因而,他能把身体的锻炼和头脑的锻炼有机结合。他的身体愈强壮,他就变得愈聪明

---

① 周洪宇.教育经典(外国卷)导读[M].武汉:华中科技大学出版社,2013:17.
② [法]卢梭.爱弥儿——论教育(上)[M].李平沤,译.北京:人民教育出版社,2001:81.
③ [法]卢梭.爱弥儿——论教育(上)[M].李平沤,译.北京:人民教育出版社,2001:216.
④ [法]卢梭.爱弥儿——论教育(上)[M].李平沤,译.北京:人民教育出版社,2001:290.
⑤ [法]卢梭.爱弥儿——论教育(上)[M].李平沤,译.北京:人民教育出版社,2001:147.

和愈有见识。这样就"可以使他将来获得一般人认为不能同时具有的东西,获得大多数伟大的人物都具有的智力和体力,获得哲人的理解力和力士的精力"。① 第斯多惠论述了兴趣、情感的意义。他要求教师的教学充满爱、激情,富有启迪,能够唤醒儿童沉睡的心灵世界。他说:"教师只有热爱学生,精心培养学生,教学才会成功,能有什么比得到一些判断力和实际的知识更有价值呢——这时教师又会感受到教学的幸福。教师会因此领悟到培养灵魂必须出自肺腑这一道理。"②他恳求教师用活泼性、激发性和兴致勃勃的情感给儿童上课,唯有如此,才能使教师体验到教学实验成功所带来的快乐。如果教师"本身要是没有激发性,没有主动性,又怎么能去激发学生,去唤醒睡眠的人,又怎么能去活泼别人呢? 只有生命才能创造生命"③。所以,在第斯多惠的心目中,课堂教学的艺术不是传授的艺术,而是激发、启迪和活跃。这意味着教师必须全身心地投入教学之中,以充沛的精力来增添课堂教学的兴趣。斯宾塞意识到快乐的情感的动力作用:"在同等情况下,教学的效率显然与学生从事那项学习的快乐成正比。"④这是因为愉快的功课会使儿童感到知识是有趣的,富有吸引力,而且许多快意和成功的体验将有助于儿童进行终身的自我教育。相反,那些在恐吓和惩罚中获得知识的儿童,因为功课的痛苦,日后很可能不会继续钻研。所以,他主张"应该用快乐的办法去教育年轻人,使他们在上课时像玩耍一样快乐。人们从心智上有了恰当的指导而得来的乐趣,往往比肌肉力量得到练习的乐趣大得多"⑤。他断言"必须承认,保持青年的快乐,这本身就是一个有价值的目标"⑥。杜威认为,只要儿童身体的活动是必须学习的,它在性质上就不仅是身体的,而且是心理上的、智力上的,显示出学生的本能、冲动、习惯、情感、情绪、性格、独立性和首创精神的全面的生长。他要求:"教师能够研究学生的心理,那么对于学生求学心的兴味,很可以提起;……研究心理学,实在是学问中最有兴味的学问。譬如教师研究学生的一切特性和个性,而因材设施,实在是很有趣的。"⑦在这里,显示出杜威从心理学的层面上关注兴趣和人格全面塑造的理论自觉,因为"学生的一切特性和个性"实际上就是指学生人格的全面塑造。

(四) 主体性教育的路径

1. 激发学生的求知欲和好奇心

自然教育家夸美纽斯和卢梭很重视激发学生的求知欲和好奇心。夸美纽斯认为,儿童的情感是儿童生命的一半,它们既能吸引儿童走向目标,也可以引导他们离开目标。因此,要使儿童的精神感受到吸引力,对知识充满爱好,教师就不能违背它的意志,而必须顺应人性的特点,防止

---

① [法]卢梭.爱弥儿——论教育(上)[M].李平沤,译.北京:人民教育出版社,2001:139.
② [德]第斯多惠.德国教师培养指南[M].袁一安,译.北京:人民教育出版社,2001:111.
③ [德]第斯多惠.德国教师培养指南[M].袁一安,译.北京:人民教育出版社,2001:177.
④ [英]斯宾塞.斯宾塞的快乐教育[M].颜真,译.福州:海峡文艺出版社,2002:288.
⑤ [英]斯宾塞.斯宾塞的快乐教育[M].颜真,译.福州:海峡文艺出版社,2002:287.
⑥ [英]斯宾塞.斯宾塞的快乐教育[M].颜真,译.福州:海峡文艺出版社,2002:288.
⑦ 吕达,刘立德,邹海燕.杜威教育文集(第4卷)[M].北京:人民教育出版社,2008:290.

厌恶情绪出现,懂得如何去激发兴趣、鼓励热情。因为"人性的特点自然地显露出什么东西使它高兴,什么东西使它不悦"。①他强调,应该用一切可能的方式激发儿童求知与求学的欲望,除非儿童的求知欲旺盛,否则不要对他施教。这意味着求知欲旺盛是教学得以展开的必备条件。对于教师而言,假如教师是温和的,教学富有启发,循循善诱的;假如他们的情操是仁慈的,言语富于吸引力;假如他们能把所教的内容直观地呈现在学生面前,那么,教师就能获得学生的好感,使学生求知的欲望得到激发。对于学校而言,学校本身应是充满快意的场所,无论是校内,还是校外,都应富于吸引力。在校内房屋上要饰以受人崇拜的人物的照片、地图、历史图表等图像。卢梭认为,好奇心是第一本原,是激发儿童求知欲的内在动力。尽管它是自然而然地在人的心中产生的,但它的发展是必然同儿童的欲望和知识的获得成比例的。也就是说,儿童的好奇心愈强,求知的欲望愈旺盛。当教师发现儿童的好奇心充分发挥时,就应当向他提出几个简明的问题,引导他去解答他心中感到困惑的地方。"倘使他自行向你提出一些问题,你就看怎样能引起他的好奇心就怎样回答,而不要去考虑如何满足他的好奇心;特别是当你发现他不是为求知而发问,而是胡说八道地问你一大堆没头没脑的问题时,你就应该马上停止回答,因为这时他心中所想的不是你们所讨论的事情,而只是怎样用许多的问题来找你的麻烦。"②可见,激发学生的好奇心要讲究艺术,要懂得如何满足、在什么时候满足学生的好奇心。

2. 以兴趣引领学生的求知路

早在文艺复兴时期,人文主义教育家就非常重视兴趣在教学中的作用。意大利的维吉里奥就主张用诗歌激发学生的兴趣,因为"天性引起我们兴趣的正是诗歌,它比文学的任何其他分支更能引起我们的兴趣。它极为有用、快乐和崇高。一个人如果没有关于诗歌的知识,就绝不能被认为是受过自由人教育的人"③。英国的埃里奥特同样倡导兴趣教学,指出:"如果一个孩子生来便喜欢用笔绘画,或喜欢用石头或木头雕刻,那就不要去阻止他……,派一名高明的行家去帮助他;用精湛的技巧去教他绘画和雕刻。这一切都是'孩子自然爱好所决定的,而不是用强迫能做到的'。"④荷兰的伊拉斯谟对学习和如何使学习变得有趣进行了专门的研究,提出了独特的见解。"他不是想方设法激发学生新的激情,而是努力把已经激发出来的热情与课程联结起来,以增强学习者的兴趣。所以,他不是通过文法规则,而是试图通过学生与他的伙伴们玩耍和做事等非正式交谈方式,进行古典人文学科的教学。像昆体良一样,伊拉斯谟充分利用社会环境以唤起学生内在的上进心和好胜性。"⑤夸美纽斯强调,教师应根据学生人性的特点,学会如何防止出现厌恶,

---

① [捷克]夸美纽斯. 大教学论・教学法解析[M]. 任钟印,译. 北京:人民教育出版社,2008:356.
② [法]卢梭. 爱弥儿——论教育(上)[M]. 李平沤,译. 北京:人民教育出版社,2001:224.
③ [美]凯林道夫编. 人文主义教育经典文选[M]. 任钟印,译. 北京:北京大学出版社,2012:92.
④ [英]伊里莎白・劳伦斯. 现代教育的起源和发展[M]. 纪晓林,译. 北京:北京语言学院出版社,1992:36.
⑤ [美]约翰・S・布鲁巴克. 教育问题史[M]. 单中惠,王强,译. 济南:山东教育出版社,2012:198.

怎样激发兴趣和鼓励热情。"我们必须遵循自然,不论学生成熟到何种程度,要允许他们做感兴趣的事情,这样我们就不致与自然作斗争而是充当他分娩时的接生婆。"①裴斯泰洛齐认为,兴趣是学生学习中的头等大事,厌倦是教学的主要弊病。因此,他倡导兴趣教学,反对引起儿童厌倦的强制性教学。如果儿童因为自己的自由而感到高兴,那么,教师就应激发他们的兴趣,使他感到自己所做的事情不是苦差事,而是愉快的事情,从而使他们愉快地投入学习活动中。"毫无疑问,在我们天生的全部爱中,最接近真正人性的爱不仅局限于已逝去的事物,而且能人的感情,在人的心中萌发出对一切美好事物的崇高热情!应该给这种爱以最强烈的激励。"②这表明,兴趣和热情是教育爱的核心构成,应当给予激励和鼓舞。教学成功的前提是教师本身要充满兴趣,无论是对学科,还是对学生,都应如此。因为"教师本身的兴趣与教师在学生身上唤起的兴趣之间,存在着值得一提的相互作用。要是教师不聚精会神、全神贯注地讲自己的课,倘若教师对学生是否理解所讲的东西抱无所谓的态度,如果教师对人们是否喜欢他的举止持漠不关心的态度,那么,教师就必定会失去学生的好感,必定会导致学生对他所讲的一切抱漠不关心的态度"③。然而,如果教师对教学充满兴趣,他的亲切的语言、更亲切的情感、面部表情和眼神,都会对学生产生影响,使他们爱教师、爱学科、爱教学。他要求教师要意识到自己的重大责任和使命就是努力激发学生的兴趣并使之保持生气。如果学生在课堂教学中心不在焉,教师应首先从自身找原因,反思自己的教学行为。

3. 发现教学

虽然发现教学理论的系统阐释者是20世纪美国教育家布鲁纳,但自然主义教育家卢梭、第斯多惠和斯宾塞对发现教学理论所作的贡献也是不容忽视的。卢梭认定儿童的"发现感和探究欲望是基于人天然的兴趣、天然的好奇心的。天然的需要是好奇心的'第一本原',在天然的好奇心的驱使下,人不断探究、发现与他息息相关的事物。所以,卢梭指出:'在儿童时期学习的东西中,还需要抛弃那些不适合于我们天然的兴趣的东西,而且要把学习的范围限制于我们的本能促使我们去寻求的知识。'"④构成发现教学理论的核心就是:儿童是通过发现学习去获取知识(主要指直接经验),追求真理的。用卢梭的话说就是:"问题不在于告诉他一个真理,而在于教他怎样去发现真理。"⑤发现真理的教学应遵循的原则是:"问题不在于教他各种学问而在于培养他有爱好学问的兴趣,而且在这种兴趣充分增长起来的时候,教他以研究学问的方法。毫无疑问,这是所有一切良好的教育的一个基本原则。"⑥从这里不难看出,"发现教学的基本构成要素即'学问的

---

① [捷克]夸美纽斯.大教学论·教学法解析[M].任钟印,译.北京:人民教育出版社,2008:342.
② [瑞士]阿图尔·布律迈尔.裴斯泰洛齐选集(第二卷)[M].尹德新,组译.北京:教育科学出版社,1994:254.
③ [瑞士]阿图尔·布律迈尔.裴斯泰洛齐选集(第二卷)[M].尹德新,组译.北京:教育科学出版社,1994:284—285.
④ 张华.经验课程论[M].上海:上海教育出版社,2000:53.
⑤ [法]卢梭.爱弥儿——论教育(上)[M].李平沤,译.北京:人民教育出版社,2001:281.
⑥ [法]卢梭.爱弥儿——论教育(上)[M].李平沤,译.北京:人民教育出版社,2001:223.

兴趣'和'学问的方法'。这两个要素是获得知识、发现真理的工具,而不是知识、真理本身。因此,卢梭的教学论不是以知识为本位的,而是以兴趣、能力为取向的"①。卢梭认为,"使儿童继续深入学习的内在驱动力,就是当前所产生的兴趣。……兴趣和倾向是如此重要,因此,当儿童面临困难和难以专心学习的时候,教学应该主要依赖这些兴趣和倾向的激发作用,而不是仅仅局限于强迫儿童保持注意力和毅力"②。卢梭所理解儿童的能力主要是观察力和判断力。对于儿童而言,重要的是培养判断力,而不是获取知识。他建议教师不要告诉儿童想要知道的东西,让他自己去发现,自己去判断。"不要教他这样那样的学问,而要由他自己去发现那些学问。你一旦在他的心中用权威代替了理智,他就不再运用他的理智了,他将为别人的见解所左右。"③卢梭断言:"自然的学生,他从小就锻炼自己尽可能的依靠自己。……他对所有一切同他有直接关系的事物都要进行判断,考虑其后果和分析它的道理。"④对于教师而言,应了解儿童所希望学习和研究的东西,巧妙地使儿童产生学习的愿望,向他提供满足他愿望的办法。例如在绘画中,教师可以为学生提供很少的一点指导,如果他搞错了,就让他搞错,用不着去改正;你静静地等着他自己去发现和更改好了,或者,至多也只能在适当的时候画几下,引导他自己觉察出他的错误来。教师提问不宜太多,应经过慎重选择。也就是说,要把启发性教学贯彻到一切学科的发现教学中。第斯多惠要求教师掌握卓有成效的教学方法,即教师在课堂教学中不要急于向学生讲解观点和科学,而应启发诱导学生自己去寻求答案,主动地去获取知识,发展能力。他断言:"一个不称职的教师强迫学生接受真知,一个优秀的教师则教学生主动寻求真知。"⑤斯宾塞提出了一个重要的命题:"发现知识比灌输知识更有效。"⑥儿童对知识的有效掌握是以自我发现为前提的,经过了自我发现的知识是很牢固的。在他看来:"知识如果被孩子所理解,就会永远归他所有。如果孩子们自己去发现这些知识,则解决新问题同解决老问题一样容易。(当然,并不是真的让孩子自己从无到有地去发现,那样知识的积累就太慢了,而是给予帮助地去发现。)"⑦因此,他要求教师要尽量鼓励学生自我发展,引导他们自己去探讨,自己去推论,给学生讲的尽可能少些,尽量多地引导他们自己去发现。

4. 自主学习

西方自然主义教育家都十分推崇学生的自主学习,因为他们都意识到自主学习是激发学生独立思考,彰显学生主体性的重要路径。卢梭为了使爱弥儿养成事事留心的习惯和弄清楚某个

---

① 张华.经验课程论[M].上海:上海教育出版社,2000:54.
② [美]约翰·S·布鲁巴克.教育问题史[M].单中惠,王强,译.济南:山东教育出版社,会 2012:219.
③ [法]卢梭.爱弥儿——论教育(上)[M].李平沤,译.北京:人民教育出版社,2001:217.
④ [法]卢梭.爱弥儿——论教育(上)[M].李平沤,译.北京:人民教育出版社,2001:138—139.
⑤ [德]第斯多惠.德国教师培养指南[M].袁一安,译.北京:人民教育出版社,2001:129.
⑥ [英]斯宾塞.斯宾塞的快乐教育[M].颜真,译.福州:海峡文艺出版社,2002:91.
⑦ [英]斯宾塞.斯宾塞的快乐教育[M].颜真,译.福州:海峡文艺出版社,2002:91—92.

真理,常常使爱弥儿对他所提出的问题苦苦思索几天甚至半年之久。"毫无疑问,一个人亲自这样取得对事物的观念,当然是比从他人学来的观念清楚得多;而且,除了不使他自己的理智养成迷信权威的习惯之外,还能使自己更善于发现事物的关系,融会自己的思想和创制仪器,不至于别人说什么就相信什么,因而在不动心思的状态中使自己的智力变得十分低弱。自己不用心思,好似一个人天天有仆役替他穿衣穿鞋,出门就骑马,最终是要使他的四肢丧失它们的力量和用途的。"①尽管爱弥儿的知识不多,但他所有的知识都是经过了自动独立思考得来的,因而是真正属于他自己的,其中没有任何知识是一知半解的。"他有一个能包罗万象的心胸,其所以这样,不是由于他有知识,而是由于他有获得知识的能力。他心思开朗,头脑聪敏,能够临机应变。……他虽然不是一个学识渊博的人,但至少是一个善于学习的人。"②

瑞士教育家裴斯泰洛齐也强调学生的独立思考和自主学习。他指出:"思考的习惯总是积极地去仔细考虑让人思考的东西;那种思考习惯克服了无知的自满或'浅薄的'轻浮,可以使一个人谦虚地承认他所知道的实在太少,使他诚实地意识到自己懂得的不多。要在幼儿的头脑中形成这种思考习惯——经常性的、自觉的思考习惯,没有什么能比早期发展这种习惯更为有效的了。"③他认为,教育者努力去实施的工作,也是唯一可能会有所成效的工作,就是激发和唤醒儿童的内在力量,使他们养成独立思考的习惯。

第斯多惠对学生主动性的内涵及如何激发学生的主动性作了系统的阐释。如何启发学生的主动性?他认为,首先要唤醒儿童的"纯本能"。据他分析,人的主动性是以天资的本能为基础的。认识的主动性是建立在认识的本能上,其实质就是认识事物和了解事物。他这种本能称为"纯本能",并强调"教师的高超技艺就是唤醒这种本能,并满足这一被唤醒的本能"。④其次,激发学生自我思考和自我觉悟的精神。因为"只有通过自我思考和主动探索而理解到的和学会的东西才能活跃思想,潜移默化,逐渐形成信念和个性"。⑤"人类如果没有自我觉悟,没有精神探求和精神磨练,便不会识别生活的目标和道路,更不会选择达到目的的方法和手段。"⑥

德国教育家福禄培尔认为,儿童外部的行为离不开内部因素的推动,很多在儿童行动中表现出来的东西,都具有一种内在的、精神的意义。因此,教育者应允许儿童根据自己的身体和心理的发展水平自由地、主动地发展自身。他对教育者、父母和保育员提出的要求是:"理解儿童最早

---

① [法]卢梭.爱弥儿——论教育(上)[M].李平沤,译.北京:人民教育出版社,2001:231.
② [法]卢梭.爱弥儿——论教育(上)[M].李平沤,译.北京:人民教育出版社,2001:284.
③ [瑞士]裴斯泰洛齐.裴斯泰洛齐教育论著选[M].夏之莲,等译.北京:人民教育出版社,2001:401.
④ [德]第斯多惠.德国教师培养指南[M].袁一安,译.北京:人民教育出版社,2001:23.
⑤ [德]第斯多惠.德国教师培养指南[M].袁一安,译.北京:人民教育出版社,2001:162.
⑥ [德]第斯多惠.德国教师培养指南[M].袁一安,译.北京:人民教育出版社,2001:15.

期的活动,第一个动作,形成以及自发地进行身体活动的冲动……鼓励儿童最早在家里进行的活动和通过自我塑造、自我观察、自我检验进行自我学习和自我教育的冲动。"①

英国教育家斯宾塞提出了自助学习和自助教育的概念表达自主学习。他认为,学生自己通过复杂的心智和意志活动所获取的任何一项知识和自行解决的任何一个问题,都永远属于他。"事实证明,自助教育所获得的知识比任何讲授在孩子记忆里印下的印象要都深刻得多,围绕获得这些知识所有的细节,都会成为孩子最鲜活和深刻的人生经验。"②因此,早期教育的首要任务就是培养儿童的自助学习和自我教育的能力,这比获取知识更为重要。

美国教育家杜威关于自主学习的洞见同样深刻。同所有的教育改革家一样,杜威也反对像海绵一样吸收知识的注入式教学,倡导主动的学习。他认为:"学习是主动的。它包含着心理的积极开展。它包括着从心理内部开始的有机的同化作用。毫不夸张地说,我们必须站在儿童的立场上,并且以儿童为自己的出发点。"③当儿童以自主精神参与学习时,"一个发现引起另一个发现,爱好研究的兴趣引起儿童主动地从事探索,这往往成为严格的理智训练。循着这种自然生长的途径,凭着儿童的求知的愿望,把他引导到读、写、算、地理,等等。"④这对于学生提升学习效果,促进自身的发展,至关重要。如果学生不能筹划自己解决问题的方法,主动地寻找出路,他就不可能获得知识;即使他能背出一些正确答案,也不能说明他学到了什么。如果教师能为学生尽力创造有意义的情境,那么,学生"他自己的活动能产生观念,证实观念,坚守观念—即觉察到事物的意义或联系。"⑤为了使自主学习落到实处,教师要做好如下工作:首先,发现和训练本能。这是因为注重个体的本能是现代教育的新趋势,本能在儿童的学习活动中起着动力的作用,"现在的教育,要是学生自动,是以学生个人的本能做主,拿教育做发展他们本能的工具。"⑥注重自动的新教育就是观察本能、利用本能和训练本能,把儿童的本能"一一发见出来"。其次,激发儿童的兴趣,以兴趣促发展。在杜威看来,兴趣与自我活动具有同一性。因为"真正的兴趣是自我通过行动与某一对象或观念融为一体的伴随物,因为必须有那个对象或观念维持自我主动的活动"。⑦激发儿童兴趣是儿童身心发展的必要手段,没有兴趣,就不会有发展。第三,满足学生的求知和发展的愿望。教师必须等待儿童的愿望,等待自觉的需要,然后对儿童的愿望迅速给予满足,使他们自行解决一切问题,以此彰显他们的主体性。总之,教师的作用是辅导、指导,教会学生学习,使儿童能够自力和自动。

---

① [德]福禄培尔.福禄培尔幼儿教育著作精选[M].单中惠,等译.上海:华东师范大学出版社,2009:74—75.
② [英]斯宾塞.斯宾塞的快乐教育[M].颜真,译.福州:海峡文艺出版社,2002:52.
③ 吕达,刘立德,邹海燕.杜威教育文集(第1卷)[M].北京:人民教育出版社,2008:112.
④ 吕达,刘立德,邹海燕.杜威教育文集(第1卷)[M].北京:人民教育出版社,2008:219.
⑤ 吕达,刘立德,邹海燕.杜威教育文集(第2卷)[M].北京:人民教育出版社,2008:1157.
⑥ 吕达,刘立德,邹海燕.杜威教育文集(第4卷)[M].北京:人民教育出版社,2008:396.
⑦ 吕达,刘立德,邹海燕.杜威教育文集(第1卷)[M].北京:人民教育出版社,2008:166.

5. 理解与批判相结合

理解与批判相结合是学生独立思考的重要原则,也是学生发挥主体性作用的重要路径。文艺复兴时期的人文主义教育家维吉里奥、蒙田对这一原则给予了较多的论述。维吉里奥要求教师培养学生的怀疑和批判的精神,"因为学习的第一步是怀疑的能力,没有什么东西比假定自己是饱学之士或过分相信自己的机智对学习更有害的了,前者使我们丧失学习的兴趣,后者使它遭到削弱"①。蒙田认为,学习的过程是理解知识的过程,也是怀疑知识和消化知识的过程。理解知识的重要性在于:"有了理解才看见与听见,有理解才可利用一切,支配一切,才可以行动,掌握与统率;其余的东西都是瞎的、聋的,没有灵魂的。当然,不让理解有自由发挥的余地,就会失去活力与豁达。"②教师不仅要学生记住课本中学过的词,更重要的是还能理解它的意义与要旨,能举一反三,触类旁通地掌握它,运用它,消化它,使它成为自己的东西。他批评传统教育的教学"在学生耳边喋喋不休",把学生当作"漏斗"在里面灌东西似地讲课,而学生的任务只是复述他曾经学过的内容。他希望教师改变这种做法,刚开始就要了解学生的能力状况,按学生的能力施教,学生则通过自己对所学的内容独立地作出选择和鉴别。"有些时候给他开条路,有些时候要让他自己去开路。我不希望导师独自去发明,只是他一个人讲话,而应该容许学生有讲话的机会。"③这就是说,教师不能独霸讲坛,而应使学生有机会参与教学活动,自己去探索、研究教学内容,培养他们的理解力和判断力。蒙田还强调:"从别人处借用的文章,他有权加以修改、变形和打乱,重新写出一篇完全是他自己的完美的著作,这总是出于他的判断。他的劳动、学习和教育只服从一个目的,即培养他完美的判断力。"④他特别反对死记硬背,因为"死记硬背、生搬硬套并不是知识,那不过是把一种东西存放在记忆中而已。一旦一个人完全知道并理解了,能够随意自主地灵活运用,无需查书据典,那才算得上是知识。书呆子式的学识是一种可怜可鄙的学识。我们可以说:'西塞罗是这样讲的','这是柏拉图的思想';'这是亚里士多德的原话'。一只鹦鹉也这样学舌,但是,我们自己能说些什么?我们能做些什么?我们怎样去判断?"⑤教师不仅要让学生理解和判断知识,而且要允许对知识保持疑问。他说:"教师要让学生自己筛选一切,不要仅仅是权威之言而让他记在头脑里。亚里士多德的原则对他就不是原则,斯多葛派和伊璧鸠鲁派的原则也不是。要把这些丰富多彩的学说向他提出,他选择他能选择的,否则就让他存疑。"⑥18世纪的法国教育家卢梭也要求学生不要迷信权威,不按老一套公式办事,"他的话句句都忠实于他的思想,他的行为完全是出自他自己的心意"。⑦

---

① [美]凯林道夫.人文主义教育经典文选[M].任钟印,译.北京:北京大学出版社,2012:57—58.
② [法]蒙田.蒙田随笔全集(第一卷)[M].马振骋,译.上海:上海书店出版社,2009:137.
③ 吴元训选编.中世纪教育文选[M].北京:人民教育出版社,2005:405.
④ 吴元训选编.中世纪教育文选[M].北京:人民教育出版社,2005:407.
⑤ [英]伊里莎白·劳伦斯.现代教育的起源和发展[M].纪晓林,译.北京:北京语言学院出版社,1992:50.
⑥ [法]蒙田.蒙田随笔全集(第一卷)[M].马振骋,译.上海:上海书店出版社,2009:136.
⑦ [法]卢梭.爱弥儿——论教育(上)[M].李平沤,译.北京:人民教育出版社,2001:207.

6. 经验的改造

经验的改造是杜威彰显学生主体性的特有路径。杜威是在批判传统的感觉经验主义教育的基础上揭示这一路径的。感觉经验主义教育其表现形式就是直观教学法和实物教学法，它们都视经验为被动的认识过程，把感觉活动看作是孤立的事件，把感觉活动本身视为目的，而把学生的主动性，特别是他们"对环境的主动的改造"排除在经验活动的视野之外，导致教学过程中学生学习的被动性、孤立性和机械性。"在教学和训练中，儿童和青年很少有足够机会获得直接的、正常的经验，使教师能从这些经验中引申出方法或最佳发展的秩序的观念。他们的经验是在受束缚的条件下获得的，所以这些经验不易说明或无法说明经验成功的正常道路。因此，各种'方法'必须由权威方面向教师建议，而不是他们自己明智的观察的表现。"[1]用杜威的话说："忽视经验的根深蒂固的主动和运动的因素，是传统的经验哲学的致命缺点。"[2]杜威"认为尽管它对学校的课程和教育方法有一定的影响，但这种经验主义'不能提供一个令人满意的学习过程的哲学'"。[3]他力图建立体现经验的主动性，属于经验、由于经验和为着经验的新教育哲学。

杜威赋予经验以主动性，他指出："经验实际上是本能的和冲动的活动与事物的相互作用。即使一个幼儿，他所经验的东西也并不是被动地接受一个事物所铭刻的特性，而是摸拿、投掷、敲打、撕扯等活动对实物所产生的结果，以及实物对活动的方向所产生的后果。"[4]经验的改造就是要彰显这种"相互作用"以及行动与经受的结果之间的联结所包含的意义。换句话说，就是要彰显学生的主体性。首先，要重视个人的实际的生活经验。在经验的改造中，"教师和书本不再是唯一的导师；手、眼睛、耳朵、实际上整个身体都成了知识的源泉，而教师和教科书分别成为发起者和检验者。任何书本或地图都不能代替个人的经验"[5]。教育必须以经验为基础，这种经验主要指向个人的实际的生活经验，其中蕴含着至关重要的意义，即有助于实现生长的教育目的。这是"经验的改造"题中应有之意。因为"生长的理想可以归结为这样的观点，即教育是经验的继续不断的改组和改造"[6]。"在不确定的情况当中，有一种永恒不变的东西可以作为我们的借鉴，即教育和个人经验之间的有机联系。或者说，新教育哲学专心致志地寄希望于某种经验和实验的哲学。"[7]其次，要重视经验的连续性原则和交互作用原则。经验的连续性原则是指每种经验既包含着过去经验中某些内容，又改变着未来经验的性质。这个观念

---

[1] 吕达,刘立德,邹海燕.杜威教育文集(第2卷)[M].北京：人民教育出版社,2008：165.
[2] 吕达,刘立德,邹海燕.杜威教育文集(第2卷)[M].北京：人民教育出版社,2008：262.
[3] 褚洪启.杜威教育思想引论[M].长沙：湖南教育出版社,1998：182.
[4] 吕达,刘立德,邹海燕.杜威教育文集(第2卷)[M].北京：人民教育出版社,2008：261.
[5] 吕达,刘立德,邹海燕.杜威教育文集(第1卷)[M].北京：人民教育出版社,2008：246.
[6] 吕达,刘立德,邹海燕.杜威教育文集(第2卷)[M].北京：人民教育出版社,2008：76—77.
[7] 吕达,刘立德,邹海燕.杜威教育文集(第5卷)[M].北京：人民教育出版社,2008：317.

不同于传统教育的"预备说",因为"在某种意义上,每种经验都应该提供某些东西,使人作好准备去获得未来的更深刻更广泛的经验。这正是经验的生长、经验的连续性和经验的改造的含义"①。经验的交互作用原则意味着它"赋予经验的客观条件和内部条件这两种因素以同样的权利,任何正常的经验都是这两种条件的相互作用。二者合在一起,或在它们的交互作用中,它们便形成我们所说的情境"②。之所以要重视经验的连续性原则和交互作用原则,是因为它们构成了经验的经和纬,蕴含了学生的主动性,是衡量经验价值的标准。再次,重视对环境的主动改造。经验的既包含机体的改造,也包含对环境的改造。后者更能体现学生的主动性,离开了后者,经验的改造不仅会成为被动的东西,而且会失去社会意义和价值。因为经验的改造能塑造儿童的经验,养成更好的习惯,使未来的成人社会更优于现在,比现在更进步。"教育者的责任不仅要通晓环境条件所形成的实际经验的一般原则,而且也要认识到在实际上哪些环境有利于引导生长的经验。最为重要的是,他们应当知道怎样利用现有的自然的和社会的环境,并从中抽取一切有利于建立有价值的经验的东西。"③第四,重视教材与经验和兴趣的关联。杜威指出:"学生所以无自动的精神的缘故,全由于教材不合学生的需要、动作、经验、兴趣,不能发生动机所致。"④要发挥学生的主动性,必定要改革教材,使之与儿童的经验、兴趣相关联。杜威强调教师"教授科目或是支配教材的时候,最要紧的就是要有组织。这种组织是从亲切、直接的经验得来的。把儿童的经验,与所授的科目联合在一起,作为基础。有了这个基础,就能叫他领受教材的意义。"⑤

三、西方自然主义教育家视野中的主体性教育思想的当代价值

(一)理论支撑:人文主义、性善论、"内发论"等

在对主体性教育的理论基础的研究中,我们更多地是诉诸哲学和教育学,而没有意识到人文主义、性善论、"内发论"等也是主体性教育的理论基础。这在西方自然主义教育家那里有较多的论述。

(1)人文主义。如前所述,人文主义既是文艺复兴运动的主导思想,又是文艺复兴时期主体性教育思想的理论支撑。尽管人们可以从多个维度解读人文主义,但它的一个核心内涵和特征是彰显人文主义者和教育对象——学生的主体性。这突出体现在:人的尊严、价值感的自我唤醒;人的自由个性的自我体认和自我张扬;人的主体性的自我彰显。这三个方面显示出"以人为本"

---

① 吕达,刘立德,邹海燕.杜威教育文集(第5卷)[M].北京:人民教育出版社,2008:333.
② 吕达,刘立德,邹海燕.杜威教育文集(第5卷)[M].北京:人民教育出版社,2008:330.
③ 吕达,刘立德,邹海燕.杜威教育文集(第5卷)[M].北京:人民教育出版社,2008:328.
④ 吕达,刘立德,邹海燕.杜威教育文集(第4卷)[M].北京:人民教育出版社,2008:422.
⑤ 吕达,刘立德,邹海燕.杜威教育文集(第4卷)[M].北京:人民教育出版社,2008:38.

的特征,这种特征无论在人文主义者身上,还是在他们的教育对象——学生身上,都体现得相当明显。"以人为本"的人文主义之所以能成为主体性教育的理论支撑,是因为它的价值取向与主体性教育的价值取向殊途同归密切关联。人文主义教育家在教育目的上重视确立学生在教育活动中的主体地位,反对强制性教学和体罚,尊重学生的认知和发展的兴趣和需求,通过有效措施如师生互动、"寓教于乐"等增强学生的主体性,使学生的身心得到全面的、自由的发展。这与主体性教育尊重学生的主体地位,促进学生主体性发展的"人本主义"的价值取向是高度契合的,因而它可以成为主体性教育的重要的理论基础。

(2)性善论。卢梭和裴斯泰洛齐所论述的"性善论"有着重要的历史贡献。持"性善论"的教育家基于人性的"善",建构了内生式教育思想,认为儿童与生俱来就具有积极向上的善性,这种善性是推动儿童身心发展的内部力量。教育者只有以儿童善良的天性为根基,尊重和信任儿童的天性,坚信它有无限发展的可能性,并顺应儿童的自然天性而实施教育,才能有效地促进儿童的发展,使教学取得事半功倍的效果。反之,教育者以人性恶为基础,视儿童为先天的罪犯,就必然会严厉地惩罚儿童,使儿童盲目服从,导致其人性扭曲,身心不能健康发展。"这与启蒙时期的自由、民主和人权思想是背道而驰的。因此,变抑制天性的教育为尊重天性的教育,是教育上的一个巨大的变革,在这个历史转折点上,卢梭是个关键性的人物。康德曾高度评价卢梭是另一个牛顿。牛顿发现了外在于人的自然科学的定律,卢梭完成了人的内在宇宙的科学发现;牛顿揭示了外在世界的秩序和规律,卢梭则发现了人的内在的本质。"①滕大春先生对卢梭以性善论为核心的天性哲学给予了高度评价,他写道:"儿童地位的提高虽表现在多方面,而在教育领域中却最为明显而突出。在过去,儿童被误解为具体而微的成人;如今则知儿童身心具有不同于成人的特征,不能以教育成人的教材和方法用于儿童。在过去,儿童被错解为愚昧无知而须给他们灌输知识的蠢才,如今则知儿童是能够能动地适应环境的小活动家和能够自觉地理解事物的小思想家。在过去,儿童被比作天性邪僻而无理取闹的恶魔,如今则视儿童为能够行善尚义的天使。在这天翻地覆的巨变中,卢梭的天性哲学是起过强大催化作用的酵母。所以世界进步人士公认:卢梭不但是儿童教育的改造者,还是广大儿童的福音,是儿童解放的象征,是为儿童争夺人权的旗手。"②

卢梭的性善论尽管存在着一定的局限性,建基之上的教育理论也有不尽人意之处,但它背后蕴含的教育启示,对确立主体性教育的理论基础,有重要的现实价值。首先,性善论是教育的基础,教育是促进人性向善值得依赖的手段。人性观制约着教育行为。有什么样的人性观,就有什么样的教育行为。不管家长、教师是否意识到,他们的观念的深处都存在着一个人性假设,这个人性假设往往支配着他们的教育行为。如果家长、教师持性善论,他们就会坚信儿童天生就具有

---

① 薄建国,毛雪梅.卢梭的人性发展论及其教育学意蕴[J].教育探索,2009(12):3—6.
② 滕大春.卢梭教育思想述评[M].北京:人民教育出版社,1984:41—42.

善性,树立正确的人性观和儿童观,信任、尊重和爱护儿童,对儿童的所有行为持包容和一视同仁的态度。反之,家长、教师如果持性恶论,就会在教育行为表现出对儿童实施严酷的纪律和严厉的惩罚。这与良好的教育是相悖的。其次,依靠学生的内部力量,促进其主体性的发展。儿童与生俱来的善性不仅是教育的基础,而且是促进儿童主体性发展的内部力量和重要资源。因为"天性确有成为善的一面;而且向善发展应视为重要的一面。卢梭的性善论刚好说中了天性中应该强调的这一面。试想,假定人们生性顽劣,因而强事压制,又怎能充分调动主观能动性和尊重人性,保障人权呢?与此相似,卢梭承认人人天性善良,天性绝不因封建阶级与等级的高下而有优劣之分,也是正确无误的。可见卢梭在这些基本观点上是符合科学真理的"①。只有承认人的天性本善,教育者才能不断地挖掘儿童的内在潜能,唤醒和引导儿童的"善"性,从而彰显儿童的自主性、能动性和创造性;才能避免教育中的"灌输"式教学的弊病,实施启发性教学,使人性中的积极力量得到不断的发展。再次,让天性引领教育的发展。在 21 世纪的今天,教育界仍然存在着剥夺儿童的童年,泯灭儿童的好奇心,抑制儿童的天性的发展,束缚儿童的独立思考,限制儿童的主体性发展的弊病。为了克服这种弊病,我们必须认识到性善论所蕴含的引领教育发展的力量,让天性为教育"立法"。因为"天性赋予儿童力量。天性赋予儿童内在的、无穷的、宝贵的生命成长力量。天性是生命成长的动力源头。只有内蕴于儿童自身的天性才使儿童能够真正步入人生的起跑线。儿童的天性需要发展,儿童的天性必须得到发展。'孩子们不仅没有多余的力量,甚至没有足够的力量来满足大自然对他们的要求;因此,必须让他们使用大自然赋予他们的一切力量。'天性也蕴藏着成长的力量,天性里蕴藏着智慧的基本形态性智,天性里蕴藏着人成为主体的根本内核,只有充分彰显儿童的天性,才能拉响儿童生命起跑的发号令"②。以上三个方面显示,性善论完全可以成为主体性教育的坚实基础。

(3) 内发论。人的成长是内部条件和外部条件相互作用的产物。儿童生来是软弱的、不成熟的,有待发展的个体。他们需要怜惜,需要爱护,需要帮助,需要教育和成长的良好环境。文化环境和教育对儿童而言,非常重要,是不可或缺的外部条件,没有它们,儿童的健康成长和发展几乎不可能。然而外部条件只是人发展的外因,外因只能通过内部因素而发挥作用。这个内部因素更多的是指向人的天性。相对于外部条件而言,人的内部条件——天性更为重要。这是因为天性是儿童教育和儿童发展的内在根基,是人在成长中不断自我否定、不断自我完善、不断保持自身的依据,它构成了儿童发展的动力源头。我们知道,"植物的生长具有固定的顺序,要经历萌芽、生长、开花、结果等不同阶段,在每个阶段都表现出各自的特点。与之相似,儿童天性的发展也具有固定的内在顺序,不同年龄儿童的身心发展表现出明显的阶段性特点。从心理学

---

① 滕大春.卢梭教育思想述评[M].北京:人民教育出版社,1984:39.
② 苗曼.天性引领教育——幼儿教育变革路向探寻[D].南京师范大学,2012:77.

的角度看,在天性中包含了儿童多方面的内在需要,正是这些内在需要构成了儿童发展的动力来源。如果教育与儿童的需要之间存在根本的对立和矛盾,那么就很难取得预期的教育效果。因此,儿童教育要尽可能符合儿童天性发展的内在逻辑,要尽可能调动儿童天性中的积极因素"①。

然而,在很长一段时期内,主宰我国教育发展的是社会本位论。这种观点把满足社会需要和培养社会人作为价值取向,注重对儿童灌输有助于将来谋生"有用"的知识和技能,片面追求升学率,把"应试"和"分数"作为衡量学校和学生发展的标尺。这种功利主义教育观忽视了儿童发展的内部条件——天性,忽视了儿童当下的生活世界和生活经验,抑制了儿童求知的兴趣和主体性的发展。

为了克服社会本位论的弊端,我们应借鉴西方自然主义教育思想的"内发论",把它作为主体性教育的理论基础。西方自然主义教育思想的"内发论"的精髓就是:把儿童的天性视为儿童发展的内部动力,并给予尊重。它启示我们,人的发展是由人自身的天性主宰的。"在人的天性和教育的互动中,应当改变的不是人的天性,而是教育自身。教育应当以人的天性为前提,应当培育儿童的天性,应当采择符合儿童天性的内容,并用适当的方式传递给儿童。"②教育者的重要使命和责任就是尊重天性,敬畏天性,以儿童的天性为出发点,不干涉儿童天性的发展。"如果不对文化进行检点和反省,如果不把文化与儿童的天性经常对比,以便检查人所创造的文化和人自身的天性之间是否相得益彰,那么人就会面临不断异化的危险。异化就是愈来愈偏离人的天性、人的自然性目的。异化就是人跟人自身作对,就是自己的创造物和这创造者自身为敌。异化到一定程度,文化和身处文化中的人将会脱离天性基础,这时候人的创造物和人自身将会金石俱焚,走向灭亡。"③以"内发论"为基础,确保天性在教育活动中的主导地位,将有助于主体性教育的健康发展,也有助于儿童主体性的自由发展。

(二)主体性教育的内涵:尊重儿童及其自然本性等多重厘定

(1)尊重儿童及其自然本性

西方自然主义教育家都非常尊重儿童及其自然本性,把它们视为主体性教育的内在蕴含。在卢梭的视野中,儿童不同于成人,有自己独特的看法、想法和感情,要求教育者尊重他们的独特性。这是大自然的规律使然。"大自然希望儿童在成人以前就要像儿童的样子。如果我们打乱了这个次序,我们就会造成一些早熟的果实,它们长得既不丰满也不甜美,而且很快腐烂;我们将造成一些年纪轻轻的博士和老态龙钟的儿童。"④卢梭不仅发现了儿童,而且建构了以儿童为本位

---

① 胡碧霞.论儿童教育的内在依据[J].教学与管理,2014(36):90—92.
② 刘晓东.论教育与儿童天性[J].南京师大学报,2003(4):69—75.
③ 刘晓东.论教育与儿童天性[J].南京师大学报,2003(4):69—75.
④ [法]卢梭.爱弥儿——论教育(上)[M].李平沤,译.北京:人民教育出版社,2001:88.

的儿童观,内容包括儿童是柔弱的存在、儿童是感性的存在、儿童是自然的存在、儿童是自由的存在、儿童就是儿童、儿童是教育活动中的主体。① 这个儿童观充满了对儿童关爱的人道主义情怀,彰显了儿童的主体性。与"把儿童看作儿童"的儿童观相适应,他还要求尊重儿童的自然本性,因为儿童的自然本性在儿童的发展起着动力作用,具有优先性和决定性,因而"人为的教育"和"事物的教育"必须尊重儿童的自然本性,与"自然的教育"相适应,唯有如此,才能使自然教育得以实现。卢梭以后的心理化自然教育家也看到了天性(心理活动及规律)在发展中驱动作用,都强调兴趣、情感、意志、快乐的意义和价值,力图使教学目标心理化、教学内容心理化、教学过程心理化、教学方法心理化,以使教学在最大程度上契合学生的心理,充分调动学生的自主性、能动性和创造性。生长论自然教育家杜威关注本能与兴趣,强调教育要以它们为根据,因为它们"是生长中能力的信号和象征……兴趣显示出最初出现的能力,因此,经常而细心地观察儿童的兴趣,对于教育者是最重要的"。② 他要求教育者研究心理学,包括兴趣、个性、特性和心理,并强调这是学问中最有兴味的学问。

　　西方自然主义教育家对天性与教育关系的论述,深刻地阐释了天性在教育活动中的动力作用,使我们认识到"'人的天性是人成长的内部依据,是人之所以在不断成长、不断自我否定和自我发展中依然保持自身的依据。'儿童的天性与生俱来,具有非人为性,其发展的动力源于儿童自身的内部力量。儿童虽然能够在天性的指引下主动成长,但天性的展开、儿童的成长是需要适宜的外部条件的,这个外部条件是儿童自身无法控制的,所以儿童的成长还需要成人的帮助,需要教育。如果有适宜的外部环境和教育的影响,儿童的天性就会自然成长。在不适宜的情况下,天性也不会无条件改变自身以适应环境,而是对这种环境做出反抗"③。由此可见,尊重儿童及其天性,遵循"人的自然发展"的顺序,是主体性教育的内在蕴含,同时也是调动学生的自主性和创造性的前提条件。

　　(2) 通过各种活动启发、诱导学生的内在教育需求

　　西方自然主义教育家把"通过各种活动启发、诱导学生的内在教育需求"视为主体性教育的内涵之一,是富有真理性的认识。首先,儿童生命的延续和发展以及儿童各种需要的满足和实现都需要活动。活动是儿童生命的本真存在。无论是儿童的自然生命,还是儿童的精神生命,它们的延续和发展都离不开活动。正如裴斯泰洛齐所说:"促进能力发展的练习要随不同的能力而变化。眼睛要看,耳朵要去听,双脚要去行走,手要去抓握。同理,心灵要去信任,去爱,智力要去思考。人的内在的任何才能,都是和一定的活动相联系;通过活动使自己的意向得以实现,并发展成为有训练的才能。"④ 就前者而言,儿童与生俱来的本能是需要活动的。儿童通过

---

① 刘黎明.西方自然主义教育思想史[M].武汉:华中科技大学出版社,2014:119—121.
② 吕达,刘立德,邹海燕.杜威教育文集(第1卷)[M].北京:人民教育出版社,2008:14.
③ 胡碧霞.自然主义与幼儿教育[M].合肥:安徽少年儿童出版社,2010:74.
④ [瑞士]裴斯泰洛齐.裴斯泰洛齐教育论著选[M].夏之莲,等译.北京:人民教育出版社,2001:427.

生理本能的活动,一方面获取必要的物质条件,满足其生理的发育生长的需要,另一方面满足提升生命价值的需要。"这种生理活动是生命赋予人的不可推卸的内部工作,它必须由个体自己独立去完成,别人无法替代。只要儿童的生命存在,这种活动就时刻都在进行着,只不过这种活动的过程通常不易被主体所觉察。"①就后者而言:"为了满足认识客观世界、改造客观世界的需要,也为了满足构建自身内部世界的需要,儿童与外界环境进行积极的相互作用。这一互动过程即是儿童心理活动发展过程。与生理活动一样,儿童的心理活动也必须由儿童自己亲自完成,任何人都不能替代。作为一种有意识的活动,儿童的心理活动带有鲜明的个体特征。如,儿童接受和处理外界信息的方式、速度各有不同,儿童的记忆方式、思维习惯等都表现出极大的个体差异性。"②儿童活动发生的基本动力是儿童的需求,这种需求是十分广泛的,如玩的需求、游戏的需求、模仿的需求、感知的需求、好奇的需求、发现的需求、美的需求、合群的需要、自由的需求、快乐的需要、自尊的需求、发问的需求、创造的需求、学习的需求、生活的需求,等等。儿童的这种多方面的需求与动物的特定化需求是不同的,而是一种非特定化的、开放化的、变化的和丰富多彩的需求,其中绝大多数的需求是后天习得的,而非先天遗传的。儿童需求结构的非特定化,决定了满足自己需求的是一种自由、开放、多元和创造的活动。

其次,儿童的活动蕴含了儿童的主体性的发展。西方自然主义教育家的"内发论"表明,儿童与生俱来的天性和潜能是儿童身心发展的内在动力,也是儿童能够培养成"人"的可能性。"儿童的天性的发展具有主动性。就像植物的先天习惯不被强制的力量所消灭一样,儿童的天性也是任何人都压制不了的。天性的发展由儿童自身的内在力量所驱使。在适宜的外部条件下,天性得以展开,儿童就能正常发展;在不适宜的外部条件下,天性并非无条件地改变自身以适应环境。通常来讲,天性对不适宜的环境作出反抗。如果外部阻力过大,儿童的天性就会被扭曲。儿童的天性要在自己的主动活动中表现出来。"③由于儿童活动内在动力源于天性,因而儿童能在自己的活动中彰显主体性,能够积极主动地投入到活动之中,并根据自己的兴趣、需要、情感和能力作出自我选择和自我调整,不断地探究和追求新知使自身的内在需要不断得到满足,最终使自己的身心得到不断发展和完善,不断趋向新的高度。"儿童的能动活动正是实现主客体互动的重要条件。正是通过儿童积极主动的建构和内化,社会意识、道德规范、价值标准以及外部世界的经验才转化为个体的意识与心理内容。"④由此可见,这个过程是儿童的主体性发展不断得到实现的过程。活动教学蕴含了学生主体性的发展。这个"目的应该内在于活动之中;它应该是活动的目

---

① 胡碧霞.自然主义与幼儿教育[M].合肥:安徽少年儿童出版社,2010:115.
② 胡碧霞.自然主义与幼儿教育[M].合肥:安徽少年儿童出版社,2010:116.
③ 胡碧霞.自然主义与幼儿教育[M].合肥:安徽少年儿童出版社,2010:118.
④ 庞丽娟.教师与儿童发展[M].北京:北京师范大学出版社,2003:124.

的,是活动本身过程的一部分。这样,这个目的就激发人们努力工作,这和由于想到与活动毫无关系的结果而引起的努力很不相同"①。

(3) 彰显学生的主体性。彰显学生的主体性是主体性教育题中应有之意。在西方自然主义教育家那里,儿童的主体性主要指向自主学习和自主发展。如前所述,卢梭所要培养的学生是勇于挑战权威和先例,无论是说话,还是做事,都听从自己的声音,忠实于自己的思想,充分发挥自我的主动性,做自己活动主人的"自然人"。独立思考和自主发展是"自然人"的核心意蕴。裴斯泰洛齐强调学生要充分发挥自主性,提升学生的自主状态。第斯多惠强调"教师应当激发学生的更高能力,积极唤起他们的主动行为,以便使他们能成为自己生活的主人,使他们能够独立自主。用形式教育的观点来说,这就是一切发展的最终目的。……只有循循善诱,因势利导,积极激发学生的主动性才是唯一的好办法"②。福禄培尔倡导自我学习、自我塑造的意义。杜威继承了这一思维路向,从儿童中心主义的高度强调儿童的自主、自动之精神。所有的这些观点都充分肯定了自主学习和自主发展的价值和意义。按照当代的主体性教育理论的解读,自主学习是指"学生在教师指导下独立、自觉地学习(相对于被动、他主而言);是学生主动实施、积极建构的学习。表现为学生合理地确定学习目标,激发学习热情和信念,选择运用各种学习方法和策略,并在学习过程中不断调节和控制认知、动机和行为的学习。其中独立性和主体性是自主学习的灵魂,自我调节是自主学习的运行机制。"③所谓"自主发展不是由根据设定的路径或方向变成某种规格的'人';自主发展是生命主体自身成长的主人,自主发展是作为生命主体的人自身主体性的显现,是人自身对发展的觉悟和掌控,是生命的自觉自由的活动。自主发展是人的主体性决定下人的发展与生命生成。"④由此可见,尽管西方自然主义教育家的自主学习和自主发展的内涵没有当代主体性教育理论所阐释的丰富,但两者有异曲同工之妙,前者为后者奠定了基础,提供了思想源泉。

(三) 主体性教育的目的:促进学生主体性的发展

西方自然主义教育家虽然对教育目的所要培养的人在表述上有所差异,有的称为"自然人"(卢梭),有的称为"心、脑、手"全面发展的人(裴斯泰洛齐),有的称为真、善、美主动发展的人(第斯多惠),有的称为"自我教育者"(斯宾塞),有的称为"生长的人"(杜威),但都很重视唤醒学生的主体意识,培养学生的主体能力,塑造学生的主体人格,概而言之,重视学生主体性的发展。这是西方自然主义教育家在教育目的问题上所达成的共识。这种以儿童为本,重视儿童主体性发展的主体性教育目的观对后世教育目的观的发展产生了深远的影响。无论是存在主义教育家的自我选择、自我生成和自我实现的教育目的观,还是人本主义心理学家马斯洛、罗杰斯的培养自我

---

① 吕达,刘立德,邹海燕.杜威教育文集(第2卷)[M].北京:人民教育出版社,2008:200.
② [德]第斯多惠.德国教师培养指南[M].袁一安,译.北京:人民教育出版社,2001:90.
③ 肖川等.造就自主发展的人[M].成都:四川教育出版社,2006:206.
④ 肖川等.造就自主发展的人[M].成都:四川教育出版社,2006:20.

实现者的教育目的观,抑或是欧洲新教育家的培养个性自由的人的教育目的观,都从西方自然主义教育家的主体性教育目的观中吸取了"营养",获得了启示。

西方自然主义教育家的主体性教育目的观不仅具有重要的历史价值,而且蕴含了丰富的当代价值,这主要体现在如下方面。首先,它为反思我国当前"主体性缺失"的教育目的提供了重要的参照维度。长期以来,人们对我国的教育目的理解和把握存在着教育观念和教育行为的误区。在教育观念上主要表现为两个方面,其一,对教育目的的理论基础——马克思的人的全面发展的理论缺乏正确的理解。马克思视野中的人的全面发展是指人的各种潜能和素质得到充分、自由的发展,既包括智力和体力,也包括德、智、体、美、劳的充分、自由的发展。这一观点使人的发展呈现出三个维度:全面发展、自由发展。全面发展是针对片面发展而言的,指向的是人的各种能力和素质的全面、协调的发展;自由发展是从人的主体性意义上谈的发展,强调人通过自觉、自由的活动自愿地发展自己的力量和才能;充分发展是从程度上来谈发展的,指向的是人的发展的最高境界。在这三者中,自由发展是核心,它彰显了人的主体性的发展,其特征是自由性和自我的创造性。就前者而言,马克思认为,自由性是人之为人的根据,是人区别于动物的根本特征,其"具体内容是自由自觉的活动,自由性是'主体性'题中应有之意。马克思将'主体性'和人的自由看作是同一个事情。因此,人对自己'主体性'的完全占有,或说'主体性'的完全体现,也就是人的自由状态。自由性是'主体性'最为重要的内涵。"①就后者而言,马克思认为,人的劳动和实践不仅创造了人化的自然界,而且创造了人自身。人的本质不是固定不变的,而是发展的、变化的。"人在历史性活动中不断创造自身,不断生成自身的存在物,人是自己的主人,是自己本质的主人,人自己决定自己将要成为某种人,而实践活动是人自我创造的力量。甚至可以说,人对自然界的改造最终是为人的自我创造服务的。"②由此可见,"主体性"是内蕴于马克思的全面发展理论之中的,它是全面发展和充分发展的内在动力,没有人的主体性,也就没有人的全面、充分的发展。然而,我们的许多中小学的教师没有充分地理解这一点,导致对教育目的的理解出现了偏差,以为教育目的就是人的智力的发展,因此,在全面发展教育中只注重智育,忽视了其他各育。更为严重的是,忽视了儿童的主体性,把儿童主体性的发展排除在教育目的的视野之外。由于儿童主体性的忽视,使儿童的发展只能是"被动"发展,而不是"主动"发展。在应试教育的影响下,教育目的中的全面发展形同虚设,充分发展也会落空。重温西方自然主义教育家的主体性教育目的观,对于我们准确把握教育目的的理论基础——马克思的人的全面发展的理论,正确地理解教育目的,促进学生的主体性发展,无疑具有重要的理论价值。其二,在教育目的的价值取向上,以社会为本位,而不是以人为本位。教育目的以社会为本位,就是着眼于促进人的社会化,培养特

---

① 郭晶."主体性"的当代合理性——马克思的主体性思想研究[M].北京:中国社会科学出版社,2015:151.
② 郭晶."主体性"的当代合理性——马克思的主体性思想研究[M].北京:中国社会科学出版社,2015:156.

定社会所需要的人,这固然有一定的合理性,但它的局限性在于排斥个人的发展,强调社会的发展高于社会的发展,把人看成是某种社会需要的工具和手段,而不是目的。这导致教育活动中的人的发展被边缘化。事实上,社会的发展离不开个人的发展,只有在人得到了全面和谐的发展前提下,社会的全面和谐发展才成为可能。西方自然主义教育家的主体性教育目的观确立了儿童在教育活动中的主体地位,重视儿童的主体性的发展,突出了"人"的发展,这对于纠正教育目的的社会本位论的偏向,重视儿童的身心全面、自由的发展,具有十分重要的价值。

其次,为我国目前的教育改革指明了方向。由于我国教育目的的"主体性缺失"以及社会本位论的盛行,导致教学行为上的失误。在教学目标上,着眼于为未来培养人才,把目标盯着遥远的未来,而忘却了儿童当下的生活世界,抑制了儿童的主体性和个性的发展,导致教育目的的实现缺乏内在动力,成为一句空话。在教学内容上,把有利于儿童将来谋生的、超越儿童的理解水平的知识技能传授给学生,忘却了儿童当下的生活经验,难以引发儿童的学习兴趣和共鸣,学生只能死记硬背知识。在教学方法上,实行注入式教学,一味地向儿童灌输知识,把儿童当成被动接受知识的容器,注重知识的结论而忽略知识的形成过程,儿童无法体验到知识形成过程所带来的愉悦,以致儿童个性受压抑,主体性受限制,难以自主学习,更谈不上对知识、观点的批判质疑,创新精神和能力的培养落空。教学的模式化、标准化同样阻碍了学生主体性的发展。"我国的教育目的一直强调学生全面发展,这个美丽的神话,当用划一的标准去刻画不同的个体时,人的差异性、主体性乃至人文性就被剥蚀了。"①重温和借鉴西方自然主义教育家的主体性教育目的观,无疑有助于克服上述弊病,为教育改革指明方向,因为它注重儿童的主体意识的培养、主体能力的发展和主体人格的塑造。在它的指导下,教育者就会实施启发性教学,注重挖掘和唤醒儿童的内在潜能,最大限度地调动儿童的主动性、积极性和创造性,使儿童自主的、质疑问难地学习,主体性会得到极大的发展。

第三,它为建构当代教育目的观提供重要的思想资源。

我国的教育目的观一直强调培养社会和国家所需要的"劳动者"、"建设者"和"接班人",其价值取向是功利主义的,忽视了人的内在需要和主体性的发展。"这种从政治、经济价值出发提出的教育目的,固然有其合理性,但教育的本质在于培养人,人是教育的首要目的。以劳动者、建设者作为教育目的僭越了教育培养人的本体价值。……这种以工具化的劳动力教育代替人的教育势必割裂人的整体性。学生作为一个独立存在的完整个体,有自己的情感、认知、道德和尊严,也有不同的发展需求。当以划一而又片面的规格去规约他们时,他们的自主意志、自主选择和尊严必然被限制、被规训,把多样化的个体形塑为特定类型的'物'或'机器'。"②

---

① 董守生.学生的自主性及其教育[M].北京:中国社会科学出版社,2014:41.
② 董守生.学生的自主性及其教育[M].北京:中国社会科学出版社,2014:50—51.

由此可见,我国教育目的观的外在功利主义倾向十分严重,不利于儿童身心的自由、全面和主动的发展。要克服它的弊端,必须重构新的教育目的观。这种新的教育目的观就是促进儿童主体性发展,包括增强儿童的主体意识,培养儿童的主体能力,塑造儿童的主体人格。这是从西方自然主义教育家的主体性教育目的观得到的启迪。新的具有儿童主体性发展视野的教育目的观有其合理性和现实意义。(1)它具有决定性和优先性。所谓"主体性实质上指的是人的自我认识、自我理解、自我确信、自我塑造、自我实现、自我超越的生命运动,及其表现出来的种种特性,如自主性、选择性和创造性等等;它是人通过实践和反思而达到的存在状态和生命境界,展现了人的生命活动的深度和广度,是人的生命自觉的哲学表达"[①]。没有儿童主体性的发展,儿童的知、情、意或德、智、体、美、劳的发展就会缺乏内在动力,难以实现。把儿童的主体性发展设为教育目的,一方面,它反映了儿童的内在需求和发展的必然趋势。因为主体性是人性的精华,是人区别于其他动物的本体属性,也是儿童的自由的、主动的发展不可或缺内驱力。教育目的总是关涉着人,人的主体性发展是教育目的的题中应有之义。另一方面,它"对于培养学生健全而独立的人格,提升其生命的质量和内涵,塑造其幸福人生都具有本体价值。在这一目标统领下,知识目标、技能目标、情感目标等其他教育目标才有了落脚点"[②]。(2)它具有合理性。儿童是教育活动的主人,教育的一切措施都要围绕儿童而组织,都要有利于儿童的主体性发展。教育的最高境界乃是自我教育。离开了自我教育,教师所传授的知识技能就不能有效地转化为儿童知识结构中的一部分;没有儿童主动的体验和感悟,社会的道德规范也不可能有效地内化为自身道德结构的一部分。"如果以外在的功利或他人的需要为目的,剥夺学生的自主性,教育就成为外在于学生的强制性行为,培养的目的是让学生成为'他人',这种教育,从中国传统的社会人文主义来看,它也有违教育之道理、教育之情理。"[③](3)它具有现实性。其一,它能给儿童带来自由和尊严。自由是儿童主体性发展的前提,也是主体性价值的体现。儿童有自由,才能确保其有尊严和主体性。反之,儿童有了主体性,才能确保自由、尊严价值的彰显。"儿童的主动性来源于儿童天生的生命活力。儿童生来喜欢活动、探究外界,这是他们生命力旺盛的外在表现,也是他们主动发展的内在驱动力。儿童之所以积极主动进行活动,是因为活动能满足他们的内在发展需要,对于儿童来说,活动甚至比食物更重要。在活动中,儿童的内在潜力不断得到实现和发展。"[④]儿童活动和发展的内驱力来自于儿童自身,教师的教育只能是帮助、启发和唤醒儿童的发展。儿童的学习活动如果缺乏主动的怀疑、批判和反思精神,不能自主地决定自己的学习行为,完全由教师来决定,也就难以获得自由和尊严感。其二,它能给儿童带来愉悦和幸福。当儿童以主动者参与教学

---

① 郭湛.主体性哲学——人的存在及其意义[M].北京:中国人民大学出版社,2011:29.
② 董守生.学生的自主性及其教育[M].北京:中国社会科学出版社,2014:96—97.
③ 董守生.学生的自主性及其教育[M].北京:中国社会科学出版社,2014:97—98.
④ 岳欣云,冯海珍.儿童主动发展:教育的根本使命[J].首都师范大学学报,2016(2):136—141.

过程,以自己的独特方式去获取知识、解决难题时,儿童就会感到快乐和幸福,因为这满足了儿童的内在需求,发挥了儿童的自主性,使儿童有一种成就感,能够体验到愉悦。外在的教育力量如教育者、教学内容、学校等对于儿童的快乐而言是必要的,但它们作用的发挥以确保儿童的主体性为前提。如果它们对儿童起着压抑和强迫作用,就会使儿童感到痛苦。其三,它能给教育目的注入主体性的元素。由于现行教育目的"主体性的缺失",导致教育中"灌输知识"的现象成为常态,儿童的自主性受压制,儿童只能被动学习和被动发展。儿童在应试教育的影响下,虽然获得了大量的知识,基础知识扎实,但创造性萎缩,创新能力缺乏。以主体性为特征的教育目的有助于解决上述问题,具有重要的现实意义。"它以发现学生的自我确真性即他的自然禀赋和倾向为出发点,通过培养学生的自我独立性,来调动学生处理自身事务及与外部关系的主动性,从而确立起学生在教育中的真正的主体地位。这为形成学生独立而完善的个性,培养他们自主行事的能力,从而为塑造自我行动者奠基。"[①]

(四)主体性教育的路径:激发儿童的求知热情等多重启迪

在如何实现主体性教育目的上,西方自然主义教育家的主体性教育路径观能给我们提供诸多启示。

首先,激发儿童的求知热情和兴趣。求知热情和兴趣是儿童主体性发展的内在动力,它能推动儿童主体性的发展。离开了儿童的求知热情和兴趣,儿童的主体性发展是难以实现的。西方自然主义教育家十分重视激发儿童的求知热情和兴趣。在夸美纽斯那里,儿童的情感是儿童生命的一半,它们既能吸引儿童走向目标,也可以引导他们离开目标。因此,要使儿童的精神感受到吸引力,对知识充满爱好,教师就不能违背它的意志,而必须顺应人性的特点,防止厌恶情绪出现,懂得如何去激发兴趣、鼓励热情。他强调,应该用一切可能的方式激发儿童求知与求学的欲望,除非儿童的求知欲旺盛,否则不要对他施教。这意味着求知欲旺盛是教学得以展开的必备条件。对于裴斯泰洛齐而言,兴趣是学生学习中的头等大事,厌倦是教学的主要弊病。因此,他倡导兴趣教学,反对引起儿童厌倦的强制性教学。如果儿童因为自己的自由而感到高兴,那么,教师就应激发他们的兴趣,使他们感到自己所做的事情不是苦差事,而是愉快的事情,从而使他们愉快地投入学习活动中。"毫无疑问,在我们天生的全部爱中,最接近真正人性的爱不仅局限于已逝去的事物,而且能人的感情,在人的心中萌发出对一切美好事物的崇高热情!应该给这种爱以最强烈的激励。"[②]这表明,兴趣和热情是教育爱的核心构成,应当给予激励和鼓舞。这些论述对我们激发儿童的求知热情和兴趣是富有启示价值的。

其次,倡导发现教学。西方自然主义教育家对发现学习的论述表明,发现学习的基本理念,

---

① 董守生.学生的自主性及其教育[M].北京:中国社会科学出版社,2014:98.
② [瑞士]阿图尔·布律迈尔.裴斯泰洛齐选集(第二卷)[M].尹德新,组译.北京:教育科学出版社,1994:254.

是让学生主动地参与教学过程尤其是知识的形成过程,自己去发现知识,自己去探究、推论和得出结论。教师的职责和使命就是为学生创造有助于学生发现真理、解决问题的情景。换句话说,发现学习注重发现的过程而不是结论。后来的发现学习的集大成者布鲁纳发展了这种思想,他指出,认识的过程本身蕴含着积极的意义,而不是消极的。如果学生要使所学的知识成为他知识结构的一部分,那么,他就必须亲自从事"发现"的活动,亲自经历知识建构的过程。就其意义而言,发现学习是一种主动学习,有助于学生养成探究学习和自主学习的习惯,获得自我探索的内在的求知愉悦。发现学习还有利于启发学生的思维,激发学生的内在动机,养成学生独立学习、研究和推理的习惯,提升学生的探究精神和解决问题的能力,唤醒学生的创造潜能,促进学生的主体性发展。

再次,倡导自主学习。西方自然主义教育家对自主学习的论述启示我们,其一,要激发学生的内在动机,唤醒学生的本能。内在动机是推动学生认知、活动和发展的内在力量,是人的主体性的重要体现。它的激发建立在天资或本能的基础上。按照第斯多惠的观点,首先要唤醒儿童的"纯本能"。据他分析,所谓"纯本能"是指认识事物和了解事物的本能,它构成了人的主动性的基础。教师的职责和使命就是唤醒和满足这种本能。按照杜威的看法,要发见和训练本能。这是因为注重个体的本能是现代教育的新趋势,本能在儿童的学习活动中起着动力的作用。要发挥学生学习的自动性,必须以学生个人的本能做基础,让它引导学生的学习、活动和发展。注重自动的新教育就是观察本能、利用本能和训练本能,把儿童的本能"一一发见出来"。其二,让学生主动学习。按照第斯多惠的理解,所谓主动性是指让学生对学习、活动和发展持积极主动的态度,通过自我努力和行动完成自身的使命。换言之,"人要自己探求本身奋斗和行动的理由,从中取出合理的部分,加以自决,形成自决、自由的原理"[1]。他引用费希特的话说:"人的教养不能靠别人传授,人必须进行自我修养。……教育是通过人的主动性来实现的,教育牢牢地钉在主动性上。"[2]他宣称,启发学生的主动性是一切教育和课堂教学的首要任务。主动的学习既要发挥认识的主动性,又要发挥认识的能动性。对于前者而言,学生是自主学习的发起者,能明确学习的目标,使自己的认识活动朝着特定的方向发展。对于后者而言,它能推动人的精神活动的发展,使之活跃、有序和高效。"在人的认识活动背后,仿佛聚集着无穷的能量,推动着主体的认识达到自己的目的。认识的这种能动性是其主体性在整体状态上的表现,因而人们常常以此来概括认识的主体性。认识的自觉能动性即主观能动性,也就是认识的主体性,它同实践的主体性结合起来,构成了完整的人的主体性。"[3]其三,要激发学生自我思考和自我觉悟的精神。如前所述,西方

---

[1] [德]第斯多惠.德国教师培养指南[M].袁一安,译.北京:人民教育出版社,2001:18.
[2] [德]第斯多惠.德国教师培养指南[M].袁一安,译.北京:人民教育出版社,2001:21.
[3] 郭湛.主体性哲学——人的存在及其意义[M].北京:中国人民大学出版社,2011:123.

自然主义教育家都十分推崇学生的自主学习,因为他们都意识到自主学习是激发学生独立思考、彰显学生主体性的重要路径。卢梭为了使爱弥儿养成事事留心的习惯和弄清楚某个真理,常常使爱弥儿对他所提出的问题苦苦思索几天甚至半年之久。裴斯泰洛齐认为,教育者努力去实施的工作,也是唯一可能会有所成效的工作,就是激发和唤醒儿童的内在力量,使他们养成独立思考的习惯。第斯多惠认为,无论是学生思想的活跃,还是学生信念和个性的形成,无不依托于自我思考和主动探索所获得的东西。如果他们缺失自我觉悟和精神探索,就不可能识别生活的目标。其四,让儿童实施自我教育。福禄培尔和斯宾塞非常重视儿童的自我教育。德国教育家福禄培尔认为,儿童外部的行为离不开内部因素的推动,很多在儿童行动中表现出来的东西,都具有一种内在的、精神的意义。因此,教育者应允许儿童根据自己的身体和心理的发展水平自由地、主动地发展自身。他对教育者、父母和保育员提出的要求是:"理解儿童最早期的活动,第一个动作,形成以及自发地进行身体活动的冲动……,鼓励儿童最早在家里进行的活动和通过自我塑造、自我观察、自我检验进行自我学习和自我教育的冲动。"①英国教育家斯宾塞提出了自助学习和自助教育的概念表达自主学习。他认为,学生自己通过复杂的心智和意志活动所获取的任何一项知识和自行解决的任何一个问题,都永远属于他。因为自助教育所获得的知识不仅会使儿童印象深刻,而且还会成为儿童最鲜活和深刻的人生经验。因此,早期教育的首要任务就是培养儿童的自助学习和自我教育的能力,这比获取知识更为重要。他们的观点表明,自我教育是儿童教育的首要目的,也是教育的最高境界。我们不应把自我教育仅仅是看作一种具体方法,而应把它看作是儿童的个性发展和主体性提升的统一过程中不可或缺的组成部分。没有自我教育,外在的环境和教育的影响难以被儿童所领悟、内化和运用,难以构成儿童发展的重要构件。"教育的目的是为了将求教者培养成自主意识的、能够进行自我教育的社会主体,故教育活动的组织进行不仅要考虑求教者的主体性特点并发挥其主体作用,而且具有提高其自我教育能力和主体性的任务。由于自我教育就其特点来说具有自我性,它指向自我,并在一定程度上是个人独立自主进行的可以自我设计,确立理想的我,可以自我选择,做出人生的价值取向,所以也就最能够体现出教育的主体性,自然也就成为教育的主体性要求。"②

第四,在经验的改造中彰显儿童的主体性。杜威对"经验的改造"的论述启示我们,其一,要回归儿童的生活世界,重视儿童的个人经验。生活世界是儿童最真实的生存世界,是儿童获得原初经验来源的世界。"儿童与他们的生活世界是共生交流的关系:一方面,儿童的生活世界为儿童的智力发展和自我意识的形成提供支持和结构;另一方面,每个儿童也是其生活世界中的一个基本的、活生生的因素,随着儿童接连不断的参与,儿童的生活世界所具有的独特性和多样性得

---

① [德]福禄培尔.福禄培尔幼儿教育著作精选[M].单中惠,等译.上海:华东师范大学出版社,2009:74—75.
② 张晓静.自我教育论[M].哈尔滨:黑龙江教育出版社,2004:27.

以保存和更新。"①教育回归儿童的生活世界,就是要从知识世界、规范世界和科学世界向儿童的生活世界回归,让儿童参与自身原初经验的改造者和主体。教师的使命就是为儿童的经验改造提供环境、支持和帮助,调动儿童经验改造的主动性和积极性,使他们主动、高效地改造经验。其二,重视经验的连续性原则和交互作用原则。经验的连续性原则,是指每种经验既从过去的经验中采纳了某些东西,同时又以某种方式改变未来经验的性质。这一原则是从"教育即经验的不断改组和改造"的命题中引申出来的,它的意思是说:人的生死是不自主的,经验的生死也是不自主的,每种经验完全不受愿望和意图的影响,每种经验都在未来的种种经验中获取生命力。经验的另一个重要原则是交互作用原则。这个原则意味着有机体和环境的相互作用。儿童的生长根源于这种相互作用。这个原则赋予经验的客观条件和内部条件这两种因素以同样的权利,任何正常的经验都是这两种条件的相互作用。它要求在教育过程中不仅要顾及客观条件,还要顾及人的主观条件(如个体的需要、愿望、目的和能力),提升儿童参与教育过程的主体性。这种赋予经验的过程人的主动性,是传统教育所欠缺的。"传统教育的弊病不在于它强调控制经验的外部条件,而在于它对也能够决定经验的内在因素几乎不予注意。从这一方面来看,传统教育违反了交互作用的原则。"②它使抽象的教材、死板的教法与儿童的兴趣、能力不符合,儿童受到压制,难以提升儿童的主体性,获得有价值的经验。其三,重视教材与经验的关联。教育者如果把教材与儿童已有的经验相关联,一方面可以生出一种天然的趣味,引起儿童的兴趣和共鸣,使他们积极参与经验的改造,另一方面,由于教材涵盖了儿童已有的经验,因而能使教材的意义容易被儿童所理解和领悟。教师的重要职责和使命就是,不仅要知道儿童经验的源起和性质,而且要考虑"教材与儿童所有的经验有没有相交之点?教材与儿童可否发生关系?儿童是否能了解意义且能用以其粗浅未成熟的经验?教师要仔细选择。选择以后,尤须加以组织。如新开矿苗,必须加以提炼。教师的目的是改造经验。科目乃是内部的经验送出来的,绝不是由外面附加上去的东西,如同从上面用力,把石头压倒的样子,必须由其经验提炼改造"③。这也就是说,教师的重大责任就是把教材与儿童已有的经验相融通。

综上所述,西方自然主义教育家在如何实施主体性教育的问题上积累了丰富的经验,给我们留下了宝贵的遗产,它们主要包括激发儿童的求知热情和兴趣;倡导发现教学;倡导自主学习;在经验的改造中彰显儿童的主体性。这些宝贵的经验和遗产值得我们关注和借鉴。因为它们在今天的教育和教学中仍然行之有效。首先,我们的儿童教学仍然需要激发和培养学生的好奇心和求知欲。传统教学是一种强制性的教学,它把学生当作被动接受知识的容器,强行灌输知识,不

---

① 侯莉敏.儿童的生活与教育[M].北京:教育科学出版社,2009:145.
② 吕达,刘立德,邹海燕.杜威教育文集(第5卷)[M].北京:人民教育出版社,2008:330.
③ 吕达,刘立德,邹海燕.杜威教育文集(第4卷)[M].北京:人民教育出版社,2008:35.

仅压抑了学生的求知欲和好奇心,而且使学生产生对知识的厌恶感,由此产生的厌学情绪严重地影响了学生身心的健全发展。如果教师在教学中能够以风趣幽默的语言、生动有趣的教学内容、互动交流的教学方式影响学生,巧妙设置"最近发展区",多给学生以赞美和关爱,创设民主、平等、和谐的心理气氛和富含问题的情景,就可以激发学生的好奇心和求知热情,使他们"亲其师"、"信其道",主动地参与课堂教学,主动建构知识,变"要我学"为"我要学",真正成为教学活动的主人。其次,发现教学是培养学生主体性不可或缺的路径。发现教学不仅要让学生发现知识和真理,还要让学生发现自己。后者更为重要,因为"只有首先'发现你自己',尽可能全面深入地把握自己的内在规定性,才能以主体的姿态去发现他人、发现自然、发现社会。'发现你自己'就是要找准自己的立足点,一切发现活动都要由此出发;'发现你自己'就是要建立自己的参照系,一切发现活动都要以此为坐标"①。再次,倡导自主学习是主体性教学的核心,也是儿童主体性培养题中应有之意。儿童生来就具有好奇心和求知欲,其身心内部蕴藏着巨大的学习潜能,它们为自主学习提供了前提和基础。我们必须依赖和挖掘这种潜能,使儿童以最大的热情投入到学习和活动中,主动地和教师进行对话和交流,积极地参与知识的建构,自主地获取知识,实现创新。反思学习自主学习的重要组成部分,它要求儿童对他们的学习行为、活动和观察结果进行反思,将已有的知识与新学的知识有机统合,从而生成新的意义。第四,杜威的在经验的改造中彰显儿童的主体性的观点为我们实施主体性教育提供了新视野。过去的经验论强调感官是儿童认识世界和获取知识的主要官能,知识的来源于感觉经验,是通过观察的方式习得的。这种思想虽然有唯物主义思想认识论的意味,但它把知识仅仅囿于生活经验,没有意识到主体与认识对象的关联,没有超出近代经验论的二元对立的局面。更为严重的是,它把经验与理性对立,没有意识到儿童在经验学习中的主动性。杜威改变了这种局面,要求在经验的改造中彰显儿童的主体性,使经验与理性有机结合,为我们的研究提供了新视野。其一,儿童对经验的学习不是对外部世界的被动反映,而是一种积极建构的过程。它的实现依赖于儿童的主动性、能动性和创造性的参与和发挥,依赖于儿童对经验的选择、加工、理解、消化和建构。离开了儿童的主动性和积极性,儿童已有的经验不能和新经验发生交互作用,也就不能生成儿童自己的经验。只有当儿童主动学习、积极思维时,新的经验才能有效地内化为儿童已有经验的一部分,成为儿童自己的东西。其二,儿童的学习过程是对话的过程。除了与环境对话外,儿童还要与教师和其他学生对话,形成师与生、生与生的对话。因为知识真理是建构的、生成的,而不是教师单方面传授的结果,它依赖于师生的对话,是师生共同努力建构的,是师生交互作用的结果。由上可知,西方自然主义教育家的这些经验和遗产是以儿童为中心,体现了"以人为本"的特色,有力地彰显了儿童的主体性。它不仅影响了欧洲新教育思想、存在主义教育思想、现代人本主义教育思想对主体性教育的建构,而且对

---

① 房慧.经验学习论[M].昆明:云南大学出版社,2011:7—11.

今天我国的主体性教育思想的发展有重要影响,值得我们借鉴和发扬光大。

第十一节　西方自然教育家的治学智慧及其启示

西方自然教育家在推进自然教育思想发展的进程中,积累了丰富的治学经验,形成了以质疑意识与批判精神、注重对教育问题的理论探索、经验归纳与理论思辨相结合、以自然主义教育哲学观为指导、自然主义教育思想研究的个性化与创造性为特色的治学智慧。本文就此进行解析,并指出它们的启示价值。

一、怀疑意识与批判精神

怀疑是自然教育家实现自然教育思想实现突破和创新的源头和驱动力。通过怀疑,就会暴露既有的思想成果与教育现实之间的矛盾和困惑,自然教育家就会提出解决这些矛盾和困惑的方案,达到释疑、无疑和求真的目的,从而推进自然教育思想的创新。没有怀疑意识,就不会有自然教育思想的进步和发展。所谓"大疑则大悟,小疑则小悟,不疑则不悟"。疑是悟的前提,悟是疑后产生的思想观点,是对自然教育思想发展新规律的发现。怀疑不仅能使人摆脱对已有自然教育思想认识的成见或偏见,而且是获得自然教育思想新观点的重要手段。由此可见,怀疑是一种推动学术发展的积极的思维品质。

"西方自然教育思想之父"亚里士多德在古希腊教育家中最具怀疑精神,其名言是:"吾爱吾师,但吾尤爱真理。"他质疑批判了他的老师柏拉图的理念论,并对此作了一些修正。在教育思想上,他继承和发展了柏拉图的教育学说,他对城邦优良及教育问题的阐释是建立在对柏拉图教育学说质疑的基础上。他继承了柏拉图和谐教育思想,又提出了与柏拉图"外在和谐"论不同的"内在和谐"论,即通过体育、德育、智育、美育,促进人的各部分灵魂的和谐发展。"只有到了亚里士多德,希腊人才把外在和谐转向内在和谐,并对这种人的内在和谐进行了系统深入的研究,和谐教育思想才有了自己坚实的理论基础。"①他继承和修正了柏拉图的教育制度,根据他的自然教育思想,按照人的生理和心理发展特点,确立了婴儿期、少年儿童期和青年期的教育任务、教育内容和教育方法。按照英国哲学家罗素的理解,亚里士多德是"用一种新的词汇在阐明着柏拉图主义",并对某些教育思想作了"柏拉图式的修正"②。因而他的作品具有细致性和批判性的特点。

17世纪的捷克教育家夸美纽斯质疑当时社会"没有一所完善的学校",所有的学校都是为富人而设,排斥了穷人,其中就有"极优秀的才智之士",为此他感到痛惜:他们这样被糟蹋、被扼杀,

---

① 李立国.古代希腊教育[M].北京:教育科学出版社,2010:237.
② [英]罗素.西方哲学史(上)[M].北京:商务印书馆,2013:207.

真是教会和国家的大损失。18世纪的法国教育家卢梭对当时的学校教育进行了质疑,指出其弊端在于:教育者过度进行理性教育,从来没有设身处地地揣摩过孩子的心理,不了解儿童的思想,始终是按照自己的理解去教育儿童,所以,在把一系列的真理告诉儿童的时候,也跟着在儿童的头脑中灌输了许多荒唐和谬误的东西。卢梭对自然教育的内涵、自由教育、活动教育、个性化教育、感觉教育、消极教育等的论述都是建立在对封建的传统教育的质疑的基础上。19世纪末20世纪初的美国教育家杜威质疑传统教育的"听中学",提出了现代教育的"做中学"。

自然教育家不仅对当时的教育进行了质疑,而且还有根有据地进行深入的批判。西方自然主义教育思想都是体现了时代精神的教育思想,必然蕴含着对以往教育思想的历史性否定与扬弃,必然是以对以往教育思想的批判审查和评价为前提的。无论是历史性否定与扬弃,还是批判审查和评价,都是通过自然教育家的自觉努力实现的。他们在批判的基础上对体现时代精神的自然教育思想的提炼和升华,进而达到对自然教育思想的建构。因此,批判性是自然教育思想建构的前提和必要条件。没有批判,自然教育家就无从发现理论本身的困难和疑惑,无从实现理论的突破和创新。"在一定意义上,理论创新的过程就是一个理论批判的过程。理论创新永远伴随着理论上的批判,而真正的理论批判也必定孕育着理论创新。"①

自然教育家的教育批判,首先是指向教育实践的,是对西方教育历史进程合理与否的批判性审视,是对教育实践不合理方面的批判,同时又蕴含着对教育实践合理性方面的肯定和张扬,其意图是使人类的教育实践的进程变得更加合理。然而,反思人类的教育实践,可以看到,并非所有的教育实践都是合理和有效的,也存在各种无效或负效应的教育实践。自然教育家的批判主要指向这种无效或负效应的教育实践。夸美纽斯就对当时学校教育实践的弊端进行了深刻的揭露和批判,认为当时的学校教育是非常严酷的,导致学生厌恶书本和学习,学校变成了儿童才智的屠宰场和儿童恐怖的场所。儿童的"智性也很少得到实际事实的培养,它只是充满字句的皮毛,充满空虚的、鹦鹉学舌似的空话,充满无用的意见而已"。② 在实践批判方面,卢梭比任何教育家都最具力度和深度。无论是在《论科学与艺术》,还是在《纳尔西斯》,抑或是在《爱弥儿》中,他对当时的教育实践作了无情的批判。在《论科学与艺术》中,他说:"我发现,人们到处都在不惜花费巨额的金钱修建规模庞大的学校来教育青年:学校里什么东西都教,就唯独不教他们做人的天职……孩子们不仅没有学到真理与谬误的本领,反而学会了一套善于狡辩的技能,把真理谬误搞混,使人分不清真伪。"③在《纳尔西斯》的序言里,他再次无情地控诉了当时的教育:"对于我们的教育,人们首先关心的,而且几乎可以说是唯一关心的,就是要我们接受那些可笑的偏见,人们要

---

① 许玉乾.哲学批判与理论创新[M].重庆:西南师范大学出版社,2006:64.
② [捷克]夸美纽斯.大教学论[M].傅任敢,译.北京:教育科学出版社,1999:47.
③ 李平沤.如歌的教育历程——卢梭《爱弥儿》如是说[M].济南:山东人民出版社,2008:13—14.

把它们撒播在我们的心田里。为了让可怜的年轻人学文学,人们想尽办法折磨他们。他们学了一条条语法规则,可就是没有人给他们讲做人的道理。从古到今的故事他们都学了,可是他们该做些什么,谁也不向他们提及。人们训练他们喋喋不休,唠唠叨叨地练口才,可是却从不指导他们如何办事和如何动脑筋思考,总而言之一句话,硬要把他们训练成为通晓许多对于我们毫无用处的东西的饱学之士。"①在《爱弥儿》中,卢梭以性善论为武器,揭露了当时教育制度和实践的弊端,认为出自造物主之手的东西都是好的,一到了封建制度和封建教育那里全变坏了,偏见、权威、需要、先例、制度扼杀了儿童的天性,使他们的天性像树苗那样被行人弄死。

自然教育家对教育实践不合理的批判和反思,一方面能使人类的教育实践不断克服自身的弊端,自觉地趋向和逼近进步的合理化的方向,有效地发展自身,另一方面,能为建构理想的自然教育思想提供对象性前提和现实基础。

自然教育家的批判不仅指向教育实践,也在指向支配和指导教育实践的各种理论和观念。这种批判首先是对当时的经院教育和传统教育观念的批判。近代的自然教育家都是在这个层面对既有理论展开批判的。例如,卢梭就批判了传统教育的儿童观,指责教育者对儿童的观念错了:"最明智的人致力于研究成年人应该知道些什么,可是却不考虑孩子们按其能力可以学到些什么,他们总是把小孩子当大人看待,而不想一想他还没有成人员哩。"②他在批判传统教育思想的儿童观的基础上,建构了"把儿童看作儿童"的儿童观。美国现代教育家杜威批判了传统教育的三中心:课堂教学中心、书本知识中心和教师中心,提出了现代教育的三中心:活动教学中心、直接经验中心和儿童中心,建构了实用主义教育的理论体系。不仅如此,自然教育家的批判还指向自身。西方自然主义教育思想之所以经历了从萌芽期到客观化自然教育思想、主观化自然教育思想、心理化自然教育思想、再到生长论自然教育思想的发展历程,之所以能从一个学派发展到另一个学派,从一个理论样态发展到另一个理论样态,都是自我批判的产物。

由此可见,自然教育家的批判,在目标上不仅指向教育实践,也指向当时的教育思想和观念,还指向自然教育思想自身。正是在这种三重批判的过程中,西方自然主义教育思想自身不断地得到修正、补充和完善,不断地得到变革、创新和发展,从而实现自我超越和自我建构,使自身不断充满生命活力。

二、注重对教育问题的理论探索

注重对教育问题的理论探索,是自然教育家治学的共同特色。西方自然主义教育思想的产生和发展源于问题。从西方自然教育思想的发展阶段来看,每个时期的自然教育家总是提出一

---

① 李平沤.如歌的教育历程——卢梭《爱弥儿》如是说[M].济南:山东人民出版社,2008:14.
② [法]卢梭.爱弥儿(上)[M].李平沤,译.北京:人民教育出版社,2001:原序2.

定的教育问题,并对教育问题进行解释。无论是教育问题的提出还是对问题的解释,都根源于自然教育家的提问方式。自然教育家的提问方式,既彰显了他们的个性特征,又显示了历史阶段的差异,这其中蕴含了自然教育家的独立思考和批判精神。

从自然主义教育思想的发展进程来看,每个自然教育家在建构自己独特的理论框架,设定自身的理论前提时,在逻辑上必然地包含着他对"自然教育是什么?怎样实施自然教育?"等问题的回答,尽管回答的方式不完全相同。这表明,自然教育家在对自然教育的各种问题进行历史性处理,回答"自然教育是什么?"的问题时,在理论逻辑上内在地包含着自然教育思想的提问方式的问题。自然教育思想的提问方式制约着教育问题的解决。

自然教育思想的提问方式贯穿于自然教育思想研究的整个过程。这表现在:它规定了自然教育思想研究的起点,展现于自然教育思想推论的过程,影响和制约自然教育思想研究的结论。从某种意义上说,自然教育思想的发展就是不断设问、释问的过程。对自然教育家而言,他们对自然教育问题的解答受制于他们各自的提问方式。每个自然教育家都有自己的提问方式。自然教育家的提问方式与要解决的问题有着必然的内在关联,他们以各自的提问方式"参与"了西方自然教育思想的发展过程。

每个自然教育家都有自己的"学术根据地",都有自己对自然教育的独特理解和理论观点,而这一切又是源于自然教育家本人的提问方式。

例如,17世纪的捷克教育家夸美纽斯建构了客观化自然教育思想,在《大教学论》中提出并论述了教育的作用、教育目的、普及教育、教学原则体系、班级授课制、学制和教科书等问题,取得了重要的理论成果,奠定了近代教育学的基础和框架,他本人因此成为"教育学之父"。而这一切受制于他提出的问题:教育如何适应自然的"秩序",以提高教育教学的效果?这一提问方式决定了他的以类比自然为特征的自然适应性原则的形成。在论述这一主导原则时,他强调,秩序是把一切事物教给一切人们的教学艺术的主导原则,教导的严谨秩序应当以自然为借鉴。教学艺术应当模仿自然,否则什么也做不了。正是这一主导原则决定了他的自然教育思想的"客观化"特色。著名的教育家皮亚杰在评论夸美纽斯教育学的理论贡献时指出:"夸美纽斯所提出的发生论教育思想和他的关于智力发展的思想……为他那个世纪创造出一系列新的问题来:智力发展、教学方法的心理学基础。……认识到这些问题的存在并不失时机地唤起人们对它们对于人类未来的极端重要性,这就是使这位著名教育家闻名全世界的最大理由。"[①]

18世纪的法国教育家卢梭之所以能够建构"自然"和"自由"的自然教育理念,引起教育领域的"哥白尼式"的革命,这与他提出的问题:教育如何适应儿童内在的自然本性,确立"儿童就是儿童"的观念,以提升儿童的主体性?息息相关。他对教育目的问题、儿童观问题、自由教育问题、

---

① 赵荣昌,单中惠.外国教育史教学参考资料[M].上海:华东师范大学出版社,1991:219.

感觉教育问题、主体性问题、消极教育问题等的解答都是围绕他的上述提问方式进行的。他的提问方式决定了他的自然教育思想的"主观化"、"人本化"的特色。

19世纪的自然教育家裴斯泰洛齐、赫尔巴特、第斯多惠、福禄培尔、斯宾塞在他们的提问方式（教育如何适应儿童的心理特点和规律，使教育心理学化？）的制约下，致力于教育学与心理学的"联姻"，致力于探讨教育目的心理化、教育内容心理化、教学过程心理化、教学方法心理化、教育管理心理化、德育心理化等问题，形成了心理化自然教育思想，从而极大地促进了自然教育思想的心理学化，推动了西方教育科学的变革和发展。

19世纪末20世纪初的美国教育家杜威在自己的提问方式（教育如何促进儿童本能的发展，实现教育即经验的继续不断的改造？）的影响和制约下，研究了教育即生长、教育即生活、教育即经验的改造、学校即社会、从做中学、儿童中心主义等问题，取得了重要的理论成果，建构了以儿童的生长为特征的自然教育思想。

由此可见，自然教育问题的选择和确立是每个自然教育家从事自然教育思考，形成理论观点的前提。就自然教育思想发展而言，"提问和释义构成了不能分开的两个环节。由提问产生的释义，进而对释义的再解释"①，这就是自然教育思想的发展。也就是说，自然教育思想的发展就是设问、提问和释问的过程。从这个意义上说，自然教育思想即问题，离开问题的自然教育思想，也就不成其为自然教育思想。自然教育思想问题的确立与推进标志着自然教育思想的发展。

三、经验归纳与理论思辨结合

经验归纳与理论思辨结合的教育研究传统始于17世纪的夸美纽斯。在这个时代，"自然科学的认识论和方法论成了教育科学的主要认识论和方法论。教育科学虽然从哲学的怀抱中独立出来，但在方法论上所追求的目标比较单纯而明确，即希望以自然科学在方法论上所达到的成就作为自己的榜样。自此，教育科研的实证化、分析化时代到来了，归纳法不仅使人类的科学开创了新的纪元，也使人类的教育科学迈进了新的纪元。"②而以归纳法开启教育科学新纪元的就是夸美纽斯。

夸美纽斯继承了培根的感觉经验论和归纳法，指出："归纳法是研究自然的一种方法，""真正包含着探索大自然奥秘的途径。"③并把它首创性地应用到教育科学研究中，形成了自然适应性或引证自然的是研究方法。他利用这种方法建构了"大教学论"体系，使之从伦理学、政治学和哲学框架中独立出来，实现了"第一次教育学革命"，使教育学的发展迈进了一个新时代。在这方面，

---

① 陆杰荣.哲学的性质与机制——西方哲学比较研究[M].沈阳：辽宁大学出版社，1992：169.
② 商发明.教育科学研究方法的演进及其发展趋势[J].教育科学研究，1995(3).
③ 任钟印选编.夸美纽斯教育论著选[M].北京：人民教育出版社，2005：207.

他的伟大贡献在于:

首先,建构一系列新颖的教学原则体系,包括启发学生的学习愿望与主动性原则、直观性原则、循序渐进原则、量力性原则和巩固性原则,为人们的教学改革提供了行动指南。

其次,建构了感性认识和理性认识交融的教学认识过程观,其内涵是:"要孩子们锻炼时,首先锻炼他们的感官(因为这是最容易的),接着锻炼记忆,然后锻炼理解,最后锻炼判断。用这种办法就会分阶段循序进行,因为一切知识都从感性知识开始,经过想象的媒介进入记忆的领域,然后通过对细节的深思就产生了对一般的理解;最后,就对已领会的事实作出判断。遵循这种方法我们的认识就牢固地形成了。"① 这种新的教学认识说构成了夸美纽斯教育学理论基石,支撑着他的教育理论大厦,并使之焕然一新。

再次,他对文艺复兴时期以来的人文教育、宗教教育、当时的哲学认识论、科学知识的发展、教育理论与实践成果以及前人和自己的教育经验进行了创造性地综合、概括和升华,形成了新的"泛智教育"理论,旨在把一切知识教给一切人。

夸美纽斯用归纳法来探索教育规律,构建教育理论体系,目的是探索教育真理,改革教育实践。这种科学的求真的精神受到了美国教育史家孟禄的高度肯定和评价:"夸美纽斯是用科学精神对待教育的第一个人","夸美纽斯差不多在三百年以前就以完美无缺的正确性决定了教育年级的划分。他准确地解释了一些教学艺术的规律,并以惊人的创见把近代逻辑学上的原理应用到教育学上来。"② 总之,夸美纽斯之所以能够创立"大教学论"体系,与他对归纳法的使用和科学的求真精神密不可分。

法国教育家卢梭主要是从哲学观推论出教育理论,但也没有忘记通过经验的观察和领悟中提炼教育观点。他在晚年写的《一个孤独漫步者的遐想》中清楚地阐释了这一点:"我之所以对人心有了更深的认识,是因为我乐于看见孩子和观察孩子。可是年轻时,这种乐趣却妨碍了我认识人心,因为我和孩子们玩得那样快活,那样开心,想不到去研究他们。随着年龄渐老,当我发现我这副苍老的面容让孩子们不安时,就忍着不去打扰他们。我宁愿放弃一种乐趣,也不愿意干扰他们的快乐。于是我就满足于在一旁看他们玩耍游戏。通过这些观察,我对人性原始的真实的活动有了认识,而我们所有的学者对此却一无所知。在这种认识里,我所作出的牺牲得到了补偿。我曾在几部著作中记下我的感受:我专心致志地进行这种研究,非常小心谨慎,为的就是要在研究中享受其快乐。如果说《爱洛依丝》和《爱弥儿》出自一个不喜欢孩子的人之手,那恐怕是天下最令人难以置信的。"③ 经验观察是卢梭《爱弥儿》得以建构的思想源泉。

---

① [捷克]夸美纽斯.大教学论·教学法解析[M].任钟印,译.北京:人民教育出版社,2006:125—126.
② 任钟印选编.夸美纽斯教育论著选[M].北京:人民教育出版社,2005:9.
③ [法]卢梭.一个孤独漫步者的遐想[M].巫静,译.北京:中国国际广播出版社,2008:154—155.

心理化自然教育家裴斯泰洛齐、赫尔巴特继承和发展了经验归纳与理论思辨的研究传统。裴斯泰洛齐的教育思想虽然有理论思辨的色彩,但更多的是来自于对教育经验的总结和提炼。他在理论与实验的互动中建构教育要心理学化、要素教育、和谐发展教育、主体性教育、爱的教育等思想的。他自己也坦承:对于从事教育工作来说,丰富的经验和事业心比起严谨的哲学见解来要重要得多。[①] 赫尔巴特"在教育哲学家中,几乎占着最高的地位。他既是教育家,又是哲学家。所以他对教育问题的看法,就不仅仅是从他的哲学观点出发所作出的理论性的推论,而是既基于哲学又基于经验"[②]。这意味着他是依赖哲学思辨审视教育问题,又依赖经验的观察领悟,提炼教育观点的。两者是相互依存,共同发挥作用的。一方面,他的教育思想来自于他的教育实验和教育学研究班的积累的经验,另一方面,他又意识到"单纯的实践毕竟总是墨守成规,局限性极大,得不出任何决定性的经验。只有理论才能告诉人们如果要得到某种肯定的答案的话,怎样通过尝试和观察去了解本质,这也完完全全适用于教育学实践"[③]。他甚至断言:"凡没有哲学思维的人去从事教育,很容易自以为自己已经做过广泛的改革,其实只是对方式、方法稍稍作了些改进而已。在这里,比任何别的方面都更需要用哲学的眼光来检验那些流行的思想,因为在这里,日常工作和受到形形色色的思想影响的个人经验如此严重地使人的视野变得狭隘。"[④]在谈到他的主要著作《普通教育学》时,他表明了这种经验与思辨相结合的特色:"这本书的产生,是出自我的哲学思想,同时也是根据我的哲学思想,利用各种机会,收集并整理了我精心安排的观察和实验材料。"[⑤]

生长论自然教育家杜威十分重视"经验"的教育研究价值。"经验"在杜威的教育理论体系中处于核心地位,也是他的教育研究方法论的主要特征。在他的视野中,经验是认识自然的唯一方法,因为"自然和经验是和谐地并进的——经验表现为认识自然、深入自然奥秘的方法,并且是唯一的方法,而经验所揭示出来的自然(通过经验方法在自然科学中的应用),则使经验的进一步发展深刻化、丰富化,得到指导。"[⑥]他把"经验"思想应用到教育研究中,形成了经验论教育哲学。他特别重视"经验"的教育意义,指出:"教育是在经验中、由于经验和为着经验的一种发展过程。愈是明确地和真诚地坚持这种主张,对于教育是什么应有一些清楚的概念就愈加显得重要。"[⑦]在他看来,经验是一切有价值的训练的源泉。儿童的教育所依赖的唯一训练,也就是成为直观的唯一训练,是通过生活本身得来的,是通过经验中学习得来的。他相信一切真正的教育来自于经验。

[①] 毛祖桓.从方法论看教育学的发展[M].重庆:重庆出版社,1990:116.
[②] [英]博伊德·金.西方教育史[M].任宝祥,吴元训,主译.北京:人民教育出版社,1986:332.
[③] [德]赫尔巴特.赫尔巴特文集(教育学卷二)[M].杭州:浙江教育出版社,2002:198.
[④] [德]赫尔巴特.赫尔巴特文集(教育学卷二)[M].杭州:浙江教育出版社,2002:198.
[⑤] [德]赫尔巴特.赫尔巴特文集(教育学卷二)[M].杭州:浙江教育出版社,2002:332.
[⑥] 赵祥麟,王承绪编译.杜威教育论著选[M].上海:华东师范大学出版社,1981:266.
[⑦] 吕达,刘立德,邹海燕.杜威教育文集(第五卷)[M].北京:人民教育出版社,2008:318.

因而他把教育的本质定为经验的继续不断的改造,认定经验改造是儿童生长的理想之所在。当然这种"经验"是哲学观照的经验,是对教育实践经验总结、提炼、升华的结果。以经验论教育哲学和本能论心理学为基础,他建构了实用主义教育思想体系,主要包括教育即生长、教育即生活、教育即经验继续不断改造的教育本质观、以促进儿童本能生长为特征的教育目的观、彰显儿童主体性的儿童观以及从做中学的教学原则观和活动课程观。

四、以自然主义教育哲学观为指导

自然主义教育哲学是以"自然"和"自然教育"及其发展为研究对象的哲学。"自然"的含义是多方面的,主要包含以下几层意思:(1)自然界及其法则;(2)自然是指人的天性;(3)自然是指与"人为"对立的"自然";(4)自然是指儿童的自然状态;(5)自然是指上帝的意志和本性。自然教育家就是根据"自然"的不同涵义,诠释了自然教育的内涵,并建构了自然教育理论的,因而,在自然教育家的视野中,"自然"具有崇高的地位,它影响和制约着自然教育内涵的诠释以及自然教育理论的产生。无论是萌芽时期的亚里士多德、古罗马教育家、人文主义教育家,还是客观化自然教育家夸美纽斯、主观化自然教育家卢梭、心理学化自然教育家裴斯泰洛齐、赫尔巴特、第斯多惠、福禄培尔和斯宾塞,抑或是生长论自然教育家杜威,其自然教育思想都是受自然主义教育哲学的指导而建构起来的。

17世纪的捷克教育家夸美纽斯建构教育理论体系的方法就是以"自然"为依据的。在他看来,自然界存在着普遍的"秩序"(或法则),它们在动植物生活和人类生活中均发生作用。作为自然界的一部分的人及其发展和教育也应服从这一普遍"秩序"。唯有如此,教育才合理有效。因为教导的严谨秩序应当以自然为借鉴,应当模仿自然,否则它什么也做不了。从这一点出发,他提出了论证教学原理的类比自然的模式:首先通过对各种自然现象的研究,找出自然界的普遍法则,然后列举自然界和社会生活中遵循自然法则的事例,再指出当时的学校教育违背自然法则的现象,最后指出正确的教学原理、原则。在这里,我们不仅可以看到其论证的方法步骤和理论依据,而且看到了他的研究重心是对教育有效性的追求,这是与以往教育家不同的。"这一转变的重要意义是把对教育的探究引向教育对象和教育过程本身,实质上把演绎过程的大前提由哲学、神学转为自然",尽管《大教学论》中也常常赞美上帝,以上帝的'指示'为最高标准。然而,他心目中的神的意志、智慧已全然体现在自然和人身上,所以,他对神的信奉实质上成了对自然规律的推崇。"[1]由此,他的自然教育思想被称为"客观化自然教育思想"。这种由哲学、神学转向自然的教育研究取向是夸美纽斯的《大教学论》对以往教育研究的重大突破,意味着教育理论体系建构有了更为坚实的理论基础。因为只有认识到教育活动本身的一般规律,"才可能去探究以建立

---

[1] 叶澜.教育研究方法论初探[M].上海:上海教育出版社,1999:47.

理论体系为目标的学科形态的教育学。正是这一点,使我们把夸美纽斯及其代表作《大教学论》作为教育学学科形成期的起始人物和起点标志"①。夸美纽斯的伟大功绩在于,以自然适应性原则为依据,以类比自然为方法,建构了一个完整的教育学体系,使教育学第一次从政治学框架、伦理学框架和哲学框架中分离出来,获得了前所未有的发展,奠定了后世教育学发展的基础。

18世纪的法国教育家卢梭进一步推进了自然教育的研究。尽管在他的视野中,"自然教育"有多重内涵,但更多的是指向儿童的自然本性。他对自然教育、人为教育和事物教育作的界定是:"我们的才能和器官的内在的发展,是自然的教育;别人教我们如何利用这种发展,是人的教育;我们对影响我们的事物获得良好的经验,是事物的教育。"②他要求人为教育和事物教育应服从自然教育,因为自然教育是不能由我们决定的,只有三者和谐统一,才能实现自然教育目标。这意味着倡导让儿童率性发展的自然教育是最为崇高的,是教育的灵魂。由此出发,他建立了自然和自由的自然教育理念,其基本内涵是:教育的出发点是尊重儿童的天性,把儿童看作儿童;教育的目的是促进儿童的天性的自然和自由的发展;教育过程应以儿童为中心;教育的方法应顺应儿童的自然本性。这种教育理念开启了以热爱儿童,尊重儿童的天性,以儿童为本位,研究儿童为特征的教育研究的先河,深刻地影响了裴斯泰洛齐、福禄培尔、杜威等的教育研究的价值取向,使现代教育思想的发展走上"人本化"、"儿童化"的道路。不过,"从研究方法上而言,卢梭的研究既没有大量的教育实践为基础,缺乏有价值的教育经验的反思,其逻辑方法的严密性也是有限的。卢梭'主要依靠哲学观念的转变来发现新的教育思想,用新的观念来审视现存的教育观念和实践,提出新的教育理想'"③。

到了19世纪,自然主义教育哲学观开始由研究儿童的自然本性向研究儿童的心理活动及其规律转向,开启这一转向的先驱者是裴斯泰洛齐。他把儿童的自然本性直接理解为儿童的心理活动,从而深化和超越了卢梭的主观化自然教育思想。他试图将人类的教学过程心理学化,明确宣称:"我必须要解决的问题是:如何把一切教学艺术的要素与我心中的自然本性和谐地结合起来,即要通过心理机制规律使它们和谐起来,通过心理机制规律,我的心智从自然的感觉印象发展成清晰的概念。"④正是在教育心理学化思想的影响下,他探讨了要素教育、和谐发展教育和各科教学法,研究了儿童心理的一般特征,努力发挥心理学对教育实践的指导作用。"这些思想影响了赫尔巴特等一大批教育工作者,许多学者都是在裴斯泰洛齐的影响下开始步入'教育心理学化'运动的。无疑,裴斯泰洛齐的'教育心理学化'思想开创了时代的先声,对教育心理学的创立起到了积极的作用。"⑤

---

① 叶澜.教育研究方法论初探[M].上海:上海教育出版社,1999:47—48.
② [法]卢梭.爱弥儿(上)[M].李平沤,译.北京:人民教育出版社,2001:3.
③ 王保星.西方教育科学研究方法的演进:历史的视角[J].河北师范大学学报(教育科学版),2004(5).
④ [瑞士]裴斯泰洛齐.裴斯泰洛齐教育论著选[M].夏之莲,等译.北京:人民教育出版社,2001:204.
⑤ 高觉敷,叶浩生.西方教育心理学发展史[M].福州:福建教育出版社,2005:34—35.

不过,真正使教育学与心理学融通的是德国教育家赫尔巴特,他强调要通过心理学来论证教育规律,明确宣称:"教育作为一种科学,是以实践哲学与心理学为基础。"①前者支撑教育目的,后者支撑教育方法。他以观念和统觉心理学为基础,论述了教学目的心理化、教学内容心理化、教育性教学原则心理化、教学程序和方法心理化,从而极大地促进了教育学与心理学的"联姻",推动了教育心理学化思想的发展。

德国教育家第斯多惠把教育心理学化思想运用到初等教育和师范教育领域,论述了"发展性教学"思想,要求教师懂得心理学,依据儿童的年龄和心理特征施教,因而进一步丰富了教育心理学化的内涵。

德国教育家福禄培尔把教育心理学化思想运用到幼儿教育领域,力图使幼儿教育心理学化,这充分体现在他制定的幼儿游戏体系、玩具和作业之中。

正是在赫尔巴特、第斯多惠、福禄培尔努力下,教育心理学化在19世纪上半期发展成为一种趋势和运动,不仅直接导致了教育心理学的诞生,而且为后来的教育家研究教育心理学提供了课题,促进了教育学与心理学的结合。

19世纪末20世纪初,美国教育家杜威在继承卢梭、裴斯泰洛齐教育思想的基础上,把教育与儿童的发展有机结合,倡导儿童中心运动,形成了以儿童中心主义为特色的教育心理学思想,并在教育实践中发展和应用教育心理学。"可以这样说,如果没有杜威在儿童研究运动所取得的成就,20世纪要取得教育心理学研究的重大发展是不可能的。"②更为重要的是,杜威建构了以促进儿童本能生长为旨趣的生长论自然教育思想,提出了教育即生长、教育即生活、学校即社会、教育即经验的继续不断的改造、从做中学、儿童中心主义、五步教学等一系列富有现代色彩的教育命题,从而在西方近代自然教育思想向现代教育思想的过渡和转换中起了承上启下的关键作用。可以说,没有杜威,就不会有现代教育思想及其发展。在教育研究方法上,他建构了教育与哲学关联、互动的研究模式。他认为,"如果我们愿意把教育看做塑造人们对于自然和人类的基本理智的和情感的倾向的过程,哲学甚至可以解释为教育的一般理论"③。因此,哲学就是教育的最一般方面的理论,这是给哲学下的最深刻的定义。对杜威而言,"哲学就是'爱教育',而非其本义上的'爱智慧'",④"欧洲哲学思潮作为教育过程的理论兴起,这一事实仍然是哲学与教育有密切联系的有力的见证。"⑤哲学的观点可以在教育中得到检验。"凭借教育的艺术,哲学可以创造按严肃的和考虑周到的生活概念利用人力的方法。教育乃是使哲学上的分歧具体化并受到检验的实

---

① 张焕庭主编.西方资产阶级教育论著选[M].北京:人民教育出版社,1979:298.
② 高觉敷,叶浩生.西方教育心理学发展史[M].福州:福建教育出版社,2005:129.
③ 吕达,刘立德,邹海燕.杜威教育文集(第2卷)[M].北京:人民教育出版社,2008:316.
④ [英]RandallCurren主编.教育哲学指南[M].彭正梅,等译.上海:华东师范大学出版社,2011:136.
⑤ 吕达,刘立德,邹海燕.杜威教育文集(第2卷)[M].北京:人民教育出版社,2008:318.

验室。"①因此,哲学、教育和社会理想与方法的改造是携手共进的。这一模式是对传统的演绎推理方法的重大突破和超越。

五、西方自然主义教育思想研究的个性化和创造性

西方自然主义教育思想是独特的个性化的,从来就没有固定不变的模式和普遍适用的绝对真理,因为它们是个性化的自然教育家在其创造性的思想活动中生成的,这种创造性的思想活动是不同于他人又超越自我的活动。自然教育家在研究自然教育思想时都在追求个性化,这在建构了理论体系的自然教育家身上体现得更加明显。

客观化自然教育家夸美纽斯就非常重视教育思想研究的个性化。他在培根感觉论的影响下,大胆创新,建构起包括教育目的、教育作用、普及教育、教学原则、教学方法、班级授课制、教科书、教育管理在内的"大教学论"体系(实质是教育学体系),试图"阐明把一切事物教给一切人的全部艺术"。这在西方教育思想史上还是第一次,其意图在于使教学论成为"一种教起来使人感到愉快的艺术","它能使教员和学生全都得到最大的快乐"。这种结构和体系成为后世教育家竞相效仿的理论形态。夸美纽斯不仅首开建构教育理论体系的先河,而且在教育学的逻辑起点上,"首创'人本主义'逻辑起点论,这几乎为近代教育学的演进奠定了基调,甚至在当代,坚持教育学理论的'人本起点论'仍是西方教育学界思想的主旋律。"②正因为他树立了西方教育思想史上的第一块丰碑,为教育理论的发展作出了独特的贡献,因而他被誉为"教育学之父"。斯皮尔曼对夸美纽斯的《大教学论》给予高度的评价:"倘若各时代的关于教育学的著作全丢失了,只要留得《大教学论》在,后代人便仍可以把它作个基础,重新建立教育的科学。"③

18世纪的主观化自然教育思想家卢梭不满意前人的研究成果,认为"尽管有许多的人著书立说,其目的,据说,完全是为了有益人群,然而在所有一切有益人类的事业中,首要的一件,即教育人的事业,却被人忽视了"④,因而他倡导一种热爱儿童,尊重儿童的天性,让儿童自然和自由发展的教育理念。他明确宣称:"我要叙述的,不是别人的思想,而是我自己的思想。我和别人的看法毫不相同。"⑤的确如此,他是西方自然教育家中最具原创力的思想家,其理论创新在于:在自然教育的内涵上,突破了夸美纽斯的遵循外在的自然界及其"秩序"的观点,把教育的重心放在儿童率性的自由发展和回归儿童的自然状态上,因而实现了自然教育思想从"客观化"的理论形态向"人本化"、"主观化"的理论形态转变。在自然教育目的上,首开"个人本位论"的先河,强调培养

---

① 吕达,刘立德,邹海燕.杜威教育文集(第2卷)[M].北京:人民教育出版社,2008:317.
② 王坤庆.教育学史论纲[M].武汉:湖北教育出版社,2000:60—61.
③ 单中惠.西方教育思想史[M].太原:山西人民出版社,1996:173.
④ [法]卢梭.爱弥儿(上)[M].李平沤,译.北京:人民教育出版社,2001:原序2.
⑤ [法]卢梭.爱弥儿(上)[M].李平沤,译.北京:人民教育出版社,2001:原序3.

身心全面发展的自然人和自由人。在儿童观上,突破了以往的"小大人"儿童观和"神性"儿童观的局限,建立了"把儿童看作儿童"的儿童观,即儿童是柔弱的存在、儿童是感性的存在、儿童是自然的存在、儿童是自由的存在、儿童就是儿童、儿童是教育活动中的主体、儿童有自身的价值和发展规律。此外,卢梭还提出了颇具特色的新概念:消极教育和自然后果法。

卢梭的《爱弥儿》被誉为西方教育思想史上三大里程碑的著作之一,对现代教育思想的发展作出了巨大贡献。可以说:"卢梭的教育学说是教育思想史上自然主义的源头,《爱弥儿》是现代儿童观的第一部宣言,卢梭本人则成为儿童研究运动的开山始祖。卢梭以前的教育家,并没有真正确立教育学史的自然主义理论的地位,虽然许多人曾致力于儿童观的研究,并提出遵从儿童的天性进行教学的思想,如昆体良、夸美纽斯、洛克等人。因此,把卢梭视为集自然主义教育思想之大成的杰出教育家,丝毫不过分。"①

心理化自然教育家裴斯泰洛齐、赫尔巴特、第斯多惠、福禄培尔、斯宾塞也都力求创新,实现自然教育思想的个性化发展。裴斯泰洛齐一生从事贫民教育改革活动,力求在教育理论与教育实践的互证中建构自己的心理化自然教育思想。他第一次把儿童的本性直接理解为儿童的心理活动,力图使教育学与心理学"联姻",首次提出了"教育要心理学化"的口号,直接影响了欧美19世纪上半期的"教育心理学化"运动的形成和发展。在教育心理学化的视野中,他还提出了颇具特色的要素教育、和谐发展教育和各科教学法等思想,为教育学的发展作出了独特的贡献。

德国教育家赫尔巴特力图克服当时教育学领域缺乏心理学的弊端,首次提出教育学的理论基础是心理学和伦理学,两者共同支撑了教育方法论和教育目的论,建构起包括管理论、教学论、德育论三位一体的完整的教育学体系,因而他的《普通教育学》标志着世界教育史上独立形态教育学的诞生。他还论述了教育管理心理化、教育目的心理化、教学目的心理化、教育性教学原则心理化、教学方法心理化以及德育心理化,赋予了心理化自然教育思想更加丰富的新的内涵。

德国教育家第斯多惠不仅提出了自然适应性原则,而且还提出了文化适应性原则,从而深化了教育与文化关系的内涵。"文化适应性原则无论是对人,还是对教育都是更加贴近本质的概括,标志着人类对教育的整体认识上升到新的理论高度。对历史,第斯多惠是一种超越,对未来则是一种奠基。"②他还提出了"发展性教学"等思想,促进了教育学与心理学的结合。

德国教育家福禄培尔力图使幼儿教育心理学化,提出了统一性原则、顺应自然原则、发展性原则、主体性原则、创造性原则和生命性原则,为自然教育原则的发展作出了重要贡献。他还第一次对游戏的自然教育价值作了系统而深刻的论述。

英国教育家斯宾塞提出了快乐教育、自我教育的理念,还论述了兴趣教育原则、情感教育原

---

① 王坤庆.教育学史论纲[M].武汉:湖北教育出版社,2000:77.
② 刘世民.从"自然适应性原则"到"文化适应性原则"的飞跃[J].四川师范大学学报,1994(3).

则、积极暗示原则和尊重儿童权利的原则,都颇有新意,从而进一步丰富了自然教育原则的内涵。

19世纪末20世纪初的美国教育家杜威对近代自然教育思想进行了进一步的提升和综合,提出了教育即生长、教育即生活、教育即经验的继续不断的改造的教育本质观、从做中学的教学原则、儿童中心主义的儿童观和以"思维五步"为基础的"五步教学法",从而使自然教育思想发展到一个新的理论形态——生长论自然教育思想,开启了现代教育发展的先河。

由上可知,西方自然教育家都在追求自然教育思想研究的个性化,其自然教育思想都富有创新。尽管我们并不否认西方自然教育思想所阐述的原理、方法,所提供的结论具有普遍性意义,但归根结底,西方自然教育思想是个性化的。因为自然教育思想是研究人的自然本性的学问,人的自然本性及其发展问题始终是西方自然教育思想的核心主旨。由于每个时代的教育家对人的自然本性及其发展的理解不同,形成了不同派别的自然教育理论,呈现出不同的理论样态。不同派别的自然教育理论之间既有继承,又存在着对立和冲突,这使得自然教育思想的发展总是在批判中实现的,其发展的奥秘在于人的自我生成性。人的自我生成性表明:"人的本质不是与生俱来的,是由人自己争取和创造的。人的自我生成性规定了人和人类发展的实质在于人的'创造性'。人只能是创造性存在,并且这种创造性是无止境的,只要人还是人,这种创造性地存在就不会休止。所谓创造性首先意味着产生前所未有的东西,是一种不可重复的、'无中生有'的活动。所以,创造性的品格只能表现为特性、个体性和独立性。"[①]因此,西方自然教育思想的发展是在人的自我生成中推进的,是在自我否定、自我超越中展现个性的。自然教育思想的创造过程和理论样态是充满个性化,任何真正的自然教育思想都是自己时代的教育精神的精华,打上了时代的烙印。个性化是西方自然教育理论拥有思想活力的源泉,它使自然教育思想的时代价值和现实意义得到彰显,因为个性化的自然教育思想既是时代的,又是民族的,因而具有现实意义。总之,一部西方自然主义教育思想史,就是众多个性化的自然教育思想产生、发展和更迭的历史。每个时代的自然教育家都以自己的"合法的偏见"推进着人类自然教育思维的发展,以自己独特的方式回答了"自然教育是什么"这个普遍性的问题,建构了自己独特的个性化的自然教育理念,进而用这种理念去观察和解释教育世界,指导教育实践活动,创造出个性化的教育世界。

六、西方自然教育家治学的几点启示

综上所述,自然教育家论述的以质疑意识与批判精神、注重对教育问题的理论探索、经验归纳与理论思辨相结合、以自然主义教育哲学观为指导、自然主义教育思想研究的个性化与创造性为特色的治学智慧是深刻而富有见地的,对于我们今天的治学有重要的启示价值。

首先,怀疑和批判是学术研究和创新的前提。研究者如果对学术发展的某个方面有怀疑和

---

① 孙璟涛.哲学的个性[M].北京:昆仑出版社,2005:8.

批判,就会产生问题,然后才会去探究解决问题的方略。怀疑意识与批判精神始终与学术研究相伴随,是学术研究的推动力,没有它们,学术研究不会有进步和发展。学术研究之价值,就在善于质疑问难,善于批判创新,获得新的研究成果。创新是学术研究的根本特性,而创新始于怀疑。"夫学问之道,必有怀疑,然后有新问题发生,有新问题发生然后有研究;有研究然后有新发明,百学皆然。"①这意味着学术研究遵循着怀疑—问题—研究—新发明的程序,怀疑和批判是学术研究的必要环节,合格的学者必有强烈的怀疑意识与批判精神。

其次,学术研究应有强烈的问题意识。问题意识是发现理论困难,确立学术课题的必要条件和内驱力。学者有了问题,才会有释问,从而达到求真的目的。因此,学术研究的过程就是设问、提问和释问。"就学术研究而言,问题意识有其独特的学理逻辑,这种学理逻辑大致包括以下几个环节,即发现问题、界定问题、综合问题、解决问题、验证问题,这些环节构成了学术研究中的问题意识。"②问题意识同样是学术创新的前提。学术研究的选题、搜集资料、治学过程都离不开问题意识,问题意识内在地蕴含于学术研究之中,贯穿于学术研究的整个过程。发现问题、分析问题和解决问题,是学术研究题中应有之意,也是学术研究的终极目标。

再次,经验归纳与理论思辨结合是学术研究的重要方式。"经验"具有重要的教育研究价值。因为"教育是在经验中、由于经验和为着经验的一种发展过程。愈是明确地和真诚地坚持这种主张,对于教育是什么应有一些清楚的概念就愈加显得重要"③。对经验的归纳就是从从特殊到一般,揭示教育的本质和规律的过程。这个过程需要研究者分析能力、综合能力、判断能力、反思能力的参与,离不开研究者的理论思辨。因为"凡没有哲学思维的人去从事教育,很容易自以为自己已经做过广泛的改革,其实只是对方式、方法稍稍作了些改进而已。在这里,比任何别的方面都更需要用哲学的眼光来检验那些流行的思想,因为在这里,日常工作和受到形形色色的思想影响的个人经验如此严重地使人的视野变得狭隘"④。因此,在教育研究中应把经验归纳与理论思辨有机结合。

第四,学术研究应追求个性化。自然教育家都在追求学术研究的个性化,并在自我否定和自我超越中实现个性化的。西方自然主义教育思想范式的更新,学派的更替,都是自然教育家个性化思考的结果。可以说,个性化研究是自然教育家学术研究的最高境界,他们质疑、批判和创新的终极目标就是建构个性化的学问。这是值得我们借鉴和思考的。如果我们每个研究者也像自然教育家一样追求学术研究的创新和个性化,建构个性化的学问,那么,学术研究的繁荣和发达将指日可待。

---

① 徐有富.治学方法与论文写作[M].南京:南京大学出版社,2003:126.
② 劳凯声.教育研究的问题意识[J].教育研究,2014(8).
③ 吕达,刘立德,邹海燕.杜威教育文集(第5卷)[M].北京:人民教育出版社,2008:318.
④ [德]赫尔巴特.赫尔巴特文集(教育学卷二)[M].杭州:浙江教育出版社,2002:198.

第五,自然主义教育哲学观仍然可以为当今学人研究教育问题提供先进的理念。因为当代教育理论的源头是西方自然主义教育思想,而西方自然主义教育思想又是基于自然主义教育哲学观的指导下形成的,因此,当代教育问题的研究仍然离不开自然主义教育哲学观的指导。事实上,以自然主义教育哲学观为指导,我们可以获得很多有益的启示,如树立尊重儿童天性,"把儿童看作儿童"的儿童观;确立促进儿童身心自然和自由的整体发展的教育目的观;遵循以感觉教育、天性教育、自由教育、主体性教育、活动教育、个性化教育、生命教育、教育心理化、智慧教育、爱的教育等为特色的路径观。如果我们把这些理念运用到对当代教育改革的研究,那么,我们的研究成果就会富有"自然主义"特色,这无疑有助于促进教育改革向正确的方向发展,提升教育教学的效果。

第七章　实现西方自然主义教育思想当代价值的路径(上)

第一节　西方自然主义教育思想如何面向教育实践

一、面向过去的实践：西方自然主义教育思想的传统

面向过去的教育实践，把教育理论与教育实践相结合，是西方自然主义教育思想在漫长的发展过程中形成的一个重要传统。这个传统早在自然主义教育思想之父亚里士多德那里就已经萌芽，此后的自然教育家继承和发展了这个传统，形成了以批判与理论建构相结合、理论与实践相结合、诉诸经验观察为特征的思想传统。

(一)萌芽时期自然教育思想中的理论与实践

早在古希腊时期，自然主义教育思想之父亚里士多德就力图把教育理论与实践相结合，这主要体现在如下方面：首先，教育理论的建构源于古希腊雅典的学校教育实践。雅典的学校教育重视儿童身心的和谐发展，注重身体美与心灵美的结合，开设了读、写、算、音乐、体育、德育等课程。雅典的这种注重儿童身心全面发展的教育特色，在亚里士多德的自然教育思想中得到了反映。亚里士多德总结了雅典的学校教育实践经验，并把它们上升到理论的高度，通过思辨的方式加以论证。他以灵魂学为基础，详细地论证了体育、音乐、哲学等在人的和谐发展中的地位和作用，使德、智、体、美和谐发展的教育思想初具理论色彩。

其次，理论著述与教学相结合。他在公元前335年创办了吕克昂哲学学校。学校有神庙和许多林荫道路，周围被树木、喷泉和柱廊包围，是理想的教学场所。亚里士多德习惯于和学生在林荫道路上，一边散步，一边讨论问题，因而被称为逍遥学校。学校实行教学与科研相结合，"不仅要对基本哲学问题进行理论思考，还要进行直接的实验。这种亲身的实验和经验既包括自然现象方面的，也包括社会结构方面的"[1]。亚里士多德还把自己的著作如《工具论》、《物理学》、《论灵魂》、《形而上学》、《政治学》、《诗学》等与课堂教学有机结合，成为课堂教学的讲稿。也就是说，"亚里士多德的这些著作并不是为了出版而经过精心修饰的作品，主要是供讲课用的笔记和手稿等，加之他所特有的讨论问题的方式，故它们大多关注的是问题之不同的解决方式而没有严密的

---

[1] 贺国庆，等.外国高等教育史[M].北京：人民教育出版社，2003：26.

统一体系,体现了希腊哲学爱智慧、尚思辨、学以致知的探索精神"①。

再次,诉诸经验观察。我们知道,思辨性是亚里士多德自然教育思想的重要特征,然而,亚里士多德在注重理性思辨的同时,也崇尚经验观察。他对儿童"本性"和儿童身心特征的研究,以及对教育年龄分期理论的建构,无不具有鲜明的经验主义色彩。在这一点上,亚里士多德不像他的老师柏拉图不重视经验世界,只关注理念世界。黑格尔曾经说过:"我们不必在亚里士多德那里找寻一个哲学系统。亚里士多德详述了全部的人类概念,把它们加以思考,他的哲学是包罗万象的。在整体的某些特殊部分中,亚里士多德很少以演绎和推论迈步前进;相反地他却显出是从经验着手,他也论证,但却是关于经验的。他的方式常是习见的论证方式;但有一点却是他独具的,就是当他在这样做的时候,他始终是极为深刻地思辨的。"②这段话不仅有助于把握亚里士多德整体思想的特点,也有助于把握他的自然教育思想的特点:思辨与经验结合。这使亚里士多德的理论显示出宽广的研究视野和很高的理论深度,这也许就是亚里士多德不同于他的老师柏拉图的地方。

到了文艺复兴时期,理论与实践相结合的传统得到了进一步彰显,这主要体现在三个方面。首先是对宗教神学和经院教育进行批判与揭露。人文主义者都对宗教神学和经院教育进行了批判。最典型的是意大利的彼特拉克和法国的拉伯雷。彼特拉克认为,经院哲学所倡导的逻辑训练,不仅对人的发展毫无意义,而且压抑了儿童的天性,不能造就有智慧的学生,因而他抨击了经院教育,痛斥其学术腐败和迂腐学风,厌恶修道院的禁欲主义生活,倡导个性解放和意志自由。拉伯雷在《巨人传》中对以人为中心、赞美人的价值,肯定人的尊严、力量和创造力的人文主义进行了歌颂,对封建社会的黑暗和罪恶进行了无情的鞭挞,对违反人性、烦琐、空洞、误人子弟的经院教育进行了淋漓尽致的揭露,倡导个性解放和自由自在的生活。他为特来美修道院制定的教育方针是"随心所欲,各行其是",在这里,学生们生活得自由自主,吃、喝、玩、乐、睡及运动,都是由自己决定,不受束缚。不过,需要指出的是,人文主义者并没有把宗教批判的重心放在整个神学体系和整个教会本身,而是批判神学中的某些问题和教会中的某些人员,特别是低级教士、僧侣的生活腐化和道德堕落现象。之所以如此,是因为人文主义者都具有强烈的宗教情怀。这在彼特拉克的《论无知》中体现得尤为明显:"我的心灵的最深处是与基督在一起的","当这颗心灵思考或谈到宗教时,即在思考和谈到最高真理、真正幸福和永恒的灵魂拯救时,我肯定不是西塞罗主义者或者是柏拉图主义者,而是基督徒。"③当然,批判是很有意义的,"在此后的教育研究和对教育的认识发展中,尤其在突破旧框架(无论是思维,还是实践的),形成新结构的过程中,批判总是先锋"④。

---

① 张志伟.西方哲学史[M].北京:中国人民大学出版社,2002:110.
② [德]黑格尔.哲学史讲演录(第1卷)[M].贺麟,王太庆,译.北京:商务印书馆,2009:296—297.
③ [美]克里斯特勒.意大利文艺复兴时期八个哲学家[M].姚鹏,等译.上海:上海译文出版社,1987:12.
④ 叶澜.教育研究方法论初探[M].上海:上海教育出版社,1999:41.

其次,基于批判的教育理念的建构。没有对宗教神学和经院教育的"破",就没有人文主义教育理念的"立",正是在批判的基础上,人文主义教育家以人文主义为指导,建构了具有人文主义特色的教育理念。第一个阐释人文主义教育理念的是意大利教育家弗吉里奥,他复兴了亚里士多德的和谐发展的教育思想,倡导包括德育、智育、体育、美育、军事教育、闲暇教育在内的博雅教育,旨在唤醒、挖掘蕴含在学生身心中的本质特性和内在潜能,从而使学生获得身心的全面、均衡的发展。这种博雅教育主要是通过历史、伦理学、雄辩术等自由学科来实现。被称为"人文主义泰斗"的荷兰学者伊拉斯谟和西班牙学者维夫斯提出了基督教人文主义教育学说,强调教育与上帝精神的融合,使学生具有神性。他指出:"受过洗礼或涂过油神圣化的人,并不就是真正的基督徒,上教堂做礼拜的人也不就是真正的基督徒。在他内心感情上信奉耶稣并且用他虔敬的行动模仿耶稣的,才是真正的基督教徒。"①他要求王子在一切行动中仿效上帝的榜样。维夫斯也要求把上帝的精神渗透到教育中,使儿童热爱上帝和美德。"通过爱,即通过我们对上帝的爱,我们将回到我们的来源那儿去,这来源也就是我们的归宿,因为,除了爱,没有一种东西能把精神的东西联结起来。"②因此,教育的"一切都应该引到虔敬",理由是:"我们从上帝的圣经中不仅找证据,而且找最高的权威。它不会欺骗我们,因为它是不存错误的智慧产生的。"③在教育目的上,他们要求培养身心健全发展、具有虔诚宗教信仰的人,要"在青年的头脑中播下虔诚的种子"。在教学内容上,要求学生学习古典语言、文学、修辞、历史、伦理学、逻辑学、哲学和神学,因为这些学科能完善心智和道德,提升信仰,促进人的个性和谐发展。在教育方法上,要求实施适应自然的教育方法,尊重儿童的天性,因材施教,让儿童感受到学习的愉悦。早期空想社会主义者莫尔和康帕内拉着眼于建构新的社会理想和教育理想。他们的"乌托邦"和"太阳城",赋予了教育以新的内涵,形成了颇具新意的教育思想,如脑力劳动与体力劳动相结合,教育与生产劳动相结合,德、智、体、美、劳全面发展等。这些思想虽然带有空想的性质,但它们对后世的教育的发展具有启迪意义。

再次,践行人文主义教育理念。意大利人文主义者维多里诺不像大多数人文主义者以理论见长,而是以实践而著称,是一位典型的教育实践家。1423年,他在孟都亚创办了一所意在让儿童生活和学习得愉快的宫廷学校——"快乐之家"。学校环境优美,树木成荫,教室的墙壁上饰以儿童自然游戏的壁画,使学校显得生动活泼。维多里诺在这里践行人文主义博雅教育思想,实施智育、德育、体育和美育,倡导自由教育,亲自教学达23年之久。他热爱、尊重、理解学生,与学生朝夕相处,对学生因材施教,还带领学生定期到教堂祈祷,深受学生的热爱,被称为"人爱之父"。"快乐之家"办得很成功,完美地体现了人文主义的教育理想,因而声名远播,影响了意大利、法国

---

① 吴元训选编.中世纪教育文选[M].北京:人民教育出版社,2005:135.
② 吴元训选编.中世纪教育文选[M].北京:人民教育出版社,2005:238—239.
③ 吴元训选编.中世纪教育文选[M].北京:人民教育出版社,2005:279.

和德国的学校教育。他的教育思想和光辉的教育实践活动,有力地促进了欧洲文艺复兴时期学校教育的发展,树立了人文主义学校教育的丰碑。

(二)客观化自然教育思想中的理论与实践

17世纪的客观化自然教育家夸美纽斯毕生从事教育改革,创办泛智学校,把"实验"引入学校教育,极大地推动了教育理论与实践相结合传统的发展,堪称典范。他在这方面的建树是:首先,继承了文艺复兴时期人文主义者对经院教育批判的传统,提出了教育改革的思想。他在《大教学论》中对经院教育进行了批判,指责当时的学校没有一所是完善的。在教育对象方面,学校只为富人而设,排斥了社会中的大多数穷人,包括极优秀的才智之士。对此,他深感痛惜:"他们这样被糟蹋,被扼杀,真是教会与国家的大损失。"①在教导的方法上,旧教育是非常严酷的,以致学校变成了儿童恐怖的场所,变成了他们才智的屠宰场,导致学生厌恶书本和学习。在道德方面,"学校培养出来的不是顺从的羔羊,而是凶狠的野驴和倔强的骡子;学校培养不出合乎德行的品性,培养出的只是一种虚伪的道德外表,一种令人生厌的、外来的文化皮毛,和一些专务世俗虚荣的眼光与手脚"②。在智力上,儿童的"智性也很少得到过实际事实的培养,它只是充满字句的皮毛,充满空虚的、鹦鹉学舌似的空话,充满无用的意见而已"③。他痛心时代的缺陷,"极力想用一切可能的方法去补救这种缺陷",因为"我们指出我们的教师是怎样把我们领向错误的,我们就能指出避免这种错误的方法"。④ 因此,夸美纽斯把改良学校教育作为自己的主要事业,力图建立一所普及的、能够真正锻炼人的完全尽职的学校,"在那里,受教者的才智得到智慧的光辉的照耀,使它易于探究一切明显的和一切隐秘的事情,在那里,情绪和欲望与德行得到和谐,在那里,人心充满着并渗透着神爱,使一切送进基督教学校去吸取真正智慧的人都能受到教导,去在世间过着一种天堂的生活;总而言之,在那里,人们都能彻底学会一切事情"。⑤ 当然,夸美纽斯的这种批判是有限度的,也是不彻底的。一是由于他既是爱国者,又是基督教会的领袖,还是教育家等多重身份,决定了他不可能摆脱基督教的框架,去探讨教育问题;二是由于他和大多数人文主义者一样仍然是基督徒,具有强烈的宗教情怀,不可能完全否定和废除宗教,只能以宗教的名义,以《圣经》的语言,去曲折地表达世俗的愿望和教育改革的诉求。

其次,创立泛智学校,进行教育实验,使教育理论与实践相结合。夸美纽斯以"泛智论"和"自然适应性原则"为理论基础,于1650年创办了实验学校——泛智学校,并为学校拟定了一个实验计划,即《泛智学校蓝图》。"这份计划堪称历史上最早的教育实验计划,且内容丰富:规定以泛智论

---

① [捷克]夸美纽斯.大教学论[M].傅任敢,译.北京:教育科学出版社,1999:46.
② [捷克]夸美纽斯.大教学论[M].傅任敢,译.北京:教育科学出版社,1999:46.
③ [捷克]夸美纽斯.大教学论[M].傅任敢,译.北京:教育科学出版社,1999:47.
④ [捷克]夸美纽斯.大教学论[M].傅任敢,译.北京:教育科学出版社,1999:48.
⑤ [捷克]夸美纽斯.大教学论[M].傅任敢,译.北京:教育科学出版社,1999:45.

作为指导,设立由七个年级组成的学校;强调对学生进行多方面的训练,使每个受教育者成为具有多方面教养的人。为了达到这一目的,夸美纽斯除对每个年级的课程设置及教学用书、练习等详加讨论外,还对诸如教学制度、学校管理、宗教及道德训练、师资及校长职责乃至文体活动等问题作出了具体规定,涉及到办校的各个方面。"①他以向学生传授全面的智慧和科学、把一切知识教给一切人、使学生的智慧、德行、虔信得到全面发展为实验目的,对课程、组织管理制度进行了全面的改革。为配合泛智学校的实验,他写下了一系列的教育论著,如《论天赋才能的培养》、《创设纪律严明的学校的准则》、《青年行为准则》、《泛智学校》和《世界图解》。这些著作和教育实验活动又是他早年写就的《大教学论》所体现的教育信念的具体化和发挥。正如美国教育史家孟禄所言:"夸美纽斯的教育观及其全部教育活动只是早年信念的具体化与发挥而已。尽管夸美纽斯的著述(包括论文及教科书)数以百计,但却全部可在早期论著之一—《大教学论》中得到体现。"②教育实验活动主要发挥了《大教学论》中所蕴含的自然教育、普及教育、学校管理等思想,使它们更加系统和完善。

尽管夸美纽斯的《泛智学校蓝图》未能全面实施,但他的教育实验活动堪称西方近代教育史上最早的教育实验,具有里程碑的意义,它奠定了近代教育实验的基础,为后世教育家的教育改革树立了榜样,其教育思想与教育实践保持一致的东西值得我们去发掘和弘扬。

(三)主观化自然教育思想中的理论与实践

18世纪的主观化自然教育家卢梭没有亲自从事过教育实践活动,但这并不意味着他对教育理论与实践相结合传统没有贡献。他的贡献很独特,主要体现在批判与理论建构相结合以及对儿童的亲自观察。在批判实践方面,卢梭比以往任何教育家都最具力度和深度。他在1750年发表的《论科学与艺术》中对当时的法国教育制度和教育现状进行了严厉的批判:从童年时候起,人们就拿一些毫无意义的东西来教儿童,只把儿童教得外表看起来很机灵,但却败坏了儿童的判断能力。"我发现,人们到处都在不惜花费巨额的金钱修建规模庞大的学校来教育青年:学校里什么东西都教,就唯独不教他们做人的天职……孩子们不仅没有学到区别真理与谬误的本领,反而学会了一套善于狡辩的技能,把真理谬误搞混,使人分不清真伪。"③

1753年,卢梭在《纳尔西斯》的序言里,再次无情地揭露和批判了旧教育的弊端:"对于我们的教育,人们首先关心的,而且几乎可以说是唯一关心的,就是要我们接受那些可笑的偏见,人们要把它们撒播在我们的心田里。为了让可怜的年轻人学文学,人们想尽办法折磨他们。他们学了一条条语法规则,可就是没有人给他们讲做人的道理。从古到今的故事他们都学了,可是他们该

---

① 杨汉麟.外国教育实验史[M].北京:人民教育出版社,2005:22.
② 刘明翰,陈明莉.文艺复兴史(教育卷)[M].北京:人民出版社,2008:423.
③ 李平沤.如歌的教育历程——卢梭《爱弥儿》如是说[M].济南:山东人民出版社,2008:13—14.

做些什么,谁也不向他们提及。人们训练他们喋喋不休,唠唠叨叨地练口才,可是却从不指导他们如何办事和如何动脑筋思考,总而言之一句话,硬要把他们训练成为通晓许多对于我们毫无用处的东西的饱学之士。"①

对旧教育揭露和批判得最为深刻、最具力度的是卢梭在1762年发表的《爱弥儿》。卢梭在《爱弥儿》中对旧教育的批判随处可见,主要集中于以下几个方面:(1)儿童观。卢梭指责教育者对儿童一点也不理解,对儿童的观念错了,愈走愈入歧途。"最明智的人致力于研究成年人应该知道些什么,可是却不考虑孩子们按其能力可以学到些什么,他们总是把小孩子当大人看待,而不想一想他还没有成人哩。"②他要求确立"把儿童看作儿童"的儿童观。(2)违背儿童天性的教育。他以性善论为武器,批判了旧制度、旧教育对儿童天性的压抑和扼杀,认为出自造物主之手的东西都是好的,一到封建制度、封建教育那里,全变坏了。偏见、权威、需要、先例、教育制度等扼杀了儿童的天性,使他们的天性像一株偶然生长在大路上的树苗,让行人碰来撞去,东弯西扭,不久就弄死了。(3)不自由的教育。卢梭认为,人生而自由,却无往不在枷锁之中;我们的种种智慧都是奴隶的偏见,我们的一切习惯都在奴役、折磨和遏制我们。文明人在奴隶状态中生、活和死。儿童一生下来就被人捆在襁褓里,受到不合自然的习惯、制度的束缚。(4)预备教育。卢梭认为,传统教育的弊端之一,就是忽视了儿童当下的教育,而追求预备未来的教育,不关注儿童当下力所能及的事情,却向往永远达不到的地方,这种远虑正是儿童种种痛苦的根源。"像人这样短暂的一生,竟时刻向往如此渺茫的未来,而轻视可靠的现在,简直是发了疯!"③(5)理性教育。卢梭认为,儿童期应着重关注感性教育,而不应用理性去教育孩子。因为在人的一切官能中,理智这个官能是由其他的官能综合而成的,因而它最难发展,而且发展得最迟。然而,"人们企图用理性去教育孩子!这简直是本末倒置,把目的当作了手段"④。

由上可知,卢梭对封建教育作了多方面的攻击,其威力是无穷的,在当时具有发人之声和振人之聩的作用。正因为如此,《爱弥儿》出版不久,巴黎高等法院宣布焚烧《爱弥儿》,国会还通过惩处卢梭的议案。卢梭这位真理之士遭到了来自各地教会和流俗舆论的攻击,几乎所有的报章、杂志、书册都发出了可怕的警告,卢梭被称为"异教徒、无神论者、疯人、野兽……"。这说明卢梭给予封建教育的批判是猛烈的。

卢梭不仅深刻地批判了旧教育,而且建构了新的自然教育思想体系,它包括"把孩子看作孩子"的儿童观、尊重儿童天性,顺应儿童自然发展的天性教育观、培养身心全面发展的"自然人"的教育目的观、彰显儿童生命价值的生命教育观、关注儿童感性发展的感觉教育观、崇尚儿童自由

---

① 李平沤.如歌的教育历程——卢梭《爱弥儿》如是说[M].济南:山东人民出版社,2008:14.
② [法]卢梭.爱弥儿(上)[M].李平沤,译.北京:人民教育出版社,2001:原序2.
③ [法]卢梭.爱弥儿(上)[M].李平沤,译.北京:人民教育出版社,2001:75.
④ [法]卢梭.爱弥儿(上)[M].李平沤,译.北京:人民教育出版社,2001:87.

活动的自由教育观以及关注儿童当下生活的生活教育观等。

除此之外,亲自对儿童进行观察,也是卢梭理论联系现实的重要路径。《爱弥儿》的大部分教育观点,来自卢梭的直接的经验观察。他在晚年写的《一个孤独漫步者的遐想》中清楚地阐释了这一点:"我之所以对人心有了更深的认识,是因为我乐于看见孩子和观察孩子。可是年轻时,这种乐趣却妨碍了我认识人心,因为我和孩子们玩得那样快活,那样开心,想不到去研究他们。随着年龄渐老,当我发现我这副苍老的面容让孩子们不安时,就忍着不去打扰他们。我宁愿放弃一种乐趣,也不愿意干扰他们的快乐。于是我就满足于在一旁看他们玩耍游戏。通过这些观察,我对人性原始的真实的活动有了认识,而我们所有的学者对此却一无所知。在这种认识里,我所作出的牺牲得到了补偿。我曾在几部著作中记下我的感受:我专心致志地进行这种研究,非常小心谨慎,为的就是要在研究中享受其快乐。如果说《新爱洛依丝》和《爱弥儿》出自一个不喜欢孩子的人之手,那恐怕是天下最令人难以置信的。"①

事实的确如此,卢梭在《爱弥儿》中的理论阐释常常和亲身的见闻结合在一起的。如"我同乡下人生活的时间很多……我的窗子前正好有一个土坡,这一带的小孩子常常聚集在这个土坡上玩。尽管他们离我是相当的远,我也能清清楚楚地听出他们说些什么;我常常回忆他们的话,以便用来写这本书"。② 这使卢梭有勇气表明他的观点有根有据:"我不仅不刻板地抱着一套方式,而且还尽可能地不按理论而按我的实际观察的情况去做。我所根据的,不是我的想象而是我所看到的事实。"③

卢梭在批判和观察的基础上建立起来的自然教育思想对后世的教育理论与实践产生了巨大的影响。它是19世纪心理化自然教育思想的理论源泉,后者是从前者发展而来的。裴斯泰洛齐、福禄培尔、第斯多惠都从卢梭的思想中吸取了营养。"不研究卢梭的教育理论,就不易理解近代教育事业更新的来龙去脉,就不易理解近代教育哲学和教育科学的重要内涵。卢梭是教育史中的枢纽人物,是理解近代教育的重要环节。"④卢梭的自然教育思想还对现代的进步教育思想、人本主义教育思想、欧洲"新教育"思想、自由教育思想、生活教育思想等产生了重要影响,现代教育改革家们都从卢梭那里吸取了天性教育的思想,都留有卢梭思想的影子。杜威的评价也表明了这一点:"卢梭所说的和所做的一样,有许多是傻的。但是,他的关于教育根据受教育者的能力和根据研究儿童的需要以便发现什么是天赋的能力的主张,听起来是现代一切为教育进步所作的努力的基调。他的意思是,教育不是从外部强加给儿童和年轻人的某些东西,而是人类天赋能力的生长。从卢梭那时以来,教育改革家们所最强调的种种主张,都源于这个概念。"⑤

---

① [法]卢梭.一个孤独漫步者的遐想[M].巫静,译.北京:中国国际广播出版社,2008:154—155.
② [法]卢梭.爱弥儿(上)[M].李平沤,译.北京:人民教育出版社,2001:61.
③ [法]卢梭.爱弥儿(上)[M].李平沤,译.北京:人民教育出版社,2001:361.
④ 滕大春.卢梭教育思想述评[M].北京:人民教育出版社,1984:25.
⑤ 吕达,刘立德,邹海燕.杜威教育文集(第1卷)[M].北京:人民教育出版社,2008:209.

卢梭的批判与理论建构相结合的传统,对后世的教育实践(实验)也产生了重要影响,例如巴泽多的泛爱主义教育实验、裴斯泰洛齐的初等教育实验、福禄培尔的幼儿园教育实验、杜威的进步教育实验以及"新教育"家的教育实验活动,都是卢梭思想影响的产物。

(四)心理化自然教育思想中的理论与实践

19世纪的心理化自然教育家裴斯泰洛齐、赫尔巴特和福禄培尔进一步弘扬传统,进行教育改革的实验,取得了重要的成果。瑞士教育家裴斯泰洛齐以教劳结合、身心和谐发展、教育要心理学化为指导思想,先后在新庄、斯坦兹、布格多夫和伊佛东进行了长达30多年的初等教育改革实验。实验的内容大致包括道德教育、爱的教育、劳动教育、心、脑、手的统一训练、体育、文化学习等。他一生的教育实验有三大亮点:"一是他的教劳结合实验,这主要体现在新庄和斯坦兹的实验中;二是他的教育心理化实验,此实验的思想在斯坦兹萌芽,在布格多夫得到具体发挥,走向系统,在伊佛东得到进一步巩固;三是有关爱的教育实验,贯穿在他的所有实验中。"①教育实验是裴斯泰洛齐教育理论建构的重要源泉,没有教育实验,他的教育理论就无从发展,无从深化。他自己也坦承教育实验是非常重要的:"对于从事教育工作来说,丰富的经验和事业心比起严谨的哲学见解来要重要得多。"②他的教育思想不是理论思辨的产物,而是在教育实践(实验)中不断提炼、不断加工的结果。其特色是"不断地把自己的理论加以提炼并付诸实践,又从实践中重新加工自己的理论"③,从而形成了教育理论与教育实践互动的模式。这一模式被后世教育家普遍认可和接受,构成了教育科学发展的基本范型。这是裴斯泰洛齐对教育科学发展的重要贡献。

他在教育实验中提炼的教育要心理学化、要素教育、和谐发展教育、感觉教育、主体性教育、生活教育、爱的教育等思想,不仅深刻地影响了赫尔巴特、福禄培尔、杜威等教育家的教育理论的发展,而且有力地推动了瑞士初等教育的发展,还对整个欧洲的教育改革以及教育心理学化运动产生了重要影响。"就教育实验的规模、持续时间、理论水平以及对后世的影响而言,裴斯泰洛齐在教育史上树立了一座丰碑,在他的前辈和同时代的人中,还没有人能够超过他!"④他无愧为人类的教育理论家和教育改革家。

德国教育家赫尔巴特进一步推进了教育理论与实践传统的发展,其建树在于:首先,较为系统地论述了教育理论与实践(实验)的关系及重要性。他认为,实践离不开理论,理论对实践具有规范和指导的价值。他说:"纯粹的实践毕竟总是墨守成规,局限性极大,得不出任何决定性的经验。只有理论才能告诉人们如果要得到某种肯定的答案的话,怎样通过尝试和观察去了解本质,

---

① 杨汉麟.外国教育实验史[M].北京:人民教育出版社,2005:136—137.
② 毛祖桓.从方法论看教育学的发展[M].重庆:重庆出版社,1990:116.
③ 毛祖桓.从方法论看教育学的发展[M].重庆:重庆出版社,1990:114.
④ 毛祖桓.从方法论看教育学的发展[M].重庆:重庆出版社,1990:114.

这也完完全全适用于教育学实践。"①他的结论是,在实施教育实践之前,掌握教育理论和教育科学的艺术,对于有效获得经验,是极为重要的。因此他要求教育者:"在着手工作之前,要准备好理性和心态,因为有了准备,那种只有在进行这项工作时才能亲自获得的经验会变成对我们有所教益。只有在行动中才能学到艺术,学会得体的行为、技能、机智和灵活;但是即使在行动中,只有那些在思考中已经学习和掌握了科学并受到科学的影响,经验已经将未来的印象落在他身上的人,才能学会这一艺术。"②另一方面,教育理论离不开教育实践,是在教育实践中实现发展和变化的。"对于每一位甚至相当出色的理论家来说,当他在实践他的理论时,不像学生做算术例题那样学究式地缓慢地进行,便在理论之间完全不由自主地会出现一个中间环节,也就是某种实际的行动,即作出迅速的评判和决定,而这种评判和决定又不像陈规那样总是一成不变,但也不允许像至少似乎是完善的理论那样炫耀自己结论严谨,对规则进行过深思熟虑,同时完全针对个人情况提出切实要求。"③总之,教育学家的理论总是与行动、经验分不开。

他还进一步论述了教育实验的重要性。他在1808年就有通过创建实验学校,相互观摩和交流经验,培训教师的想法。他认识到,"如果没有真正领悟教学计划精髓的教师,没有在教学过程中能熟练运用教学方法的教师,那么教学计划就是空谈。因此,也许建立一所小型的实验学校——正如我设想的那样——可以为将来建立更大规模的学校做最有效的准备。康德说过这样一句话:首先是实验学校,然后是普通学校"④。他正是在自我观察、经验和实验中意识到心理学作为教育学理论基础的重要性。他说:"这一不算不费力的实验的推动力,过去与现在都只出于我主要的信念,即我们教育学知识中不健康的漏洞大部分是由心理学的缺乏造成的,而且我们首先必须有这门科学。"⑤"但这门科学绝不能替代对儿童的观察,因为个性只能被发现,而不能由心理学推断出来。"⑥他力图把教育学建立在科学意义上的经验基础之上,这种经验来自于实验。他坦承没有教育学研究班的实验,要想经过形而上学和自然科学的推理掌握观察的线索是根本不可能的。

其次,创设教育学研究班,开展师范教育实验。他于1811年在科尼斯堡大学创设教育学研究班,其目的就是实现赫尔巴特的教育理念,培训掌握教育性教学原则和方法的教师。他亲自上数学课、拉丁语课等示范课。其他的教师都是赫尔巴特教育学讲座的听众,包括大学生学员和固定教师。在这里,大学生学员主要是通过互相听课、观摩讨论、直接观察和亲身实践的方式了解教

---

① [德]赫尔巴特.赫尔巴特文集(教育学卷二)[M].杭州:浙江教育出版社,2002:198.
② [德]赫尔巴特.赫尔巴特文集(教育学卷二)[M].杭州:浙江教育出版社,2002:200.
③ [德]赫尔巴特.赫尔巴特文集(教育学卷二)[M].杭州:浙江教育出版社,2002:199.
④ [德]赫尔巴特.赫尔巴特文集(教育学卷三)[M].杭州:浙江教育出版社,2002:3.
⑤ [德]赫尔巴特.赫尔巴特文集(教育学卷二)[M].杭州:浙江教育出版社,2002:273.
⑥ [德]赫尔巴特.赫尔巴特文集(教育学卷一)[M].杭州:浙江教育出版社,2002:12.

育艺术中最重要和最困难的内容。"研究班与赫尔巴特的哲学、教育学讲座互相配合,前者注重实践,后者注重理论。赫尔巴特一方面让听过他教育学讲座的对教育学有兴趣的大学生到实验学校任教,通过实践理解理论。另一方面,其他没有任教的大学生可以参加每周六的研讨会,既可以旁听实验学校的课程,也可以尝试教学,以加深对理论的理解。"①

赫尔巴特的教育理论与实验在他在世时并没有多大的影响,但在19世纪后半期对欧美各国的教育理论与实验产生了广泛的影响,这一方面是由于他的理论有严密的逻辑体系,并且建立在伦理学和心理学基础上,另一方面与他的门徒对其理论不断加以改造和实验密切相关。

德国教育家福禄培尔也对教育理论与实践传统作出了贡献。他以万物统一原则、教育适应自然原则、自我教育原则为实验指导思想,先后在凯尔豪、瑞士、勃兰根堡创办实验学校,进行教育活动,取得了重要成果。凯尔豪实验学校创办的目的是实践裴斯泰洛齐的教育思想,使之理论化和科学化;促进儿童的认知、智力、情感、体力的全面发展。据此,他实施了丰富而灵活的课程,包括自然、地理、阅读、写作、算术、唱歌、钢琴、校外旅行、寻找昆虫花鸟等。1826年,他在实验的基础上完成了教育名著《人的教育》的写作。在瑞士,他先后到瓦尔腾泽、维利绍、布格多夫创办学校,实践他的儿童教育思想。1837年他在勃兰根堡创办了世界上第一所幼儿园,旨在发展幼儿的本能,促进幼儿的自我活动。之所以用"幼儿园"命名幼儿教育机构,"那是因为他把幼儿的教育活动场所比做花园,把幼儿比做花草树木,把幼儿教师比做园丁,把幼儿的发展比做培植花草树木的过程"②。在幼儿园实验的基础上,他建构了幼儿教育学体系,对幼儿教育思想的发展作出了重大贡献。

(五)生长论自然教育思想中的理论与实践

19世纪末20世纪初的生长论自然教育家杜威也对教育理论与实践传统作了出了重大贡献,不仅辩证地论述了两者之间的关系,而且创办了杜威学校,使其实用主义教育思想得到了很好的运用和检验。

1. 对教育理论与实践的关系作了辩证的论述。

杜威在《教育科学的资源》中对教育理论与实践的关系作了辩证的系统的论述。一方面,教育实践离不开教育理论,教育理论能帮助教育者看出新问题和新发明的程序,彰显教育实践的人性化。杜威认为,教育科学的资源进入教育者的心、脑和手的任何部分,就会内化为教育者的教育智慧,更好地指导教育实践,使教育实践进行得比过去开明,更合人道,更具有真实的教育意义。不仅如此,"一个人掌握了科学方法和系统化的题材,便能使自己获得自由;使他能看

---

① 邬春芹,周采.赫尔巴特在科尼斯堡大学的教育实验[J].教育评论,2009(1).
② 单中惠.让我们与儿童一起生活吧[M].上海:华东师范大学出版社,2008:99.

出新问题,发明新程序,并且,一般地说,走向多样化而不倾向整齐划一。同时,这种多样化对该学科的全体研究者的共同进步,又有着累积的影响"①。另一方面,教育理论需要教育实践提供资源和动力,也需要教育实践的检验、证实、修改和发展。在杜威看来,教育理论探究问题所需的资料和题材是由教育实践来提供,它们是待研究的基本问题的唯一的资源。教育科学研究的结果是否真正对教育有所贡献,离不开教育实践的观照,只能在教育实践中发现。"实践是第一位的,也是最终的,实践是开始,也是结局;是开始,因为它提出种种问题,只有这些问题能使研究具有教育的意义和性质;是结局,因为只有实践能检验、证实、修改和发展这些研究的结论。"②

两者是辩证统一的关系:教育科学的最终的现实性,不在书本上,也不在实验室中,也不在讲授教育科学的教室中,而是在那些从事教育活动的人们的心中。有些结果,虽然对从事教育活动的人们的判断、计划、观察的态度和习惯,没有起什么作用,但仍可以是科学的结果。没有这种作用,它们就不是教育科学。③ "某些结果,因为它们是符合科学的,就已经是教育科学了。我们要记住,这些结果,乃是教育者利用的资源,使教育工作的进行更加明智,只有这样,才能有所启发、透彻和进步。"④

2. 创办杜威学校,开展教育实验活动。

杜威在1896年在芝加哥创办了实验学校,也就是杜威学校。尽管这所学校只存在了八年,但它是杜威教育哲学和教育理论的实验室。杜威以本能论心理学和经验论哲学为实验的基础,分阶段进行教育实验,获得了丰硕成果。这些成果包括学校组织管理民主化、学校课程活动化、问题解决法取代五段教学法、师生关系民主化。⑤杜威的教育即生长、教育即生活、教育即经验的继续不断的改造、儿童中心主义、从做中学、活动课程、五步教学法等思想都在实验中得到了很好的体现和运用。杜威的理论与实验不仅对美国的进步教育运动产生了重要影响,也对苏联和中国的教育改革实验产生了重要影响。

综上所述,西方自然主义教育家主要是通过批判与理论建构相结合、教育理论与教育实践(实验)互动、诉诸经验观察三条路径实现教育理论与教育实践(实验)相结合的。它们构成了西方自然主义教育思想中理论与实践结合传统的重要特色,都蕴含着真理性的东西。

就批判与理论建构相结合而言,自然教育理论是在批判中诞生的。自然教育理论的建构和创新固然离不开继承,但更多的是依赖于批判。批判是自然教育理论的建构和创新的前提。没

---

① 吕达,刘立德,邹海燕.杜威教育文集(第5卷)[M].北京:人民教育出版社,2008:22.
② 吕达,刘立德,邹海燕.杜威教育文集(第5卷)[M].北京:人民教育出版社,2008:23.
③ 吕达,刘立德,邹海燕.杜威教育文集(第5卷)[M].北京:人民教育出版社,2008:22.
④ 吕达,刘立德,邹海燕.杜威教育文集(第5卷)[M].北京:人民教育出版社,2008:23.
⑤ 杨汉麟.外国教育实验史[M].北京:人民教育出版社,2005:344—345.

有批判,我们无法发现理论本身的困难和疑惑,也无法知道教育理论是如何与实践脱节的,从而也就无法实现教育理论的修正、完善和发展。"在一定意义上,理论创新的过程就是一个理论批判的过程。理论创新永远伴随着理论上的批判,而真正的理论批判也必定孕育着理论创新。"①

批判有两个维度,一个是理论维度,一个是实践维度。理论维度的批判包含着自然教育理论之外的既有理论的批判,主要指向经院教育和传统教育。大多数自然教育家都在这个层面对既有理论进行了批判,从而推动自然教育理论在克服既有理论缺陷的基础上实现理论的创新。西方自然主义教育思想史上的每一次批判,都会导致新的理论观点的出现和突破。没有这种批判的"破",就不会有新的自然教育理论的"立"。不仅如此,自然教育家的理论维度的批判还包括自我批判。自然教育家从不标榜自己的理论是终极真理、不可更改的结论,而承认自己的理论是相对的真理,可以在自我的批判中得到修正和完善。从萌芽期到客观化自然教育思想、主观化自然教育思想、心理化自然教育思想、生长论自然教育思想的发展过程中,每一个学派、范式的出现,每一个理论样态的诞生,都蕴含着自我批判与理论建构的统一。没有自我批判,就没有自然教育理论的持续发展,就不会实现从一个范式到另外一个范式的突破。这一方面是由教育实践的动态发展决定的。教育实践不是固定不变的,而是发展的、变化的。自然教育理论要适应教育实践发展的需要,就必须不断地进行自我审视、自我完善。这种自我审视、自我完善内在地蕴含着自我批判。另一方面,是由自然教育理论自身发展的辩证规律决定的。西方自然教育理论是时代的产物,受时代的局限所制约,都包含着不足和缺陷,用伽达默尔的话说,都是"合法的偏见",因而都是可以发展的。而人的认识不是沿着直线进行的,而是一个螺旋上升的过程,永远不可能"完全"地把握自然教育思想的真理,只能不断的"接近"。因此,唯有不断地自我批判,自然主义教育思想才能发现自身的矛盾、教训和失误,从而不断地实现自己在更高水平上的发展。

所谓批判的实践维度,是指自然教育家通过对既有教育实践的批判,实现指导实践,推动自身的发展。理论批判总是和实践结合在一起的,因为自然教育思想的理论批判从根本上讲是源于教育实践的需要,离开了教育实践批判的理论批判,是缺乏生命活力的。教育实践中出现的新情况、新问题,永远是理论批判的动力和源泉。西方自然教育思想的理论批判,不仅要促进自身的发展,更重要的是为了克服教育实践中的弊端,更好地指导实践。"一方面它要体现时代的精神,从现实性的实践活动中获得根据,另一方面,它又要努力超越现实,使现实趋向于自己,使自身的批判成果成为实践的指南或推动实践的发展。"②可以说,每一种自然教育理论都是在实践中得以完善和发展的,也是在回到实践中得到检验和修正,从而不断地接近真理。

---

① 许玉乾.哲学批判与理论创新[M].重庆:西南师范大学出版社,2006:64.
② 许玉乾.哲学批判与理论创新[M].重庆:西南师范大学出版社,2006:45.

教育理论与实践互动的传统是自然主义教育家的核心传统,包含了很多合理的内容。其一,对教育理论与实践关系的辩证认识的观点已接近现代教育科学的认识,是值得我们继承的宝贵经验。尽管现代教育科学界对教育理论与实践关系的认识仍有分歧,但也有一致的地方,都认为一方面教育实践离不开教育理论。教育者掌握了教育理论,就能对教育实践的把握更加人性化,更加睿智,更具真实的意义,更能看出教育实践中的新问题、解决问题的新方法和新程序,另一方面教育理论也离不开教育实践。教育实践能为教育理论提供题材和动力。教育理论是否合理、是否有效,要由教育实践去检验、修正和完善。这也是自然教育家留给我们的宝贵启示。其二,教育理论与实践的互动,不仅是自然教育家的优良传统,而且也是当代教育者普遍认可的教育科学范型。因为它符合科学认识的路线,即实践、理论、再实践、再理论……这种教育理论与实践的良性互动,永远是教育科学发展的动力和源泉。它要求我们无论是从事教育理论研究,还是从事教育实践研究,都要坚持把理论与实践有机结合,因为一切教育理论既有理论的成分,也有包含实践的原理。用杜威的话说,就是"脱离了具体行动和造作的理论是空洞无用的;而脱离了理论的实践也只是抓住了当时条件的机会和享受而没有理论(知识和观念)的指导。理论和实践的关系不只是理论问题;它是一个理论问题,但也是人生中最实际的问题。"[①]因此,应把知与行、理论与实践有机结合,反对二元对立。

诉诸经验的观察历来是自然教育家理论与实践结合的优良传统。亚里士多德、夸美纽斯、卢梭、裴斯泰洛齐、杜威都很重视经验对于教育理论建构的意义。杜威还特别强调教育与经验之间的内在关联:教育是在经验中、由于经验和为着经验的一种发展过程。愈是明确地和真诚地坚持这种主张,对于教育是什么应有一些清楚的概念就愈显得重要。[②] 他甚至认定经验的继续不断的改造是教育的本质内涵,也是儿童生长的理想之所在,并认为"在全部不确定的情况当中,有一种永久不变的东西作为我们的借鉴,即教育和个人经验之间的有机联系"[③]。"以经验为基础的教育,其中心问题是从各种现时经验中选择那种在后来的经验中能够丰满而具有创造性的生活的经验。"[④]我们认为,自然教育家重视经验的教育价值和理论建构价值的传统有其合理性,从教育的角度看,教育者的个人教育观念离不开经验,是存在于过去的经验之中,教育者的实践智慧的获得更是依赖于对经验的观察、反思和体悟。就教育理论的建构而言,无论是教育者直接体悟的经验,还是从他人、群体那里学来的经验,都是教育理论建构的思想源泉。

总之,自然教育家的以批判与理论建构相结合、理论与实践相结合、诉诸经验观察为特征的思想传统,对目前我国如何实现教育理论与实践的结合仍具有启示价值,值得我们坚持和弘扬。

---

① [美]杜威.确定性的寻求[M].傅统先,译.上海:上海人民出版社,2004:284.
② 吕达,刘立德,邹海燕.杜威教育文集(第5卷)[M].北京:人民教育出版社,2008:319.
③ 吕达,刘立德,邹海燕.杜威教育文集(第5卷)[M].北京:人民教育出版社,2008:317.
④ 吕达,刘立德,邹海燕.杜威教育文集(第5卷)[M].北京:人民教育出版社,2008:319.

二、面向当代的教育改革：西方自然主义教育思想的当代使命

（一）弘扬传统，与时俱进

1. 弘扬传统，与时俱进的理由

首先，西方自然主义教育思想的理论与实践相结合的传统是我们必须接受的东西，因为它是先于我们而存在的，已融入我们的视野。"归根结底总是传统先决定我们，在传统属于我们之前，我们已经属于传统，我们始终已经被'抛入'传统，我们只能在传统中进行理解。传统具有一种决定我们在生成的过程中是什么力量，不管我们是否意识到，传统总是影响并形成我们。"①当代的教育理论如儿童观理论、主体性教育理论、个性化教育理论、活动教育理论、生命教育理论等，在面向和指导教育实践时，只有总结历史上自然教育思想的理论与实践相结合传统的智慧、理念和经验教训，合理地继承这个传统的有用的东西，才能最大限度地发挥它的效应。因为我们不能凭空创造，总是在继承前辈遗产的基础上得以创造的。正如马克思所言："人们自己创造自己的历史，但是他们并不是随心所欲地创造，而是在直接碰到的、既定的、从过去承继下来的条件下创造。"②离开了自然主义教育思想的这个传统，当代教育理论与教育实践相结合就会丧失根基，缺乏历史的底蕴，也无法知道是否创新了？多大程度实现了创新？因为，无论是教育理论，还是教育实践，都是从西方自然主义教育思想的这个传统发展而来的，它们与这个传统保持着内在的关联，都会经历一个新旧交替的过程。

其次，西方自然主义教育思想的理论与实践相结合传统存在着修正、完善和发展的可能性。尽管西方自然主义教育思想的这个传统对我们来说不可或缺，对我们的教育观念和教育行为会有潜移默化的影响，但它们对历史的产物，存在着局限和不完美，这就使它们被后来者修正的可能性，因为它是一个开放的系统，内在地蕴含着不断理解、解释和接受变化的潜在，没有这种潜力，西方自然主义教育思想无法融入当代的教育理论和实践之中，实现自身的发展。当教育者心智的创造精神与西方自然主义教育思想这个传统的内部潜力相遇时，西方自然主义教育思想的发展和变迁就成为可能。这意味着，作为主体的教育者面对传统时并非消极被动，而是可以对这个传统加以检验和修正。这是一个"视界融合"的过程："我们在同过去相接触，试图理解传统时，总是同时也在检验我们的成见。我们的视界是同过去的视界相接触而不断形成的，这个过程也就是我们的视界与传统的视界不断融合的过程。"③一方面，我们处于西方自然主义教育思想的传统之中，必然会受到它们的影响；另一方面，我们可以根据当代教育理论和实践发展的需要，对西方自然主义教育思想的理论与实践相结合传统进行理解、阐释、改造和扬弃，选择和采纳有益于

---

① 刘放桐，等.现代西方哲学新编[M].北京：人民出版社，2005：499.
② 马克思恩格斯选集（第1卷）[M].北京：人民出版社，1995：585.
③ 刘放桐，等.现代西方哲学新编[M].北京：人民出版社，2005：500.

我们的东西,做到古为今用、洋为中用,形成新传统、新视界。这种新的视界往往"超越了它们融合的视界的最初的问题和成见,给了我们新的经验和新的理解的可能性"①。

2. 弘扬传统,与时俱进的策略

(1) 自然主义教育思想必须把握时代的脉搏,体现时代的特性

自然主义教育思想是在特定时代的实践的基础上产生和发展的,离开了特定时代的教育实践,自然主义教育思想的发展就会成为无源之水,无本之木。因此,自然主义教育思想要实现与时俱进,就必须反映时代的要求,把握时代跳动的脉搏,服务于时代的实践。只有在时代的实践中找寻时代性问题和理论理论研究的视角,才能实现自然主义教育思想的当代价值。要切实地把握自然主义教育思想发展的方向,就必须以"时代性"为坐标。自然主义教育思想学派的更替,范式的转换,都是基于时代的要求,积极地迎接和回应时代性挑战,才得以实现的。正是与时代同步发展,自然主义教育思想才对时代的教育实践发挥着规范和指导的功能。

与时俱进是西方自然主义教育思想的传统和理论品格,因此,西方自然主义教育思想的发展和理论创新,就必须从"时代性"的实践中把握问题。"任何时代都有着属于自己的特殊问题,都不是在简单重复过去的老问题,因而它们是理论创新的重要根源、动力和标准。"②西方自然主义教育思想经历了萌芽期、客观化自然教育思想、主观化自然教育思想、心理化自然教育思想、生长论自然教育思想的发展历程,每一次变革,每一次突破,都是在回应时代的挑战中实现的。"衡量一种理论是否与时俱进的标准,不是看它堆砌了多少新概念、新名词、新辞藻,而是看它的内容中是否包含着经得起社会实践检验的对时代性问题的解答。"③西方自然主义教育思想的理论创新道路是在回答时代性问题的挑战中得以开辟的。因此,教育者只有反映时代的要求,紧跟时代的步伐,不断地解决时代实践中蕴含的难题,才能真正地实现与时俱进,实现理论创新。否则,如果教育者故步自封,思想僵化,落后于时代,就会使自然主义教育思想被时代所抛弃,退出教育历史的舞台。

(2) 自然主义教育思想必须把握时代的教育发展规律和总体趋势

时代的教育发展是有规律可循,并非茫然无序。教育规律是客观性与主观性的统一。一方面,教育规律具有客观性、必然性的特点。因为它是教育中各种因素之间的本质的必然的联系,不管人们是否认识到,是否喜欢它,它总是对教育活动发生作用,产生影响。不过,人们可以根据规律,预测教育发展的总体趋势。另一方面,它又具有主观性、生成性的特点。因为"教育活动是各教育主体参与其中的人的实践活动,离开了人的教育实践,教育规律就缺失了形成的土壤和呈

---

① 刘放桐,等. 现代西方哲学新编[M]. 北京:人民出版社,2005:550.
② 许玉乾. 哲学批判与理论创新[M]. 重庆:西南师范大学出版社,2006:227.
③ 许玉乾. 哲学批判与理论创新[M]. 重庆:西南师范大学出版社,2006:228.

现的途径。而人的任何实践活动又不可避免地要反映人的目的倾向和价值选择,教育活动是无法排除这种目的、价值预设的,这种预设不可避免地要影响、改变教育活动本身和过程"①。这就使教育规律呈现出主观性和生成性的特征。自然主义教育思想只有从客观和主观两个维度把握了时代教育规律和总体趋势,并与它们相一致、相吻合,才能真正地实现与时俱进。因此,把握时代的教育发展规律和总体趋势,是自然主义教育思想与时俱进的前提。因为"理论只有把握了时代发展的规律或总体趋势,才能真正把握和反映时代。才能实现与时俱进。我们决不能把理论的与时俱进机械地理解为盲目地跟随时代前进。如果理论仅仅是盲目地跟随时代在前进,那么它就不是真正的与时俱进,而只是盲目跟进。这种'与时俱进'的理论是毫无实践价值和时代意义的"②。

自然主义教育思想要实现与时俱进,自然主义教育思想研究的主体必须深入教育实践,从教育实践中总结经验,并把它们上升到理论的高度,从规律层面把握和解决教育难题。尽管教育规律具有时代性、生成性的特点,但有一些规律是颠扑不破的真理,有学者总结为三条:学校坚持以教学为主;教学以传授间接经验为主;教育源于生活,又高于生活。③ 当前基础教育发展的主题和趋势是"教育公平"、"以人为本"、"以儿童为本"、"全面促进儿童身心的和谐发展"。这是自然主义教育思想研究者应把握的规律和趋势。总之,只有把握了教育的规律和趋势,按照合规律和合目的相统一的要求制定教育决策,来规划和指导我们的教育改革,才能真正落实自然主义教育思想的与时俱进。

(3) 自然主义教育思想必须富于创造性

自然主义教育思想必须富于创造性,这是自然主义教育思想与时俱进的核心内涵和题中应有之义。自然主义教育思想之所以必须富于创造性,理由如下。其一,教育实践的发展。教育实践是自然主义教育思想创新和发展的动力和源泉。一方面,教育实践的变化、发展会出现许多新情况和新问题,这些新情况和新问题在自然主义教育经典中找不到的,自然主义教育思想也不可能为解决它们提供现成的具体的答案,这就迫使自然主义教育思想的研究者必须进行变革,创造出新的思想观念和理论学说;另一方面,不断发展着的教育实践会不断地推动自然主义教育思想走向新的境界。西方自然主义教育思想的创新离不开教育实践,"无论在哪个环节或哪个阶段上,都是以实践为根基的。对新问题、新矛盾的发现,是在实践过程中实现的;搜集和获取新材料,更是离不开实践;即便是确定研究对象、进行系统研究、阐发理论体系等阶段上,同样不能无视实践的状况,不能完全撇开实践进程而进行纯粹的理论研究活动"④。其二,其他理论的挑战。

---

① 文雪,廖诗艳.教育规律的人本理解[J].教育导刊,2010(5月号上半月).
② 许玉乾.哲学批判与理论创新[M].重庆:西南师范大学出版社,2006:228—229.
③ 于伟.论坚持合规律性的教育观[J].教育学报,2005(5).
④ 卢培琪,商志晓.在思维的制高点上—对"理论"的新探索[M].南宁:广西人民出版社,1995:192.

西方自然主义教育思想是在继承前人的相关理论如哲学、心理学、伦理学等的基础上得以产生的,它的发展也离不开其他相关理论,是在与其他相关理论的互动和种种关系的调整中实现的,它不能无视其他相关理论的存在。它要获得长足的发展,永葆青春活力,除了贴近教育实践外,它应勇于接受其他相关理论的质疑、评判,甚至指责和非难。自然主义教育思想的理论研究者"应当主动地与各种相关理论打交道,处理好与相关理论的关系。正是在这一过程中,理论才能够得到激励,得到启发,进而得到发展"[①]。其三,理论自身的完善。如果说,教育实践的发展、其他理论的挑战是自然主义教育思想发展的契机和外部动力,那么,理论的自身完善则是自然主义教育思想发展的内部动力。外部动力只有和内部动力结合起来,才能发挥效力。这还与人们对自然主义教育思想的认识过程息息相关。这个认识过程是一个曲折的过程,也是一个螺旋上升的过程,而非直线式的认识过程。正如列宁所说:"人的认识不是直线(也就是说,不是沿着直线进行的),而是无限地近身于一串圆圈、近似于螺旋的曲线。"[②]这表明,自然主义教育思想的发展过程是一个自我完善的过程,经历过由不成熟到成熟、由弱到强、由不完善到完善的过程。这一过程的实现,既需要教育实践的发展、其他理论的挑战提供契机和外部动力,更需要理论的研究者的主体愿望、自我追求以及对既有理论的扬弃和创新。

总之,创新是自然主义教育思想繁荣发展和永葆生机的不竭动力,也是自然主义教育思想与时俱进之根本。它要求理论的研究者要勇于面对时代各种理论和实践的挑战,回应时代的呼唤,创造性地解决时代的难题,并在这一过程中不断推进自身的发展。

(二)树立服务于教育实践的意识

西方自然主义教育思想要走向当代的教育实践,教育研究者除了弘扬传统,与时俱进外,还必须树立服务于教育实践的意识。一方面,自然教育家提出的自然主义教育思想能够指导实践。因为他们提出的自然教育思想是来源于实践又高于实践,从一个侧面深刻地反映了教育规律,体现了教育的本源、本质与本真。"可以说,这些教育思想之所以在今天被我们传颂、被我们研究、被我们引用,就在于这些思想的历史超越性,他们所提出的教育命题值得我们深入思考,他们所提出的教育问题并没有得到解决,仍指引我们探索前行。所以,这些教育思想具有永恒性,我们今天的教育活动、教育实践,特别是培养人的方方面面,仍然要受益于这些思想的源泉,自觉或不自觉地接受他们的指导。"[③]另一方面,教育史学科(包括自然教育思想史)的提升,需要它发挥指导实践的功能。因为教育学科是最具实践性和应用性的学科之一,都有强烈的服务教育实践的使命感,教育史如果没有服务于教育实践的意识,就难以获得和其他学科的平等的学科地位,这

---

① 卢培琪,商志晓. 在思维的制高点上——对"理论"的新探索[M]. 南宁:广西人民出版社,1995:198.
② 卢培琪,商志晓. 在思维的制高点上——对"理论"的新探索[M]. 南宁:广西人民出版社,1995:202.
③ 李立国. 教育思想史的地位和价值[J]. 清华大学教育研究,2013(2).

必然要求教育史研究要面向实践,积极地服务于当代的教育实践。正如有的学者所指出的:"在一个高度追求实用的时代和教育学这样一个具有很强实践使命感的学科系统中,如果远离实用,那么,教育史学科就难逃受歧视的厄运,因为我们放弃了学科的社会责任。"①

自然教育思想的研究者如何树立服务于教育实践的意识? 首先,研究者应认真研读西方自然教育家的理论著作,树立个人的自然教育观念。自然主义教育思想的研究者应该熟读精思自然教育家的经典著作,融会贯通地掌握经典在某个方面所提供的规律性的东西、可能的真理、独特的思想学说、讨论问题的门径和进路、思想的方法和工具,还要清楚自然教育家所处的时代背景,自然教育思想形成的来龙去脉,它们的经验教训。更为重要的是,要对自然教育思想所蕴涵的"事理"揭示出来,使教育实践朝着"事理"的方向发展。这些内容的把握,是树立服务于教育实践意识的前提。个人的自然教育观念越多越深刻,自然教育理论的修养越好,学术的积累越厚重,就越容易融入实践,就越容易为实践注入新的血液、生成强大的现实力量。离开了上述内容,理论与实践的结合就会成为无源之水,无本之木。

其次,真诚地研读"教育实践"这本书。研究者掌握自然主义教育家的理论学说固然重要,是自然教育理论联系实践的前提,但如果对当代的教育实践不了解,缺乏切近的观察和深入的体悟,也无法实现自然教育理论与实践的结合。对于研究者而言,"'教育实践'这本书则不仅需要读,而且需要认真读、真诚地读,克服轻慢心态和过度功利追求地读。舍此,便很难真正锻造出介入实践所需要的情怀和智慧。如果学术藐视现实世界中真实发生中的教育,将有可能失去自己赖以存在的根基。生活是学术最敏感、最有活力的'培养基'。当然在介入实践之前,没有教育学者先天地就精通教育实践,更不可能全面预见到自己的介入对于教育实践所可能产生的影响。因此,教育学者在介入实践之前,可以通过现场观察、对话沟通、或者'弱介入'的方式来积累经验,捕捉反馈信息,以尽可能最大限度地降低介入实践所可能带来的冲突和代价"②。

再次,走进教育实践者的心灵世界。每个教育实践者都有一个独特的心灵世界,在这个心灵世界中有个人的教育观念、实践智慧、内在情感追求。他们"合作的需要可能源于对实践变革的理性自觉,对教育理论在实践变革中可能发挥的影响的信任和期待;也可能是为了消解由对变革的不适应而导致的紧迫感,从而寻求学术支持"③。因此,研究者要和教育实践者建立平等、合作、对话的关系,就必须走进他们的心灵世界,设身处地地了解他们的诉求,用心灵感染心灵,用智慧唤醒智慧。这是自然主义教育思想走进教育实践的关键。身处教育变革中的教育实践者对于变革内容和方法的关注往往多于对变革生态复杂性及变革性质问题的自觉的辨析与判断。此时,

---

① 许可峰.教育史学科如何走近实践[J].国家教育行政学院学报,2010(1).
② 孙元涛.教育学者介入实践:探究与论证[M].重庆:重庆大学出版社,2009:163—164.
③ 孙元涛.教育学者介入实践:探究与论证[M].重庆:重庆大学出版社,2009:165—166.

研究者如果掌握了自然主义教育思想的来龙去脉、它的精髓、它的经验和教训,洞悉时代发展对教育的变革要求,掌握了当前教育的新情况、新问题以及教育实践者的诉求,就能对教育变革的性质作出合理的审视。"只有当教育实践处于变革的生态中,才有可能产生对外部学术力量介入的需求。"①这是研究者必须认识到的事实。

（三）自然教育思想研究者介入教育实践

自然教育思想的研究者应该是行动的参与者,能够介入实践。这会带来多方面的意义。对于研究者而言,介入实践可以深入地了解教育实践的复杂性、生成性,真切地观察、体悟教师的课堂教学和学生的学习。这种观察和体悟会给研究者对教育实践带来真实的感受,有助于研究者积累实践智慧,为理论研究积累新素材、注入新的血液,蕴含着自然教育理论研究的另一种可能路径,从而有可能创生新的理论、新的学说。另一方面,"介入实践是教育学者通过与另一种主体的对话实现自我理解的扩展和更新的过程,是教育学者在'理论生活'之外以另一种方式实现自我成长的过程,也是教育学者以更为开放的视野和心态来重新理解和定位教育研究的性质及其与教育实践(者)之关系的过程"②。从这个意义上讲,介入实践不仅具有认识、研究的价值,还具有生存论的意义,会导致自然教育思想研究者生存方式的转变。对于教育实践者而言,研究者介入实践不仅有可能改变教育实践的"生态",而且有助于改变教育实践者的教育观念、思维方式,变革教育实践者对教育理论的认知态度。自然教育思想的有针对性的介入,会使他们以新的自然教育观念来审视他们习以为常的日常教育实践。"当教育实践者开始对自己的实践进行反思,并经由反思扩展自己的理解,提升实践智慧,甚至创生自己的教育理论时,不仅证实了教育理论的价值,而且在另一种意义上激活了理论的生命力。如果从这个意义上说,教育学者介入实践,的确具有'启蒙'和'解放'的作用。"③

更为重要的是,理论介入实践,可促使理论研究者和教育实践者携手合作,加强自然教育理论与实践的结合。在研究者未介入实践之前,研究者和实践者是相互封闭的相互隔离的。在这种情况下,实践者很难触摸到研究者的理论,因为他们的理论是发表在实践者看不到的"核心"、"权威"刊物上,因而他们提供的"理论"和"启示"只是在学院的圈子传播,影响不了实践者,只有自娱自乐的效果。再加上研究者对理论走向实践所提供的"指导"、开出的"处方"是建立在纯学理的分析之上,不准备在实践中实施它,因而很难使实践者接受它,也就难以影响教育实践活动。我们必须看到,"教育理论与实践的关系不仅取决于我们如何'看',更取决于我们如何'做'。换言之,教育理论与实践之间的关系并不仅仅是预先给定、静候研究者去认识的,而且常常是在研究者与实践者的交

---

① 孙元涛.教育学者介入实践:探究与论证[M].重庆:重庆大学出版社,2009:165.
② 孙元涛.教育学者介入实践:探究与论证[M].重庆:重庆大学出版社,2009:74—75.
③ 孙元涛.教育学者介入实践:探究与论证[M].重庆:重庆大学出版社,2009:79.

往互动中不断生成的。于是两类不同的主体各自选择什么样的生存方式和交往方式,将直接影响理论的品质和样态,影响实践的路向和状态,从而也就决定了教育理论与实践关系的表现形式"①。

研究者介入实践,其价值在于它将改变教育实践者看问题的思维方式和参照系,使他们认同和接受研究者的理论和思维方式,有助于研究者和实践者建立良好的交往、互动、平等对话的关系。这无疑会冲破两者的封闭状态和隔离状态,使他们携手合作,共同解决理论与实践相结合的问题。在这种情况下,实践者会乐意地接受研究者的理论,反思自己的教育观念,反思自己的教育实践活动,从而更新个人的教育观念,形成新的实践智慧,使理论与实践的关联更加契合、紧密。

(四) 在面向教育现实中超越和反驳实践

自然教育思想的研究者既可以"介入教育实践",也可以和教育实践保持一定的"间距",从教育实践中抽身出来,超越和反驳实践。作为一个自然教育思想的研究者和拥有者,如果完全融入教育实践,就有可能使自己研究者的形象变得模糊,失去感受和观察教育实践的敏感性,从而不可能深度理解教育实践。只有对教育实践保持"间距",才能找到问题的症结和解决的策略,才有可能以合理的姿态介入实践,不至于涉入过多的价值因素。"教育学者暂时离开实践场景所进行的学术积累和学术研究,并不因其尚未直接进入教育就不具有现实意义,恰恰相反,越是在厚重的学术积累基础上的'介入',越容易转化生成一种真实而强大的现实力量。"②这种现实的力量,一方面表现为使教育实践产生对外部学术力量介入的需求。研究者通过"场外的考察"和"学院式"的研究,能够清晰地把握自然教育史上教育变革的经验和教训,"并能借助于对世界整体变局、国家发展主题以及社会发展的整体走势的解读和判断,洞悉到当前社会发展之于教育的影响和提出的变革要求,以及当前教育的实然状态,就可能对教育变革的性质作出合理的判断。只有当教育实践处于变革的生态中,才有可能产生对外部学术力量介入的需求"③。另一方面表现为超越和反驳教育实践的力量。这是更为根本的力量。

长期以来,教育界在教育理论与教育实践的关系上盛行"理论源于实践"和"理论指导实践"的观点,而忽略了教育理论对教育实践的超越和反驳的思想。事实上,西方自然主义教育思想作为一种具有批判特质的理论,能够为当代的教育实践提供"批判的武器",不断地变革人们的教育世界图景,改变人们的教育思维方式,确立新的教育价值观念,引导人们把不合理的教育实践变为合理的、理想的教育实践。正如伽达默尔所指出的:"理论反驳实践"④,"一切实践的最终意义就是超越实践本身。"⑤

---

① 孙元涛.教育学者介入实践:探究与论证[M].重庆:重庆大学出版社,2009:21—22.
② 孙元涛.教育学者介入实践:探究与论证[M].重庆:重庆大学出版社,2009:162.
③ 孙元涛.教育学者介入实践:探究与论证[M].重庆:重庆大学出版社,2009:164—165.
④ [德]伽达默尔.赞美理论[M].北京:三联书店,1988:21.
⑤ [德]伽达默尔.赞美理论[M].北京:三联书店,1988:46.

西方自然主义教育思想对教育实践的"反驳",意味着它可以和当代的教育实践保持一定的"间距",批判地反思教育实践活动,肯定和张扬当代教育实践的合理方面,批判当代教育实践的不合理方面,其目的在于引导和推进当代教育实践的合理化进程,其实质是对当代教育实践的一种批判。当代的教育实践并不都是值得肯定和赞美的,其中蕴涵着各种无效的或负效应的实践。这从以下方面表现出来。(1)唯理智教育。这是一种以传授理性知识,发展理性能力为唯一目标的教育。人的情感、意志等非智力因素被排除在教育目标的视野之外。教学过程只关注理性知识的积累,不关注学生情意的发展。"人们总是倾向于掌握更多、更多的知识,掌握知识体系中分枝的分枝,直至无穷,这种'全面狂'是过度强调教育的一种价值——以知识为目的,而忽视其他价值的结果。"①这种重认知轻情感的理性教育必然导致学生感受力衰退、情感冷漠、精神生活贫乏,无助于学生身心的健康发展。(2)模式化教育。这是一种按照统一的标准和要求塑造学生,以期达到形成学生相同素质的活动。它是对个性化教育、多样化教育的反动,扼杀了学生的个性。"它意味着只有一种选择、一个模式、一套做法,明显体现出单一、刻板和程式化的特点。这种教育'以牺牲精神自由为代价','按照标准化的模式塑造人'。"②(3)功利主义教育。这是一种以片面追求功效和利益为目的的教育。反映到教育目标上,就是重智育,轻德体美;重成才,轻成人,一切以获取功名利碌为最高追求。反映到教育内容上,就是重科学轻人文,只关注与物质生活有关的科学教育和实际有用的知识技能,排斥与精神世界相关的人文教育和人文知识。反映到教育行为上,就是把它看成是学校教育的指挥棒,把分数看成是衡量学校、教师、学生的唯一标准。教师拼命地教知识,学生拼命地学知识,其结果必然导致教师和学生都成为知识的奴隶,成为追逐名利的工具,忘却了生活的意义、人格尊严和精神境界的提升。"现代教育陷入了功利主义,这是可悲的事情。这种风气带来了两个极端:一个是学问成了政治经济的工具,失掉了本来应有的主动性,因而也失去了尊严性;另一个是认为唯有实利的知识和技术才有价值,所以做学问的人成了知识和技术的奴隶,由此产生的结果是人类尊严的丧失。"③(4)灌输主义教育。这是一种忽视学生兴趣,向学生强行灌输知识的教育,其特征是强调记忆,轻视思考;强调训练、标准,轻视想象和创造性;强调统一要求,忽视个性差异的"填鸭式"的教育。巴西教育家弗莱雷批判了这种灌输主义教育,指出它有10个弊端:"(1)教师教,学生被教;(2)教师无所不知,学生一无所知;(3)教师思考,学生被思考;(4)教师讲,学生听—温顺地听;(5)教师制定纪律,学生遵守纪律;(6)教师做选择并将选择强加于学生,学生惟命是从;(7)教师作出行动,学生则幻想通过教师的行动而行动;(8)教师选择学习内容,学生(没人征求其意见)适应学习内容;(9)教师把自己作为

---

① [英]约翰·怀特.再论教育目的[M].李永宏,译.北京:教育科学出版社,1997:139.
② 何齐宗.审美人格教育论[M].北京:人民教育出版社,2004:122.
③ [日]池田大作,[英]汤因比.展望21世纪[M].荀春生,等译.北京:国际文化出版公司,1985:61.

学生自由的对立面而建立起来的专业权威和知识权威混为一谈;(10)教师是学习过程的主体,学生只纯粹是客体。"①总之,学生被当成灌输知识的容器,只能重复、机械地接受知识,缺失批判、质疑、思考、创造的精神和能力。

由此可见,上述四种教育是负效应的教育实践,无论对教师,还是对学生而言,都会对阻碍其主体性的发展,因而在本质上是一种反主体效应的不合理的实践,是一种背离了学生身心健康发展的实践。这种实践既是在一定的错误的教育观念和教育理论下产生的,又必然会在它的土壤上孕育着新的错误的教育观念和教育理论,从而作为一种消极的力量与人类进步的、合理的教育实践相抵触、相冲突,破坏着人类教育实践的健康发展。要克服这四种教育的弊端,使人类的教育实践得以健康发展,发挥自然教育思想对不合理教育实践的批判功能,无疑是重要的路径。因为它是一种具有批判特质的理论,它对现有的教育实践不是简单的再现和反映,而是在对不合理教育实践的批判的"反驳"的基础上促使现有教育实践展开自己合理化的进程,进而为自己的合理发展、自我建构、与时俱进创造出合理的对象性前提和现实基础,实现自己的有效发展。

(五)在面向教育现实中实施"自我批判"

西方自然主义教育思想是在"自我批判"中实现对实践的反驳的。"自我批判"是西方自然主义教育思想面向实践的基本方式。离开了"自我批判",也就不能真正实现教育理论和教育实践的自我超越。因为自我批判是西方自然主义教育思想的理论特质,也是西方自然主义教育思想实现理论创新的内在动因。它是批判主体对自身存在的反思和批判,其目的是实现对自身局限的扬弃和超越。对现实和其他教育学说的批判只有和自我批判结合起来,才能成为发现、诠释和发展真理的重要路径。

西方自然主义教育思想的自我批判之所以必要,是因为它是实现理论创新和自我发展的有力保障。"一种缺乏自我批判精神的理论是无法得到真正的自我发展的。当理论自身内部的缺陷随着实践的发展而不断暴露,而理论又不能实行自我批判以克服这些缺陷的时候,那么唯一的结果就是被时代所抛弃,被其他的具有自我批判精神的理论所代替。"②西方自然主义教育思想是具有自我批判特质的理论,每一个学派的出现,每一个范式的更新,都蕴含着自我批判。它能以否定性思维看待教育实践,揭示教育实践所蕴含的多种可能性;以否定性思维反思教育理论的各种前提,揭示教育理论前提的多种可能性,进而为人们展示教育的新世界,提示教育的新理想。这就是说,西方自然主义教育思想不仅具有批判性,而且具有建构性。它不是为批判而批判,而是在批判中建构新的思想,推进自身的发展,使之走向一个新境界。

---

① [巴西]保罗·弗莱雷.被压迫者教育学[M].顾建新,等译.上海:华东师范大学出版社,2001:26.
② 许玉乾.哲学批判与理论创新[M].重庆:西南师范大学出版社,2006:43.

首先,自我批判是由发展的变化的教育实践决定的。当代的教育实践具有动态性、复杂性和生成性的特点,充满着不确定性。它向自然主义教育思想提出了各种挑战。西方自然主义教育思想要正确地、深刻地反映教育实践,接受它的挑战,就必须立足于教育实践,不断返回到理论自身进行自我反思、自我批判,追问西方自然主义教育思想的前提和根据,修正、发展和完善理论自身,使之充满活力,不断超越自己,迈向一个新高度。

其次,自我批判是由西方自然主义教育思想自身发展的辩证规律所决定的。这是因为"人类的认识是思维对客的永远的、没有止境的接近,但永远也不能通过所谓绝对真理的发现而达到神圣的顶点。并且,人的认识也不是沿着直线进行的,而是无限地近似于一串圆圈式螺旋的曲线。因此,任何关于认识、真理的一劳永逸、一蹴而就的企图都是违背认识发展辩证法的"[1]。西方自然主义教育思想也不例外。自然主义教育家从来不把他们的理论看成是某种既定不变的教条,而是把它们看成是特定时代的产物,是有不足、缺陷的。按照伽达默尔的说法,它们都是"合法的偏见",都不是终极真理,都具有暂存的性质,都要接受理性的审视和批判。这就为自我批判提供了前提。唯有自我批判,才能发现理论自身的缺陷和教训,从而不断地更新自己获得更高层次的跃迁。自我批判的实质是克服自身存在的弊端,破除自身不适应教育实践的僵化的、教条的、落后的、保守的东西,促进自身和教育实践的双重发展。

第二节 强化西方自然主义教育思想当代价值研究的问题意识

一、问题意识之于西方自然主义教育思想当代价值研究的重要性

西方自然主义教育思想在其发展中形成了追问问题、自我反思和自我批判的传统。17世纪客观自然教育家夸美纽斯提出的问题是:教育如何适应自然的"秩序",以提高教育教学效果?18世纪的主观化自然教育家卢梭致力解决的问题是:教育如何适应儿童的内在的自然本性,确立"儿童就是儿童"的观念,以提升儿童的主体性?19世纪的心理化自然教育家裴斯泰洛齐、第斯多惠、福禄培尔面临的问题是:教育如何适应儿童的心理特点和规律,使教育心理学化?19世纪末20世纪初的生长论自然教育家杜威要解决的问题是:教育如何促进儿童本能的生长,实现教育即经验的改造?这意味着自然主义教育思想是在研究问题的过程中发展的,是在追问问题、反思和批判已有学术的基础上确立理论范式,形成理论样态的,它是一种与时俱进的理论。缺失问题意识,就会导致研究的平面化,就不可能有理论上的聚焦;缺失理论聚焦,就不可能形成对西方自然主义教育思想某些问题的特别关注;而没有新问题的出现,西方自然主义教育思想当代价值研究就会重复原有的研究理路和研究模式,就难以有较大的突破和创新。

---

[1] 许玉乾.哲学批判与理论创新[M].重庆:西南师范大学出版社,2006:44.

事实上,西方自然主义教育思想史就是一部不断提出问题和解答问题的历史。我们今天研究西方自然主义教育思想当代价值,也要弘扬这种不断提问和释问的传统,使研究充满问题意识。

问题意识的重要性,可以从两个维度展现出来。首先,问题意识是西方自然主义教育思想当代价值研究的重要的生长点。我们对西方自然主义教育思想当代价值研究,不能停留在诠释自然教育家的著作或只是叙述自然教育思想的历史嬗变上,还应以问题的方式提出新的研究课题,激活西方自然主义教育思想的研究,看自然教育家是如何解答的,解答的程度如何,哪些问题已经解决了,哪些问题尚未解决。尤为重要的是,要密切关注理论本身问题的发展。西方自然主义教育思想在当代肯定会遇到在经典的自然教育家那里找不到具体答案的问题,而解决这些问题的资源又存在于自然教育家的文本之中。这就要求我们通过问题的研究,将文本和西方自然主义教育思想史置于当代的语境中作出新的考察,力求在细微之处见精神,回到自然教育家的思想源头,挖掘、提炼和概括西方自然主义教育思想的基本内容,再现文本的意义,从而彰显出西方自然主义教育思想的新的理论价值。这样的研究结果,一方面使西方自然主义教育思想的新的理论价值得以呈现,另一方面可以避免理论的僵化,使西方自然主义教育思想永葆青春活力。基于此,我们应加强西方自然主义教育思想的专题研究,不断地提出问题,使西方自然主义教育思想当代价值研究不断得到激活和深化。

其次,问题意识是西方自然主义教育思想在当代教育实践中的价值得到实现的重要途径。西方自然主义教育思想当代价值要在当代的教育实践中得到实现,其根源在于现实的教育问题。问题意识不是任意想象出来的,而是由现实的教育生活唤起的。正是教育生活的某些问题、矛盾的凸显,使得教育的问题意识得以日益强化。真正的"问题意识"是与时代发展中所蕴涵的重要问题是密切关联的。对于西方自然主义教育思想当代价值研究而言,要研究的问题非常多,如儿童的天性发展问题、儿童的个性化发展问题、生命教育问题、消极教育问题、主体性教育问题、活动教育问题、儿童观问题等等。在21世纪的今天,哪些问题特别重要,哪些问题迫切需要加以研究、解决,这不是由西方自然主义教育思想本身决定的,而是由当代的教育实践的需要引发的。时代的教育内容变了,时代的语境变了,教育实践面临的问题变了,理论研究的问题也要随之改变。今天探讨西方自然主义教育思想的当代价值,不在于翻新概念和术语,也不在于建构新体系,而在于真正面向现实的教育世界,用西方自然主义教育思想的立场、观点研究现实教育世界中的重大问题,为教育的发展提供新思路和理论参照。从根本意义上来说,西方自然主义教育思想的当代价值就在分析和解决教育发展中的重大理论课题和实践课题中加以显现和实现的,因此我们不能泛泛而谈西方自然主义教育思想的当代价值,而应当通过对问题的审视和考察,使其理论价值得到真正的彰显。

二、如何强化西方自然主义教育思想当代价值研究中的问题意识

（一）培养研究者的好奇心

好奇心是问题意识的核心。好奇心是对新事物、新知识的浓厚的兴趣和求知欲望，是对"智慧"的热爱和追问。爱因斯坦在总结自己的科学经历和科学成就时曾深刻指出，"我没有别的天赋，我只有强烈的好奇心；我没有什么别的才能，不过喜欢寻根究底地追究问题罢了"。这表明，爱因斯坦的成功与好奇心密切相关。好奇心是创造力的原动力，是创造性人才求知欲望的一种具体体现。好奇心越强，弄清楚"是什么"和"为什么"的心情就越迫切，揭示事物和现象的本质和规律，以获取和增长知识的欲望越强烈。一个人一旦失去了好奇心，就会安于现状，不思进取。钱理群先生要求研究者看世界要有"黎明的感觉"，即每天一夜醒来，一切都成为过去，然后有一个新的开始，用黎明的感觉来重新感觉这个世界，重看周围的世界都是新的。黎明的感觉，就是我们中国古代所说的"苟日新，日日新，又日新"①这个观点极为深刻。如果我们的研究者对新的东西始终保持"黎明的感觉"，婴儿看世界的眼光，重新观察一切、感受一切、发现一切，以求新、求异、求奇的态度研究西方自然主义教育思想的当代价值，就会不断地趋向创新，取得最好的研究成果。

（二）培养教师质疑的精神

问题意识的另一个核心成分就是质疑。质疑要求教师凡事都要问一个"为什么"，追问"它究竟有什么根据"，打破砂锅问到底，不轻信，不盲从。学贵有疑，疑是一切创造的基础。质疑是发现的设想，是探索的动力，是从事创新的前提。很多思想家都强调质疑的重要性。孟子说："尽信书则不如无书"；宋代理学大师朱熹说过："读书无疑者，须教有疑，有疑者却要无疑，到这里方是长进"。宋代另一位学者陆九渊认为，"为学患无疑，疑则有进，小疑则小进，大疑则大进"。胡适讲："不要轻于相信，要怀疑书，要怀疑人，怀疑自己，不要轻于相信人家，……所谓'三个不相信，出个大圣人'我对这话非常佩服，所谓'打破砂锅问到底'，都告诉我们要怀疑。"②之所以要质疑，是因为"学问之道，必有怀疑然后有新问题的发生，有新问题发生然后有研究，有研究然后有新发明，百学皆然"③，质疑是对已有教育观念的扬弃，是实现自我超越的有效路径，它意味着否定，意味着发现，意味着创造，意味着超越。质疑就是在原来没有问题的地方发现新问题，它不仅可以指向我们在实践中遇到的新矛盾、新冲突、新困惑、新问题，而且可以指向习以为常的观念和行为，从而在思考和追问中实现创新。

（三）要强化提出问题的能力

按照爱因斯坦的理解，提出问题比解决问题更重要。提出新的问题，新的可能性，从新的角

---

① 钱理群.我的教师梦[M].上海：华东师范大学出版社，2008：169.
② 胡适.胡适文集(第12册)[M].北京：北京大学出版社，1998：479.
③ 徐有富.治学方法与论文写作[M].南京：南京大学出版社，2003：126.

度看旧的问题,都需要创造性的想像力,而且标志着科学的真正进步。正是不断提出新的问题,不断地进行新的探索,构成了研究的动力和活力。而提出问题必须面向教育现实,面向生活世界,对教育发展过程中出现的新矛盾和问题予以及时的发现和准确的把握,并使之转化为教育研究课题。离开了教育现实,"问题研究"只能是一句空话。因此,教育史研究者应有强烈的"问题意识",善于从当前的教育改革实践当中寻找需要思考和解决的问题,如主体性教育问题、活动教育问题、个性化教育问题、生命教育问题、儿童观问题等等。

(四)要把提出问题和解决问题有机结合,达到"改变"教育世界之目的

"鉴于教育问题的复杂性和教育实验研究的缜密性,对教育问题的最好的解答恰恰应该来自教育史,因为教育史是教育思想最理想的试验场。正因为如此,教育史学家绝不应该在当代教育问题的讨论中缺席,要积极发出自己的声音"[①],根据自然主义教育思想的立场、观点,提出切合实际的新的发展思路和发展对策,落实到"解决问题"上。为此,教育史研究应不断的强化科学地提出问题、深入地探索问题、合理的解决问题的能力,从我国当代的教育实践出发,进入到西方自然主义教育思想的理论视野,然后再从这种理论视野回到目前我国的教育现实,从理论和实践的结合点上寻求西方自然主义教育思想的当代价值。西方自然主义教育思想的当代价值就在于契合了当代教育所面临的问题,能够启发教育者对教育问题的思考,并为切实的解决这些问题提供了正确的理论指导。

---

① 许可峰.教育史学科如何走向实践[J].国家教育行政学院学报,2010(1):32—37.

第八章 实现西方自然主义教育思想当代价值的路径(下)

第三节 增强西方自然主义教育思想当代价值研究的对话意识

一、对话是西方自然主义教育思想的重要传统

对话和问题意识一样是西方自然主义教育思想的重要传统。综观西方自然主义教育思想的历史嬗变,我们可以清楚地看到,每个时代的教育家都是在研究和解读以往的自然教育思想时展开自己的思考的,他们艰苦卓绝的运思为自然教育的理想境界增添了丰富的内容。他们对自然教育思想的探索,不仅说明了"教育是什么"的事实,更表达了"教育应该是什么"的理想情感以及"后人应该如何做"的价值追问。这显示了自然教育理论对于人类精神世界所能产生深刻影响的崇高理想。唯有教育家们的这种意义的追问,才使教育与人发展关系的历史真正复活于后人的心中,才赋予过去的岁月以新的意义与价值。另一方面,我们必须看到,由于时代、哲学、科学、文化的影响,教育家们解决教育问题的方式又不尽相同,具有鲜明的个性色彩,甚至具有不可替代的典型特征,从而在自然主义教育思想发展史上树起了一座座"里程碑"。他们解决教育问题的方式、对人与教育世界相互关系的解释原则和概念框架各有其独立的意义和价值,从而也为后人解决教育问题提供了各种各样可供选择的可能方式。

自然主义教育思想既是历史性的,同时又超越了历史,在任何时候任何情况下都具有现实性,因为自然主义教育思想从来就不是什么死的材料的堆积,而原本就是"活"的学问,是一种活生生的思想律动,它们构成了整个西方教育思想发展图景的有机部分,自然主义教育思想就是教育家们相互之间进行思想"对话"的过程,也可以说自然主义教育思想就"活"在思想与思想的对话之中。"对话"意味着相互间的平等交流,也即"视界交融"。事实上,自由交流、平等对话,历来就是自然主义教育思想发展和繁荣的必须条件和现实手段。换言之,自然主义教育思想的发展和突破就源于自然教育家之间的"对话"与"交流"。自然主义教育思想范式的更替、学派的创立,都是在对话和交流的基础上进行的。

自然主义教育家们相互之间之所以能够对话,首先是因为他们有共同的论域:自然主义教育思想。他们是在自然主义教育思想的旗帜下表达教育的理想和信念的。其次是因为他们有共同的论题或话题:教育与人的发展问题。这是一个没有终极答案的、万古常新的教育问题。尽管由

于历史、文化、社会等因素,这些问题在不同的历史时期有不同的内容,会发生形态上的变化,但在根本上是一致的,按照我们的教育史观,教育理论不仅起源于教育与人的发展的问题,而且它的意义和价值就体现在对这个问题的永恒的探索和追问之中。因而,在此意义上说,现代教育理论就是自然主义教育思想发展的结果,而自然主义教育思想史就是教育与人的发展的问题史。

第三,因为他们有相同或相似的思维方式。其一,教育要效法自然界及其规律。在这一思维方式的视野中能够对话的有人文主义教育家、夸美纽斯等。其二,教育要遵循人的本性(天性),这是一种人本化的教育思维模式,由亚里士多德开创,经人文主义教育家、夸美纽斯的发展,最终由卢梭确定——教育要遵循人的"内在本性",影响了康德、裴斯泰洛齐、福禄培尔、第斯多惠和杜威的思维路径。其三,教育教学要心理学化,促进人的心理发展。在这一视界中能够对话的有裴斯泰洛齐、赫尔巴特、福禄培尔、第斯多惠、杜威。可以说,这些相同或相似的论域论题和解决教育问题的思维方式,使自然教育家们相互间的对话成为可能。

正是在自然主义教育思想"活"在思想与思想"对话"的意义上,我们说,自然教育思想不仅具有"历史性",而且具有"现实性"。因为自然教育家所面临的教育问题同时也是我们所面临的问题,所以他们的解答方式对我们来说具有超越时间和历史的意义:教育史上已经过去了的自然主义教育思想实际上并没有过去,它们作为一条条思想之路构成了我们教育思想存在的一部分,所以我们的思想包含而且必须包含过去的思想才成其为思想。或者说,离开了自然主义教育思想,我们的现代教育思想便是残缺不全的,因而"历史性"在此就有了"现实性"的意义。

二、弘扬对话传统,提升西方自然主义教育思想当代价值研究的对话意识

实现西方自然主义教育思想的当代价值,需要它与当代教育理论,如个性化教育理论、主体性教育理论、活动教育理论、自由教育理论、生命教育理论等进行深入的对话。但对话应以所要解决的问题为前提,而不是进行抽象的对话。"教育史研究者要进入古人的教育世界,不是带着空空如也的头脑,而是用自己的头脑带了现代的教育问题和观念。这就决定了我们只能以我们自己的现有观念去理解古人。古人的教育智慧将启示我们,但这种启示绝不是完整的、也绝不是原原本本的,而只能在我们已有的智慧基础上促进这种智慧的生长。智慧是智慧与智慧碰撞的火花。"[①]与自然主义教育家的对话必须是一种"高端对话",双方都代表了自己时代教育思想发展的最高水平。"我们对当代各种教育问题和教育理论了解越多,对当代教育感悟越多、思想越深刻,就越容易从教育史中获得更多的启迪"[②],越容易从自然主义教育家那里得到更多的帮助。因此,我们应积极关注和思考各方面的教育理论和实践问题,以作为我们与自然主义教育家对话的

---

① 许可峰.教育史学科如何走向实践[J].国家教育行政学院学报,2010(1):32—37.
② 许可峰.教育史学科如何走向实践[J].国家教育行政学院学报,2010(1):32—37.

平台。离开了所要解决的问题,抽象地谈论西方自然主义教育思想是没有真实的意义的。因为从问题出发研究教育是西方自然主义教育思想的精神实质。我们是为了解决教育的理论问题和实践问题而向自然主义教育家求教的,也是为了解决问题去批判地继承现代各种教育理论的合理因素的。对话便是真理的敞亮和思想本身的实现。我们的立足点不是实现"解释学"意义上的创新,而是要立足现实的教育问题,根据教育变化的实际,进行理论创新的。因为西方自然主义教育思想的"原初语境"与我们今天的时代语境有很大的不同,仅仅"回到西方自然主义教育思想"是寻找不到现成答案的。随着教育问题的创造性解决,必将是西方自然主义教育思想的当代价值的实现和彰显。

当教育史研究者从历史返回现实的时候,还需要与一般的教育工作者进行对话。唯有"对话",才能使西方自然主义教育思想的当代价值为一般的教育工作者所掌握,并走进他们的心灵世界。"我们能与人交流的,只能以我们自己的方式,也只能是我们自己的内容——一种努力吸收了古人智慧的我们自己的智慧。但要使自己的方式和内容为同时代人了解,我们还需要回到共同关心的话题、使用能够共同理解的话语。这同样要求我们积极关注各方面教育理论与实践问题,以之作为与今人对话的平台。"①总之,对话是连接理论与现实、古人与今人的纽带和桥梁,也是实现西方自然主义教育思想的当代价值的重要路径。

第四节 西方自然主义教育思想中国化

一、西方自然主义教育思想中国化的理论内涵

研究西方自然主义教育思想中国化,必须首先要弄清楚西方自然主义教育思想中国化的理论内涵,对此,我们可以从两个方面加以论述。

首先,西方自然主义教育思想中国化,是指西方自然主义教育思想与中国当代教育的具体实践相结合。西方自然主义教育思想只有和中国当代教育的具体实践相结合,才能实现它在中国的当代价值。如果它不符合我国的国情、教情,就难以融入到我国的教育之中,出现"水土不服"的现象,就无法实现其当代价值。强调两者的结合,意味着要用西方自然主义教育思想的立场、观点分析中国当代的教育实践,从中提炼出具有时代性的教育问题,并通过对它们创造性的回答,生成新的教育理论样态,用发展着的西方自然主义教育思想,来指导中国当代的教育实践,推进西方自然主义教育思想的当代价值在中国的实现。

其次,西方自然主义教育思想中国化,是指西方自然主义教育思想与中国优秀的传统教育思想相结合。优秀的传统教育思想为西方自然主义教育思想中国化提供了土壤和前提。为了实现

---

① 许可峰.教育史学科如何走向实践[J].国家教育行政学院学报,2010(1):32—37.

西方自然主义教育思想在中国的当代价值,我们对传统教育思想必须采取传承与批判相结合的态度,取其精华,弃其糟粕,用改造了的传统教育思想与西方自然主义教育思想相融通,赋予西方自然主义教育思想中国本土化的特色。西方自然主义教育思想要得到发展,在中国的当代价值要得到实现,必须与中国优秀的传统教育思想相融通,因为优秀的传统教育思想不仅是一种学术、思想资源,而且它本身是我国国情、教情的重要组成部分,如果缺失了它们,西方自然主义教育思想的当代价值就难以彰显,其中国化也不可能实现。可见,西方自然主义教育思想中国化,离不开对中国传统教育思想的批判、继承与融合。

二、西方自然主义教育思想中国化何以可能

（一）西方自然主义教育思想中国化的合理性

1. 从西方自然主义教育思想的本性上看,它具有不同于自然科学的科学性

西方自然主义教育思想是一种人文学问,它与自然科学有着本质的区别。自然科学研究的对象是自然,而作为人文学问的西方自然主义教育思想研究的对象主要是人。前者关注的是客观事实和实在,后者关注的是人的精神。其间的差异在于"精神能理解的,只是它已经创造的东西。自然界、物理科学的对象,则包含着独立于精神而出现的实在。人主动打上其印记的一切,构成了人文研究的主题。"[①]自然科学具有不分民族、国界而普遍适用的特征,而西方自然主义教育思想的科学性,虽然也具有普遍适用和世界性的特征,但它不同于自然科学的普遍适用:它需要同各民族、国家教育的具体情况相结合,才具有普遍性。就中国而言,西方自然主义教育思想作为一种外来的教育,它要发挥指导作用和显示其价值,就有一个具体化的过程,即必须同中华民族的国情、教情相结合,唯有如此,西方自然主义教育思想中国化才能得到实现,获得成功。这也是西方自然主义教育思想中国化普遍性的内在要求。

2. 从西方自然主义教育思想的理论品质看,西方自然主义教育思想是发展着的人文学问

西方自然主义教育思想具有与时俱进的特点,它是一门发展着、开放着的学问。它从来不宣称自己是教育真理的终极者,而只是开辟了教育真理发展的道路,它需要各民族教育的参与,来促进它的发展。这意味着,西方自然主义教育思想的发展,也离不开中国人的参与。中国的教育者既可以根据中华民族优秀的教育传统和中国特色的自然教育思想来补充、完善西方自然主义教育思想,也可以在教育实践中通过反思,提炼出新的课题,接着已有的西方自然主义教育思想继续前行。这无疑会呈现出中国特点和中国气派。在这个意义上而言,所谓西方自然主义教育思想中国化,就是中国教育者参与和发展西方自然主义教育思想的过程。这无疑会实现教育的民族性与教育的世界性的融合。

---

① [挪威]希尔贝克.西方哲学史[M].童世骏,等译.上海:上海译文出版社,2004:15.

3. 从西方自然主义教育思想服务于教育的角度看,也需要使之中国化

我们研究西方自然主义教育思想的目的在于,服务于当前的教育改革,为当前的教育改革提供借鉴与启示,实现西方自然主义教育思想的当代价值。而要达到这一点,需要中国教育者创造出新的理论学说,写出新的教育著作,产生出中国的教育理论家。只有通过这些努力,实现西方自然主义教育思想中国化才有可能。更为重要的是,我们必须认识到,在时代不断变革、文化全球化的当代,仅仅依靠传统的教育思想是难以推进教育的现代化建设,需要根据中国的国情,不断吸收、融合外来的先进的教育理论,来解决当代教育改革的理论问题和实践问题。在这种先进的教育理论中,西方自然主义教育思想无疑是一种重要的理论。由此可见,西方自然主义教育思想中国化,既是时代的需要,也是中国教育理论和实践发展的客观需要。

(二) 西方自然主义教育思想中国化的可能性

1. 西方自然主义教育思想的基本原理为中国化提供了丰富的思想资源,是中国化的理论基石

西方自然主义教育家在西方自然主义教育思想的历史嬗变中积累了丰富的教育经验,形成了颇具自然主义特色的自然主义教育思想,为现代的进步教育运动、"新教育"运动、人本主义教育运动、自由教育思潮的发展提供了思想源泉,也为我国当代的教育改革提供了正确的理论指导。我国教育理论和实践的变革证明,西方自然主义教育思想在今天仍然具有强大的生命力,显示出重要的当代价值,是我们需要不断总结和吸取的宝贵的教育遗产。西方自然主义教育思想的基本原理可以概括为以下几点。

(1) 自然主义教育目的观。西方自然主义教育家尽管在不同时期对教育目的的表述有所不同,如卢梭提出培养"自然人"的教育目的,第斯多惠提出培养"全人"的教育目的,杜威提出培养"生长的人"的教育目的等,但都强调反对旧教育(特别是封建教育),培养体现新时代要求,服务于新社会的身心和谐、自由全面发展的新人。亚里士多德要求通过德育、智育、体育,培养和谐发展的人。文艺复兴时期的人文主义教育家不仅重视德育、智育,还十分重视体育和美育,要求培养德、智、体、美和谐发展的人。夸美纽斯强调培养博学、德行和虔敬的新人。卢梭笔下的"爱弥儿"更是身心结合、和谐发展的典型:"我们使爱弥儿锻炼身体和感官,接着训练他的心意和判断,最后把他的四肢劳动和才能结合起来,使他成为劳动者和思想家。"① 裴斯泰洛齐提出了使儿童天赋的内在力量都得到和谐发展的教育目的。第斯多惠强调教育目的在于培养真、善、美的"全人"。杜威则强调教育目的在于培养身体、本能、智慧、德行、情感都得到发展的"生长的人"。"自然主义教育家重视人的和谐发展,强调人的身心健康,重视人的体、智、德、美、劳的教育,不

---

① 张焕庭主编.西方资产阶级教育论著选[M].北京:人民教育出版社,1979:125.

仅拓宽了人的发展和教育的领域,而且也使人的发展和教育与社会现实联系起来,使人的发展和教育更加面向实际,面向儿童的自身需要,为教育理论的研究和实践的结合提供了有利条件。"①

(2) 自然主义儿童观。对儿童观的认识和把握,是自然主义教育家研究的重要课题,它关涉到教育的前提和出发点。然而,长期以来,在教育界盛行"神性"儿童观和"小大人"儿童观,导致人们忽视了儿童与成人的差异,没有看到儿童具有与成人不同的特点。从根本上改变这种状况的是18世纪的杰出教育家卢梭。他首次发现了"儿童"概念及儿童的独特地位,他说:"在万物的秩序中,人类有它的地位;在人生的秩序中,童年有它的地位;应当把成人看作成人,把孩子看作孩子。"②这种"把孩子看作孩子"的思想是卢梭儿童观的核心理念,它的内涵是:儿童是柔弱的存在;儿童是感性的存在;儿童是自然的存在;儿童是自由的存在;儿童就是儿童;儿童是教育活动中的主体;儿童有自身的价值和发展规律。③后来美国教育家杜威进一步发挥了这个思想,明确提出了儿童是目的,是中心,教育的一切措施都要围绕儿童转的"儿童中心主义"思想,并从儿童生长的内在条件、内部动力、生长的表现、生长的特征、生长的价值取向等视角提出了生长论自然教育视野中的儿童观,极大地推动了儿童观的发展。

(3) 天性教育观。自然主义教育家都非常重视天性教育,认为天性是教育的基础,教育应尊重儿童的天性,顺应儿童天性发展的规律,不可违背儿童身心发展的特点,唯有如此,才能取得好的教育效果。这在卢梭和杜威的教育思想中体现得更为明显。在卢梭看来,我们的教育来源于三个方面:自然的教育、人为的教育和事物的教育。他对此作了诠释:"我们的才能和器官的内在的发展,是自然的教育;别人教我们如何利用这种发展,是人的教育;我们对影响我们的事物获得良好的经验,是事物的教育。"④他强调,在这三种教育中,自然的教育完全是不能由我们来决定,事物的教育只是在有些方面可由我们控制,只有人为的教育才是我们能真正加以控制的。因此,人为的教育和事物的教育应服从于自然的教育。三者只有协调配合,才能实现自然教育的目标。杜威强调儿童的本能在教育中的重要意义,认为唯一真正的教育是通过对儿童能力的刺激而来的,"心理学方面是基础。儿童自己的本能和能力为一切教育提供了素材,并指出了起点"⑤。高效的教育仰仗儿童的本能的运用。

(4) 自由教育观。卢梭和杜威对自由教育都有精辟的论述。卢梭指出:"只有自己实现自己意志的人,才不需要借用他人之手来实现自己的意志;由此可见,在所有一切的财富中最为可贵

---

① 王天一,方晓东编著.西方教育思想史[M].长沙:湖南教育出版社,1996:241—242.
② [法]卢梭.爱弥儿—论教育(上)[M].李平沤,译.北京:人民教育出版社,2001:71.
③ 刘黎明,刘汝萍.彰显童年的价值:卢梭儿童观新探[J].宁波大学学报(教育科学版),2013(1).
④ [法]卢梭.爱弥儿—论教育(上)[M].李平沤,译.北京:人民教育出版社,2001:3.
⑤ 吕达,刘立德,邹海燕.杜威教育文集(第1卷)[M].北京:人民教育出版社,2008:5.

的不是权威而是自由。真正自由的人,只想他能够得到的东西,只做他喜欢做的事情。这就是我的第一个基本原理。只要把这个原理应用于儿童,就可源源得出各种教育的法则。"①在他看来,自由是儿童的天性,也是自然教育思想题中应有之义,它为儿童自我发展提供了重要保障。自由教育目的在于培养"自由自在的孩子"。在杜威的视野中,自由关涉到儿童潜能的开发和社会的进步。"归根到底,自由之所以重要,是因为它是发挥个人潜力和促进社会发展的条件。没有光线,人就会死亡;没有自由,光线就会暗淡无光,黑暗就会降临大地。没有自由,古老的真理,就会变成腐朽不堪,以至不再成其为真理,而成为外界权威的单纯命令。没有自由,新的真理的寻求和人类得以更安全更舒适地阔步其中的新道路的开辟就会停止。使个人获得解放的自由,是社会向更人道更高尚的目标发展的根本保证。"②

(5) 活动教育观。卢梭第一次自觉地、较为系统地论述了活动教育思想。他反对旧教育对儿童天性和自由活动的压抑,倡导"从实践中学习",让儿童在活动中,在游戏中,发现世界,体验自我,获得身心的自由发展。因为儿童"经常不断的在活动,所以他不能不对事物进行仔细的观察,好好地考虑其影响;他从小获得了许多的经验,他的经验是取之于自然而不是取之于人;正因他不知道教育的意图,他所受的教育愈能发挥良好的效果。这样,他的身体和头脑同时都得到了锻炼。他始终是按照他自己的思想而不是按照别人的思想进行活动的,所以他能不断地把身体和头脑的作用结合起来;他的身体愈健壮,他就变得愈加聪明和愈有见识"③。福禄培尔也论述了活动对儿童发展的意义:"儿童的所有活动都是基于他最深处的天性和生命的。这种内部生命、内部活动的最深层的渴望在某种外部物体上得到了反映。在这种反映中,儿童学会理解他自己的活动及活动的本质、方向和目标,也学会根据外界的现象做出反应,控制和决定他的活动。这种生命的映象、这种内部生命物体的形成过程是最本质的。因为儿童通过它可以达到自我知觉,学会自我控制、自我决定、自我安排。"④杜威更为系统地论述了活动教育思想,是活动教育思想的集大成者。他认为,一切教育的首要根基是儿童的活动。他要求教育者应通过园艺、木工、纺织、金工、烹饪等活动,让儿童从活动中、从经验中学习。因为他认识到活动对儿童发展的重要意义:"儿童的身体和精神两方面都是迫切的要求活动的。儿童的个别活动如同身体的发展和精神的发展必须同步前进一样,他的身体的活动和心理的觉醒是相互依存的。"⑤通过活动教育,儿童的独立性、体力、品格、技能和创造性都可获得发展。

除此之外,自然主义教育思想的基本原理还包括消极教育观、主体性教育观、生活教育观、生

---

① 卢梭.爱弥儿—论教育(上)[M].李平沤,译.北京:人民教育出版社,2001:78.
② 郑国玉.民主思想家——杜威[M].北京:人民出版社,2011:50.
③ [法]卢梭.爱弥儿[M].李平沤,译.北京:人民教育出版社,2001:139.
④ [德]福禄培尔.福禄培尔幼儿教育著作精选[M].单中惠,等译.上海:华东师范大学出版社,2009:212.
⑤ 吕达,刘立德,邹海燕.杜威教育文集(第1卷)[M].北京:人民教育出版社,2008:218.

命教育观等。自然主义教育思想的这些基本原理,至今仍然闪烁着真理的光芒。在人类教育思想史上,还没有哪一种理论像西方自然主义教育思想那样对人类教育发展的走向产生如此经久不衰的影响。我国当代的儿童观理论、教育目的论、活动教育思想、自由教育思想、天性教育思想、生活教育思想等,无不受益于西方自然主义教育思想,甚至我们可以断言,它们都是西方自然主义教育思想发展的产物。我国当代的教育改革的实践表明,西方自然主义教育思想的基本原理仍然具有强大的生命力和普遍的指导价值,是我们与时俱进,理论创新,实现西方自然主义教育思想中国化取之不尽,用之不竭的教育真理。

2. 西方自然主义教育思想中国化是中国教育尤其是当代中国教育发展的客观需要

早在20世纪前后,我国的有识之士在向西方学说、思想学习的过程中引进了西方自然主义教育思想,从此,西方自然主义教育思想就对我国的教育产生重要影响。"20世纪前后,西方的一些著名教育家的学说和著作大多假手日本介绍过来。夸美纽斯、洛克、卢梭、裴斯泰洛齐、福禄培尔、赫尔巴特、斯宾塞等人的传记和著作均在各种刊物上出现。"[①]这个时期的各种外国教育史著作都辟专章介绍西方自然主义教育思想,如蒋径三的《西洋教育思想史》第八章"自然主义的教育思潮"介绍了拉特克、夸美纽斯、弥尔顿、卢梭等人的自然教育思想。雷通群的《西洋教育通史》在"自然的唯实主义的教育"一节中阐释了自然的唯实主义的教育之意义、自然的唯实主义的教育之由来、自然的唯实主义的教育之要点,以此来探讨自然的唯实主义的教育之真相,还阐述了培根、拉特克、夸美纽斯、卢梭等人的自然教育思想。最引人注目的是,这个时期还出现了薛文蔚在1930年出版的研究自然教育思想的专著《自然主义与教育》。该书从自然主义的起源、自然主义的意义、自然主义的教育家、爱弥儿传、自然主义的教育原理、自然主义的教材观、自然主义的教育方法论、自然主义的影响等维度系统地论述了西方自然主义教育思想。另一个引人注目的事件是,杜威的教育思想被广泛地介绍到中国来,形成了中国的杜威教育学派,其代表人物"包括胡适、郭秉文、蒋梦麟、陶行知、陈鹤琴、郑晓沧、李建勋、张伯苓等中国近现代著名教育家"[②]。他们在哥伦比亚大学受益于杜威的实用主义教育学说,回国以后,广泛研究、宣传杜威的实用主义教育学说,再加上杜威亲自来华进行长达两年多的讲学、讲演,因而他的教育学说深入人心。从当时的期刊、书籍、簿册中都能看到杜威的教育言论。他的"'教育是生活','学校即社会','从做中学','教育是为了生活的需要'等等,乃是全国各教育阶层人士所耳熟能详的,甚至有时成为口头禅"[③]。杜威的实用主义教育学说成为当时教育界的"显学",郑晓沧的话反映了这一点:"近年到中国访问的外国学者中留下影响最广大的,许多人说要算杜威博士。他的学说有关哲学、教

---

① 吴式颖,阎国华.中外教育比较史纲[M].济南:山东教育出版社,1997:214.
② 王颖.杜威教育学派与中国教育[M].北京:北京理工大学出版社,2007:12.
③ 吴俊升.教育与文化书选集[M].台北:台湾商务印书馆,1972:356.

育、政治等——最近数年所发表的政论,常引起世人的注目——但是他最大的实际的贡献,是在他的教育学说。"①

之所以在这个时期传播和研究自然教育思想等西方教育思想,主要是源于发展我国的教育思想,实现教育学人思想"启蒙"之需要。因为"在中国,教育思想史可以上溯到两千多年以前,但是教育学科史迄今不过短短百余年的历程,而启动这一历程的是以日本为媒介的'西学'引介"②。当时清廷公派、民间私往日本的学生,回国后,不少人成为引介西方教育思想的先驱。"他们以译书立说为要务,广揽教育学说,拓展国人视界,推进了教育学人的思想'启蒙',以及教育学科的学术'建制'。"③当时的学者都意识到,西方的教育思想是在西方教育的土壤中产生的,并非完美无缺,因而不能照抄照搬,简单移植,而应根据本国的教育情势,加以必要的改造,使之中国化。正如瞿葆奎等学者所指出的,"中国教育学科是'西学东渐'的产物,是在译介西方教育学科的过程中形成的。在这一过程中,源自西方的教育学科必然与中国教育实践之间产生某种摩擦或张力,因此,如何克服它们,使教育学科贴近中国教育实践,并裨益于中国教育实践,自然成为许多中国学者百年的学术追求。这是一种特殊的'中国意识',也是一种普遍的'本土意识'"④。

"中国化"一直是20世纪中国教育学者矢志不渝的学科情怀。不论是在20世纪上半期,还是在20世纪下半期至现在,都有学者发出了教育学"中国化"的声音。在20世纪30年代,雷通群倡导"使教育社会学成为中国化",萧孝嵘也曾说:"我国人的心理背景与他国人的心理背景自有一些差别,故在有些事件中,不能根据国外之研究结果推知本国的情形。本书(即《教育心理学》——引者注)为顾及此种特殊背景起见,尽量采用我国的研究资料。在某些问题上,如无本国的资料,或有之而在某些方面尚有问题,则采用国外的资料。"⑤20世纪80年代末90年代初,学者们提出了"建设有中国特色的社会主义教育学"的思想,并进行了广泛的讨论⑥。而"中国化"不仅需要教育学人针对我国教育改革中的问题,进行原创性研究,创生出富有本土特色的教育理论,而且也需要我们对外国教育理论"取其精华,弃其糟粕"、"洋为中用"的借鉴。这种借鉴就是使外来的理论中国化的过去。事实上,外国先进的教育思想一直是孕育中国特色教育学不可或缺的思想源泉。西方自然主义教育思想就是这样一种理论,它经历了两千多年不衰落,因为它的许多

---

① 王承绪,赵瑞瑛.郑晓沧教育论著选[M].北京:人民教育出版社,1993:134.
② 瞿葆奎,郑金洲,程亮.中国教育学科的百年求索—《二十世纪中国教育名著丛编》代序[M]//雷通群.西洋教育通史(上)福州:福建教育出版社,2011:04.
③ 瞿葆奎,郑金洲,程亮.中国教育学科的百年求索—《二十世纪中国教育名著丛编》代序[M]//雷通群.西洋教育通史(上)福州:福建教育出版社,2011:05.
④ 瞿葆奎,郑金洲,程亮.中国教育学科的百年求索—《二十世纪中国教育名著丛编》代序[M]//雷通群.西洋教育通史(上)福州:福建教育出版社,2011:13.
⑤ 瞿葆奎,郑金洲,程亮.中国教育学科的百年求索—《二十世纪中国教育名著丛编》代序[M]//雷通群.西洋教育通史(上)福州:福建教育出版社,2011:13.
⑥ 瞿葆奎主编.教育基本理论之研究(1978—1995)[M].福州:福建教育出版社,1998:964—968.

观点来源于教育实践,是在教育实践经验的基础上提炼出来的,又是随着教育实践的发展而不断发展的,它是受到很多国家教育实践证明的、能够指导教育实践的正确的教育理论。19世纪末20世纪初以来,有许多教育理论如国家主义教育思想、存在主义教育思想、自然主义教育思想、结构主义教育思想、传统教育思想、后现代主义教育思想等相继传入我国教育界。在诸多的外来的教育思想中,影响最大、具有普遍指导价值的是西方自然主义教育思想,它成为我国当代教育思想研究中的"显学"。注重西方自然主义教育思想研究是我国教育学人对各种教育思想进行比较、审视后作出的理性选择。

正因为如此,在当今的我国教育界出现了很多研究西方自然主义教育思想的学术成果。从著作类看,既有专门研究自然教育思想的成果,也有辟专章研究自然教育思想的成果。就前者来说,主要有滕大春的《卢梭教育思想述评》(北京:人民教育出版社,1984年版);李平沤的《如歌的教育历程——卢梭〈爱弥儿〉如是说》(济南:山东教育出版社,2008年版);曹永国的《自然与自由——卢梭与现代性困境》(福州:福建教育出版社,2012年版);余中根的《裴斯泰洛齐教育思想研究》(昆明:云南大学出版社,2009年版);单中惠的《现代教育的探索——杜威与实用主义教育思想》(北京:人民教育出版社,2002年版);褚洪启的《杜威教育思想引论》(长沙:湖南教育出版社,1998年版);刘黎明的《西方自然主义教育思想史》(武汉:华中科技大学出版社,2014年版)。就后者来说,主要有单中惠的《西方教育思想史》(太原:山西人民出版社,1996年版);王天一、方晓东的《西方教育思想史》(长沙:湖南教育出版社,1996年版);张斌贤、褚洪启的《西方教育思想史》(成都:四川教育出版社,1994年版)。从论文类看,既有宏观的研究成果,也有微观研究的成果。就前者而言,主要有郭法奇的《重视西方自然主义教育理论的历史研究》(《教育史研究》1990年第2期);钟昱的《浅析自然教育理论的历史演进》(《四川教育学院学报》2003年第2期);王小丁、高志良的《西方自然主义儿童教育理论的历史演变》(《河北师范大学(教育科学版)》2005年第2期);张二庆、耿彦君的《西方自然主义教育思想发展述评》(《河北师范大学学报(教育科学版)》2006年第3期);肖丹、赵万祥的《西方自然主义教育:根基与脉络》(《山西财经大学学报》2009年第4期);黄英杰等的《西方自然主义教育思想的嬗变与和合》(《西华师范大学学报》2009年第6期);刘黎明的《论西方自然主义教育思想的历史嬗变及其特征》(《武陵学刊》2011年第3期);刘黎明的《西方自然主义教育思想现代意义的追问》(《湖南师范大学教育科学学报》2007年第5期);刘黎明的《论西方自然主义教育思想研究的四个范式》(《教育史研究》2011年第3期);刘黎明的《西方自然主义教育思想历史嬗变的动因探析》(《当代教育论坛》2012年第4期);刘黎明的《论西方自然主义教育思想的当代价值》(《中国人民大学教育学刊》2012年第3期);刘黎明的《彰显自然教育思想的机制、特点和本质—论西方自然主义教育思想的理论基础》(《荆楚理工学院学报》2014年第1期)。就后者而言,主要有刘黎明的《论亚里士多德的自然教育思想》(《河南大学学报》2008年第4期);刘黎明的《论文艺复兴时期的自然教育思想》(《河南大学学报》2010年第

5期);陆志远的《夸美纽斯的适应自然教育原则的历史启示》(《教育史研究》1991年第1期);潘后杰的《评夸美纽斯的自然适应性原则》(《四川师范学院学报》1985年第3期);刘黎明的《夸美纽斯的客观化自然教育思想初探》(《教育史研究》2013年第2期);喻立森的《卢梭关于自然教育的理论及其影响》(《黄石师范学院学报》1983年第3期);周萍的《卢梭自然教育理论探析》(《教育科学》1994年第4期);戴本博的《论卢梭的"自然人"和"自然教育"》(《安徽师范大学学报》1988年第2期);戴晓光的《〈爱弥儿〉与卢梭的自然教育》(《北京大学教育评论》2013年第1期);渠敬东的《卢梭对现代教育传统的奠基》(《北京大学教育评论》2009年第3期);曾城、王涛的《卢梭的自然教育理论述评》(《内蒙古民族大学学报》2006年第1期);刘黎明的《论卢梭对"自然教育"的理论诠释及启示》(《荆楚理工学院学报》2011年第1期);刘黎明、刘汝萍的《彰显童年的价值:卢梭儿童观新探》(《宁波大学教育科学版》2013年第1期);刘黎明、黎黎的《彰显儿童生命的价值:卢梭的生命教育观初探》(《江苏教育研究》2013年第5期);刘黎明的《论卢梭自然教育思想的历史贡献》(《荆楚理工学院学报》2013年第3期);张敏、徐小洲的《论福禄培尔的教育顺应自然思想》(《河北师范大学教育科学版》2000年第1期);刘黎明的《"自然"与"快乐":斯宾塞的心理化自然教育思想》(《教育文化论坛》2013年第4期);刘黎明的《"生长"与"本能":杜威的自然教育思想》(《中国人民大学教育学刊》2013年第2期)。

上述研究成果既从宏观方面探讨了西方自然主义教育思想的历史嬗变、动因、理论基础、研究范式、基本内容、历史贡献和当代价值,又从微观的视角对亚里士多德、夸美纽斯、卢梭、裴斯泰洛齐、斯宾塞、福禄培尔、杜威等人的自然教育思想作了深入的论述,其立足点是服务于当代的教育改革。事实上,当代教育改革中出现的个性化教育理论与实践、主体性教育理论与实践、活动教育理论与实践、生命教育理论与实践、幸福教育理论与实践、经验教育理论与实践等,无不说明西方自然主义教育思想的深刻影响力,无不彰显西方自然主义教育思想的智慧,无不留有西方自然主义教育思想的踪迹。

3. 西方自然主义教育思想中国化是发展西方自然主义教育思想的内在要求

(1) 西方自然主义教育思想是发展着的西方自然主义教育思想。西方自然主义教育思想不是一个由既定概念、范畴、结论所构成的封闭的体系,而是一个随着教育实践的发展而不断发展的、与时俱进的、富有自我更新、充满生命活力的理论成果。与时俱进是它的理论品质,这样的定位既是对它的发展过程的表述,又是对它的批判精神的揭示。因为历史表明,西方自然主义教育思想的发展过程是一个与时俱进的过程,它经历了萌芽期、客观化自然教育思想、主观化自然教育思想、心理化自然教育思想、生长论自然教育思想的嬗变,在这一过程中,每一个理论样态的诞生,每一个范式的更新,都是对旧理论的扬弃和新理论的确立,其中蕴涵着西方自然主义教育思想的批判精神。没有思想上的批判精神和对既有理论、观点的自觉批判,就不可能推进西方自然主义教育思想的不断深化。由于教育实践是无止境的,批判是无止境的,因而西方自然主义教育思想的与时俱进也是无止境的。西方自然主义教育思想从来不宣称自己是永恒不变的真理,而是把自己看成是处于不断发展中的相对真理,是可以被后来的理论超越的,因而它在中国的当代价值的实现,必须和中国的具体实际相结合,才有可能。正如马克思所说:"正确的理论必须结合具体情况并根据现存条件加以阐明和发挥。"①作为发展着的西方自然主义教育思想,它只有与我国的国情、教情相结合,与变化了的时代特征相结合,对教育实践中出现的新情况、新问题,给予时代性的回答,得出新的结论,才能不断地丰富和发展自身。只有不断的发展,西方自然主义教育思想才能永葆青春活力,才能不断增强其生命力和影响力。

(2) 西方自然主义教育思想富有开放性。西方自然主义教育思想之所以没有退出教育科学的舞台,仍然对各国的教育理论和实践的发展具有普遍的指导意义,是因为它是一个与时俱进的开放的体系。"开放"意味着它不封闭自己,而是博采众长,不仅从其他的教育理论和其他的学科中吸取营养,而且善于吸收各国的教育实践中出现的新经验和新成果。尽管西方自然主义教育思想的基本原理对各国的教育理论与实践的发展具有普遍的指导价值,但它不是包治百病的灵丹妙药,它不能直接提供解决各国教育问题的具体方案,只能提供认识教育世界、分析和解决教育问题的基本立场、观点和方法。所以,西方自然主义教育思想的当代价值在中国教育领域的实现程度,不仅取决于我国教育界对它的需要程度,还取决于我国教育学人对它的创造性运用的程度。中国的教育学人只有根据中国的教育情势,创造性地运用西方自然主义教育思想的基本原理,尽可能地使西方自然主义教育思想的基本原理在中国具体化,才能最大限度地实现西方自然主义教育思想在中国的当代价值。

4. 西方自然主义教育思想与中国的传统教育思想具有许多契合点

西方自然主义教育思想中国化之所以可能,是因为西方自然主义教育思想与中国传统教育思想有许多契合点和会通之处。首先,在教育思想的理论基础上,两者都是以人性论为基础阐释教育的。孟子的"性善论"与卢梭的"性善论"有相似之处,都强调人性本善。其次,在教育目标上,中国传统教育思想强调健全人格的养成、道德修养、五育(军国民教育、实利主义教育、公民道德教育、世界观教育、美育)并举,这与西方自然主义教育思想重视人格的自我实现、德、智、体、美、劳全面发展有相通之处。再次,在教育作用观上,中国传统教育思想提出的"性相近,习相远"、"学而知之"、"化民成俗"、"开民智"、"育新民"与西方自然主义教育思想倡导"个人发展"与"社会发展"有机结合是一致的。第四,在教学原则上,两者都倡导启发诱导、因材施教、主动学习、循序渐进、知行合一、"自然无为"(或"消极教育"),有高度的契合。第五,在教育的路径和方法上,中国传统教育思想的重实践、实行、"教学做合一"、"社会即学校"、"生活即教育"与西方自然主义教育思想的"从实践中学"、"从做中学"、"学校即社会""教育即生活"具有渊源关系和内在

---

① 马克思恩格斯全集(第 27 卷)[M].北京:人民出版社,1974:433.

的一致性。

以上论述表明,西方自然主义教育思想与中国传统教育思想有许多会通之处,这正是两者交流融合的基础。西方自然主义教育思想与中国传统教育思想结合的过程,也就是西方自然主义教育思想中国化、民族化的过程。

最要引起我们关注的是,中国传统教育思想中还蕴含着自然教育思想,从先秦时期到近现代时期,都有教育家倡导自然主义教育,形成了具有中国特色的自然主义教育思想。先秦时期,老子提出了"道法自然"、"自然无为""行不言之教"的教育思想;两汉时期,黄老学派倡导"因性而教";魏晋南北朝时期,何晏、王弼提出了"名教出于自然"的教育思想、嵇康提出了"越名教而任自然"的教育思想、向秀和郭象提出了"名教即自然"的教育思想;唐宋时期,柳宗元提出了"以无念为宗",顺应儿童天性的教育思想;明清时期,王守仁提出了"顺导其志意,调理其性情"的教育思想;近现代时期,蔡元培提出了"尚自然"、"展个性"的教育思想。这些自然主义教育思想尽管与西方自然主义教育思想相比,还不够系统,不够丰满,但它们是中华民族宝贵的精神财富,为与西方自然主义教育思想的对话、交流和"视界融合"提供了平台,因为它们之间具有许多相似和会通之处。于书娟在"自然无为与自然顺应:中西历史上的自然教育思想之比较"一文中总结了它们的相似之处:既批判当时的教育,也批判教育产生于其中的社会;道法自然与万物的教育;顺性而为与以天性为师;自然无为与自然后果。① 当然,中西自然教育思想之间也存在着差异,这也是我们不能忽视的。

如果说中西自然教育思想的相似之处反映了两者的共同的特点和规律,那么,它们之间的差异反映它们各自的独特性。应当看到,两者之间的差异也是它们交流、融合的前提,有助于实现两者取长补短、相互增益。没有差异,两者也就没有交流、融合的必要,正是差异,彰显着两者的相互吸引。

西方自然主义教育思想中国化,就是西方自然主义教育思想的中国本土化和民族化。具体来说,就是吸收西方自然主义教育思想的精华,补充到中国教育之中,使西方自然主义教育思想的基本原理与中国传统教育思想实现"视界融合",最终形成集中西教育之优长的更为先进的教育思想。在这一过程中,西方自然主义教育思想也会因为"视界融合"而获得丰富和拓展。

三、西方自然主义教育思想中国化如何可能

(一)西方自然主义教育思想与中华民族优秀的传统教育思想相结合,使自然主义教育思想体现出中国风格和气派

西方自然主义教育思想要实现中国化,必须与中华民族优秀的传统教育思想相结合。因为

---

① 于书娟.自然无为与自然顺应:中西历史上的自然教育思想之比较[J].江南大学学报(教育科学版),2008(4).

中国传统教育思想历史悠久,内涵丰富,博大精深,融儒家教育思想、道家教育思想、墨家教育思想、法家教育思想等于一体,是一种土生土长的原生教育思想,一直在中国社会、文化教育中占主导地位,对中国教育者的教育思想观念和教育行为起着主要的影响和塑造作用,必然会对尚未在中国形成强大力量的西方自然主义教育思想造成强大的影响和冲击。因此,西方自然主义教育思想必须积极面对和迎接来自比自己力量强大的中国传统教育思想的挑战,积极吸收中国传统教育思想的精华,借鉴东方先哲的正确的教育思想,尤其是要吸收中国本土的自然教育思想,从而彰显西方自然主义教育思想中国教育的历史渊源。这是其一。其二,我国每个时期都有特殊的时代课题和任务。西方自然主义教育思想作为外来的教育理论,要在中国的土壤上开花结果,必须与中国的教育实际相结合。这种教育实际既包括当代的教育改革实际,也包括中国传统教育思想。而我国的传统教育思想要在当代教育中发扬光大,推进自身的现代化,必须以西方自然主义教育思想为参照坐标,认真吸取西方自然主义教育思想的基本原理,唯有如此,才能形成中国特色、中国气派的自然教育思想。

西方自然主义教育思想与中国传统教育思想结合不仅具有必要性,而且具有可能性。理由是,两者在教育理论基础、教育目的、教育作用、教学原则、教育路径和方法上具有相通相融性,尤其是中国本土的自然教育思想更是与西方自然主义教育思想具有对话、交流、融通的可能性。

既然两者具有必要性与可能性,因此,我们的教育学人应有创立中国特色的自然教育思想的责任感和使命感。一方面,中国的传统教育思想要虚心地向西方自然主义教育思想学习,吸取其合理内核,充实传统教育思想,使之获得新的生命和活力,不断迈向现代化。另一方面,西方自然主义教育思想同样需要虚心地向中国传统教育思想学习,积极发掘和吸收中国传统教育思想的精华,融入自身,从而不断地丰富和发展自身,形成更具指导价值的"中国化"的西方自然主义教育思想。

(二)立足中国教育的具体实际是西方自然主义教育思想中国化的基本诉求

教育研究者要一切从教育实际出发,实事求是,理论联系实际,是西方自然主义教育思想中国化基本前提。这里的教育实际包含着丰富的内容。其一,中国的传统教育思想与当代中国的教育理论。中国的传统教育思想博大精深,既包括儒家、墨家、法家等学派的教育思想,又包括历史上的自然教育思想。当代中国的教育理论,如素质教育理论、创新教育理论、生命教育理论、主体性教育理论、个性化教育理论、活动教育理论、愉快教育理论等。其二,中国的教育实践,如主体性教育实践、生命教育实践、情境教育实践、活动教育实践,等等。其三,西方文化和教育思想对中国教育所产生的影响。这些教育实际也就是中国的教情。应当看到,中国的这些教育实际并不是孤立地存在,总是处在开放、变化的世界之中,处在一定的国际背景之中,中国的教情和国外的教情是辩证统一的。它们是西方自然主义教育思想中国化的现实条件和基础。只有将国外的教情对中国教情的渗透和影响认真研究,对比分析,使之置于中国教情的考察之中,才能更准确地把握中国的教育实际。

中国教育的具体实际决定了我们不能对西方自然主义教育思想当成固定不变的教条"照抄照搬",而应从中国教育的具体实际出发,寻找两者的契合点。离开了中国教育的具体情况,来谈西方自然主义教育思想只能是抽象的空洞的西方自然主义教育思想;忽视了中国的教情,就不可能实现西方自然主义教育思想中国化。因此,要实现西方自然主义教育思想中国化,必须坚持一切从中国的教育实际出发,把中国教育的具体实际作为西方自然主义教育思想与中国教情相结合的逻辑起点和根本依据。

教育研究者必须依靠自己的原创的教育理论研究和教育实践产生新的经验和新的知识,找寻构建中国特色教育理论的语言方式、思维方式和建构方式。借鉴西方自然主义教育思想固然重要,因为没有包括西方自然主义教育思想在内的西方教育思想作参照,我们的教育理论的现代化实现不了。不过,这必须立足于中国本土化的经验和知识,因为今天中国教育思想的语境与西方自然主义教育思想的原初语境有很大的差异。如果不立足于当代中国特殊的教育环境,来发展中国的教育思想,就难以实现中国教育思想的"本土化"和"中国特色"。因为"没有哪两个国家具有相同的历史文化轨迹,这些不同的轨迹在中国教育领域里形成特有的教育行为制约法则和教育观念,只有身在中国教育生活中的教育者和受教育者才会感受到这些内隐的法则和规范的约束。教育研究者不应该借用由其他国家发展出来的分析概念和分析框架,套用到教育上,否则由此引发的教育经验和教育知识必然是扭曲的,所以,研究中国教育必须靠中国自己的理论,以此在中国发现教育的历史、教育的经验和教育的知识"[①]。因此,我们不能把西方自然主义教育思想直接移植和直接应用于我国的教育及教育思想的研究之中,而应根据我国的教育实际,对西方自然主义教育思想加以改造和扬弃,批判地继承西方自然主义教育思想的精华,把它创造性地应用到中国教育理论的构建和教育实践之中,使它植根于中国教育实践的沃土之中,逐步实现其中国化,生成"中国化"的西方自然主义教育思想。

然而,我国的研究者从日常生活的行为、价值观念到教育思想、理念,大多是西方的。"我们所探讨的对象虽是中国社会和中国社会的中国人,所采用的理论与方法几乎全是西方的或西方式的。在日常生活中,我们是中国人;在从事研究工作时,我们却变成了西方人。我们有意无意地抑制自己中式的思想观念与哲学取向,使其难以表现在研究的历程之中,而只是不加批判地接受与承袭西方的问题、理论与方法。在这种情形下,我们充其量只能亦步亦趋,以赶上国外的学术潮流为能事。在研究的数量上,我们无法与西方相比;在研究的性质上,也未能与众不同。"[②]这种情况在中国教育和研究中同样存在:"今天,当我们举目张望中国教育的现状时,就会发现,无论是宏观的教育制度、教育管理和课程设置,还是微观的班级授课、教学方法甚至教育观念和

---

① 叶澜.回望[M].桂林:广西师范大学出版社,2007:71.
② 杨国枢.中国人的心理与行为:本土化研究[M].北京:中国人民大学出版社,2004:12.

语言等,无不是输入西方先进教育经验的结果。以致使我们从表面上,几乎难以再看到中国教育传统的一点影子。"①这种情况应该引起我们的反思。

那么,如何立足于中国的教育实际,实现西方自然主义教育思想的中国化?首先,要认真研究中国的传统教育思想,特别是历史上的自然教育思想,处理好传统教育理论与当代教育理论的关系。我们今天的教育理论是从历史上中华民族优秀的传统教育思想发展过来的,包含了传统教育理论的"基因",我们不能割断历史。传统教育理论与当代教育理论的关系既是"历史与现实"的关系,又是"古与今"的关系。对于前者,我们既要考察中国的现实教情,也要考察中国历史上的教情,要认识到教育理论的历史与现实的因果关系,要将两者有机统一于对中国教情的研究之中。教情是动态的、变化发展的,而不是凝固不变的,因而,我们对教情的理解和把握不可能一劳永逸,而应与时俱进。对于后者,我们应鉴往知来,"古为今用"。对这两者关系的探究,是西方自然主义教育思想与中国教育实际相结合的基础。

其次,精研西方自然主义教育思想。要了解它的来龙去脉以及发展过程中的经验、教训,体认其背后的时代背景和文化机制,认真分析和判明西方自然主义教育思想中的概念、范畴、理论与方法哪些值得我们吸收和继承,哪些部分应扬弃,最后把西方自然主义教育思想的精华整合到我国的教育理论之中,契合我们所研究的对象,丰富和发展我国的自然主义教育思想。

再次,西方自然主义教育思想与中国的教育实践相结合。两者的结合是西方自然主义教育思想中国化的实质。如果教育理论不与教育实践相联系,就会变成无对象的理论;如果教育实践缺乏教育理论的指导,就会迷失方向,成为盲目的实践。因此,我们既要把握西方自然主义教育思想的原理和精神内涵,又要读懂"中国的教育实践"这本书,促进两者的良性互动。唯有如此,才能使中国教育实践焕发出强大的生命活力和创造力,不断推进西方自然主义教育思想在中国的新发展。教育实践是检验教育真理的标准,也是推动理论发展的动力。西方自然主义教育思想在中国是随教育实践的发展而发展的。每个时代的教育实践为西方自然主义教育思想的发展注入了新的内容,不断地改变着西方自然主义教育思想的理论样态,提炼出新的判断和结论。正因为有中国的教育实践作根基,才有可能使西方自然主义教育思想具有中国特色和中国气派。只有不断地研究中国的特点,只有以中国的教育实践为基础,西方自然主义教育思想才能在中国开花、结果,茁壮成长。

(三)关注和解答当代教育的突出问题是西方自然主义教育思想中国化的理论生长点

如前所述,理论联系实际是西方自然主义教育思想的重要传统,也是推进西方自然主义教育思想发展的重要路径。今天,西方自然主义教育思想要在中国获得发展,同样离不开理论联系实

---

① 黄济,郭齐家.中国教育传统与教育现代化基本问题研究[M].北京:北京师范大学出版社,2003:212.

际,必须解决当代中国面临的重大教育问题。因为"问题就是公开的、无畏的、左右一切个人的时代的声音。问题就是时代的口号,是它表现自己精神状态的最实际的呼声"①。教育研究者只有从时代的脉搏中准确地提炼和把握当代中国教育的突出问题,不断推进西方自然主义教育思想与中国教育的具体实际相结合,才能不断地促进西方自然主义教育思想在中国的生成和发展。

关注和科学解答当代中国教育的突出问题,是西方自然主义教育思想与中国的教育实际相结合的逻辑起点,也是西方自然主义教育思想中国化的立足点和切入点,它要求教育研究者一方面要精研西方自然教育家的经典,把握西方自然主义教育思想的基本原理和精神实质,运用西方自然主义教育思想的立场、观点和方法去探讨新问题,形成规律性的东西;另一方面要根据中国当代的教育实际和时代发展的要求,在教育实践中生成新的理论,获得新经验,以此促进西方自然主义教育思想的中国化。

应当看到,有些教育问题如教育与儿童身心发展问题、儿童观问题等是过去发展而来的,是动态的、发展变化的。西方自然主义教育思想对此的解答就不是绝对的,而是发展变化的,需要人们永无止境的求索。"问题本身既有去蔽作用,也有遮蔽作用,一个问题凸显出来,就意味着另一个可能的问题被遮蔽。一旦凸显出来的问题得到解决,就有可能使被遮蔽的问题彰显起来。"②因为人们对问题的思考是有限度的,"理解从来不是完全静止的精神状态,其特点是它总是处在一个不断拓展视野的、不完全的和所有偏好的过程中"③。因此,我们不能以静止的眼光看待西方自然主义教育思想,把它看成放之四海而皆准的"普遍真理",更不能把它看成是僵死的教条的东西,否则,既不能解决当前中国的教育问题,而且还会阻碍西方自然主义教育思想在中国的发展。

西方自然主义教育思想面临和需要解答的当代中国教育的突出问题主要有:

(1) 教育如何"以人为本",促进儿童身心全面发展问题。众所周知,我国教育目的是促进学生的德、智、体、美、劳的全面发展。然而执行和落实这一教育目的过程中出现了偏差,我们不是"以人为本",而是"以分数为本",只关注"智育",只关注升学率,以分数为评价学校、校长、教师、学生好坏的标准,把学生的德、体、美、劳的发展和人的价值和意义排除在教育评价之外,导致学生不是全面发展,而是片面发展,即只发展了学生的理性、机械背诵能力和解题的技能。学生的非智力因素和精神生命的发展已经成为绝唱。

(2) 教育如何以儿童为本,树立把儿童看作儿童的儿童观问题。儿童观是对儿童的总体看法,属于教育观念的范畴,是建构教育理论的前提,制约着教育实践活动。儿童观问题在我国当前的教育中并没有解决好,"儿童是小大人"的观念依然存在,儿童的成人化倾向日益严重。"成

---

① 马克思恩格斯全集(第40卷)[M]. 北京:人民出版社,1982:289.
② 张掌然. 问题的哲学研究[M]. 北京:人民出版社,2005:124—125.
③ [英]怀特海. 思维方式[M]. 韩东晖,等译. 北京:华夏出版社,1999:40.

人本位"的儿童观的弊病在于:"把儿童期看做成人生活的准备时期,强迫儿童牺牲今天的幸福去为未来作准备;把儿童视为实现成人未了心愿的工具,否认儿童期自身的价值;不承认儿童有自己的生活世界,强迫儿童去适应成人的规则与环境;在教育教学中把儿童看做任意填充的容器,是有待标准化加工的零件,是分数的奴隶,儿童的生命情感、需要、个性统统成为了牺牲品。由落后的儿童观所产生的'异化'教育,完全背离了儿童教育丰富生命内涵、提升生命境界的意义,不仅严重影响着儿童的身心健康,也影响着中华民族整体素质的提高和文化的可持续发展。"[1]因此,如何以儿童为本,树立科学的儿童观,仍然是我们所要解决的重大问题。

(3) 公民教育问题。"如今我们已身处21世纪,不断分享着科技发展与财富增长给生活带来的满足,但是在这种情况下公民意识和公民道德并没有随之而得到提高,相反,公民意识和公民道德缺失的现象却较为普遍地存在着。"[2]这与我国传统教育理论的缺陷有很大的关联。我国的传统教育理论从教育目的到教育内容都缺乏责任意识、自主意识、权利意识的培养,存在着重知识灌输,轻行为习惯的养成,忽视公民道德、公民素质的培养的弊端。如何克服这些弊端,加强公民的道德教育、责任感教育,构建完善的公民教育体系,是教育领域要解决的重要问题。

(4) 主体性教育问题。20世纪80年代以来,新科学技术的迅猛发展,生产过程的日益智能化给教育领域带来了重大变化,要求人们尊重人,关注人的自主性、能动性和创造性的发展。然而我国的传统教育存在着诸多与上述时代发展要求不相适应的地方。在教育目的的价值取向上,强调对社会的统一、服从、规范和秩序,忽视学生的个性、多样性和创造性的发展。在师生关系上,教师是学生学习世界甚至生活世界的主宰者,学生置于被动的地位,学生的生动活泼和主动的发展被抑制。在教育过程中,教师主宰着教学过程,学生只是接受知识的容器,缺乏自主探索的精神,其自主意识和能力得不到培养。在教学内容和课程设置上,局限于统一的教学内容和统一的教学模式,忽视了学生发展的个性化和自主性。"教材呈现知识的方式基本上是陈述性的、静止的,而且内容偏多、偏难,过于关注知识的细枝末节,很少为学生提供思考、交流和创造的时间和空间。"[3]这是应该引起我们反思的。

(5) 生命教育问题。生命教育问题已经成为当前教育理论与教育实践中的重大课题。以叶澜教授为代表的"生命、实践"教育学派所进行的"新基础教育"改革的主旨就是完善学生的生命,促进学生的生命尤其是精神生命的健全发展。当前教育领域兴起的生命教育研究是对传统教育反思的结果。"在现实的学校教育之中,人们更加看重的是知识、标准,缺少对真实的人的关注,缺少对人的生活的关注,缺少对人的生命存在的体悟和关怀。无论是教师还是学生,在学校教育

---

[1] 姚伟.儿童观及其时代性转换[M].长春:东北师范大学出版社,2007:引言3—4.
[2] 何齐宗.当代教育新理念[M].北京:高等教育出版社,2010:74.
[3] 何齐宗.当代教育新理念[M].北京:高等教育出版社,2010:203.

中,往往居于一种压抑、被动的生存状态,他们过多地被知识、制度、计划、程序所限制与控制,个体生命的活力被忽视、被压抑,个体生命的向往被轻视、被忽略,个体生命的时间与空间被浪费、被剥夺。"①

除此之外,还有教育公平问题、环境教育问题、创新教育问题、综合实践教育问题、个性化教育问题等。这些问题不可能在西方自然主义教育思想中找到直接的答案,需要西方自然主义教育思想的研究者结合中国的国情、教情,创造性地给予解决。在这一过程中,随着教育问题的创造性解决,西方自然主义教育思想本身也会得到丰富和拓展。离开了这些问题,西方自然主义教育思想在中国的生动活泼地发展几乎是不可能的。正是这些重大的教育问题,构成了西方自然主义教育思想中国化的理论生长点。

(四)坚持理论创新是西方自然主义教育思想中国化的活力源泉

与时俱进,理论创新是西方自然主义教育思想的内在品质,也是西方自然主义教育思想中国化的内在动力。而要达到这一点,首先,西方自然主义教育思想必须植根于中国教育的实践。西方自然主义教育思想不是固定不变的绝对真理,是在教育实践中生成和发展的,不具有永恒性,它对教育实践的功效也是相对的。这是因为,西方自然主义教育思想的建构来源于教育实践的需要,而教育实践是变动不居的。随着教育实践的发展,西方自然主义教育思想就会暴露出自身与教育实践的矛盾,从而对教育现实的解释力也随之降低。新的教育实践需要更具教育现实解释力和更符合教育实践需要的新的自然教育思想。只有植根于当代中国教育实践土壤中创新的自然教育思想才具有强大的生命力。

其次,西方自然主义教育思想要直面中国的教育问题。问题意识是西方自然主义教育思想创新的动力源泉,解决教育问题是西方自然主义教育思想中国化的理论生长点。离开了中国教育问题,西方自然主义教育思想在中国的创新和发展是难以实现的。

再次,西方自然主义教育思想的研究者必须具有创新意识和创新能力。"理论的创新的可能性不仅决定于主体对理论完善性的不懈追求,还决定于主体的创造性。因为,如果仅仅有对理论完善性的追求而缺乏实际的创造能力,理论创新依然是不可能的。只有主体将自己的创造性投入到理论创新的关系之中,理论创新才能成为一种实际的活动。"②研究者必须具有对教育现实批判和质疑的精神,能够选择和整合主体与客体的各种信息,反思已有的研究成果,唯有如此,才能不断地实现理论上的突破和创新。

第四,要创造一种有利于研究者创新的环境,一种鼓励研究者创新,允许研究者创新失败,宽容研究者的缺点和弱点的文化生态环境。"如同种子的萌芽生长需要土壤、阳光、空气、水分等外

---

① 李家成.关怀生命:当代中国学校教育价值取向探[M].北京:教育科学出版社,2006:116.
② 许玉乾.哲学批判与理论创新[M].重庆:西南师范大学出版社,2006:79.

界条件一样,创新思想萌生后也需要精神和物质的支持,需要适宜的文化生态环境,才能生长成参天大树。只有对创新的崇尚和对创新失败的宽容同时存在,才能真正形成有利于创新种子生长、开花和结果的文化生态环境。"①

(五)坚持大众化是西方自然主义教育思想中国化的重要保障

所谓大众化,就是指把西方自然主义教育思想的基本原理与广大中小学教师(大众)的教育实践活动相结合,以喜闻乐见的形式,让广大中小学教师掌握西方自然主义教育思想的基本原理,并内化为他们的教育观念,以此指导他们的教育实践。推进西方自然主义教育思想中国化,不是少数研究者的事情,而是广大中小学教师共同的事情。作为实践西方自然主义教育思想的主体,广大中小学教师是推进西方自然主义教育思想中国化的主体力量。离开了广大中小学教师的实践,西方自然主义教育思想的突破和创新就会成为空想。广大中小学教师的生动实践,既是推动西方自然主义教育思想实践化的动力,也是孕育西方自然主义教育思想中国化的沃土。坚持西方自然主义教育思想的基本原理与中国教育实践相结合,其实质是要与广大中小学教师的教育改革实践相结合;坚持西方自然主义教育思想与时俱进、理论创新的品格,归根结底是要不断总结、提炼、概括来自广大中小学教师的教育改革实践经验,使之转化为新的理论,从而不断丰富和发展西方自然主义教育思想。总之,坚持大众化,依靠广大中小学教师的伟大的教育改革实践,是西方自然主义教育思想中国化的重要保障。

坚持大众化的策略是:

(1)参与式培训。它是指西方自然主义教育思想的研究者与接受培训的教师共同参与的合作学习的培训,让广大中小学教师主动地接受和建构新理念的培训。参与式培训的主旨是:"激发和培养参与者自我发展的愿望与能力,促进参与者的职业发展和个人成长;重视培训方式对参与者的示范作用,使参与者亲身体验各种新的理念,从而促进他们在自己的教育教学活动中创造性地使用此类方法;关注参与者理念的主动建构,鼓励参与者调动自己已有经验,在合作交流中生成新的经验;强调问题情境下的高层次学习,激发参与者积极思考,在提出问题、解决问题的过程中参与学习。"②强调参与式培训,其目的是让广大中小学教师在培训中能主动参与,积极内化西方自然主义教育思想,生成新的教育观念,因此,与传统的师资培训相比,参与式培训的实效性更强。

(2)创立西方自然主义教育思想研究的学术共同体。成员由西方自然主义教育思想的专家、研究者、广大中小学教师以及其他对自然主义教育思想感兴趣的学者参加,定期或不定期地开展

---

① 许玉乾.哲学批判与理论创新[M].重庆:西南师范大学出版社,2006:179.
② 姜勇,洪秀敏,庞丽娟.教师自主发展及其内在机制[M].北京:北京师范大学出版社,2009:332.

学术讲座、学术研讨会、学术沙龙,共同研讨有关西方自然主义教育思想的各种问题。这对于广大中小学教师掌握西方自然主义教育思想的基本原理,交流思想,探讨问题,提升学理学养,促进理论与实践结合,是大有裨益的。

(3) 实施"行动研究"。即广大教师针对自己的教育教学的实际情况,运用西方自然主义教育思想的基本原理,建构自己的个人教育观念,创造性地解决具体问题,提升自己的教育教学水平。这有助于教师实现自身的教育理论与实践的互动共生,提升教师个人的实践智慧。

(4) 面向广大中小学教师发表自然主义教育思想的研究成果。理论只有被广大中小学教师掌握,才能转化为巨大的现实的力量。很多一线教师都很渴望从教育学、教育史的研究成果中受益。然而,"很多教育史学者希望自己的研究成果发表得越高越好,越是著名的学者越是只愿在'核心'、'权威'类刊物中发表文章。而这类刊物,教育实践界的人是很难看得到的。教育史学者写了许多'××及其对当代教育的启示',却不想让教育实践界的教师看,真不知道到底是要启示谁。这也是目前教育学诸学科的通病,虽然普遍存在,却很不合理。"[1]改变这种不合理的状况,研究者应把自然主义教育思想的研究成果,发表在一线教师能够看得见的刊物上,如《中国教育报》、《教师报》、《教育文摘周报》等以及各个省教育厅主办的刊物上。

---

[1] 许可峰.教育史学科如何走近实践[J].国家教育行政学院学报,2010(1).

参考文献

一、著作类

1. [德]雅斯贝尔斯.什么是教育[M].邹进,译.北京:读书·生活·新知三联书店,1991.
2. [意]克罗齐.历史学的理论和实际[M].傅任敢,译.北京:商务印书馆,2011.
3. [英]卡尔.历史是什么?[M].北京:商务印书馆,2015.
4. [德]黑格尔.黑格尔历史哲学[M].潘高峰,译.北京:九州出版社,2014.
5. [法]安托万·普罗斯特.历史学十二讲[M].王春华,译.北京:北京大学出版社,2012.
6. [德]雅斯贝尔斯.大哲学家[M].李雪涛,等译.北京:社会科学文献出版社,2006.
7. 刘铁芳.古典传统的回归与教养性教育的重建[M].北京:北京师范大学出版社,2010.
8. 韩震.韩震论文选[M].北京:中华书局,2009.
9. 张斌贤.教育是历史的存在[M].合肥:安徽教育出版社,2007.
10. 王晓菊.何谓历史学[M].北京:中央编译出版社,2010.
11. [法]布洛克.历史学家的技艺[M].北京:中国人民大学出版社,2011.
12. 殷鼎.理解的命运[M].生活·读书·新知三联书店,1988.
13. 韩震.历史观念大学读本[M].北京:中国人民大学出版社,2010.
14. [英]柯林武德.历史的观念[M].何兆武,张文杰,译.北京:中国社会科学出版社,1987.
15. [美]爱德华·希尔斯.论传统[M].傅铿,吕乐,译.上海:上海人民出版社,2009.
16. 许玉乾.哲学批判与理论创新[M].重庆:西南师范大学出版社,2006.
17. 王岳川.现象学与解释学文论[M].济南:山东教育出版社,2003.
18. 皮家胜.马克思主义哲学中国化的解释学之维[M].北京:人民出版社,2014.
19. [德]伽达默尔.真理与方法(上卷)[M].洪汉鼎,译.上海:上海译文出版社,1999.
20. 刘黎明.西方自然主义教育思想史[M].武汉:华中科技大学出版社,2014.
21. [法]帕斯卡尔.思想录[M].刘烨,编译.北京:中国电影出版社,2005.
22. 夏甄陶,等主编.思维世界导论[M].北京:中国人民大学出版社,1992.
23. [德]伽达默尔.真理与方法(上卷)[M].洪汉鼎,译.北京:商务印书馆,2011.
24. [德]伽达默尔.真理与方法(下卷)[M].洪汉鼎,译.北京:商务印书馆,2011.
25. 吴式颖,阎国华.中外教育比较史纲[M].济南:山东教育出版社,1997.

26. 丁纲.历史与现实之间:中国教育传统的理论探索[M].北京:教育科学出版社,2002.
27. 洪汉鼎.理解与解释—诠释学经典文选[M].北京:东方出版社,2001.
28. [法]利科.诠释学与人文科学[M].李西祥等,译.北京:中国人民大学出版社,2012.
29. 皮家胜.马克思主义哲学中国化的解释学问题[M].武汉:湖北人民出版社,2006.
30. 潘德荣.诠释学导论[M].台北:五南图书出版公司,1999.
31. 彭启福.理解之思—诠释学初论[M].合肥:安徽人民出版社,2005.
32. 马克思恩格斯选集(第1卷)[M].北京:人民出版社,1995.
33. 洪汉鼎.诠释学—它的历史和当代发展[M].北京:人民出版社,2001.
34. 何卫平.通向解释学辩证法之途[M].上海:上海三联书店,2001.
35. 张斌贤.西方教育思想史[M].北京:人民教育出版社,2011.
36. 吕达,刘立德,邹海燕.杜威教育文集(第3卷)[M].北京:人民教育出版社,2008.
37. 吕达,刘立德,邹海燕.杜威教育文集(第5卷)[M].北京:人民教育出版社,2008.
38. 金生宏.德性与教化[M].长沙:湖南大学出版社,2003.
39. [法]卢梭.爱弥儿——论教育(上)[M].李平沤,译.北京:人民教育出版社,2001.
40. 王天一,方晓东.西方教育思想史[M].长沙:湖南教育出版社,1996.
41. [瑞士]裴斯泰洛齐.裴斯泰洛齐教育论著选[M].夏之莲,等译.北京:人民教育出版社,2001.
42. [德]第斯多惠.德国教师培养指南[M].袁一安,译.北京:人民教育出版社,2001.
43. 吕达,刘立德,邹海燕.杜威教育文集(第1卷)[M].北京:人民教育出版社,2008.
44. 毛泽东选集(第2卷)[M].北京:人民出版社,1991.
45. [德]黑格尔.哲学史讲演录(第1卷)[M].贺麟,王太庆,译.北京:商务印书馆,2009.
46. 李润洲.教育学研究的价值生成[M].太原:山西教育出版社,2010.
47. 薛文蔚.自然主义与教育[M].北京:商务印书馆,1933.
48. [古希腊]亚里士多德.政治学[M].吴寿彭,译.北京:商务印书馆,1965.
49. [美]约翰·S·布鲁巴克.教育问题史[M].单中惠,译.济南:山东人民出版社,2012.
50. [古罗马]昆体良.昆体良教育论著选[M].任钟印,选译.北京:人民教育出版社,2001.
51. [捷克]夸美纽斯.大教学论[M].傅任敢,译.北京:教育科学出版社,1999.
52. [苏联]阿·阿·克腊斯诺夫斯基.夸美纽斯的生平和教育学说[M].杨岂深,译.北京:人民教育出版社,1957.
53. 毛祖桓.从方法论看教育学的发展[M].重庆:重庆出版社,1990.
54. 张焕庭主编.西方资产阶级教育论著选[M].北京:人民教育出版社,1979.
55. [英]伊里莎白·劳伦斯.现代教育的起源和发展[M].纪晓林,译.北京:北京语言学院出版社,1992.

56. 吕达,刘立德,邹海燕主编.杜威教育文集(第2卷)[M].北京:人民教育出版社,2008.

57. 高觉敷,叶浩生.西方教育心理学发展史[M].福州:福建教育出版社,2005.

58. [德]恩斯特·卡西勒.卢梭问题[M].王春华,译,南京:译林出版社,2009.

59. 刘小枫,陈少明主编.卢梭的苏格拉底主义[M].北京:华夏出版社,2005.

60. 单中惠主编.杜威在华教育讲演[M].北京:教育科学出版社,2007.

61. 蒋径三编.西洋教育思想史(上册)[M].福州:福建教育出版社,2011.

62. 叶澜.教育研究方法论初探[M].上海:上海教育出版社,1999.

63. 高瑞泉选编.打开自然之书——卢梭如是说[M].上海:上海文艺出版社,1994.

64. 车文博.人本主义心理学[M].杭州:浙江教育出版社,2004.

65. [瑞士]阿图尔·布律迈尔.裴斯泰洛齐选集(第二卷)[M].尹德新,组译.北京:教育科学出版社,1994.

66. 方展画.罗杰斯"学生中心"教学理论述评[M].北京:教育科学出版社,1990.

67. 李明德.西方教育思想史——人文主义教育之演进[M].北京:人民教育出版社,2008.

68. 杨韶刚.人本主义心理学与教育[M].哈尔滨:黑龙江教育出版社,2003.

69. [美]马斯洛,等著.人的潜能和价值[M].林方,主编.北京:华夏出版社,1987.

70. [美]卡尔·罗杰斯.罗杰斯著作精粹[M].刘毅,钟华,译.北京:中国人民大学出版社,2006.

71. [英]伯莱安·索恩.罗杰斯[M].陈逸群,译.上海:学林出版社,2007.

72. [美]普拉特纳等.卢梭的自然状态——《论不平等的起源》释义[M].尚新建等,译.北京:华夏出版社,2008.

73. 余中根.裴斯泰洛齐教育思想研究[M].昆明:云南大学出版社,2009.

74. [英]博伊德·金合著.西方教育史[M].任宝祥,吴元训,主译.北京:人民教育出版社,1986.

75. [美]马斯洛.人性能达的境界[M].林方,译.昆明:云南人民出版社,1987.

76. 钟启泉,黄志成.美国教学论流派[M].西安:陕西人民教育出版社,1993.

77. [美]卡尔·罗杰斯.个人形成论:我的心理治疗观[M].杨广学,等译.北京:中国人民大学出版社,2005.

78. [英]汤因比,等.历史的话语[M].张文杰编.北京:中国人民大学出版社,2012.

79. 何兆武.历史与历史学[M].武汉:湖北人民出版社,2007.

80. 联合国教科文组织.学会生存[M].华东师范大学比较教育研究所,译.北京:教育科学出版社,1996.

81. [俄罗斯]卡特林娅·萨里莫娃.当代教育史研究与教学的主要趋势[M].方晓东,等译.北京:教育科学出版社,2001.

82. 彭刚.精神、自由与历史—克罗齐历史哲学研究[M].北京:清华大学出版社,1999.

83. 滕大春,主编. 外国教育通史(第一卷)[M]. 济南:山东教育出版社,2005.
84. 郭娅. 反思与探索——教育史学元研究[M]. 济南:山东教育出版社,2010.
85. [德]雅斯贝尔斯,等著. 哲学与信仰[M]. 鲁路,译. 北京:人民出版社,2010.
86. 戴本博. 外国教育史(中)[M]. 北京:人民教育出版社,1990.
87. [瑞士]阿图尔·布律迈尔. 裴斯泰洛齐选集(第一卷)[M]. 尹德新,组编. 北京:教育科学出版社,1996.
88. [德]赫尔巴特. 普通教育学·教育学讲授纲要[M]. 李其龙,译. 杭州:浙江教育出版社,2002.
89. [德]赫尔巴特. 赫尔巴特文集(心理学卷)[M]. 杭州:浙江教育出版社,2002.
90. [德]赫尔巴特. 赫尔巴特文集(教育学卷一)[M]. 杭州:浙江教育出版社,2002.
91. 吕达,刘立德,邹海燕. 杜威教育文集(第4卷)[M]. 北京:人民教育出版社,2008.
92. 单中惠. 杜威教育名篇[M]. 北京:教育科学出版社,2006.
93. [法]让—皮埃尔·内罗杜. 古罗马的儿童[M]. 张鸿,向征,译. 桂林:广西师范大学出版社,2005.
94. [美]杜普伊斯,高尔顿. 历史视野中的西方教育哲学[M]. 彭正梅,等译. 北京:北京师范大学出版社,2006.
95. 钱雨. 儿童文化论[M]. 济南:山东教育出版社,2011.
96. [日]筑波大学教育学院研究会. 现代教育学基础[M]. 钟启泉,译. 上海:上海教育出版社,1986.
97. [捷克]夸美纽斯. 夸美纽斯教育论著选[M]. 任钟印,选编. 北京:人民教育出版社,2005.
98. 姚伟. 儿童观及其时代性转换[M]. 长春:东北师范大学出版社,2007.
99. [英]斯宾塞. 斯宾塞的快乐教育[M]. 颜真,译. 福州:海峡文艺出版社,2002.
100. 肖川等. 造就自主发展的人[M]. 成都:四川教育出版社,2006.
101. 刘晓东. 儿童文化与儿童教育[M]. 北京:教育科学出版社,2006.
102. [法]卢梭. 论人类不平等的起源和基础[M]. 高煜,译. 桂林:广西师范大学出版社,2009.
103. 褚洪启. 走出中世纪:文艺复兴时代的教育情怀[M]. 北京:北京师范大学出版社,2000.
104. 吴元训,选编. 中世纪教育文选[M]. 北京:人民教育出版社,2005.
105. [英]威廉·哈里森·伍德沃德. 文艺复兴时期教育研究[M]. 赵卫平,赵花兰,译. 济南:山东教育出版社,2013.
106. [苏联]米定斯基. 世界教育史(上册)[M]. 叶文雄,译. 北京:三联书店,1950.
107. [法]卢梭. 爱弥儿(下卷)[M]. 李平沤,译. 北京:人民教育出版社,2001.
108. [捷克]夸美纽斯. 大教学论·教学法解析[M]. 任钟印,译. 北京:人民教育出版社,2006.

109. [德]赫尔巴特. 赫尔巴特文集(教育学卷三)[M]. 杭州:浙江教育出版社,2002.
110. [德]赫尔巴特. 赫尔巴特文集(教育学卷二)[M]. 杭州:浙江教育出版社,2002.
111. [美]凯瑟琳·坎普·梅休,等. 杜威学校[M]. 王承绪,等译. 北京:教育科学出版社,2007.
112. [美]简·杜威,等. 杜威传[M]. 单中惠,编译. 合肥:安徽教育出版社,2009.
113. 陈永明,等. 教师教育学[M]. 北京:北京大学出版社,2012:.
114. 柯彪. 亚里士多德与《政治学》[M]. 北京:人民出版社,2010.
115. [美]S·E·佛罗斯特. 西方教育的历史和哲学基础[M]. 北京:华夏出版社,1987.
116. 吴式颖,任钟印主编. 外国教育思想通史(第2卷)[M]. 长沙:湖南教育出版社,2002.
117. 张法琨,选编. 古希腊教育论著选[M]. 北京:人民教育出版社,1994.
118. 张斌贤主编. 外国教育思想史[M]. 北京:高等教育出版社,2007.
119. [英]葛怀恩. 古罗马的教育——从西塞罗到昆体良[M]. 黄汉林,译. 北京:华夏出版社,2015.
120. 布克哈特. 意大利文艺复兴时期的文化[M]. 北京:商务印书馆,1979.
121. [美]克里斯特勒. 意大利文艺复兴时期八个哲学家[M]. 姚鹏,等译. 上海:上海译文出版社,1987.
122. 吴式颖,任钟印主编. 外国教育思想通史(第四卷)[M]. 长沙:湖南教育出版社,2002.
123. 大卫·戈伊科奇. 人道主义问题[M]. 北京:东方出版社,1997.
124. 赵林. 西方宗教文化[M]. 武汉:武汉大学出版社,2005.
125. [法]蒙田. 蒙田随笔全集(上卷)[M]. 马振骋,译. 南京:译林出版社,1996.
126. [美]E·P·克伯雷. 外国教育史料[M]. 任宝祥,译. 武汉:华中师范大学出版社,1990.
127. 任钟印主编. 世界教育名著通览[M]. 武汉:湖北教育出版社,1994.
128. 吴式颖,任钟印,主编. 外国教育思想通史(第5卷)[M]. 长沙:湖南教育出版社,2002.
129. 郑晓江,詹世友. 西方人生精神[M]. 南宁:广西人民出版社,1997.
130. [法]卢梭. 卢梭全集(第5卷)[M]. 李平沤,译. 北京:商务印书馆,2012.
131. [法]卢梭. 社会契约论[M]. 何兆武译. 北京:商务印书馆,2003.
132. [法]卢梭. 论波兰的治国之道及波兰政府的改革方略[M]. 李平沤,译. 北京:商务印书馆,2014.
133. 陈佑清. 教育目的论[M]. 武汉:湖北教育出版社,1994.
134. 扈中平,刘朝晖. 挑战与应答—20世纪的教育目的观[M]. 济南:山东教育出版社,1995.
135. 孙晓轲. 儿童德性论[M]. 济南:山东教育出版社,2011.
136. [印]克里希那穆提. 一生的学习[M]. 张南星,译. 北京:群言出版社,2004.
137. 王坤庆. 精神与教育——一种教育哲学视角的当代教育反思与建构[M]. 上海:上海教育出版

社,2002.
138. [英]约翰·怀特.再论教育目的[M].李永宏,译.北京:教育科学出版社,1997.
139. 于伟.教育哲学[M].北京:北京师范大学出版社,2015.
140. [英]柯林武德.自然的观念[M].吴国盛,译.北京:北京大学出版社,2006.
141. [古罗马]西塞罗.论演说家[M].王焕生,译.北京:中国政法大学出版社,2003.
142. [古罗马]塞涅卡.幸福而短促的人生——塞涅卡道德书简[M].赵又春,张建军,译.上海:生活·读书·新知三联书店上海分店,1989.
143. 杨汉麟.外国幼儿教育史[M].北京:人民教育出版社,2011.
144. 夏之莲.外国教育发展史料选粹(上)[M].北京:北京师范大学出版社,1999.
145. 戴本博.外国教育史(上)[M].北京:人民教育出版社,1989.
146. 华东师范大学教育系选编.西方古代教育论著选[M].北京:人民教育出版社,2001.
147. 王天一,方晓东编著.西方教育思想史[M].长沙:湖南教育出版社,1996.
148. 李武林.西方哲学史教程[M].济南:山东大学出版社,1987.
149. [法]卢梭.新爱洛伊丝[M].陈筱卿,译.北京:北京燕山出版社,2007.
150. 滕大春.卢梭教育思想述评[M].北京:人民教育出版社,1984.
151. 李明德,金锵.教育名著评价(外国卷)[M].福州:福建教育出版社,1992.
152. [法]卢梭.论科学与艺术[M].何兆武,译.上海:上海世纪出版集团,2007.
153. [法]卢梭.卢梭的民主哲学[M].刘烨,编译,呼伦贝尔:内蒙古文化出版社,2008.
154. [德]福禄培尔.人的教育[M].孙祖复,译.北京:人民教育出版社,2001.
155. [德]福禄培尔.福禄培尔幼儿教育著作精选[M].单中惠,等译.上海:华东师范大学出版社,2009.
156. [德]赫尔巴特.赫尔巴特文集·哲学卷一[M].杭州:浙江教育出版社,2002.
157. 彭正梅,[德]本纳.赫尔巴特教育论著精选[M].杭州:浙江教育出版社,2011.
158. 中国教育史研究会编.杜威赫尔巴特教育思想研究[C].济南:山东教育出版社,1985.
159. 褚洪启.杜威教育思想引论[M].长沙:湖南教育出版社,1998.
160. 胡碧霞.自然主义与幼儿教育[M].合肥:安徽少年儿童出版社,2010.
161. 侯莉敏.儿童的生活与教育[M].北京:教育科学出版社,2009.
162. [日]铃木镇一.神童作坊[M].张宓,译.北京:京华出版社,2005.
163. 黄武雄.童年与解放[M].北京:首都师范大学出版社,2009.
164. 丁海东,杜传坤.儿童教育的人文解读[M].济南:山东教育出版社,2008.
165. [挪威]让—罗尔·布约克沃尔德.本能的缪斯:激活潜在的艺术灵性[M].上海:上海人民出版社 1997.

166. 刘晓东.解放儿童[M].北京:新华出版社,2002.
167. [法]卢梭.致博蒙书[M].吴雅凌,译.北京:华夏出版社,2014.
168. [意]蒙台梭利.蒙台梭利全书[M].吴启桐,金海涛,译.南宁:广西科学技术出版社,2013.
169. 孙瑞雪.完整的成长——儿童生命的自我创造[M].北京:世界图书出版公司,2010.
170. 王喜海.童年与儿童教育[M].北京:中国轻工业出版社,2012.
171. [苏联]瓦·阿·苏霍姆林斯基.把整个心灵献给孩子[M].唐其慈,等译.天津:天津人民出版社,1981.
172. 蒋径三.西洋教育思想史(上)[M].福州:福建教育出版社,2011.
173. [美]杜威.经验与自然[M].傅统先,译,南京:江苏教育出版社,2005.
174. 钟启泉,等主编.为了中华民族的复兴,为了每位学生的发展[M],上海:华东师范大学出版社,2001.
175. [美]杜威.我们怎样思维·经验与教育[M].姜文闵,译.北京:人民教育出版社,2005.
176. [美]凯林道夫编.人文主义教育经典文选[M].任钟印,译.北京:北京大学出版社,2012.
177. [英]斯宾塞.斯宾塞教育论著选[M].胡毅,王承绪,译.北京:人民教育出版社,1997.
178. 张华.经验课程论[M].上海:上海教育出版社,2000.
179. 倪谷音.我和愉快教育[M].上海:上海教育出版社,1997.
180. 孙瑞雪.爱和自由[M].北京:中国妇女出版社,2009.
181. [英]尼尔.夏山学校[M].王克难,译.海口:南海出版公司,2006.
182. [苏联]赞可夫.教学与发展[M].杜殿坤,等,译.北京:人民教育出版社,1985.
183. 张晓静.自我教育论[M].哈尔滨:黑龙江教育出版社,2004.
184. 徐春玉.好奇与想象力[M].北京:军事谊文出版社,2010.
185. 何旭明.学习兴趣的唤起[M].北京:教育科学出版社,2011.
186. 董方奎,陈夫义.梁启超论教育[M].海口:海南出版社,2007.
187. 娄立志.儿童教育哲学[M].上海:华东师范大学出版社,2014.
188. 檀传宝.世界教育思想地图[M].福州:福建教育出版社,2010.
189. 刘铁芳.什么是好的教育——学校教育的哲学阐释[M].北京:高等教育出版社,2014.
190. 苗力田主编.亚里士多德全集(第8卷)[M].北京:中国人民出版社,1994.
191. [法]卢梭.论人类不平等的起源和基础[M].高煜,译.桂林:广西师范大学出版社,2009.
192. 滕大春.外国近代教育史[M].北京:人民教育出版社,1989.
193. 王东莉.德育人文关怀论[M].北京:中国社会科学出版社,2005.
194. 肖朗,赵卫平.跨文化视野中的教育史研究——裴斯泰洛齐教育思想国际研讨会论文集[C].杭州:浙江大学出版社,2011.

195. [古希腊]亚里士多德. 尼各马可伦理学[M]. 邓安庆,译. 北京：商务印书馆,2006.
196. 于凤悟. 卢梭思想概论[M]. 北京：北京师范大学出版社,1986.
197. [美]杜威. 人的问题[M]. 傅统先,等译. 上海：上海人民出版社,1986.
198. 瞿葆奎. 教育学文集·教育目的(第4卷)[M]. 北京：人民教育出版社,1989.
199. [法]蒙田. 蒙田随笔全集(上卷)[M]. 马振骋,译. 南京：译林出版社,1996.
200. 王佳佳. 和优秀教师一起读福禄培尔[M]. 北京：中国青年出版社,2011.
201. 单中惠. 让我们与儿童一起生活吧[M]. 上海：华东师范大学出版社,2008.
202. 李平沤. 如歌的教育历程——卢梭《爱弥儿》如是说[M]. 济南：山东人民出版社,2008.
203. [美]凯瑟林,坎普,梅休,等. 杜威学校[M]. 王承绪,等译. 北京：教育科学出版社,2007.
204. 房慧. 经验学习论[M]. 昆明：云南大学出版社,2011.
205. 郝志军. 教学理论的实践品格[M]. 北京：教育科学出版社,2008.
206. 章雪富,陈伟. 希腊哲学的精神[M]. 北京：商务印书馆,2016.
207. [法]加布里埃尔·孔佩雷. 教育学史[M]. 张瑜,王强,译. 济南：山东教育出版社,2013.
208. [英]托马斯·马丁·林赛. 宗教改革史(上册)[M]. 孔祥民,等译. 北京：商务印书馆,1992.
209. 刘明翰,等. 文艺复兴时代的教育思想家[M]. 济南：山东教育出版社,2006.
210. [美]杜威. 学校与社会明日之学校[M]. 赵祥麟,译. 北京：人民教育出版社,2005.
211. [意]皮科. 论人的尊严[M]. 顾超一,樊虹谷,译. 北京：北京大学出版社,2010.
212. [法]涂尔干. 教育思想的演进[M]. 李康,译. 北京：商务印书馆,2016.
213. 冯建军,等. 教育哲学[M]. 武汉：武汉大学出版社,2011.
214. 滕大春,姜文闵. 外国教育通史(第二卷)[M]. 济南：山东教育出版社,1989.
215. [意]蒙台梭利. 蒙台梭利教育全书[M]. 吴启桐,金海涛,编译. 南宁：广西科学技术出版社,2013.
216. 周洪宇. 教育经典(外国卷)导读[M]. 武汉：华中科技大学出版社,2013.
217. 庞丽娟. 教师与儿童发展[M]. 北京：北京师范大学出版社,2003.
218. 郭晶."主体性"的当代合理性—马克思的主体性思想研究[M]. 北京：中国社会科学出版社,2015.
219. 董守生. 学生的自主性及其教育[M]. 北京：中国社会科学出版社,2014.
220. 郭湛. 主体性哲学—人的存在及其意义[M]. 北京：中国人民大学出版社,2011.
221. 李立国. 古代希腊教育[M]. 北京：教育科学出版社,2010.
222. [英]罗素. 西方哲学史(上)[M]. 北京：商务印书馆,2013.
223. 赵荣昌,单中惠. 外国教育史教学参考资料[M]. 上海：华东师范大学出版社,1991.
224. 陆杰荣. 哲学的性质与机制——西方哲学比较研究[M]. 沈阳：辽宁大学出版社,1992.

225. [法]卢梭. 一个孤独漫步者的遐想[M]. 巫静,译. 北京:中国国际广播出版社,2008.
226. 赵祥麟,王承绪编译. 杜威教育论著选[M]. 上海:华东师范大学出版社,1981.
227. [英]RandallCurren 主编. 教育哲学指南[M]. 彭正梅,等译. 上海:华东师范大学出版社,2011.
228. 孙璟涛. 哲学的个性[M]. 北京:昆仑出版社,2005.
229. 徐有富. 治学方法与论文写作[M]. 南京:南京大学出版社,2003.
230. 贺国庆,等. 外国高等教育史[M]. 北京:人民教育出版社,2003.
231. 张志伟. 西方哲学史[M]. 北京:中国人民大学出版社,2002.
232. 杨汉麟. 外国教育实验史[M]. 北京:人民教育出版社,2005.
233. 刘明翰,陈明莉. 文艺复兴史(教育卷)[M]. 北京:人民出版社,2008.
234. [美]杜威. 确定性的寻求[M]. 傅统先,译. 上海:上海人民出版社,2004.
235. 刘放桐,等. 现代西方哲学新编[M]. 北京:人民出版社,2005.
236. 马克思恩格斯选集(第 1 卷)[M]. 北京:人民出版社,1995.
237. 卢培琪,商志晓. 在思维的制高点上—对"理论"的新探索[M]. 南宁:广西人民出版社,1995.
238. 孙元涛. 教育学者介入实践:探究与论证[M]. 重庆:重庆大学出版社,2009.
239. 伽达默尔. 赞美理论[M]. 北京:三联书店,1988.
240. 何齐宗. 审美人格教育论[M]. 北京:人民教育出版社,2004.
241. [日]池田大作,[英]汤因比. 展望 21 世纪[M]. 荀春生,等译. 北京:国际文化出版公司,1985.
242. [巴西]保罗·弗莱雷. 被压迫者教育学[M]. 顾建新,等译. 上海:华东师范大学出版社,2001.
243. 钱理群. 我的教师梦[M]. 上海:华东师范大学出版社,2008.
244. 胡适. 胡适文集(第 12 册)[M]. 北京:北京大学出版社,1998.
245. [挪]希尔贝克. 西方哲学史[M]. 童世俊,等译. 上海:上海译文出版社,2004.
246. 郑国玉. 民主思想家——杜威[M]. 北京:人民出版社,2011.
247. 王颖. 杜威教育学派与中国教育[M]. 北京:北京理工大学出版社,2007.
248. 吴俊升. 教育与文化书选集[M]. 台北:台湾商务印书馆,1972.
249. 王承绪,赵瑞瑛. 郑晓沧教育论著选[M]. 北京:人民教育出版社,1993.
250. 雷通群. 西洋教育通史(上)[M]. 福州:福建教育出版社,2011.
251. 瞿葆奎主编. 教育基本理论之研究(1978—1995)[M]. 福州:福建教育出版社,1998.
252. 叶澜. 回望[M]. 桂林:广西师范大学出版社,2007.
253. 杨国枢. 中国人的心理与行为:本土化研究[M]. 北京:中国人民大学出版社,2004.

254. 黄济,郭齐家.中国教育传统与教育现代化基本问题研究[M].北京：北京师范大学出版社,2003.
255. 马克思恩格斯全集(第40卷)[M].北京：人民出版社,1982.
256. 张掌然.问题的哲学研究[M].北京：人民出版社,2005.
257. [英]怀特海.思维方式[M].韩东晖,等译.北京：华夏出版社,1999.
258. 何齐宗.当代教育新理念[M].北京：高等教育出版社,2010.
259. 李家成.关怀生命：当代中国学校教育价值取向探[M].北京：教育科学出版社,2006.
260. 姜勇,洪秀敏,庞丽娟.教师自主发展及其内在机制[M].北京：北京师范大学出版社,2009.
261. 吴明海.欧洲新教育运动的历史研究[M].北京：教育科学出版社,2008.
262. 杨汉麟.外国教育实验史[M].北京：人民教育出版社,2005.
263. 吴杰.外国现代主要教育流派[M].长春：吉林教育出版社,1989.
264. [意]蒙台梭利.发现孩子[M].胡纯玉,译.北京：中国发展出版社,2006.

二、期刊类

1. 王金福."回到马克思"与"让马克思走入当代"[J],南京政治学院学报,2002(1).
2. 谷永新.马克思哲学中国化研究的新视域—解释学的阐释[J]学术交流,2008(2).
3. 刘黎明.论西方自然主义教育思想的理论与实践相结合传统[J],荆楚理工学院学报,2014(3).
4. 刘黎明.论西方自然主义教育家对教育科学发展的历史贡献[J],贵州大学学报,2014(5).
5. 刘黎明.论西方自然主义教育思想对现代人本主义教育思想的影响[J],教育现代化,2014(1).
6. 刘黎明,钟昭会.卢梭的消极教育观及其当代价值新探[J],天津市教科院学报,2015(1).
7. 刘黎明.论西方自然主义教育思想的儿童观的历史演变[J],湖南第一师范学院学报,2014(6).
8. 刘黎明.西方自然主义教育思想如何面向教育现实[J],教育现代化,2015年5月(上半月).
9. 刘黎明.论西方自然主义教育思想中国化何以可能与如何可能[J],教育现代化,2015年6月(上半月).
10. 刘黎明.论西方自然主义教育家的治学智慧及其启示[J],中国人民大学复印资料《教育学》,2015(11).
12. 刘黎明,王梓霖.论西方自然主义教育思想的教师观及其当代价值[J],当代教师教育,2015(3).
13. 刘黎明.论西方自然主义教育思想当代价值研究的"理解间距"[J].江苏教育研究,2015

(7—8).
14. 刘黎明.西方自然主义教育思想的特征探析[J],荆楚理工学院学报,2015(3).
15. 刘黎明.儿童善性和心理的守护者:论心理化自然教育家的教师角色观[J],聊城大学学报,2016(3).
16. 刘黎明.西方自然主义教育思想当代价值研究的"解释学循环"[J],贵州大学学报,2016(3).
17. 刘黎明,周颖.卢梭的自然主义教师角色观新探[J],江苏教育研究,2016(3).
18. 刘黎明.论西方自然主义教育思想的教育目的观的当代价值[J],教育史研究,2016(1).
19. 刘黎明.文艺复兴时期西方天性教育思想探析[J],天中学刊,2016(6).
20. 刘黎明.夸美纽斯天性教育思想探析[J],教师教育学报,2016(4).
21. 刘黎明.评卢梭的天性教育思想[J],江苏教育研究,2016(9).
22. 刘黎明.论西方自然主义教育思想在本质上是人文的学问[J],教育文化论坛,2016(1).
23. 刘黎明.杜威的天性教育思想解析[J],教育文化论坛,2016(4).
24. 刘黎明.必要性与可能性:基于解释学对西方自然主义教育思想当代价值的研究[J],荆楚理工学院学报,2016(1).
25. 刘黎明,高漫漫.古罗马的天性教育思想探析[J],湖南第一师范学院学报,2016(3).
26. 刘黎明.文艺复兴时期的自由教育思想探析[J],贵州大学学报,2016(6).
27. 刘黎明.卢梭自由教育思想探析[J],中国教育科学,2016(4).
28. 刘黎明.论西方自然主义教育思想当代价值研究的"视域融合"[J],鲁东大学学报,2017(1).
29. 刘黎明.论西方自然主义教育家活动教育理论的当代价值[J],教师教育学报,2017(1).
30. 刘黎明,周颖.论西方自然主义教育家视野中的主体性教育路径观的当代价值[J],贵州大学学报,2017(1).
31. 刘黎明,刘汝萍.彰显童年的价值:卢梭儿童观新探[J].宁波大学学报(教育科学版),2013(1).
32. 刘黎明.教育科学化的最早倡导者和奠基者:裴斯泰洛齐[J].教育文化论坛,2014(3).
33. 刘黎明.论西方自然主义教育目的观的历史演变[J],教育史研究,2017(2).
34. 刘黎明.论教学任务的反思与重建[J].大学教育科学,2008(1).
35. 刘黎明.西方自然主义教育家愉快教育思想的当代价值之研究[J].湖南师范大学教育科学学报,2017(3).
36. 刘黎明.西方自然主义教育家的主体性教育目的观及其当代价值[J].教育文化论坛,2017(2).
37. 张法琨.神学化·人本化·心理化——宏观西方教育思想发展的进程[J].华东师范大学学报(教育科学版),1984(2).

38. 杨卫民.教育理论研究的创新依靠什么——从夸美纽斯的"自然适应性"原则谈起[J].教育史研究,2003(3).
39. 贺国庆,刘向荣.赫尔巴特教育心理学化的理性分析[J].教育学报,2006(5).
40. 郭法琦.重视西方自然主义教育理论的历史研究[J].教育史研究,1990(2).
41. 褚洪启.论夸美纽斯教育理论的历史价值[J].北京师范大学学报,1995,(3).
42. 金忠明,林炊利.教育史学科的困境及其对策[J],河北师范大学(教育科学版),2005(6).
43. 王兆璟,许可峰.实用性问题与教育史的学科智慧[J],教育理论与实践,2007(1).
44. 吕型伟.要学点教育史——关于教育创新的一次谈话[J],教育发展研究,2003(7).
45. 王天一.试论西方教育思想史的研究对象和意义(下)[J],纪念《教育史研究》创刊二十周年论文集(1),2009.
46. 冯增俊.夸美纽斯对教学论的贡献[J].海南大学学报,1985(4).
47. 刘晓东.论教育与儿童天性[J].南京师范大学学报,2003(4).
48. 齐学红.儿童:一个悖论式的存在[J].教育科学研究,2005(11).
49. 冯建军.论儿童在教育活动中的自由[J].教育理论与实践,2005(2).
50. 刘小枫.《爱弥儿》如何"论教育"[J].北京大学教育评论,2013(1).
51. 吴亚玲.杜威的教育目的观及其现实意义[J].汕头大学学报,2010(3).
52. 唐德海,周西安,韦莉娜.论教育目的的预设与生成[J].高等教育研究,2007(8).
53. 陆志远.夸美纽斯的适应自然教育原则的历史启示[J].教育史研究,1991(1).
54. 苗曼.天性引领教育——幼儿教育变革路向探寻[D],南京师范大学,2012.
55. 戴本博.论卢梭的"自然人"和"自然教育"[J].安徽师范大学学报,1988(2).
56. 程志宏.儿童天性与儿童教育[D].南京师范大学,2007.
57. 鲁洁.通识教育与人格陶冶[J].教育研究,1997(4).
58. 姚伟,关永春.儿童教育与儿童的生活质量[J].东北师范大学学报,2004(2).
59. 焦荣华.论教育学视野中儿童与大自然的关系[D].南京师范大学,2007.
60. 侯莉敏.幼儿教育:崇尚天性,回归自然[J].早期教育,2005(6).
61. 刘立献.斯宾塞自然惩罚理论的思想渊源与特点[J].学前教育研究,2008(5).
62. 马开剑.杜威重建经验概念的课程价值[J],华东师范大学学报(教育科学版),2005(1).
63. 张相乐.论体验学习的实质[J],长江大学学报,2009(1).
64. 卢家楣,等.论"愉快教育"的基本特征[J].教育研究,1994(9).
65. 毛亚庆.对愉快教育本质的理解[J].普教研究,1994(6).
66. 焦荣华.论儿童与大自然之间的"我——你"关系[J].徐州师范大学(教育科学版),2010(3).
67. 杨莉娟.活动教学的内涵、立论基础及其价值[J].东北师范大学学报,1999(3).

68. 孙宽宁.活动课程与学科课程的关系简论[J].课程·教材·教法,1997(1).

69. 蔡春.也论作为特殊认识过程的教学过程[J].中国教育学刊,2010(10).

70. 罗祖兵.生成性教学的基本理念及其实践诉求[J].高等教育研究,2006(8).

71. 张天宝.试论主体性教育的目的观[J].教育理论与实践,1996(6).

72. 薄建国,毛雪梅.卢梭的人性发展论及其教育学意蕴[J].教育探索,2009(12).

73. 胡碧霞.论儿童教育的内在依据[J].教学与管理,2014(36).

74. 岳欣云,冯海珍.儿童主动发展:教育的根本使命[J].首都师范大学学报,2016(2).

75. 商发明.教育科学研究方法的演进及其发展趋势[J].教育科学研究,1995(3).

76. 王保星.西方教育科学研究方法的演进:历史的视角[J].河北师范大学学报(教育科学版),2004(5).

77. 刘世民.从"自然适应性原则"到"文化适应性原则"的飞跃[J].四川师范大学学报,1994(3).

78. 劳凯声.教育研究的问题意识[J].教育研究,2014(8).

79. 邬春芹,周采.赫尔巴特在科尼斯堡大学的教育实验[J].教育评论,2009(1).

80. 文雪,廖诗艳.教育规律的人本理解[J].教育导刊,2010(5月号上半月).

81. 于伟.论坚持合规律性的教育观[J].教育学报,2005(5).

82. 李立国.教育思想史的地位和价值[J].清华大学教育研究,2013(2).

83. 于书娟.自然无为与自然顺应:中西历史上的自然教育思想之比较[J].江南大学学报(教育科学版),2008(4).

84. 申心刚.从实践性视角看马克思主义中国化[J].天津师范大学学报,2011(1).

85. 郑如霖.教皇利奥十世的历史地位[J].华南师范大学学报(哲社版),1981(1).

后记

西方自然主义教育思想的当代价值研究，是一个重要意义的课题。我们知道，西方自然主义教育思想的代表人物，如亚里士多德、昆体良、蒙田、夸美纽斯、卢梭、裴斯泰洛齐、赫尔巴特、第斯多惠、福禄培尔、斯宾塞和杜威等，都是著名的自然主义教育家，也是西方教育思想史上重量级的人物。他们的自然主义教育思想极具理论智慧和实践价值，充满着真、善、美，是世界教育思想宝库中的优秀遗产，值得我们去认真发掘、精心提炼和彰显其当代价值。

我选择"西方自然主义教育思想的当代价值"这个课题，是基于以下理由。

首先是西方自然主义教育思想的"洋为中用"。西方自然主义教育思想的研究不能就事论事，也不能仅作单纯的形而上的沉思，还必须对现实的教育改革和理论创新"有用"，做到"洋为中用"。就前者而言，现实的教育改革离不开西方自然主义教育思想。因为现实教育改革面临的问题也是西方自然主义教育家面临的问题，两者有许多相似之处，因而，西方自然主义教育家对教育问题解答经验和教训、观念和方法，对解决当代中国的教育问题具有解释、批判和借鉴的价值，值得我们高度重视。因为它能不断地引导我们改变现状，创造教育的未来。一方面，西方自然主义教育思想不能脱离教育现实，应直面教育问题，给予时代性的解答。离开了教育现实，西方自然主义教育思想将会失去其存在的理由和根基，成了无源之水，无本之木。另一方面，西方自然主义教育思想又必须以抽象的概念反映现实教育的变化和发展，否则，它就不是它自己了。当然，西方自然主义教育思想在联系现实教育时，不应将自己沦为现实教育的附庸，而应对现实教育进行独立的反思和批判，并和现实教育保持距离，既要深入现实的教育，又要能超越现实的教育，引领现实的教育前行的道路。就后者而言，中国教育理论的创新离不开"古今中外"教育理论的资源（包括西方自然主义教育思想的资源），它内在地包含着继承与发展的统一。西方自然主义教育思想不是死亡的过去，而是和当下与未来交融在一起蕴含"活的精神"的过去，因而它和中国教育理论有不可分割的"视域融合"的关系。当代中国的教育理论如儿童观、教师观、教育目的、天性教育观、愉快教育思想、活动教学理论、主体性教育观、经验教育观等，都不是凭空产生的，而是在吸取西方自然主义教育思想的精华而形成的。可以说，它们是西方自然主义教育思想在当代中国的新形态。因此，当代中国的教育理论的创新不是背离西方自然主义教育思想的历史和逻辑而实现的，是合乎后者的历史和逻辑发展的必然环节和结果。如果割断了历史的逻辑链条，缺乏西方自然主义教育思想的理论支撑和对它的合理批判与继承，就不可能实现中国教育理论在真正意义上的创新。

　　其次是西方自然主义教育思想的中国化。西方自然主义教育思想中国化,既是西方自然主义教育思想发展的内在要求,又是中国教育改革和传统教育理论现代化的需要。西方自然主义教育思想要延续和发展,永葆理论青春,就必须和各国的教育实际相结合,并从中吸取新的"营养"。中华民族是一个历史悠久而伟大的民族,其丰厚的传统教育理论和各种教育实验,为西方自然主义教育思想的发展提供了丰盈的"土壤"。西方自然主义教育思想的中国化,就其实质而言,就是使西方自然主义教育思想与中国教育面临的突出问题相结合,用西方自然主义教育思想的原理去解答中国教育的突出问题,使现实的教育问题上升到理论问题,并得到解决。与此同时,用西方自然主义教育思想去分析和批判传统的教育理论,去其糟粕,吸其精华,并对其进行创造性的转换,使之成为西方自然主义教育思想的重要组成部分,从而使西方自然主义教育思想打上"中国"的烙印,具有中国的特性。这要求我们对西方自然主义教育家的原典作深入细致的解读和阐释,从而帮助我们理解它的内在特质、主要精神和基本观念。这是其一。其二,深入挖掘西方自然主义教育思想的普适价值、当代价值和意义。尽管西方自然主义教育思想产生于不同的国家,存在着时代和地域上的差异,但由于人们面临的教育问题和教育改革的理想存在着相似性,因而存在着一些超越时代和地域为人们普遍认同的思想和观念,展现出丰富的普适价值。特别是其中蕴含的儿童观、教师观、教育目的、天性教育观、愉快教育思想、活动教学理论、主体性教育观、经验教育观等,可以说是西方自然主义教育思想贡献给人类社会最具普适性的教育成果。这些普适性的教育成果蕴含着对中国教育改革的当代价值,值得我们深入挖掘、阐释和借鉴。研究者的重要使命就是以批判的精神、现代的意识去审视西方自然主义教育思想,从不同的角度去探讨和研究它所蕴含当代价值和当代意义。研究西方自然主义教育思想及其当代价值,不能仅仅作单纯的形而上的沉思,而应联系形而下的教育现实生活,找寻其中存在的突出问题,给予西方自然主义教育思想的解答。唯有如此,才能使两者达到"视界交融",既促进西方自然主义教育思想的发展,又满足中国的教育改革和传统教育现代化的需求。

　　再次是自己的理论兴趣之所在。我对西方自然主义教育思想的兴趣始于1991年,那时我还是一个20多岁的青年,如今已步入中年人的行列。也许是长期对西方自然主义教育思想问题的沉思,自己的头发白了许多。然而,时光的流逝,并没有割断我对西方自然主义教育思想及其当代价值的情结,反而使我笃定走西方自然主义教育思想研究的学术之路,把它作为自己的"学术根据地"和追求的学术理想。多年来,我一直专注于西方自然主义教育思想的研究,思考西方自然主义教育思想的当代价值。我对于后者给予了持续的关注,在《教育思想史研究的意义追寻》和《西方自然主义教育思想史》中都有涉及,但我觉得意犹未尽,就在2013年申报了湖南省哲学社会科学基金项目"西方自然主义教育思想的当代价值研究",获得批准。从此,继前两本学术专著——《教育思想史的意义的追寻》和《西方自然主义教育思想史》——之后,投入了第三本学术专著《西方自然主义教育思想的当代价值》的写作。尽管学术之路充满清苦和艰辛,要有坐冷板凳和耐得住寂寞的精神,然而正因为有学术的理想———一盏明灯的指引,我觉得学术生活既充满理论探险又蕴含沉思的乐趣,有理想的学术生活真好,真值得过!

《西方自然主义教育思想的当代价值》共分八章。第一章是"西方自然主义教育思想当代价值研究的方法论:解释学之维",主要阐释了运用解释学研究西方自然主义教育思想的必要性、西方自然主义教育思想研究的"理解间距"、"解释学循环"和"视域融合"。第二章是"西方自然主义教育思想的源流与现代影响",主要梳理了西方自然主义教育思想的历史演变及现代影响。第三章是"西方自然主义教育思想的当代命运",涉及西方自然主义教育思想在当代仍然充满活力和何以充满活力两个层面。第四、五、六章"西方自然主义教育思想的当代价值",着重探讨了西方自然主义教育思想的儿童观、教师观、教育目的、天性教育观、愉快教育思想、活动教学理论、主体性教育观、经验教育观、消极教育观的当代价值以及西方自然主义教育思想的人文价值和西方自然主义教育家的治学智慧。这三章是本书的核心部分。第七、八章是"实现西方自然主义教育思想当代价值的路径",涉及增强西方自然主义教育思想研究的问题意识、强化西方自然主义教育思想研究的对话意识、西方自然主义教育思想的中国化。

本书从2013年构思到2017年完成,经历了四个年头。在这一过程中我感受到了著书立说的沉重和艰辛。每个章节都是自己独立思考和呕心沥血之产物,用功最深的是"西方自然主义教育思想研究的方法论:解释学之维"和"西方自然主义教育思想的当代价值"。前者的研究需要我研读大量的解释学文献,并融会贯通到我的课题之中;后者的研究,需要我研读所有西方自然主义教育家的原典,还要结合当代中国教育的现实,研读大量的教育学和教学论等方面的著作。尽管有些书的阅读是"随便翻翻"或"好读书,不求甚解",但西方自然主义教育家的原典是逐字逐句的精读,力求融会贯通,掌握文本的精髓。尽管研读文本有时候觉得有点累,但总体上来说,做学问是一个愉快的过程,当研读中有所发现,"每有会意",就特别高兴,尽管不能达到"欣然忘食"的境界。"痛并快乐着"也许就是研究者学术生活的真实写照。"不经一番冰霜苦,哪得梅花放清香?"

本书的主要章节先期以论文的形式发表于《贵州大学学报》、《中国教育科学》、《教育史研究》、《湖南师范大学教育科学学报》、《天津市教科院学报》、《教师教育学报》《当代教师教育》、《鲁东大学学报》、《聊城大学学报》、《教育文化论坛》、《江苏教育研究》、《大学教育科学》、《宁波大学学报(教育科学版)》、《荆楚理工学院学报》、《湖南第一师范学院学报》等,总计34篇论文。多数论文被中国人民大学复印资料《教育学》辑目,有一篇论文《西方自然主义教育家的治学智慧及启示》被中国人民大学复印资料《教育学》全文转载。我对以上刊物的编辑深表谢意!

在本书即将付梓之际,我要特别感谢在百忙中抽出时间为本书欣然作序的刘铁芳教授。铁芳教授是我国著名的教育思想家、教育哲学家,他的教育哲学、教育原理、高等教育学、德育理论的研究在学界享有盛名,首屈一指。我特别喜欢看他的著作《守望教育》、《走向生活的教育哲学》、《古典教育的传统与教养性教育的重建》、《什么是好的教育——学校教育的哲学阐释》、《追寻生命的整全：个体成人的教育哲学阐释》等，这些著作都很出彩，既有理论深度，又充满着诗意和美感，令我受益匪浅。他对人文主义理想之执著、整体性教育之追求、学识之渊博、思维之缜密、学养之深厚、学问之精深，令我折服，使我常有一种"高山仰止，景行行止，虽不能至，然心向往之"的感觉。他在生活上和学术上给予我细致的关怀和提携，又在教学、科研、行政繁忙中为本书作序，这份感动，我将永存心底！

在生活和学术上，我还得到了孙俊三教授、张传燧教授、易红郡教授、刘德华教授、田景正教授、张利燕教授的支持、帮助和鼓励，我对他们表示衷心的感谢！

我还要感谢华东师范大学出版社教育心理分社社长彭呈军老师鼎力相助和付出的巨大心力。他对工作的认真负责和敬业，给我留下了深刻的印象。借此机会，我向他表示深深的谢忱！

刘黎明于长沙
2017年6月28日